Batterien, 53

Leo Schestow

Leo Schestow
Athen und Jerusalem
Versuch einer religiösen Philosophie

*Mit einem Essay
von
Raimundo Panikkar*

Matthes & Seitz

Die deutsche Übertragung aus dem Russischen besorgte *Hans Ruoff*.

Raimundo Panikkars Essay *Athens or Jerusalem? Philosophy or Religion?* erschien zuerst in: Logos (Universität von Santa Clara), Nr. 2, pp. 21–39, 1981. Hier aus dem Englischen übersetzt von *Irmengard Gabler*.

© 1994 Matthes & Seitz Verlag GmbH, Hübnerstraße 11, 80637 München. Alle Rechte vorbehalten. © der Originalausgabe bei YMCA-Press, Paris 1951. Herstellung und Umschlaggestaltung Bettina Best, München. Satz: Wirth, München. Druck und Bindung: Druckerei Huber, Dießen. ISBN 3-88221-268-3

VORWORT

9

I

ΠΑΡΜΕΝΙΔΗΣ ΔΕΣΜΩΤΗΣ
(DER GEFESSELTE PARMENIDES)
ÜBER DIE QUELLE DER METAPHYSISCHEN WAHRHEITEN

41

II

IM PHALARISCHEN STIER
WISSEN UND FREIHEIT

143

III

ÜBER DIE PHILOSOPHIE DES MITTELALTERS
CONCUPISCENTIA IRRESISTIBILIS

287

IV

VON DER ZWEITEN DIMENSION DES DENKENS
KAMPF UND BESINNUNG

425

Raimundo Panikkar

ATHEN ODER JERUSALEM?
PHILOSOPHIE ODER RELIGION?

507

QUID ERGO ATHENIS
ET HIEROSOLYMIS?
TERTULLIAN

VORWORT

Das höchste Gut besteht für den Menschen darin, Tag für Tag Gespräche über die Tugend zu führen (μέγιστον ἀγαθὸν ὂν ἀνθρώπῳ τοῦτο, ἑκάστης ἡμέρας περὶ ἀρετῆς τοὺς λόγους ποιεῖσθαι).

Plato, Apologie des Sokrates, 38 A.

Was aber nicht aus dem Glauben gehet, das ist Sünde.

Apostel Paulus, Röm. 15, 23.

1

Ein Vorwort ist im Grunde genommen immer ein Nachwort An dem Buch ist lange Zeit geschrieben worden, es ist gänzlich fertig — nun versucht das Vorwort in verhältnismäßig knappen Worten auszusprechen, was im Laufe einer Reihe von Jahren den Gedanken des Verfassers Richtung gab.

„Athen und Jerusalem", „religiöse Philosophie" — das sind Ausdrücke, die fast dasselbe bedeuten und sich decken, zugleich aber sind es Ausdrücke, die ebenso rätselhaft wie durch ihren inneren Widerspruch für das moderne Denken aufreizend sind. Wäre es nicht richtiger, das Dilemma aufzustellen: Athen o d e r Jerusalem, Religion o d e r Philosophie? Wollten wir das Gericht der Geschichte anrufen, so wäre die Antwort eine bestimmte: die Geschichte würde uns sagen, daß die besten Vertreter des menschlichen Geistes im Laufe vieler Jahrhunderte jegliche Versuche von sich wiesen, Athen Jerusalem entgegenzustellen, daß sie stets das „und" leidenschaftlich unterstützten, das „oder" aber hartnäckig auszutilgen suchten. Jerusalem und Athen, Religion und rationale Philosophie lebten friedlich nebeneinander dahin, und in diesem·Frieden erblickten die Menschen eine Bürgschaft für ihr tiefinnerstes, erfülltes und unerfülltes Sehnen.

Kann man sich aber auf das Gericht der Geschichte verlassen? Ist nicht die Geschichte jener ungerechte Richter, an den, laut Überlieferung russischer Pilger, in heidnischen Ländern die streitenden Parteien sich zu wenden gezwungen sind? Wovon läßt sich die Geschichte bei ihrer Urteilsfällung leiten? Die Historiker wollen meinen, daß sie überhaupt nicht „richten", daß sie nur erzählen, „was gewesen ist", daß sie vergessene oder von der Zeit verschüttete „Tatsachen" aus der Vergangenheit hervorholen und vor uns hinstellen, daß jedoch das Gericht nicht von ihnen ausgehe, sondern von selbst komme, oder daß sogar die Tatsachen selber bereits das Urteil mit sich bringen. Die Historiker unterscheiden sich hierin nicht von den Vertretern der anderen positiven Wissenschaften und wollen sich hierin nicht von ihnen unterscheiden: Die Tatsache ist für sie die letzte, entscheidende, endgültige Instanz, gegen die man bei niemandem mehr Berufung einlegen kann. Viele unter den Philosophen, besonders unter den neuesten, stehen nicht weniger als die positiven Gelehrten im Banne der Tatsache. Hört man sie an, so ist die Tatsache schon die Wahrheit selbst. Was aber ist eine Tatsache? Wie ist eine Tatsache von Erfindung oder Einbildung zu unterscheiden? Die Philosophen rechnen zwar mit der Möglichkeit von Halluzination, Täuschung, phantastischen Traumgesichten usw. Dennoch geben sich nur wenige darüber Rechenschaft, daß, wenn aus einer Unmenge unmittelbarer oder mittelbarer Gegebenheiten des Bewußtseins Tatsachen auszuwählen sind, dies bedeutet, die Tatsache an und für sich sei keine entscheidende Instanz und es stünden uns noch vor allen Tatsachen gewisse fertige Normen, eine gewisse „Theorie" zur Verfügung, welche die Voraussetzung der Möglichkeit ist, die Wahrheit zu suchen und zu finden. Was für Normen aber, was für eine Theorie sind das, woher kamen sie und warum vertrauen wir uns ihnen so sorglos an? Oder ist vielleicht anders zu fragen: Suchen wir denn wahrhaftig Tatsachen, brauchen wir denn wahrhaftig Tatsachen? Sind nicht die Tatsachen nur ein Vorwand oder gar nur ein Deckmantel, hinter dem sich ein ganz anderes Trachten des Geistes verbirgt?

Ich sagte, daß die meisten Philosophen die Tatsachen oder die „Erfahrung" anbeten, aber es hat ja auch solche gegeben — und sie gehörten bei weitem nicht zu den geringsten —, die deutlich erkannten, daß die Tatsachen bestenfalls nur Rohmaterial sind, das erst bearbeitet oder gar umgearbeitet werden muß, und an und für sich weder Wissen noch Wahrheit liefern.

Plato unterschied „Meinung" (δόξα) und „Erkenntnis" (ἐπιστήμη), für Aristoteles war das Wissen ein Wissen um das Allgemeine, Descartes ging von den „ewigen Wahrheiten" (veritates aeternae) aus, Spinoza schätzte nur seine „dritte Erkenntnisgattung" (tertium genus cognitionis), Leibniz unterschied zwischen „tatsächlichen Wahrheiten" (vérités de fait) und „Vernunftwahrheiten" (vérités de raison) und scheute sich nicht einmal, urbi et orbi zu erklären, die ewigen Wahrheiten seien in das Bewußtsein Gottes eingegangen, ohne dessen Einverständnis zu erfragen. Bei Kant jedoch finden wir das in seiner Offenherzigkeit einzigartige Geständnis, die Erfahrung, die uns von dem, was ist, nur sagt, daß es ist, uns aber nichts davon sagt, daß das, was ist, aus Notwendigkeit ist, liefere kein Wissen und befriedige unsere nach allgemeinen und notwendigen Urteilen begierige Vernunft nicht nur nicht, sondern reize sie. Ein Geständnis, dessen Bedeutung — besonders da es aus dem Munde des Verfassers der „Kritik der Vernunft" kommt — wohl kaum überschätzt werden kann. Die Erfahrung reizt uns, da sie kein Wissen liefert: was die „Erfahrung" oder die „Tatsachen" uns mitbringen, sei kein Wissen, Wissen sei etwas ganz anderes als Erfahrung und Tatsachen, und nur ein Wissen, das man weder in der Erfahrung, noch in den Tatsachen, soviel man auch suchen wollte, finden wird, sei das, wonach die Vernunft, „unser besseres Teil", aus allen Kräften strebe.

Es erhebt sich eine ganze Reihe von Fragen, die eine beunruhigender als die andere. Vor allem: Wenn das so ist, worin unterschiede sich dann die kritische Philosophie von der dogmatischen? Wird nicht Spinozas „dritte Erkenntnisgattung", werden nicht Leibniz' „Vernunftwahrheiten" — jene ewigen Wahrheiten, die in Gottes Bewußtsein eingingen, ohne dessen Einverständnis zu erfragen — nach einem solchen Geständnis Kants in alle ihre, durch jahrhundertealte Tradition geheiligten Rechte wieder eingesetzt? Hat die kritische Philosophie das, was der Inhalt, die Seele der vorkritischen Philosophie gewesen ist, nicht überwunden, sondern, nachdem sie es in sich umgeschaffen hat, vor uns verhüllt? Ich bringe den ungewöhnlichen, bedeutsamen, obschon irgend weshalb von den Philosophiehistorikern übergangenen, zwischen Leibniz und dem — bereits verstorbenen — Descartes stattgehabten Zusammenstoß in Erinnerung. Descartes brachte in seinen Briefen mehr als einmal die Überzeugung zum Ausdruck, die ewigen Wahrheiten existierten nicht seit Ewigkeit und kraft eigenen Beliebens, wie es ihnen ihrer Ewigkeit gemäß zukäme, sondern seien von Gott geschaffen, wie von ihm alles geschaffen ist, was ein reales oder ideales Sein hat. Wenn ich behaupte, schrieb Descartes, daß es keinen Berg ohne Tal geben könne, so ist es nicht darum, weil es in der Tat nicht anders sein kann, sondern kraft dessen, daß Gott mir einen solchen Verstand gegeben hat, der nicht umhin kann, ein Tal anzunehmen, wenn von einem Berg die Rede ist. Bayle, der diese Worte anführt, gesteht, daß der in ihnen ausgedrückte Gedanke sehr bemerkenswert sei, daß er ihn sich aber durchaus nicht zueigen machen könne, obwohl er die Hoffnung nicht aufgebe, mit der Zeit mehr Glück damit zu haben. Leibniz jedoch, der ruhige, ausgeglichene, der stets aufmerksam und mit Sympathie fremde Meinungen anhörte, geriet jedesmal, wenn er sich an solche Äußerungen Descartes' erinnerte, außer sich. Er empörte sich in gleicher Weise sowohl über Descartes, der, wenn auch nur in Briefen, so einen Unsinn zu verteidigen sich entschloß, wie auch über Bayle, der sich durch so einen Unsinn verlocken lassen konnte.

In der Tat: Wenn Descartes „recht hat", wenn die ewigen Wahrheiten nicht autonom sind, sondern von dem Willen, genauer gesagt, von der Willkür, sei es auch selbst des Schöpfers, abhängig sind, wie wäre dann Philosophie, das was wir Philosophie nennen, möglich, wie wäre dann überhaupt Wahrheit möglich? Wenn Leibniz auf die Suche nach der Wahrheit ausging, so nahm er immer, wie er selbst sagt, gleich dem Schiffskapitän, der ins offene Meer hinausfahrend sich mit Kompaß und Karten versieht, das Gesetz des Widerspruchs und das Gesetz des zureichenden Grundes mit. Er nannte diese seine unbesiegbaren Krieger. Wie aber soll man die Wahrheit suchen, wenn das Gesetz des Widerspruchs und das Gesetz des zureichenden Grundes verloren sind? Da kann man schon in Verwirrung, ja in Entsetzen geraten. Aristoteles hätte anläßlich des Descartesschen Berges ohne Tal erklärt, daß man solches wohl sagen, aber nicht denken könne. Leibniz hätte sich auf Aristoteles berufen können, aber ihm erschien dies zu wenig. Es waren noch irgend welche Beweise nötig, da aber nach dem Zusammenbruch der Gesetze des Widerspruchs und des zureichenden Grundes schon die Idee der Beweisbarkeit selber zu einem Luft- und Wahngebilde zerrinnt, so blieb ihm nichts anderes übrig, als empört zu sein. Zwar ist Empörung bereits ein argumentum ad hominem und darf in der Philosophie nicht statthaben, aber wenn es sich dem Menschen um das Letzte handelt, ist er bereits nicht mehr so wählerisch: wenn er sich nur schützen, nur irgendwie Deckung suchen kann..

Aber Leibniz' Empörung unterscheidet sich ja im Grunde genommen in keiner Weise von Kants „Vernunft, welche so begierig ist" und „gereizt wird". Hat sich denn jemand dazu verdingt, jedesmal wenn es die Vernunft nach irgend etwas gelüstet, ihr sofort alles zu bringen, wonach sie verlangt, und sind wir denn in der Tat verpflichtet, um jeden Preis der Vernunft gefällig zu sein, und dürfen sie nie reizen? Ist es vielleicht umgekehrt: müßte nicht vielleicht die Vernunft gegen uns gefällig sein und sich in jeder Weise davor hüten, uns zu reizen?

Die Vernunft in dieser Weise zu „kritisieren", hat Kant sich nicht entschließen können, und solche Fragen hat die „Kritik der Vernunft" nicht gestellt, wie auch die vorkritische Philosophie sie nicht gestellt hat. Sowohl Plato wie Aristoteles, ihnen nachfolgend auch die neuere Philosophie, Descartes, Spinoza, Leibniz, sowie auch Kant, streben mit aller Leidenschaftlichkeit, zu der Menschen jemals fähig sind, nach allgemeinen und notwendigen Wahrheiten, das heißt nach dem, was sie für das einzig den Namen „Wissen" verdienende halten. Es wird also wohl kaum eine Übertreibung sein, zu sagen, das Problem des Wissens, richtiger: das Wissen als Problem, habe die Aufmerksamkeit der hervorragendsten Vertreter des philosophischen Denkens nicht nur niemals auf sich gelenkt, sondern sie geradezu abgestoßen. Alle waren überzeugt, der Mensch brauche das Wissen mehr als sonst etwas auf der Welt, das Wissen sei die einzige Quelle der Wahrheit, und vor allem — ich betone dies besonders und bestehe besonders hierauf —, das Wissen entdecke allgemeine und notwendige Wahrheiten, die das ganze Sein umfassen und denen der Mensch nirgendhin entgehen kann, folglich auch nicht zu entgehen braucht. Leibniz sagte, die „ewigen Wahrheiten" zwängen nicht nur, sondern sie täten etwas noch weit Bedeutsameres: sie „überzeugen". Und sie überzeugen selbstverständlich nicht nur ihn persönlich, sondern jedermann — solchen Wahrheiten, die nur ihn selber, andere aber nicht überzeugt, ja nicht einmal gezwungen hätten, maß Leibniz keinerlei Bedeutung bei.

In dieser Hinsicht unterscheidet sich Kant fast gar nicht von Leibniz. Soeben hörten wir durch ihn, daß die Vernunft nach allgemeinen und notwendigen Urteilen begierig sei. In der Tat kommt bei Kant dem Moment des Zwanges gewissermaßen eine entscheidende und endgültige Rolle zu: Mögen sich selbst Menschen finden, die von Wahrheiten nicht überzeugt werden, die durch Wahrheiten sogar gereizt werden, wie Kant selber durch die „Erfahrung" gereizt wird — so ist doch nichts Schlimmes daran: die Wahrheiten werden sie dennoch zwingen, zu gehorchen, und sich dadurch bereits vollkommen rechtfertigen. Und schließlich und letztlich: Überzeugt denn der Zwang nicht? Anders ausgedrückt: Die Wahrheit ist darum Wahrheit, weil ihr Beweise zur Verfügung stehen. Unbewiesene Wahrheiten kann niemand brauchen, und sie überzeugen selbst einen Leibniz nicht.

Hierdurch wurde Kants Verhältnis zur Metaphysik bestimmt. Kant war bekanntlich der Ansicht und spricht davon mehr als einmal in seiner „Kritik der Vernunft", daß die Metaphysik drei Fragen zum Gegenstand habe — Gott, die Unsterblichkeit der Seele und die Freiheit. Und plötzlich erwies sich als Endergebnis der „Kritik", daß sich keine dieser drei metaphysischen Wahrheiten beweisen lasse und daß es keine Metaphysik als Wissenschaft geben könne. Man sollte meinen, daß eine derartige Entdeckung Kant hätte bis auf den Grund seiner Seele erschüttern müssen. Keine Spur davon. Ruhig, fast feierlich erklärt Kant in der Vorrede zur zweiten Ausgabe der „Kritik der reinen Vernunft": „Ich mußte also das Wissen aufheben, um zum Glauben Platz zu bekommen." So spricht Kant in derselben Vorrede, in welcher wir folgende Zeilen lesen: „So bleibt es immer ein Scandal der Philosophie und allgemeinen Menschenvernunft, das Dasein der Dinge außer uns blos a u f G l a u b e n (bei Kant gesperrt) annehmen zu müssen, und, wenn es Jemand einfällt es zu bezweifeln, ihm keinen genugthuenden Beweis entgegenstellen zu können." Das Dasein Gottes, die Unsterblichkeit der Seele und die Freiheit lassen sich nicht beweisen — hieran ist nichts Kränkendes und Betrübliches weder für die Philosophie, noch für die menschliche Vernunft, das alles wird auch ohne Beweise hingehen und sich mit dem Glauben begnügen — mit dem, was Kant und jedermann Glauben nennen —, was aber die Dinge außer uns anbelangt, so reicht hier der Glaube bereits nicht mehr aus, hier sind um jeden Preis Beweise nötig, obwohl das

Dasein der Dinge außer uns, wenn man den Ausgangspunkt Kants annimmt, hinsichtlich der Beweisbarkeit in keiner beneidenswerteren Lage ist als Gott, die Unsterblichkeit der Seele und die Freiheit. Bestenfalls läßt sich das Dasein der Dinge außer uns postulieren oder auf Glauben annehmen. Das aber kann Kant nicht ertragen, wie auch Leibniz Descartes' Berg ohne Tal nicht ertragen konnte. Und als er keine zwingenden Beweise zur Verfügung hatte, scheute er, wiederum wie Leibniz, nicht davor zurück, zu einem argumentum ad hominem — zur Empörung — Zuflucht zu nehmen: wenn man kein Wissen erlangt über die Dinge außer uns, so würde sowohl die Philosophie wie auch die Vernunft für immer mit Schmach bedeckt sein — „ein Scandal"!.. Warum verteidigte Leibniz so leidenschaftlich seine ewigen Wahrheiten, und warum geriet er so sehr in Entsetzen bei dem Gedanken, daß man sie würde dem Schöpfer unterwerfen müssen? Warum nahm Kant das Schicksal der Dinge außer uns sich so sehr zu Herzen und verhielt sich so teilnahmslos gegen das Schicksal Gottes, der Freiheit und Unsterblichkeit? Man sollte meinen, daß es hätte umgekehrt sein sollen. Man sollte meinen, daß der „Scandal der Philosophie" in der Unmöglichkeit bestehe, das Dasein Gottes zu beweisen, und daß die Abhängigkeit Gottes von den Wahrheiten das Bewußtsein des Menschen mit Entsetzen erfüllen und vergiften müsse. Man sollte meinen — in Wirklichkeit aber ergab sich das Gegenteil: die Vernunft, die nach Allgemeinheit und Notwendigkeit begierig ist, hat das Ihre erreicht — und die großen Vertreter der neueren Philosophie haben alles, was die Vernunft reizen könnte, in jenes Gebiet des „Übersinnlichen" verlegt, aus welchem bereits nichts mehr zu uns gelangt und in welchem Sein und Nichtsein zu einem einzigen grauen Einerlei verschmelzen. Kant schrieb noch vor der „Kritik der reinen Vernunft" an Marcus Herz, daß „in der Bestimmung des Ursprungs und der Gültigkeit unserer Erkenntnisse der Deus ex machina das Ungereimteste ist, was man wählen kann" und ferner — gleichsam als übersetzte er Leibniz' Einwände gegen Descartes: „Zu sagen, daß ein höheres Wesen in uns solche Begriffe und Grundsätze (d. h. die ewigen Wahrheiten) weislich gelegt habe, heißt alle Philosophie zu Grunde richten." Hierauf baut sich die ganze kritische Philosophie auf — ebenso wie auch die vorkritische hierauf beruhte. Die Vernunft verträgt nicht den Gedanken dessen, was Kant „Deus ex machina" oder „höheres Wesen" nennt: für sie bedeutet dies das Ende jeglicher Philosophie. Kant konnte Leibniz dessen bescheidene harmonia praestabilita nicht verzeihen, — und zwar nur deshalb, weil sie ein Deckmantel für den Deus ex machina ist. Denn wenn es einen Deus ex machina, das heißt einen Gott gibt, der, wenn auch nur aus der Ferne und nur ein ganz klein wenig, sich in die irdischen Dinge einmischt, so wird die Vernunft für immer auf den Gedanken verzichten müssen, daß das, was ist, aus Notwendigkeit so ist, wie es ist, oder, in Spinozas Sprache ausgedrückt, daß „die Dinge in keiner anderen Weise oder Ordnung von Gott erschaffen werden konnten, als sie erschaffen worden sind" (res nullo alio modo vel ordine a Deo produci potuerunt quam productae sunt).

Kant konnte es — auch hierin mit Leibniz übereinstimmend — nicht leiden, wenn man ihn mit Spinoza in Verbindung brachte. Er wollte, wie Leibniz, als christlicher Philosoph gelten und galt auch als solcher. Aber bei all seiner Frömmigkeit konnte er sich durchaus nicht mit dem Gedanken aussöhnen, daß Gott über die Wahrheiten gestellt werden könne und zu stellen sei, daß man Gott in unserer Welt suchen und finden könne. Warum konnte er es nicht? Und warum ist er, als er von dem „dogmatischen Schlummer" sprach, vor dem er sich zu seinen „Kritiken" flüchtete, nicht auf den Gedanken gekommen, sich zu fragen, ob nicht seine Überzeugtheit von der Eigengesetzlichkeit der Wahrheit wie auch sein Haß gegen die „Erfahrung" das durch nichts begründete „Dogma" der Souveränität der Vernunft zur Quelle habe? Und daß dieses Dogma nicht einen Schlummer, sondern einen tiefen, unerwecklichen Schlaf, ja vielleicht sogar den Tod des menschlichen Geistes bedeutet? Sich in die Hände eines lebendigen Gottes auszuliefern sei unheimlich, sich aber der unpersönlichen Notwendigkeit zu unterwerfen, die wer weiß wie in das Sein eingedrungen ist, sollte nicht unheimlich, sondern erfreulich und beruhigend sein! Und wozu brauchte dann Kant eine scharfe Grenze zwischen sich und Leibniz, wozu brauchten Leibniz und Kant eine ebensolche zwischen sich und Spinoza zu ziehen? Und warum, frage ich nochmals, haben die Philosophiehistoriker — man könnte fast sagen: die Geschichte der Philosophie — bis auf den heutigen Tag so achtsam und sorgfältig jene Grenze bewacht, die Kant zwischen sich und seinen nächsten Vorläufern, zwischen sich und der mittelalterlichen und antiken Philosophie gezogen hatte? Seine „Kritiken" haben das Fundament nicht erschüttert, auf dem das forschende Denken der europäischen Menschheit ruhte. Die ewigen Wahrheiten leuchteten sowohl vor Kant als regungslose Sterne über uns, wie sie es auch nach ihm tun, und nach ihnen orientieren sich die in die unendlichen Zeiten und Räume hineingeworfenen schwachen Sterblichen. Ihre Unveränderlichkeit verleiht ihnen zwingende Kraft, ja — wenn man Leibniz glauben will — noch mehr als zwingende Kraft, sie verleiht ihnen die Kraft, zu überzeugen, uns ihnen günstig zu stimmen, anzuziehen, ganz gleich, was sie uns auch verheißen mögen, was auch immer sie von uns fordern mögen, während die Erfahrungswahrheiten uns immer reizen, wiederum ganz unabhängig davon, was auch immer sie uns bringen mögen, wie uns das „höhere Wesen" (alias: Deus ex machina) reizt, selbst wenn es ewige Wahrheiten von Seiendem und Nichtseiendem weislich in uns legt.

2

Die kritische Philosophie hat die Grundideen Spinozas nicht nur nicht widerlegt, sondern hat sie ganz übernommen und in sich aufgehen lassen. Die „Ethik" und der „Theologisch-politische Traktat" walten in gleichem Maße, wenn auch stillschweigend, sowohl in dem Denken des deutschen Idealismus wie auch bei Leibniz: die Notwendigkeit, die für die Ordnung und den Zusammenhang des Seins — die ordo et connexio rerum — bestimmend ist, zwingt uns nicht, sondern überzeugt uns, sie reißt mit, lockt, erfreut und verschafft jene hohe und letzte Befriedigung und Beruhigung des Geistes, die in der Philosophie seit jeher als das höchste Gut galt. „Die Zufriedenheit mit sich selbst kann aus der Vernunft entspringen, und jene Zufriedenheit, die aus der Vernunft entspringt, ist die höchste, die verliehen werden kann" (acquiescentia in se ipso ex ratione oriri potest et ea acquiescentia, quae ex ratione oritur, maxima est quae dari potest). Wahrhaftig, die Menschen bildeten sich ein, und manche Philosophen unterstützten sie sogar darin, der Mensch sei in der Natur gewissermaßen ein Staat im Staate: „Nachdem die Menschen sich überzeugt hatten, daß alles, was geschieht, ihretwegen geschieht, mußten sie an jeder Sache dasjenige als das Wichtigste betrachten, was ihnen selber am nützlichsten ist, und dasjenige am meisten schätzen, wovon sie am besten affiziert wurden" (postquam homines sibi persuaserunt, omnia, quae fiunt, propter ipsos fieri, id in unaquaque re praecipuum judicare debuerunt, quod, ipsis utilissimum, et illa omnia praestantissime debuerunt, a quibus optime afficiebantur). Dementsprechend „weinen, lachen, verachten sie oder, was meistenteils geschieht, sie verwünschen" (flent, ridunt, contemnunt vel quod plerumque fit, detestantur). In all dem erblickt Spinoza die grundlegende Verirrung, man könnte sogar sagen: die Erbsünde des Menschen, wenn nicht Spinoza selber sich so sorgsam gegen alles abgegrenzt hätte, was wenn auch nur äußerlich an die Bibel erinnert. Das erste große Gebot des Denkens, welches das biblische Verbot der Früchte vom Baum der Erkenntnis aufhebt, lautet: „Nicht lachen, nicht jammern, noch verwünschen, sondern verstehen" (non ridere, non lugere, neque detestari, sed intelligere). Alles ändert sich dann in unseren Augen. Wenn wir das Leben „in Hinblick auf die Ewigkeit oder die Notwendigkeit" — sub specie aeternitatis vel necessitatis — betrachten, nehmen wir alles, was uns begegnet, mit der gleichen Ruhe und mit Wohlwollen hin: „Wenn diese Dinge auch unbequem sind, so sind sie doch notwendig und haben bestimmte Gründe, durch die wir ihr Wesen zu verstehen suchen, und die Seele freut sich über ihre wahre Betrachtung ebenso wie über die Erkenntnis derjenigen Dinge, die den Sinnen angenehm sind" (quae tametsi incommoda sunt, necessaria tamen sunt, certasque habent causas, per quas eorum naturam intelligere conamur et Mens eorum vera contemplatione aeque gaudet, ac earum rerum cognitione, quae sensibus gratae sunt).

Indem unser Geist die Notwendigkeit alles in der Welt Geschehenden schaut, empfindet er die höchste Freude. Wodurch unterscheidet sich dies von Kants Behauptung, daß unsere Vernunft nach allgemeinen und notwendigen Urteilen begierig sei? Oder von Leibniz' Versicherung, die ewigen Wahrheiten zwängen ihn nicht nur, sondern überzeugten ihn? Oder von Hegels berühmter Formel „was wirklich ist, ist vernünftig"? Und stand es denn für Kant, Leibniz oder Hegel nicht ebenso außer Zweifel, daß der von dem Menschen erhobene Anspruch auf eine besondere, bevorzugte Stellung innerhalb der Natur gänzlich unbegründet sei und durch nichts gerechtfertigt werden könne, außer durch die Berufung auf ein „höheres Wesen", welches es nirgends gibt und gegeben hat? Die wahre Philosophie beginnt erst dann, wenn wir, die höheren Wesen vergessend und alles „Lachen, Jammern und Verwünschen" und die daraus entspringenden sinnlosen, niemanden erweichenden Tränen unterdrückend und mit der Wurzel ausrottend, lernen werden, unsere Bestimmung und den Sinn unseres Daseins in dem reinen, ungetrübten „Verstehen" zu erblicken. Zwar finden wir weder bei Leibniz, noch bei Kant einen theologisch-politischen Traktat, welcher den Grundstein zu dem gelegt hätte, was man heute Bibelkritik nennt, aber dies bezeugt durchaus nicht, daß sie ihr Denken weniger sorgfältig vor biblischer Verseuchung geschützt hätten. Trüge man alles zusammen, was Kant über „Schwärmerei" und „Aberglauben" gesagt oder was Leibniz zu denselben Themen geschrieben hat, so ergäbe sich eine Wiederholung des „Theologisch-politischen Traktats". Umgekehrt besteht der ganze Sinn des „Theologisch-politischen Traktats" darin, alle aus der Heiligen Schrift in unsere geistige Habe hineingeratenen und durch nichts gerechtfertigten Gedanken hinauszuwerfen. Das „nicht lachen, nicht jammern, noch verwünschen", welches das von der Bibel über die Früchte vom Baum der Erkenntnis verhängte Verbot aufhob, ist zugleich auch die vernünftige Antwort auf das „aus der Tiefe rufe ich, Herr, zu dir" des Psalmisten. Der Psalmist konnte Gott anrufen, aber ein Mensch, „der sich von der Vernunft allein leiten läßt" (qui sola ratione ducitur), weiß genau, daß es nutzlos ist, Gott aus der Tiefe anzurufen: die Anrufung wird zu nichts führen. Bist du in einen Abgrund gestürzt, so bemühe dich, so gut du kannst wieder herauszuklettern, vergiß aber, was die Bibel im Laufe der Jahrhunderte die Menschen gelehrt hat: daß es irgendwo „im Himmel" ein höheres, zudem allmächtiges Wesen gebe, welches sich um dein Los kümmert, dir helfen könnte und dir zu helfen gewillt sei. Dein Schicksal hängt ganz von den Bedingungen ab, in die dich der Zufall hineingestellt hat. Bis zu einem gewissen Grad kann man sich an diese Bedingungen anpassen. Man kann, sagen wir einmal, durch Arbeit sein Brot erwerbend oder es durch Raub anderen nehmend, sein irdisches Dasein einige Zeit fristen. Aber nur fristen — dem Tod zu entgehen aber ist niemandem gegeben: denn eine ewige Wahrheit — die sich ja nicht umgehen läßt — lautet: „Alles, was einen Anfang hat, hat auch ein Ende". Der biblische Mensch wollte sich mit diesem Gedanken nicht aussöhnen, er überzeugte ihn nicht, — aber dies bestätigt nur, daß er „sich nicht von der Vernunft allein leiten ließ", daß er gänzlich in „Schwärmerei" und „Aberglauben" versumpft war. Der aufgeklärte Mensch aber — ein Spinoza, ein Leibniz, ein Kant — denkt anders. Die ewigen Wahrheiten zwingen ihn nicht nur, sondern überzeugen, inspirieren, beschwingen ihn. Sub specie aeternitatis vel necessitatis — wie feierlich und erhaben klingen diese Worte aus dem Munde Spinozas. Und seine Liebe zum Ewigen, sein amor erga rem aeternam! Würde es sich nicht lohnen, hierfür die ganze Welt hinzugeben, welche allerdings nach dem unverbürgten, genauer gesagt: dem falschen Zeugnis wiederum der Bibel — vom Schöpfer für den Menschen geschaffen worden ist? Und Spinozas „wir fühlen und erfahren, daß wir ewig sind" (sentimus experimurque nos aeternos esse) und die seine „Ethik" bekrönende Erklärung: „Die Glückseligkeit ist nicht der Lohn der Tugend, sondern die Tugend selbst" (beatitudo non est virtutis praemium sed ipsa virtus) — sind sie nicht dessen wert, daß man die vergänglichen und veränderlichen, uns vom Leben verheißenen Güter gegen sie eintausche?

Hier berühren wir das, wodurch sich die biblische Philosophie, der biblische Gedanke, oder besser gesagt: das biblische Denken, so scharf von dem spekulativen Denken unterscheidet, dessen Vertreter fast alle bedeutenden Philosophen der geschichtlichen Vergangenheit der Menschheit sind. Das von Spinoza — dem kühnsten und offenherzigsten unter ihnen — verworfene „Lachen,

Jammern und Verwünschen" (ridere, lugere et detestari) mit dem sie begleitenden „Weinen" (flere) ist jene Dimension des Denkens, die gar nicht existiert oder, genauer gesagt, in dem Menschen gänzlich verkümmert ist, „der sich von der Vernunft allein leiten läßt". Man kann sich noch stärker ausdrücken: Die Vorbedingung des vernünftigen Denkens besteht in der Bereitwilligkeit, alle mit dem „Lachen, Jammern und Verwünschen" — und insbesondere mit dem „Weinen" — verknüpften Möglichkeiten zu verwerfen. Das biblische „sehr gut" erscheint uns als eine phantastische Erfindung, wie uns auch ein Gott, der sich auf dem Berge Sinai dem Propheten offenbarte, als eine phantastische Erfindung erscheint. Wir wissenden Menschen knüpfen unsere Zuversicht an die autonome Ethik, in ihrem Lob erblicken wir unser Heil, in ihrem Tadel das ewige Verderben. „Jenseits" der zwingenden Wahrheiten, „jenseits" von Gut und Böse nehmen unserer Ansicht nach jegliche Interessen des Geistes ein Ende. In der von der „Notwendigkeit" regierten Welt bestehen die Bestimmung des Menschen und das einzige Ziel des vernünftigen Wesens in der Pflichterfüllung: die autonome Ethik bekrönt die autonome Gesetzmäßigkeit des Seins. In anschaulichster Weise tritt der Gegensatz zwischen der spekulativen und der biblischen Philosophie zutage, wenn wir Sokrates' Worte: „Das höchste Gut besteht für den Menschen darin, Tag für Tag Gespräche über die Tugend zu führen" (oder Spinozas „sich an wahrer Betrachtung erfreuen" — gaudere vera contemplatione) den Worten des Apostels Paulus entgegenstellen, alles was nicht aus dem Glauben komme, sei Sünde. Die Vorbedingung des Sokratischen „höchsten Gutes" (oder der „wahren Betrachtung" Spinozas) besteht in der Bereitwilligkeit des wissenden Menschen, auf den „Segen Gottes" zu verzichten, kraft dessen die Welt und alles, was in der Welt ist, für ihn bestimmt war. Schon die Alten hatten die „ewige Wahrheit" erkannt, daß der Mensch nur ein Glied in der unendlichen, weder einen Anfang noch ein Ende habenden Kette der Erscheinungen sei, und diese ewige, selbstverständlich zwingende, von außen gekommene Wahrheit besaß ebenfalls bereits im Altertum die Fähigkeit, den philosophischen Verstand sich nicht nur zu unterwerfen, sondern auch ihn sich günstig zu stimmen oder, wie Leibniz sich ausdrückte, zu überzeugen. Hier nun erhebt sich die grundlegende „philosophische" Frage, welche leider die Aufmerksamkeit der Philosophen nicht auf sich gelenkt hat: weder die von Leibniz selber, noch die derjenigen, welche vor ihm und nach ihm, ausdrücklich oder stillschweigend, der Ansicht waren, daß die ewigen Wahrheiten nicht nur zwingen, sondern auch überzeugen. Die Frage, was in unserem Verhältnis zu den Wahrheiten wesentlich sei: daß sie zwingen, oder daß sie überzeugen? Anders gesagt: **Wenn eine zwingende Wahrheit uns nicht überzeugt, verliert sie dann infolgedessen ihr Wahrsein?** Genügt es nicht für eine Wahrheit, zwingende Kraft zu besitzen? Wie ja Aristoteles von Parmenides und den anderen großen Philosophen des Altertums sagt: sie seien „von der Wahrheit selber gezwungen" (ὑπ' αὐτῆς ἀληθείας ἀναγκαζόμενοι). Allerdings fügt er seufzend hinzu, die Notwendigkeit sei etwas, das sich nicht umstimmen ließe (τὴν ἀνάγκην ἀμετάπειστόν τι εἶναι), als hätte er von vornherein Leibniz entgegentreten wollen, welcher behauptete, die Wahrheit täte mehr als zwingen, sie überzeuge. Aber Aristoteles unterdrückte zu guter Letzt seinen unwillkürlichen Seufzer und begann die zwingende Wahrheit derartig zu preisen, als zwinge sie wirklich nicht nur, sondern als überzeuge sie auch. In der neueren Philosophie jedoch sind solche Ausdrücke wie das Leibnizsche „sie überzeugt" und das Spinozaische „sich an wahrer Kontemplation erfreuen" gewissermaßen nur ein Surrogat für das „Weinen" und für das biblische „Gott segnete", die in jenes Gebiet des objektiven Denkens hineingeschmuggelt wurden, welches, wie man meinen sollte, mit solcher Sorgfalt ein für allemal von jeglicher „Schwärmerei" und jeglichem „Aberglauben" gesäubert wurde, welch letztere sich hauptsächlich infolge der tausendjährigen Nachbarschaft mit der Heiligen Schrift und deren Offenbarungen wie ein Unkraut auf ihm breitgemacht hatten.

Aber dies genügte der Philosophie — oder richtiger: den Philosophen — nicht: sie wollten meinen, sie wollen auch weiterhin meinen und bemühen sich auf jede Weise, den Menschen einzuflüstern, ihnen aufzubinden, ihre Wahrheiten besäßen die Gabe, nicht allein sie selber zu überzeugen, sondern überzeugten jedermann ohne Ausnahme. Nur solche Wahrheiten erkenne die Vernunft an, nur nach ihnen trachte sie, nur diese nenne sie „Wissen". Wenn man Spinoza, Leibniz oder Kant nahegelegt hätte, ihre Anmaßung in dem Sinne einzuschränken, daß die Wahrheiten nur für jene, die sie überzeugen, Wahrheiten seien, und für jene, die sie nicht überzeugen, Wahrheiten zu sein aufhörten, hätten dann ihre Wahrheiten für sie selber ihren früheren Zauber beibehalten? Und wären sie dann bereit gewesen, sie nach wie vor Wahrheiten zu nennen?

Nehmen wir ein konkretes Beispiel, — kann sich doch nur an konkreten Beispielen der uralte Gegensatz des hellenischen und des biblischen Denkens zeigen: Der Psalmist ruft den Herrn aus der Tiefe seiner menschlichen Nichtigkeit an — und sein ganzes Denken wird gelenkt, sowie auch die von ihm erlangte Wahrheit bedingt nicht durch das, was gegeben ist, was ist, was man wenn auch nur mit den Augen des Geistes (oculi mentis) „erblicken" kann, sondern durch noch irgend etwas, dem sowohl das, was gegeben ist, wie auch das, was ist, bei all seiner zweifellosen Gegebenheit unterworfen bleibt. Dementsprechend werden die Ziele seines Forschens nicht durch die unmittelbaren Gegebenheiten des Bewußtseins beschränkt: die Tatsachen, das

Gegebene, die Erfahrung sind für ihn nicht das letzte Kriterium, durch welches sich die Wahrheit von der Lüge unterscheidet. Eine Tatsache ist für ihn etwas, das einmal entstanden ist, einen Anfang hatte und folglich ein Ende haben kann, wenn auch nicht muß. Wir wissen aus der Geschichte, daß vor zweieinhalb Jahrtausenden in Athen Sokrates vergiftet worden ist. Ein Mensch, „der sich von der Vernunft allein leiten läßt", weiß sich angesichts dieser „Tatsache" nicht zu helfen — sie ist nicht nur zwingend, sondern überzeugend. Und er beruhigt sich nicht, ehe ihm die Vernunft nicht verbürgt, daß keine Macht der Welt diese Tatsache auszutilgen vermag, das heißt, solange er nicht das Element der Ewigkeit und Notwendigkeit in ihr erkennt. Er meint, daß er, sogar das, was einmal entstanden ist, in eine ewige Wahrheit verwandelnd, das Beste erreiche, wonach ein Sterblicher sich sehnen könne. Er erlangt ein Wissen, ein echtes Wissen nicht dessen, was anfängt und endet, was sich verändert und vergeht, sondern ein Wissen dessen, was in alle Ewigkeit unveränderlich ist: er erhebt sich bis auf die Stufe des Verstehens des Weltalls „in Hinblick auf die Ewigkeit oder Notwendigkeit" — sub specie aeternitatis vel necessitatis. Er schwingt sich in jenes Gebiet empor, wo die Wahrheit zu Hause ist. Und dann ist es ihm bereits einerlei, was die Wahrheit mit sich bringt — ob man den besten der Menschen oder einen tollen Hund vergiftet hat. Die Hauptsache ist, daß sich die Möglichkeit eröffnet, die ewige, unveränderliche, unerschütterliche Wahrheit zu schauen. Der Geist freut sich über die Ewigkeit der Wahrheit und ist gegen ihren Inhalt ganz gleichgültig. Die „Liebe zum Ewigen" — amor erga rem aeternam — erfüllt die menschliche Seele mit Glückseligkeit, und das Schauen der Ewigkeit und Notwendigkeit alles dessen, was geschieht, ist das höchste Gut, das man erstreben kann. Hätte irgendwer zu Spinoza, Leibniz oder Kant gesagt, der Wahrheit: „man hat Sokrates vergiftet" sei eine Frist gesetzt und wir würden über kurz oder lang das Recht zu der Behauptung erringen, niemand habe Sokrates jemals vergiftet, diese Wahrheit befinde sich wie alle Wahrheiten in der Gewalt eines höheren Wesens, welches auf unser Flehen hin sie aufheben könne, — so hätten sie hierin einen vermessenen und lästerlichen Anschlag auf die heiligen Rechte der Vernunft erblickt und wären empört gewesen, wie Leibniz sich empörte, wenn er an Descartes' Berg ohne Tal dachte. Daß auf Erden Gerechte wie Hunde vergiftet werden — das beunruhigt die Philosophen nicht, denn sie meinen, daß dies die Philosophie in keiner Weise bedrohe. Die Annahme aber, ein „höheres Wesen" könne uns von dem Alp der ewigen Wahrheit, daß Sokrates vergiftet wurde, erlösen — erscheint ihnen nicht nur unsinnig, sondern auch empörend, und ist für sie, weit davon entfernt, sie zu befriedigen oder zu überzeugen, bis zum äußersten Grad aufreizend. Zwar zögen sie es vor, daß Sokrates nicht vergiftet worden wäre, da man ihn aber nun einmal vergiftet habe, müsse man sich damit aussöhnen und höchstens irgend eine Theodizee ausdenken, die, wenn sie uns auch nicht die das Leben anfüllenden Schrecken ganz vergessen machen, so doch wenigstens die von ihnen hinterlassenen Eindrücke abschwächen würde. Natürlich würde sich eine Theodizee — die Leibnizsche oder eine andere — wiederum auf irgend eine „ewige Wahrheit" stützen müssen, die zu guter Letzt auf Spinozas „in Hinblick auf die Ewigkeit oder Notwendigkeit" hinausliefe. Sie würden sagen, alles Erschaffene könne schon kraft dessen, daß es erschaffen ist, nicht vollkommen sein, wenn das aber so sei, so müsse die Welt, die erschaffen worden ist, nur die „beste der möglichen Welten" sein, und wir hätten kein Recht, zu erwarten, daß es nichts Schlechtes oder sogar nichts sehr Schlechtes in ihr gebe.

Warum kann Erschaffenes nicht vollkommen sein? Wer hat Leibniz diesen Gedanken eingeflüstert, ihn ihm aufgebunden?

Auf diese Frage hat Leibniz keine Antwort, wie kein einziger Philosoph eine Antwort darauf weiß, auf welche Weise sich die Wahrheit einer Tatsache in eine ewige Wahrheit verwandelt. Und in dieser Hinsicht unterscheidet sich die aufgeklärte Philosophie der Neuzeit in keiner Weise von der Philosophie des „finsteren" Mittelalters. Die ewigen Wahrheiten zwingen und überzeugen in gleicher Weise alle denkenden Menschen. Als im Mittelalter die Stimme des Petrus Damiani erklang, welcher verkündigte, Gott könne Geschehenes ungeschehen machen, erwies sie sich als die Stimme eines Rufenden in der Wüste. Sogar im Mittelalter konnte sich ebenso wie in unserer Zeit niemand zu der Annahme entschließen, daß das biblische „sehr gut" der Wirklichkeit entspreche und die von Gott geschaffene Welt keine Mängel besitze. Vielmehr kann man sagen, daß die Philosophie des Mittelalters, ja sogar die patristische Philosophie, die Philosophie von Menschen, die sich die hellenische Kultur zu eigen gemacht hatten, „in Hinblick auf die Ewigkeit oder Notwendigkeit" dachte und denken wollte. Wenn Spinoza verzückt ausruft: „Die Liebe zum Ewigen und Unendlichen nährt den Geist mit Freude allein, und diese selbst ist frei von jeder Traurigkeit, was sehr zu wünschen und mit allen Kräften anzustreben ist" (amor erga rem aeternam et infinitam sola laetitia pascit animum, ipsaque omnis tristitiae est expers, quod valde est desiderandum totisque viribus quaerendum), — so zieht er nur die Bilanz dessen, was er von dem philosophierenden, an den großen Vertretern des hellenischen Denkens geschulten Mittelalter ererbt hat. Ein Unterschied besteht nur darin, daß Spinoza, um sich den Weg zum Ewigen und Unendlichen — der res aeterna et infinita — zu bahnen, es für seine Denkerpflicht hielt, sich scharf gegen die Heilige Schrift abzugrenzen, während das Mittelalter übernatürliche Anstrengungen machte, der Bibel jene Autorität zu wahren, die ihr als einem von Gott inspirierten

Buch eigen ist. Je mehr man sich aber um die Autorität der Bibel kümmerte, desto weniger berücksichtigte man ihren Inhalt: fordert doch die Autorität schließlich und letztlich nichts weiter als Ehrerbietung und Achtung. Die mittelalterliche Philosophie sagte immer wieder, die Philosophie sei nur die Magd der Theologie, und berief sich in ihren Betrachtungen immer auf die Bibeltexte. Dennoch ist ein so kompetenter Historiker wie Gilson zu dem Eingeständnis genötigt, der mittelalterliche Philosoph habe beim Lesen der Heiligen Schrift nicht umhin können, sich an Aristoteles Worte über Homer zu erinnern: „Viel lügen die Sänger". Auch zitiert er die Worte des Duns Scotus: „Ich glaube, Herr, an das, was dein großer Prophet sagt, — aber wenn es möglich ist, mache es so, daß ich weiß". So sprach der doctor subtilis — einer der genialsten Denker des Mittelalters. Wenn er die Worte hört: „Stehe auf, nimm dein Bette, und wandele", antwortet er: „Gebt mir meine Krücken, damit ich etwas habe, worauf ich mich stützen kann". Ein Duns Scotus sollte die Worte des Apostels nicht gekannt haben: „Alles, was nicht aus dem Glauben kommet, ist Sünde" und mit der biblischen Legende vom Sündenfall des ersten Menschen, der sich vom Glauben lossagte um des Wissens willen, nicht vertraut gewesen sein? Aber es ist ihm, wie später Kant, gar nicht in den Sinn gekommen, in der biblischen Legende eine „Kritik der reinen Vernunft", eine Kritik des von der reinen Vernunft eingebrachten Wissens zu suchen. Wäre es möglich, daß das Wissen hinführe zu dem „du wirst des Todes sterben", der Glaube indes zum Baum des Lebens führe? Wer könnte sich entschließen, solch eine Kritik hinzunehmen?* Ist denn die Wahrheit, daß das Wissen über dem

* Dostojewskij hat sich hierzu entschlossen. Aber obwohl ich schon mehrfach darauf hinwies, daß die „Aufzeichnungen aus dem Kellerloch" und „Der Traum eines lächerlichen Menschen" uns erstmals eine „Kritik der Vernunft" lieferten, — so ist doch alle Welt nach wie vor der Ansicht, daß sie bei Kant zu suchen sei.

Glauben stehe, oder daß der Glaube nur ein unvollkommenes Wissen sei, keine „ewige Wahrheit", nicht jene Wahrheit, auf die par excellence Leibniz' Worte anwendbar sind, daß sie nicht nur zwinge, sondern überzeuge? Schon der erste Mensch ließ sich durch sie verführen: und seitdem sind, wie Hegel richtig behauptete, die Früchte vom Baum der Erkenntnis zur Quelle der Philosophie für alle folgenden Zeiten geworden. Die zwingenden Wahrheiten des Wissens unterwerfen und überzeugen die Menschen, die freie Wahrheit der Offenbarung indes, die keinen „zureichenden Grund" besitzt und sucht, „reizt" sie nur, wie die Erfahrung sie reizt. Der Glaube, der uns laut der Heiligen Schrift zum Heil führt und von der Sünde erlöst, führt uns unserer Auffassung nach in das Gebiet der reinen Willkür, wo es für das menschliche Denken keinerlei Möglichkeit gibt, sich zu orientieren, sich auf irgend etwas zu stützen. Und wenn selbst die biblische „Kritik" recht hatte, wenn die Erkenntnis, in das Sein eindringend, unumgänglich zu allen Schrecken des Daseins und zum Tode führt, so wird ein Mensch, der von den verbotenen Früchten gegessen hat, sie bereits nie mehr vergessen wollen und können. Dieser Art ist die Herkunft von Spinozas Gebot: „Nicht lachen, nicht jammern, noch verwünschen, sondern verstehen". Um zu „verstehen", muß man sich von allem abwenden, womit unser Freuen und Trauern, unsere Zuversichten, Hoffnungen, Verzweiflungen und so fort verknüpft sind. Man muß auf die Welt und auf das, was in der Welt ist, verzichten. „Von der Wahrheit selber gezwungen" (ἀναγκαζόμενος ὑπ' αὐτῆς τῆς ἀληθείας), kehrt sich Spinoza nach Vorgang der Antike und des Mittelalters von der vom Schöpfer erschaffenen Welt ab: alles, was es in der Welt gibt, führt er auf Reichtum, Ehre und Sinnenlust — divitiae, honores et libidines — zurück. Der höchste Triumph ist für ihn die Erkenntnis seiner Vorläufer, daß alles, was es in der Welt gibt, vergänglich, alles zum Untergang verdammt sei: verlohnte es sich da, auf so eine Welt Wert zu legen? Und hatten die alten und mittelalterlichen Philosophen nicht recht, die der von Gott erschaffenen Welt die ideale, von der menschlichen Vernunft erschaffene Welt vorzogen — und in dieser letzteren das höchste Gut des Menschen — μέγιστον ἀγαθὸν τῷ ἀνθρώπῳ — erblickten? Die Liebe zum Ewigen — amor erga rem aeternam — als das einzige „valde bonum", welches das Sein in den Augen des Menschen rechtfertigt.

So haben wir nun einerseits Sokrates mit seinem „Wissen", der sich in seiner idealen Welt verschanzt hat — andererseits die Legende vom Sündenfall des ersten Menschen und den Apostel, der diese Legende mit den Worten auslegt: „Alles, was nicht aus dem Glauben gehet, ist Sünde". Die Aufgabe des vorliegenden Buches besteht darin, die Wahrheitsansprüche der menschlichen Vernunft oder der spekulativen Philosophie nachzuprüfen. Das Wissen wird nicht für das letzte menschliche Ziel gehalten, das Wissen rechtfertigt nicht das Sein, es muß selber vom Sein seine Rechtfertigung bekommen. Der Mensch möchte gern in den Kategorien denken, in denen er lebt, und nicht in den Kategorien leben, in denen er zu denken gewöhnt ist: der Baum der Erkenntnis erstickt nicht mehr den Baum des Lebens.

Der erste Teil — „Der gefesselte Parmenides", Παρμενίδης δεσμώτης — sucht zu zeigen, daß die großen Philosophen auf der Jagd nach dem Wissen das kostbarste Geschenk des Schöpfers — die Freiheit — verloren: Parmenides war kein freier, sondern ein gefesselter Parmenides. Der zweite Teil, der allerschwierigste — „Im phalarischen Stier" — deckt den unauflöslichen Zusammenhang zwischen dem Wissen, wie es die Philosophie auffaßte, und den Schrecken des Daseins auf. Der Immoralist Nietzsche preist die rückhaltlose Grausamkeit und legt das ritterliche Gelübde der ewigen Treue gegen das Fatum mit all dessen Unerbittlichkeiten ab, wobei er noch frohlockt und sich mit seiner Demut brüstet, indem er sein „Jenseits von Gut und Böse", seinen „Willen zur Macht" und alles vergißt, was er von Sokrates' Fall sagte: die Lobreden und Drohungen der Moral haben auch ihn verführt. Bei Kierkegaard verliert sogar das sanfte Christentum seine Sanftheit und wird von Schrecklichkeit durchsetzt, von der es in das antike Fatum verwandelt wird — von dem Augenblick an, da die „Tatsache" das souveräne Recht erhält, den Willen sowohl des Menschen wie auch des Schöpfers zu lenken. Im dritten Teil — „Die unwiderstehliche Begehrlichkeit", concupiscentia irresistibilis — wird von den erfolglosen Bemühungen des Mittelalters berichtet, die biblische, geoffenbarte Wahrheit mit der hellenischen Wahrheit auszusöhnen. Der vierte Teil — „Von der zweiten Dimension des Denkens" — geht von der These aus, daß die Vernunftwahrheiten uns ja möglicherweise zwingen, uns aber bei weitem nicht immer überzeugen, und daß dementsprechend das „Lachen, Jammern und Verwünschen" und die daraus entspringenden „Tränen" nicht nur keine Lösung im „Verstehen" finden und vor ihm nicht den Rückzug antreten, sondern in jenen Fällen, wo sie die gebührende Spannung erreichen, den letzten und verzweifelten Kampf mit ihm aufnehmen und es zuweilen umwerfen und vernichten. Die Philosophie ist nicht ein neugieriges Umschauen, nicht „Besinnung", sondern ein großer Kampf.

Alle vier Teile des Buches sind von dem einen Ziel durchdrungen und beseelt: die Macht der seelenlosen und gegen alles gleichgültigen Wahrheiten, in die sich die Früchte vom Baum der Erkenntnis verwandelt haben, von sich abzuschütteln. Die „Allgemeinheit und Notwendigkeit", nach welcher die Philosophen so begierig waren und an welcher sie sich so berauschten, erwecken in uns den größten Verdacht: in ihnen ist das bedrohliche „du wirst des Todes sterben" der biblischen Kritik der Vernunft transparent. Die Angst vor dem Phantastischen hält uns nicht mehr in ihrer Gewalt. Und das „höhere Wesen", das von der Spekulation in einen Deus ex machina umgewandelt wurde, kennzeichnet nicht das Ende der Philosophie, sondern das, was allein dem menschlichen Dasein Sinn und Inhalt geben und folglich zu der w a h r e n P h i l o s o p h i e führen kann. Mit Pascal gesprochen: „Der Gott Abrahams, der Gott Isaaks, der Gott Jakobs, und nicht der Gott der Philosophen." Der Gott der Philosophen — sei er nun ein materielles oder ein ideelles Prinzip — bringt den Triumph des Zwanges, der rohen Gewalt mit sich. Darum verfocht die Spekulation immer so hartnäckig die Allgemeinheit und Notwendigkeit ihrer Wahrheiten. Die Wahrheit verschont niemanden, der Wahrheit kann niemand entgehen: dies, und nur dies allein, verlockte die Philosophen. Das Leibnizsche „sie überzeugen" war nur eine heuchlerische Maske, hinter der sich das heiß ersehnte „sie zwingen" verbarg. In der Schrift heißt es: „Dir geschehe nach deinem Glauben". Hätte Leibniz oder ein beliebiger Philosoph jemals zu sagen gewagt: Dir geschehe nach deiner Wahrheit? Solch eine Wahrheit konnte Athen nicht ertragen. Sie zwingt nicht, zwingt gar nicht, sie wird sogar nirgends von irgend wem „gebilligt" — kann sich da die menschliche Vernunft von ihr verlocken lassen?

Aber Jerusalem hielt sich nur durch diese Wahrheit. Die zwingenden Wahrheiten, sogar die Wahrheiten, die nach Billigung trachten und den Tadel der autonomen Ethik fürchten, jene ewigen Wahrheiten, die laut Leibniz in das Bewußtsein Gottes eingegangen sind, ohne nach seinem Willen zu fragen, überzeugen Jerusalem nicht nur nicht, sondern sind ihm ein Greuel der Verwüstung. Innerhalb der „Grenzen der Vernunft" kann man daher eine Wissenschaft, eine hohe Moral, ja sogar eine Religion schaffen, — um aber Gott zu finden, muß man sich den Bezauberungen der Vernunft mit ihren physischen und moralischen Zwängen entwinden und zu einer anderen Quelle gehen. In der Heiligen Schrift wird sie mit dem rätselhaften Wort „Glaube" bezeichnet — jener Dimension des Denkens, bei der die Wahrheit sich freudig und furchtlos in die ewige und unkontrollierte Verfügung des Schöpfers begibt: dein Wille geschehe. Der Wille dessen, der seinerseits dem Glaubenden furchtlos und gebieterisch die von ihm verlorene Kraft zurückgibt: „Alles, was er sagt, das geschehe". Für den gefallenen Menschen beginnt hier das von der Vernunft auf immer in Verruf gebrachte Gebiet des Wunderbaren, des Phantastischen, des Märchenhaften. In der Tat, ist die Prophetie Jesajae: „Der Herr warf unser aller Sünde auf ihn" (Jes. 53, 6), und was im Neuen Testament von der Erfüllung dieser Prophezeiung erzählt ist, nicht phantastisch? In seinem „Kommentar zum Galaterbrief" spricht Luther mit einer großartigen Vermessenheit und einer unvergleichlichen Wucht hiervon: „Alle Propheten sahen dies im Geiste, daß Christus sein wird der allergrößte Räuber, Dieb, Tempelschänder, Mörder, Ehebrecher und so weiter, wie es nie einen größeren in der Welt geben wird" (omnes prophetae viderunt hoc in spiritu, quod Christus futurus esset omnium maximus latro, fur, sacrilegus, homicida, adulter etc. quo nullus major unquam in mundo fuerit). Und in noch anschaulicheren, biblischen, „nackten" Worten drückte er denselben Gedanken an einer anderen Stelle dieses Kommentars aus: „Gott hat seinen einziggeborenen Sohn in die Welt gesandt und hat auf ihn alle Sünden aller Menschen geladen, indem er sagte: Sei du Petrus, jener Verleugner, Paulus, jener Verfolger, Gotteslästerer und Gewalttäter, David, jener Ehebrecher, jener Sünder, der den Apfel im Paradiese aß, jener Schächer am Kreuze, alles in allem, du sollst sein die Person, welche die Sünden aller Menschen begangen hat" (Deus miserit unigenitum filium suum in mundum, ac conjecit in eum omnia omnium peccata, dicens: Tu sis Petrus, ille negator, Paulus, ille persecutor, blasphemus et violentus,

David, ille adultor, peccator ille, qui comedit pomum in paradiso, latro ille in cruce, in summa tu sis persona, qui fecerit omnium hominum peccata). Können wir das „verstehen", können wir das fassen, was in der Heiligen Schrift von den Propheten und Aposteln verkündet wurde? Würde sich Athen jemals bereit erklären, solche „Wahrheiten" in die Welt hineingelangen zu lassen? Die Geschichte der Menschheit, richtiger: alle Schrecken der Geschichte der Menschheit werden auf ein Wort des Allerhöchsten hin „aufgehoben", hören zu existieren auf, verwandeln sich in Phantome und Luftgebilde: Petrus hat nicht verleugnet, David hat Goliath geschlagen, war aber kein Ehebrecher, der Schächer hat nicht gemordet, Adam hat nicht von den verbotenen Früchten gegessen, Sokrates ist nie von jemandem vergiftet worden. Die „Tatsache", das „Gegebene", die „Wirklichkeit" beherrschen uns nicht, bestimmen unser Los weder in der Gegenwart, noch in der Zukunft, noch in der Vergangenheit. Das Geschehene wird ungeschehen, der Mensch kehrt zurück in den Stand der Unschuld und jener göttlichen Freiheit, der Freiheit zum Guten, im Vergleich zu welcher unsere Wahlfreiheit zwischen Gut und Böse verblaßt und erlischt, oder richtiger: angesichts welcher unsere Freiheit sich als kümmerliche und schmähliche Knechtschaft erweist. Die Erbsünde, das heißt das Wissen darum, daß das, was ist, aus Notwendigkeit ist, wird radikal aus dem Sein ausgerottet. Der Glaube, der einzig den Schöpfer anschauende und vom Schöpfer inspirierte Glaube strahlt aus sich die letzten, entscheidenden Wahrheiten vom Seienden und Nichtseienden aus. Die Wirklichkeit verwandelt sich. Der Himmel singt ein Preislied auf Gott. Die Propheten und Apostel rufen verzückt aus: „Tod, wo ist dein Stachel, Hölle, wo ist dein Sieg?" und sie verheißen einstimmig: „Das kein Auge gesehen hat, und kein Ohr gehöret hat, und in keines Menschen Herz kommen ist, das Gott bereitet hat denen, die ihn lieben" (1. Kor. 2, 9).

Die Großartigkeit, die unvergleichliche Wunderbarkeit und zugleich mit nichts in Einklang zu bringende Paradoxie, genauer gesagt: die ungeheuerliche Unsinnigkeit der biblischen Offenbarung übersteigt die Grenzen jeglichen menschlichen Fassungsvermögens und der von ihm zugelassenen Möglichkeiten. Aber für Gott gibt es nichts Unmögliches. Gott bedeutet, mit Kierkegaards Worten ausgedrückt, die dieser der Heiligen Schrift entlehnte, daß es nichts Unmögliches gebe. Und so sehnt sich der gefallene Mensch schließlich und letztlich, trotz der Spinozaischen Verbote, nur nach dem ihm verheißenen „euch wird nichts unmöglich sein" (οὐδὲν ἀδυνατήσει ὑμῖν), fleht er den Schöpfer nur um dieses an.

Hier nun nimmt die religiöse Philosophie ihren Anfang. Die religiöse Philosophie ist nicht ein Forschen nach einer vorewig existierenden, unveränderlichen Gliederung und Ordnung des Seins, ist nicht „Besinnung", sie ist auch nicht ein Erfassen des Unterschiedes zwischen Gut und Böse, welches der gequälten Menschheit Beruhigung verspricht. Die religiöse Philosophie ist eine unter maßlosen Spannungen, durch Abkehr vom Wissen, durch den Glauben geborene Überwindung der falschen Angst vor dem unumschränkten Willen des Schöpfers, einer Angst, welche unserem Urvater vom Versucher eingeflößt und an uns alle weitergegeben worden ist. Anders gesagt: sie ist der große und letzte Kampf um die ersterschaffene Freiheit und das in der Freiheit verborgene göttliche „sehr gut", welches nach dem Sündenfall sich in unser kraftloses Gute und unser allvernichtendes Böse gespalten hat. Unsere Vernunft, wiederhole ich, hat den Glauben in unseren Augen in Verruf gebracht: sie „erkannte" in ihm den vom Menschen unberechtigterweise erhobenen Anspruch, die Wahrheit seinen Wünschen zu unterwerfen, und nahm uns das kostbarste Geschenk des Himmels, das souveräne Recht, an dem schöpferischen „es werde" teilzunehmen, indem sie unser Denken in der Ebene des versteinerten „es ist" plattstampfte.

Daher vermag Sokrates' „höchstes Gut", welches aus dem Wissen entsprungen ist, daß das, was ist, aus Notwendigkeit sei, uns bereits nicht mehr zu fesseln und zu bezaubern. Es erweist sich als Frucht vom verbotenen Baum oder, mit Luther zu sprechen, als „das Untier, ohne dessen Tötung der Mensch nicht leben kann" (bellua, qua non occisa non potest homo vivere). Die alte ontische Kritik der Vernunft wird wiederhergestellt: das „non potest homo vivere" — welches nichts anderes als das biblische „du wirst des Todes sterben" ist — entlarvt die ewigen Wahrheiten, die in das Bewußtsein des Schöpfers, richtiger: der Schöpfung, eingingen, ohne deren Einverständnis zu erfragen. Die menschliche Weisheit ist eine Torheit vor Gott, und der weiseste der Menschen ist, wie dies die einander so wenig ähnlichen Nietzsche und Kierkegaard übereinstimmend erkannten, der größte Sünder gewesen. Alles, was nicht aus dem Glauben kommt, ist Sünde. Die Philosophie indes, die sich nicht erkühnt, sich über das autonome Wissen und die autonome Ethik emporzuschwingen, die Philosophie, die sich willenlos und hilflos vor den von der Vernunft entdeckten materiellen und ideellen Gegebenheiten beugt und „das einzige, was nottut", ihnen zu Raub und Plünderung überläßt, führt den Menschen nicht zur Wahrheit, sondern für alle Ewigkeit von ihr fort.

Boulogne s. Seine, im April 1937.　　　　　　LEO SCHESTOW

I
ΠΑΡΜΕΝΙΔΗΣ ΔΕΣΜΩΤΗΣ
ÜBER DIE QUELLE
DER METAPHYSISCHEN WAHRHEITEN

Die Notwendigkeit gilt als etwas, das keine Überredung abzuwenden vermag, und mit Recht (καὶ δοκεῖ ἡ ἀνάγκη ἀμετάπειστόν τι εἶναι, ὀρθῶς).
Arist. Met. 1015, a 30.

Der Anfang der Philosophie ist das Gewahrwerden seiner eigenen Schwäche und Ohnmacht in dem Notwendigen (ἀρχὴ φιλοσοφίας συναίσθησις τῆς αὐτοῦ ἀσθενείας καὶ ἀδυναμίας περὶ τὰ ἀναγκαῖα).
Epict. Dissert. II, 11.

1

Wir leben, umgeben von einer unendlichen Menge von Geheimnissen. Wie rätselhaft aber auch die das Sein umgebenden Geheimnisse sein mögen, so ist doch das Rätselhafteste und Beunruhigendste, daß das Geheimnis überhaupt besteht und wir gleichsam endgültig, ein für allemal von den Quellen und Anfängen des Lebens abgeschnitten sind. Von allem, dessen Zeugen wir auf Erden sind, ist dies offenkundig das Ungereimteste und Sinnloseste, das Allerfurchtbarste, ja fast etwas Widernatürliches, das uns unweigerlich auf den Gedanken bringt, daß entweder im Weltgebäude selber nicht alles wohlbestellt sei, oder daß die Wege, auf denen wir an die Wahrheit heranzukommen suchen, und die von uns an sie gestellten Anforderungen im tiefsten Grunde mit einem Fehler behaftet seien. Wie auch immer wir die Wahrheit definieren wollten, so werden wir uns doch nie von Descartes' clare et distincte (Klarheit und Deutlichkeit) lossagen können. Hier aber ist ewiges Geheimnis, ewige Undurchdringlichkeit, als hätte noch vor Erschaffung der Welt irgend jemand beschlossen, dem Menschen ein für allemal den Zutritt zu dem zu verschließen, was für ihn das Allernotwendigste und Allerwichtigste ist. Was wir für Wahrheit halten, was wir durch unser D e n k e n gewinnen, erweist sich in gewissem Sinne inkommensurabel nicht nur mit der äußeren Welt, in die wir seit Geburt untergetaucht worden sind, sondern auch mit unserem eigenen inneren Erleben. Wir haben Wissenschaften, wenn man will sogar eine Wissenschaft, die nicht nur von Tag zu Tag, sondern sogar von Stunde zu Stunde wächst und sich entwickelt. Wir wissen sehr vieles, und unser Wissen ist ein klares und deutliches. Die Wissenschaft blickt mit berechtigtem Stolz auf ihre ungeheuren Errungenschaften und darf mit gutem Recht annehmen, daß niemand imstande sein würde, ihrem Siegeszug

Einhalt zu gebieten. Die ungeheure Bedeutung der Wissenschaften bezweifelt niemand und wird niemand bezweifeln können. Wenn Aristoteles und sein Schüler Alexander der Große heute auferständen, so würden sie meinen, nicht in ein Menschenland, sondern in ein Götterland geraten zu sein: Aristoteles würde mehr als zehn Menschenleben benötigen, um den Wissensstoff zu bewältigen, der sich seit seinem Tode auf Erden angesammelt hat, während es Alexander vielleicht gelingen würde, seinen Welteroberungstraum in vollem Umfange zu verwirklichen. Das „clare et distincte" hat alle darein gesetzten Hoffnungen gerechtfertigt..

Aber der „Nebel" des Urgeheimnisses hat sich nicht gelichtet. Er hat sich eher noch mehr verdichtet. Plato brauchte wohl kaum auch nur ein einziges Wort an seinem Gleichnis von der Höhle zu ändern. Seine Schwermut, seine Unruhe, seine „Vorahnungen" fänden kein Echo in unserem Wissen. Die Welt bliebe für ihn „im Lichte" unserer „positiven" Wissenschaften das, was sie war: eine düstere und unheimliche Höhle, wir selber indes an Händen und Füßen gefesselte Gefangene, und er müßte von neuem übermenschliche Anstrengungen machen, um wie in einer Schlacht (ὥσπερ ἐν μάχῃ) durch die Wahrheiten durchzubrechen, die geschaffen werden von jenen Wissenschaften, die „vom Seienden träumen, es aber im Wachzustande nicht zu sehen vermögen" (ὀνειρώττουσιν μὲν περὶ τὸ ὄν, ὕπαρ δὲ ἀδύνατον αὐταῖς ἰδεῖν. Der Staat, 534 c, 533 c). Kürzer ausgedrückt, Aristoteles würde unser Wissen segnen, Plato indes es verfluchen. Umgekehrt würde unsere Zeit Aristoteles mit offenen Armen aufnehmen und sich in entschiedenster Weise gegen Plato wehren.

Aber man wird fragen: Was bedeuten Segen und Flüche von Menschen, welche Kraft und Macht sind ihnen verliehen, selbst wenn diese Menschen solche Titanen wie Plato und Aristoteles sind? Wird eine Wahrheit dadurch wahrer, daß Aristoteles ihr seinen Segen gab, oder wird sie sich in eine Lüge verwandeln, weil Plato sie verfluchte? I s t e s e t w a d e n M e n s c h e n g e g e b e n , ü b e r d i e W a h r h e i t e n z u r i c h t e n , ü b e r d i e S c h i c k s a l e d e r W a h r h e i t e n z u e n t s c h e i d e n ? Es ist ja doch umgekehrt: die Wahrheiten richten über die Menschen und entscheiden über ihre Schicksale, nicht aber walten die Menschen über die Wahrheiten. Die Menschen, die großen und die kleinen, werden geboren und sterben, sie kommen auf die Welt und verschwinden, die Wahrheiten aber bleiben bestehen. Als noch niemand zu „denken" und zu „suchen" begonnen hatte, waren die Wahrheiten bereits vorhanden, die sich später den Menschen offenbarten. Und wenn einmal die Menschen ganz vom Antlitz der Erde verschwinden oder die Fähigkeit des Denkens verlieren, so werden die Wahrheiten deswegen doch sich nicht ändern. Aristoteles ging bei seinen philosophischen Untersuchungen hiervon aus. Er sagt, Parmenides sei g e z w u n g e n (ἀναγκαζόμενος) gewesen, den Erscheinungen zu folgen. An anderer Stelle, wo bei ihm von demselben Parmenides und anderen großen griechischen Philosophen die Rede ist, schreibt er: ὑπ αὐτῆς τῆς ἀληθείας ἀναγκαζόμενοι (Met. 984, b 1), was „von der Wahrheit selber g e z w u n g e n" bedeutet. Aristoteles wußte mit Bestimmtheit: der Wahrheit ist die Macht gegeben, die Menschen, jeglichen Menschen ohne Unterschied — sei es nun der große Parmenides oder Alexander der Große, sei es ein unbekannter Sklave des Parmenides oder ein nichtiger Stallknecht Alexanders — zu nötigen, zu zwingen. Warum der Wahrheit Macht über Parmenides und Alexander, nicht aber Parmenides und Alexander Macht über die Wahrheit gegeben ist — diese Frage stellt Aristoteles nicht. Wollte man ihm aber eine solche Frage stellen, so würde er sie überhören und erklären, es sei eine sinnlose, eine offenkundig törichte Frage, man könne so etwas wohl sagen, aber nicht denken. Und dabei ist es nicht so, daß er ein gefühlloses, gegen alles gleichgültiges Wesen, ein Wesen, dem alles einerlei ist, wäre. Oder daß er gar wie Hamlet von sich sagen könnte: „Ich hege Taubenmut, mir fehlt's an Galle, die bitter macht den Druck". Für Aristoteles ist der Druck bitter. An einer anderen Stelle derselben „Metaphysik" sagt er, daß es schmerzlich sei, sich der Notwendigkeit zu beugen: „Alles Gewaltsame (Aufgezwungene) heißt notwendig (τὸ γὰρ βίαιον ἀναγκαῖον λέγεται) und ist darum bitter, wie Euenos sagt: jeglicher erlittene Zwang ist schmerzlich und bitter". Und Zwang ist Notwendigkeit — daher auch bei Sophokles: „Aber eine (unüberwindliche) Macht zwingt mich, so zu handeln" (Met. 1015, a 30). Aristoteles empfindet, wie wir sehen, Schmerz und Bitterkeit angesichts der unüberwindlichen Notwendigkeit. Aber, wie er sofort hinzufügt, weiß er mit Bestimmtheit, daß ἡ ἀνάγκη ἀμετάπειστόν τι εἶναι, d. h. daß die Notwendigkeit nicht auf Überredungen hört. Hört sie aber nicht auf Überredungen und ist sie unüberwindlich, so muß man sich ihr fügen, ob dies nun bitter oder nicht bitter, schmerzlich oder nicht schmerzlich ist: man muß sich ihr fügen und von vornherein auf nutzlosen Kampf verzichten — ἀνάγκη στῆναι.

Von wo kam dieses ἀνάγκη στῆναι, dieses folglich „muß man innehalten"? Das ist eine Frage erster Wichtigkeit, sie ist, wenn man so will, das A und O der Philosophie. Die Notwendigkeit ist keiner Überredung zugänglich, sie hört sie nicht einmal. Das Unrecht schreit zum Himmel, wenn keine andere Berufungsinstanz mehr da ist. Gewiß, in manchen Fällen, ja sogar sehr häufig, fast immer begehrt das Unrecht auf und verstummt: vergessen doch die Menschen sowohl Kränkungen als auch schwere Verluste. Aber es gibt unvergeßliches Unrecht. „Vergesse ich dein, Jerusalem, so werde meiner Rechten vergessen, meine Zunge soll an meinem Gaumen kleben, wo ich nicht dein gedenke" (Ps. 137, 5—6) — wir alle wiederholen schon seit zwei

Jahrtausenden den Schwur der Psalmisten. Hat der Psalmist etwa nicht „gewußt", daß die Notwendigkeit kein Gehör hat weder für Überredungen, noch für Schwüre, für nichts Gehör hat und sich vor nichts fürchtet, und daß seine Stimme sein wird, sein muß eine Stimme eines Rufenden in der Wüste? Er h a t e s g e w u ß t, selbstverständlich, er hat es ebensogut gewußt wie Aristoteles. Aber offenbar hatte er noch etwas anderes außer dem Wissen. Offenbar erfährt das Wissen eines Menschen, der ein Unrecht so schwer empfindet wie der Psalmist, ganz unerwartet in seinem tiefsten Wesen irgend welche unverständlichen und geheimnisvollen Veränderungen. Er kann Jerusalem nicht vergessen, aber er v e r g i ß t die Macht der Notwendigkeit, die Unüberwindlichkeit dieses wer weiß von wem, wann und wozu so furchtbar gewappneten Feindes, und nimmt, ohne irgend etwas vorauszuahnen und vorauszuberechnen, den furchtbaren und letzten Kampf gegen ihn auf. Dies ist wohl der Sinn der Worte Plotins: „Ein großer und letzter Kampf steht den menschlichen Seelen bevor" (ἀγὼν μέγιστος καὶ ἔσχατος ταῖς ψυχαῖς πρόκειται). Die gleiche Bedeutung hat auch Platos Wort: „Wenn schon alles zu wagen ist, sollten wir dann nicht wagen, unverschämt zu sein?" (πάντα γὰρ τολμητέον, τι εἰ ἐπιχειρήσαμεν ἀναισχυντεῖν? Theät. 196 D). Nur dann entschließt sich der Mensch, den Kampf gegen die allmächtige Ἀνάγκη (Notwendigkeit) aufzunehmen, wenn in ihm die Bereitschaft zur grenzenlosen, vor nichts haltmachenden Vermessenheit erwacht. Solch eine grenzenlose Vermessenheit kann durch nichts gerechtfertigt werden, sie ist der äußerste Ausdruck der Schamlosigkeit. Man werfe einen Blick in die „Ethik" des Aristoteles, und man wird sich leicht davon überzeugen. Alle Tugenden liegen für ihn in der mittleren Zone des Seins, und alles, was über die Grenzen der „Mitte" hinausgeht, zeugt von Lasterhaftigkeit und Lastern. Das ἀνάγκη στῆναι (man muß innehalten) beherrscht seine Ethik ebenso wie seine Metaphysik. Sein letztes Wort ist Segnung der Notwendigkeit und Preisung des Geistes, welcher der Notwendigkeit gehorcht. Nicht nur das Gute, sondern auch die Wahrheit möchte vom Menschen kniefällig angebetet werden. Wer beispielsweise das berühmte zwölfte Buch (besonders die letzten Kapitel) der „Metaphysik" sowie das 9. und 10. Buch der „Nikomachischen Ethik" gelesen hat, der weiß, wie ehrfürchtig Aristoteles die Notwendigkeit anbetete, die für keine Überredungen Gehör hat und die er zu überwinden außerstande war. An Plato erregte ihn am allermeisten (oder beunruhigte ihn vielleicht auch) jene Kühnheit oder, um es lieber mit seinen eigenen Worten zu sagen, jene Vermessenheit und Schamlosigkeit, die ihm den Gedanken einflößten, daß die die Notwendigkeit Anbetenden vom wirklich Bestehenden nur träumen, daß es ihnen aber nicht gegeben sei, es im Wachzustand zu sehen. Platos Worte erschienen Aristoteles erkünstelt, phantastisch, vorsätzlich herausfordernd. Wie aber sollte man Plato zum Schweigen bringen? Wie sollte man ihn zwingen, sich nicht nur im sichtbaren, empirischen Sein der Notwendigkeit zu fügen, sondern ihr auch in Gedanken jene Achtung zu erweisen, auf die sie nach Aristoteles' Überzeugung ein Anrecht hat? Die Notwendigkeit ist eine Notwendigkeit nicht für die Schlafenden, sondern für die Wachenden. Und die Wachenden, welche die Notwendigkeit sehen, sehen das wahrhaft Seiende, während Plato uns mit seinen Vermessenheiten und Schamlosigkeiten vom wahrhaft Seienden fortführt und ins Gebiet des Phantastischen, des Trügerischen, des Illusorischen und darum Unwahren lenkt. Darum müsse man vor nichts haltmachen, um jene „freiheitlichen" Bestrebungen, die in den Werken Platos ihren Ausdruck fanden, aus der Menschheit radikal auszurotten. Ἀνάγκη (die Notwendigkeit) ist unüberwindlich. Die Wahrheit selber ist ihrem Wesen und ihrer Natur nach eine z w i n g e n d e Wahrheit, und Gehorsam gegen die zwingende Wahrheit ist die Quelle aller menschlichen Tugenden. „Von der Wahrheit selber gezwungen" (ὑπ' αὐτῆς τῆς ἀληθείας ἀναγκαζόμενοι) vollbrachten ihre Aufgabe Parmenides, Heraklit, Anaxagoras. So muß es sein, so war es immer, so wird es immer sein. Nicht der große Parmenides gebietet der Wahrheit, sondern die Wahrheit ist die Gebieterin des Parmenides. Und es ist unmöglich, der zwingenden, nötigenden Wahrheit den Gehorsam zu verweigern. Mehr noch: man kann nicht anders als sie segnen, zu was auch immer sie uns nötigen möge. Hierin liegt die höchste — menschliche und göttliche — Weisheit, und die Aufgabe der Philosophie besteht darin, die Menschen zu lehren, sich der für nichts Gehör habenden, gegen alles gleichgültigen Notwendigkeit freudig zu fügen.

2

Wir wollen innehalten und fragen: Wozu benötigte die zwingende Wahrheit den menschlichen Segen? Warum ist Aristoteles so sehr darum besorgt, seiner Ἀνάγκη (Notwendigkeit) den menschlichen Segen zu beschaffen? Kann sie etwa ohne Segen nicht bestehen? Und wenn die Notwendigkeit für Überredungen kein Gehör hat, sollten dann Lobpreisungen für sie vernehmbarer sein? Es besteht kein Zweifel, daß Lobpreisungen ebensowenig wie Bitten und Verwünschungen zu der zwingenden Wahrheit gelangen. Die Steine der Wüste haben nie als Antwort auf die eingebungsvollen Predigten der Heiligen ein tosendes „Amen" gesprochen. Aber das ist auch nicht notwendig. Es ist notwendig, daß der „Heilige" auf das Schweigen der Steine — die Notwendigkeit ist ja gegen alles ebenso gleichgültig wie die Steine — begeisterte Hosianna-Rufe ausstoße. Ich will wiederum nur die genannten Kapitel aus der „Metaphysik" und der „Ethik" des Aristoteles, dieses Hohepriesters der sichtbaren und unsichtbaren Kirche der „denkenden" Menschen, in Erinnerung bringen. Es wird von uns verlangt, daß wir uns vor der Notwendigkeit nicht nur beugen, sondern auch verbeugen: hierin hat die Grundaufgabe der Philosophie stets bestanden, und besteht sie auch heute noch. Es genügt für den Philosophen nicht, die Kraft und faktische Macht dieser oder jener Ordnung der Dinge anzuerkennen. Er weiß und befürchtet (der Anfang jedes Wissens ist Angst), daß die faktische Kraft, das heißt die Kraft, die nur darin zum Ausdruck kam, daß sie sich den Menschen einstmals unterwarf, jederzeit durch eine andere Kraft abgelöst werden könnte, die in anderer Richtung wirken würde. Sogar ein Gelehrter, der nicht philosophieren will, braucht letztlich keine „Tatsachen": die Tatsachen an und für sich geben und sagen uns nichts. Einen wirklichen Empirismus hat es unter den Wissenschaftern nie gegeben, wie es auch keinen echten Materialismus gegeben hat. Welcher Gelehrte würde Tatsachen um der Tatsachen willen untersuchen! Wer würde diesen am Telegraphendraht hängenden oder nach einem Regen an der Fensterscheibe haften gebliebenen Wassertropfen eingehend betrachten! Es gibt Milliarden solcher Tropfen, und sie haben an und für sich die Gelehrten nie beschäftigt und können sie auch nicht beschäftigen. Der Gelehrte will wissen, was ein Regentropfen im allgemeinen oder Wasser im allgemeinen ist, und wenn er das aus einem Bach geschöpfte Wasser im Laboratorium in seine Bestandteile zerlegt, so tut er es nicht, um das, was sich jetzt in seinen Händen und vor seinen Augen befindet, zu studieren und zu erkennen, sondern um sich das Recht zu verschaffen, über jegliches Wasser zu urteilen, das er zu sehen bekommen oder nicht zu sehen bekommen wird, das noch nie jemand zu sehen bekam und nicht zu sehen bekommen wird, ja sogar über jenes Wasser, das es auf Erden gab, als in der Welt noch kein einziges bewußtes Wesen, ja nicht einmal ein Lebewesen existierte. Der Wissenschafter kann — ob er es nun weiß oder nicht weiß (meist weiß er es natürlich), ob er es nun will oder nicht will (gewöhnlich will er es nicht) — nicht umhin, ein Realist im mittelalterlichen Sinne des Wortes zu sein. Vom Philosophen unterscheidet er sich nur dadurch, daß dieser den von der Wissenschaft praktizierten Realismus auch noch erklären und rechtfertigen muß. Allgemein gesprochen aber lief seine Aufgabe, da ja der „Empirismus" nur ein mißlungener Versuch philosophischer Rechtfertigung der wissenschaftlichen, das heißt realistischen Methoden der Wahrheitsfindung ist, faktisch stets darauf hinaus, jene Prinzipien zu zerstören, auf die er sich selber stützt. Er ist vor die Wahl gestellt: Willst du Empiriker sein, so mußt du die Hoffnung aufgeben, eine sichere Grundlage für die wissenschaftliche Erkenntnis zu finden; willst du eine sicher begründete Wissenschaft haben, so mußt du sie der Macht der Idee der Notwendigkeit ausliefern, ja zudem auch noch diese Macht als uranfänglich, als ersterschaffen anerkennen, als nie entstanden und darum nicht der Vernichtung unterliegend, das heißt sie mit Vorzügen und Eigenschaften ausstatten, die von den Menschen gewöhnlich dem Allerhöchsten Wesen zugeschrieben werden. Gerade dies hat, wie wir sahen, Aristoteles getan, der es folglich verdient hat, in den würdevollen Stand eines Papstes oder Hohepriesters aller auf Erden lebenden wissenschaftlich denkenden Menschen erhoben zu werden.

Kant hat offenbar die Verdienste Humes nicht im geringsten übertrieben, als er in seinen „Prolegomena" schrieb, daß seit Bestehen der Philosophie kein einziges Mal eine Wahrheit entdeckt worden sei, die in ihrer Bedeutung dem gleichkäme, was sich Hume offenbarte. Hume sah plötzlich — wie Schuppen fiel es ihm von den Augen —, daß der von den Menschen festgestellte „notwendige" Zusammenhang zwischen den Erscheinungen ein nur tatsächlicher, faktischer Zusammenhang sei, daß es keine „Notwendigkeit" in der Welt gebe und daß jene, die von Notwendigkeit sprechen, nur „vom Seienden träumen" (ὀνειρώττουσιν περὶ τὸ ὄν), welches im Wachzustand zu sehen ihnen nicht gegeben sei. Hume war ein allzu ausgeglichener — zudem von allem auf der Welt auf seine Ausgeglichenheit am meisten Wert legender — Mann, um den Wert der von ihm gemachten großen Entdeckung zu erkennen und sie auszunützen. Wenn man will, kann man das von allen Menschen sagen, denen es wie Schuppen von den Augen fiel und denen die Gnade zuteil wurde, etwas ganz Außergewöhnliches zu sehen: die Sonne der Wahrheit blendet die Bewohner des Schattenreiches durch ihr Licht. Hume hat der Notwendigkeit f a s t alle ihre früheren souveränen Rechte zurückerstattet, während Kant, der mit der ihm eigenen Feinfühligkeit des genialen Denkers dieses unter achtzig Federbetten liegende und für niemanden bemerkbare „fast" als störend empfand, sich zu seiner Kopernikanischen Tat entschloß, um unser Denken von neuem auf jenen „königlichen und sicheren Weg" zu lenken, den die Mathematik von jeher ging.

Hume hat Kant durch seine überraschende Entdeckung aus dem dogmatischen Schlummer erweckt. Aber ist es denn den Menschen gegeben, auf Erden wach zu sein? Und ist denn „die nichtschlummernde Natur" (φύσις ἄγρυπνος), um es mit Plotins Worten zu sagen (Enn. II, 5, 3), der natürliche Zustand des Menschen? Andrerseits: „Bedeutet nicht, im Schlafe oder im Wachen zu träumen, das, was (der Wirklichkeit) ähnlich ist, nicht für (der Wirklichkeit) ähnlich, sondern für jene Wirklichkeit zu halten, der es ähnlich ist?" (Plato, Staat, 476, c). Die Notwendigkeit gleicht, wie zwei Wassertropfen einander gleichen, demjenigen, was wirklich existiert, — aber sie i s t n i c h t das wirklich Bestehende, sie erscheint nur jenem, der träumt, als wirklich bestehend. Das unauffällige „fast" Humes könnte der denkenden und suchenden Menschheit einen ungeheuren Dienst erweisen, wenn es in jener Form erhalten geblieben wäre, in der es sich dem geistigen Auge des schottischen Philosophen erstmals darbot. Aber Hume erschrak selber vor dem, was sich ihm offenbarte, und beeilte sich, alles, was er gerade zur Hand hatte, darauf zu werfen, damit es ihm nicht ein Dorn im Auge sei. Kant jedoch erschien auch das ungenügend, und er verlegte das Humesche „fast" jenseits der Grenzen der synthetischen Urteile a priori, in das transzendentale, das heißt ganz unzugängliche, durch nichts mit uns verbundene und von uns zu nichts benötigte Gebiet dessen, was er das „Ding an sich" nannte. Der Ruck, den Hume Kant versetzte, erweckte den großen Königsberger Philosophen aus dem Schlaf. Aber Kant faßte seine Mission und seine Bestimmung in jenem Sinne auf, daß er sowohl sich selber als auch die anderen um jeden Preis vor der Möglichkeit einer Wiederholung plötzlicher und grober Rucke bewahren müsse, welche die Ruhe unseres Schlafwachens so sehr stören, und so schuf er seine „kritische Philosophie". So wurde zusammen mit dem Humeschen „fast" auch die Metaphysik jenseits des Geheges der synthetischen Urteile a priori verlegt, auf die, nach Kant, alle Rechte der alten Ἀνάγκη (Notwendigkeit) übergingen, und die nun schon seit anderthalb Jahrhunderten der europäischen Menschheit einen ungestörten Schlaf und Selbstvertrauen sichern.

Für Aristoteles bestand offenbar der unerträglichste und unheimlichste Gedanke darin, daß unser irdisches Leben nicht das letzte, endgültige, wahrhaft wirkliche Leben sei und daß, wenn auch nur bis zu einem gewissen Grade, ein ebensolches Erwachen aus ihm möglich sei, wie wir es erleben, wenn wir vom Schlaf zum Wachsein übergehen. Als er Platos „Ideen" verfolgte, war er offenbar am allermeisten darum besorgt, diese — seiner Ansicht nach — gänzlich wahnsinnige Annahme loszuwerden. Und seine Unruhe war in gewissem Sinne ganz berechtigt, ebenso wie Kants Unruhe berechtigt war, als Hume durch sein „fast" so ganz ohne Umstände ihn aus seinem dogmatischen Schlummer aufzurütteln begann. Platos „sie träumen" (ὀνειρώττουσιν), wie auch Humes Leugnung eines notwendigen Zusammenhanges zwischen den Erscheinungen, unterminieren die Grundlagen des menschlichen Denkens. Es gibt nichts Unmögliches, jedes Beliebige kann aus jedem Beliebigen hervorgehen, und selbst das Gesetz des Widerspruchs, das Aristoteles für „das unerschütterlichste aller Prinzipien" (βεβαιωτάτη τῶν ἀρχῶν) halten wollte, gerät ins Schwanken, dem erschreckten menschlichen Geist ein Reich ungezügeltester Willkür auftuend, das sowohl die Welt selber als auch das diese Welt zu erfassen suchende Denken zu verschlingen droht. Das „Sein" (εἶναι) wie auch das „Denken" (νοεῖν) verwandeln sich zu Phantomen. Wie hat Plato sich entschließen können, von seiner Höhle zu sprechen, wie hat er sie erfinden können? Wie hat Hume es wagen können, die Rechte der Notwendigkeit zu bestreiten? Und ist nicht die Menschheit Aristoteles und Kant ewigen Dank dafür schuldig, daß ersterer durch strenge Kritik und unmuterfüllte Ordnungsrufe den phantastischen Bestrebungen seines Lehrers ein Ende machte, während der letztere durch seine Lehre von den synthetischen Urteilen a priori unser Denken in seine natürliche Bahn lenkte?

Es kann hierauf keine zwei Antworten geben. Aristoteles ist nicht nur der Begründer der positiven Wissenschaft, sondern auch der positiven Philosophie. Nicht umsonst erblickte das Mittelalter in ihm den einzigen Führer durch das Lebenslabyrinth und konnte es sich nicht entschließen, die ohne ihn (vielleicht aber auch nicht für ihn) geschriebenen Bücher des Alten und Neuen Testaments aufzuschlagen. Auch die Philosophie der Neuzeit bewegte sich und bewegt sich immer noch in den von ihm geebneten Bahnen. Von Kant ist das gleiche zu sagen: er bändigte den unruhigen Geist des Zweifels, zwang ihn, sein störrisches Haupt vor dem Engelsantlitz der Allgemeinheit und Notwendigkeit zu beugen.

Die Notwendigkeit hat ihre Rechtfertigung gefunden, obwohl sie diese gar nicht brauchte. Die Koryphäen der Wissenschaft, wie auch die Durchschnittsgelehrten lobpreisen die Notwendigkeit, obwohl sie gegen üble Nachrede wie auch gegen Lob gleichgültig ist. An ihren königlichen Rechten können nur schlechte oder wahnsinnige Menschen zweifeln. Ist sie aber durch den menschlichen Schutz fester und stärker geworden? Oder die Frage ist vielleicht anders zu stellen: Besteht ihre Stärke nicht darin, daß die Menschen sie unter ihren Schutz nahmen und sie mit einer Zwingmauer umgaben, die errichtet ist aus durch Jahrhunderte geschmiedeten Zauberworten?

3

Seneca hat bekanntlich, wenn er auch selber kein origineller Philosoph gewesen ist, zuweilen viel Glück darin gehabt, fremde Gedanken zu erfassen und wiederzugeben. Er hat alles, wovon in den vorhergehenden Kapiteln die Rede war, mit wenigen, aber sehr berühmt gewordenen Worten formuliert: „Der Gründer und Lenker aller Dinge... gehorcht immer, hat nur einmal befohlen" (ipse omnium conditor et rector... semper paret, semel jussit). So dachte nicht Seneca, so dachten die Alten, so denken wir alle. Ein einziges Mal nur hat Gott befohlen, danach befehlen er selber und alle Menschen nach ihm bereits nicht mehr, sondern gehorchen. Er hat vor langer, vor so unendlich langer Zeit befohlen, daß er es selbst vergessen hat, wann und unter welchen Umständen sich so ein mit nichts in Einklang zu bringendes und darum widernatürliches Geschehnis ereignete, und er hat wahrscheinlich sogar im Laufe der unendlich langen Zeit passiver, unterwürfiger Existenz ganz zu befehlen verlernt und kann, wie auch wir gewöhnlichen Sterblichen, nur noch gehorchen. Oder, anders ausgedrückt: Der von ihm einstmals an den Tag gelegte Wille zur Tat hat seine schöpferische Energie ein für allemal erschöpft, und jetzt ist er, ebenso wie die von ihm erschaffene Welt und alles, was sich in der Welt befindet, dazu verurteilt, nur die Weisungen zu erfüllen, die zwar von ihm selber ausgingen, aber bereits für alle Ewigkeit unerschütterlich sind. Oder noch anders ausgedrückt: Der Schöpfer der Welt selber befindet sich in der Gewalt der von ihm selber geschaffenen Ἀνάγκη (Notwendigkeit), die, ohne auch nur im geringsten danach zu trachten und ohne es zu wünschen, zur Herrscherin des Weltalls geworden ist.

Ich wiederhole: die Formulierung Senecas ist zweifellos seine eigene —, aber der darin ausgedrückte Gedanke stammt nicht von ihm: So dachten, so denken noch alle Gebildeten aller Länder. Warum denken sie so? Ist jemand Zeuge gewesen, wie die Welt erschaffen wurde, oder hat der Schöpfer der Welt diese Wahrheit irgend jemandem unter den Menschen geoffenbart? Es ist niemand bei der Erschaffung der Welt Zeuge gewesen, es kann sich auch niemand einer außergewöhnlichen Nähe zum Schöpfer rühmen. Der von Seneca zum Ausdruck gebrachte Gedanke hat die Menschen gerade dadurch verlockt, daß der geheimnisvolle und unfaßbare Augenblick des „Befehlens" (jubere) in die unendliche Vergangenheit gerückt und als unwiederholbar (hat einmal befohlen — semel jussit) anerkannt ist, für den ständigen Bedarf indes wurde das „Gehorchen" (parere) gewählt, das nicht nur dem Geschöpf, dem Geschaffenen, sondern auch dem Schöpfer selber als ein verständliches, natürliches, normales Los erscheint. Und Seneca hat ja recht: im „Gehorchen" ist alles verständlich, klar, offen und folglich natürlich. Im „Befehlen" hingegen ist alles rätselhaft, willkürlich und folglich phantastisch, ewig unfaßbar und geheimnisvoll. Wenn es möglich wäre, so hätten Seneca und jene, von denen Seneca das „Denken" lernte, es vorgezogen, sich des geheimnisvollen „Gehorchens" gar nicht zu erinnern. Niemand hat jemals irgend etwas befohlen, alles hat stets nur gehorcht, denn es hat nie irgend etwas Übernatürliches und Geheimnisvolles — weder in den entferntesten Zeiten, noch zu unserer Zeit —, sondern immer nur Natürliches und Offenkundiges gegeben. Und die Aufgabe der Philosophie besteht also darin, mit allen ihr zur Verfügung stehenden Mitteln die Notwendigkeit zu festigen und zu unterstützen. Welche Mittel aber stehen ihr zur Verfügung? Irgend etwas an der Natur der Notwendigkeit zu ändern, sie in ihrem Sein zu steigern oder zu stärken — ist den Sterblichen nicht gegeben. Es bleibt nur noch das eine: die Menschen zu überzeugen, durch Argumente oder durch Beschwörungen, daß einerseits die Notwendigkeit allmächtig sei und der Kampf mit ihr zu nichts führen könne, und andrerseits, daß die Notwendigkeit göttlicher Herkunft sei (dafür ist ja das „hat einmal befohlen" vorsorglich bereitgehalten) und daß es ruchlos und unsittlich wäre, ihr den Gehorsam zu verweigern. Ebenderselbe Seneca ist unermüdlich in der Lobpreisung Gottes, der zu gebieten verlernt hat, und der Menschen, die eine grenzenlose Ergebenheit an den Tag legen. „Ich gehorche Gott nicht, sondern pflichte ihm bei; ich folge ihm aus ganzer Seele, nicht aber deshalb, weil es notwendig wäre" (non pareo Deo, sed assentior; ex animo illum, non quia necessum est, sequor). Oder auch noch, in der berühmten Übersetzung der Worte des Stoikers Kleanthes, für die sich schon Cicero begeisterte: „Das Schicksal führt den mit ihm Einverstandenen, den nicht Einverstandenen schleppt es mit" (fata volentem ducunt, nolentem trahunt) usw. — man könnte Dutzende von Seiten aus Seneca oder Cicero mit ähnlichen Betrachtungen anführen..

Man wird sagen, daß sowohl Seneca als auch Kleanthes, auf den Seneca sich stützt, Repräsentanten der Ideen der stoischen

Schule seien, und daß wir kein Recht hätten, wenn wir von Aristoteles sprächen, uns auf die Stoiker zu berufen, deren Einseitigkeit schon von den Alten festgestellt worden sei. Aber ich denke, daß Dilthey der Wahrheit näher war, der ja offen eingestand, daß die Neuzeit die antike Philosophie durch Cicero und Seneca empfangen und die Alten mit ihren Augen gesehen habe. Und noch richtiger: die Einseitigkeit der Stoiker und sogar die grobe Gradlinigkeit der Kyniker geben uns zuweilen mehr Aufschluß über das Wesen des antiken (und unseres eigenen) Denkens als die Werke Platos und Aristoteles'. Man verhält sich zu den Stoikern mit herablassender Geringschätzung. Aber man kann sich auch nicht einmal eine entfernte Vorstellung davon machen, was aus dem europäischen Denken geworden wäre, wenn die von den Stoikern in die Welt gestreuten Ideen nicht so üppige Blüten getragen hätten. Die Stoiker sind nur zuweilen allzu offenherzig gewesen —, während doch viele Ideen nur unter der unbedingten Voraussetzung und nur deshalb Anerkennung finden, daß und weil sie sich darauf verstehen, ihr wahres Antlitz nicht zu zeigen, und sogar bereit sind, sich selbst, wenn nötig, zu verleugnen und zu verraten. Ham, der sich ganz offen nach der Blöße seines Vaters umblickte, ist von der Geschichte an den Prangerpfahl gestellt worden. Wieviele Menschen aber blickten sich um, ohne daß es jemandem in den Sinn kam, sie zu entlarven. Umblick, Reflexion, Besinnung gelten als ehrbarste Sache: die ganze Hegelsche Philosophie, seine in sich vermittelnde Unmittelbarkeit ist nichts als ein Umblicken. Man wird sagen, daß ihn die „Blöße des Vaters" nicht beschäftigt habe. Ich werde darauf antworten, daß er sich noch nach ganz anderen Blößen umblickte, die zu betrachten noch frevelhafter ist, als die Blöße des Vaters anzusehen. Aber Hegel hat gewußt, wovon man sprechen darf und was mit Schweigen zu übergehen ist. Den Stoikern war dieses „Wissen" fremd und in noch höherem Maße den Kynikern. Die ganze „Schuld" der Kyniker bestand nur darin, daß sie ihrer menschlichen, reflektierenden Vernunft „bedingungslos" vertrauten. Die anderen, fast alle, insbesondere die Philosophen, trifft die gleiche Schuld — wer unter den Menschen vertraute denn nicht der Vernunft? Aber die anderen wußten vieles von dem für sich zu behalten, was sie für ihr bedingungsloses Vertrauen gegen die Vernunft erhielten, und man pries sie als Weise, während man die Kyniker Hunde nannte. Dem dritten Sohne Noahs und den Kynikern, sowie teilweise auch den Stoikern wird nicht der Vorwurf gemacht, sie hätten sich umgeblickt und die „nackte Wahrheit" gesehen: das gilt als statthaft und wird sogar gefördert. Man verzeiht ihnen nur das eine nicht, daß sie die Dinge beim richtigen Namen nannten, daß sie vom Umblicken sagten, es sei ein Umblicken, und von der Blöße — sie sei eine Blöße. Selig sind, die sich umblicken, aber schweigen, selig sind, die da sehen, aber das Gesehene für sich behalten. Warum ist das so? Niemand vermag darauf zu antworten. Offenbar ist jedem Menschen, wie Sokrates, ein Dämon beigegeben, der in entscheidenden Augenblicken gebieterisch Urteile und Handlungen von ihm fordert, deren Sinn ihm unverständlich ist und ihm für immer verborgen bleibt. Wenn es aber so einen Dämon in der Natur gibt und wenn selbst die unerschrockensten Menschen nicht wagen, ihm den Gehorsam zu verweigern, wie sollte man da nicht neugierig sein, von wo, aus welchen Welten dieses rätselhafte Wesen zu uns gekommen sein mag? Aber niemand hat Lust zu fragen. Man weiß, daß da irgend jemand ist (vielleicht aber auch irgend etwas: ist es doch vorläufig unbekannt, wie man vom Dämon zu sprechen hat, ob als von einem Irgendwer oder ob als von einem Irgendwas), dem es gegeben ist oder der sich das Recht angemaßt hat, den Menschen gänzlich unmotivierte Forderungen zu stellen — und man gibt sich damit vollständig zufrieden.

Der Dämon schreibt vor, die Menschen gehorchen. Und alle sind froh, daß sich endlich eine Macht gefunden hat, die da bindet und entscheidet, die von der „Willensfreiheit" befreit, so daß es möglich, ja sogar ziemlich notwendig ist, innezuhalten — ἀνάγκη στῆναι. Man wird wiederum sagen, ich sei über die Grenze hinausgegangen: ich hätte im Namen „aller" zu sprechen begonnen, um dann mit den Worten des berühmten Philosophen zu schließen. Führte ich doch das „es ist notwendig innezuhalten" (ἀνάγκη στῆναι) eben erst als ein Wort des Aristoteles an. Aber der Durchschnittsmensch ist offenbar nicht so weit vom Philosophen entfernt: Irgendwo, an irgend welchen Ausgangs- oder Endpunkten, in irgend welchen Tiefen oder an irgend welchen Oberflächen treffen sich offenbar Durchschnittsmensch und Philosoph. Seneca, der sein paret semper, jussit semel als letztes, von ihm bei den Philosophen gefundenes Wort der Weisheit verkündete, periphrasierte nur Aristoteles. Aristoteles will ebenso wie der Durchschnittsmensch nichts vom „Befehlen" (jubere) wissen, er braucht nur zu gehorchen (parere), um gehorchend das zu erfüllen, was er, was alle für die „Bestimmung des Menschen" halten. Ihm ist es einerlei, von wo die Befehle ausgehen, um so mehr da ja, wie Seneca uns offenherzig eingestand, die Quelle des Befehlens bereits für immer versiegt ist. Es wird bereits niemand mehr in der Welt befehlen, alle werden immer gehorchen: die Großen und die Kleinen, die Gerechten und die Sünder, die Sterblichen und die Götter. Die Wahrheit (Ἀλήθεια) macht keine Unterschiede — sie zwingt alle in gleicher Weise: den großen Parmenides wie auch jeden beliebigen Taglöhner. Der gezwungene Parmenides (Παρμενίδης ἀναγκαζόμενος) und der gezwungene Taglöhner. Und sogar die Götter befinden sich in der Gewalt der Notwendigkeit: — „Selbst die Götter kämpfen nicht gegen die Notwendigkeit" (ἀνάγκῃ δ'οὐδὲ θεοὶ μάχονται. Plato, Protagoras, 345 D). Man kann nicht nachforschen, von wo die Notwendigkeit diese Macht hat, alle und jeden zu zwingen. Man kann nicht einmal fragen, welcher Natur diese „Notwendigkeit" sei und weshalb sie die lebenden Wesen zu zwingen brauche. Sie wird nicht nur nicht antworten, sondern die an sie gerichteten Fragen nicht einmal hören. Und noch weniger ist sie Ermahnungen, Überredungen zugänglich. Aristoteles, selbst Aristoteles, der wie kein anderer sich umzublicken und sich in das, was vor ihm und hinter ihm lag, zu vertiefen verstand, Aristoteles hat uns gesagt: „Die Notwendigkeit gilt als etwas, was keine Überredung abzuwenden vermag." In welches Gebiet des philosophischen Denkens auch immer wir uns wenden wollten — wir stoßen überall auf diese blinde, taube und stumme „Notwendigkeit". Und wir sind überzeugt, daß erst dort die Philosophie beginnt, wo sich das Reich der „strengen" Notwendigkeit auftut. Unser Denken ist in seiner letzten Bestimmung nichts anderes als ein Suchen nach dieser „strengen" Notwendigkeit. Darüber hinaus ist unser Denken — nicht umsonst behauptete schon Parmenides: „Denken und Sein ist ein und dasselbe" (αὐτό ἐστιν εἶναι καὶ νοεῖν) — die sich notwendig entwickelnde Bewußtwerdung der Notwendigkeit von allem, was den Inhalt des Seins ausmacht. Von wo die Notwendigkeit ausging: ob von dem Sein, um ins Denken zu gelangen, oder ob vom Denken, um ins Sein zu gelangen, — das wissen wir nicht. Wir stellen auch keine solche Frage, instinktiv offenbar, da wir fühlen, daß die Gnoseologie, die für alles Denken (νοεῖν) zuständig ist, und die Ontologie, die für alles Sein (εἶναι) zuständig ist, durch eine solche Frage nicht nur nicht einander angenähert und miteinander versöhnt, sondern entfremdet und auf immer verfeindet werden würden. Niemand will die Verantwortung dafür auf sich nehmen, wozu so eine, wenn auch uralte und allgemein anerkannte Idee, wie es die Idee der „Notwendigkeit" ist, führen könnte. Das Denken würde es vorziehen, die „Notwendigkeit" für ein Erzeugnis des Seins zu halten, das seiner Natur nach unruhigere Sein könnte sich leicht von der „Notwendigkeit" lossagen und sie für ein Kind des reinen Denkens ausgeben. Das Sein muß doch wohl, trotz Parmenides, nicht das gleiche sein wie das Denken. Aber andrerseits hat das Sein, wenigstens innerhalb der philosophischen Systeme, für sich, abgesehen vom Denken, keinen genügenden und adäquaten Ausdruck zu finden vermocht. Obwohl es bei weitem nicht immer der „Notwendigkeit" gehorcht, so gelangen doch seine Kampfversuche nicht bis in den Bereich der Philosophie. Wir sagten, daß die Philosophie stets Reflexion, Besinnung, Rückblicken gewesen ist und sein wollte. Jetzt muß hinzugefügt werden, daß das Rückblicken schon seinem Wesen nach die Möglichkeit und sogar den Gedanken des Kampfes ausschließt. Das Rückblicken lähmt den Menschen. Wer zurückblickt, wer zurückgeblickt hat, der muß das sehen, was s c h o n i s t, das heißt das Medusenhaupt, wer aber das Medusenhaupt sieht, der erstarrt unvermeidlich, wie dies bereits den Alten bekannt war, zu Stein. Und sein Denken, das Denken eines Steines, wird natürlich seinem steinernen Sein entsprechen.

Spinoza hatte nicht recht, als er versicherte, daß der Stein, wenn er Bewußtsein hätte, denken würde, er fiele frei zu Boden. Wenn man den Stein mit Bewußtsein ausstattete und ihm dabei seine Steinnatur beließe (das wäre offenbar möglich — die Autorität des nüchternen Spinoza ist eine ausreichende Bürgschaft dafür), so würde er selbstverständlich keinen Augenblick daran zweifeln, daß die Notwendigkeit ein vorweltliches Prinzip sei, auf dem das ganze Sein beruht: das g a n z e — nicht nur das wirkliche, sondern auch das mögliche Sein. Ist denn nicht die Idee der Notwendigkeit der adäquateste Ausdruck des Versteinertseins? Und würde nicht das Denken wie auch das Sein des mit Bewußtsein ausgestatteten Steins vollständig durch jenen Inhalt erschöpft, den wir in der Idee der Notwendigkeit finden?

Jetzt weiter. Die Philosophie war, ist und will sein — wie wir schon sahen — ein Rückblicken. Das Rückblicken aber läuft durchaus nicht — auch dies wissen wir — nur auf ein Umwenden des Kopfes hinaus. Als Noahs dritter Sohn sich umblickte, wurde er aus Ham zum Hamiten. Als die Kyniker sich umblickten, wurden sie zu Hunden. Zuweilen aber ergeht es einem noch schlimmer: Man blickt zurück, erblickt das Medusenhaupt und verwandelt sich zu Stein. Ich weiß, daß die Philosophen an die Möglichkeit solch wunderbarer Verwandlungen nicht recht glauben und nicht gern davon reden hören. Aber gerade deshalb erinnerte ich mich des Dämons des Sokrates. Wenn Sokrates Vorurteile hatte, wenn Sokrates abergläubisch war, wenn Sokrates im Phantastischen Schutz suchte vor dem „Licht" seiner Vernunft und aus der Durchsichtigkeit der klaren und deutlichen, von ihm selbst geschaffenen Welt der Begriffe zu seinem Dämon floh, — sind wir dann nicht berechtigt, sind wir nicht verpflichtet, wenigstens einmal im Leben, für einen Augenblick wenigstens zu zweifeln, nicht an unserer eigenen Existenz (hieran zu zweifeln besteht zur Zeit keine Notwendigkeit, vielleicht bestand sie auch nicht für Descartes), sondern daran, ob unser Denken, ob das, was wir für das einzig mögliche Denken zu halten gewöhnt sind, uns in der Tat zur Quelle der letzten Wahrheiten führe? Sich zu sagen, Denken bedeute nicht Zurückblicken, wie wir anzunehmen gewöhnt sind, sondern Vorwärtsblicken. Daß man überhaupt gar nicht zu blicken, sondern nur mit geschlossenen Augen aufs Geratewohl zu gehen brauche, ohne es auf irgend etwas abzusehen, ohne jemanden zu fragen, ohne sich über irgend etwas zu beunruhigen, ohne sich auch nur darüber zu beunruhigen, daß man sich bei der Fortbewegung nicht jenen großen und kleinen „Gesetzen" angepaßt hat, in deren Einhaltung die Menschen und wir selber die Voraussetzung für die Möglichkeit der Wahrheiten und der durch die Wahrheiten aufgedeckten Realitäten erblicken. Überhaupt die Ängste, Befürchtungen, Unruhen vergessen .. Man wird einwenden, daß dies dem Menschen nicht gegeben sei. Aber dann wollen wir uns noch einmal des göttlichen Plato, des großen Schülers seines großen Lehrers, und seines Vermächtnisses erinnern: „Es muß alles gewagt werden" (πάντα γὰρ τολμητέον). Man muß versuchen, sogar gegen die „Notwendigkeit" zu handeln, muß versuchen, den lebendigen und fühlenden Parmenides aus der Gewalt der toten, gegen alles gleichgültigen Macht zu befreien. Der Notwendigkeit ist alles gleichgültig, dem Parmenides ist nicht alles einerlei, im Gegenteil, für ihn ist es außerordentlich, unerhört wichtig, daß das eine sei, das andere aber nicht sei, daß zum Beispiel der Schierling von Sokrates abhänge, nicht aber Sokrates vom Schierling. Oder, um es anschaulicher zu sagen: im Jahre 399 v. Chr. empfing der von seinen Mitbürgern zum Tode verurteilte hochbetagte Sokrates aus den Händen des Kerkermeisters den Schierlingsbecher, und in dem gleichen Augenblick verwandelte sich der Schierling durch Sokrates' Willen in einen Stärkungstrank. Das ist nicht Erfindung, nicht Phantasie, sondern Wirklichkeit, es ist „das, was war". Erfindung und Phantasie hingegen ist das, was in den Geschichtslehrbüchern vom Tode Sokrates' berichtet wird. Ebenso wie auch das Erfindung ist, was Aristoteles uns lehrte, daß die Notwendigkeit Überredungen kein Gehör schenke. Die Notwendigkeit schenkt Überredungen Gehör und hört sie, und sie kann sich nicht dem Sokrates widersetzen, kann sich überhaupt nicht einem Menschen widersetzen, der hinter das Geheimnis ihrer Macht gekommen ist und Vermessenheit genug besitzt, sich nicht nach ihr umzublicken, sondern ihr zu befehlen und mit ihr zu sprechen „wie einer, der die Macht innehat" (ὥσπερ ἐξουσίαν ἔχων).

Aristoteles hätte selbstverständlich einen solchen Gedankengang keiner Beachtung gewürdigt. Auch Seneca und Kleanthes wären an ihm vorübergegangen, als ginge er sie gar nichts an. Epiktet aber wurde — vielleicht, weil er ein feinfühligerer Mensch war, vielleicht aber auch, weil er weniger weltmännisch war — durch ihn in Raserei versetzt: wird doch hier der Versuch gemacht, über das Gesetz des Widerspruchs hinauszugelangen. Dies erschien ihm (wie natürlich auch Aristoteles) als Todsünde, und er meinte, daß er hier berechtigt sei, seinem Zorn freien Lauf zu lassen. Ich wollte einmal, sagt er, der Sklave eines Menschen sein, der das Gesetz des Widerspruchs nicht anerkennt. Er würde mir befehlen, ihm Wein zu bringen,— ich aber würde ihm Essig oder noch etwas Schlimmeres reichen. Er würde empört sein, würde schreien, ich hätte ihm nicht das gebracht, was er verlangt habe. Ich aber würde ihm sagen: Du erkennst ja doch nicht das Gesetz des Widerspruchs an — folglich: ob es nun Wein, oder Essig, oder sonst noch irgend etwas Abscheuliches wäre — es ist gänzlich einerlei. Du erkennst auch die Notwendigkeit nicht an, folglich ist niemand imstande, dich zu zwingen, den Essig für etwas Schlechtes, den Wein aber für etwas Gutes zu halten. Trink Essig, als wäre es Wein und sei zufrieden. Oder so: Mein Herr befiehlt mir, ihn zu rasieren. Ich schneide ihm mit dem Messer ein Ohr oder die Nase ab. Es würde wieder Geschrei geben, — aber ich würde ihm meine Argumentation wiederholen. Und ich würde alles auf diese Weise tun, bis ich meinen Herrn z w ä n g e, die Wahrheit anzuerkennen, daß die Notwendigkeit unbesiegbar und das Gesetz des Widerspruchs allmächtig sei.

Wir sehen, daß Epiktet Aristoteles wiederholt, genauer ausgedrückt, daß er Kommentare zu Aristoteles' Worten gibt. Und wie das bei den Stoikern fast immer der Fall ist, entblößt er dabei durch sein Kommentieren das, was bei Aristoteles absichtlich dunkel gelassen wurde, und verrät auf diese Weise das Geheimnis der philosophischen Begründung der Aristotelischen Wahrheiten. Sowohl das Gesetz des Widerspruchs, als auch die Notwendigkeit und auch die Wahrheit selber — alles wird nur durch Drohungen aufrechterhalten: es werden Ohren oder Nasen abgeschnitten, es werden Augen ausgestochen usw. Angesichts eines solchen Zwanges sind alle lebenden Wesen — sowohl Menschen als auch Teufel und Engel, ja sogar Götter — gleich. Epiktet spricht von irgend einem imaginären Herrn, aber er würde das gleiche von Heraklit, von Parmenides, von Sokrates und selbst von Gott sagen..

4

Der „gezwungene Parmenides", der „gezwungene Sokrates" (Παρμενίδης ἀναγκαζόμενος, Σωκράτης ἀναγκαζόμενος) — dem Aristoteles erscheint es, nein, es erscheint ihm nicht, sondern er hält es für eine Selbstevidenz und ist überzeugt, daß mit ihm zusammen es alle für eine Selbstevidenz halten, daß der Wahrheit die Macht gegeben sei, den großen Parmenides, den großen Sokrates — ja jeden beliebigen Menschen — zu zwingen. Und daß es (was das Allerwichtigste) gänzlich sinnlos sei zu fragen, wer die Wahrheit mit so unerhörter Macht ausgestattet habe, und daß es noch sinnloser sei, gegen diese Macht zu kämpfen. Woher kam ihm diese Überzeugung? Aus der Erfahrung? Aber die Erfahrung — dies wußte Aristoteles von Plato — pflegt nie die Quelle „ewiger" Wahrheiten zu sein. Die Erfahrungswahrheiten sind ebenso begrenzt und relativ wie die Erfahrung selber. „Die Notwendigkeit hat kein Gehör für Überredungen" — diese Wahrheit hat nicht die Erfahrung, sondern etwas anderes zur Quelle. Aber selbst die gewöhnlichste Erfahrungswahrheit — das, was man die Feststellung einer Tatsache nennt — will keine relative und begrenzte Wahrheit sein: auch die Tatsachenwahrheit sucht, und zwar mit Erfolg, den Rang oder die Würde einer ewigen Wahrheit zu erlangen. Ich führte als Beispiel an: Im Jahre 399 v. Chr. wurde Sokrates in Athen vergiftet. Das ist eine Erfahrungswahrheit, die Feststellung einer Tatsache. Aber sie gibt sich nicht mit diesem Range zufrieden. „Daß Sokrates den Giftbecher trank, das ist etwas, das wahrhaft nur ein einziges Mal in Wirklichkeit geschah, aber die historische Wahrheit, daß dies so war, bleibt bestehen für alle Zeiten und unabhängig davon, ob man sie jemals vergessen oder nicht vergessen wird", lesen wir in einem Buch eines sehr bekannten modernen Philosophen. Niemand wird bereits jemals zu sagen berechtigt sein: Nein, das ist nicht so, das war nicht so, — man hat Sokrates nicht vergiftet. Und es ist ganz einerlei, wovon die Rede ist: ob nun davon, daß man Sokrates vergiftet habe, oder ob davon, daß man einen tollen Hund vergiftet habe. Die ewige Wahrheit ebenso wie die „Notwendigkeit", aus der sie geboren wurde, schenkt Überredungen kein Gehör und hört sie nicht, und ebenso, wie sie für nichts Gehör hat und nichts hört, weiß sie auch nichts zu unterscheiden: es ist für sie ganz einerlei, ob man nun Sokrates oder einen Hund vergiftete. Sie drückt dem einen wie dem anderen Geschehnis den Stempel der Ewigkeit auf und lähmt damit ein für allemal den Willen des Forschenden. Hat sich einmal Ἀνάγκη, die Notwendigkeit, eingemischt, so darf der Mensch nicht wagen, zu zweifeln, sich zu empören, zu widersprechen, zu kämpfen. Er darf beispielsweise nicht zu sagen wagen, daß man ja doch nicht einen Hund, sondern Sokrates, den besten der Menschen, den weisesten der Menschen, einen Gerechten, vergiftet habe. Und daß, wenn man das Urteil: „Man vergiftete einen Hund" noch als eine Wahrheit anzuerkennen bereit sein könnte, die, obwohl sie von etwas Einmaligem berichtet, dennoch eine ewige Wahrheit ist, man sich doch keinesfalls freiwillig bereiterklären könnte, dem Urteil: „Man vergiftete Sokrates" den Stempel der Ewigkeit aufzudrücken. Es genüge schon, wenn sie sich im Laufe einer historischen Periode gehalten habe. Schon ohnehin habe sie sich allzu lange in der Welt eingenistet, — bald werden es 2500 Jahre sein. Ihr aber Unsterblichkeit, eine außerzeitliche Existenz zu versprechen, die durch kein Vergessen vernichtet werden könnte —, wer hat sich das Recht angemaßt, solche Versprechungen zu geben? Und warum vergißt der Philosoph, dem doch bekannt ist, daß alles, was einen Anfang hat, auch ein Ende haben muß, diese „ewige" Wahrheit und gewährt einer Wahrheit, die es vor dem Jahre 399 nicht gab und die erst im Jahre 399 geboren wurde, unendliches Sein? Aristoteles stellt keine derartigen Fragen. Ihm ist die Wahrheit teurer als Plato, teurer als Sokrates, teurer als alles andere in der Welt. Plato, Sokrates hatten einen Anfang ihres Seins, sie müssen auch ein Seinsende haben. Eine Wahrheit aber, selbst jene, die einen Anfang hatte, wird nie ein Ende haben, wie auch nicht die Wahrheit, die keinen Anfang hatte. Und wenn man den Versuch machen wollte, Aristoteles zu widersprechen oder ihn zu überreden, es wäre alles vergeblich: er würde einen nicht hören, wie auch Ἀνάγκη, die Notwendigkeit selber, einen nicht hören würde. Auch Aristoteles (nicht τις = jemand, sondern τι = etwas) ἀμετάπειστόν τι εἶναι, auch er hört nicht: er kann oder will nicht, vielleicht aber kann er nicht und will er nicht auf Überredungen hören. Er hat so lange in Gesellschaft der „Wahrheiten" gelebt, daß er sich deren Natur aneignete, selber gleichsam eine Wahrheit wurde, und daß er den Sinn seines Seins, jeglichen Seins im Zwingen und Gezwungenwerden (ἀναγκάζειν und ἀναγκάζεσται) erblickt. Und wenn ihm jemand den Gehorsam verweigern wollte, so würde er, wie uns der ehrliche Epiktet erzählte, ihm die Ohren, die Nase abschneiden, würde er ihn zwingen, Essig zu trinken oder gar, wenn dies alles nichts helfen sollte, ihm den Schierlingsbecher reichen, der, wie wir wissen, endgültig und ein für allemal (ewige Wahrheit!) selbst mit

Sokrates fertig wurde. Möge wer auch immer was auch immer sagen: Aristoteles wird sein „die Notwendigkeit gilt als etwas, was keine Überredung abzuwenden vermag" (ἀνάγκη ἀμετάπειστόν τι εἶναι) nicht hergeben. Und er stützt sich, ich wiederhole dies nochmals, nicht auf die Erfahrung — die Erfahrung liefert ja doch keine ewigen Wahrheiten, sie gibt uns nur empirische, zeitliche, vergängliche Wahrheiten: er hat eine andere Wahrheitsquelle..

Im Jahre 399 vergiftete man Sokrates. Nach Sokrates blieb sein Schüler Plato am Leben, und Plato, „von der Wahrheit selbst gezwungen" (ἀναγκαζόμενος ὑπ' αὐτῆς τῆς ἀληθείας), konnte nicht anders als sagen, konnte nicht anders als denken, daß man Sokrates vergiftet habe. Er schrieb davon sowohl im „Kriton" als auch im „Phaidon" und in seinen anderen Dialogen, und aus allem, was er schrieb, klang und klingt nur die eine Frage heraus: Gibt es wirklich in der Welt eine Macht, der es gegeben ist, endgültig und ein für allemal uns zu dem Glauben zu zwingen, daß man im Jahre 399 Sokrates vergiftet habe? Für Aristoteles hat es so eine Frage, da sie offenkundig sinnlos wäre, nicht gegeben. Er war überzeugt, daß die Wahrheit: „Man hat Sokrates vergiftet" ebenso wie die Wahrheit: „Man hat einen Hund vergiftet" gegen jegliche menschlichen und göttlichen Einwände geschützt sei. Der Schierling macht keinen Unterschied zwischen Sokrates und dem Hund, und wir, „den Erscheinungen zu folgen gezwungen, von der Wahrheit selber gezwungen" (ἀναγκαζόμενοι ἀκολυθεῖν τοῖς φαινόμενοις, ἀναγκαζόμενοι ὑπ' αὐτῆς τῆς ἀληθείας), sind verpflichtet, in unseren mittelbaren oder unmittelbaren Urteilen **keinerlei Unterschied zu machen zwischen Sokrates und dem Hund, ja nicht einmal zwischen Sokrates und dem tollen Hund.**

Plato wußte das ebensogut wie Aristoteles. Auch er schrieb, wie wir uns erinnern: „Auch die Götter kämpfen nicht mit der

Notwendigkeit" (ἀνάγκῃ δ'οὐδὲ θεοὶ μάχονται). Dennoch kämpfte er bis an sein Lebensende mit der Notwendigkeit. Von da nahm auch sein Dualismus seinen Ausgang, den man ihm immer zum Vorwurf machte, daher auch die Widersprüche, die seine Freunde so betrüben und seine Gegner so freuen, daher auch seine Paradoxe, die Aristoteles so erregten. Plato begnügte sich nicht mit jener Wahrheitsquelle, die den Wissensdurst seines großen Schülers löschte. Er weiß, „es ist schwer, den Schöpfer und Vater aller Dinge zu finden, unmöglich aber, wenn man ihn gefunden, ihn allen zu zeigen" (εὑρόντα εἰς πάντας ἀδύνατον λέγειν), — nichtsdestoweniger ist er nach Kräften bemüht, sowohl die Schwierigkeiten als auch die Unmöglichkeit selber zu überwinden. Man hat zuweilen den Eindruck, als lockten ihn nur Schwierigkeiten an, als erwache sein philosophischer Genius erst angesichts des Unmöglichen zu seiner wahren Tätigkeit. „Man muß alles wagen" (πάντα γὰρ τολμητέον), und man muß um so mehr wagen, je weniger Wahrscheinlichkeit nach Ansicht des Durchschnittsmenschen besteht, irgend etwas zu erreichen. Es besteht keinerlei Hoffnung, Sokrates der Gewalt der ewigen Wahrheit zu entreißen, für die es einerlei ist, ob Sokrates, ob toller Hund, und die ihn für alle Ewigkeit verschlungen hat. Folglich dürfen Philosophie und Philosophen an nichts anderes mehr denken als daran, ihr Sokrates zu entreißen. Wenn es nicht anders geht, müsse man in die Unterwelt hinabsteigen, wie Orpheus hinabstieg, Euridike zu holen, müsse man zu den Göttern gehn, wie einstmals Pygmalion zu ihnen ging, welchen die den natürlichen Lauf der Geschehnisse lenkende taube Ἀνάγκη (Notwendigkeit) nicht zu hören vermochte, und dessen Wunsch, der von ihm geschaffenen Statue Leben zu verleihen, dem konsequenten Denken als äußerster Wahnsinn und äußerste sittliche Zügellosigkeit erschien und noch erscheint. Aber vor dem Gericht der Götter, die im Gegensatz zur Ἀνάγκη Überredungen Gehör zu schenken verstehen wie auch gewillt sind, wird das Unmögliche und Wahnsinnige möglich und vernünftig. Gott spricht und denkt ganz anders als die Notwendigkeit. „Alles zwar, was miteinander vereint ist", sagt Gott, „kann getrennt werden, aber es ist Sache eines Schlechten, das trennen zu wollen, was gut vereint ist und ordentlich zusammenhält. Darum seid ihr, allgemein gesprochen, weil ihr entstanden seid, nicht vor Zersetzung geschützt und nicht unsterblich, aber ihr werdet nicht der Zersetzung anheimfallen und werdet nicht das Todesschicksal erleiden, da ihr durch meinen Willen (τῆς ἐμῆς βουλήσεως) eine dauerhaftere Festigkeit erhalten werdet als jene, mit der ihr geboren seid" (Tim. 41, B). Nicht nur Aristoteles, sondern niemand — selbst nicht der leidenschaftlichste Verehrer der Philosophie Platos — vermag diese Worte ohne Ärger und Erregung zu lesen. Was ist das für ein „mein Wille", der sich das Recht und die Macht anmaßt, die Richtung des natürlichen Laufes der Geschehnisse zu ändern? Wir „verstehen" die Ἀνάγκη, und wir „verstehen" auch, daß „die Notwendigkeit als etwas gilt, was keine Überredung abzuwenden vermag" (warum wir „verstehen" und wer eigentlich diese „wir Verstehenden" sind — solche Fragen will man gar nicht stellen), aber „durch meinen Willen" — die ganze geistige Natur des denkenden Menschen, seine ganze Seele (allgemein gesprochen gibt es keine Seele — aber für diesen Fall würde sich schon eine finden) ist empört über die Vermessenheit und Unverschämtheit derartiger Anmaßungen. „Durch meinen Willen" — das ist ja doch nichts anderes als ein Deus ex machina, über den Deus ex machina aber urteilen wir alle, können wir nicht umhin, zu urteilen wie Kant: „In der Bestimmung des Ursprungs und der Gültigkeit unserer Erkenntnis der Deus ex machina das Ungereimteste ist, was man nur wählen kann" oder, wie derselbe Kant an anderer Stelle noch ausdrucksvoller sagt: „Zu sagen, daß ein höheres Wesen in uns schon solche Begriffe und Grundsätze (a priori) weislich gelegt habe, heißt alle Philosophie zugrunde richten." Warum erscheint „uns" Ἀνάγκη, die Überredungen kein Gehör schenkt und sie nicht hört, als vernünftige Annahme, während der Deus ex machina oder „ein höheres Wesen", das Gehör schenkt und hört, uns als solche Ungereimtheit erscheint? Zwar schenkt „die Notwendigkeit Überredungen kein Gehör": was sie einmal beschlossen hat, das bleibt für alle Ewigkeit so, so daß man nicht umhin kann, sich mit Kant einverstanden zu erklären, daß hier von der Dauerhaftigkeit unserer Erkenntnis die Rede ist, für welche die Taubheit, Blindheit und Unzugänglichkeit der Ἀνάγκη für Überredungen die zuverlässigste Bürgschaft ist, während der Deus ex machina „jeder Grille.. Vorschub gibt" und folglich selbst die Möglichkeit der Erkenntnis zu vernichten droht.

Aber Kants Aufgabe hat ja nicht darin bestanden, das Wissen um jeden Preis zu verherrlichen und zu verteidigen. Er unternahm eine „Kritik" der reinen Vernunft, also mußte er, bevor er von irgend etwas zu sprechen anfing, erst die Frage stellen: Ist denn in der Tat unser Wissen und das, was gewöhnlich Philosophie genannt wird, etwas so Wertvolles, daß man es verteidigen müßte, was für Opfer auch immer dies kosten sollte? Vielleicht ist es umgekehrt: Wenn das Wissen so eng mit der Idee der Ἀνάγκη verknüpft ist und bei Annahme eines Deus ex machina (höheres Wesen) unmöglich wird, wäre es dann für uns nicht besser, auf das Wissen zu verzichten und bei jener „Grille" Schutz zu suchen, mit der uns Kant so sehr erschreckte? Ist nicht die Bereitschaft, auf Wissen zu verzichten, der einzige Weg oder wenigstens der erste Schritt dazu, die verhaßte Ἀνάγκη loszuwerden, die, wie wir uns erinnern, selbst Aristoteles zuweilen tief seufzen ließ und sich nicht fürchtet, sogar den Göttern Unrecht zu tun? Was Kant, und nach Kant wir alle, eine ganz unsinnige Annahme nennen, sollte uns die Möglichkeit in Aussicht stellen, Sterbliche wie Unsterbliche aus der Gewalt einer dunklen und erbarmungslosen Macht zu befreien, die Gott weiß durch was für ein Wunder sich der Welt bemächtigte und sich alles unterwarf, was es an Lebendigem in der Welt gibt? Wird vielleicht der Deus ex machina dem verhaßten „Gehorchen" (parere) ein Ende machen und den Menschen das schöpferische „Befehlen" (jubere) zurückgeben, auf welches auch die Götter in irgend einem geheimnisvollen und furchtbaren Augenblick der fernen Vergangenheit verzichten mußten? Vielleicht wird zusammen mit der Ἀνάγκη die Macht auch der anderen Usurpatoren zusammenbrechen, denen wir, an das „Gehorchen" gewöhnt, knechtisch und willenlos unser Schicksal ausliefern. Sind doch das Gesetz des Widerspruchs und das Gesetz der Identität ebenfalls, ohne jemanden zu fragen, in die Welt eingetreten und haben sich darin häuslich eingerichtet. Wenn wir behaupten, der Schall sei wägbar, so mischen sich diese Gesetze ein und verkünden ihr Veto: Wir gestatten das nicht, folglich ist das nicht so. Wenn aber jemand sagt: Man hat Sokrates vergiftet, so bleiben beide Gesetze untätig und erteilen sogar einem solchen Urteil ihren Segen, wodurch sie es, wie wir uns erinnern, aus einem zeitlichen in ein ewiges verwandeln. Ist aber nicht irgendwo in den Tiefen des Seins eine „Wirklichkeit" verborgen, welche die Natur des Gesetzes des Widerspruchs und des Identitätsgesetzes vollständig und von Grund auf ändert, so daß bereits nicht mehr sie befehlen, während der Mensch gehorcht, sondern sie sich den Befehlen des Menschen unterwerfen, das heißt ruhig bleiben, wenn die Töne wägbar werden, und sich auflehnen, wenn Gerechte hingerichtet werden? So daß das Urteil: „Der Schall ist wägbar" nicht sinnlos erschiene, während das Urteil: „Man hat Sokrates vergiftet" sich als innerlich widerspruchsvoll und darum als niemals in Wirklichkeit in Erfüllung gegangen erwiese? Wenn solches möglich ist, wenn es möglich ist, daß Ἀνάγκη, die Überredungen kein Gehör zu schenken wünscht, sich einer „Grille" des Menschen beugt, wenn das Gesetz des Widerspruchs und das Identitätsgesetz aufhören, Gesetze zu sein, und sich in Vollzugsorgane verwandeln, wenn das Unmögliche möglich ist, — was wären dann noch die „ewigen Wahrheiten" wert, die von der „denkenden" Menschheit angesammelt wurden? Man wird fragen, wie man erfahren könne, ob eine solche Wirklichkeit möglich oder unmöglich sei. Das ist es ja eben: Wie soll man es erfahren! Wenn wir schon einmal zu fragen anfangen, so wird man uns wahrscheinlich sagen, ja man hat es uns schon gesagt, daß so eine Wirklichkeit unmöglich sei, daß das Identitätsgesetz, das Gesetz des Widerspruchs und andere Gesetze, sowohl in unserer Welt als auch in allen Welten, die je bestanden haben, auf ihre Weise walteten, walten und stets walten werden, daß es keine wägbaren Töne gegeben habe und auch nicht geben werde, während man die Gerechten hinrichtete und hinrichten wird, und daß selbst der Macht der Götter Grenzen gesetzt seien, die aber ließen sich nicht überschreiten.

Wenn wir aber niemanden fragen würden? Sind wir fähig, solche Entschlossenheit zu beweisen, so die Willensfreiheit zu verwirklichen, durch die uns die Philosophen verlockten? Oder besser: Wollen wir solche Freiheit? Solche Freiheit, daß sowohl das Gesetz des Widerspruchs und das Identitätsgesetz wie auch Ἀνάγκη selber uns Laufburschendienste täten? Es sieht so aus, als wollten wir das nicht gar zu sehr und als würden wir uns sogar fürchten, selbst Gott solche Freiheit einzuräumen.

5

Aristoteles und Epiktet unterwarfen sich der Notwendigkeit und „versöhnten" sich mit ihr. Plato versöhnte sich nicht mit der Notwendigkeit, — obwohl er nicht schlechter als Aristoteles oder Epiktet alle Gefahren erkannte, die einem Menschen drohen, der sich weigern würde, sich ihrer Macht zu unterwerfen. Hatte er doch wie alle „gesehen", daß man im Jahre 399 Sokrates vergiftete. Nichtsdestoweniger oder, richtiger: gerade deshalb, weil er dies gesehen hatte, weil er gezwungen gewesen war (ἀναγκαζόμενος), solches „mit eigenen Augen" zu sehen, erwachte in ihm erstmals jener tiefe, unausrottbare und den Menschen so unverständliche Verdacht: Sind denn tatsächlich die „eigenen Augen" die Quelle letzter, metaphysischer Wahrheiten? Im „Gastmahl" schreibt er: „Das geistige Auge wird sehend, wenn die leiblichen Augen ihre Schärfe zu verlieren beginnen" (219, A). Es ist anzunehmen, daß Plato, als ihm erstmals dieser Gedanke kam, selber über ihn entsetzt war und, ehe er sich dazu entschloß, ihn laut auszusprechen, sich mehr als einmal mit seinem „man muß alles wagen" (πάντα γὰρ τολμητέον) ermunterte. In der Tat, wenn dies wahr ist, wenn es Augen von zweierlei Art gibt, wer wollte dann entscheiden, mit welchen Augen wir Wahrheit und mit welchen Falsches sehen? Bei allem gutem Willen wären wir selber nicht in der Lage, diese Frage zu beantworten. Man könnte in gleicher Weise annehmen, daß die Wahrheit dem leiblichen Auge offenbar sei, wie auch, daß sie sich dem geistigen Auge offenbare. Oder sogar noch so: Die körperlichen Augen unterscheiden zwischen Wahrheit und Lüge — Epiktet konnte einen Menschen zwingen, Essig von Wein, Rasieren von Schneiden usw. zu unterscheiden, aber über die geistigen Augen ist Epiktet keine Macht gegeben, ist auch Aristoteles keine gegeben. Stützten sie sich doch beide auf die Ἀνάγκη, waren sie doch beide „von der Wahrheit selber gezwungen", wollten und wußten auch andere zu zwingen (ἀναγκάζειν). Aber das alles war nur solange gut, als jene, an die sie sich wandten, Wesen mit leiblichen Augen waren. Solche kann man durch Drohungen zwingen, über solche hat Ἀνάγκη Macht. Wer aber die leiblichen Augen verloren hat, bei wem sich statt des leiblichen Sehens „geistiges Sehen" (ἡ τῆς διανοίας ὄψις) eingestellt hat — hat über den etwa Ἀνάγκη noch Macht? Vollzieht sich nicht hier jenes Wunder der Verwandlung, von dem wir oben sprachen: Schon nicht mehr wird Parmenides gezwungen, sondern Parmenides zwingt, das Gesetz des Widerspruchs befiehlt nicht, sondern gehorcht, der Essig wird zu Wein, das Rasiermesser wagt nicht zu verwunden usw., und der ganze Vorrat an aristotelischen und epiktetischen Drohungen verliert wie dummgewordenes Salz seinen Sinn und seine Bedeutung? Ich denke, daß es keine zwei Meinungen hierüber geben kann: Das „geistige Sehen" ist bei Plato nichts anderes als ein verzweifelter Versuch, sich der Macht der Ἀνάγκη zu entwinden, die schon seit jeher und bis auf unsere Tage die Stütze des menschlichen Denkens war. Als bester Kommentar zu dem angeführten Zitat aus dem „Gastmahl" können die Worte Plotins dienen (Enn. VI, 7, 41): „Die Gabe des Denkens ist den zwar göttlichen, aber doch nicht besten Wesen gleichsam wie ein Auge zu ihrer natürlichen Blindheit verliehen. Wozu aber sollte das Auge das Seiende schauen, da es doch selbst Licht ist? So aber jemand das Auge benötigt, sucht er also, da er selber Finsternis in sich birgt, das Licht." Das „geistige Sehen" ist bereits nicht mehr ein Sehen im eigentlichen Sinne des Wortes, das heißt ein passives Erblicken und Empfangen von vornherein fertiger und zubereiteter Wahrheit, die zwangsmäßig von außen aufgedrungen wird, wie die Wahrheit bei Aristoteles oder Epiktet aufgedrungen wird. Was diesen letzteren als **wesentliches Moment der Wahrheit erscheint — die Macht, alle zu zwingen — erweist sich als etwas nur Zufälliges, als Akzidens**: es ändern sich die Existenzbedingungen, und das Zwingende wird zuerst unnötig, belastend, unerträglich, dann aber **die eigentliche Natur der Wahrheit entstellend**. Zum mindesten der metaphysischen

Wahrheit, von der hier die Rede ist. Die Wahrheit des leiblichen Auges erhält sich durch Gewalt, durch Drohungen — und manchmal durch Verlockungen aufrecht. Ungehorsame zwingt sie, Essig zu trinken, sie schneidet ihnen Nasen und Ohren ab, sticht ihnen die Augen aus usw. Andere Mittel, um Anerkennung zu finden, kennt sie nicht. Man nehme einer solchen Wahrheit die Einschüchterungsmethoden, über die sie verfügt — wer würde ihr dann noch nachfolgen? Wer würde aus freien Stücken anerkennen, daß man Sokrates vergiftete? Wer würde triumphieren, wenn er sähe, wie die „Erscheinungen" den großen Parmenides antreiben, als wäre er nicht Parmenides, sondern ein Maultier oder ein Pferd? Alles, was der lebendige Mensch an Menschlichem in sich hat, fordert unaufhaltsam, daß niemand es wage, Sokrates anzutasten, und daß die Erscheinungen nicht den großen Parmenides mit sich schleppten, wohin es ihnen gerade einfällt, sondern gehorsam und vertrauensvoll dorthin gingen, wohin Parmenides sie führen wird. Der mit Bewußtsein ausgestattete Stein Spinozas würde, so ist anzunehmen, die heute bestehende oder, genauer, die dem körperlichen Auge sichtbare „Ordnung und Verknüpfung der Dinge" (ordo et connexio rerum) billigen, aber ein lebendiger Mensch würde sich nie hierzu bereit erklären. Und wenn dennoch viele aufrichtig bestrebt waren, eine solche Ordnung der Dinge in saecula saeculorum zu festigen, so ist hieraus keineswegs jene Schlußfolgerung zu ziehen, die gewöhnlich daraus gezogen wird, das heißt, daß man mit dem körperlichen Auge die letzte Wahrheit erblicken könne und daß der Ἀνάγκη die wunderbare Macht und die übernatürliche Kraft gegeben sei, Zeitliches in Ewiges zu verwandeln, sondern eine ganz andere Schlußfolgerung, die vielleicht auf den ersten Blick „paradox" und darum für unsere „träge Vernunft" (ignava ratio) gänzlich unannehmbar erscheint, — die aber dennoch, wie anzunehmen ist, die einzig richtige ist: „Nicht alle werden unter der gleichen Bedingung geschaffen, sondern den einen wird ein ewiges Leben, den anderen ewige Verdammnis vorbestimmt" (non pari conditione omnes creantur, sed aliis vita aeterna, aliis damnatio aeterna praeordinatur). Oder, wenn Theologie und Calvin Ihrem Geschmack nicht zusagen, so läßt sich das gleiche auch mit den Worten Spinozas formulieren: die meisten Menschen sehen nur aus wie Menschen, in Wirklichkeit aber sind es nicht Menschen, sondern mit Bewußtsein ausgestattete Steine. Und das, was wir gewöhnlich „Denkgesetze" nennen — sind die Denkgesetze mit Bewußtsein ausgestatteter Steine. Und dann: Offenbar verwandelt sich jeder von uns im Laufe seines kurzen Lebens oftmals in einen mit Bewußtsein ausgestatteten Stein, und zwar gerade dann, wenn er zurückblickt, wenn er fragt, wenn er zu „denken" anfängt. Plato empfand das qualvoll und war aus allen Kräften seiner Seele bestrebt, die sich seiner bemächtigende Versteinerung zu überwinden. Aristoteles hingegen erschien selbst der geringste Versuch eines Kampfes mit dem, worin er die natürliche Ordnung der Dinge und folglich auch die letzte, endgültige Wirklichkeit erblickte, als äußerster Wahnsinn. Könnte man denn erwarten, daß an Stelle des schwach werdenden und sich zersetzenden körperlichen Auges ein anderes, geistiges Auge träte, das uns eine andere Welt offenbaren würde, statt jener, die wir alle überall und immer sehen, sahen und sehen werden? Für Aristoteles beginnt hier das Gebiet des ewig Phantastischen, vor dem er sich selber wie auch die anderen sowohl durch seine Logik als auch durch seine Metaphysik und seine Ethik, durch sein kategorisches „man muß innehalten" (ἀνάγκη στῆναι) verteidigte. Aber Plato wurde durch das „Phantastische" inspiriert. Für ihn war das körperliche Sehen so eng mit der Idee des Zwingens und des Gezwungenwerdens (ἀναγκάζειν und ἀναγκάζεσθαι), mit der Idee, daß der vergiftete Sokrates eine ewige Wahrheit in jener Welt ist, wo die Wahrheit durch die körperlichen Augen gewonnen wird, verknüpft, daß es ihm bereits als ungenügend erschien, unser physisches Sehen und überhaupt unsere physische Existenz zu schwächen. Solange wir physisch existieren, befinden wir uns in der Gewalt der Notwendigkeit. Man kann uns der Folter unterziehen und zu jedem beliebigen Geständnis zwingen. Ich will wieder daran erinnern — denn soviel man auch erinnern mag, es genügt immer noch nicht —, wie der edle Epiktet mit allen verfuhr, die ihm nicht nachfolgen wollten, wie er ihnen die Augen ausstach, die Ohren und die Nase abschnitt, und wie Aristoteles den großen Parmenides zur Anerkennung seiner Wahrheiten zwang. Kann man denn in einer Welt verbleiben, wo die Wahrheit — das heißt, was es nach unserer Vorstellung an Höchstem und Bestem, an Ersehntem auf Erden gibt — die Menschen foltert und sie in mit Bewußtsein ausgestattete Steine verwandelt? Man muß aus dieser Welt fliehen, möglichst schnell fliehen, ohne sich umzusehen, ohne zu fragen, wohin man flieht, und ohne sich darüber Gedanken zu machen, was einen erwartet. Man muß in sich ausbrennen, ausroden, ausmerzen alles, was man an Schwerem, Versteinerndem, Niederbeugendem, einen zur sichtbaren Welt Hinziehendem in sich hat, wenn man sich vor der furchtbaren Gefahr (der ewigen Verdammnis — damnatio aeterna) retten will. Nicht nur das körperliche Auge, sondern jene ganze Körperlichkeit, durch welche die „zwingenden" Wahrheiten zu uns gelangen, muß vom Menschen entfernt werden, so daß in der Tat Essig wie Wein werde und an Stelle des ausgestochenen Auges ein neues Auge wachse. Wie aber dies tun? Wer kann dies tun? Platos Antwort: Das ist Sache der Philosophie. Aber einer Philosophie, die bereits nicht mehr Wissenschaft ist und nicht einmal Wissen, sondern wie er im „Phaidon" sagt, eine „Einübung in den Tod" (μελέτη θανάτου), einer Philosophie, die dem Menschen statt des natürlichen Auges ein übernatürliches geben kann, das heißt **nicht ein Auge, welches das sieht, was ist, sondern ein Auge, durch welches das, was er „durch seinen Willen" sieht, zu dem wird, was ist.** Aristoteles hörte Platos „Einübung in den Tod" nicht, obwohl dieser „Gedanke" — kann man das einen Gedanken nennen? — im „Phaidon" entwickelt wird und sich durch den Dialog mit all der Beharrlichkeit hindurchzieht, zu der Plato fähig war. Er sagt, daß alle, die sich aufrichtig der Philosophie widmeten, nichts anderes taten, als sich nur auf das Sterben und den Tod vorbereiten (ἀποθνῄσκειν καὶ τεθνάναι). Zwar fügt er sofort hinzu, die Philosophen hätten dies gewöhnlich vor allen verborgen. Aber es stellt sich heraus, daß gar kein Grund zum Verbergen vorlag. Plato verbarg nicht, sondern verkündete zu aller Ohren seine „Einübung in den Tod", aber das Geheimnis offenbarte sich niemandem. Wie vor Plato, so auch nach ihm, sind alle überzeugt, daß beim Tode keine Offenbarung und keine Wahrheit zu suchen sei, daß der Tod das Ende sowohl der Offenbarungen als auch der Wahrheiten sei. Man streitet nicht mit Plato, man widerspricht ihm nicht, aber von der „Einübung in den Tod" spricht fast niemand. Eine Ausnahme bildet Spinoza, der ebenso wie Plato sich nicht fürchtete, „alles zu wagen" (πάντα τολμᾶν), sich auch nicht fürchtete, bis an die Grenzen des Seins zu gehen. Gleichsam Plato antwortend, erklärt er: „Homo liber de nulla re minus quam de morte cogitat, et eius sapientia non mortis, sed vitae meditatio est" (Eth. IV, LXVII), das heißt, der freie Mensch denkt am allerwenigsten an den Tod, und seine Weisheit ist Nachdenken nicht über den Tod, sondern über das Leben. Das hätte eigentlich schon Aristoteles sagen müssen: kann man doch nur so Plato loswerden mit dessen geistigem Auge und „Einübung in den Tod". Es gibt keine Augen außer den körperlichen, und sogar Spinozas „geistige Augen" (oculi mentis) sind in gewissem

Sinne die höchste Stufe, die höchste Entwicklung der körperlichen Augen oder sogar, wenn man will, die körperlichen Augen par excellence. Führen doch die oculi mentis zur „dritten Erkenntnisgattung" (tertium genus cognitionis), zur „anschauenden Erkenntnis" (cognitio intuitiva), das heißt, grade zu jener Art von Erkenntnis, in der sich Ἀνάγκη in all ihrer Allmacht und düstern Majestät zeigt. Das sub specie necessitatis verwandelt sich durch Spinozas Wille in das sub specie aeternitatis, das heißt, die Notwendigkeit wird zum Ideal, wie auch zur Wirklichkeit. Sie kommt von der Vernunft, die Spinoza, der sein Gelübde vergessen hat, von allem so zu sprechen, wie die Mathematiker von Flächen und Linien sprechen, „das größte Geschenk und das göttliche Licht" (donum maximum et lucem divinam) nennt und der er einen Altar errichtet, als dem einzigen, anbetungswerten Gott — „welchen Altar kann der sich bauen, der die Majestät der Vernunft verletzt" (quam sibi aram parabit qui maiestatem rationis laedit)? Und nur von der Vernunft kann man jenes „Eine, was nottut" erhalten, und eben diesem wird, wie alle Weisen aller Länder der Welt lehrten, der Mensch leben, den wir sehen und der existiert, und die Götter, die niemand jemals weder mit körperlichen, noch mit geistigen Augen gesehen hat. „Die Zufriedenheit mit sich selbst kann aus der Vernunft entspringen, und allein diese Zufriedenheit, die aus der Vernunft entspringt, ist die höchste, die es geben kann" (acquiescentia in se ipso ex Ratione oriri potest et ea sola acquiescentia, quae ex Ratione oritur, summa est, quae dari potest." Eth. IV, LII).

Spinoza mochte Aristoteles nicht leiden, vielleicht weil er ihn ungenügend kannte, wohl eher aber deshalb, weil er auch bei Aristoteles allzu deutliche Spuren des „mythologischen" Denkens fand, von dem er sich gänzlich frei wissen wollte. Er war bestrebt, nicht die „beste Philosophie" (philosophia optima), sondern die „wahre Philosophie" (philosophia vera) zu schaffen, er versicherte allen und sich selber, daß der Mensch das „Beste" überhaupt nicht brauche, sondern daß es für ihn genüge, das „Wahre" zu haben. Aber es ergab sich, daß Spinoza doppelt unrecht hatte. Aristoteles glaubte, wie wir sahen, an die königlichen Rechte der Wahrheit und machte in seinen philosophischen und wissenschaftlichen Untersuchungen nie den Versuch, gegen jene untergeordnete und abhängige Lage zu protestieren, zu der wir durch die Bedingungen unseres Daseins verurteilt sind. Er sprach zwar von den Zwecken des Weltgebäudes, sprach davon, daß die Natur nichts vergeblich tue usw. Aber das war nur ein methodologischer Kunstgriff, ein Kunstgriff zur Auffindung der Wahrheit, wie auch sein „erstes unbewegliches Bewegendes" (primum movens immobile) kein lebendiger, beseelter Gott war, der auf dem Olymp oder an einem anderen, wenn auch von uns entfernten, so doch realen Ort des Weltalls wohnt, sondern nur eine wirkende Kraft, die das Entstehen und die Aufeinanderfolge der von allen beobachteten Erscheinungen unserer Außenwelt durch sich bedingt. Für ihn beschränkte sich das „höchste Gut" (summum bonum) der Menschen auf das Mögliche, das Mögliche aber machte bei ihm die Vernunft ausfindig. Was aber dies anbelangt, daß er dies summum bonum in unserer Welt fand, so ist ja auch Spinoza in dieser Hinsicht nicht weit über ihn hinausgekommen. Die „Zufriedenheit mit sich selbst, die aus der Vernunft entspringt", unterscheidet sich nur wenig vom aristotelischen Ideal der Weisheit, seinem „Denken des Denkens" (νόησις νοήσεως). So daß man also eher Spinoza, der so kühn und herausfordernd behauptete, seine Aufgabe bestände darin, die philosophia vera zu finden, und er kümmere sich nicht im geringsten um die Nöte und Bedürfnisse der Menschen, denn die Menschen seien für ihn nichts anderes als Senkrechte und Dreiecke und verdienten es nicht, daß man sich zu ihnen anders verhalte als zu Dreiecken und Senkrechten, — so daß man also eher Spinoza den Vorwurf machen könnte, sich selbst untreu geworden zu sein durch Errichtung eines Altars zur Anbetung der Vernunft, durch Preisung der Vernunft als „größtes Geschenk und göttliches Licht", durch Lobeserhebung der „Zufriedenheit mit sich selbst" usw. Hier finden wir alles, was Spinoza erregte, wenn er an seine Vorgänger dachte: sowohl Mythologie als auch Gespräche vom Edlen und Erhabenen, von der Bestimmung des Menschen usw. Aber gerade weil Spinoza wie auch Aristoteles sich eine so willkürliche oder unwillkürliche Inkonsequenz gestatteten, ist es ihnen gelungen, das Ziel, das sie sich setzten, zu erreichen: die Menschen zu überzeugen, daß das Ideal des menschlichen Daseins der mit Bewußtsein ausgestattete Stein ist. Warum? Selbst wenn es richtig wäre, daß ein mit Bewußtsein ausgestatteter Stein am geeignetsten sei für die Erkenntnis der „Wahrheit", warum sich dann an lebendige Menschen wenden und von ihnen verlangen, daß sie das Wunder so einer Verwandlung an sich vollzögen? Und warum machen denn weder Aristoteles noch Spinoza Versuche, ein einfacheres und wohl leichteres Wunder zu vollbringen: durch die Macht ihres Zaubers und ihrer Beschwörungen unbeseelten Gegenständen, die gar keinen Grund haben und haben können, sich solchen Versuchen zu widersetzen, Bewußtsein zu verleihen? Aber niemand hat derartiges versucht. Niemand ist daran interessiert, Steine in denkende Wesen zu verwandeln, aber viele waren daran interessiert, lebendige Menschen in Steine zu verwandeln. Warum? Was hat es damit für eine Bewandtnis?

6

Ich habe hier Spinoza nur nebenher erwähnt — an anderer Stelle habe ich ausführlicher über ihn gesprochen. Es war für mich nur von Wichtigkeit, den schroffen Gegensatz hervorzuheben zwischen den Aufgaben, die Plato und Spinoza sich stellten. Der eine erblickt in der Philosophie eine „Einübung in den Tod" und behauptet, die wirklichen Philosophen hätten nichts anderes getan als „sich in den Tod einzuüben und zu sterben". Für ihn ist die Philosophie nicht einmal eine Wissenschaft, nicht ein Wissen — kann man doch die Einübung in den Tod nicht als Wissenschaft bezeichnen —, sondern etwas ganz anderes. Er will den menschlichen „Blick" nicht schärfen, sondern abstumpfen, den Blick, dem es nach allgemeiner Meinung gegeben ist, den Weg zu den Quellen aller Wahrheiten zu finden. „Hast du denn nicht an jenen," schreibt er, „von denen man sagt, daß sie schlechte, aber kluge Menschen seien (τῶν λεγομένων πονερῶν μὲν, σοφῶν δέ), gemerkt, was für einen scharfen Blick solch ein Seelchen hat, wie gut es das sieht, was es anblickt, da seine Fähigkeit, zu sehen, keine geringe ist, aber es ist gezwungen, dem Bösen zu dienen, und je schärfer es sieht, desto mehr Böses tut es" (Staat, 519, a). Die Fähigkeit, zu sehen, die Einsicht, intuitio, führt den Menschen, so groß sie auch selber sein mag, nicht zur Wahrheit, im Gegenteil — sie führt ihn von der Wahrheit fort. Die „schauende Erkenntnis" (cognitio intuitiva), die von der Vernunft verliehen wird und „Zufriedenheit mit sich selber" (acquiescentia in se ipso) bringt, die auch „die höchste ist, die es geben kann" (summa est quae dari potest) — Plato wußte vortrefflich, daß die Menschen in alledem die letzte Wahrheit erblicken, aber er fühlte auch mit seinem ganzen Wesen, daß hinter dieser „Zufriedenheit mit sich selbst" das Furchtbarste verborgen liegt, was es im Leben gibt. Er war ein Schüler des Sokrates und erzählte uns von seinem Lehrer, Sokrates habe sich selber eine Stechfliege (μύωψ) genannt und seine Aufgabe nicht darin erblickt, die Menschen zu beruhigen, sondern darin, sie ununterbrochen zu stechen und untilgbare Unruhe in ihre Seelen zu pflanzen. Spinozas „Vernunft" (ratio) bringt den Menschen „Zufriedenheit mit sich selbst" (acquiescentiam in se ipso), dazu auch noch eine Zufriedenheit, welche „die höchste ist, die es geben kann", — dies bedeutet, daß die Vernunft größte Gefahr mit sich bringt, die aber muß man Tag und Nacht bekämpfen, ohne vor irgend welchen Schwierigkeiten und Opfern zurückzuschrecken. Plato war der Vater der Dialektik und war auch selbst mit einer nicht geringen Gabe des Sehens ausgestattet. Aber die Quelle seines philosophischen Verstehens war keineswegs die Dialektik, noch die Kunst, dort zu unterscheiden, wo andere nichts unterscheiden. Sowohl das Sehen als auch die Dialektik können im Dienste des „Bösen" stehen, — was für einen Nutzen brächten sie dann? Je mehr wir sehen, desto tiefer versinken wir ins Böse, und vollkommenes Sehen würde zu einer endgültigen Herrschaft des Bösen in der Welt führen. Hiervon, nur hiervon erzählt uns Platos Gleichnis von der Höhle. Die Bewohner der Höhle sehen klar und deutlich alles, was an ihnen vorüberzieht, aber je fester und sicherer sie allem vertrauen, was sie sehen, desto hoffnungsloser wird ihre Lage. Sie sollten nicht Klarheit und Deutlichkeit, nicht Festigkeit und Sicherheit suchen. Im Gegenteil — sie sollten größten Verdacht, eine ungeheure Unruhe empfinden, sollten äußerste seelische Anstrengungen machen, jene Ketten zu zerreißen, mit denen sie an den Ort ihrer Gefangenschaft geschmiedet sind. Die Klarheit und Deutlichkeit, die alle so sehr verführt (nicht nur Descartes — Descartes gab die Formel, aber die Menschen sind vor ihm und ohne ihn verführt worden) und allen als eine Bürgschaft der Wahrheit erscheint, kommt Plato als das vor, was die Wahrheit auf immer vor uns verbirgt. Die Klarheit und Deutlichkeit ziehen uns nicht zum Wirklichen, sondern zum Illusorischen, nicht zum Seienden, sondern zum Schatten des Seienden hin. Wenn man fragt, woher Plato dies genommen habe, wie er, der doch ein ebensolcher Höhlenbewohner war wie alle andern, erraten habe, daß das, was er sah, nicht Wirklichkeit, sondern nur der Schatten der Wirklichkeit sei und daß irgendwo, jenseits der Höhle, das wahre Leben beginne — so wird man keine Antwort auf diese Frage erhalten. Plato kann dies nicht beweisen, obwohl man zugeben muß, daß er aus Leibeskräften bemüht ist, Beweise zu finden. Dazu erfand er ja auch seine Dialektik und war er in seinen Dialogen auf jede Weise bemüht, seine imaginären Gesprächspartner zur Anerkennung der Wahrheit seiner Offenbarung zu zwingen. Aber hier nun, gerade hier hat Plato, weil und sofern er aus dem, was sich ihm offenbarte, eine zwingende und für alle verbindliche Wahrheit machen wollte, der Kritik des Aristoteles eine Blöße geboten. Als es bis zum Zwingen (ἀναγκάζειν) und Gezwungenwerden (ἀναγκάζεσθαι) kam, erwies sich Aristoteles, und nicht nur Aristoteles, sondern auch Epiktet als unbesiegbar. Wir haben keine Mittel und Wege, einen Menschen zur Anerkennung dessen zu zwingen, daß seine Wirklichkeit nicht wirklich sei. Im Gegenteil sind — wie wir uns erinnern — alle Mittel des Zwanges auf Seiten jener, die in der Wirklichkeit die Wirklichkeit erblicken, und zwar die endgültige und einzig mögliche. Diese Wirklichkeit ist genügend geschützt gegen die Versuche, sie schlechtzumachen durch die Epiktetschen Drohungen oder auch durch das allmächtige Gesetz des Widerspruchs. Wer an der Wirklichkeit zweifelt, zweifelt auch an seinem eigenen Zweifel, denn auch er, der Zweifelnde, und alle seine Zweifel gehören zu dieser Wirklichkeit. Plato wußte sehr gut um dieses unwiderlegbare Argument, durch das später zwei so wenig ähnliche Männer wie der hl. Augustinus und Descartes sich verführen ließen. Plato selbst hat im Kampf gegen die Sophisten mehr als einmal davon Gebrauch gemacht, und er begriff sehr gut, daß sein Geheimnis von der Höhle, wie auch seine ganze Ideentheorie „von Widersprüchen durchdrungen" sind. Er begriff es und sagte sich dennoch von seinen Ideen nicht los und trachtete sein ganzes Leben lang danach, der Höhle zu entrinnen. Was hat es damit für eine Bewandtnis? Verleiht etwa die „Einübung in den Tod" dem Menschen die rätselhafte Gabe, sich selbst vor dem Gesetze des Widerspruchs nicht zu fürchten? L e h r t s i e i h n e t w a, ü b e r h a u p t n i c h t s z u f ü r c h t e n u n d „a l l e s z u w a g e n"? Weder Plato, noch seine Offenbarungen haben die Dialektik überhaupt gebraucht, und er griff zu ihr nicht so sehr deshalb, weil seine Offenbarungen nicht hätten ohne sie auskommen können, als deshalb, weil die Menschen nicht ohne sie auskommen konnten, die Menschen, vor denen Plato seine Wahrheiten abzuleiten bemüht war und die zu denken gewöhnt waren, daß nach der Natur der Dinge, wo keine Kraft ist, auch keine Wahrheit sei, daß die Kraft, wenn es ihr einfällt (nach eigener Laune), der Wahrheit zu „sein" erlaube oder auch nicht erlaube, während sie selbst da ist, ohne irgend jemanden (am allerwenigsten die Wahrheit) um Einverständnis und Erlaubnis zu fragen. In der Terminologie Spinozas ausgedrückt: man muß die „wahre Philosophie", nicht aber die „beste" suchen.

Diese Frage zieht sich durch alle Werke Platos, aber nirgends wird sie von ihm so scharf und nackt aufgeworfen wie im „Phaidon", in dem er uns erzählt, die Philosophie sei „Einübung in den Tod". Und das ist natürlich kein Zufall. Angesichts des seiner Hinrichtung harrenden Sokrates sind andere Gespräche undenkbar. Wenn in der Tat die Philosophie eine „Einübung in den Tod" ist — so kann der sich auf den Tod vorbereitende Mensch noch denken und philosophieren. Wenn aber die „Wahrheit" bei Spinoza ist und „der freie Mensch an nichts weniger denkt als an den Tod" (homo liber de nulla re minus quam de morte cogitat), so h a t d a s U r t e i l d e r R i c h t e r d i e L i p p e n d e s S o k r a t e s s c h o n e i n f ü r a l l e m a l g e - s c h l o s s e n — e h e e r n o c h d e n G i f t b e c h e r a u strank. Ein menschliches Denken, das dem Tode in die Augen sehen will und kann, ist ein Denken anderer Dimensionen als jenes, das sich vom Tode abwendet und den Tod vergißt. Anders ausgedrückt: Die Wahrheiten, nach denen Plato suchte, lassen sich nicht in der Ebene der Vernunft unterbringen. Sie setzen eine neue, gewöhnlich nicht in Betracht gezogene Dimension voraus. Als Plato sich dem Dilemma: vera philosophia oder philosophia optima gegenüberstehen sah, traf er, ohne zu schwanken, die Wahl: die vera philosophia braucht er nicht, er sucht und trachtet nach der philosophia optima. Hätte man ihn gefragt, wer ihm das Recht verliehen habe, zu wählen, wenn man von ihm das verlangt hätte, was die Juristen „Rechtstitel" (iustus titulus) nennen und dem gewöhnlich alle Philosophen nachjagen, so hätte er wahrscheinlich auf eine solche Frage nicht zu antworten gewußt, vielleicht aber auch nicht gewollt. Oder er hätte die Frage mit einer Frage beantwortet: W e m   i s t ü b e r h a u p t d a s R e c h t v e r l i e h e n, d a s a u s z u t e i l e n, w a s   d i e   J u r i s t e n, das heißt Menschen, die ihrer Bestimmung und ihrer seelischen Struktur nach berufen sind, die ihnen in der Höhle offenbar gewordene vermeintliche Realität zu verteidigen, m i t d e m W o r t i u s t u s t i t u l u s b e z e i c h n e n? In der Tat: Wer oder was lenkt die Schicksale der Menschen? Solange es keine Antwort auf diese Frage gibt, werden alle unsere Wahrheiten nur eine bedingte Bedeutung haben. Und dann: wir sagen „wer" oder „was". Dies bedeutet: vielleicht sind die iusti tituli einem lebendigen, fühlenden, wählenden Wesen zur Verfügung gestellt, vielleicht aber befinden sie sich in der Verfügungsgewalt eines Etwas, das sich überhaupt um niemanden und um nichts kümmert. Es fällt willkürlich, gleichgültig, automatisch, ohne auf irgend etwas zu hören und ohne mit irgend etwas zu rechnen, sein endgültiges Urteil, gegen das man nirgends Berufung einlegen kann. Und wenn es, dieses indifferente und gleichgültige „Etwas", die Quelle des Lebens wie auch der Wahrheit ist, welchen Sinn, welche Bedeutung hat dann die menschliche Wahl? Ist in solchem Falle die Wahl nicht bloß Selbstbetrug, Autosuggestion, schamlose Vermessenheit, die unvermeidlich zutage treten und beim ersten Zusammenstoß des Menschen mit der Wirklichkeit sich grausam rächen muß? Soviel wir auch weiter fragen wollten, so ist es doch klar, daß i n jener Ebene, in der diese Fragen geboren wurden und aufwuchsen, wir die erwünschte Antwort nicht erhalten werden. Oder besser: in dieser Ebene ist die Antwort von vornherein festgelegt: es ist kein „Wer" an der Quelle des Seins, folglich ist auch kein „Wer" an der Quelle der Wahrheit. Oder, wenn dort einmal ein Wer gewesen ist, so hat er schon längst, in unvordenklichen Zeiten, Verzicht geleistet auf sich selbst und auf seine souveränen Rechte, indem er sie dem unbeseelten „Was" zur ewigen Nutzung übergab, aus dessen toter Umkrallung keinerlei Kühnheit, keinerlei Vermessenheit die ihm zugefallene Macht zu entreißen vermag. Dies ist der Sinn des „gehorcht immer, hat einmal befohlen" (semper paret, semel iussit), dies ist der Sinn all jenes Zwingens (ἀναγκάζειν) und Gezwungenwerdens (ἀναγκάζεσθαι), von denen oben die Rede war. Argumentationen und Dialektik, wie auch Bitten und Überredungen, können hier in gleicher Weise nichts nützen. Wenn die wahre Realität sich in der zweidimensionalen Ebene des „Was" befindet und wenn das Denken dementsprechend nur zwei Dimensionen kennt (εἶναι [Sein] = νοεῖν [Denken]), so kann es keinen Ausweg geben: man wird auf die Wahl verzichten müssen, wird sich vor der Ἀνάγκη beugen und keine Wahrheiten ohne ihr Einverständnis und ihre Erlaubnis gelten lassen dürfen. Die Notwendigkeit gestattet keine Wahl, — wenn man das Recht und die Freiheit des Wählens erwerben will, muß man jene Ebene verlassen, wo ihre Macht in Erfüllung geht, ohne vor irgend welchen Unmöglichkeiten haltzumachen, und vorerst ein für allemal jegliche iusti tituli mißachten, die nicht nur unser Denken, sondern auch unser Sein gefesselt haben. Ohne irgend jemanden und irgend etwas zu fragen, aus eigenem Antrieb der Ἀνάγκη, die für keine Überredungen Gehör hat, das gebieterische „durch meinen Willen" entgegenstellen. So daß der Aristotelische Παρμενίδης ἀναγκαζόμενος sich in einen Parmenides verwandle, der „wie einer, der die Macht innehat", spreche. Wie geschrieben steht: In das Reich Gottes dringet jedermann mit Gewalt hinein (Luk. 16, 16).

Man wird sagen: dies hieße die Selbstevidenz bekämpfen. Aber Plato hat sein ganzes Leben lang nichts anderes getan, als gegen die Selbstevidenz gekämpft. Um sie zu besiegen, ging er an jene fernen Randgebiete des Seins, wohin niemand geht, wo es nach allgemeiner Überzeugung kein Leben gibt und kein Leben geben kann, wo überhaupt nichts ist, wo der Tod herrscht, der allem ein Ende setzt. Das ist natürlich ebenfalls eine große, die größte Vermessenheit, die letzte Schamlosigkeit, zu welcher der Mensch fähig ist. Wie sollte man aber anders das Recht auf das „durch meinen Willen" erlangen? Daß „die Notwendigkeit etwas ist, das sich nicht überreden läßt", war für Plato, ich wiederhole dies nochmals, ebenso unbestreitbar wie für Aristoteles. Was aber der Tod ist — das weiß niemand. Er erscheint uns unheimlich, das ist wahr. Aber: „Das Schöne ist schwer" (τὰ καλὰ χαλεπά). Das hat auch Spinoza nicht geleugnet: „Alles Erhabene ist ebenso schwer, als selten" (omnia praeclara tam difficilia quam rara sunt) — so beschließt er seine „Ethik". Liegt vielleicht hinter den Schwierigkeiten und Schrecken des Todes etwas verborgen, das für uns notwendiger ist als die Leichtigkeiten und Annehmlichkeiten des alltäglichen Lebens? Es ist bereits nichts mehr zu verlieren: wir gingen zur Ἀνάγκη, fragten sie aus und suchten sie zu überreden, sie rückte nicht von der Stelle und wird nicht von der Stelle rücken. Solange sie die Macht behält, wird das Urteil, man habe Sokrates vergiftet, eine ebenso wichtige Wahrheit bilden, wie das Urteil, man habe einen tollen Hund vergiftet. Befreundet man sich aber mit dem Tode, geht man durch das Nadelöhr letzter, furchtbarer Einsamkeit, Verlassenheit und Verzweiflung — so wird es vielleicht gelingen, das verheißungsvolle „durch meinen Willen", jenes uralte, uranfängliche, gebieterische „Befehlen" (iubere) wiederzuerlangen, das wir gegen das willenlose, automatische, beruhigende „Gehorchen" (parere) eintauschten. Man muß die Ängste überwinden, muß, seinen ganzen Mut zusammennehmend, dem Tode entgegengehen und bei ihm sein Glück versuchen. Das gewöhnliche „Denken", das Denken des „Gehorchenden" und vor Drohungen zurückweichenden Menschen gibt uns nichts. Der erste Schritt wäre: sich daran gewöhnen, den „zureichenden Grund" unberücksichtigt zu lassen. Möge Epiktet oder sonst irgendwer drohen, er werde uns die Ohren abschneiden, die Augen ausstechen, uns Essig oder Schierling trinken lassen — wir werden seinen Drohungen kein Gehör schenken, wie die Notwendigkeit unseren Überredungen kein Gehör schenkt. „Die Seele des Menschen ist bei großer Freude oder großer Trauer über irgend etwas", sagt Plato, „gezwungen (ἀναγκάζεται), das, weswegen sie diese Empfindung hat, für das Offensichtlichste und für etwas ganz Wahres zu halten, obwohl es sich nicht so verhält... Jedes Vergnügen und jede Trauer trägt gleichsam einen Nagel bei sich und heftet die Seele an den Leib und befestigt sie daran und macht sie dem Leibe ähnlich, so daß sie zu denken beginnt, jenes sei wahr, was der Leib für wahr hält" (Phaidon, 83, D). Sich gleichsam im vorhinein gegen Aristoteles und Epiktet verteidigend, für die das Zwingen (ἀναγκάζειν) und die zahllosen λυπηθῆναι (ausgestochene Augen, abgeschnittene Ohren, Essig, Schierling usw.) die letzte Instanz für die Entscheidung des Streites zwischen Wahrheit und Lüge waren, ist Plato bemüht, ihnen nicht zu widersprechen, sondern jene Orte zu verlassen, wo derartige Argumentation gültig ist und gültig sein kann. Der Leib und alles, was mit dem Leibe ist, gehorcht der Notwendigkeit und hat vor ihren Drohungen Angst. Und solange der Mensch sich fürchtet, kann man ihn erschrecken und, nachdem man ihn in Schrecken versetzt, zum Gehorsam zwingen. Aber für den „Philosophen", der am Rande des Lebens geweilt hat, der durch die Schule des Todes hindurchgegangen ist, für den das Sterben (ἀποθνήσκειν) zur Realität der Gegenwart und der Tod (τεθνάναι) zu einer ebensolchen Realität der Zukunft geworden ist, sind die Schrecken nicht mehr schrecklich. Er hat das Sterben hingenommen und sich mit dem Tode befreundet. Untergraben doch das Sterben und der Tod, indem sie das leibliche Auge schwächen, radikal die Macht der auf nichts hörenden Ἀνάγκη und aller jener selbstevidenten Wahrheiten, die sich auf diese Ἀνάγκη stützen. Die Seele beginnt zu fühlen, daß es ihr gegeben ist, nicht sich zu fügen und zu gehorchen, sondern zu führen und zu gebieten (ἄρχειν καὶ δεσπόζειν. Phaidon, 80, A), und im Kampfe um dieses ihr Recht scheute sie sich nicht, über jene verhängnisvolle Grenze sich hinauszuschwingen, wo alle Klarheiten und Deutlichkeiten enden und wo das Ewige Geheimnis zu Hause ist. Ihre „Weisheit" ist bereits nicht mehr ein „Nachdenken über das Leben" (meditatio vitae), sondern ein „Nachdenken über den Tod" (meditatio mortis).

7

Das war der Weg, den Plato zurückgelegt hatte. Im „Phaidon" erzählt Sokrates, in seiner Jugend sei er gelegentlich bei der Lesung von Abschnitten aus den Werken des Anaxagoras zugegen gewesen, und als er gehört habe, daß die Vernunft der Ordner und Urheber von allem sei (νοῦς ἐστιν ὁ διακοσμῶν τε καὶ πάντων αἴτιος), habe er sich maßlos gefreut und sich gesagt, daß dies gerade das sei, was er brauche, und daß er eine solche Lehre gegen keine Schätze der Welt würde eintauschen wollen. Der Vernunft eine solche Macht zuzuerkennen, hatte seiner Meinung nach zu bedeuten, daß es der Vernunft gegeben sei, für alles und für jedermann das zu finden, was für ihn das Beste sein wird. Dementsprechend sei der Mensch berechtigt, für alles und auch für sich selber nur das zu erwarten, was das Zutreffendste und Beste sein würde. Wie groß aber war seine Enttäuschung, als er, genauer auf die Worte des Anaxagoras hinhörend, zu der Überzeugung kam, daß dessen „Vernunft" in der Welt nur den natürlichen Zusammenhang der Erscheinungen sucht und findet! Dies erschien Sokrates unerträglich betrübend, und er begann, sich von Anaxagoras abwendend, auf eigene Faust dem Anfang und den Quellen alles Seienden nachzugehen. Mit welchem Recht kam Sokrates zu dieser Entscheidung? Hat es etwa die Vernunft unternommen, Sokrates eine Erklärung des Weltalls zu geben, bei der das „Beste" sich als das Stärkste erwiese? Ist es uns denn gegeben, in die Idee der Vernunft die Kraft hineinzulegen, überall nur das Gute zu finden, nicht aber das, was ist, das heißt sowohl Gutes als auch Übles? Wir sind nicht berechtigt, das heißt, wir haben keinerlei Grund, von vornherein mit Gewißheit darauf zu rechnen, daß die Vernunft in der Welt mehr Gutes als Übles finden werde. Vielleicht wird sie mehr Gutes, vielleicht aber mehr Übles finden, ja sogar viel, sehr viel mehr Übles. Auch Aristoteles kannte Anaxagoras, aber ihm sagte Anaxagoras zu, er erschien ihm als der einzig Nüchterne unter Betrunkenen. Muß denn, wiederhole ich, der Begriff der Vernunft sich mit dem Begriff des Besten decken? Eher umgekehrt: der Begriff des Besten muß aus dem Begriff des Vernünftigen abgeleitet werden. Das Beste kann unvernünftig sein, das Vernünftige indes das Beste ausschließen. Es ist vollkommen vernünftig — um keine neuen Beispiele zu nehmen —, daß das Urteil: „Man hat Sokrates vergiftet" eine ebenso ewige Wahrheit ist wie das Urteil: „Man hat einen tollen Hund vergiftet", und es ist ebenso vernünftig, daß zur Anerkennung der Wahrheit dieses Urteils in gleicher Weise sowohl der mit Bewußtsein ausgestattete Stein als auch der göttliche Plato gezwungen werden, der alles auf der Welt dafür hingegeben hätte, seinen unvergleichlichen Lehrer den Krallen der ewigen Wahrheit zu entreißen. Man könnte unendlich viele derartige Beispiele anführen, — sollten Plato und Sokrates dies nicht ebensogut gewußt haben wie wir? Sie hätten, wenn sie gewollt, sagen können, wie man heute sagt: „Die untersten Kategorien des Seins sind die stärkeren, die obersten — die schwächeren". Und das war vollkommen „vernünftig", obwohl hieran wenig Gutes ist, obwohl hierin gar nichts Gutes enthalten ist. Es wäre gut, wenn die obersten Kategorien die stärkeren wären. Aber von der Vernunft zu verlangen, sie solle anerkennen, daß die obersten Kategorien die stärksten seien — hieße das nicht, die Vernunft vergewaltigen (ἀναγκάζειν)? Und würde denn die Vernunft sich der Gewalt unterwerfen, von wo auch immer sie kommen möge? Wie man uns sagte: Παρμενίδης ἀναγκαζόμενος (der gezwungene Parmenides), könnte man sogar θεὸς ἀναγκαζόμενος (der gezwungene Gott) sagen, aber zu sagen, νοῦς ἀναγκαζόμενος (die gezwungene Vernunft) — wenn auch vom Guten selbst genötigt, selbst wenn wir das Gute noch so preisen wollten, wenn wir uns sogar entschließen würden, nach Platos Vorgang zu behaupten: „Das Gute ist keine Wesenheit, sondern das, was jenseits der Wesenheit ist und die Wesenheit übertrifft, sowohl an Würde als auch an Kraft" (οὐκ οὐσίας ὄντος τοῦ ἀγαθοῦ, ἀλλ' ἔτι ἐπέκεινα τῆς οὐσίας πρεσβείᾳ καὶ δυνάμει ὑπερέχοντος. Staat, 509, B) — wer würde solches zu sagen wagen? Wer würde sich entschließen, zu behaupten, daß die Wahrheit: „Man hat Sokrates vergiftet" in naher oder ferner Zukunft zu existieren aufhören würde und daß (augenblicklich ist das für uns das Wichtigste) die Vernunft selber dies wird anerkennen müssen, wenn auch nicht aus freien Stücken, so doch unter dem Zwange (ἀναγκαζόμενος) von irgend etwas, das sie an Kraft übertrifft (ὑπερέχοντος δυνάμει)? Gibt es eine solche Macht, die selbst über die Wahrheiten gebietet?

Es kann keine zwei Meinungen hierüber geben: So eine Macht gibt es nicht. Dennoch hat Plato diese Macht gesucht und ist auf der Suche nach dieser Macht dorthin gegangen, wo nach allgemeiner Meinung nichts zu finden ist: zum Tode. Aber es muß zugegeben werden, daß Plato das, was er suchte, nicht fand. Oder, es wird vielleicht richtiger so auszudrücken sein: **Es ist Plato nicht gelungen, das, was er jenseits der Grenzen des möglichen Wissens fand, den Menschen nahezubringen.** Als er den Menschen das von ihm Erworbene zu zeigen versuchte, verwandelte es sich vor seinen Augen auf eine rätselhafte Weise in sein Gegenteil. Zwar bannt und bezaubert uns auch dies „Gegenteil" durch jenen Widerglanz des Unaussprechlichen, der in den Sterblichen die Erinnerung weckt an die ursprüngliche maßlose und übernatürliche Fülle und Schönheit des Seins. Aber das Unaussprechliche ist unausgesprochen geblieben. „Den Schöpfer der Welt zu erblicken ist schwer, ihn zu zeigen indes — unmöglich". Das Unaussprechliche ist deshalb und insofern unaussprechlich, weil es seiner Natur nach zwar nicht der Verwirklichung überhaupt, wie wir zu denken geneigt sind, sondern der endgültigen, letzten Verwirklichung sich widersetzt. Es verwirklicht sich, kann und will sich aber nicht in Wissen verwandeln, denn Wissen ist Zwang, Zwang aber ist Unterordnung, Beraubung, die letztlich die furchtbare Drohung der „Zufriedenheit mit sich selbst" (acquiescentia in se ipso) in sich birgt: der Mensch hört auf, Mensch zu sein, und wird zu einem mit Bewußtsein ausgestatteten Stein. Der

„von der Wahrheit selbst gezwungene Parmenides" (Παρμενίδ.ης ἀναγκαζόμενος ὑπ' αὐτῆς τῆς ἀληθείας), Parmenides, der nach der Wahrheit zurückblickte, ist bereits nicht mehr jener Parmenides, der wie später Plato sich erkühnte, in ein niemandem bekanntes, den Menschen nur verheißenes Land zu gehen, sei es nun, um das goldene Vließ oder eine andere Kostbarkeit zu holen, die mit dem von den Menschen Gesehenen keine Ähnlichkeit hat, er ist nicht mehr der lebendige, rastlose, unruhige, unversöhnliche und darum große Parmenides. Das Medusenhaupt, das er erblickte, als er sich umsah, gab ihm das Höchstmögliche, die letzte Beruhigung. Plato selbst schreibt: „Das Anschauen des Seienden aber, welches Vergnügen das gewährt, kann unmöglich ein anderer gekostet haben als nur der Weisheitsliebende" (τῆς δὲ τοῦ ὄντος θέας, οἵαν ἡδονὴν ἔχει, ἀδύνατον ἄλλῳ γεγεῦσθαι πλὴν τῷ φιλοσόφῳ. Staat, 582, c). Aber er hat uns ja erklärt, was Vergnügen (ἡδονή) ist: Das Vergnügen ist der Nagel, durch den der Mensch an sein schattenhaftes, gespensterhaftes, sterbliches Sein geheftet wird. Und wenn Kontemplation „Vergnügen" bereitet, so ist es uns, welcher Art auch immer diese Kontemplation an und für sich sein mag, nicht gegeben, der verhängnisvollen Abrechnung zu entgehen. Plato indes wiederholt gleichsam absichtlich, als wollte er betonen, daß es dem Menschen nicht gegeben sei, über das „Vergnügen" hinauszugelangen, und daß das Vergnügen die Belohnung und das Ziel all unseres Kämpfens ist, auf der nächsten Seite: „Jegliches Vergnügen (ἡδονή) außer jenem, das der vernünftige Mensch empfindet, ist kein reines, sondern nur ein schattenartiges". Im weiteren läßt er sich mit noch größerem Schwung und Begeisterung über das Vergnügen aus, welches uns ebendieselbe Kontemplation bereitet (585, E; 586, A). Alles, was Aristoteles später mit solchem Pathos zum Thema „das Schauen ist das Angenehmste und Beste" (ἡ θεωρία τὸ ἥδιστον καὶ ἄριστον. Met. 1072, b 23) sagte, hat er ganz von Plato genommen. Auch bei Plotin finden wir nicht wenige beredsame Seiten der gleichen Art. Durch das Vergnügen (ἡδονῇ) wird der Mensch in der Tat, wie mit riesigen Nägeln, an jene Stelle des Seins genagelt, wo er zufällig sein Dasein beginnen mußte. Und dementsprechend erlauben ihm die Schrecken, bewaffnet mit Drohungen von allerhand Unheil, nicht einmal in der Einbildung, sich vom Boden loszureißen und sich über die Ebene zu erheben, die unser Denken für die alles Wirkliche und alles Mögliche in sich bergende zu halten gewohnt ist. Es ist uns der rätselhafte Ausspruch Heraklits erhalten geblieben: „Für den Gott ist alles gut und gerecht, die Menschen indes halten das eine für gerecht, das andere für ungerecht" (τῷ μὲν θεῷ πάντα καὶ ἀγαθὰ καὶ δίκαια, ἄνθροποι δὲ ἃ μὲν ἄδικα εἶναι ὑπειλήφασιν, ἃ δὲ δίκαια). Auch bei Plotin kommt dieser Gedanke noch häufig vor: er wiederholt ihn in der chronologisch letzten Enneade (I, VII. 3) — „für die Götter gibt es wohl Gutes, aber nichts Schlechtes" (τοῖς θεοῖς ἀγαθόν μὲν ἔστιν, κακὸν δὲ οὐδέν), und in der I. Enneade (VIII, Schluß): „Dort gibt es nichts Schlechtes" (κακὸν οὐδαμοῦ ἐνταῦθα), gleichsam Zurufe wechselnd mit dem für uns nicht weniger rätselhaften biblischen „Es war sehr gut". Aber dieser „unsinnige" und in seiner Unsinnigkeit verführerische Gedanke faßt keine Wurzel in jener Welt, wo den „Vergnügen" und den „Betrübnissen" die Macht gegeben ist, wo Vergnügen und Betrübnisse ein „zureichender Grund" für die Handlungen und Gedanken des Menschen sind, wo sie alles bestimmen, was für uns von Wichtigkeit und Bedeutung ist. Ist es doch auch ein „Grundgesetz", daß Vergnügen und Betrübnisse hier auf Erden nicht dann und nicht in dem Maße kommen, als der Mensch sie ruft, sondern, wann es ihnen gefällt, sich der Seele des Menschen bemächtigen und, wie Plato uns lehrte, ihn an den von vornherein für ihn in der Höhle bereiteten Platz schmieden, indem sie ihm die unerschütterliche Überzeugung einflößen, daß es immer so gewesen sei und immer so sein werde, und daß sogar bei den Göttern alles wie auf Erden geschehe, daß Vergnügen und Betrübnisse führen und gebieten, niemand aber sie führe und niemand über sie gebiete. In Spinozas Sprache ausgedrückt: Glück und Unglück sind in gleicher Weise das Los der Frommen wie auch der Gottlosen. Sokrates' Versicherung indes, daß dem Bösen nichts Gutes widerfahren könne, dem Guten aber nichts Böses — ist „leeres Geschwätz" und ein „dichterisches Bild", das er irgendwo auf der Straße oder an einem noch schlimmeren Ort auflas (Sokrates ging ja aufs Geratewohl herum und ekelte sich vor nichts) und das man an jener Quelle nicht finden wird, aus der für den Menschen die ewigen Wahrheiten entspringen. Es ist auch nicht schwer zu erraten, wo Sokrates seine vermeintliche Wahrheit fand und an welcher Quelle er sie suchte. Sie ist offenkundig dem „durch meinen Willen", dem anfänglichen Befehlen entsprungen, dieses aber haben Menschen wie Götter vergessen und wagen es nicht, sich daran zu erinnern. Sokrates' Überzeugung ward aus seinem Wunsche geboren, was aber kann eine Idee Gutes bringen, die so niederer Herkunft ist? Sokrates rückte auch von Anaxagoras nur deshalb ab, weil Anaxagoras den Geist (νοῦς) verherrlichte, der die menschlichen Wünsche unberücksichtigt läßt und gegen das „Beste" gleichgültig ist. Zu befehlen ist niemandem in der Welt gegeben, nicht einmal den Göttern. Das Weltall beruht auf Gehorsam. „Das Gesetz ist König über alle, die Sterblichen und die Unsterblichen" (νόμος ὁ πάντων βασιλεὺς θνατῶν καὶ ἀθανάτων. Gorgias, 484 B). Dem kann man auf keine Weise entrinnen: wo man auch hinblickt, überall Gesetze, Forderungen, Gebote, die auf dem „zureichenden Grund" beruhen, über den wir von Aristoteles und Epiktet so viel hörten. Plato und Sokrates wollten und wagten, den Gesetzen und der Notwendigkeit den Fehdehandschuh hinzuwerfen, sie stellten ihnen das „durch meinen

Willen" (τῆς ἐμῆς βουλήσεως) entgegen. Aber — und dies ist das erschütterndste und geheimnisvollste aller den Menschen jemals einschränkenden „Aber" — auf das „Vergnügen" (ἡδονή) konnten sie nicht verzichten, wenn auch nur auf jenes Vergnügen, welches das Wesen und den Inhalt der „Zufriedenheit mit sich selbst" (acquiescentia in se ipso) ausmacht. Wie sollte man auch anders? Wenn und sofern das „durch meinen Willen" es selbst blieb — konnte man es nicht zeigen, ebenso wie man den Menschen jenen Demiurg nicht zeigen kann, der die Quelle aller „durch meinen Willen" ist. Kein Auge, weder das körperliche noch das geistige, vermag den Demiurg oder die von ihm ausgehenden Befehle zu sehen. Hier hört das Sehen auf, hier beginnt das rätselhafte Gebiet eines nicht weniger rätselhaften „Anteilnehmens". Hier hört auch der Zwang auf, denn die Befehle des Demiurg zwingen, im Gegensatz zu den Befehlen der gegen alles gleichgültigen ’Ανάγκη, niemanden. Sie rufen ins Dasein, beschenken, bereichern unerwartet. Je mehr Demiurg befiehlt, desto weniger muß man gehorchen. Demiurg ruft den durch die Ketten der Notwendigkeit gefesselten Menschen zur letzten Freiheit. Er fürchtet sich nicht einmal — so sonderbar dies auch dem menschlichen, auf Ängsten beruhenden Denken erscheint, aber D e m i u r g f ü r c h t e t s i c h v o r n i c h t s —, seine ganze grenzenlose Macht und all seine ebenfalls grenzenlosen schöpferischen Kräfte einem anderen Wesen zu übergeben, das er selber nach seinem Ebenbilde geschaffen hat. Für Gott ist alles sehr gut (τῷ μὲν θεῷ πάντα καλὰ καὶ ἀγαθά). Für die Menschen ist es anders: für sie ist das „sehr gut" — größter Unsinn. Die „alltägliche Erfahrung" lehrt, daß man alles fürchten muß, daß alles, was uns umgibt, maßlose Gefahren in sich berge. Und vor diesen Gefahren verstecken wir uns hinter den von uns selbst errichteten Mauern der „ewigen", „selbstevidenten Wahrheiten". Plato, ja Plato selber trug, trotz seines verzweifelten Kampfes gegen die Ἀνάγκη, irgendwo in den letzten Tiefen seiner Seele die unausrottbare Überzeugung, daß „die Notwendigkeit Überredungen kein Gehör schenke", daß man zuweilen ihre Wachsamkeit täuschen, sie hinters Licht führen könne, — daß es aber niemandem gegeben sei, ihrer Macht endgültig zu entrinnen. Ohne „Vergnügen" (ἡδονή) läßt sich nicht leben — die „Vergnügen" (ἡδοναί) aber kommen und gehen, nicht wie es uns gefällt, sondern wie es i h n e n gefällt. Und wenn man sie haben will, muß man sie sich bei der allmächtigen Ἀνάγκη holen, muß man, sich ein Herz nehmend, auf das souveräne „Befehlen" (iubere) verzichten und zu dem seit jeher anerkannten „Gehorchen" (parere) zurückkehren. Sobald Plato sich vom Demiurg abwandte, wenn auch nur, um ihn den anderen zu zeigen, ihn allen zu zeigen, verblaßte das „durch meinen Willen" (τῆς ἐμῆς βουλήσεως), verwandelte sich in einen Schatten, in ein Phantom; wenn aber Plato sich andächtig vorbereitete, wenn er den Demiurg entdeckte, verlor er die Möglichkeit und Fähigkeit, den Menschen „begründete" Wahrheiten zu geben. Das „Anteilnehmen setzt eine „Flucht des Einen zum Einzigen" (φυγὴ μόνου πρὸς μόνον) voraus, wie später Plotin zu sagen pflegte. Es beginnt mit „dem wahren Erwachen" (ἀληθινὴ ἐγρήγορσις) und trägt den Menschen fort, „jenseits von Geist und Erkenntnis" (ἐπέκεινα νοῦ καὶ νοήσεως), jenseits jener ein für allemal „gegebenen" Welt, welche die „Bedingung der Möglichkeit" des Wissens ist und wo die Bedingungen der Möglichkeit des Wissens geschaffen werden durch die eigens hierfür existierende Ἀνάγκη, die Überredungen kein Gehör schenkt und für sie kein Gehör hat. In der Tat, wenn die Ἀνάγκη nicht taub und blind wäre, verlöre die Idee des Wissens jeglichen Sinn. Die Wahrheit könnte keine „Angleichung von Ding und Verstand" (adaequatio rei et intellectus) sein, denn wie sollte man sich nach einer Sache richten, wenn die Sache sich nicht in den Händen und zur Verfügung der auf nichts hörenden und darum stets unveränderlichen Notwendigkeit befindet, sondern vom Willen eines nachgiebigen, für Überredungen zugänglichen und folglich „launischen" Wesens abhängt (Kants Deus ex machina, ein höheres Wesen)? Man vertreibe die Notwendigkeit aus der Welt — und das Wissen wird zu einem ebenso unrealisierbaren als unnützen Traum werden. Gegenwärtig haben, wie wir uns erinnern, sogar die erfahrungsmäßigen, aposteriorischen Urteile den hohen Rang ewiger Wahrheiten erlangt, geht aber die Ἀνάγκη fort, so werden auch die apriorischen Urteile in den kleinbürgerlichen, ja bäuerlichen Stand vergänglicher Wesen übertreten müssen. Auch die Götter, nicht nur die Menschen, werden kein Allwissen mehr haben. Kann man sich mit einer solchen Lage der Dinge einverstanden erklären? „Das Schauen ist das Angenehmste und Beste" (ἡ θεωρία τὸ ἥδιστον καὶ ἄριστον) — hörten wir eben erst von Aristoteles. Auch Plato sagte uns das gleiche. Dafür wird aber das „durch meinen Willen" (τῆς ἐμῆς βουλήσεως) — die ursprüngliche Freiheit — zurückkehren. Und sowohl das Beste (τὸ ἄριστον) als auch das Angenehmste (τὸ ἥδιστον) werden kommen, nicht wann es ihnen gefällt, sondern wann wir sie rufen werden! Und die Vergnügen (ἡδοναί) werden uns nicht wie Ketten an Sträflingskarren schmieden, sondern mit uns zusammen in jene Welt übersiedeln, wo nicht Gesetze die Sterblichen und Unsterblichen beherrschen, sondern wo die Unsterblichen und die, mit ihrer göttlichen Erlaubnis, von ihnen geschaffenen Sterblichen, selbst Gesetze schaffen und abschaffen, wo das Urteil: „Man hat einen tollen Hund vergiftet" tatsächlich eine ewige Wahrheit ist, das Urteil aber: „Man hat Sokrates vergiftet" sich als eine zeitliche, vergängliche Wahrheit erweisen wird, wo auch für die Menschen alles sehr gut ist (πάντα δίκαια καὶ πάντα καλά)... Ich will nochmals sagen: Plato hat dies und nur dies zu erreichen versucht: der Höhle zu entrinnen, wo die Schatten als Wirklichkeit erscheinen und wo man die gespenstische Wirklichkeit nicht ansehen darf, da sie versteinernd wirkt. In der Tat: unsere körperlichen Augen müßten das Sehen verlernen, wenn es uns beschieden ist, bis in jenes Gebiet vorzudringen, wo die Götter wohnen mit ihrem τῆς ἐμῆς βουλήσεως (durch nichts begrenzte Freiheit) und ohne unser Wissen, sogar ohne das vollkommene Wissen, das wir Allwissen nennen. Plato, sage ich, hat dies nur zu erreichen gesucht. Aber es zeigte sich, daß die Ἀνάγκη nicht nur Überredungen kein Gehör schenkt. Im Laufe der langen Jahrtausende ihres Bestehens und ihres Verkehrs mit den Menschen, über die zu herrschen ihr gegeben war, ward sie von ihnen mit Bewußtsein angesteckt. Spinozas kühnes Bild wird uns von neuem zustatten kommen. Nicht nur viele Menschen werden zu Steinen, die mit Bewußtsein ausgestattet sind, sondern auch die Ἀνάγκη selbst legte sich, ihre steinerne, gegen alles gleichgültige Natur beibehaltend, Bewußtsein zu. Und sie führte sogar Plato hinters Licht, indem sie ihn überzeugte, daß in der „anderen" Welt nur der existieren könne, welcher mit ihr zu gutem Einvernehmen gekommen ist, daß mit der Notwendigkeit selbst die Götter nicht kämpften und daß die Welt aus der Vereinigung der Vernunft mit der Notwendigkeit hervorgegangen sei. Zwar hat die Vernunft die Notwendigkeit von vielem überzeugt, ja sogar anscheinend die Herrschaft über die Notwendigkeit bekommen (νοῦ δὲ ἀνάγκης ἄρχοντος), aber die Beherrschung war nur eine vermeintliche und wurde bedingt durch die stillschweigende Anerkennung der Vorrechte und sogar der Erstgeburt der Notwendigkeit. Mehr noch: um über die Notwendigkeit die „Herrschaft zu bekommen", mußte die Vernunft im Wichtigsten und Wesentlichsten Zugeständnisse machen, sie mußte sich einverstanden erklären, daß alle Streitigkeiten zwischen den Wahrheiten durch Gewalt (βίᾳ) entschieden werden sollten, und daß eine Wahrheit nur dann und nur deshalb eine Wahrheit sei, weil es ihr gegeben ist, die Menschen zu zwingen. Durch die körperlichen Augen werden die Menschen an den Ort ihrer Gefangenschaft gefesselt, das „geistige Sehen" (τῆς διανοίας ὄψις) muß sie auch fesseln, zwingen, ἀναγκάζειν. Um den sterbenden Sokrates versammelten sich seine treuen Schüler, von ihm nicht einfach eine Wahrheit, sondern eine zwingende Wahrheit zu empfangen, die zwar nicht durch die körperlichen, sondern durch die geistigen Augen zwingt, aber deshalb in ihrer zwingenden Kraft nicht nur nicht geschwächt, sondern verstärkt ist. Angesichts des Todes — sich auf das Sterben und den Tod vorbereitend — tut Sokrates nichts anderes als beweisen, beweisen, beweisen. Anders geht es nicht: „Die große Menge pflegt ungläubig zu sein" (τοῖς πολλοῖς ἀπιστία παρέχει): wenn man nicht beweist, wird die Masse (οἱ πολλοί) nicht glauben! Wer aber ist diese „Masse"? Die Schüler des Sokrates sind ja doch keine „Masse", sondern Auserwählte? Aber auch die Auserwählten bilden keine Ausnahme, auch sie wollen, können nicht „glauben". Οἱ πολλοί — das sind „wir alle": nicht nur die „Masse", sondern auch die Schüler des Sokrates, nicht nur die Schüler des Sokrates, sondern auch Sokrates selber. Auch er will zuerst sehen, wenn auch nur vermittelst des „geistigen Sehens" (τῆς διανοίας ὄψις), vermittelst der „Augen des Geistes" (oculi mentis), und erst dann annehmen und glauben. Darum lauscht er so aufmerksam den Einwänden seiner Gesprächspartner. Darum konnte der göttliche Plato, der sein geistiges Erbe übernahm, bis ans Ende seiner Tage nicht auf die Dialektik verzichten. Die Dialektik ist eine ebensolche „Kraft" wie die physische Kraft, sie ist eine ebenso todbringende Waffe, wie das Schwert oder der Pfeil. Man muß sie nur handhaben können, und die ganze Welt wird einem zu Füßen liegen. Die ganze Welt, das heißt alle Menschen. Alle Menschen werden gezwungen sein, das nachzusprechen, was man als Wahrheit verkündet hat. Ich wiederhole mit Nachdruck: angesichts aller konnten Sokrates und Plato sich nicht entschließen, zur Quelle „ihrer" Wahrheiten zu gehen: angesichts aller wurden auch sie wie alle, wie jene πολλοί, von denen gesagt ist, daß sie ungläubig zu sein pflegen und nur die bewiesene, zwingende Wahrheit, die ersichtliche, sichtbare, selbstevidente Wahrheit gelten lassen. Dort, wo die Grenze des — für das geistige oder für das körperliche Auge — „Sichtbaren" ist, dort zu suchen und von dort etwas zu erwarten, wäre vergeblich. Unter dem Druck der Notwendigkeit mußte Sokrates dieses Zugeständnis machen: das „Sehen des Seienden" (τὴν δε τοῦ ὄντος θέαν) und das Vergnügen (τὴν ἡδονήν), das mit dem Sehen des Seienden verbunden ist, schlug er seinen Schülern vor statt der zahlreichen Vergnügen (ἡδοναί), die für die Höhlenbewohner mit der Wahrnehmung jener Höhlenwirklichkeit verbunden sind, in der Plato in irgend einem rätselhaften Augenblick seines Lebens plötzlich die Anwesenheit der zersetzenden Elemente der Vernichtung (damnatio aeterna) empfand. Und dieses „Sehen" wurde von ihm als „großes Geschenk der Götter an die Sterblichen, ein größeres erhielten sie nie und werden sie nie erhalten" (Timaios, 47 D) bewertet. Die „Masse" (οἱ πολλοί) hat das Ihre erreicht: sie wollte schon jetzt, ehe noch Sokrates die Augen geschlossen hatte, ihren Lohn erhalten — und sie erhielt ihn. Die „Philosophie" verkündet im „Phaidon" mit Entschiedenheit: „Niemandem glauben außer sich selber" (πιστεύειν δε μηδενὶ ἄλλῳ, ἀλλ' ἢ αὐτὴν αὐτῇ)... Aber, wer nur sich selber, nur seinen eigenen Augen, wenn auch den geistigen, glaubt, wird unvermeidlich zum Vasallen und Tributzahler der Ἀνάγκη werden und dazu verdammt sein, sich mit dem zu begnügen, was sie für die Sterblichen und Unsterblichen übrig gelassen hat. Ohne es selbst zu merken, glitt Plato (oder wurde er weggefegt) von jenen Höhen, zu denen er aufstieg, als er — der Eine vor dem Einzigen (μόνος πρὸς μόνον) — durch

Exerzitien und Nachdenken über den Tod alle Schrecken und Drohungen vergaß, die den Menschen den Zutritt zur letzten Wahrheit versperren, und geriet von neuem in jene Ebene, wo selbst der große Parmenides, den Dingen zu folgen gezwungen (ἀναγκαζόμενος ἀκολουθεῖν τοῖς φαινομένοις), nichts anderes zu suchen wagt, als jenes „Vergnügen", welches hervorgerufen wird durch das Schauen des Seienden, das vor ihm und ohne ihn Gestalt annahm und in Erscheinung trat. Und nicht nur Parmenides, auch die Götter weigerten sich, „von der Wahrheit selber gezwungen", irgend etwas im Weltall zu schaffen oder zu ändern. Plato ist es nicht gelungen, die Ἀνάγκη zu „überreden" — sie hat für Überredungen kein Gehör — indes hat die Ἀνάγκη Plato überlistet. Für das „Vergnügen", mit allen zu sein und wie alle zu denken, mußte er alles hergeben. Herrscherin der Welt blieb Ἀνάγκη: ihr gehört die ganze Welt, während das „durch meinen Willen" (τῆς ἐμῆς βουλήσεως) sich in ein Phantom verwandelte. Und zugleich wurde die Höhle und alles, was in der Höhle geschieht, von neuem zum Reich der einen und letzten Realität, außerhalb derer es weder ein Sein noch ein Denken gibt.

8

Aristoteles hat einen vollen Sieg über Plato davongetragen. Und wie er sich die Dinge zurechtlegte, so liegen sie auch noch bis heute. Nicolaus von Cues schrieb: „Der Unterschied zwischen dem göttlichen Geist und dem unseren ist der gleiche wie zwischen Tun und Sehen. Der göttliche Geist schafft durch Denken, der unsere bildet nach durch Denken oder durch verstandesmäßiges Sehen. Der göttliche Geist ist die schöpferische Kraft, der unsere die nachbildende" (Inter divinam mentem et nostram id interest quod inter facere et videre. Divina mens concipiendo creat, nostra concipiendo assimilat seu intellectuales faciendo visiones. Divina mens est vis effectiva, nostra est vis assimilativa). In diesen Worten wiederholt sich gewissermaßen der Gedanke Philos, der von der Bibel ausging: „Gott nämlich schafft zugleich, indem er spricht — das Wort war seine Tat" (ὁ γὰρ θεὸς λέγων ἅμα ποιεῖ — ὁ λόγος ἔργον ἦν αὐτοῦ). Aber auch Philo hat bekanntlich in seinem Bestreben, die Heilige Schrift mit der griechischen Weisheit auszusöhnen, den Sinn und die Bedeutung des biblischen „und Gott sprach" reichlich abgeschwächt. Bei Nicolaus von Cues indes, der an der Schwelle der Geschichte der Neuzeit steht, ist der Zusammenhang zwischen Denken und Schaffen vollständig zerrissen. Er spricht zwar noch nicht wie die Alten, denkt aber bereits wie sie denken, und in seinen eben zitierten Worten kann man, wenn man von ihnen die Patina christlicher, das heißt, von der Bibel ausgehender Theologie fortkratzt, ohne Mühe das uns bekannte „semper paret, semel iussit" erkennen. Nicolaus von Cues fühlte, daß es bis zu Gott weit ist, so weit, daß man besser gar keine Versuche macht, zu ihm zu gelangen, sondern, sich ein für allemal mit seinem Todesschicksal aussöhnend, nicht das Tun (facere), sondern das Sehen (videre) und das Nachbilden durch Denken (concipiendo assimilare) anstrebt, und daß das Prinzip der Angleichung von Ding und Verstand (adaequatio rei et intellectus) für den Menschen das allumfassende Prinzip der Wahrheitsfindung ist, ganz einerlei, ob er nach gewöhnlichen, positiven Wahrheiten suchen oder sich an die letzten metaphysischen Probleme heranmachen wollte. Und wenn Nicolaus von Cues so dachte, der, obwohl man in ihm mit Recht den Verkünder der Philosophie der Neuzeit erblickt, dennoch durch Blutsbande mit dem biblisch denkenden Mittelalter verbunden war, was soll man dann von der Neuzeit sagen? Wie hatte sie die Rechte und Möglichkeiten des menschlichen Denkens abzugrenzen? Zwar ist die Angst vor der Freiheit — dies darf nie vergessen werden — offenbar der Grundzug unserer, vielleicht verkümmerten, immerhin aber wirklichen Natur. In den Tiefen unserer Seele ist der Wunsch lebendig, selbst Gott irgend welche Grenzen zu setzen, sein schöpferisches Leben, sein Recht auf das Befehlen (iubere), auf das „durch meinen Willen" (τῆς ἐμῆς βουλήσεως) zu verkürzen. Wir meinen, daß es auch für Gott besser wäre, nicht zu befehlen, sondern zu gehorchen, daß sogar Gottes Wille, wenn man ihn nicht irgend einem „ewigen" Prinzip unterordnet, sich in Willkür, in Laune verwandeln würde. Ich spreche schon gar nicht von Thomas von Aquin, der sich die Heilige Schrift nur von aristotelischer Philosophie verbrämt vorstellen konnte und der die folgenden Generationen daran gewöhnte, die Verbrämung nicht weniger zu schätzen, als das, was sie enthält. Aber selbst ein so freier und christlicher Denker wie Duns Scotus konnte sich erst beruhigen, wenn er zu meinen begann oder wenn er zu der Überzeugung gelangte, daß es auch über Gott etwas gebe, was ihn bindet, daß es auch für Gott Unmögliches gibt. „Einen Stein kann er (Gott) weder durch absolute, noch durch geordnete Macht selig machen" (lapidem non potest [Deus] beatificari nec potentia absoluta nec ordinata). Wozu brauchte er so etwas zu behaupten? Er hätte doch, wenn er gewollt, sich leicht daran erinnern können, was in der „Genesis" berichtet wird: Gott schuf den Menschen aus Staub, und Er segnete den von Ihm aus Staub geschaffenen Menschen. Ob er dies durch „geordnete Macht" (potentia ordinata) oder durch „absolute Macht" (potentia absoluta) vollbrachte — ist einerlei, trotz Scotus, Er hat es getan. Aber sogar Duns Scotus fürchtet sich, Gott eine durch nichts beschränkte Machtfülle einzuräumen, er nimmt vielleicht sogar an, daß Gott selber sich davor fürchte. Ich denke, wenn man Duns Scotus befragte, so würde sich herausstellen, daß Gott nicht nur außerstande sei, einen Stein selig zu machen (beatificari lapidem), sondern daß er auch vieles andere nicht könne. Er würde sicherlich die Worte des hl. Augustinus wiederholen: „Gottes Gerechtigkeit kann ohne deinen Willen sein, aber sie kann nicht in dir sein gegen deinen Willen... Wer dich also ohne dich geschaffen hat, rechtfertigt dich nicht ohne dich. Also schafft er dich ohne dein Wissen, rechtfertigt er dich mit deinem Wollen" (esse potest iustitia Dei sine voluntate tua, sed in te esse non potest praeter voluntatem tuam... Qui ergo fecit te sine te, non te iustificat sine te. Ergo fecit nescientem, iustificat volentem) und auch die Worte des Agathon bei Aristoteles: „Denn dies allein bleibt selbst einem Gotte versagt: Geschehene Dinge ungeschehen macht auch kein Gott" (μόνου γὰρ αὐτοῦ καὶ θεὸς στερίσκεται, ἀγένετα ποιεῖν ἄσσ' ἂν ᾖ πεπράγμενα. Nikom. Eth. 1139, b 10). Und es ließe sich noch vieles finden, das auch für Gott „unmöglich" ist, und die Philosophie, die von der These ausgeht, die Wissenschaft vom Möglichen gehe der Wissenschaft von der Wirklichkeit voraus, erhält endlich das, was sie braucht, wenn sie auf Hindernisse stößt, die in gleicher Weise sowohl für Gott als auch für die Menschen unüberwindlich sind. Das ist ja gerade das, was man „Vernunftwahrheiten" (vérités de la raison) oder „ewige Wahrheiten" (veritates aeternae) nennt, denn das Unüberwindliche ist für Gott bereits ein endgültig und ein für allemal Unüberwindliches. Und — was das Wichtigste: Dem Menschen ist es nicht nur gegeben, zu erkennen, daß es so ein Unüberwindliches gibt, vor dem selbst Gott sich beugen muß, sondern es ist ihm auch noch gegeben, mit seinen Augen (den geistigen selbstverständlich) dieses Unüberwindliche im Sein und im Seienden zu unterscheiden. Wir hörten, daß Gott außerstande sei, einen Stein selig zu machen (beatificari lapidem), daß er den Menschen nicht „gegen dessen Willen" (praeter voluntatem suam) erlösen, ja nicht einmal Geschehenes ungeschehen machen könne. Es gibt viele solche „Unmöglich", die in gleicher Weise über Gott und über den Menschen stehen: ex nihilo nihil fit, das Gesetz des Widerspruchs usw. Die Gesamtheit solcher „Unmöglich" und der ihnen entsprechenden „Möglich" bildet eine ganze Wissenschaft. Die Menschen wie auch die Götter müssen wiederum von derselben Ἀνάγκη lernen, die selbst nichts lernt, nichts weiß und nichts wissen will, die sich überhaupt um niemanden und nichts kümmert und die trotzdem, ohne es zu wollen und ohne es anzustreben, sich so hoch über alles Bestehende erhoben hat, daß angesichts ihrer Götter und Menschen gleich, gleichberechtigt, genauer: gleich rechtlos werden. Hegel hat dies — mit der ihm eigenen Vorsicht oder klugen Kühnheit — in seiner „Logik" unvergleichlich ausgedrückt: „Die Logik ist sonach als das System der reinen Vernunft, als das Reich des reinen Gedankens zu fassen. Dieses Reich ist die Wahrheit, wie sie ohne Hülle für sich selbst ist. Man kann sich deshalb auch so ausdrücken, daß dieser Inhalt die Darstellung Gottes ist, wie er in seinem ewigen Wesen vor der Erschaffung der Natur und eines endlichen Geistes ist". Zehn Seiten weiter erklärt Hegel, als hätte er vergessen, daß er Gott in Versalien schrieb: „Das System der Logik ist das Reich der Schatten, die Welt der einfachen Wesenheiten, von aller sinnlichen Konzeption frei". Selbstverständlich hätte Hegel diese beiden zitierten Gedanken auch selbst verbinden können, statt sie durch zehn Seiten zu trennen. Dann wäre es für den Leser deutlicher gewesen, was unverhüllte Wahrheit und welcher Art jener Gott sei, der vor der Erschaffung der Welt und des konkreten Geistes war. Aber Hegel — dieser verwegenste unter den philosophischen Konterbandisten — war doch allzusehr ein Kind seiner Zeit und wußte dort, wo es nötig ist, Gedanken halb ausgesprochen zu lassen, wie er auch unnötige Vergleiche zu vermeiden wußte. Die Logik ist „die Darstellung Gottes, wie er vor der Erschaffung der Welt war", „die Logik ist ein Reich der Schatten" (der Schatten — nicht einmal der Geister: das ist absichtlich so gesagt). Folglich wäre Gott, so wie er ist, ein

Reich der Schatten? Kein „folglich", werden die zahlreichen Verehrer Hegels sagen — Hegel war ein gläubiger Mann und ein Christ durch und durch. Er verehrte Gott im Geiste und in der Wahrheit, wie es die Heilige Schrift verlangt. Es läßt sich nicht bestreiten: wohl bei keinem anderen Philosophen kommen die Worte „Geist" und „Wahrheit" so häufig vor. Und dann — er nannte das Christentum die absolute Religion, lehrte, das Wort sei Fleisch geworden, sprach von der Dreifaltigkeit Gottes, erkannte die Sakramente an und suchte „fast" alles, zu was sich das Christentum bekennt, in seinen philosophischen Werken zu „begründen". Das alles ist so. Und in noch stärkerem Maße trifft zu, daß das Hegelsche Christentum, wie auch die ganze, von Aristoteles ausgehende Hegelsche Philosophie der modernen Geistesverfassung aufs denkbar beste entspricht. Es ist möglich, ja sogar sehr wahrscheinlich, daß Hegel, wenn er ein Katholik gewesen wäre, als Doctor ecclesiae anerkannt worden und an Stelle von Thomas von Aquin getreten wäre, der in bedeutendem Maße veraltet ist und Berichtigungen brauchte, die man vorsichtshalber „Kommentare" nennt. Aber man lese einmal eine Seite aus seiner „Philosophie der Religion" und man wird erfahren, worin das Wesen des Christentums besteht, richtiger, wie das Christentum sich „verwandeln" muß, um „Vernunft und Gewissen" des an der aristotelischen Ἀνάγκη erzogenen Europäers zu befriedigen, oder richtiger, wie das Christentum, das unter die Herrschaft der Ἀνάγκη geriet, sich verwandelte. „Es kann ja sein, daß der Glaube in einer Religion von Wundern anfängt; Christus hat aber selbst gegen die Wunder gesprochen und die Juden geschmäht, daß sie Wunder von ihm forderten, und hat zu seinen Jüngern gesagt: der Geist wird euch in alle Wahrheit leiten. Der Glaube, der auf solche äußerliche Weise anfängt, ist noch formell, und an seine Stelle muß der wahrhafte Glaube treten. Geschieht dies nicht, so mutet man dem Menschen zu, Dinge zu glauben, an die er auf einem gewissen Standpunkt der Bildung nicht mehr glauben kann... Der so geforderte Glauben ist Glauben an einen Inhalt, der endlich und zufällig ist, das heißt der nicht der wahre ist: denn der wahre Glauben hat keinen zufälligen Inhalt... Ob zum Beispiel bei der Hochzeit zu Kana die Gäste mehr oder weniger Wein bekamen, ist ganz gleichgültig, und es ist ebenso zufällig, ob jenem die verdorrte Hand geheilt wurde: denn Millionen Menschen gehen mit verdorrten und verkrüppelten Gliedern umher, denen niemand sie heilt. So wird im Alten Testament erzählt, daß bei dem Auszuge aus Ägypten rote Zeichen an die Türen der jüdischen Häuser gemacht wurden, damit der Engel des Herrn sie erkennen konnte. Dies Glauben hat kein Interesse für den Geist. Voltaires bitterste Einfälle sind gegen die Forderung eines solchen Glaubens gerichtet. Er sagt unter anderm, es wäre besser gewesen, wenn Gott den Juden Belehrung über die Unsterblichkeit der Seele gegeben hätte, als daß er sie lehrt, auf den Abtritt zu gehen (aller à la selle). Die Latrinen werden so ein Inhalt des Glaubens (5. Mose 23, 13—15)." Hegel spricht selten so offen. Seine Seele war offenbar übervoll, und so sagte er fast alles, was sich in ihr während der langen Jahre seiner Lehrtätigkeit angesammelt hatte. Wie könnte man von gebildeten Menschen verlangen, daß sie ernsthaft an die Hochzeit zu Kana, an die Heilung Gelähmter, an die Auferweckung von Toten glaubten, oder jenen für Gott hielten, in dessen Namen der 13.—15. Vers des 23. Kapitels des Fünften Buches Mosis geschrieben sind? Und Hegel hat recht: Solches kann man nicht verlangen, und zwar nicht nur nicht von Gebildeten, sondern auch nicht von Ungebildeten. Aber f o r d e r t denn die Heilige Schrift Glauben? Der Mensch kann aus eigener Kraft ebensowenig zum Glauben gelangen als er zum Sein gelangen konnte. Das ahnt Hegel nicht: eine solche „Wahrheit" paßt nicht in die Denkebene eines gebildeten Menschen. Hegel schreibt: „Wissen oder Glauben, denn der Glauben ist nur eine besondere Form des Wissens". So denken wir alle, und wenn der Glaube dasselbe ist wie das Wissen, so ist selbstverständlich die Hochzeit zu Kana oder die Auferweckung des Lazarus eine sinnlose Erfindung, vor der man in gleicher Weise sowohl gebildete als auch ungebildete Menschen beschützen muß. Zugleich wäre aber auch die ganze Heilige Schrift, sowohl das Alte als auch das Neue Testament, Erfindung und Lüge, denn es fordert zwar nicht, sondern setzt voraus den Glauben an Dinge, die unvereinbar, gänzlich unvereinbar sind mit dem Wissen, die sich mit Wissen nicht vertragen. Hegel spricht selbstverständlich seine Gedanken nicht restlos aus. Aber es ist nicht schwer, dies statt seiner zu tun — und das ist notwendig. Es handelt sich hier nicht um Hegel, sondern um uns alle, um das uns allen gemeinsame Denken. Sogar die Argumentation Hegels ist nicht im geringsten originell — nicht umsonst beruft er sich auf Voltaire und verteidigt er sich mit Voltaireschen Sarkasmen. Er hätte sich auf Celsius berufen können, der anderthalb Jahrtausende vor Voltaire alles gesagt hat, was sich gegen die Heilige Schrift sagen ließ, und der, wie es sich für einen gebildeten Menschen gehörte (vor anderthalb Jahrtausenden gab es bereits genügend Menschen, die ebenso gebildet waren wie Hegel und wir alle, die bei Hegel lernten), in Raserei geriet bei dem Gedanken, daß es Menschen gibt und ein Buch gibt, von denen der Glaube nicht mit dem Wissen identifiziert, sondern ihm entgegengestellt wird. In der Bibel lesen wir: „Denn ich sage euch wahrlich: so ihr Glauben habt als ein Senfkorn ... wird euch nichts unmöglich sein" (καὶ οὐδὲν ἀδυνατήσει ὑμῖν. Matth. 17, 20). Hegel erwähnt diese Worte nicht. Er hat das Gefühl, daß mit ihnen schwerer fertig zu werden ist, daß über sie schwerer hinauszukommen ist als über die Hochzeit zu Kana und die Auferweckung des Lazarus. Ich meine, ganz umsonst: es ist gleich leicht und gleich schwer. Ob nun der Berg auf das Wort des Menschen vom Fleck rückt, oder nicht — das alles gehört zum Endlichen, Zufälligen, und ist also für uns nicht von Interesse. Und dann — dies sagt Hegel nirgends, aber er hat wahrscheinlich so gedacht: Berge werden ja gerade von Menschen versetzt, die am allerwenigsten jenen Glauben haben, von dem in der Heiligen Schrift die Rede ist. Dies ist der geheime Sinn seiner Worte: „Das Wunder ist nur eine Gewalt über natürliche Zusammenhänge und damit nur eine Gewalt über den Geist." Hegel erwartete nichts vom Glauben — er knüpfte alle seine Hoffnungen an die Wissenschaft und das Wissen. Und wenn der „Geist" die Verkörperung von Wissen und Wissenschaft ist, so muß man Hegel zustimmen, daß das Wunder eine Vergewaltigung des Geistes sei. Aber wir sahen etwas anderes, wir sahen, daß Wissen und Wissenschaft aus der Ἀνάγκη geboren wurden, daß die Geburt des Wissens eine Vergewaltigung des Menschen war. Hiervon spricht Hegel nicht. Er ist ein kühner und erfahrener Konterbandist und versteht es, verbotene Dinge an den Augen der wachsamsten Aufseher vorbeizutragen. Die Wunder der Evangelien sind eine Vergewaltigung des Geistes, die Tötung des Sokrates aber geschah mit Einverständnis und Erlaubnis des Geistes, weil die ersteren den natürlichen Zusammenhang der Dinge verletzen, die letztere aber ihn nicht verletzt. Man sollte meinen, es sei umgekehrt — der natürliche Zusammenhang der Dinge sei die höchstmögliche Vergewaltigung des Geistes. Aber hieran kann Hegel nichts ändern, er ist schwach und ohnmächtig, er wagt es nicht, dies einzugestehen und verdeckt seine Schwäche und Ohnmacht mit dem feierlichen Wort „Freiheit"*. Hegels unversöhnlicher Feind

---

* Epiktet war auch hierin weit offener: „Der Anfang der Philosophie", sagte er, „ist das Bewußtsein der eigenen Hilflosigkeit und Ohnmacht angesichts der Notwendigkeit" (ἀδυναμία περὶ τὰ ἀναγκαῖα).

Schelling dachte hierüber ebenso wie Hegel selbst. Das ist auch ganz in Ordnung: Wer zurückblickt, der sieht die Notwendigkeit, wer die Notwendigkeit erblickt hat, verwandelt sich zu Stein, wenn auch in einen mit Bewußtsein ausgestatteten Stein. Für den wird die Hochzeit zu Kana, die Auferweckung des Lazarus, der vergiftete Sokrates, der vergiftete Hund — wird alles zu etwas Zufälligem und Endlichem, für den wird es keine andere Quelle der Wahrheit geben außer der Vernunft und kein anderes Ziel außer der „Zufriedenheit mit sich selbst" (acquiescentia in se ipso), von der aber ist gesagt, daß sie „aus der Vernunft entspringt und die höchste ist, die es geben kann" (ex ratione oritur et summa est, quae dari potest).

9

Man hält Kant für den Vernichter der Metaphysik, während man in Hegel den Philosophen erblickt, welcher der Metaphysik die ihr von Kant genommenen Rechte zurückerstattet habe. In Wirklichkeit hat Hegel nur das Werk Kants vollendet*. Die Überzeugung, der Glaube sei Wissen, die sorgfältig hinter der Larve der Freundschaft verborgene Feindschaft gegen die Heilige Schrift und gegen die Möglichkeit eines anderen Teilhaftigwerdens der Wahrheit außer jenem, das die Wissenschaft vorschlägt, zeugt genügend vom Charakter der Aufgabe, die Hegel sich setzte. Für ihn gibt es nur eine Quelle der Wahrheit, er ist „überzeugt", daß alle, überall und allenthalben, wenn sie Wahrheit zu erlangen suchten, zu jener Quelle gingen, aus der seine eigene Philosophie entsprang. In der „Logik" schreibt er: „Die Fähigkeit des Begriffs besteht darin, negativ gegen sich selbst

---

* Vgl. Richard Kroners hervorragendes Buch „Von Kant bis Hegel" — das Beste von allem, was über die Geschichte des deutschen Idealismus geschrieben wurde.

zu sein, sich gegen das Vorhandene zurückzuhalten und passiv zu machen, damit dasselbe nicht bestimmt vom Subjekte, sondern sich, wie es in sich selbst ist, zeigen könne". Und in der „Philosophie der Religion" erklärt er: „In der glaubensvollen Andacht vergißt das Individuum sich und ist von seinem Gegenstande erfüllt". Wenn das aber so ist, so ist ganz klar: „In der Philosophie erhält die Religion ihre Rechtfertigung vom denkenden Bewußtsein... Das Denken ist der absolute Richter, vor dem der Inhalt sich bewähren soll". Und sogar vom Christentum, das er die absolute Religion nennt, sagt er in einem Ton, der keinen Widerspruch duldet: „Der wahrhaft christliche Glaubensinhalt ist durch Philosophie zu rechtfertigen". Dies bedeutet: das Sein paßt voll und restlos in die Ebene des vernünftigen Denkens, und alles, was auch nur entfernt die Möglichkeit einer anderen Dimension andeutet, muß in der entschiedensten Weise als phantastisch und nicht existierend abgelehnt werden. „Wie der Mensch das Sinnliche zu lernen hat — auf die Autorität hin, weil es da ist, weil es ist, wie er sich die Sonne gefallen zu lassen hat, weil sie da ist, so muß er sich auch die Lehre, die Wahrheit gefallen lassen". Wie sehr Hegel sich auch windet, wie sehr er sich auch bemüht, sich selbst und andere zu überzeugen, daß die Freiheit ihm das Wertvollste auf der Welt sei, — so kehrt er doch schließlich zu dem alten, allgemein anerkannten und allen verständlichen (das heißt vernünftigen) Mittel zurück: zum Zwang. Im metaphysischen Gebiet, wo die Philosophie zu Hause ist, wie auch im empirischen Gebiet, wo die positiven Wissenschaften heimisch sind, herrscht und regiert jene Ἀνάγκη, über die wir soviel durch Aristoteles und Epiktet hörten. Ob man nun will oder nicht, so erkennt man doch das sinnlich Gegebene an, ebenso entgeht man nicht den „Wahrheiten" der Religion, die Hegel Christentum nennt, die aber das Christentum gar nicht braucht, da ja die Wissenschaft der

Logik, wie wir uns erinnern, schon selbst, ohne jegliches Christentum, die Wahrheit erfaßte, wie sie in sich und für sich selbst ist ohne Verhüllung und wie Gott in seinem ewigen Wesen, vor der Erschaffung der Welt ist. Ich nehme es nicht auf mich, zu entscheiden, ob Hegel sich ungewollt geäußert hat, als er die „Wahrheiten" der konkreten, sinnlichen Wirklichkeit so anschaulich mit den religiösen Wahrheiten in dem allgemeinen Begriff der zwingenden Wahrheit vereinigte, oder ob er absichtlich den unzertrennlichen Zusammenhang zwischen der metaphysischen und der positiven Erkenntnis betonte. Ich neige zu der Annahme, daß er es mit Absicht tat, wie er selbstverständlich ebenfalls absichtlich, nachdem er bei der Hochzeit von Kana und der Heilung von Gelähmten begonnen hatte, mit dem Voltaireschen aller à la selle schloß. Aber ganz einerlei, ob absichtlich oder unabsichtlich — es ist klar, daß für ihn weder Metaphysik noch Religion ihre Wahrheiten aus einer anderen Quelle schöpfen können als jener, aus der wir, um es in Spinozas Sprache zu sagen, erfahren, daß die Summe der Winkel eines Dreiecks zwei rechte beträgt — und dies ungeachtet dessen, daß er schon in der „Phänomenologie des Geistes" mit äußerstem Hochmut und Verachtung von den Methoden der Mathematik sprach. Das ist der Grund, weshalb ich sagte, Hegel habe nur Kants Werk vollendet. Für Kant lief die Metaphysik bekanntlich auf die drei Grundprobleme Gott, Unsterblichkeit der Seele und Willensfreiheit hinaus. Als er die Frage aufwarf, ob Metaphysik möglich sei, ging er von der Annahme aus, Metaphysik sei nur in jenem Falle möglich, wenn auf die Fragen, ob es einen Gott gibt, ob die Seele unsterblich und der Wille frei sei, sich ebensolche Antworten ergeben und, was die Hauptsache, daß sie v o n d e m s e l b e n A n t w o r t e n d e n k ä m e n, der uns aufklärt, wenn wir fragen, ob man einen Rhombus in einen Kreis einzeichnen oder Geschehenes ungeschehen machen könne. Nach

Kants Überzeugung haben wir nun auf die Fragen, ob man einen Rhombus in einen Kreis einzeichnen oder Geschehenes ungeschehen machen könne, ganz bestimmte, für jedermann gleich verbindliche oder, wie er sich ausdrückt, allgemeine und notwendige Antworten. Ein Rhombus läßt sich nicht in einen Kreis einzeichnen, Geschehenes läßt sich auch nicht ungeschehen machen. Auf die ersteren Fragen aber gibt es keine solchen Antworten: Vielleicht gibt es einen Gott, vielleicht aber auch nicht, vielleicht ist die Seele unsterblich, vielleicht aber auch sterblich, und vielleicht gibt es Willensfreiheit, vielleicht aber auch nicht. Die ganze „Kritik der reinen Vernunft" läuft hauptsächlich hierauf hinaus. Und zwar hätte Kant, wenn er alles ausgesprochen oder, richtiger, seine Schlüsse etwas weniger verschämt formuliert hätte, sagen müssen: Es gibt keinen Gott, die Seele (die es ebenfalls nicht gibt) ist sterblich, die Willensfreiheit ist ein Mythos.

Zugleich aber hat Kant neben der theoretischen Vernunft auch eine praktische Vernunft angenommen. Und wenn wir uns mit den gleichen Fragen an die praktische Vernunft wenden, ändert sich alles sofort: Es gibt einen Gott, die Seele ist unsterblich, der Wille ist frei. Warum und wie Kant der praktischen Vernunft jene Vollmachten übertrug, die er so unerbittlich den Händen der theoretischen Vernunft entrissen hatte, braucht man nicht zu erzählen: alle wissen dies. Augenblicklich ist etwas anderes von Wichtigkeit: es ist von Wichtigkeit, daß Hegels Metaphysik sich im Grunde gar nicht von der Kantschen praktischen Vernunft unterscheidet, anders ausgedrückt, daß Kants praktische Vernunft schon vollständig, bloß noch nicht in ganz entfalteter Form, die Hegelsche Metaphysik enthielt. Das erscheint fast paradox, aber es ist so, und konnte nicht anders sein — zumal sie ja beide von der traditionellen Überzeugung ausgingen, daß es nur eine Quelle der Wahrheit gebe und daß die Wahrheit dasjenige sei, wozu jeder Mensch gewaltsam geführt werden kann. Fast jede Seite der Hegelschen Schriften spricht davon, daß seine Metaphysik aus der Kantschen praktischen Vernunft geboren wurde. Das ist der Sinn seines ontologischen Gottesbeweises: bei ihm, wie auch bei Kant, „beweist" nicht die theoretische, sondern die praktische Vernunft. Noch besser wird dies aus folgendem Gedankengang Hegels ersichtlich sein: „Wenn der Mensch Böses tut, so ist dies zugleich als ein an sich Nichtiges vorhanden, über das der Geist mächtig ist, so daß der Geist die Macht hat, das Böse ungeschehen zu machen. Die Reue, Buße hat diesen Sinn, daß das Verbrechen durch die Erhebung des Menschen zur Wahrheit als ein an und für sich Überwundenes gewußt wird, das keine Macht für sich hat. Daß so das Geschehene ungeschehen gemacht wird, kann nicht auf sinnliche Weise geschehen, aber auf geistige Weise, innerlich". Die ganze Metaphysik Hegels ist folgendermaßen aufgebaut: Wo die theoretische Vernunft Halt macht, da sie ihre Ohnmacht und Unfähigkeit, irgend etwas zu tun, fühlt, dort kommt ihr die praktische Vernunft zu Hilfe und erklärt, daß sie jedes beliebige Ungemach im Nu beseitigen werde. Nur sind die Worte andere: statt praktische Vernunft — Geist. Das geht selbstverständlich nicht, es gibt keine solche Macht in der Welt, die Geschehenes ungeschehen machen könnte, und ein begangenes Verbrechen, so entsetzlich es auch sein mag — der Brudermord an Kain, der Verrat des Judas — wird auf Ewigkeit geschehen bleiben: es untersteht der theoretischen Vernunft und unterliegt dadurch der Macht der unerbittlichen, auf keine Überredungen hörenden Ἀνάγκη. Aber es ist überhaupt gar nicht nötig, daß Geschehenes zu Ungeschehenem werde in der sinnlichen, endlichen Welt, so wie es auch keiner Hochzeit zu Kana oder keiner Auferweckung des Lazarus bedarf: das alles wäre eine Zerstörung der natürlichen Zusammenhänge und folglich

„Vergewaltigung des Geistes". Die praktische Vernunft hat etwas anderes, viel besseres sich ausgedacht: sie wird „innerlich", „geistig" durch Reue Geschehenes ungeschehen machen. Hier fällt es einem, wie dies beim Lesen der Werke Hegels häufig vorkommt, schwer, zu entscheiden: ob er in der Tat das sagt, was er denkt, oder ob durch ihn Ἀνάγκη spricht, die ihn hypnotisiert, ihn in einen mit Bewußtsein ausgestatteten Stein verwandelt hat. Man könnte auch noch annehmen, daß Kain oder Judas, wenn sie keine Reue gekannt hätten, vergessen hätten, was sie getan haben, und daß so ihr Verbrechen in der Lethe untergegangen wäre. Aber die Reue ist ja gerade deshalb Reue, weil sie nicht mit dem in der Welt Geschehenen sich vertragen kann. Daher auch die Legende vom Ewigen Juden. Oder, wem Legenden nicht zusagen, dem will ich Puschkins Zeugnis in Erinnerung rufen:

> Wortlos entfaltet die Erinnerung
> Vor meinen Augen ihre lange Rolle;
> Darin mein Leben voller Abscheu lesend,
> Ich unter Schaudern mich verwünsche
> Und, bitter klagend, lasse bittre Tränen rinnen,
> Und doch die herben Zeilen nicht vermag zu tilgen.

Puschkin hat keinen Bruder getötet, hat keinen göttlichen Lehrer verraten, aber er weiß, daß keine praktische Vernunft, keine Wahrheit, nicht einmal jene, die nach Hegels Worten schon vor der Erschaffung der Welt existiert hat, ihm das geben könne, wonach seine Seele lechzt. Es ist anzunehmen, daß Puschkin sowohl über die Hochzeit zu Kana als auch über die Auferweckung des Lazarus anders dachte und es ihm nicht schien, daß die Berichte der Heiligen Schrift einer Nachprüfung durch „unser Denken, das der einzige Richter ist", unterlägen und daß die Zerreißung der natürlichen Zusammenhänge zwischen den Erscheinungen Vergewaltigung des Geistes sei. Für Hegel wie auch für Kant steht der Glaube oder das, was er Glauben nennt, unter der ewigen Vormundschaft der Vernunft. „Der Glaube aber beruht auf dem Zeugnisse des Geistes, nicht von den Wundern, sondern von der absoluten Wahrheit, von der ewigen Idee, also dem wahrhaften Inhalte; und von diesem Standpunkte aus haben die Wunder ein geringes Interesse". Ich denke, daß man wiederum die letzten Worte des zitierten Satzes korrigieren und statt „haben die Wunder ein geringes Interesse" sagen muß, die Wunder hätten gar kein Interesse, wie die Stoiker behaupteten: Alles, was nicht in unserer Macht liegt, ist gleichgültig (ἀδιάφορα). Oder — und hier würde sich sein wirkliches „Interesse", richtiger: die Grundvoraussetzung seines Denkens zeigen — man müßte erklären: jegliche Wunder, sowohl jene, von denen die Bibel zeugt, als auch jene, von denen in „Tausend und einer Nacht" erzählt wird, — sind ganz wertloser Unsinn, der von der theoretischen Vernunft abgelehnt wird und für die praktische Vernunft ganz unannehmbar ist. Oder wie Kant sagte: der Deus ex machina ist die unsinnigste aller möglichen Annahmen, während die Idee des Höheren Wesens, das sich in die menschlichen Angelegenheiten einmischt, das Ende jeglicher Philosophie kennzeichnet. Das Denken Kants wie auch Hegels fußt gänzlich auf diesen Thesen. Sogar Leibniz' Harmonia praestabilita war für sie ein Greuel, wie die Götzen für die biblischen Propheten. Die Harmonia praestabilita ist nichts anderes als der Deus ex machina, dessen Anerkennung den Menschen über kurz oder lang aus den Bahnen des normalen Denkens bringen muß. Allerdings waren Kant und Hegel gegen Leibniz ungerecht. Leibniz hat sich nie unterfangen, irgend jemanden aus der Norm oder Bahn zu bringen. Wenn er eine Harmonia praestabilita zuließ —, so doch nur für ein einziges Mal, so etwa wie Seneca in seinem semper paret, semel iussit. Auch Leibniz wäre ein Denken, dem ein „Befehlen" (iubere) zugrunde läge, abstrus und monströs erschienen. Consensu sapientium und Deus ex machina und das Höhere Wesen sind von den Philosophen seit jeher aus dem Gehege des wirklichen Seins ins Gebiet des ewig Phantastischen vertrieben worden. Aber wir wollen wieder fragen: Warum, kraft welchen Rechtes wird der Deus ex machina für die unsinnigste Annahme gehalten, während das Höhere Wesen zum Feind philosophischen Ringens erklärt wird? Wenn der Chemiker, der Physiker oder Geologe sich von dem Deus ex machina oder von dem Höheren Wesen abwenden, so haben sie hierzu ihre Gründe. Aber ein Philosoph, dazu auch noch einer, der eine Kritik der reinen Vernunft vorhat —, wie kann er nicht „sehen", daß der Deus ex machina zum mindesten ebensolche Rechte hat wie jedes beliebige Urteil? Und daß man jedenfalls unter keinen Umständen es a priori als unsinnigste Annahme qualifizieren kann? Unterdessen genügt es aber schon, ihm irgend welche, wenn auch die geringsten Rechte zuzuerkennen, damit die ganze „Kritik" zusammenbreche. Und dann wird sich herausstellen, daß der articulus stantis et cadentis philosophiae, der Kantschen und der ganzen auf sie folgenden, mit einer illusorischen, keinerlei Stütze in der Wirklichkeit habenden Idee verknüpft war. Oder, besser gesagt: die Idee, daß der Deus ex machina (oder Höheres Wesen) die unsinnigste aller möglichen Annahmen sei, ist Kant und allen, die Kant folgten, wiederum durch die auf keine Überredungen hörende Ἀνάγκη, die über die Gabe verfügt, jeden, der sich nach ihr umblickt, zu Stein zu verwandeln, s u g g e r i e r t   w o r d e n. Und die Macht der Suggestion war derart stark, daß Kant tatsächlich nicht nur im Wachzustande, sondern auch im Schlaf, nicht nur anderen gegenüber, sondern auch mit sich allein, für keinen Augenblick der Macht dieser Idee entrinnen konnte. Die ganze Wirklichkeit erwies sich plattgedrückt und gewaltsam hineingehämmert in jene zweidimensionale Fläche des Denkens, die in der Tat weder einen Deus ex machina noch ein Höheres Wesen „zuläßt", das heißt, ihnen in sich keinen Platz bietet, und d a r u m den größten Unsinn in allem erblickt, was den Stempel des Unerwarteten, der Freiheit, des Anfangs trägt, das nicht passives Sein sucht und wünscht, sondern schöpferisches, durch nichts gebundenes und bedingtes Tun. In dieser selben Fläche fand auch Hegels „Geist" Platz, der mit all seiner so gepriesenen Freiheit ebenfalls — wahrscheinlich schon vor Erschaffung der Welt — sich dazu verdammt erwies, im Kreise herumzulaufen, „worin das Erste auch das Letzte und das Letzte auch das Erste ist". Für Hegel, wie auch für Kant, für Fichte und Schelling (besonders der ersten Periode) waren die Idee der Erkenntnis und die Idee der Wahrheit unzertrennlich mit der Idee des Mechanismus verknüpft. Bei Fichte und Schelling treffen wir sogar Ausdrücke wie „Mechanismus des menschlichen Geistes" an. In der „Kritik der Urteilskraft" besteht Kant beharrlich auf der These, daß wir die Unmöglichkeit des Auftretens von Organismen auf rein mechanische und natürliche Weise beweisen könnten. Und in der „Kritik der reinen Vernunft" lesen wir: „Wenn wir alle Erscheinungen seiner (menschlichen) Willkür auf den Grund erforschen könnten, so würde es keine menschliche Handlung geben, die wir nicht mit Gewißheit vorhersagen und aus ihren vorhergehenden Bedingungen als notwendig erkennen können". Ich frage wiederum — und man kann nicht zu fragen aufhören, so sehr auch einen selber und die anderen die ständige Wiederholung ein und derselben Frage ermüden und erregen mag: Woher haben die großen Vertreter der deutschen Philosophie eine so treu untertänige Ergebenheit gegen den „Mechanismus", als hätten sie schon in der Kindheit den Hannibalsschwur geleistet, nicht zu ruhen, solange nicht der ihnen verhaßte Deus ex machina gestürzt sein würde? Woher kommt überhaupt in der ganzen Philosophie aller Jahrhunderte die Überzeugung, daß man im Mechanismus, in der Selbstbewegung, in der Kreisbewegung das letzte Geheimnis des Weltgebäudes zu suchen habe? Die deutschen Idealisten haben immer gern von der Freiheit gesprochen und die Freiheit endlos gepriesen. Was kann es aber dort, wo alles „natürlich" ist, wo der Mechanismus herrscht, für eine Freiheit geben? Und war nicht Plato der Freiheit näher, der uns von den Gefangenen seiner Höhle erzählte, oder Luther mit seinem de servo arbitrio, oder Spinoza, der offen zugab, daß er alles, was er schreibt, nicht aus freiem Willen, sondern unter einem äußeren Zwang schreibe? Solche Geständnisse (und das mit ihnen verbundene Entsetzen — die „Gottesfurcht") kennzeichnen, wenn auch nicht den Anfang, so doch die Vorahnung des Erwachens und der Befreiung (Plotins wahres Erwachen, ἀληθινὴ ἐγρήγορσις, kennen die Menschen auf Erden anscheinend nicht) oder Sehnsucht, Trauer um Freiheit und zeugen davon, daß wir es nicht mit Steinen zu tun haben, die mit Bewußtsein ausgestattet sind, sondern mit lebendigen Menschen.

10

Hegels Metaphysik und Kants praktische Vernunft nähren sich aus der gleichen Quelle und liegen in der gleichen Ebene. Die neuesten Versuche, Kants Formalismus zu überwinden und eine materielle Ethik zu begründen, waren von vornherein zum Mißlingen verurteilt. Den Formalismus aus der Ethik herauszureißen, bedeutete die Ethik vernichten. Der Formalismus ist die Seele der Ethik, wie die „Theorie" die Seele der „Erkenntnis" ist, nur dank dem „Formalismus" ist die sogenannte autonome Ethik, das heißt das möglich geworden, was den Namen Ethik verdient. Nur ist das Wort autonom oder eigengesetzlich nicht so aufzufassen, als würde sein Sinn durch seine zweite

Hälfte erschöpft. Gewiß: „Das Gesetz ist der König aller Sterblichen und Unsterblichen (νόμος πάντων θνητῶν καὶ ἀθανάτων βασιλεύς) — wir hörten dies sogar von Plato. Aber nicht weniger wesentlich ist auch ein anderes: die Ethik hat ihre eigenen Gesetze, nicht jene, welche die anderen Gebiete des Seins regieren. Das darf man nie vergessen, — andernfalls würden Kants und Hegels Konstruktionen ihren Sinn und ihre Bedeutung verlieren. Schon in der „Kritik der reinen Vernunft" tritt die Rolle der Ethik in der Weltanschauung Kants deutlich genug hervor, ähnlich wie man in Hegels „Phänomenologie des Geistes" ohne viel Mühe bereits die Umrisse seiner Philosophie der Geschichte und Philosophie der Religion erkennen kann. Aber dennoch tritt nur in der „Kritik der praktischen Vernunft" die Idee der autonomen Ethik in ihrer wahren und unverhüllten Form zutage. Und es ist anzunehmen, daß Hegel, der Kants Ethik so selbstsicher und erbarmungslos kritisierte, gerade ihr am meisten verdankt: sie gab ihm die Möglichkeit, Spinozas Vermächtnis, von dem er sich nie lossagen konnte (sub specie aeternitatis seu necessitatis, das er mit Worten der Anbetung im Geiste und in der Wahrheit anführt), hochzuhalten und zugleich jene Feierlichkeit der Stimmung und des Sprechens zu wahren, zu der ihn die Erhabenheit berechtigt und die in den Augen eiliger Menschen die spekulative Philosophie, diese Tributzahlerin der Ἀνάγκη, der Religion annähert.

In der Tat, wenn irgend eine Ethik auf das Epitheton „Erhabenheit" Anspruch erheben konnte — so gerade die Ethik Kants. Ihr liegt die Idee der reinen, sich nie mit irgend etwas vermengenden Pflicht zugrunde. Es werden häufig die berühmten Worte zitiert, mit denen Kant seinen „Beschluß" zur „Kritik der praktischen Vernunft" beginnt: „Der bestirnte Himmel über mir, und das moralische Gesetz in mir". Meiner Ansicht nach aber ist weit bemerkenswerter die lyrische Abschweifung im dritten Hauptstück des ersten Teiles ebenderselben „Kritik": „P f l i c h t! Du erhabener großer Name, der du nichts Beliebtes, was Einschmeichelung bei sich führt, in dir fassest, sondern Unterwerfung verlangst, doch auch nichts drohest, was natürliche Abneigung im Gemüte erregte und schreckte, um den Willen zu bewegen, sondern bloß ein Gesetz aufstellst, welches von selbst im Gemüte Eingang findet, und doch sich selbst wider Willen Verehrung (wenngleich nicht immer Befolgung) erwirbt, vor dem alle Neigungen verstummen, wenn sie gleich im Geheimen ihm entgegenwirken, welches ist der deiner würdige Ursprung und wo findet man die Wurzel deiner edlen Abkunft, welche alle Verwandtschaft mit Neigungen stolz ausschlägt, und von welcher Wurzel abzustammen die unnachlaßliche Bedingung desjenigen Wertes ist, den sich Menschen allein selbst geben können?" Dieser, wenn auch vielleicht in seiner Ausdrucksweise etwas schwerfällige Versuch, aus den durch die „reine Vernunft" gewonnenen Begriffen ein Gebet zu bilden, läßt nicht den geringsten Zweifel daran bestehen, was Kant eigentlich unter diesem ethischen Formalismus verstand. Der Formalismus ist bei Kant dieselbe „Anbetung im Geiste und in der Wahrheit", von der Hegel und jene unter den neuesten Philosophen, die zu Hegel zurückkehren, so viel sprechen. Kant hat nicht schlechter als unsere Zeitgenossen die Idee der Persönlichkeit zu entwickeln gewußt, die für ihn Bedingung und Voraussetzung für die Möglichkeit einer autonomen Moral ist. Ebendort in demselben Kapitel — „Von den Triebfedern der reinen praktischen Vernunft" — lesen wir: „Diese achtungweckende Idee der Persönlichkeit, welche uns die Erhabenheit unserer Natur (ihrer Bestimmung nach) vor Augen stellt... ist selbst der gemeinsten Menschenvernunft natürlich und leicht bemerklich... Sie ist die Wirkung von einer Achtung für etwas ganz Anderes als das Leben, womit in Vergleichung und Entgegensetzung, das Leben vielmehr, mit aller seiner Annehmlichkeit, gar keinen Wert hat. Er lebt nur noch aus Pflicht, nicht weil er am Leben den mindesten Geschmack findet." Ich weiß nicht, und niemand kann wissen, wodurch die „Pflicht", die Kant kniefällig anbetet, sich vom Hegelschen „Geist" unterscheidet und warum die neueste philosophische Kritik die Kantsche Lehre von der Persönlichkeit für unzureichend hielt. Die Idee der Pflicht, die Idee der Heiligkeit des moralischen Gesetzes („das moralische Gesetz ist heilig"), ebenso wie die Idee der „Autonomie des vernünftigen Wesens" und alle jene Erhabenheiten und Feierlichkeiten, die der Menschheit diese Ideen bringen — dies alles garantiert die „Kritik der praktischen Vernunft" in nicht geringerem Maße, als die „Kritik der reinen Vernunft" der Wissenschaft allgemeine und notwendige Urteile garantierte. Hegel konnte sein System nur „zu Ende denken", indem er mit der ihm eigenen Kühnheit vor aller Augen (man ließ Hegel alle Kühnheiten durchgehen, sogar Schelling, der die „Dialektik" des verhaßten Feindes aufmerksam verfolgte, merkte dies nicht) die durch die praktische Vernunft Kants erworbenen Erhabenheiten ins Gehege der theoretischen Vernunft trug. In seiner „Logik" schreibt er: „... der Mensch sich zu dieser abstrakten Allgemeinheit erheben soll, in welcher es ihm in der Tat gleichgültig sey, ob er sey oder nicht sey, das ist im endlichen Leben sey oder nicht (denn ein Zustand, bestimmtes Seyn ist gemeint) usw. — selbst si fractus illabatur orbis, impavidum ferient ruinae, hat ein Römer gesagt, und der Christ soll sich noch mehr in dieser Gleichgültigkeit befinden" (Log. I, I, 87)*. Alle kennen diese Worte Hegels, er versteckte sie nicht, sie standen bei ihm an bester Stelle, — aber die Selbstsicherheit Hegels entwaffnet derartig, daß es nieman-

---

* Man vergleiche Kants berühmtes „Grundgesetz der reinen praktischen Vernunft" — „handle so, daß die Maxime deines Willens jederzeit zugleich als Prinzip einer allgemeinen Gesetzgebung gelten könnte".

dem einfällt, daß Hegels „Geist" nichts anderes ist als Kants „Pflicht", von der wir soeben sprachen. Alle sind überzeugt, daß Hegel Kants Formalismus überwunden habe, und merken nicht, daß sein ontologischer Gottesbeweis (dem der soeben zitierte Abschnitt entnommen ist) sich durch rein gar nichts von Kants „Gottespostulat" unterscheidet, wie sich auch Hegels „Geist" nicht von Kants „Pflicht" unterscheidet. Letztere Wahrheit holten sich Kant und Hegel an ein und derselben Stelle. Sie machten große Anstrengungen, sich zu erheben (erheben, Erhabenheit — Kants und Hegels Lieblingsworte) bis zu jenen Gebieten, wo die Quellen des Seins und des Lebens entspringen. Aber sie waren von vornherein überzeugt, daß der Mensch keinen Schritt machen könne, ohne zurückzublicken und ohne aufmerksam nach vorwärts zu sehen, kurzum, ohne sich vorher zu überzeugen, daß der Weg, den er gehen will, frei sei. Die „Kritik der reinen Vernunft" war ein Zurückblicken par excellence. Kant hat gefragt — wen hat er gefragt? —, ob Metaphysik möglich sei. Und er erhielt natürlich die Antwort: Nein, sie ist unmöglich. Aber ich wiederhole: We n f r a g t e r, w e m e r k a n n t e e r d a s R e c h t z u, z u e n t s c h e i d e n, w a s m ö g l i c h u n d w a s u n m ö g l i c h s e i? Die Erfahrung wurde von Kant als Quelle der metaphysischen Erkenntnis abgelehnt. Schon ganz am Anfang der Einleitung zur „Kritik der reinen Vernunft" (Erste Ausgabe) erklärte Kant mit Entschiedenheit von der Erfahrung: „Sie sagt uns zwar, was da sei, aber nicht, daß es notwendigerweise so und nicht anders sein müsse. Ebendarum gibt sie uns auch keine wahre Allgemeinheit, und die Vernunft, welche nach dieser Art von Erkenntnissen so begierig ist, wird durch sie mehr gereizt als befriedigt". Kant wandte sich, wie wir sehen, mit seinen Fragen sofort an die Vernunft und war ganz aufrichtig überzeugt, eine „Kritik der reinen Vernunft" zu schreiben. Er fragte sich nicht einmal, warum wir uns bemühen müßten, die Vernunft zu befriedigen. Die Vernunft ist nach Allgemeinheit begierig, wir müssen zu allem bereit sein, müssen alles opfern, damit sie nur ihre geliebte Notwendigkeit habe, damit sie nur nicht gereizt sei. Vor Kant erhob sich die Frage, ob Metaphysik möglich sei und wo sich jene Quelle befände, aus der die leidende Menschheit Lebenselixier schöpfen könnte (man vergesse nicht, daß laut Kant die Metaphysik von Gott, der Unsterblichkeit der Seele und der Willensfreiheit handelt), er aber war nur darum besorgt, es der Vernunft recht zu machen, die sich weder um Gott, noch um die Seele, noch um die Freiheit im geringsten kümmert, — damit nur ja der Notwendigkeit kein Unrecht geschehe. Die positiven Wissenschaften haben sich vor der Notwendigkeit rechtfertigt, wenn die Metaphysik ein Existenzrecht erhalten will, muß sie sich vor allem die Geneigtheit der Ἀνάγκη sichern. „Notwendigkeit und strenge Allgemeinheit sind sichere Kennzeichen einer Erkenntnis a priori" — der einzigen Erkenntnis, welcher der Mensch vertrauen kann. Das ist für Kant eine selbstevidente Wahrheit, wie es auch selbstevident ist, daß der Deus ex machina die unsinnigste Annahme ist oder daß, wenn ein Höheres Wesen sich in die menschlichen Angelegenheiten einmischt, die Philosophie in unserer Welt nichts mehr zu schaffen habe. Von wem und wann Kant der Glaube an diese „Wahrheiten" suggeriert worden ist, wie derartige Suggestionen möglich wurden — die Antworten auf diese Fragen suche man nicht in den Kantschen „Kritiken": man wird sie doch nicht finden. Man wird sie auch nicht in jenen Philosophiesystemen finden, die Kants Werk fortsetzten. Denn wohin, zu wem sollte man mit ihnen gehen? Und kann man sich denn der Notwendigkeit widersetzen und sie zu überreden suchen? „Die Notwendigkeit ist etwas, das sich nicht überreden läßt" (Ἀνάγκη αμετάπειστον τι εἶναι), dafür ist ihr aber die für sie ganz überflüssige Gabe gegeben, die Menschen zu bezaubern und zu unterwerfen. Wir hörten soeben das Gebet des die Pflicht anbetenden Kant: die praktische Vernunft wiederholt gewissenhaft nur das, was sie von der theoretischen Vernunft übernommen hat. Für die theoretische Vernunft hat die Wahrheit nur die Notwendigkeit zur Quelle, für die praktische Vernunft liegt die Tugend im Gehorsam. Einer solchen praktischen Vernunft kann man unbesorgt auch den Primat abtreten: sie wird sich nicht empören, wird keinen Verrat üben, und ihre „Befehle" bedrohen nicht im geringsten die ohne sie und nicht für sie im Weltall bestehende Ordnung. Die Idee der Zweckmäßigkeit in der Natur (Finalismus) zum Beispiel kann man nicht zulassen: derartige Autonomie würde an den Deus ex machina erinnern oder an das Höhere Wesen und wäre ein Einbruch in die von jeher geheiligten Gebiete der Ἀνάγκη. Aber die praktische Vernunft ist bescheiden und anspruchslos. Sie wird die souveränen Rechte der Notwendigkeit und des Mechanismus nie antasten wollen. Wenn in der „Erfahrung" sich auch solche Erscheinungen wie die Organismen beobachten lassen, welche die Menschen manchmal in Versuchung führen, zu denken, daß irgend jemand, der nicht so gleichgültig ist wie die Notwendigkeit, seine Gedanken und Sorgen in die Ordnung der Welt hineingetragen habe, so wird die praktische Vernunft uns zuflüstern, derartiges sei mit Zurückhaltung aufzunehmen und es sei lieber zu sagen, daß in der Welt manches so geschehe, als ob jemand um die Schicksale der Welt besorgt wäre. Ein solches „als ob" verletzt nicht die Majestät der Ἀνάγκη und tastet ihre Souveränität nicht an. Dafür wird es dem Menschen gestattet, nach Belieben „von der der praktischen Bestimmung des Menschen weislich angemessenen Proportion seiner Erkenntnisvermögen" (es gibt so ein Kapitel in der „Kritik der praktischen Vernunft") zu sprechen. Man wird sagen, wenn „weisliche Angemessenheit", dann also Finalismus? Und der Deus ex machina taucht von irgendwo auf trotz der ihm auferlegten Verbote? Nichts dergleichen: Kant weiß, was er tut. Das ist ja doch nicht die Hochzeit zu Kana und nicht die Auferweckung des Lazarus. Es ist eines von jenen natürlichen „Wundern", welche die Notwendigkeit leichten Herzens den Philosophen zur Verfügung stellt. In das metaphysische Gebiet werden einen derartige Wunder nicht führen. Im Gegenteil, je mehr derartige Wunder es in der Welt geben wird, desto zuverlässiger werden die Menschen vor der Metaphysik geschützt sein. Darum hat ja, wie ich soeben sagte, die theoretische Vernunft der praktischen Vernunft so gern den „Primat" verliehen und sogar das unkontrollierte Recht, über den „metaphysischen Trost" zu verfügen. Besteht doch der metaphysische Trost gerade darin, daß der Mensch auch ohne jegliche Metaphysik vortrefflich leben kann, das heißt, daß er ohne Gott und ohne Unsterblichkeit der Seele und ohne Willensfreiheit die „Zufriedenheit mit sich selbst" (acquiescentia in se ipso) erlangen wird, welche die Vernunft erzeugt. Bei Hegel ist die praktische Vernunft nicht einmal dicht neben der theoretischen Vernunft zu Hause, sondern in den Mittelpunkt der letzteren verlegt. „Der Mensch muß sich bis zur abstrakten Allgemeinheit erheben" — bei Hegel geht dieser „kategorische Imperativ" aus der „Logik" hervor. Es bedarf keiner Worte: Hegel hat Kant bis ans Ende durchdacht. Er weiß, nicht schlechter als Kant, daß Metaphysik unmöglich ist, — die Metaphysik, welche Gott, Unsterblichkeit der Seele und Willensfreiheit sucht, — aber sie ist nicht deshalb unmöglich, weil der Vernunft irgend welche Grenzen gesetzt wären, weil die Kategorien unseres Denkens nur auf das sinnlich Gegebene anwendbar wären. Hegel erregte sogar schon die Fragestellung über die Grenzen der menschlichen Vernunft, er hatte offenbar allen Grund, sogar daran zu zweifeln, ob Kant selber hierin die Aufgabe der „Kritik der Vernunft" erblickte. Eine Metaphysik, die den Menschen Gott, die Unsterblichkeit der Seele und die Freiheit offenbaren würde, sei deshalb unmöglich, w e i l e s w e d e r e i n e n G o t t, n o c h U n s t e r b - l i c h k e i t, n o c h F r e i h e i t g e b e : das alles seien schlimme Träume, die Menschen träumen, welche sich nicht über das Einzelne und Zufällige zu erheben verstehen und nicht im Geiste und in der Wahrheit anbeten wollen. Von solchen Träumen und von dem unglückseligen Bewußtsein, das diese Träume erzeugt, sei die Menschheit um jeden Preis zu befreien. Das alles seien „Vorstellungen": solange der Mensch sie nicht von sich abschütteln und ins Gebiet der reinen, von der Vernunft gegebenen Begriffe eintreten werde, wird ihm die Wahrheit verborgen bleiben. Super hanc petram ruht die ganze Philosophie Hegels.

11

So lehrte Hegel, aber das alles fand er bei Kant. Als Kant die Metaphysik vor den Richterstuhl der Vernunft lud, wußte er, daß sie verurteilt werden wird. Und als danach Fichte, der junge Schelling und Hegel vor dem gleichen Richterstuhl eine Revision des Prozesses durchzusetzen suchten, wußten auch sie, daß die Sache der Metaphysik hoffnungslos stehe und auf immer verloren sei. Kant spannte seine ungeheuren dialektischen Kräfte an, um die menschliche Seele von den ihr fremden Elementen dessen zu säubern, was er Sinnlichkeit nennt. Aber es zeigte sich, daß Dialektik nicht genügt: alles, was man „Beweise" zu nennen pflegt, verliert jenseits einer gewissen Grenze die Fähigkeit, zu zwingen und zu unterwerfen, man kann wohl „beweisen", daß die Summe der Winkel eines Dreiecks zwei rechte beträgt, wie aber soll man einem Menschen „beweisen", daß, selbst wenn der Himmel auf ihn stürzt, er ruhig, als gehörte sich das so, halbzerdrückt unter den Trümmern liegen werde? Solches läßt sich nicht beweisen — solches läßt sich nur s u g g e r i e r e n, wie man nicht beweisen, sondern nur sich selbst und anderen suggerieren kann, daß der Deus ex machina die unsinnigste Annahme sei, und daß der Notwendigkeit das souveräne Recht verliehen sei, den großen Parmenides anzutreiben. Sich seiner Bestimmung oder, mit Hegel gesprochen, dem Geiste der Zeit unterwerfend, schreckt Kant selbst vor der Suggestion als Methode der Wahrheitsfindung nicht zurück. Das Wichtigste ist, „Allgemeinheit und Notwendigkeit" zu erlangen, alles übrige wird sich schon finden. Allgemeinheit und Notwendigkeit jedoch verbürgt die Suggestion nicht weniger als die Beweise. Man sollte meinen, daß das Gebet dort nicht am Platze sei, wo von einer Kritik der reinen theoretischen Vernunft oder von einer Kritik der reinen praktischen Vernunft die Rede ist. Aber Kant betet, ohne irgend jemanden um Erlaubnis zu fragen, die Pflicht an, und dies gilt als „Beweis". Man sollte meinen, daß das alte „Anathema" schon längst aus dem Bereiche des philosophischen Denkens verbannt sei, aber wenn aus der menschlichen Seele alles „Pathologische" (bei Kant bedeutet das Wort „pathologisch" nicht „krankhaft" und „unnormal", sondern er gebraucht dieses Wort als Synonym von „sinnlich") ausgerottet werden muß, schreckt Kant selbst vor dem Anathema nicht zurück und auch das Anathema gilt als Beweis. „Setzet," schreibt er, „daß jemand von seiner wollüstigen Neigung vorgibt, sie sei, wenn ihm der geliebte Gegenstand und die Gelegenheit dazu vorkämen, für ihn ganz unwiderstehlich, ob, wenn ein Galgen vor dem Hause, da er diese Gelegenheit trifft, aufgerichtet wäre, um ihn sogleich nach genossener Wollust daran zu knüpfen, er alsdann nicht seine Neigung bezwingen würde. Man darf nicht lange raten, was er antworten würde. Fragt ihn aber, ob, wenn sein Fürst ihm, unter Androhung derselben unverzögerten Todesstrafe, zumutete, ein falsches Zeugnis wider einen ehrlichen Mann, den er gerne unter scheinbaren Vorwänden verderben möchte, abzulegen, ob er da, so groß auch seine Liebe zum Leben sein mag, sie wohl zu überwinden für möglich halte. Ob er es tun würde oder nicht, wird er vielleicht sich nicht getrauen zu versichern, daß es ihm aber möglich sei, muß er ohne Bedenken einräumen. Er urteilet also, daß er etwas kann, darum weil er sich bewußt ist, daß er es soll und erkennt in sich die Freiheit, die ihm sonst ohne das moralische Gesetz unbekannt geblieben sein würde". Was ist der Sinn dieser „Argumentation"? Und ist hier auch nur ein Schatten jener Freiheit geblieben, von der Kant so viel und so beredsam an dieser und anderen Stellen seiner Werke spricht und die nach ihm und vor ihm die besten Vertreter der Philosophie verkündeten? Zur Begründung seines kategorischen Imperativs fand Kant kein anderes Mittel als Suggestion und Beschwörungen. Er betete lange und inbrünstig vor dem Altar der Pflicht, und als er die nötigen Kräfte in sich fühlte, richtiger, als er fühlte, d a ß e r k e i n e K r ä f t e m e h r h a b e, d a ß e r s e l b s t b e r e i t s n i c h t m e h r s e i, daß in ihm eine andere Kraft wirkt (als er, mit Hegel gesprochen, „sich bis zur abstrakten Allgemeinheit erhoben hatte"), er selbst indes ihr willenloses und blindes Werkzeug wurde, da schrieb er die „Kritik der praktischen Vernunft". Die theoretische Vernunft kann sich nicht eher beruhigen, als bis sie alle überzeugt hat, daß sie der Natur die Gesetze diktiere, die praktische Vernunft läßt die Natur in Ruhe, aber ihr „Wille zur Macht" fordert Herrschaft über die Menschen. Wiederum fällt den Menschen das „Gehorchen" (parere) zu, während das „Befehlen" (iubere) der „Idee", dem „Prinzip" zukommt, indes die Aufgabe der Philosophie darauf hinausläuft, den Menschen auf diese oder jene Weise die Überzeugung einzuflößen, daß es dem lebendigen Wesen zustehe, nicht zu befehlen, sondern zu gehorchen und daß die Verweigerung des Gehorsams eine Todsünde sei, deren Strafe ewiges Verderben ist. Und das nennt sich Freiheit. Dem Menschen steht es frei, statt des Gehorchens das Befehlen zu wählen, aber er kann es keinesfalls erreichen, daß jenem, der das Befehlen wählt, Rettung zukomme, für das Gehorchen aber — Verderben. Hier hat die Freiheit ein Ende, hier ist alles vorausbestimmt. Sogar der Schöpfer und Gründer der Welt (ipse creator et conditor mundi) kann hieran nichts ändern. Auch seine Freiheit läuft darauf hinaus, zu gehorchen. Kant geht sogar weiter als Seneca: er will nicht einmal zulassen, daß Gott einstmals befohlen habe. Niemand hat jemals befohlen, alle haben immer gehorcht. Jeglicher Befehl ist ein Deus ex machina und kennzeichnet das Ende der Philosophie. Das ist ihm a priori bekannt. Aber er beweist, wie wir soeben sahen, auch a posteriori, daß das Sittengesetz verwirklicht wird — allerdings anders als die Gebote der theoretischen Vernunft, immerhin aber wird es verwirklicht: den „Wollüstigen" wird der Galgen erschrecken, ein Mensch aber, der dem Moralgesetz gehorcht, wird auch vor dem Galgen nicht versagen. Wozu brauchte Kant noch sich um eine solche „Verwirklichung" zu kümmern? Warum dem „Wollüstigen" mit dem Galgen drohen? Warum ihm nicht die „Freiheit" lassen, seinen Neigungen nachzugehen, wenn schon die Freiheit als Hauptpraerogative des Menschen anerkannt wird? Aber eine solche Freiheit ist dem Philosophen noch verhaßter als der Deus ex machina, und um sie zu töten, schrickt Kant nicht einmal vor dem empirischen Galgen zurück, dem es doch, wie man meinen möchte, gar nicht ansteht, sich in die Angelegenheiten der reinen, apriorischen Urteile einzumischen. Aber für die philosophische Geduld gibt es offenbar eine Grenze. Der edle Epiktet schnitt seinen geistigen Gegnern Nasen und Ohren ab — Kant ist bereit, sie an den Galgen zu knüpfen. Und sie haben selbstverständlich recht: auf eine andere Weise, ohne die Hilfe des empirischen Zwanges ($\beta\iota\alpha$ bei Aristoteles) werden die

„reinen" Ideen nie zum Sieg und zum Triumph gelangen, den sie so schätzen.

Dennoch machte Kant die Rechnung ohne den Wirt. Der Galgen wird ihm nicht helfen, zum mindesten nicht immer. Er spricht von einem „Wollüstling", das heißt, er bekleidet den Menschen, ehe sich dessen Schicksal entschieden hat, mit dem Sterbehemd. Es würde nichts schaden, wenn man dem „Wollüstling" die Nase oder die Ohren abschnitte, es würde nichts schaden, wenn man ihn aufhängte, und schon keinesfalls dürfte man ihm Freiheit gewähren. Aber man versuche einmal, für einen Augenblick von den „Höhen" der reinen Vernunft herabzusteigen und sich zu fragen: Wer ist eigentlich dieser Wollüstling, gegen den wir so erbarmungslos verfuhren? Kant wird einem nichts antworten — er zieht es vor, beim allgemeinen Begriff zu bleiben oder sich dahinter zu verstecken. Nicht umsonst sind alle bestrebt, den allgemeinen Begriff durchsichtig zu machen. Es ist nicht schwer, in dem „Wollüstling", wenn man den Willen dazu hat, sowohl Puschkin, den Verfasser der „Ägyptischen Nächte", als auch den Don Juan der spanischen Legende, als auch Orpheus und Pygmalion der antiken Mythologie und selbst den unsterblichen Autor des „Hohen Liedes" zu erkennen. Wenn Kant hieran gedacht hätte oder, besser gesagt, wenn er, bevor er in der Rolle des Hypnotiseurs auftrat, nicht selbst von der allmächtigen Ἀνάγκη hypnotisiert gewesen wäre, hätte er gefühlt, daß hier die Dinge nicht so einfach liegen und die Selbstevidenzen nicht so selbstevident sind, und daß weder sein Sterbehemd noch sein Galgen irgend etwas vorausbestimmen und entscheiden. Orpheus scheute sich nicht, bis in den Hades hinabzusteigen, um Eurydike zu holen; Pygmalion erflehte von den Göttern ein Wunder; Don Juan reichte dem lebendig gewordenen Standbild die Hand; bei Puschkin gibt sogar der bescheidene Jüngling sein Leben hin für eine Nacht mit Kleopatra. Im

„Hohen Lied" aber lesen wir: Die Liebe ist stark wie der Tod. Was ist von den Suggestionen Kants übrig geblieben? Und welche ewigen Wahrheiten kann seine praktische Vernunft und jenes Sittengesetz geben, welches diese Vernunft in sich trägt? Und ist es nicht klar, daß die wahre Freiheit weit entfernt ist von jenen Gebieten, die sich die praktische Vernunft auserkor und in denen sie zu Hause ist? Daß dort, wo das Gesetz ist, dort, wo das Gehorchen ist, keine Freiheit ist und keine Freiheit sein kann, daß die Freiheit unzertrennlich mit jenem Befehlen verknüpft ist, in welchem man uns die Quelle aller Verirrungen, aller Unsinnigkeiten und alles Unerlaubten zu erblicken lehrte? Pygmalion fragte niemanden, ob er für sich selber ein Wunder fordern dürfe; Orpheus verletzte das ewige Gesetz und stieg in den Hades hinab, obwohl er dorthin nicht hinabsteigen konnte und durfte und noch nie ein Sterblicher dorthin hinabstieg. Und die Götter billigten ihre Vermessenheiten, und selbst wir gebildeten Menschen vergessen zuweilen, wenn wir die Berichte von ihren Taten hören, alles, was man uns lehrte, und freuen uns zusammen mit den Göttern. Pygmalion hat gewollt, und weil er gewollt hatte, wurde das Unmögliche möglich, verwandelte sich das Standbild in eine lebendige Frau. Wenn in unser „Denken" als neue Dimension die Pygmalische zügellose Leidenschaft einträte, so würde vieles, was wir für „unmöglich" halten, möglich werden, und was uns als Lüge erscheint, wahr werden. Selbst ein so Unmögliches würde möglich werden, daß Kant aufhören würde, Pygmalion als wollüstig zu brandmarken, während Hegel gestehen würde, das Wunder sei keine Vergewaltigung des Geistes, im Gegenteil, die Unmöglichkeit des Wunders sei die entsetzlichste Vergewaltigung des Geistes. Oder irre ich mich: Würden sie alle bei ihren Behauptungen beharren? Würden sie uns zu suggerieren fortfahren, daß jegliche Leidenschaften und Neigungen sich vor der Pflicht beugen müßten und daß das wahre Leben das Leben eines Menschen sei, der sich über das „Endliche" und „Vergängliche" zu erheben weiß? Und hatte Calvin recht: „Nicht alle werden unter der gleichen Bedingung erschaffen, sondern den einen das ewige Leben, den anderen die ewige Verdammnis vorbestimmt" (non omnes pari conditione creantur, sed aliis vita aeterna, aliis damnatio aeterna praeordinatur)? Wer will diese Frage beantworten?

12

Wie dem auch sei, so ist uns doch jetzt verständlich, warum Hegel solche Angst hatte, „die natürlichen Zusammenhänge der Erscheinungen zu zerreißen", und warum Kant ohne jede vorbereitende „Kritik", das heißt nicht nur ohne Erörterung der Frage, sondern auch ohne Hinweis, daß hier irgend welche Fragen oder Zweifel möglich oder zulässig seien, die Metaphysik vor den Richterstuhl der gerechtfertigten positiven Wissenschaften und der ihnen zugrunde liegenden synthetischen Urteile a priori führte. „Alles Interesse meiner Vernunft (das spekulative sowohl als das praktische) vereinigt sich in folgenden drei Fragen: 1. Was kann ich wissen? 2. Was soll ich tun? 3. Was darf ich hoffen?" schreibt Kant in einem der letzten Kapitel der „Kritik der reinen Vernunft". An wen diese Fragen gerichtet sind — darum kümmert sich Kant ebensowenig wie Hegel. Auch ihm erschien es offenbar als unsinnigste Annahme, daß die Bereitschaft, zu fragen, den Menschen an Händen und Füßen binde. Als er die positiven Wissenschaften studierte, fragte er, welche Berge der Erde die höchsten seien, wie groß der Durchmesser der Sonne sei, wie groß die Geschwindigkeit des Schalles oder des Lichtes sei usw. Und er gewöhnte sich zu denken, daß es stets angebracht sei, zu fragen, und daß jemand da sei, den man fragen könne. Und daß es sich gezieme, über alles ein und denselben Antwortenden zu befragen, nämlich jenen, an den er sich mit den Fragen wegen der Berge, der Sonne, des Lichtes, des Schalles wandte und dem alle „kann", „soll" und „darf" unterstehen. Wenn die Metaphysik sich nicht an dieselbe Stelle wenden und die Antwort aus denselben Händen erhalten wird, die bis jetzt alle „kann", „soll" und „darf" austeilten, so wird sie nie irgend etwas Richtiges besitzen. Die frühere, vorkritische Metaphysik wandte sich irgendwohin und holte sich von irgendwo ihre Wahrheiten, aber sie wandte sich nicht an die richtige Stelle, und alle ihre Wahrheiten sind nicht Wahrheiten, sondern Hirngespinste und Grillen. Als sie aber, nach der „Kritik", sich dorthin wandte, wohin Kant sie wies, kehrte sie mit leeren Händen zurück: alle „kann", „soll" und „darf" waren bereits verteilt, und für sie war nichts übrig geblieben. Man sollte meinen, daß die Frage naheläge: Wenn die Metaphysik vor der „Kritik" immerhin etwas mitbrachte, nach der „Kritik" aber nichts mehr mitbrachte, — bedeutet das nicht, man habe in der „Kritik" die Ursache dessen zu erblicken, daß die metaphysischen Quellen plötzlich und für immer versiegt seien? Das heißt, daß nicht Metaphysik unmöglich sei, wie Kant schloß, sondern daß kritische Metaphysik, das heißt zurückblickende, vorausblickende, sich vor allem fürchtende, alle und jedes fragende und sich zu nichts erkühnende Metaphysik — in Kants Terminologie: Metaphysik als Wissenschaft — unmöglich sei. Wer hat uns den Gedanken suggeriert, die Metaphysik wolle und müsse Wissenschaft sein? Wie kam es, daß wir, als wir fragten, ob es einen Gott gebe, ob die Seele unsterblich, der Wille frei sei, von vornherein die verräterische Bereitschaft bekundeten, die Antwort, die man uns geben würde, anzunehmen, ohne uns auch nur zu erkundigen, welcher Art die Natur und das Wesen dessen seien, der uns diese Frage bereitet? Man wird sagen: Gott ist, folglich ist er, man wird sagen, er sei nicht, folglich ist er nicht, und uns bleibt nichts mehr übrig, als uns zu unterwerfen. Die Metaphysik muß ein ebensolches Gehorchen sein wie die positiven Wissenschaften. Parmenides, Plato, Spinoza, Kant, Hegel, von der Wahrheit selbst gezwungen (ἀναγκαζόμενοι ὑπ' αὐτῆς τῆς ἀληθείας), wählen nicht, entscheiden nicht. Man hat ohne sie gewählt, ohne sie entschieden, ohne sie befohlen. Und das heißt Wahrheit, das heißt, man nimmt an, wie Kleanthes und Seneca lehrten, daß man hier nicht nur gehorchen, sondern ehrfürchtig und freudig hinnehmen müsse oder, wie Kant und Hegel lehrten, daß man hier kniefällig beten und andere zum Gebete auffordern müsse. Alle Vernünfte, die theoretischen und praktischen, die menschlichen und übermenschlichen hämmerten uns, jedem Menschen im Einzelnen und allen Menschen zusammen, im Laufe der vieltausendjährigen Entwicklung des philosophischen Denkens beharrlich ein: man muß gehorchen, man muß sich unterwerfen. Die Metaphysik, die an jene seit unvordenklichen Zeiten verschüttete Quelle geht, aus der das Befehlen entspringt, stößt und schreckt alle ab. Selbst Gott entschloß sich, wie wir uns erinnern, nur ein einziges Mal, Eigenwilligkeit an den Tag zu legen — anders hätte offenbar auch er nicht, wie es die Epikurschen Atome nicht konnten, eines Tages von der natürlichen Bahn abweichen können —, aber nach diesem einen Mal gehorchen sowohl Gott wie auch die Atome demütig. Für unser Denken ist das Befehlen (iubere, τῆς ἐμῆς βουλήσεως) ganz unerträglich. Kant geriet schon allein bei der Idee des Deus ex machina oder des Höheren Wesens, die sich in das Leben des Menschen einmischen, in Entsetzen. An dem Hegelschen Gott, wie er vor der Erschaffung der Welt war, an der Spinozaischen „Ursache seiner selbst" (causa sui) ist auch nicht eine Spur von freiem Befehlen. Das Befehlen kommt uns als Willkür und Phantastik vor, — was aber kann es Widerwärtigeres und Furchtbareres geben? Lieber schon Ἀνάγκη, die Überredungen kein Gehör schenkt, die sich um nichts kümmert, die keinen Unterschied macht zwischen Sokrates und einem tollen Hund. Und wenn die theoretische Vernunft, wenn es bis zum metaphysischen Fragen kommt, uns nicht die Unantastbarkeit der Ἀνάγκη verbürgen, das heißt, allgemeine und notwendige, zwingende und nötigende Wahrheiten geben kann, so werden wir doch der Metaphysik nicht an jene Quelle folgen, aus der das Befehlen entspringt. Wir wollen um jeden Preis gehorchen und werden uns nach dem Ebenbilde der theoretischen Vernunft eine praktische Vernunft schaffen, die unermüdlich darüber wachen wird, daß das Feuer auf dem Altar des urewigen Gehorchens (parere) nicht verlösche.

Das ist der Sinn der philosophischen Aufgaben, die unser „Denken" sich setzte und verwirklichte von den ältesten Zeiten bis zu Kant und unseren Zeitgenossen. Der Anblick eines Menschen, der bereit und fähig ist, auf eigene Gefahr und nach eigenem Willen sein Schicksal zu lenken, vergiftet unserer Vernunft das Dasein. Selbst Gott, der den Gehorsam verweigert, erscheint uns als Monstrum. Die Philosophie kann ihr Werk tun, wenn alle für immer das Befehlen (iubere, τῆς ἐμῆς βουλήσεως) vergessen und dem Gehorchen (parere) Altäre errichten. Ein einziger Alexander der Große oder ein einziger Pygmalion kann die Konstruktionen des Aristoteles oder Kants umstürzen, wenn man sie nicht zwingt, auf den Eigenwillen zu verzichten. In noch stärkerem Maße kann dies eine Hochzeit zu Kana. Selbst wenn es gelänge, historisch und faktisch festzustellen, daß Jesus Wasser in Wein verwandelte, so müßte man um jeden Preis einen Weg finden, diese historische Tatsache zu vernichten. Der theoretischen Vernunft kann man solche Aufgaben selbstverständlich nicht stellen: sie würde sich nicht bereit erklären, anzuerkennen, daß Geschehenes ungeschehen geworden sei. Aber wir haben ja die praktische Vernunft (schon lange vor Kant kannte sie Aristoteles), die „im Geiste" das verwirklichen wird, wozu sich die theoretische Vernunft nicht erkühnen würde. Die Hochzeit zu Kana wäre, wie Hegel uns erklärte, eine „Vergewaltigung des Geistes", des Geistes jener Menschen, die zwar nicht „frei", obwohl sie sich selbst und andere davon zu überzeugen suchen, sondern von der Notwendigkeit gezwungen, das Gehorchen vergötterten. Also kann und muß man die Hochzeit zu Kana im Geiste überwinden: alles „Wunderbare" muß um jeden Preis aus dem Leben ausgerottet werden, ebenso wie die Menschen ausgerottet werden müssen, welche die Rettung vor der Ἀνάγκη in der Zerreißung der natürlichen Zusammenhänge der Dinge suchen. Παρμενίδης δεσμώτης, Παρμενίδης ἀναγκαζόμενος (der gefesselte, gezwungene Parmenides), der von der Ἀνάγκη in einen mit Bewußtsein ausgestatteten Stein verwandelte Parmenides stellt das Ideal des philosophierenden Menschen dar, wie er sich unserem „Denken" darbietet.

Aber dem versteinerten Parmenides ist es nicht gegeben, dem Menschen aus seiner Begrenztheit herauszuhelfen. Und das zurückblickende Denken wird uns nicht an die Quellen des Seins führen. Aristoteles blickte sich um, Kant blickte sich um, alle, die Kant und Aristoteles nachfolgten, blickten sich um und wurden zu ewigen Gefangenen der Ἀνάγκη. Um ihrer Macht zu entrinnen — muß man alles wagen (πάντα τολμᾶν), muß man den großen und letzten Kampf aufnehmen, muß man vorwärts gehen, ohne zu raten und ohne zu fragen, was unser harrt. Und nur die aus unaufhörlicher Unruhe geborene Bereitschaft, sich mit dem Tode anzufreunden (μελέτη θανάτου), kann den Menschen zu dem ungleichen und wahnsinnigen Kampf mit der Notwendigkeit inspirieren. Angesichts des Todes zerrinnen sowohl die menschlichen „Beweise" als auch die menschlichen Selbstevidenzen, sie zerrinnen und verwandeln sich in Illusionen und Phantome. Epiktet mit seinen Drohungen, Aristoteles mit seinen zwingenden Wahrheiten, Kant und Hegel mit ihren Imperativen und ihren hypnotisierenden praktischen Vernünften können nur jene erschrecken, die sich ängstlich an das Vergnügen (ἡδονή) klammern, wenn auch nur an jenes Vergnügen, das aus dem „Schauen" entspringt und den hohen Namen acquiescentia in se ipso trägt. Der Stachel des Todes verschont nichts: man muß sich seiner bemächtigen, um ihn gegen die Ἀνάγκη selbst zu richten. Und wenn die Ἀνάγκη gestürzt sein wird, werden mit ihr zusammen jene Wahrheiten stürzen, die auf ihr beruhten und ihr dienten. Jenseits von Geist und Erkenntnis (ἐπέκεινα νοῦ καὶ νοήσεως), dort, wo der Zwang aufhört, wird der gefesselte Parmenides (Παρμενίδης δεσμώτης), nachdem er des Mysteriums des ewig Seienden und ewig Befehlenden (τῆς ἐμῆς βουλήσεως) teilhaftig geworden ist, die ursprüngliche Freiheit wiedererlangen und zu sprechen beginnen, nicht wie ein von der Wahrheit Gezwungener (ἀναγκαζόμενος ὑπ' αὐτῆς τῆς ἀληθείας), sondern wie einer, der die Macht innehat (ὥσπερ ἐξουσίαν ἔχων). Dieses uranfängliche, durch nichts beschränkte Wollen (τῆς ἐμῆς βουλήσεως), das in keinem „Wissen" Platz findet, — ist jene einzige Quelle, aus der man die metaphysische Wahrheit schöpfen kann: auf daß die Verheißung erfüllt werde: „nichts wird euch unmöglich sein" — οὐδὲν ἀδυνατήσει ὑμῖν.

II
IM PHALARISCHEN STIER
WISSEN UND FREIHEIT

> Die Glückseligkeit ist nicht der Lohn der Tugend, sondern die Tugend selbst (beatitudo non est virtutis praemium, sed ipsa virtus).
>
> Spinoza, Ethik V, 42.
>
> Und werdet sein wie Gott, und wissen, was gut und böse ist.
>
> 1. Mose 3, 5.

1

In der Vorrede zu seiner „Phänomenologie des Geistes" schreibt Hegel: „Die Philosophie aber muß sich hüten, erbaulich sein zu wollen". Er sagt hiermit, wie es bei ihm überall und immer wieder geschieht, nur nochmals dasselbe, was Spinoza gesagt hat, der seine Philosophie zwar nicht für die beste, aber für die wahre zu halten behauptete, was auf den ersten Blick „aus tiefstem Herzensgrund" gesprochen zu sein scheint. In Wirklichkeit aber wurde der Spinoza wiederholende Hegel mit seiner Behauptung dem wahren Sachverhalt ebensowenig gerecht, wie jener mit der seinen. Schon vor Sokrates, insbesondere jedoch nach ihm, hat es keinen einzigen bedeutenden Philosophen gegeben, der seine Leser und Zuhörer nicht unterwiesen und belehrt hätte. Dabei waren jene, die ganz besonders beharrlich erbauten und belehrten, meist ebenso naiv wie Hegel der Überzeugung, ihre Aufgabe laufe ausschließlich darauf hinaus, die Wahrheit und nichts als die Wahrheit zu suchen. Ich glaube nicht einmal, daß Sokrates selber eine Ausnahme hiervon bildete, obwohl er bekanntlich durchaus nicht verhehlte, die Menschen bessern zu wollen. Nur verstand er sich darauf, Wissen und Belehrung so zu verflechten, daß es den Anschein hatte, als suchte er, wenn er belehrte, die Wahrheit, und umgekehrt, als belehrte er eigentlich, wenn er nach der Wahrheit suchte. Sokrates gehört die Ehre und das Verdienst, das geschaffen zu haben, was man später „autonome Ethik" nannte; doch kann man auch mit vollem Recht sagen, Sokrates habe die wissenschaftliche Erkenntnis begründet. Er stellte als erster das „Angenehme" dem „Guten", das „Schlechte" dem „Bösen" entgegen. Auch lehrte er, Tugend sei Wissen und ein Wissender könne nicht anders als tugendhaft sein. Aber seit Sokrates ist auch jener rätselhafte „Sprung in ein anderes Gebiet" (μετάβασις εἰς ἄλλο γένος), wie er bei Gegenüberstellung von „angenehm" und „schlecht" einerseits, von „gut" und „böse" anderseits möglich ist, in der Philosophie zu einer gewohnten Erscheinung geworden. Es geschieht auf Schritt und Tritt, daß man vom Schlechten zu reden beginnt, dann aber ganz obenhin und harmlos, ohne daß es einem selber und anderen auffällt, die Rede auf das Böse überleitet; ganz ungezwungen auch, als gehörte sich das so, vertauscht man das Angenehme mit dem Guten und das Gute mit dem Angenehmen..

In den angeführten Worten Hegels, wie auch in denen Spinozas, liegt ein großes Rätsel verborgen, und es lohnt sich, darüber nachzudenken. Welche philosophische Frage auch immer wir berühren mögen — überall finden wir deutliche Spuren jener Begriffsvermengung, die Sokrates, Wissen und Tugend gleichsetzend, offen zuließ und die späteren Philosophen, obwohl die Hauptvoraussetzung des Sokratischen Denkens nicht teilend, nicht vermeiden konnten, ja nicht einmal vermeiden wollten. Es sieht fast so aus, als sei diese Begriffsvermengung der articulus stantis et cadentis philosophiae, als verlöre die Philosophie bei Verzicht auf diese Vertauschung ihre Existenzberechtigung oder — was wohl noch unheimlicher wäre — als gebe sie zu, daß sie nur dank dieser Vertauschung ihr Dasein friste. Niemand würde sich, nach Sokrates' Vorgang, zu der Behauptung entschließen, Wissen und Tugend sei ein und dasselbe. Selbst der törichteste Mensch weiß ganz genau, daß man wissend und doch zugleich lasterhaft, unwissend und dabei doch ein Heiliger sein kann. Wieso aber blieb dem Sokrates verborgen, was dem gesunden Menschenverstand offenbar ist? Niemand mag danach fragen. Noch weniger mag man sich bei der Frage aufhalten, ob die Philosophie weiterbestehen könne, wenn in der Tat jene törichten Menschen, die begriffen haben, daß Wissen nicht Tugend sei, im Recht sind und der weiseste der Menschen unrecht gehabt haben sollte, als er Wissen und Tugend für ein und dasselbe ausgab. Es besteht die allgemeine Ansicht, daß der deutsche Idealismus, vertreten durch Kant und dessen Nachfolger Fichte, Schelling und Hegel, eine Überwindung des Spinozismus sei. An diesem Urteil der Geschichte stimmt nur das eine, daß in der Tat die deutschen Idealisten, ja selbst jene unter ihnen, die — wie Fichte und Schelling — Spinoza als ihre erste philosophische Liebe hätten bezeichnen können, gegen Ende ihres Lebenswegs auf jede Weise bemüht waren, einen scharfen Trennungsstrich zwischen sich und Spinoza zu ziehen. Man verehrte Spinoza, aber man stand ihm fern und fürchtete ihn. Leibniz stritt ehrerbietig und freundschaftlich mit Locke, aus seinen Erwiderungen gegen Spinoza jedoch weht eisige Feindschaft: er hätte nicht mit Spinoza verwechselt werden wollen. Auch bei Kant hört man, wenn er gelegentlich auf Spinoza zu sprechen kommt, einen Unterton von Mißgunst heraus. Fichte, Schelling und Hegel jedoch verhalten sich so, als hätten sie Spinoza weit hinter sich gelassen und ihn ein für allemal überwunden. In Wirklichkeit bezeugt die philosophische Bewegung in Deutschland das Gegenteil. Weiter als die anderen von Spinoza entfernt ist wirklich Kant gewesen. Aber gerade das, was Kant am stärksten von Spinoza unterschied, ist in der nachkantischen Philosophie der erbarmungslosesten Kritik unterzogen worden. Jeder neue Fortschritt des deutschen Idealismus ist eine Rückkehr zum Spinozismus gewesen, und wir sind berechtigt, in Hegels „Philosophie des Geistes", wenn auch nicht der Form, so doch dem Inhalt nach, eine vollständige restitutio in integrum des Spinozismus zu erblicken.

Hegel behauptete, die Philosophie dürfe nicht erbaulich sein; Spinoza sagte, er suche nicht nach der besten, sondern nach der wahren Philosophie; Sokrates lehrte, Wissen und Tugend sei ein und dasselbe oder, der gleiche Gedanke mit anderen Worten ausgedrückt, einem guten Menschen könne nichts Schlechtes, einem schlechten nichts Gutes geschehen. Spinoza und Hegel scheinen von Thesen ausgegangen zu sein, die den Sokratischen gerade entgegengesetzt waren. Spinoza schrieb in seiner „Ethik", die Erfahrung zeige tagtäglich, „daß Nützliches (das heißt: das Gute) und Schädliches (das heißt: das Schlechte) ohne Unterschied Frommen sowie Gottlosen begegne" (Eth. I, Anh.). Es bedarf keiner Worte darüber, daß Hegel auch in dieser Hinsicht vollständig auf Seiten Spinozas stand. In seiner „Religionsphilosophie" behauptete er, das Wunder würde als Durchbrechung der natürlichen Zusammenhänge der Erscheinungen eine Vergewaltigung des Geistes bedeuten. Die Worte sind andere, aber der Sinn ist, wenn man so sagen darf, noch spinozaischer. Spinoza beruft sich auf die tagtägliche Erfahrung: die Alltagserfahrung überzeugt ihn davon, daß Nützliches und Schädliches in gleicher Weise den guten und den schlechten Menschen zuteil werden. Eine Erkenntnis dieser Art ist, wie jegliche aus der Erfahrung stammende Erkenntnis, nicht die höchste, wahre Erkenntnis — wie es die „dritte Erkenntnisgattung", die „anschauende Erkenntnis" (tertium genus cognitionis, cognitio intuitiva) ist, nach der die Philosophie trachtet. Hegel beruft sich gar nicht einmal auf die Erfahrung. Was er weiß, das weiß er vor jeglicher Erfahrung, er braucht die Erfahrung nicht, er braucht wie Spinoza die „dritte Erkenntnisgattung", und er beschreibt nicht einfach eine Tatsache, sondern findet für sie die Begründung in der Struktur des Seins selbst. Wenn das Nützliche nur den Frommen und das Schädliche nur den Gottlosen zuteil würde, so wäre dies ein Wunder; das Wunder aber ist eine Vergewaltigung des Geistes, und folglich wäre, da der Geist keine Vergewaltigung seiner selbst duldet, mit Sokrates gesprochen, die Tugend ein Ding für sich und das Wissen ein Ding für sich. Das ist der Sinn der

Worte Spinozas, das auch der Sinn der Worte Hegels. Dennoch gingen Spinoza wie auch Hegel in ihrer Philosophie den von Sokrates angebahnten Weg. In allem, was sie schrieben, verfolgten sie hartnäckig den Gedanken, daß Tugend und Wissen ein und dasselbe sei, daß einem schlechten Menschen niemals etwas Gutes, einem guten aber nichts Schlechtes geschehen könne, und ihre Philosophie hat sich nicht nur nicht hüten können und wollen, erbaulich zu sein, sondern erblickte in der Erbauung ihre hauptsächliche, man kann sogar sagen: ihre einzige Aufgabe. Spinoza beschließt seine Betrachtungen über Gott und die Seele, die er im ersten und zweiten Teil seiner „Ethik" darlegt, mit den begeisterten Worten: „.. wie nützlich die Kenntnis dieser Lehre für das Leben ist... Erstens, sofern sie uns lehrt, daß wir allein nach dem Wink Gottes handeln, und daß wir teilnehmen an der göttlichen Natur, und dies um so mehr, je vollkommener die Handlungen sind, die wir tun, und je mehr und mehr wir Gott erkennen... Diese Lehre also... lehrt uns, worin unser höchstes Glück oder unsere Glückseligkeit besteht, nämlich allein in der Erkenntnis Gottes... Zweitens, sofern sie uns lehrt, wie wir uns gegen die Fügungen des Schicksals oder gegen das, was nicht in unserer Gewalt steht... verhalten müssen: nämlich beiderlei Antlitz des Schicksals mit Gleichmut erwarten und ertragen" (.. quantum hujus doctrinae cognitio ad usum vitae conferat... I. quatenus docet nos ex solo Dei nutu agere, divinaeque naturae esse participes, et eo magis, quo perfectiores actiones agimus, et quo magis magisque Deum intelligimus... Haec ergo doctrina... nos docet, in quo nostra summa felicitas sive beatitudo consistit, nempe in sola Dei cognitione... II. quatenus docet, quomodo circa res fortunae, sive quae in nostra potestate non sunt... nos gerere debeamus; nempe utramque fortunae faciem aequo animo exspectare et ferre. Eth. II, 49, Anm.). Hegel steht nicht hinter Spinoza zurück. Bei der Verteidigung des ontologischen Gottesbeweises gegen Kant schreibt er in seiner „Logik", daß „der Mensch sich zu dieser Allgemeinheit in seiner Gesinnung erheben soll, in welcher es ihm in der Tat gleichgültig sei..., ob er sei oder nicht sei usw., selbst si fractus illabatur orbis, impavidum ferient ruinae — wie ein Römer gesagt, und der Christ soll sich noch mehr in dieser Gleichgültigkeit befinden". Man versuche einmal, Spinoza seine „lehrt" (docet) und das auf ihnen beruhende „wie wir uns verhalten müssen" (quomodo nos gerere debeamus) zu nehmen, was bliebe dann von seiner Philosophie übrig? Oder was würde aus dem ontologischen Gottesbeweis werden, wenn der Mensch sich nicht bereit erklärte, „sich zu dieser Allgemeinheit zu erheben, in welcher es ihm in der Tat gleichgültig sei, ob er sei oder nicht sei", wie Hegel Spinozas Ermahnung, wir müßten „beiderlei Antlitz des Schicksals mit Gleichmut erwarten und ertragen", in seine eigene Redeweise übersetzt?

2

Bei Hegel und seinen Nachfolgern rief Kants „Kritik der praktischen Vernunft" ganz besondere Erregung hervor, — und zwar gerade deshalb, weil sie in ihr ein Höchstmaß jener Erbauung vorfanden, von der oben die Rede war. Die ganze „Kritik der praktischen Vernunft" ist bekanntermaßen auf der Idee der reinen Pflicht aufgebaut, die Kant „kategorischer Imperativ" nennt. Für Hegel war allerdings schon überhaupt der Gedanke einer „Kritik der Vernunft" — nicht nur der praktischen, sondern auch der theoretischen — unerträglich. Er war der Ansicht, die Vernunft zu kritisieren sei eine Todsünde gegen die Philosophie. Er verspottete die „Kritiken" auf jede Weise und verglich Kant mehrfach mit einem Scholastiker, der, bevor er ins Wasser geht, wissen will, wie man schwimme. Geistreiche

Bemerkungen gelten oftmals als Widerlegung, und so hat Hegels Spott das seine getan. Aber Hegels Vergleich hinkt dennoch beiderseitig und ist gänzlich unangebracht. Hat Kant sich denn erst gefragt, wie man zu philosophieren habe, und erst, nachdem er eine Antwort hierauf erhalten, die philosophischen Probleme in Angriff genommen? Die „Kritik der reinen Vernunft" wurde von Kant in seinem siebenundfünfzigsten Lebensjahr vollendet, nachdem er viele Jahre ununterbrochen philosophiert hatte, ohne sich zu fragen, ob die von ihm und allen anderen auf dem Gebiet der positiven Wissenschaften gemeinhin angewandten Methoden der Wahrheitserkenntnis für die Lösung metaphysischer Probleme geeignet seien. Erst im sechsten Lebensjahrzehnt ist Kant — sei es unter dem Einfluß des Humeschen „Skeptizismus", sei es aus Verblüffung darüber, daß er an den Grenzen des Denkens auf seine berühmten Antinomien stieß —, wie er selbst erzählt, aus dem dogmatischen Schlummer erwacht, und es kamen ihm jene Zweifel, die ihn dann zur „Kritik" der Vernunft führten: Wie, wenn jene Methoden der Wahrheitserkenntnis, die von den positiven Wissenschaften ausgearbeitet worden sind und jedermann befriedigende Ergebnisse zeitigten, auf metaphysische Probleme nicht anwendbar wären? Es ist wohl kaum anzunehmen, Hegel selbst habe nicht eingesehen, wie wenig Kant an einen einfältigen Scholastiker erinnerte. Offenbar hat er Kant einfach nichts zu entgegnen vermocht und war sich zugleich bewußt, daß die „Kritik" der Vernunft, wenn sie erst einmal durchgeführt wäre, die eigentlichen Grundlagen des menschlichen Denkens untergraben würde. Daß eine Besorgnis dieser Art Hegel nicht ganz fernlag, davon überzeugen uns seine eigenen Betrachtungen — ebenfalls in seiner „Phänomenologie des Geistes": „Inzwischen, wenn die Besorgnis, in Irrtum zu gehen, ein Mißtrauen in die Wissenschaft setzt, welche ohne dergleichen Bedenklichkeiten ans Werk selbst geht und wirklich erkennt, so ist nicht abzusehen, warum nicht umgekehrt ein Mißtrauen in dies Mißtrauen gesetzt und besorgt werden soll, daß diese Furcht zu irren schon der Irrtum selbst ist". Mißtrauen und ein Mißtrauen gegen dies Mißtrauen: wie könnte so ein Kampf der Mißtrauen in der Philosophie am Platze sein! Kant hat auch ohne Hegel gewußt und in seinem Buch hinreichend davon gesprochen, daß die positiven Wissenschaften keiner Kritik der Vernunft bedürften und sich ruhig mit ihrer Sache befaßten, ohne auch nur im geringsten um die Zweifel und Befürchtungen der Philosophen besorgt zu sein, und daß ihnen nichts so fernläge wie der Gedanke an die Möglichkeit eines Mißtrauens gegen ihre Aufgaben. Aber nicht hierin liegt das Wesentliche und die Bedeutung der angeführten Bemerkung Hegels. Das Wichtigste ist, daß Hegel plötzlich auf den Gedanken kam, man könne der Erkenntnis trauen, aber auch mißtrauen. Er verscheucht diesen Gedanken zwar gleich wieder, indem er sich darauf beruft, daß „was sich Furcht vor dem Irrtume nennt, sich eher als Furcht vor der Wahrheit zu erkennen gibt", — aber diese Erwägung kann den Leser wohl kaum vergessen machen, daß auch Hegel selbst zuweilen von der Besorgnis heimgesucht wurde, man könne der Erkenntnis vertrauen, ihr aber auch mißtrauen, und man könne dem Mißtrauen in die Erkenntnis nichts anderes entgegenstellen als das Mißtrauen in das Mißtrauen. Ein Gedanke — wahrhaft erschütternd für jeden, der in der wissenschaftlichen Erkenntnis das philosophische Ideal erblicken möchte. Demnach würde die Erkenntnis letztlich auf dem in sie gesetzten Vertrauen beruhen und bliebe es dem Menschen überlassen, selber zu entscheiden, selber frei zu wählen, ob die Erkenntnis vertrauenswürdig sei oder nicht. Was wäre mit so einer Freiheit anzufangen? Und selbst wenn sich erwiese, daß in diesem Falle die Furcht vor dem Irrtum die Furcht vor der Erkenntnis sei, wäre damit nichts leichter gemacht: wenn die Erkenntnis Furcht einflößte, so wäre es möglich, daß sie in der Tat etwas Furchtbares enthalte, wovor der Mensch sich nach Kräften zu hüten habe. Die Furcht vor der Erkenntnis ist ein ebenso schwieriges Problem wie das Mißtrauen gegen die Erkenntnis. Der Philosoph würde natürlich keinen Schritt vorwärts kommen können, solange er nicht so oder so sein Mißtrauen und seine Furcht überwunden hat. Solange er naiv nach der Wahrheit suchte, ohne zu ahnen, daß schon die Methoden des Suchens einen Fehler enthalten könnten, der den Menschen der Möglichkeit beraubt, die Wahrheit selbst dann zu erkennen, wenn sie ihm unterwegs begegnete, solange er ebenso naiv überzeugt war, daß die Erkenntnis eine Wohltat für die Menschen sei — konnte er sich ruhig seiner Sache widmen. Jedmögliches Vertrauen schien ihm nur auf dem Wissen zu beruhen und allein das Wissen Ängste zu verscheuchen. Da plötzlich stellt sich heraus, daß das Wissen sich nicht auf sich selbst stützen könne, daß es auch noch Vertrauen in sich selbst erheische und nicht nur Ängste nicht verscheuche, sondern sie hervorrufe. Wenn Hegel sich entschlossen hätte, diesen Gedanken zu vertiefen, wäre er vielleicht zu der Überzeugung gelangt, Kants Sünde bestände nicht darin, daß er sich erlaubte, die Vernunft zu kritisieren, sondern darin, daß er nach dem Versprechen, eine Kritik der Vernunft zu geben, sich nie entschließen konnte, sein Versprechen zu erfüllen. Spinoza schrieb: „Welchen Altar kann der sich bauen, der die Majestät der Vernunft beleidigt?" (Quam aram sibi parare potest, qui Rationis majestatem laedit? Tract. Theol. Polit., XV). Diese Worte hätte Kant als Motto für seine „Kritik" wählen können. In der Tat — die Vernunft kritisieren: bedeutet das nicht ein Attentat auf ihre souveränen Rechte, das heißt die Begehung einer ruchlosen Majestätsbeleidigung? Wer hätte ein Recht, die Vernunft zu kritisieren? Wo wäre jene Majestät, die sich unterfänge, der Vernunft ihren

Platz anzuweisen, das heißt, sie der Insignien ihrer Macht zu berauben? Kant behauptete zwar, die Rechte der Vernunft eingeschränkt zu haben, um dem Glauben den Weg frei zu machen. Aber Kants Glaube war ein Glaube innerhalb der Grenzen der Vernunft, das heißt die Vernunft selber, nur mit verändertem Namen. So daß also Hegel vielleicht, wenn er von dem „Mißtrauen in das Mißtrauen" sprach, radikaler war als Kant und auch kühner. Aber natürlich nur im Reden. In Wirklichkeit hat er weder je den Mut gehabt, noch Lust verspürt, innezuhalten und sich zu fragen, wieso und woher er solches Vertrauen in die Vernunft und die Erkenntnis besaß. Er ist an diese Frage mehrfach herangetreten, hat sich aber nie lange bei ihr aufgehalten. Und sonderbar! Hegel schätzte die Bibel nicht: das Neue Testament mochte er noch kaum leiden, das Alte jedoch haßte er geradezu. Dennoch sucht er, als sich die grundlegende und schwierigste philosophische Frage vor ihm erhebt, alles vergessend, was er schon gelegentlich von der Heiligen Schrift gesagt hat, eine Stütze in der Erzählung der „Genesis" vom Sündenfall. Er schreibt: „In anderer Gestalt findet sich dies in der alten Erzählung vom Sündenfall, die Schlange hat den Menschen danach nicht betrogen; denn Gott sagt: ‚Siehe, Adam ist worden wie unser Einer, er weiß, was Gut und Böse ist'" (Werke, XIII, 124). Und noch einmal, wieder in den „Vorlesungen über die Geschichte der Philosophie", lesen wir in den Betrachtungen über das Schicksal des Sokrates: „Die Frucht des Baums der Erkenntnis des Guten und Bösen, der Erkenntnis, das ist der Vernunft aus sich — das allgemeine Prinzip der Philosophie für alle folgenden Zeiten" (Werke, XIV, 49). Nicht Hegel denkt so — wir alle sind überzeugt, daß die Schlange, die unseren Urvater verführte, von den Früchten des Baumes der Erkenntnis des Guten und des Bösen zu essen, ihn nicht betrog und daß Gott der Betrüger gewesen ist, indem er Adam von diesen Früchten zu essen verbot, da er befürchtete, Adam könnte dadurch wie Gott werden. Ob es Hegel geziemte, sich auf die Heilige Schrift zu berufen — ist eine andere Sache. Hegel ließ man alles durchgehen, und seine Nachfolger, die über Spinoza wegen dessen Atheismus (oder Pantheismus) empört waren, lauschten ehrfürchtig Hegels Reden und erblickten in seiner Philosophie nahezu die einzig mögliche Apologie des Christentums. Unterdessen wiederholt Hegel auch diesmal wie immer bloß einen Gedankengang Spinozas, mit dem Unterschied nur, daß Spinoza mutig und offen erklärt, die Bibel enthalte keine Wahrheit und nur die Vernunft sei eine Quelle der Wahrheit, während Hegel von Offenbarung sprach, als er in dem „Streit" Gottes mit der Schlange für letztere Partei ergriff. Es besteht kein Zweifel, daß Spinoza, wenn ihm die Frage der Wahrheit in dieser Form vorgelegt worden wäre, Hegel seinen vollen Beifall geschenkt hätte. Wenn man schon zu wählen hat, wem man folgen soll: ob Gott, der vor den Früchten vom Baum der Erkenntnis des Guten und des Bösen warnt, oder der Schlange, die diese Früchte preist, — so kann es für den europäischen Kulturmenschen kein Schwanken geben: er wird der Schlange folgen. Die Alltagserfahrung hat uns überzeugt, daß wissende Menschen alle Vorzüge vor den unwissenden haben und daß folglich jener betrügt, der uns das Wissen in Verruf zu bringen versucht, während der die Wahrheit spricht, welcher das Wissen verherrlicht. Gewiß, nach der Lehre Spinozas wie auch nach der Lehre des ihm in allem nachfolgenden Hegel, vermittelt die Erfahrung, wie schon gesagt, kein vollkommenes Wissen — keine „Erkenntnis der dritten Gattung". Und folglich ergibt sich auch hier, wenn man zwischen Gott und der Schlange zu wählen hat, das gleiche, was sich ergab, als zwischen dem Mißtrauen in das Wissen und dem Mißtrauen in das Mißtrauen zu wählen war. In schwierigen Augenblicken verweigert uns die

Vernunft ihre Führung, und wir haben uns auf eigene Gefahr zu entscheiden, ohne jegliche Gewähr, ob die Folgen die von uns getroffene Entscheidung rechtfertigen werden.

3

Ich weiß natürlich, daß nicht nur Spinoza und Hegel, sondern daß selbst Kant nie anzunehmen bereit gewesen wäre, die Vernunft könnte dem Menschen ihre Führung verweigern. Ganz am Anfang seiner „Kritik der reinen Vernunft" (Erste Ausgabe) schreibt er, die Vernunft sei „so begierig" nach „allgemeinen Erkenntnissen, die zugleich den Charakter der inneren Notwendigkeit haben". Kein einziges Mal in dem ganzen Riesentraktat stellt er sich die Frage: Warum eigentlich müssen wir uns so sehr bemühen, der Vernunft das zu verschaffen, wonach sie so begierig ist? Und wer oder was ist diese begierige Vernunft, der eine so unbeschränkte Macht über den Menschen verliehen ist? Schon allein der Umstand, daß die Vernunft Begierde zu äußern fähig sei, das heißt, wie das gewöhnlichste endliche Wesen von Leidenschaften beherrscht werde, sollte uns zu Wachsamkeit veranlassen und uns Mißtrauen einflößen gegen die Vernunft selbst, wie auch gegen jene allgemeinen und notwendigen Urteile, nach denen sie trachtet. Aber ich wiederhole, daß die Vernunft selbst für den Verfasser der „Kritik der reinen Vernunft" gänzlich außer Verdacht steht. So ist nun einmal die Tradition unseres Denkens: Mißtrauen in die Vernunft hat schon immer als eine an ihr begangene Majestätsbeleidigung gegolten. Plato lehrte, das größte Unglück für den Menschen sei, ein Vernunftverächter (μισόλογος) zu werden. Für Aristoteles ist das Wissen ein allgemeines und notwendiges (καθόλου γάρ αἱ ἐπιστῆμαι πάντων, ἐξ ἀνάγκης ἄρα ἐστίν τὸ ἐπιστητόν). Nach Sokrates haben wir die Problematik der Erkenntnis — und damit auch jegliche metaphysische Problematik — ein für allemal begraben. Wesen und Aufgabe des sokratischen Denkens bestanden ja gerade darin, die Erkenntnis vor jeglichen Versuchen der Kritik zu bewahren. Gerade in seiner These, die auf den ersten Blick als Vorbedingung und Anfang jeglicher Kritik erscheint, in seiner Behauptung, er wisse, daß er nichts weiß (wofür, wie Sokrates selbst bezeugt, das schlaue Orakel ihn den weisesten aller Menschen nannte), wird die Möglichkeit jeglicher Kritik im Keime erstickt. Wird doch nur jener von sich sagen, er wisse, daß er nichts weiß, der unerschütterlich überzeugt ist, daß das Wissen die einzige Quelle der Wahrheit sei. Nicht umsonst gedachte Hegel, als er von Sokrates' Schicksal sprach, des Baumes der Erkenntnis des Guten und des Bösen und der Worte des Versuchers: „und werdet sein wie Gott". Nur wer von den Früchten des Baumes der Erkenntnis des Guten und des Bösen gegessen hat, kann sich so rückhaltslos der Zaubermacht der Vernunft ausliefern. Für Sokrates war Geringschätzung des Wissens eine Todsünde. Er tadelte und verspottete die Dichter, weil sie die Wahrheit nicht bei dem Wissen, sondern an irgend einer anderen Quelle suchten. Kein Wort ist ihm scharf genug, um jene zu verurteilen, die, ohne zu wissen, im Besitz des Wissens zu sein wähnen. Woher diese unerschütterliche Zuversicht, daß nur das Wissen dem Menschen die Wahrheit erbringe? Und was bedeutet diese Zuversicht, die von Sokrates allen denkenden Menschen vermacht wurde? Ist Sokrates vom Orakel verführt worden wie einstmals Adam von der biblischen Schlange? Oder lag die Verführung anderswo, und hat Pythia wie Eva den Sokrates nur von den Früchten essen lassen, von denen sie selber unter dem Einfluß eines unserem Scharfsinn verborgenen Prinzips gekostet hatte?

Wie dem auch sei, die besten Vertreter der denkenden Menschheit nach Sokrates können nicht umhin, die Wahrheit mit den

Früchten vom Baum der Erkenntnis des Guten und Bösen zu identifizieren. Das ist der Sinn von Platos Warnung vor dem „Vernunftverächter", das ist der Kern der Worte des Aristoteles „im Allgemeinen" (καθόλου) und „aus Notwendigkeit" (ἐξ ἀνάγκης), der Sätze Descartes' „es ist an allem zu zweifeln" (de omnibus dubitandum) und „ich denke, also bin ich" (cogito ergo sum), von Spinozas „die Wahrheit ist die Darstellung ihrer selbst und des Falschen" (verum est index sui et falsi), darum eröffnet auch Kant seine „Kritik" mit dem Geständnis, daß die Vernunft so begierig sei nach allgemeinen und notwendigen Erkenntnissen. Das alles ist Sokrates' Erbe. N a c h Sokrates verschmolz die Wahrheit für die Menschen in eins mit den allgemeinen und notwendigen Urteilen. Jedermann ist überzeugt, das Denken dürfe nicht haltmachen, solange es nicht auf die Notwendigkeit stoße, die jeglicher Forschbegier und jeglichem weiterem Suchen ein Ende setzt. Zugleich zweifelt auch niemand daran, daß das Denken, bei den notwendigen Zusammenhängen der Erscheinungen angelangt, eben damit die letzte und höchste Aufgabe der Philosophie erfülle. So daß also Hegel vielleicht gar nicht so weit von der Wahrheit entfernt gewesen ist, als er zu beweisen suchte, daß es keine Philosophie gebe, sondern nur Philosophen aller Zeiten, welche die ihnen vom Schicksal auferlegte Sendung alle in gleicher Weise auffaßten. Sie alle seien bestrebt gewesen, die strenge und unveränderliche Ordnung des Seins zu entdecken, da sie alle — ja selbst jene unter ihnen, die wie Sokrates wußten, daß sie nichts wissen — vollständig von dem Gedanken gebannt waren, es könne nicht eine solche von niemandem abhängige Ordnung nicht geben, wie es auch ein Wissen geben müsse, das dem Menschen diese Ordnung offenbaren würde. Sokrates behauptete allerdings, daß ein vollkommenes Wissen nur Gott eigentümlich, das Wissen des Menschen jedoch ein unvollständiges sei. Aber damit minderte er das Wissen nicht nur nicht herab, sondern erhob es wohl eher zu noch größerer Ehre. Denn dies bedeutete, daß auch die Freiheit der Götter keine grenzenlose sei: auch ihr setze das Wissen eine Schranke, indem es auf die Grenzen nicht nur des Möglichen und Unmöglichen, sondern sogar des Zulässigen und Unzulässigen hinweise. In dem bemerkenswerten Dialog „Euthyphron", den Plato noch zu Lebzeiten seines Lehrers schrieb, führt Sokrates den Beweis, daß auch den Göttern nicht zu wählen erlaubt sei: es stehe ihnen nicht frei, das Heilige nicht zu lieben, wie es auch den Sterblichen nicht freistehe, es nicht zu lieben. Über den Sterblichen und den Unsterblichen walteten in gleicher Weise die Notwendigkeit sowohl wie das Sollen. Daher bestehe die Aufgabe der Philosophie darin, indem sie die notwendigen Zusammenhänge der Erscheinungen entdecke, das heißt Wissen verschaffe, den Menschen die Überzeugung einzuflößen, daß man mit der Notwendigkeit nicht streiten dürfe, sondern sich ihr fügen müsse. Gewiß, auch die positiven Wissenschaften decken unsichtbare Zusammenhänge der Erscheinungen auf und erziehen ebenfalls die Menschen zur Fügsamkeit. Aber die Philosophie gibt sich hiermit nicht zufrieden. Es genügt ihr nicht, daß die Menschen das Notwendige hinnehmen und sich damit versöhnen. Sie möchte es dahin bringen, daß die Menschen die Notwendigkeit auch lieben und achten, wie sie einst die Götter liebten und achteten. Möglicherweise hat der Grundunterschied zwischen Sokrates und den Sophisten, den die besorgliche Geschichte so geflissentlich vor uns verbarg, gerade darin bestanden, daß — als den Griechen der zweiten Hälfte des fünften Jahrhunderts offenbar wurde, die olympischen Götter seien eine Erfindung der menschlichen Phantasie und jegliche Art von „Nötigungen" gingen nicht von lebenden Wesen aus, denen die Schicksale der ihnen untertanen Menschen sehr am Herzen liegen, sondern von der gleichmütigen und gegen alles gleichgültigen Notwendigkeit — die Sophisten, wie später der Apostel Paulus, hierauf mit dem scharfen Protest reagierten: Wenn die Nötigung nicht von den Göttern, sondern von der Notwendigkeit ausgeht, so gibt es folglich nichts Wahres und ist alles gestattet. Der Sinn der Worte des Protagoras: „Der Mensch ist das Maß aller Dinge" (πάντων χρημάτων μέτρον ἄνθρωπος) ist offenbar der gleiche wie der Sinn der Worte Pauli: „So die Toten nicht auferstehen, lasset uns essen und trinken!" (I. Kor. 15, 32), kurzum das tun, was einem einfällt, und leben, wie es einem gefällt. Sokrates leugnete, wie die Sophisten, das Vorhandensein der Götter. Das ist auch ganz natürlich: wer sich fürchtet, ein Vernunftverächter zu werden, wer im Wissen die einzige Quelle der Wahrheit erblickt, wird um keinen Preis bereit sein, die Götter anzuerkennen. Sokrates selber hat sich — mit einer vielleicht sehr bestechenden, aber einem alles zu erforschen, alles zu erfragen gewillten Philosophen wohl kaum anstehenden Naivität — verächtlich von den Künstlern, Dichtern usw. abgewandt, nur weil sie, gelegentlich zwar hohe Wahrheiten entdeckend, diese nicht durch das Wissen, sondern auf irgend eine andere Weise erlangten, von der sie nicht sagen könnten, wie sie auf sie gekommen seien. „Von den Göttern beseelten" Menschen traut Sokrates nicht — ja, wie könnte man ihnen auch trauen, wenn bekannt ist, daß es keine Götter gibt? Oder wenn Gott — falls man die spätere Auslegung Hegels anerkennt — den Menschen betrügt, wie er es ja selber gestand, als die kluge Schlange, seine geheimen Absichten durchschauend, ihn vor den ersten Menschen entlarvte? Jedenfalls muß man sich, wenn man schon äußerst vorsichtig sein will, an Protagoras halten: „Bezüglich der Götter weiß ich nicht, ob es solche gibt oder nicht" (περὶ μὲν θεῶν οὐκ ἔχω εἰδέναι οὔθ' ὡς εἰσὶν οὔθ' ὡς οὐκ εἰσίν). Sokrates hat sogar vor seinen Richtern, die zu entscheiden hatten, ob Anytos und Meletos ihn mit Recht der Götterleugnung beschuldigten, das gleiche gesagt wie Protagoras. Nur meinen viele noch bis heute, daß

Sokrates, da bei ihm nicht von den Göttern, sondern von der Unsterblichkeit der Seele die Rede war, anders als Protagoras gedacht habe. In Wirklichkeit gingen beide von ein und demselben Gedanken aus, sie reagierten auf ihn — wenn auch jeder in seiner Art — offenbar mit der gleichen Leidenschaftlichkeit. Protagoras sagte: Wenn es keine Götter gibt, wenn die Seele nicht unsterblich ist, wenn das menschliche Dasein nichts weiter ist als jenes kurze Leben, das mit der Geburt beginnt und mit dem Tod endet, wenn unser Dasein nicht durch unsichtbare Fäden mit dem Dasein höherer Wesen als wir verknüpft ist, kurzum, wenn alles, was in dieser Welt seinen Anfang nimmt, in dieser Welt auch sein Ende hat, — was könnte dann die Willkür des Menschen binden, und wozu wäre eine Bindung erforderlich? Warum sollte man den Leidenschaften und Wünschen des Menschen nicht freien Lauf lassen? Der Gewalt hat man sich natürlich manchmal zu fügen, sofern man sie nicht besiegen oder überlisten kann. Aber sich zu fügen bedeutet noch nicht, daß man ihr die höchsten und endgültigen Rechte zuerkenne. Lasset uns, mit dem Apostel Paulus zu reden, essen und trinken und fröhlich sein. Sokrates verhielt sich ganz anders zu der Wahrheit, die sich ihm offenbarte. Wie Protagoras zweifelte er nicht daran, daß es Sache des Wissens sei, die Frage zu entscheiden, ob es Götter gebe oder nicht; auch mußte er, mit jener intellektuellen Gewissenhaftigkeit, durch die er sich auszeichnete und in welcher er, wie auch ihm nachfolgend wir selber, die höchste Tugend des Philosophen erblickte, zugeben: es sei angesichts des Wissens in gleicher Weise möglich, daß es Götter gebe und die Seele unsterblich sei, wie auch, daß es keine Götter gebe und die Seele sterblich sei. Außerdem — dies sagte Sokrates zwar nicht, aber es ist anzunehmen, daß er so dachte —, wenn das Wissen keine positive Antwort auf diese Frage zu geben vermag und wenn gewissenhafte Untersuchung ihn wie auch Protagoras, die in jeder Hinsicht einander so wenig ähnlich sind, zu dem gleichen Schluß führt, daß es möglicherweise Götter gebe, möglicherweise aber auch nicht, — so steht es also mit den Göttern schlimm: das Wahrscheinlichste ist wohl, daß man sie erfunden habe. Dennoch, ganz unannehmbar erschien ihm die im Zusammenhang hiermit getroffene Entscheidung des Protagoras oder wären ihm die Worte des Apostels Paulus erschienen, wenn er sie noch hätte lesen können. Alles andere, nur nicht das homo-mensura des Protagoras und nicht das „lasset uns essen und trinken und fröhlich sein" des Paulus. Wozu soll der Mensch messen, wenn doch alles Meßbare veränderlich, hinfällig, vergänglich ist, und welche Fröhlichkeit wird dir in den Sinn kommen, wenn du weißt, daß deine Tage gezählt sind, daß du heute noch am Leben bist, morgen aber tot sein wirst! Schon lange vor Sokrates war das griechische Denken in Gestalt seiner großen Philosophen und Dichter mit Furcht und Besorgnis bemüht, die unheilvolle Unbeständigkeit unseres flüchtigen und qualvollen Daseins zu ergründen. Heraklit lehrte, alles sei vergänglich, nichts bleibend. Die Tragiker zeichneten mit einer Spannung, wie wir sie in der ganzen Weltliteratur nicht wiederfinden, ein erschütterndes Bild der Schrecken des Erdendaseins. Aber noch Heraklit konnte, gleichsam über die Jahrhunderte hinweg mit dem Propheten Jesaja und dem dessen Gedanken wiederholenden Apostel Paulus Zwiesprache führend, behaupten, die Götter hielten für den Menschen derartiges in Bereitschaft, wovon er sich nie habe träumen lassen und worauf er nie gehofft habe. Sokrates jedoch war es nicht gegeben, so zu sprechen. Wir wissen nichts darüber, was mit uns nach dem Tode geschehen wird, — was aber könnte schmählicher sein, als von dem zu reden, was wir nicht wissen? Heraklit sowohl wie Jesaja und Paulus waren dem vom Wissen bezauberten Sokrates ebenso zuwider wie der die Willkür preisende Protagoras. Es ist klar, daß die Weisheit der biblischen Männer, wie auch der Philosophen vom Schlage des Heraklit und Protagoras, aus verdächtigster Quelle gespeist wurde. Sie waren nicht besser als die Dichter, die im Drange eines ganz ungerechtfertigten Enthusiasmus davon kündeten, wovon sie nichts verstanden. Ohne Erkenntnis gibt es weder Wahrheit noch Tugend. Folglich gilt auch das Gegenteil: die Erkenntnis ist die einzige Quelle dessen, was der Mensch braucht, sie verschafft „das Einzige, was nottut" und kann nicht anders. Gewiß, es wäre nicht übel, wenn die Erkenntnis uns zu den Göttern hinführte und die Unsterblichkeit der Seele offenbarte. Aber, wenn das nicht geschehen ist — werden wir uns auch so behelfen. So faßte Sokrates seine Aufgabe auf. Er sah ebensogut wie Aristoteles ein, daß ein Wissender sündig sein könne. Aber ihm war offenbar geworden, daß unser Leben mit dem Tod endet. Ist das aber so — dann hat also die biblische Schlange recht gehabt und Pythia ebenfalls: die Tugend besteht nur in Wissen. Sokrates hat vor aller Augen wiederholen müssen, was nach einer uralten, nebelhaften, von niemandem bezeugten Legende unser Urvater getan hat.

4.

Die Schlange hat den Menschen nicht betrogen. Die Früchte vom Baum der Erkenntnis des Guten und des Bösen, das heißt, nach Hegels Auslegung, die alles aus sich selbst schöpfende Vernunft, ist für alle Zeiten zum Prinzip der Philosophie geworden. Die „Kritik der Vernunft", in einer Warnung vor dem Baume der Erkenntnis bestehend, durch den alles Unglück in die Welt kommen sollte, ist durch das „Mißtrauen in das Mißtrauen" ersetzt; Gott ward aus der von ihm erschaffenen Welt vertrieben, während seine ganze Macht an die Vernunft überging, die, obwohl sie die Welt nicht erschaffen hat, dem Menschen gerade jene Früchte in unbeschränkten Mengen anbot, vor denen der Schöpfer ihn gewarnt hatte. Es ist anzunehmen, daß gerade die „Unbeschränktheit" dén Menschen am allermeisten in Versuchung geführt hat. In jener Welt, wo die Früchte vom Baum der Erkenntnis zum Prinzip nicht nur der gesamten nachfolgenden Philosophie werden, sondern sich bereits in Prinzipien des Daseins selbst zu verwandeln suchen würden, schwebte der denkenden Menschheit die Möglichkeit größter Triumphe und Errungenschaften vor. Gegen wen soll sich das Mißtrauen wenden — gegen die Schlange, welche die Vernunft pries, oder gegen Gott, der die Vernunft kritisierte? Es kann keine zwei Meinungen hierüber geben: Man muß, mit Hegel zu reden, Mißtrauen in das Mißtrauen setzen. Nur eins ist Hegel entgangen und von ihm — offenbar bona fide — einfach übersehen worden. Wenn die Schlange die Wahrheit sprach und wenn die, so vom Baum der Erkenntnis gegessen haben, in der Tat „wie Gott" sein werden; wenn Pythia ebenfalls recht hatte und Sokrates der weiseste der Menschen war, — so kann die Philosophie nicht anders als erbaulich sein: in der Erbaulichkeit besteht ihr Wesen und ihre Bestimmung. Und nicht nur bei uns auf Erden, sondern auch in der jenseitigen Welt wird sich, wenn dem Menschen ein Leben nach dem Tode beschieden ist, in dieser Hinsicht nichts ändern: „Das höchste Gut besteht für den Menschen darin, Tag für Tag Gespräche über die Tugend zu führen" (μέγιστον ἀγαθόν ὂν ἀνθρώπῳ τοῦτο, ἑκάστης ἡμέρας περὶ ἀρετῆς τοὺς λόγους ποιεῖσθαι. Plato, Apologie des Sokrates).

Sokrates' Weisheit bestand darin, daß das höchste Gut für den Menschen sei, über die Tugend nachzudenken und mit anderen über sie zu reden, das heißt, von den Früchten des Baumes der Erkenntnis des Guten und Bösen zu essen. Nicht umsonst hat Hegel im Zusammenhang mit Sokrates die biblische Legende vom Sündenfall in Erinnerung gebracht. Die Sünde erweist sich als Erbsünde: Sokrates ist eine Wiederholung Adams. In Hegels möglicherweise vorbedachter Auslegung finden sich alle Einzelheiten von Adams Sündenfall vor. Die Schlange ist durch den delphischen Gott vertreten, auch ist es nicht ohne Einmischung des Weibes abgegangen. Xanthippe paßte zwar nicht für die Rolle Evas, aber Pythia hat unsere Urmutter in würdiger Weise ersetzt: sie pflückte selber die Früchte vom Baum der Erkenntnis und überzeugte Sokrates, sie seien „das höchste Gut für den Menschen" (μέγιστον ἀγαθόν τῷ ἀνθρώπῳ), und folglich gäben sie, nicht aber die Früchte vom Baum des Lebens, dem Menschen das einzige, was ihm nottue. Wie nachdrücklich und beharrlich Hegel aber auch wiederholte, daß der Anfang des Wissens mit dem Mißtrauen in das Mißtrauen, mit dem Abfall von Gott und dem Glauben an die Schlange verbunden sei, so wurde doch das Wesen dessen, was die Früchte vom Baum der Erkenntnis dem Menschen brachten, in seiner Philosophie nicht mit der erwünschten Fülle und Klarheit aufgedeckt. Vielleicht wandte er sich deshalb so sorglos und fröhlich der Schlange zu, weil er nicht einmal ahnte, was dieser Verkehr mit sich bringen könnte. Die Erleuchtungen des Sokrates waren Hegel fremd und unverständlich. Selbst Heraklit, von dem er sagt, daß er sich dessen sämtliche philosophischen Ideen zu eigen gemacht habe, benötigte er nur zu äußerlichen Zwecken. Innerlich stand Hegel unter den Alten nur Aristoteles nahe, und ich meine nicht zu übertreiben, wenn ich sage, daß Hegels Philosophie in bedeutend höherem Grade vom Einfluß des Stagiriten als irgend eines anderen antiken Denkers bedingt ist. Aristoteles, der „bis zur Übertreibung gemäßigt" war (μέτριος εἰς ὑπερβολήν), der mit so unnachahmlicher Kunst rechtzeitig haltzumachen wußte und so tief überzeugt war, daß man die wahre, echte Wirklichkeit in den mittleren Zonen des Daseins suchen müsse, während die Randgebiete des Lebens für uns jeglichen Interesses entbehrten — Aristoteles war für

Hegel das Muster eines philosophierenden Geistes: die Vorsicht des Stagiriten erschien ihm als sicherste Bürgschaft dessen, was er für sein höchstes Ideal hielt — der strengen Wissenschaftlichkeit. Das Beste sei zwischen dem „Allzuviel" und dem „Allzuwenig" zu suchen. Ebendort sei auch die Wahrheit zu suchen. Abgeschlossenheit, lehrte Aristoteles, sei das Kennzeichen der Vollkommenheit*, und in dieser Lehre fand Hegel eine zuverlässige Zufluchtsstätte, in die er sich vor den Wogen der „schlechten Unendlichkeit" rettete, von denen die Menschen überflutet werden. Als Sokrates (es sei mir gestattet, mich wie Hegel an das biblische Vorbild zu halten) von der Schlange das „und werdet sein wie Gott" vernahm und, sich von Gott abwendend, von den Früchten des Baumes der Erkenntnis aß, — ging er bis zum Letzten: nur diese Früchte würden dem Menschen einen Lebensinhalt geben. Aristoteles hielt rechtzeitig inne. In seiner ganzen „Ethik" sind Bemerkungen wie die folgende verstreut: „Wer aber behauptet, ein Mensch auf der Folter... sei glückselig, wenn er nur ein tüchtiger Mensch sei, redet mit Willen oder wider Willen sinnloses Zeug" (οἱ δὲ τὸν τροχιζόμενον... εὐδαίμονα φάσκοντες εἶναι, ἐὰν ᾖ ἀγαθός, ἢ ἑκόντες ἢ ἄκοντες οὐδὲν λέγουσιν. Nik. Eth. 1153, b 20). Solche gleichsam nebenbei hingeworfenen Bemerkungen sind das Fundament, auf dem das ganze Gebäude der aristotelischen Ethik ruht, und sie richten sich natürlich gegen Sokrates, der durch die Ungezügeltheit seines Denkens wie auch seines Lebens ganz anderes bezeugt. Seine Überzeugung, daß einem guten Menschen nichts Schlimmes geschehen könne, wie auch sein fester Glaube, daß Wissen eine Tugend sei, — die vielen als Ausdruck eines naiven und gutmütigen Optimismus erschienen —, bargen in sich die grausamste und furchtbarste „Wahrheit", welche die menschliche Seele

---

* „Das Höchste und Beste aber trägt offenbar den Charakter des Abschließenden" (τὸ δ'ἄριστον τέλειόν τι φαίνεται. Nik. Eth. 1097, a 28).

jemals in sich annahm. Wenn die aus Sokrates hervorgegangenen Schulen feierlich erklärten, daß ein tugendhafter Mensch selbst im phalarischen Stier glückselig sein werde, drückten sie mit anderen Worten nur das gleiche aus, was das Pathos der sokratischen Ethik ausmachte. Und umgekehrt: wenn Aristoteles darauf bestand, daß zur Glückseligkeit die Tugend allein nicht genüge, sondern noch ein gewisses Mindestmaß an Lebensgütern erforderlich sei, so verteidigte er sich gegen Sokrates. Aristoteles konnte nicht zulassen, daß die Früchte vom Baum der Erkenntnis des Guten und Bösen den Menschen ins Innere des phalarischen Stiers hineintreiben und ihm jene Glückseligkeit bringen könnten, von der nicht nur die Stoiker, sondern auch die Epikureer sprachen und auf der die Ethik des letzten großen hellenischen Philosophen Plotin beruhte. Möge man unsere Töchter entehren, die Söhne töten, das Vaterland verheeren — das alles, lehrte Plotin (Enn. I, IV, 7, 8, 9), störe den Weisen nicht in seiner Glückseligkeit. Gerade darin bestehe der ganze Sinn und die Bedeutung der Ethik, daß ihr „Gutes" eigengesetzlich, autonom, das heißt gänzlich unabhängig sei von den „Dingen, die nicht in unserer Gewalt stehen" (res quae in nostra potestate non sunt). Eine Ethik, die sich fürchtet und sich darum, wie bei Aristoteles, vor dem phalarischen Stier verbirgt, entsagt ihrer Grundaufgabe. Sokrates sah dies, er wußte, was die Früchte vom Baum der Erkenntnis dem Menschen bringen, er hatte von ihnen gegessen, wie einstmals unser Urvater von ihnen gegessen hat, — für Aristoteles jedoch, ebenso wie in unserer Zeit für Hegel, waren diese Früchte nur „geistige Anschauung" (θεωρία), er betrachtete sie nur und ahnte darum nicht einmal, welches furchtbare Gift sie enthalten. Wenn man also schon von Naivität und Sorglosigkeit sprechen will, so sind sie nicht bei Sokrates, sondern bei jenen Menschen zu suchen, die „mit Willen oder wider Willen" (ἢ ἑκόντες ἢ ἄκοντες) Sokrates verrieten. Aristoteles verbarg sich durch sein Mindestmaß an Lebensgütern vor dem phalarischen Stier. Aber der phalarische Stier ist ja keine Erfindung, keine Phantasie, sondern Realität. Und das Wissen hat nicht nur kein Recht, ihn abzulehnen, das Wissen lehnt jeglichen Versuch ab, den phalarischen Stier über die Grenzen der Wirklichkeit hinauszuführen. Alles Wirkliche müsse als vernünftig gelten. Das sagte Hegel, das sagte zweitausend Jahre vor Hegel Aristoteles: „Alle Wesen haben von Natur etwas Göttliches" (πάντα γὰρ φύσει ἔχει τι θεῖον. N. Eth. 1153, b 32). Man kann also auch im phalarischen Stier Spuren des Göttlichen finden, und die Vernunft hat kein Recht, ihm ihren Segen zu versagen. Es ergibt sich, daß die Weisheit nicht Glückseligkeit (εὐδαιμονία), sondern etwas ganz anderes verschafft oder, besser gesagt, daß die von der Weisheit verheißene Glückseligkeit schlimmer ist als die furchtbarsten Übel, die den Sterblichen zuteil werden. Wie aber sollte man die Menschen mit einer Weisheit in Versuchung führen, die für sie den phalarischen Stier mitbringt? Aristoteles spürte mit dem Instinkt des praktischen Menschen, daß hier nicht alles in Ordnung sei, daß die sokratische Weisheit jene „Uneigennützigkeit" und „Selbstentäußerung", auf die seine Ethik rechnete, in der Welt nicht vorfinden werde. Die gleiche praktische Vernunft sagte Aristoteles ein, daß die übliche Verachtung der Philosophen gegen die Menge, gegen die „vielen" (οἱ πολλοί) geheuchelt sei. Die Philosophie kann nicht ohne die allgemeine Anerkennung auskommen, und in diesem Sinne hascht sie nach dem Wohlwollen gerade jener „vielen", die sie zu meiden vorgibt. Ist das aber so, — dann darf für den phalarischen Stier kein Platz in der Ethik sein. Die Ethik muß ein Mindestmaß an Lebensgütern zu ihrer Verfügung behalten. Ist ein solches Mindestmaß gesichert oder ist es zum mindesten gelungen, den Menschen beizubringen, daß alles maßlos Furchtbare und darum ewig Problematische weit genug von ihnen fortgeschoben sei, so daß es sie in keiner

Weise unmittelbar bedrohe, — dann erst kann man ruhig philosophieren. Dann kann man wohl auch von Sokrates seine Wahrheit übernehmen, daß Wissen und Tugend ein und dasselbe sei: sie würde allerdings einen anderen Sinn bekommen, als ihn ihr der weiseste aller Menschen verlieh, — aber das ist ja gerade erforderlich. Die Philosophie wird sich gleichzeitig als vera und optima, als die wahre und beste, erweisen, aber sie wird von den Menschen nicht Unmögliches zu verlangen brauchen. Für Aristoteles war es um so leichter, dem phalarischen Stier zu entgehen, da Sokrates selbst ihm gleichsam mit Vorbedacht eingesagt hatte, wie man das tun müsse und könne. Man sollte meinen, daß das Wissen, mit dem Sokrates die Menschheit zu bereichern versprach, sie zu einer ganz neuen, bisher niemandem bekannten Quelle hätte führen müssen, und daß dementsprechend das durch das Wissen offenbarte Gut nicht die geringste Ähnlichkeit mit dem Gut haben müßte, das die Menschen vor Sokrates erwarben. Aber, wie schon gesagt, holte Sokrates sich das Wissen wie auch das Gut gerade bei jenen Menschen, von denen er immer sagte, daß sie nichts wüßten, keinerlei Beziehung zum Gut hätten und nur, weil sie jegliche Scham vergessen hätten, sich mit ihrem Wissen brüsteten: er ging zu den Ärzten, Köchen, Zimmerleuten, Politikern usw. Die Historiker der Philosophie sind hierüber oftmals ratlos: Wie konnte nur der weiseste der Menschen das irdisch Nützliche mit dem sittlich Guten verwechseln! Und sie erblicken hierin eine Inkonsequenz, der selbst der größte Geist nicht entgehen könne. Aber es ist anzunehmen, daß, selbst wenn hier eine Inkonsequenz vorlag, sie doch wohl nur eine vorsätzliche gewesen sein mag. Sokrates hätte leicht auch selber in seinen Überlegungen den unzulässigen „Sprung in ein anderes Gebiet" (μετάβασις εἰς ἄλλο γένος) aufdecken können. Sicherlich hat er, wenn er ganz allein war, wenn er keine bekümmerten Schüler vor sich hatte, die eine Antwort auf alle Fragen von ihm erwarteten, und keine scharfsinnigen Gegner, welche die Quelle, aus der er seine Wahrheiten schöpfte, mit dem richtigen Namen zu nennen drohten — sicherlich hat Sokrates dann vortrefflich eingesehen, daß der „Nutzen", den die Ärzte und Zimmerleute schafften, nicht die geringste Ähnlichkeit hat mit dem „Gut", mit dem er die Welt zu beschenken berufen war. Gerade darin hat offenbar das „Geheimnis" des Sokrates bestanden, das er so sorgsam hinter seiner Ironie und seiner Dialektik verbarg: Gibt es keine Götter, so muß man also die Weisheit von der Schlange empfangen. Die Schlange jedoch hatte keine Macht über den Baum des Lebens, über die „Dinge, die nicht in unserer Gewalt stehen" (res quae in nostra potestate non sunt), ihrer Macht unterstand nur der Baum der Erkenntnis des Guten und des Bösen: In dem Augenblick, da die Götter die Welt verließen, verdeckte für den Menschen der Baum der Erkenntnis ein für allemal den Baum des Lebens.

5

Von Sokrates, der selber niemals schrieb, haben wir nur durch die Berichte seiner Schüler Plato und Xenophon wie auch durch Männer Kenntnis, die nach ihm lebten und uns aus zweiter Hand erhaltene Nachrichten über ihn vermittelten. Alles jedoch, was uns an Sokrates' Lehre unklar, strittig oder unausgeprägt erscheint, können wir nach Spinozas Werken ergänzen. Ich meine ohne Übertreibung sagen zu können, daß Sokrates in Spinoza eine Wiedergeburt erlebte, oder daß Spinoza sogar eine zweite Verkörperung des Sokrates gewesen ist. Von Schleiermacher, der nach einer Äußerung Diltheys der größte deutsche Theologe nach Luther gewesen ist, stammen die allgemein bekannten bemerkenswerten Worte über Spinoza: „Opfern wir ehrerbietig den Manen des heiligen, verstoßenen Spinoza..." In solchem

Tone sprachen die Alten von Sokrates: der größte der Menschen, der beste der Menschen, ein Gerechter, ein Heiliger. Wenn man sich heutzutage an ein Orakel wenden könnte, so würde es von Spinoza sagen, wie einst von Sokrates — er sei der weiseste der Menschen. Kierkegaard machte den Philosophen den Vorwurf, sie lebten nicht nach den Kategorien, in denen sie denken. An diesen Worten mag wohl etwas Wahres sein, — aber dieser Vorwurf kann sich jedenfalls nicht gegen Spinoza und auch nicht gegen Sokrates richten. Zeichnen sich doch beide gerade dadurch aus, daß sie nach den Kategorien lebten, in denen sie dachten, indem sie auf diese Weise, mit Spinoza zu reden, das Wunder der Verwandlung der „wahren Philosophie" (vera philosophia) in die „beste" (optima) vollbrachten, oder, nach Sokrates' Terminologie, das Wissen in Tugend verwandelten. Bei Sokrates führte die allgemeine und notwendige Wahrheit zum „höchsten Gut" (μέγιστον ἀγαθόν), bei Spinoza führte seine „dritte Erkenntnisgattung", die „anschauende Erkenntnis" (tertium genus cognitionis, cognitio intuitiva) zu seiner „geistigen Liebe zu Gott" (amor Dei intellectualis) und der mit ihr verknüpften höchsten „Glückseligkeit" (beatitudo). Aber es ist ein Fehler, die Grundidee Sokrates' und Spinozas, wie dies häufig geschieht, durch Berufungen auf ihren „Intellektualismus" abzutun, — so kann man sich ihrer zwar entledigen, aber nicht das Problem begreifen, welches das ganze Denken des weisesten der Menschen in seiner ersten und zweiten Verkörperung in Anspruch nahm. Hiervon zeugt die gesamte weitere Entwicklung der Philosophie. Die „Kritik der reinen Vernunft" beginnt mit den Worten: „Daß alle unsere Erkenntnis mit der Erfahrung anfange, daran ist kein Zweifel" (2. Ausg., Einleitung). Aber Kant fügt sogleich hinzu, die Erkenntnis entspringe „darum doch nicht eben alle a u s der Erfahrung". In der Tat enthält unsere Erkenntnis etwas, das wir nie in der Erfahrung finden werden, es gibt, wie

Hegel sagt, eine gewisse „Zutat" oder, wenn wir uns an Leibniz erinnern: „Es ist nichts im Verstand, was nicht in den Sinnen wäre, es sei denn der Verstand selbst" (nihil est in inellectu quod non fuerit in sensu, nisi intellectus ipse). Unser Wissen läuft gänzlich auf diese rätselhafte „Zutat" hinaus, und die Erfahrung spielt eigentlich für die Erkenntnis fast gar keine Rolle. Allerdings sind die nach Wissen Trachtenden schon immer daran interessiert gewesen, die Erkenntnis nicht von der Erfahrung loszureißen, und vertauschten darum oftmals die Erkenntnis gegen die Erfahrung. Kaum hat Aristoteles seine berühmt gewordenen Worte ausgesprochen: „Allgemein in der menschlichen Natur liegt der Trieb nach Erkenntnis" (πάντες ἄνθρωποι τοῦ εἰδέναι ὀρέγονται φύσει. Met. 980, a 21), so beeilt er sich auch schon, sofort hinzuzufügen: „Das zeigt sich schon in der Freude an der sinnlichen Wahrnehmung" (σημεῖον δ' ἡ τῶν αἰσθήσεων ἀγάπησις). Aber — die Erkenntnis, dies war Aristoteles gut bekannt, unterscheidet sich toto coelo von der sinnlichen Wahrnehmung. Wir erinnern uns, wie er beharrlich betonte, das Wissen sei ein Wissen um das Allgemeine und Notwendige, und die Wissenschaft strebe nur ein solches Wissen an. Man müßte sich daher folgendermaßen ausdrücken: Die Erkenntnis beginnt mit der Erfahrung und endet damit, daß sie die Erfahrung gänzlich ausschaltet. Die „Freude an den sinnlichen Wahrnehmungen" ist unangebracht und muß unangebracht sein bei der Erkenntnis, deren Aufgabe in der Loslösung vom sinnlich Gegebenen, in dessen Überwindung besteht. Das sinnlich Gegebene ist etwas ständig Entstehendes und Vergehendes, etwas nie Bleibendes, das heißt, etwas, dessen man sich nicht bemächtigen kann und von dem man sich losmachen muß oder über das man, wie die Philosophen sagen, sich erheben, sich emporschwingen muß. Hiervon ging Sokrates aus. Von der gleichen Art war auch Spinozas philosophische „Umkehr". Die Unbeständigkeit und Veränderlichkeit alles Irdischen, erzählt er uns selber in seinem „Tractatus de intellectus emmendatione", erfüllte seine Seele mit nie aufhörender Furcht und Besorgnis. Die Freude an den sinnlichen Wahrnehmungen, die, wie Aristoteles richtig schrieb, allen Menschen eigentümlich ist und die Spinoza an sich selber empfand — auf den ersten Blick eine anscheinend natürliche Eigenschaft des Menschen —, bedroht uns mit ungeheuren und zahllosen Nöten. Wie kann man sich an etwas binden, das einen Anfang hat und folglich auch ein Ende haben muß, und sich damit in eine ständige Abhängigkeit begeben? Je leidenschaftlicher wir an dem Vergänglichen hängen, desto unerträglicher und qualvoller wird der Schmerz der Trennung in dem Augenblick sein, da für den Gegenstand der Freude der Zeitpunkt kommen wird, in jenes Nichts zurückzukehren, aus dem er für einen kurzen Augenblick auftauchte. Die Freude an den sinnlichen Wahrnehmungen ist, obwohl allen Menschen eigentümlich, keine allgemeine Qualität und Kraft derselben, sondern ihr allgemeiner Mangel und ihre allgemeine Schwäche. Wenn Aristoteles sie dem Wissen gleichsetzte, so nur aus einem Mißverständnis, wenn auch einem vorsätzlichen. Aristoteles ging von Sokrates und Plato aus und betonte, wie wir wissen, stets, daß das Wissen ein allgemeines sei und daß, wenn alles auf die sinnlichen Wahrnehmungen (τὰ αἰσθητά) hinausliefe, es überhaupt kein Wissen geben würde. Der erste Schritt zum Wissen setze daher eine Art von Wiedergeburt des Menschen voraus: er sagt sich los von dem, was er liebte und woran er hing, und gibt sich etwas Neuem hin, das dem Gegenstand seiner früheren Liebe und Anhänglichkeit gar nicht ähnlich sieht. Hegel, der zwar die Bibel verachtete und sich darum nie Mühe gab, über den philosophischen Sinn der Legende vom Sündenfall nachzudenken, hatte dennoch mit seiner Behauptung recht, die Früchte vom Baum der Erkenntnis des Guten und des Bösen seien das, was man in der modernen Sprache die Vernunft nennt, die alles aus sich selbst schöpft, und was n a c h Sokrates zum Prinzip der Philosophie für alle nachfolgenden Zeiten geworden ist. Aber Hegel konnte sich nie entschließen, aus dieser These alle Schlüsse zu ziehen, die aus ihr folgen, und wie Spinoza zu erklären: „Ich ziehe also ohne Einschränkung den Schluß, daß weder die Schrift der Vernunft, noch die Vernunft der Schrift angepaßt werden darf" (absolute igitur concludimus, quod nec Scriptura rationi, nec ratio Scripturae accommodanda sit. Tract. Theol.-Polit., XV, 19 f.). Er hatte, ebenso wie Aristoteles, stets ein Sicherheitsventil, die Freude an den sinnlichen Wahrnehmungen, bereit, durch das er sämtliche allzu beunruhigenden Spannungen entweichen ließ. Darum hat er, ebenso wie Aristoteles, hinter der Weisheit des Sokrates nicht den phalarischen Stier gespürt. Darum auch ahnte er nicht, daß in den Worten des biblischen Gottes so eine Wahrheit verborgen sein könnte, das heißt, daß das Wissen dem Menschen die Freude am Leben vergällen und ihn durch widerwärtige und furchtbare Prüfungen an die Schwelle des Nichtseins führen werde. Warum für Aristoteles und Hegel verborgen blieb, was sich dem Sokrates und Spinoza offenbarte — erlaube ich mir nicht zu sagen. Aber alles spricht dafür, daß weder Aristoteles noch Hegel aus der Sokratisch-Spinozaischen Erleuchtung etwas gelernt haben.

Nach den auf uns gekommenen Unterlagen läßt sich schwer sagen, in welcher Weise Sokrates das Problem der Willensfreiheit löste. Spinoza jedoch wußte genau, daß die Willensfreiheit den Menschen ebenso versagt ist wie den unbelebten Dingen: Besäße der Stein Bewußtsein, so wäre er überzeugt, daß er ganz frei zu Boden falle (se liberrimum esse). In dem gleichen Brief (LVIII), wo Spinoza dies sagt, erklärt er weiter unten: „Ich wenigstens muß, wenn ich nicht mit meinem Bewußtsein, das heißt, mit meiner Vernunft und Erfahrung, in Widerspruch geraten und mich von Vorurteilen und Unwissenheit einnehmen lassen will, entschieden bestreiten, daß ich vermöge einer absoluten Macht des Denkens denken kann, ich wolle schreiben oder nicht schreiben" (Ego sane, ne meae conscientiae, hoc est, ne rationi, et experientiae contradicam, et ne praejudicia et ignorantiam foveam, nego, me ulla absoluta cogitandi potentia cogitare posse, quod vellem, et quod non vellem scribere). Damit kein Zweifel über den Sinn des Gesagten aufkomme, erläutert er gleich darauf: „Ich berufe mich aber auf sein eigenes Bewußtsein, da er zweifellos selbst die Erfahrung gemacht hat, daß er im Schlafe nicht die Macht hat, zu denken, er wolle schreiben oder nicht schreiben, und daß, wenn er träumt, er wolle schreiben, er nicht die Macht hat, zu träumen, er wolle nicht schreiben" (Sed ipsius conscientiam appello, qui sine dubio expertus est, se in somnis non habere potestatem cogitandi, quod vellet et quod non vellet scribere; nec cum somniat se velle scribere, potestatem habet, non somniandi se velle scribere). Wie sind diese rätselhaften Worte zu verstehen? Dem „nüchternen" Spinoza sollte es doch wohl am allerwenigsten anstehen, in den Traumgesichten eine Erklärung dessen zu suchen, was im Wachzustand geschieht. Niemand wird leugnen, daß der Schlaf dem Willen des Menschen Fesseln anlegt. Aber auf den Schlaf folgt das Erwachen, das gerade darin besteht, daß der Mensch die seine Freiheit fesselnden Bande sprengt. Oftmals haben wir noch vor dem Erwachen das Gefühl, daß alles, was mit uns geschieht, keine echte Wirklichkeit, sondern eine Traumwirklichkeit sei, die wir unter einiger Anstrengung abschütteln könnten. Gewiß, wenn der schlafende Mensch jene Fähigkeit des klaren und deutlichen, widerspruchslosen Denkens bewahrte, über die wir so viel von Spinoza selbst wie auch von seinem Lehrer Descartes hörten, so müßte er sich sagen, daß seine Idee, er schlafe, und seine Wirklichkeit sei eine Traumwirklichkeit, einen inneren Widerspruch enthalte und darum als falsch zu betrachten sei:

erscheint es ihm doch im Schlaf, daß er schlafe. Zudem fühlt sich der schlafende Mensch ebenso wie der wache, allgemein gesprochen, nicht gebunden und nicht in irgend einem Sinne der Freiheit beraubt: im Gegenteil, im Schlaf haben wir ebensowenig wie im Wachzustand den Verdacht, uns in der Gewalt einer fremden, uns bezaubernden Macht zu befinden. Ein Verdacht taucht erst dann auf oder beginnt aufzutauchen, sobald wir zu fühlen anfangen, daß die Macht, die über uns Gewalt bekommen hat, uns feindlich gesinnt ist, sobald der Traum sich in einen Alp verwandelt. Dann erst kommt uns der törichte und sinnlose Gedanke — alles Sinnlose und Törichte ist ja doch an dem Merkmal zu erkennen, daß es einen inneren Widerspruch enthält —, diese Wirklichkeit sei nicht die echte Wirklichkeit, sondern bloß ein Traumgesicht, eine Täuschung, eine Illusion. Gleichzeitig hiermit erhebt sich vor uns das Dilemma: Was sollen wir wählen — die Wirklichkeit des Alptraums oder die unsinnige Annahme? Die Wirklichkeit des Alptraums verletzt unser ganzes Wesen, die unsinnige Annahme beleidigt die Majestät der Vernunft. Um die Wahl kommt man nicht herum, denn trifft man sie nicht selber, so wird irgend was oder irgend wer für einen wählen. Im Schlaf wählt der Mensch bekanntlich das zweite: Angesichts der Schrecken des Alptraums verliert die Angst, die Majestät der Vernunft zu verletzen, die Macht über uns — wir erwachen. Im Wachzustand gilt eine andere „Ordnung". Wir nehmen alles auf uns, so abscheulich, schmählich und furchtbar auch immer uns das erscheinen mag, was wir auf uns zu nehmen haben, um nur ja nicht die Vernunft und das über sie wachende „Gesetz" des Widerspruchs zu beleidigen. Denn: „Welchen Altar kann der sich bauen, der die Majestät der Vernunft beleidigt?" (Quam aram sibi parare potest, qui Rationis majestatem laedit?), wie Spinoza, der dem Menschen die Willensfreiheit absprach, in seinem „Theologisch-politischen

Traktat" schrieb. Oder kam Nikolaus von Cues der Wahrheit näher, der behauptete, Gott lebe „hinter der Mauer der Koinzidenz der Gegensätze" (intra murum coincidentiae oppositorum) und diese Mauer „bewache der Engel, der aufgestellt ist am Eingang des Paradieses" (custodit angelus in ingressu paradisi constitutus)? Allerdings, den Engel zu vertreiben steht dem Menschen offenbar nicht zu, und außerdem wird nicht nur der ungläubige Spinoza, sondern in noch höherem Maße ein gläubiger Mensch schon allein bei dem Gedanken erbeben, daß er seine Hand erheben solle gegen den von Gott selber am Eingang des Paradieses aufgestellten Wächter. Denn: Welchen Altar kann der sich erbauen, der das göttliche Gebot übertreten? Von einer „freien" Entscheidung kann offensichtlich gar keine Rede sein. Der Übergang vom Alptraum zur wohltuenden Wirklichkeit ist dem Menschen nicht untersagt, aber von dem Alptraum der Wirklichkeit zu dem hinter der Mauer der Widersprüche weilenden Schöpfer zu fliehen, ist dem Sterblichen nicht beschieden: hier setzt Gott selber unserer Freiheit eine Schranke. Spinoza hätte natürlich die Formulierung des Nikolaus von Cues nicht gebilligt: für ihn wären sowohl der Gott des Cusaners wie auch sein Paradies und sein von Gott als Wächter der Paradiespforte aufgestellter Engel nichts als Bilder eines naiven Menschen gewesen, der sich von den durch die Tradition eingepflanzten Vorurteilen noch nicht losgemacht hat. Aber der Gedanke des Cusaners spiegelt das Pathos der Philosophie Spinozas vielleicht vollständiger wider als seine eigenen Worte: „Welchen Altar kann der sich bauen..." Und dann — das „welchen Altar kann der sich bauen" ist ja doch auch ein Bild, das die Spuren der gleichen Traditionen aufzeigt, die Nikolaus von Cues seine Vorstellung des die Paradiespforte bewachenden Engels eingaben. Und hauptsächlich sind sowohl Spinoza als auch Nikolaus von Cues unerschütterlich davon „überzeugt", daß es dem Sterblichen versagt sei, die vom „Gesetz" des Widerspruchs errichteten Schranken zu überwinden. Folglich gibt es keine Rettung und kann es keine Rettung geben vor dem Alptraum der Wirklichkeit. Der Philosoph ist gezwungen, die Wirklichkeit hinzunehmen, wie alle sie hinnehmen, angesichts der Wirklichkeit ist der Philosoph ebenso hilflos wie der gewöhnliche Mensch; das einzige, was die Philosophie tun kann und daher auch tun muß, besteht darin, die Menschen zu belehren, wie sie in dieser Alptraum-Wirklichkeit zu leben haben, aus der man bereits nirgendhin erwachen kann. Dies bedeutet: die Aufgabe der Philosophie ist nicht die Wahrheit, sondern die Belehrung, anders ausgedrückt: nicht die Früchte vom Baum des Lebens, sondern die Früchte vom Baum der Erkenntnis des Guten und des Bösen. So faßte im Altertum Sokrates die Aufgabe der Philosophie auf, ebenso dachte in der Neuzeit Spinoza. Wir haben schon genügend aus Sokrates' Munde hierüber gehört, — lauschen wir jetzt Spinoza, der uns das ergänzen wird, worüber Sokrates zu sprechen begonnen hatte. Seine Hauptaufgabe erblickte Spinoza darin, die alte Gottesvorstellung aus der Seele des Menschen auszurotten. Solange sie sich noch halte, lebten wir nicht im Licht der Wahrheit, sondern in der Finsternis der Lüge. Alle Vorurteile, schreibt Spinoza, „hängen von dem einen ab, daß nämlich die Menschen gemeiniglich annehmen, alle Dinge in der Natur handelten, wie sie selber, um eines Zweckes willen, und sogar als gewiß behaupten, daß Gott selbst alles auf einen bestimmten Zweck hinleite — sagen sie doch, Gott habe alles um des Menschen willen gemacht, den Menschen aber, damit dieser ihn verehre" (pendent ab hoc uno, quod scilicet communiter supponant homines, omnes res naturales, ut ipsos, propter finem agere, imo ipsum Deum omnia ad certum aliquem finem dirigere, pro certum statuant: dicunt enim, Deum omnia propter hominem fecisse, hominem autem, ut ipsum coleret. Eth. I, App.). Alle Vorurteile haben die Überzeugung zur Quelle, daß Gott sich Ziele und Aufgaben setze. In Wirklichkeit aber hat „Gott... kein Prinzip oder keinen Zweck des Handelns" (Deus... agendi principium, vel finem, habet nullum. Eth. IV, Praef.). Wenn man derartiges hört, erhebt sich vor allem die Frage: Hat Spinoza recht oder unrecht, wissen in der Tat die Menschen, welche annehmen, daß Gott sich gewisse Zwecke und Aufgaben setze, die Wahrheit, während jene, welche annehmen, daß Gott jegliche Zwecke und Aufgaben fernliegen, die Wahrheit nicht wissen — oder verhält es sich umgekehrt? Das ist, wie gesagt, die erste Frage, die gleichsam ganz von selbst oder natürlich in uns entsteht. Offenbar aber haben wir uns, in Zusammenhang mit dem, was wir schon von Spinoza hörten, vor dieser Frage noch eine andere zu stellen: Steht es dem Menschen frei, diese oder jene Antwort zu wählen, wenn davon die Rede ist, daß Gott sich Zwecke setze oder nicht setze, oder liegt die Antwort schon fertig vor, ehe noch der Mensch zu fragen beginnt, ja sogar ehe noch der fragende Mensch aus dem Nichtsein ins Sein fällt? Wir erinnern uns, daß Spinoza uns offen gestand, es stehe ihm nicht frei, zu schreiben oder nicht zu schreiben. Steht es ihm nun frei, zwischen dieser oder jener Entscheidung über eine sich vor ihm erhebende Frage zu wählen? Hundert Jahre nach Spinoza hat Kant sich in der gleichen Schlinge verfangen. Die Metaphysik, erklärte er, habe zu entscheiden, ob Gott existiere, ob die Seele unsterblich, der Wille frei sei. Aber wenn der Wille nicht frei ist oder wenn die Willensfreiheit unter Zweifel steht (das ist im Grunde ein und dasselbe), so ist es dem Menschen versagt, zu wählen, wenn von Gott und der Unsterblichkeit der Seele die Rede ist. Irgend etwas hat für ihn und ohne ihn die Entscheidung über Gott und die Unsterblichkeit getroffen: So wird er, ob er nun will oder nicht will, von vornherein verurteilt sein, das hinzunehmen, was ihm vorgesetzt werden wird.

6

Die Frage der Willensfreiheit ist gewöhnlich mit den ethischen Fragen verknüpft worden. Wie aber schon teilweise aus dem im vorhergehenden Kapitel Gesagten hervorgeht, ist sie viel enger mit dem Erkenntnisproblem verknüpft. Genauer ausgedrückt: die Willensfreiheit einerseits und unsere Ideen von Gut und Böse andrerseits sind so sehr mit unseren Vorstellungen vom Wesen der Erkenntnis verwachsen, daß die Versuche, diese Probleme außerhalb ihres Zusammenhanges zu behandeln, unvermeidlich zu einseitigen oder sogar falschen Schlüssen führen. Als Leibniz mit Zuversichtlichkeit behauptete, ein Mensch mit gefesselten Händen könne dennoch frei sein, hatte seine Zuversichtlichkeit die Überzeugung zur Grundlage, daß es dem Wissen gegeben sei, die Frage zu beantworten, ob unser Wille frei sei, und daß wir die uns vom Wissen verschaffte Antwort als letzte und endgültige, keiner Revision in irgend einer höheren Instanz unterliegende Antwort würden hinnehmen müssen. Das war auch Spinozas Überzeugung. Aber das „Wissen" sagte Spinoza etwas ganz anderes als Leibniz ein. Leibniz „erkannte", daß unser Wille frei sei, Spinoza — daß er nicht frei sei. Der berühmte Streit zwischen Erasmus von Rotterdam und Luther lief auf das gleiche hinaus. Erasmus schrieb die „Diatribae de libero arbitrio", Luther antwortete ihm mit seinem „De servo arbitrio". Wenn wir uns nun fragen, wieso es kam, daß Erasmus und Leibniz erkannten, der Wille sei frei, während Spinoza und Luther erkannten, der Wille sei nicht frei, so geraten wir in eine sehr schwierige Lage, aus der man auf die übliche Weise, das heißt, durch Nachprüfung der von ihnen vorgebrachten Argumente, niemals herauskommen kann. Es besteht kein Zweifel, daß beide streitenden Parteien in gleicher Weise aufrichtig sind, das heißt, von ihrer inneren Erfahrung wahrheitsgemäß Zeugnis ablegen. Wie aber soll man erkennen, welche Erfahrung von der Wahrheit zeugt? Die Frage wird noch verwickelter, wenn man sich daran erinnert, daß nicht nur verschiedene Menschen, sondern auch ein und derselbe Mensch sich bald frei, bald unfrei vorkommen. Ein Beispiel hierfür ist wiederum Spinoza: als er noch jünger war, vertrat er die Willensfreiheit, als er aber älter wurde, leugnete er sie. La liberté est un mystère, sagte Malebranche, und wie alles, was das Siegel des Geheimnisses trägt, birgt die Freiheit einen inneren Widerspruch in sich; alle Versuche, sich von diesem Widerspruch zu befreien, nehmen immer wieder das gleiche Ende: man entledigt sich nicht des Widerspruches, sondern des gestellten Problems. Brauchte man Spinoza hierüber Vorstellungen zu machen? Ein zwischen zwei gleichentfernte Heubündel gestellter Esel, sagt er, wird eher verhungern als sich einem von ihnen zuwenden, wenn ihm nicht eine fremde Macht einen Antrieb gäbe. Der Mensch befindet sich ganz in der gleichen Lage: er wird seinem Untergang entgegengehen, wird wissen, daß seiner der Untergang harrt, aber selbst das Bewußtsein der größten Gefahr wird ihn nicht aus jener Lethargie erwecken, zu der er durch die seit Ewigkeiten bestehende und für alle Ewigkeiten unveränderliche „Ordnung und Verknüpfung der Dinge" (ordo et connexio rerum) verurteilt ist, — so wie der von einer Brillenschlange gebannte Vogel sich mit Entsetzen und Verzweiflung von selbst in den Rachen des Ungeheuers stürzt. Übersetzt man Spinozas Gedanken in eine einfachere Sprache, so wird sich der Sinn seiner Erörterungen im wesentlichen damit übereinstimmend erweisen, was Luther zu Erasmus sagte: der Mensch sei von Natur frei, aber seine Freiheit sei durch irgend wen oder irgend was gelähmt. Daher auch der rätselhafte — so bedrückende und qualvolle — Widerspruch: der Mensch, der mehr als sonst wer in der Welt um seine Freiheit besorgt ist, fühlt, daß ihm die Freiheit genommen ist, und sieht keine Möglichkeit, sie zurückzuerlangen. Alles, was er tut, alles, was er unternimmt, befreit ihn nicht nur nicht, sondern macht ihn noch unfreier. Er bewegt sich und schreibt und denkt und vervollkommnet sich auf jede Weise, aber je mehr er sich anstrengt, je mehr er sich vervollkommnet und nachdenkt, desto mehr überzeugt er sich von seiner vollkommenen Unfähigkeit, auch nur irgend etwas an seinen Existenzbedingungen mit eigenen Kräften und aus eigenem Antrieb zu ändern. Am allermeisten jedoch lähmt und schwächt seinen Willen das Denken, das heißt, gerade das, woran die Menschen gewöhnlich alle ihre Hoffnungen auf Befreiung knüpften. Solange er nicht „dachte", meinte er, „Gott leite alles auf einen bestimmten Zweck hin" (Deum ad certum finem aliquem omnia dirigere). Kaum aber begann er zu denken, so überzeugte er sich auch schon, daß dies ein Vorurteil, eine Verirrung sei, geboren aus dieser Willensfreiheit, nach der er so leidenschaftlich lechzt und die vielleicht auch einmal über die Macht verfügte, unsere Wünsche zu verwirklichen, jetzt aber, geschwächt und hilflos, den Menschen nur quälen könne, indem sie ihn an die für ewig ins Nichts versunkene Vergangenheit erinnert. Als sie noch sie selber war, flößte sie dem Menschen die Überzeugung ein, daß große und bedeutsame Zwecke in der Welt zur Verwirklichung gelangten, daß es das Gute, das Böse, das Schöne, das Häßliche usw. gebe. Aber das „Wissen" entwaffnete den Willen und beraubte ihn des Rechts der entscheidenden Stimme, sobald es sich um die Wahrheit und das Sein handelt. Gott setzt sich keinen Zweck: der Wille und der Verstand Gottes haben mit dem Willen und dem Verstand des Menschen ebensowenig gemein, wie das Sternbild des Hundes mit dem bellenden Tier Hund. Wenden wir unsere Blicke dem idealen Wissen, der Mathematik zu, so werden wir erkennen, wo die Wahrheit zu finden ist und wie man sie findet. Wir werden uns dann überzeugen, daß die Wahrheit ein Ding für sich und das „Beste" ein Ding für sich ist. Für Gott gibt es kein Bestes, und jene, die „behaupten, Gott tue alles in Hinblick auf das Gute" (statuunt, Deum omnia ratione boni agere. Eth. I, 33, Anm.), befinden sich noch mehr in Verirrung als jene, die annehmen, daß „alles von seinem (Gottes) Gutdünken abhängt" (ab ipsius [Dei] beneplacito omnia pendere). Über allem thront die Notwendigkeit, „daß Gott nicht aus der Freiheit des Willens handelt" (Deum non operari ex libertate voluntatis. Eth. I, 32). Unermüdlich wiederholt Spinoza, die Notwendigkeit sei das Wesen und die Grundlage des Seins: „Die Dinge konnten auf keine andere Weise und in keiner anderen Ordnung von Gott hervorgebracht werden, als sie hervorgebracht sind" (Res nullo alio modo vel ordine a Deo produci potuerunt quam productae sunt. Eth. I, 33). Für ihn ist das „unter einer Art der Ewigkeit" (sub specie aeternitatis) gleichbedeutend mit dem „unter einer Art der Notwendigkeit" (sub specie necessitatis). Wohl kaum läßt sich in der ganzen Geschichte des Denkens ein zweiter Philosoph finden, der mit solcher Beharrlichkeit und Leidenschaftlichkeit den Gedanken von der Allmacht der Notwendigkeit entwickelt hätte. Dabei versichert er uns, seine Lehrsätze „sonnenklar" (luce meridiana clarius) „bewiesen" zu haben. Daß er die Überzeugung, die sich des menschlichen Geistes bemächtigt hat, „sonnenklar" aufgezeigt hat — das kann nicht bestritten werden, aber kann denn das als Beweis gelten? Wenn er einerseits behauptet: „Gott handelt allein nach den Gesetzen seiner Natur und von niemandem gezwungen" (Deus ex solis suae naturae legibus et a nemine coactus agit. Eth. I, 17), und andrerseits gegen jene wettert, die zulassen, daß Gott „in Hinblick auf das Gute" (sub ratione boni) handeln könne, so erhebt sich natürlich die Frage: Woher konnte er erfahren, ob dieses „in Hinblick auf das Gute" nicht eines und vielleicht das höchste sei „der

Gesetze seiner (das heißt Gottes) Natur" (leges suae, scilicet Dei, naturae)? Gut noch, wenn Spinoza behauptet hätte, Gott stehe außerhalb oder jenseits aller Gesetze. Aber eine solche Annahme lag Spinoza ferner als sonst etwas. Auf alles, was man nur will, kann das menschliche Denken verzichten, — aber von der Idee des Gesetzesgehorsams würde es um keinen Preis weder das höchste, noch das niederste Sein, weder ein Geschöpf, noch den Schöpfer entbinden. Dementsprechend ist es Spinoza, wenn er auch behauptet, „wenn die Menschen frei geboren würden, würden sie keinen Begriff vom Guten und Schlechten bilden" (si homines liberi nascerentur, nullum boni et mali formarent conceptum. Eth. IV, 68), ebensowenig gegeben, das Ideal des jenseits von Gut und Böse stehenden Menschen wie das Ideal der Freiheit zu verwirklichen. Der Schluß des vierten Teils und der ganze fünfte Teil seiner „Ethik" bezeugen dies: Der Mensch, den Spinoza als frei bezeichnet, ist nicht im geringsten frei, und die Glückseligkeit, die der Welt durch die Philosophie verschafft wird, besteht und beruht ausschließlich in der Unterscheidung des Guten vom Bösen. Wenn wir den Sinn der Sokratischen Lehre enträtseln wollen, daß das Wissen mit der Tugend gleichzusetzen sei und daß einem guten Menschen nichts Schlechtes geschehen könne, so müssen wir uns nicht an die Historiker wenden, die nur die Oberfläche des weisesten der Menschen entlarven, sondern wir müssen uns an Spinoza halten, der zweitausend Jahre später sich von neuem entschloß, die Sokratische Problematik auf sich zu nehmen. Sogar Sokrates' Ironie ist bei ihm erhalten geblieben — nur verborgen hinter dem „nach geometrischer Methode" (more geometrico). In der Tat — ist nicht die mathematische Methode eine Ironie im Munde eines Mannes, der behauptet: „Das höchste Gut der Seele ist die Erkenntnis Gottes" (summum mentis bonum est Dei cognitio) und: „Die höchste Tugend der Seele ist Gott erkennen" (summa mentis virtus Deum cognoscere. Eth. IV, 28)? Wann hätte sich die Mathematik je für solche Dinge wie das „höchste Gut" oder die „höchste Tugend" interessiert? Und wie kam es, daß Gott, der sich verpflichtet hat, „nicht in Hinblick auf das Gute zu handeln" (non agere sub ratione boni), dennoch das „höchste Gut" brachte? Es ist klar, daß Spinozas „höchstes Gut" von besonderer Art war. Wie Sokrates, hat er die Früchte vom Baum der Erkenntnis gepflückt, die sich bei ihm zum Prinzip der Philosophie für alle folgenden Zeiten verwandelten. Sein „höchstes Gut" und seine „Glückseligkeiten" haben ebenso wie die „Glückseligkeit" (εὐδαιμονία) und das „höchste Gut" (μέγιστον ἀγαθόν) des Sokrates weder mit der Glückseligkeit noch mit dem Guten irgend etwas gemein. Darum verlangt er so beharrlich von den Menschen, daß sie auf das Schöne, das Gute, auf alle „Zwecke", Wünsche und Triebe verzichten sollen. Nur dann würden sie jene „Zufriedenheit mit sich selber" (acquiescentia in se ipso) erlangen, die uns das „Verstehen" (intelligere) verschafft, und „werden sein wie Gott, und wissen, was gut und böse ist". Alle Liebe muß durch eine einzige — die „Liebe zum Ewigen und Unendlichen" — ersetzt werden, die nichts anderes sei als die „geistige Liebe zu Gott" (amor Dei intellectualis), von der es heißt: „Sie entspringt notwendig aus der dritten Gattung der Erkenntnis" (necessario oritur ex tertio genere cognitionis). Der beste Teil des Menschen ist seine „Seele" (mens), seine „Vernunft" (ratio), sein „Verstand" (intellectus), von diesen jedoch weiß Spinoza genau: „Die menschliche Seele ist ewig" (mentem esse aeternam), „die menschliche Seele kann mit dem Körper nicht völlig zerstört werden" (mens humana non potest cum corpore absolute destrui) und „wir empfinden und erfahren, daß wir ewig sind" (sentimus experimurque nos aeternos esse). Bei eiligem Lesen könnte man den Eindruck bekommen, Spinoza widerspräche sich selbst, wenn er einerseits behauptet: „Eigentlich zu reden, liebt oder haßt Gott niemanden" (Deus proprie loquendo neminem amat, neque odio habet. Eth. V, 17), und andrerseits verkündet: „Hieraus folgt, daß Gott, sofern er sich selbst liebt, die Menschen liebt, und folglich, daß die Liebe Gottes zu den Menschen und die geistige Liebe der Seele zu Gott ein und dasselbe sind" (hinc sequitur, quod Deus, quatenus se ipsum amat, homines amat et consequenter, quod amor Dei erga homines, et mentis erga Deum Amor intellectualis unum et idem est. Eth. V, 36). Aber hier liegt kein Widerspruch vor: der Gott Spinozas „kennt keine Leidenschaften" (expers est passionum) — Freuden und Leiden sind ihm fremd, und das Wort „Liebe" hat im ersten Fall eine ganz andere Bedeutung als im letzten. Hier nun offenbart sich mit besonderer Deutlichkeit die geistige Verwandtschaft zwischen Sokrates und Spinoza. Beide hatten sie sich nach dem Vorbild des ersten Menschen verlocken lassen von den Verheißungen des Verführers: „Und werdet sein wie Gott, und wissen, was gut und böse ist"; beide vertauschten sie nach dem Vorbild des ersten Menschen die Früchte vom Baum des Lebens gegen die Früchte vom Baum der Erkenntnis des Guten und des Bösen, das heißt, die „Dinge, die nicht in unserer Gewalt liegen", gegen das, was in unserer Macht steht. Ob sie ihren Entschluß „frei" faßten, oder ob sie, wie die Bibel erzählt, sich der Macht irgend welcher für unseren Verstand unfaßbarer Bezauberungen fügten, — davon wird noch die Rede sein. Aber eines unterliegt keinem Zweifel: Indem die Menschen die Hand nach dem Baum der Erkenntnis ausstreckten, büßten sie für immer die Freiheit ein. Oder, anders gesagt: Es blieb ihnen wohl Freiheit, jedoch nur die Freiheit, zwischen „gut" und „böse" zu wählen. Nicht umsonst versah Spinoza, der die Freiheit nicht anerkannte, die zwei letzten Teile seiner „Ethik" mit den Überschriften: „De libertate humana" („Von der menschlichen Freiheit") und „De servitute humana" („Von der menschlichen Knechtschaft"). Auch hierin liegt kein Widerspruch, sondern im Gegenteil ein tiefer innerer Zusammenhang und eine große metaphysische Wahrheit. Die Menschen haben offenbar gänzlich vergessen, daß ihnen in einer fernen, vielleicht mythischen Zeit ihres Daseins die Möglichkeit gegeben gewesen war, zu wählen nicht zwischen gut und böse, sondern, ob das Böse sein solle oder nicht. Sie haben es so gründlich vergessen, daß jedermann überzeugt ist, es habe eine solche Freiheit niemals gegeben und nie geben können, nicht nur für sie, sondern für kein einziges Wesen, nicht einmal für das höchste. In seinem ausgezeichneten Artikel über das Wesen der menschlichen Freiheit, der zweifellos vom vierten und fünften Teil der „Ethik" Spinozas inspiriert war, zeugt Schelling mit rührender Offenheit hiervon: „Der reale und der lebendige Begriff aber ist, daß sie (die Freiheit) ein Vermögen des Guten und des Bösen sei. Dies ist der Punkt der tiefsten Schwierigkeit in der ganzen Lehre von der Freiheit, die von jeher empfunden war". In der Tat: nach unserer Auffassung ist die Freiheit eine Freiheit des Wählens zwischen dem Guten und dem Bösen: wenn wir wollen — wählen wir das Gute; wenn wir wollen — wählen wir das Böse. Aber es hätte doch auch sein können, daß das Böse überhaupt nicht in der Welt wäre. Von wo ist es hergekommen? Und ist nicht die Notwendigkeit und Fähigkeit, zwischen dem Guten und dem Bösen zu wählen, vielleicht gar keine Freiheit, wie Spinoza denkt, und wie nach Spinoza Schelling und wir alle meinen, sondern ein Merkmal des Fehlens, des Verlustes der Freiheit? Das freie Wesen hat das souveräne Recht, allen Dingen ihre eigenen Namen zu geben, und wie es sie benennt, so werden sie auch heißen. Der freie Mensch hätte dem Bösen den Eintritt in die Welt verwehren können, jetzt aber kann er nur „wählen" zwischen dem Bösen, das nicht seiner Macht untersteht, und dem Guten, das ebenfalls nicht in seiner Gewalt ist. Aber schon für Sokrates war es die selbstevidenteste Wahrheit gewesen, daß der Mensch niemals eine solche Macht und solche Möglichkeiten gehabt habe. Die Namen wurden den Dingen nicht vom Menschen verliehen und nicht einmal von dem Wesen, nach dessen Ebenbild der Mensch geschaffen wurde, und das Böse gelangte in die Welt, ohne irgend wen zu fragen. In seiner ersten Verkörperung hat Sokrates nicht einmal den Versuch gemacht, gegen diese Selbstevidenz zu kämpfen, oder er hat zum mindesten nichts von seinen Bemühungen erzählt, — vielleicht deshalb, weil sie immer mit schmählichen Mißerfolgen endeten. Aber in seiner zweiten Verkörperung, das heißt, als er den Menschen bereits in der Gestalt Spinozas erschien, war er etwas offenherziger. Da hat er uns doch noch einiges von seinen ergebnislosen Kämpfen berichtet und hat uns, wie wir uns erinnern, gestanden, daß seine Lage, das heißt die Lage eines Menschen, „der sich nur von der Vernunft leiten läßt" (qui sola ratione ducitur), nicht besser sei als die Lage von Buridans Esel, der zwischen zwei Heubündeln verhungert. Dem jungen Spinoza erschien das ganz unerträglich. In den „Cogitata metaphysica" (II, 12, § 10) erklärte er noch: dari voluntatem und fügte hinzu, wenn wir k e i n e Freiheit hätten, „wäre der Mensch nicht für ein denkendes Ding, sondern für den schandbarsten Esel zu halten" (homo non pro re cogitante, sed pro asino turpissimo erit habendus). Aber, wie ein russisches Sprichwort besagt: Die steilen Berge haben das Pferdchen lahm gemacht. Es vergehen Jahre, und Spinoza gelangt mit einem Entsetzen, von dem die erste Seite seiner „Abhandlung über die Verbesserung des Verstandes" („Tractatus de intellectus emmendatione") zeugt, zu der Überzeugung, es bestehe kein Unterschied zwischen dem Menschen und Buridans Esel: sie seien in gleicher Weise unfrei, ihr Wille sei in der gleichen Weise gelähmt. Die Wahl sei für sie schon längst und endgültig getroffen: „Gott hat kein Prinzip oder keinen Zweck des Handelns" (Deus agendi pricipium vel finem habet nullum). Das ist die Wirklichkeit — die letzte und endgültige. Der Philosoph vermag an ihr ebensowenig zu ändern wie der Durchschnittsmensch und wie „der Esel, das schandbarste Tier" (asinus, animal turpissimum): sie ist „ein Ding, außerhalb unserer Macht gelegen" (res quae in nostra potestate non est). Dem Philosophen stehen nur die „Lehren" (die docet's) zur Verfügung: „mit Gleichmut zu ertragen" (aequo animo ferre), was uns das Schicksal beschieden hat. Und hiermit hat sich der Mensch zu begnügen: „Die Glückseligkeit ist nicht der Lohn der Tugend, sondern die Tugend selbst."

7

Die Idee des Finalismus, die Idee des allmächtigen Gottes, der den Menschen geschaffen und ihm seinen Segen erteilt hat, beseelt die Heilige Schrift. Aber schon das Mittelalter versöhnte sich nur schwer mit der Logik der Bibel, die auf Schritt und Tritt die Gepflogenheiten des vernünftigen menschlichen Denkens beleidigt. Es wird wohl kaum übertrieben sein, wenn ich sage, daß die Scholastiker, die Aristoteles zum Herrscher und Fürsten auf allen Gebieten der Theologie berufen hatten, von sich das dachten, was später Spinoza laut aussprach: „Gott wollte den Israeliten nicht schlechthin die Attribute seines Wesens lehren, er wollte vielmehr ihren halsstarrigen Sinn brechen und sie zum Gehorsam zwingen. Darum hat er nicht mit Gründen, sondern durch das Schmettern der Trompeten, durch Donner und Blitz auf sie gewirkt" (Deus non volebat Israëlitas suae essentiae absoluta attributa docere, sed eorum animum contumacem frangere et ad obedientiam trahere; ideoque non rationibus, sed turbarum strepitu, tonitru et fulminibus eosdem adorsus est. Tract. Theol.-Polit. XIV). In der Tat: Der biblische Gott hat nicht die geringste Ähnlichkeit mit Aristoteles: statt vernünftiger Argumente — Posaunenstöße, Donner und Blitze. Und so ist es in der ganzen Heiligen Schrift — von der Genesis bis zur Apokalypse: der Logik des menschlichen Begreifens wird das gebieterische „es werde" und ohrenbetäubender Donner entgegengestellt. Spinoza folgert hieraus mit der ihm eigentümlichen Gewissenhaftigkeit und Entschlossenheit, „daß zwischen dem Glauben oder der Theologie einerseits und der Philosophie anderseits keinerlei Gemeinschaft oder Verwandtschaft besteht... Das Ziel der Philosophie ist nur die Wahrheit, das Ziel des Glaubens aber ist einzig und allein der Gehorsam und die Frömmigkeit" (inter Fidem sive Theologiam, et Philosophiam nullum esse commercium nullamve affinitatem... Philosophiae enim scopus nihil est praeter veritatem, Fidei autem nihil praeter obedientiam et pietatem. Tract. Theol.-Polit. XIV). Kein Zweifel: die Philosophie hat nichts mit der Theologie gemein, will und kann mit ihr nichts gemein haben. Das muß der Philosoph ebenso wie der Theologe zugeben, wenn sie Mut genug haben, die tiefste menschliche Erfahrung in Worten auszudrücken oder, besser gesagt, wenn es ihnen gegeben war, jene Zusammenstöße der verschiedenen Ordnungen des menschlichen Denkens und Daseins aus eigener Erfahrung kennenzulernen, bei denen die letzten menschlichen Einsichten aufleuchten. Luther stand Spinoza unendlich fern, aber wir begegnen in seiner Lehre vom Glauben und der Freiheit denselben Gedanken, — die zudem fast in den gleichen Worten ausgedrückt sind wie bei Spinoza. Spinoza beruft sich auf 2. Mose 20, 20. Luther in seinem „Großen Galaterkommentar" (WA 40 I. 482) auf Jeremia: „Verbum meum malleus es, conterens petras" („Ist mein Wort nicht wie... ein Hammer, der Felsen zerschmeißt?" Jer. 23, 29) und auf 1. Kön. 19, 11—13, anläßlich dessen er schreibt: „Das Gesetz ist ein Hammer, der Felsen zerschmeißt, ein Feuer, ein Wind und jenes große und gewaltige Beben, das Berge umstürzt" (lex est malleus qui conterit petras, ignis, ventus et commotio illa grandis et fortis, quae subvertit montes. Gr. Gal. Komm. WA I. S. 483). Es besteht allerdings ein wesentlicher Unterschied zwischen Luther und Spinoza, den wir so deutlich als möglich aufzeigen müssen, um das Problem des Verhältnisses der Freiheit zum Wissen zu klären. Sowohl Luther wie auch Spinoza trugen aus ihrer ungewöhnlichen inneren Erfahrung die tiefste Überzeugung davon, daß der menschliche Wille unfrei sei. Auch waren sie beide fest überzeugt, daß zwischen dem Glauben und der Philosophie keinerlei Gemeinschaft bestehe (inter fidem et philosophiam nullum esse commercium). Während aber Spinoza behauptete, daß die Philosophie keinen anderen Endzweck als die Wahrheit habe und der Endzweck der Theologie Frömmigkeit und Gehorsam seien, hat Luther mit aller Kraft und Leidenschaftlichkeit, wie sie bei einem Menschen auftreten, der um sein Letztes und Wertvollstes kämpft, nicht bloß gesagt, sondern mit rasender Stimme hinausgeschrien, die Quelle der Wahrheit sei nicht das dem Menschen von seiner Vernunft verschaffte Wissen, sondern der Glaube, einzig und allein der Glaube. Es mag sonderbar erscheinen, aber der Sinn aller Lehren Luthers kam aus seiner Überzeugung, daß der Endzweck der Philosophie nicht die Wahrheit, sondern der Gehorsam und die Frömmigkeit seien, während die Wahrheit nur durch den Glauben, sola fide, erlangt werde. Bei Luther, der sich von der Heiligen Schrift inspirieren ließ, konnte es ja auch nicht anders sein: wir erinnern uns, daß sogar Hegel in den Früchten vom Baum der Erkenntnis das Prinzip der Philosophie für alle folgenden Zeiten erblickte. Diese Früchte indes verschafften dem Menschen gerade die Fähigkeit, zwischen Gut und Böse zu unterscheiden, und verpflichteten ihn, den Gesetzen des Guten zu gehorchen. Wenn also im Altertum Sokrates und in der Neuzeit Spinoza von diesen Früchten aßen, so sagten sie sich damit schon von der Wahrheit los und vertauschten sie mit irgend etwas ganz anderem. Statt der Wahrheit erhielt die Menschheit den Gehorsam und die Frömmigkeit — obedientiam et pietatem. Die Welt ward von nun an von einem unpersönlichen und gegen alles gleichgültigen Gesetz beherrscht, und sowohl die sterblichen Menschen wie auch die unsterblichen Götter müssen im freiwilligen Gehorsam gegen dieses ihre höchste Befriedigung finden.

Gewiß, sowohl Sokrates als auch Spinoza waren, wie schon gesagt, trotz ihrer in der Geschichte des Denkens beispiellos dastehenden intellektuellen Gewissenhaftigkeit genötigt, unaufrichtig zu sein. Sokrates gelang es nicht, (und im tiefsten Inneren seiner Seele fühlte er dies), eine Brücke vom Wissen zur Tugend zu schlagen. Auch Spinoza gelang es nicht, sich auf der Höhe der mathematischen Methode zu halten: bis an sein Lebensende beunruhigte ihn das Bewußtsein, daß der Mensch, indem er die Freiheit verlor, sich aus einem „denkenden Ding" (res cogitans) in den „schandbarsten Esel" (asinus turpissimus) verwandelte. Aber sie waren beide von der Idee der in der Welt herrschenden Gesetzmäßigkeit und der von jeher bestehenden Ordnung so sehr bezaubert, daß ihnen jegliche Äußerung der menschlichen Freiheit ebenso wahnsinnig als gotteslästerlich erschien. Von dem magischen „und werdet sein wie Gott" verführt, wie auch der erste Mensch davon verführt worden war, erklärten sie sich mit allem einverstanden, — obwohl ihr Einverständnis bereits kein freier Akt war, sondern eine unfreie Anpassung an die fertigen Bedingungen des Daseins. Das „wer sich von der Vernunft allein leiten läßt" (qui sola ratione ducitur) lief darauf hinaus, sich selbst und andere zu zwingen, der Freiheit für immer zu entsagen und, die unerträgliche Beleidigung („schandbarster Esel") in den tiefsten Grund der Seele verdrängend, Gott, der keinen Endzweck kennt, und den Menschen zu preisen, der in Einigkeit mit dem keinen Endzweck kennenden Schöpfer bereit ist, „beiderlei Antlitz des Schicksals mit Gleichmut zu ertragen" (utramque fortunae faciem aequo animo ferre) und darin „Zufriedenheit mit sich selbst" (acquiescentiam in se ipso) oder „Glückseligkeit" (beatitudinem) zu finden. Gewiß, wenn Sokrates oder Spinoza das Ideal des Menschen, „der sich von der Vernunft allein leiten läßt", hätten bis ins letzte verwirklichen wollen, — so hätten sie kein Sterbenswörtchen von „Zufriedenheit" und „Glückseligkeit" sagen dürfen! Warum „Zufriedenheit"? Warum wäre ihr der Vorzug zu geben vor der Besorgnis? Bevorzugung ist in der Philosophie nicht am Platze. Die Philosophie sucht ebenso wie die Mathematik nicht nach dem Besten, sondern nach dem Wahren. Ihre Regel ist: „Nicht lachen, nicht weinen, noch verwünschen, sondern verstehen" (non ridere, non lugere, neque detestari, sed intelligere). Doch wenn man nur zu „verstehen" braucht, — so hat die „Zufriedenheit mit sich selbst", der beruhigte und ausgeglichene Geist, nicht mehr Rechte und Vorzüge als ein flatternder und aufgeregter. Die dritte Erkenntnisgattung (tertium genus cognitionis), welche die notwendigen Zusammenhänge der Erscheinungen aufdeckt, wird einen passenden Platz für alle Zustände des Geistes und Körpers finden. So, sage ich, sollte ein Mensch denken, der sich von der Vernunft allein leiten läßt. Für ihn sollte nicht einmal der Unterschied zwischen einem „denkenden Ding" und dem „schandbarsten Esel" irgendwie wesentlich erscheinen. Die Menschen bilden sich ein, sie seien in dem riesigen und ewigen Weltgebäude gewissermaßen ein Staat im Staate und es sei für irgend wen oder zu irgend was wichtig, daß sie „denkende Dinge" (res cogitantes) und nicht „schandbarste Esel" (asini turpissimi) seien. Aber wir wissen, daß dies alles Vorurteile der rohen und ungebildeten Masse sind, von denen der Philosoph sich freimachen will und kann. Doch hat weder Sokrates noch Spinoza dies auf sich genommen: eine derartige

Prüfung haben selbst sie nicht bestanden. Sokrates hat selbst vor den Richtern, in deren Händen sein Leben lag, zu wiederholen fortgefahren, er werde in beiden Fällen, ob es Götter gebe oder nicht, ob die Seele sterblich sei oder unsterblich, sich von seinem „Gut" nicht lossagen. Und Spinoza, als wäre es ihm vom Schicksal bestimmt gewesen, in allem Sokrates nachzufolgen und nichts von dem ungesagt zu lassen, was Sokrates nicht voll ausgesprochen hatte, hat im vorletzten Lehrsatz des fünften Teils seiner „Ethik", bevor er den Satz ausspricht: „Die Glückseligkeit ist nicht der Lohn der Tugend, sondern die Tugend selbst" (beatitudo non est virtutis praemium, sed ipsa virtus), gesagt: „Wenn wir auch nicht wüßten, daß unsere Seele ewig ist, so würden wir doch Pflichtgefühl und Religion und überhaupt alles, wovon wir im vierten Teil gezeigt haben, daß es zur Willenskraft und zum Edelmut gehört, für das Wichtigste halten" (Quamvis nesciremus, Mentem nostram aeternam esse, Pietatem tamen, et Religionem, et absolute omnia, quae ad Animositatem et Generositatem referre ostendimus in quarta Parte, prima haberemus). In der Anmerkung zu diesem Lehrsatz sagt Spinoza, die Meinung der Menge urteile hierüber anders. Wenn die Menschen wüßten, daß ihrer nach dem Tode keine Vergeltung harre, so würde niemand seine Pflicht erfüllen, denn alle meinen, daß sie, den Weg der Tugend gehend, sich ihrer Rechte begeben und sich eine schwere Last auferlegen. Nun fragen wir uns wieder: Warum hält Spinoza die Meinung der Menge für verachtenswert und niedrig, seine eigene aber für würdig und erhaben? Sowohl sein Urteil wie auch das Urteil der Menge sind für den, der durch die dritte Erkenntnisgattung (tertio genere cognitionis) erfaßt hat, daß alles in der Welt mit der gleichen Notwendigkeit geschehe, nur Kettenglieder in der endlosen Reihe der aufeinander folgenden Erscheinungen. Das eine wie das andere, wie auch alles, was in der Welt geschieht, kann keinen Anspruch auf irgend welche Qualifikation erheben. Der eine Mensch wird, nachdem er entdeckt hat, daß unser Geist ebenso vergänglich ist wie unser Leib, sich von der Moral und Religion lossagen und wie der Apostel Paulus sagen: „Lasset uns essen und trinken und fröhlich sein"; der andere wird wie Sokrates sagen: Ich werde mich um keinen Preis lossagen, werde weder essen, noch trinken, noch fröhlich sein, sondern werde Glückseligkeit in der Tugend suchen. Und weder der eine noch der andere wird ein Recht haben, Beifall zu erwarten, noch weniger, ihn zu fordern, und seine Urteile und Wertungen für allgemeingültig und notwendig zu halten. Aber sowohl Sokrates als auch Spinoza würden sich um keinen Preis der Allgemeingültigkeit und Notwendigkeit begeben. Alle müßten so sprechen und so denken wie sie. In diesem „müssen" liegt der verborgene Sinn der geometrischen Methode Spinozas und der Dialektik des Sokrates. In der Tat, wenn der Mensch wie ein Stein oder wie der „schandbarste Esel" dem Gesetz der Notwendigkeit untersteht, ja wenn sogar nicht nur der Mensch, sondern auch Gott selber nicht in Erfüllung irgend welcher Endzwecke handelt, sondern „nur nach den Gesetzen seiner Natur" (ex solis suae naturae legibus), so hätte die Philosophie im Grunde nichts in der Welt zu suchen: es ist alles ohne sie und vor ihr schon getan, wird auch weiterhin ohne sie geschehen. Das Leben der Welt verläuft in den für es vorbestimmten Bahnen, und es gibt keine Macht im Weltall, die an der von vornherein festgesetzten „Ordnung und Verknüpfung der Dinge" (ordo et connexio rerum) irgend etwas ändern könnte und wollte. Wenn sich aber an der Seinsordnung nichts ändern läßt, wenn das, was ist, in gleicher Weise sowohl von dem Philosophen wie auch von der Menge (das heißt, dem „schandbarsten Esel") hingenommen wird — wir wissen aber, daß angesichts der Wirklichkeit alle in gleichem Maße hilflos und machtlos sind —, was für ein Unterschied bestände da zwischen einem

Weisen und einem Toren? Und doch besteht ein Unterschied, muß ein Unterschied bestehen, andernfalls hätten Sokrates wie Spinoza auf dieser Welt nichts zu suchen gehabt, wäre ihr Dasein sinnlos gewesen. Nun wird uns begreiflich, warum der weiseste der Menschen sich durch die Einflüsterungen des schlauesten der Tiere verführen ließ. Die Schlange bot ihm statt der Früchte vom Baum des Lebens, das heißt, statt der „Dinge, die nicht in unserer Macht sind" (res, quae in nostra potestate non sunt), die Früchte der Erkenntnis, das heißt, die alles aus sich selbst schöpfende Vernunft an. Diese Vertauschung verhieß dem Menschen völlige Unabhängigkeit, das heißersehnte „ihr werdet sein wie Gott". Aber alles, was die Vernunft aus sich selber schöpfen konnte, war die Glückseligkeit im phalarischen Stier. Nicht der Glaube, wie Spinoza sagte, sondern die Philosophie fordert Gehorsam und Frömmigkeit. Der Weise hat „beiderlei Antlitz des Schicksals mit Gleichmut zu ertragen und zu erwarten" (utramque fortunae faciem aequo animo ferre et expectare) — selbst dann, wenn er wie sein grauer Daseinsgenosse zwischen zwei Heubüscheln verhungern sollte.

8

Die Vernunft erzieht also zu Frömmigkeit und Gehorsam. Wenn demnach auch der Glaube zu Frömmigkeit und Gehorsam erzöge, so bestände zwischen Vernunft und Glaube keinerlei Unterschied. Warum behauptete jedoch Spinoza so beharrlich, daß „zwischen der Philosophie und dem Glauben keinerlei Gemeinschaft bestehe" (inter philosophiam et fidem nullum esse commercium) und daß sie „himmelweit voneinander verschieden" seien (toto coelo discrepant)? Und warum richtete Luther so rasende Angriffe gegen die Vernunft? Ich bringe in Erinnerung, daß Luther — der in allem der Heiligen Schrift, hauptsächlich dem Apostel Paulus und dem Propheten Jesaja folgte, auf den sich seinerseits der Apostel Paulus stützte — jedesmal, wenn er die kühnsten und für die Vernunft verletzendsten Urteile äußerte, ebenso wie Spinoza überzeugt war, der menschliche Wille sei nicht frei. Ich füge dem noch hinzu: die Quelle ihrer Überzeugtheit war ihre innere Erfahrung. Schließlich, das Letzte — und Allerwichtigste: sie waren beide wahnsinnig entsetzt angesichts dieser „unmittelbaren Gegebenheit des Bewußtseins". Ihre Empfindungen glichen etwa denen eines bei lebendigem Leibe begrabenen Menschen: er fühlt, daß er noch lebt, weiß aber, daß er außerstande ist, irgend etwas zu seiner Rettung zu tun, und nur einen Totbegrabenen beneiden kann, für den gar keine Notwendigkeit besteht, sich zu retten. Nicht nur „De servo arbitrio" und „De votis Monasticis judicium", sondern alle Werke Luthers berichten uns von jener unmenschlichen Verzweiflung, die er empfand, als sich ihm offenbarte, daß sein Wille gelähmt und ein Kampf gegen den seiner harrenden Untergang unmöglich sei. Spinoza spricht ungern von seinen Erlebnissen. Aber auch ihm, der so beherrscht und ruhig erscheint, entschlüpfen bisweilen Geständnisse, nach denen man beurteilen kann, wie teuer er seine philosophische „Glückseligkeit" erkaufte. Spinoza konnte nie vergessen — wie könnte man auch derartiges vergessen? —, daß ein Mensch, dem die Freiheit genommen ist, bereits „nicht mehr für ein denkendes Ding, sondern für den schandbarsten Esel zu halten sei" (non pro re cogitante, sed pro asino turpissimo habendus est). Doch gerade hier beginnt der Unterschied zwischen Luther und Spinoza. Wenn das unmittelbare Bewußtsein uns sagt, es gebe keine Freiheit, — so gibt es also keine Freiheit. Das mag entsetzlich sein, ein der Freiheit beraubter Mensch ist vielleicht in der Tat nicht mehr für ein denkendes Ding, sondern für den schandbarsten Esel zu halten. Aber an der Sache selbst ändert sich dadurch nicht das geringste. Die Schrecken sind, so groß sie auch sein mögen, kein Einwand gegen die Wahrheit, in gleicher Weise wie Freuden und Glückseligkeiten durchaus nicht von Wahrheit zeugen. Die Vernunft befiehlt kraft der ihr allein gehörenden und durch nichts beschränkten Macht: Nicht lachen, nicht weinen, noch verwünschen (non ridere, non lugere, neque detestari). Warum muß man der Vernunft gehorchen? Warum darf man nicht den unmittelbaren Gegebenheiten des Bewußtseins Weinen und Verwünschen entgegenstellen? Die „Erfahrung", die „unmittelbaren Gegebenheiten des Bewußtseins" enthalten kein solches Verbot. Die „Erfahrung" ist nicht im geringsten daran interessiert, daß die Menschen nicht weinten und verwünschten. Auch jenes „das Wahre ist die Darstellung seiner selbst und des Falschen" (verum est index sui et falsi) kann die Ansprüche der Vernunft auf Selbstherrschaft nicht rechtfertigen. Die unmittelbaren Gegebenheiten des Bewußtseins zeugen, solange sie nicht über die Grenzen ihrer selbst hinausgehen, sowohl davon, daß der menschliche Wille nicht frei ist, wie auch davon, daß der Mensch weint und das Schicksal verwünscht, welches ihm die Freiheit genommen hat. Und jener, der sich von der Erfahrung und nur von der Erfahrung leiten läßt, gestattet sich, zu weinen wie auch zu verwünschen, sobald sich ihm offenbart, daß irgend eine unsichtbare Macht ihm das Kostbarste — seine Freiheit — geraubt hat. Wer sich aber von der Vernunft allein leiten läßt (qui sola ratione ducitur), dem ist es streng untersagt, zu weinen und zu verwünschen, der muß nur verstehen — intelligere. Anders ausgedrückt, dem werden die letzten Reste, ja vielleicht nicht nur Reste, sondern die Erinnerung (Platos ἀνάμνησις) oder, wenn man will, die Idee der Freiheit genommen. Die Vernunft (ratio) bringt die dritte Erkenntnisgattung — die anschauende Erkenntnis (tertium genus cognitionis — cognitio intuitiva) mit sich, das heißt eine Erkenntnis, die kraft einer unbekannt woher erlangten Macht das rein empirische Urteil, die Feststellung einer Tatsache, in ein allgemeines und notwendiges Urteil verwandelt: mit anderen Worten, sie macht „das Wirkliche" endgültig und für immer unveränderlich, festigt es in saecula saeculorum. Woher hat die Vernunft diese furchtbare Macht bekommen? Durch welche Zauberei erreicht sie, daß das Wirkliche zum Notwendigen wird? Ich glaube kaum, daß bei irgend einem Philosophen eine Antwort auf diese Frage zu finden wäre. Aber ich weiß bestimmt, daß die Menschen alles in ihren Kräften Liegende tun, um dieser Frage aus dem Wege zu gehen. Spinoza, der nach „geometrischer Methode" (more geometrico) denken wollte, steht nicht davon zurück, die vernunftmäßige Erkenntnis mit rein „theologischen" Argumenten zu verteidigen. Er bezeichnet die Vernunft nicht nur als „unser besseres Teil" (melior pars nostra), er nennt sie das „göttliche Licht" (lux divina) und scheute sich sogar nicht, als es nötig war, einen Satz auszusprechen, den ich bereits anführte und der eher in einem Katechismus als in einem philosophischen Traktat am Platze wäre: „Welchen Altar kann der sich bauen, der die Majestät der Vernunft beleidigt hat?" (quam aram sibi parare potest qui rationis majestatem laedit). Für Spinoza gab es allerdings keinen anderen Ausweg: Dort, wo der Mensch erkennt, daß die Summe der Winkel eines Dreiecks zwei rechte beträgt, kann man nichts darüber erfahren, daß wir nie Willensfreiheit gehabt haben und nie haben werden, oder daß es uns untersagt sei, zu weinen und zu verwünschen, wenn wir uns überzeugen, keine Willensfreiheit zu haben. Auch kann man nichts darüber erfahren, daß es unserem Weinen und unseren Verwünschungen, unserem Entsetzen und unserer Verzweiflung niemals gegeben sei, die durch das Wissen verschaffte „wahre Philosophie" (philosophia vera) umzuwerfen und zu sprengen sowie die verlorene Freiheit wiederzuerlangen. Wenn das aber so ist, dann erweist sich auch Spinozas

These: „Das Ziel der Philosophie ist nur die Wahrheit, das Ziel des Glaubens aber ist einzig und allein der Gehorsam und die Frömmigkeit", von dem bei uns bereits die Rede war, eine These, die so unbestreitbar erscheint und durch ihre Unbestreitbarkeit die Menschen so sehr bezwang — als falsch und als gefährliche Autosuggestion. Die Philosophie, und zwar gerade jene Philosophie, die ihren vollkommensten und vollendetsten Ausdruck in den Werken Spinozas mit dem sie bekrönenden „Verstehen" (intelligere) und der „dritten Erkenntnisgattung" (tertium genus cognitionis) fand, ist am allerwenigsten um die Wahrheit bekümmert und trachtet nur nach „Gehorsam und Frömmigkeit", die sie, offenbar um sich selbst von jeglichem Verdacht freizumachen, dem Glauben aufdrängte. Und ferner — hier kommen wir wieder zu Luther: Spinoza behauptet, daß der Gott der Heiligen Schrift die Menschen keineswegs habe lehren wollen, seine absoluten Attribute zu erkennen, sondern nur danach trachtete, ihren Starrsinn und ihren verstockten Willen zu brechen, weshalb er auch nicht Argumente, sondern Posaunen, Donner und Blitze verwendete. Wenn aber die Argumente, denen Spinoza sich anvertraute, ihn zu der Überzeugung brachten, alles in der Welt geschehe kraft der Notwendigkeit, die den Menschen zum Lose eines verachtenswerten Tieres verdammt, das zwischen zwei Heubündeln verhungert, — weist dies dann nicht darauf hin, daß die „Argumente", indem sie den Willen des Menschen lähmen, ihn am allerwenigsten zur Wahrheit hinführen? Daß sie unser schon ohnehin schläfriges Denken nicht wecken, sondern einschläfern? Und daß, wenn Gott zu Posaunenstößen, Donner und Blitzen Zuflucht nahm — er dies nur deshalb tat, weil er der in Lethargie erstarrten, halbtoten menschlichen Seele die uralte Freiheit nicht anders zurückverschaffen konnte — das heißt, sie nicht des Gehorsams entheben, sie nicht aus den Schranken der Frömmigkeit, in welche die Vernunft sie hineingetrieben hatte, herausführen und auf diese Weise der Wahrheit teilhaftig machen konnte. „Gottes Wort ist ein Hammer, der Felsen zerschmeißt" (verbum Dei malleus est conterens petras) spricht Luther dem Propheten nach, und nur solch ein „Wort" vermag die Felsen zu sprengen, hinter denen die Vernunft sich verschanzt hat. Nur dies ist auch der Sinn des Hammers Gottes und seine Bestimmung: diese Felsen zu zerschmettern. Diese Felsen jedoch sind nichts anderes als jene „Zufriedenheit mit sich selber" (acquiescentia in se ipso) und jene „Tugend" (virtus), die für sich keinen Lohn erwartet und fordert, da sie selber der höchste Lohn, das höchste Gut (summum bonum, μέγιστον ἀγαθόν) oder die Glückseligkeit (beatitudo) ist, die uns von Sokrates in seiner ersten und zweiten Verkörperung verheißen worden ist. Der Donner der Propheten, der Apostel und Luthers selbst richtet sich gegen die Altäre, die von der menschlichen Weisheit gebaut wurden. „Denn der Mensch überhebt sich und wähnt, weise, gerecht und heilig zu sein, deshalb ist es nötig, daß er gedemütigt werde durch das Gesetz und so jene Bestie, seine vermeintliche Gerechtigkeit, getötet werde, ohne deren Tötung der Mensch nicht leben kann" (Quia homo superbit et somniat se sapere, se justum et sanctum esse, ideo opus est, ut lege humilietur, ut sic bestia ista, opinio justitiae, occidatur, qua non occisa non potest homo vivere. Großer Galaterkommentar 1531, WA 40 I, S. 517). In allen seinen Schriften spricht Luther immer wieder vom „Hammer Gottes" (malleus Dei), der das Vertrauen des Menschen zu seinem Wissen und zur Rechtschaffenheit zerschlägt, die auf den von dem Wissen verschafften Wahrheiten beruht. Eine Seite weiter wiederholt er mit noch größerer Wucht und Leidenschaft: „Daher muß Gott einen kräftigen Hammer haben, um die Felsen zu zerschmettern, und ein bis mitten an den Himmel brennendes Feuer, um die Berge zu stürzen, das heißt, um jene hartnäckige und verstockte Bestie, die Vermessenheit, zu bändigen, auf daß der Mensch, durch diese Zerknirschung zunichte gemacht, an seinen Kräften, seiner Gerechtigkeit und seinen Werken verzweifle" (Oportet igitur Deum habere malleum fortem ad conterendas petras et ignem in medio coeli ardentem ad subvertendos montes hoc est ad comprimendam istam pertinacem et obstipam bestiam, praesumptionem, ut ista contusione homo in nihilum redactus desperet de suis viribus, justitia et operibus. Ebendort, S. 518). Wollte man Luther in die Sprache Spinozas übersetzen, so müßte man sagen: „Nicht verstehen, sondern weinen und verwünschen" (non intelligere, sed lugere et detestari). Mit anderen Worten: der seiner Freiheit verlustig gewordene Mensch, der aus einem „denkenden Ding" (res cogitans) zum „schandbarsten Esel" (asinus turpissimus) gewordene Mensch, hat sich durch eigene Erfahrung überzeugt, vor welchen Abgrund ihn jenes „göttliche Licht" (lux divina) führt, von dem uns die Weisen so viel sprachen, und beginnt sinnlose, ja geradezu wahnsinnige Versuche zu machen, gegen die Macht anzukämpfen, die ihn bezaubert hat. Die „Zufriedenheit mit sich selbst" und die mit dieser „Zufriedenheit" verknüpften „Glückseligkeiten", wie auch jene „Tugend", die den höchsten Lohn in sich selber findet, alle jene „Tröstungen", welche die Früchte vom Baum der Erkenntnis mit sich bringen, wenn man das Bild der Heiligen Schrift benützen, oder die alles aus sich selbst schöpfende Vernunft, wenn man sich an Hegels philosophische Sprache halten will — enthüllen vor ihm plötzlich ihr wahres Wesen: das alles bringt nicht die ewige Erlösung, sondern das ewige Verderben mit sich. Und die erste Antwort ist das von den Philosophen verbotene „Weinen und Verwünschen" (lugere et detestari), das vor allem davon zeugt, daß im Menschen noch irgend welche Lebensreste erhalten geblieben sind. Er selber beginnt den furchtbaren „Hammer Gottes" auf sich herabzurufen, freudig begrüßt er den himmlischen Donner und die Blitze und die Posaunenstöße. Vermag doch nur der himmlische Donner, der Felsen zerstört und Berge niederlegt, „jene hartnäckige und verstockte Bestie, die Vermessenheit" (istam pertinacem et obstipam bestiam, praesumptionem) zu zerschmettern, die, sich der Seele des Menschen bemächtigend, ihn dahin brachte, daß er bereit ist, mit „Gleichmut" (aequo animo) alles zu ertragen, was ihm das Schicksal bescheiden mag, und auch noch in dieser seiner Fähigkeit, alles, was ihm das Schicksal bescheidet, hinzunehmen, sein „höchstes Gut" (summum bonum) zu erblicken lernt..

Dort, wo Sokrates in seiner ersten und zweiten Verkörperung die Rettung des Menschen sah, erblickte Luther sein Verderben. Das Verstehen (intelligere) und zugleich damit die „dritte Erkenntnisgattung" (tertium genus cognitionis) liefern den Menschen in die Hände seines grimmigsten und unversöhnlichsten Feindes. Für jenen, der sich „von der Vernunft allein leiten läßt" (sola ratione ducitur), ist die einmal verlorene Freiheit für immer verloren, und alles, was ihm noch bleibt, ist — sich selbst und andere zu lehren, in dem Unvermeidlichen das Beste zu erblicken. Man muß sich für glückselig betrachten im phalarischen Stier, man muß ruhig zwischen zwei Heubündeln verhungern, in dem Bewußtsein, daß in der Welt ein Gesetz herrsche, dem zu entgehen niemandem gegeben sei. Die Vernunft ist nach allgemeinen und notwendigen Wahrheiten begierig, die Menschen müssen in der Vernunft ihr „besseres Teil" (pars melior) erblicken und, sich ihr in allem fügend, ihr Wohl in den besagten allgemeinen und notwendigen Wahrheiten suchen und erlangen. Wenn der Mensch durch die von ihm gleich entfernten Ideen Gottes und der Unsterblichkeit einerseits und des Fatums anderseits gelockt wird, so wird er sich Gott nicht zuwenden: er kann sich nicht frei entscheiden, er weiß, daß seine Entscheidungen nicht in seiner Macht liegen, und er wird dorthin gehen, wohin ihn die Notwendigkeit führt, dazu erzogen, „beiderlei Antlitz" des allmächtigen Schicksals „mit Gleichmut zu erwarten und zu ertragen" (utramque fortunae faciem aequo animo ferre et exspectare). Alle „Lehren" (docet) der Philosophie, die ganze Philosophie, die sich ebenfalls entgegen dem menschlichen Willen aus einem Suchen nach der Wahrheit in Belehrung verwandelt hat, führen uns unvermeidlich dazu.

Luther wußte dies alles und hat alles ebenso gesehen, wie Sokrates in seiner ersten und zweiten Verkörperung. Auch er lehrte, wie wir uns erinnern, vom unfreien Willen (de servo arbitrio). Aber seine „Lehre" erwies sich als eine andere. Genauer: sein „de servo arbitrio" führte ihn zu einem Haß gegen jegliche „Lehren" und dementsprechend auch gegen die Vernunft, welche die Quelle aller Lehren ist. Indem er der Philosophie die Lobpreisung des Gehorsams und der Frömmigkeit überließ, richtete er all sein Trachten auf den Kampf gegen die Idee der Notwendigkeit. Der „Hammer Gottes" trifft bei Luther nicht den Menschen, sondern jenes „Ungeheuer" (bellua) oder jene „hartnäckige Bestie" (bestia pertinax), dank welcher der Mensch glaubt, daß er, sich moralisch vervollkommnend, jene Tugend erreichen könne, die keinen Lohn für sich fordert, da sie schon selbst die Glückseligkeit sei oder, wie er selbst sagt: „der Mensch überhebt sich, heilig und gerecht zu sein" (homo superbit, se sanctum et justum esse). Die Rechtschaffenheit und Glückseligkeit des Menschen, der sich aus eigener Kraft weder Gott, noch der Unsterblichkeit zuzuwenden vermag, da die Vernunft seinen Willen in Fesseln gelegt und ihn dorthin zu gehen gezwungen hat, wohin ihn die Notwendigkeit führt, erscheint ihm als der größte Fall des Menschen, als Erbsünde. Die Idee des Gesetzes und der Gesetzmäßigkeit, auf der unser ganzes Denken beruht, erscheint ihm dementsprechend als abscheulichste Verirrung. Die Quelle der Wahrheit befinde sich dort, wo die menschliche Vernunft sie am allerwenigsten erwarte. Dort könne man auch das Gut finden, das gegen die philosophischen Glückseligkeiten vertauscht worden sei. Luther nennt als diese Quelle den Glauben — und so wollen auch wir sie so nennen, und sei es auch vorläufig nur deshalb, um zu zeigen, daß es auch eine andere Quelle der Wahrheit geben könne als jene, von welcher Sokrates uns erzählte, daß die Wahrheit nicht die geringste Ähnlichkeit mit den „allgemeinen und notwendigen Urteilen" des Aristoteles, Spinozas und Kants habe, und daß die Wahrheit mit der Notwendigkeit nichts gemein habe. „Nichts widerstrebt mehr dem Glauben als Gesetz und Vernunft, und jene zwei können nicht ohne große Anstrengung und Mühe überwunden werden, sie müssen aber doch überwunden werden, wenn anders du gerettet werden willst. Wenn daher das Gewissen mit dem Gesetz schreckt... so halte dich so, als ob du nie etwas von Gesetz gehört hättest, sondern als ob du stiegest in eine Finsternis, wo weder Gesetz noch Vernunft leuchtet, sondern allein das Rätsel des Glaubens. So führt uns das Evangelium weit über das Licht des Gesetzes und der Vernunft hinaus in die Finsternis des Glaubens, wo Gesetz und Vernunft nichts zu schaffen haben. Moses auf dem Berge, wo er von Angesicht zu Angesicht mit Gott spricht, hat kein Gesetz, macht keines und wendet keines an, erst wenn er vom Berge herabsteigt, ist er Gesetzgeber und regiert das Volk durch das Gesetz. So sei das Gewissen frei vom Gesetz, der Leib aber gehorche dem Gesetz" (Nihil fortius adversatur fidei quam lex et ratio, neque illa duo sine magno conatu et labore superari possunt, quae tamen superanda sunt, si modo salvari velis. Ideo cum conscientia perterrebit lege... sic te geras, quasi nunquam de lege quidquam audiris, sed ascendas in tenebras, ubi nec lex nec ratio lucet, sed solum aenigma fidei... Ita ultra et supra lucem legis et rationis ducit nos evangelium in tenebras fidei, ubi lex et ratio nihil habent negotii. Moses in monte existens, ubi facie ad faciem cum Deo loquitur, non habet, non condit, non administrat legem, descendendo de monte legislator est, et populum lege gubernat. Sic conscientia libera sit a lege, corpus autem obediat legi). Für Luther erwies sich, wie wir sehen, das, was Sokrates und Spinoza als „unser besseres Teil" (pars melior nostra), als „göttliches Licht" (lux divina) priesen — als jenes „Ungeheuer, ohne dessen Tötung der Mensch nicht leben kann" (bellua, qua non occisa non potest homo vivere). Als Moses vom Gipfel des Heiligen Berges die Wahrheit von Angesicht zu Angesicht sah, fielen plötzlich die Ketten von ihm, die sein Bewußtsein fesselten, und er gelangte in den Besitz der unschätzbarsten Gabe — der Freiheit. Als er von dem Berge herabgestiegen war und sich unter die Menschen gemengt hatte, verfiel er von neuem dem Gesetz; und dieses Gesetz erschien auch ihm, wie Sokrates und Spinoza, als urewig und unerschütterlich, als in der Natur des Seins liegend, als jene allgemeinen und notwendigen Wahrheiten, von denen bei uns immerfort die Rede war. Für die „Vernunft" ist eine solche „Verwandlung" unfaßbar. Die Vernunft ist überzeugt, daß sowohl für einen auf dem Berge Stehenden als auch für einen in das Tal Herabgestiegenen das Gesetz immer Gesetz bleibe und kein Jota seiner Kraft und Macht verliere. Luther jedoch stürzt sich in die Finsternis und den bodenlosen Abgrund des „Glaubens", darauf rechnend, dort die Kräfte für den Kampf mit dem Ungeheuer zu schöpfen, welches von den Weisen angebetet wird. Oder richtiger: es erwacht in ihm jene äußerste seelische Spannung, welche vorauszuberechnen, zu überlegen, sich anzupassen, zu messen und zu wägen aufhört. Der „Hammer Gottes", Donner, Blitze und Posaunenstöße, von denen Spinoza so verächtlich sprach, wecken in Luthers Seele das durch die Bezauberungen der Vernunft eingeschläferte „Lachen, Weinen und Verwünschen". Er vergißt sowohl den „Gehorsam" wie die „Frömmigkeit", in deren Gewalt er so viele Jahre lebte — war er doch Mönch gewesen und hatte nicht weniger feierliche Gelübde des Gehorsams und des Dienstes am Guten abgelegt, als es jene waren, von denen Spinozas Bücher übervoll sind — und ist nur des einen eingedenk: daß jenes abscheuliche Ungeheuer zu erwürgen sei, ohne dessen Tötung der Mensch nicht leben kann. Welcher Weg führt nun zur Wahrheit? Der Weg der Vernunft, der zu Gehorsam und Frömmigkeit hinlenkt und ins Reich der Notwendigkeit hinführt? Oder der Weg des „Glaubens", welcher der Notwendigkeit den Krieg auf Leben und Tod erklärt? Hinter der autonomen Ethik des Sokrates und hinter seiner Vernunft entdeckten wir den phalarischen Stier; Spinozas sub specie aeternitatis verwandelte den Menschen vor unseren Augen aus einem „denkenden Ding" in den „schandbarsten Esel". Werden vielleicht Luthers Donner und seine aus Tränen und Verzweiflung geborene Kühnheit uns etwas anderes geben, und wird vielleicht aus den „Finsternissen des Glaubens" die Freiheit wiedergewonnen werden, die der Mensch, sich dem Wissen anvertrauend, eingebüßt hat?

9

Die übliche Ansicht geht dahin, daß die Philosophie des deutschen Idealismus ganz aus Luther hervorgegangen sei. Wie diese Meinung entstehen konnte, läßt sich schwer sagen. Es sieht so aus, als hätten die Philosophiehistoriker sich durch die „Begriffe" und einen einfachen Syllogismus verführen lassen. Sämtliche Vertreter des deutschen Idealismus — Kant, Fichte, Schelling, Hegel — sind lutherisch gewesen: ergo ist der deutsche Idealismus aus Luther hervorgegangen. Aber es genügt, sich daran zu erinnern, was Hegel über den Sündenfall sagte, oder an das berühmte Kantische „Ich kann, denn ich soll" oder an Schellings berühmt gewordenen Aufsatz „Über das Wesen der menschlichen Freiheit" (wenn auch nur an das von mir weiter oben angeführte

Zitat aus diesem Aufsatz) oder an Fichtes ethischen Idealismus zu denken, um sich davon zu überzeugen, daß Luther an dem deutschen philosophischen Denken vorbeigegangen ist, ohne auch nur ein einziges seiner Probleme zu berühren. „Ich kann, denn ich soll", sagt Kant, während Luthers ganze Lehre auf der entgegengesetzten These beruht: ich kann nicht, wenn ich auch sollte. Das Gesetz ist dem Menschen nicht dazu gegeben, daß er sich von ihm lenken und leiten lasse, sondern nur dazu, um ihm seine Ohnmacht und Hilflosigkeit zu enthüllen und zu zeigen: „Das Gesetz klagt an, erschreckt und verurteilt" (lex accusat, perterrefacit et condemnat). Nach dem Sündenfall hat der Mensch sowohl die Willensfreiheit wie auch die Denkfreiheit eingebüßt: er geht nicht dorthin, wohin er gehen will, er hält Vorspiegelungen und Illusionen für Wahrheiten. Zu Luthers Lebzeiten erschien seine Lehre dem gebildeten Erasmus wie auch den an der Heiligen Schrift erzogenen katholischen Theologen in gleicher Weise wahnwitzig und unannehmbar. Durch Luther ergab sich, daß Gott jenseits von Gut und Böse, von Wahrheit und Lüge stehe. Wie hätte sich die Philosophie oder gar die Theologie hiermit versöhnen können? Insbesondere die Philosophie. Das, was Hegel gesagt hat, hatten alle seine Vorgänger — Kant wie Fichte und Schelling — gedacht: die Schlange hat Adam nicht betrogen. Sokrates war eine Wiederholung Adams, und die Früchte vom Baum der Erkenntnis sind zum Prinzip der Philosophie für alle folgenden Zeiten geworden.

Die einzige Ausnahme hiervon ist Friedrich Nietzsche. Er allein hat in Sokrates den gefallenen Menschen erblickt. Sokrates „schien ein Arzt, ein Heiland zu sein. Ist es nötig, noch den Irrtum aufzuzeigen, der in seinem Glauben an die ‚Vernünftigkeit um jeden Preis' lag? — Es ist ein Selbstbetrug seitens der Philosophen und Moralisten, damit schon aus der décadence herauszutreten, daß sie gegen dieselbe Krieg machen. Das Heraustreten steht außerhalb ihrer Kraft: was sie als Mittel, als Rettung wählen, ist selbst nur wieder ein Ausdruck der décadence — sie v e r ä n d e r n deren Ausdruck, sie schaffen sie selbst nicht weg... Die Instinkte bekämpfen m ü s s e n — das ist die Formel für décadence: so lange das Leben a u f s t e i g t, ist Glück gleich Instinkt". Ferner: „Der Moralismus der griechischen Philosophen von Plato ab ist pathologisch bedingt; ebenso ihre Schätzung der Dialektik. Vernunft = Tugend = Glück heißt bloß: man muß es dem Sokrates nachmachen und gegen die dunklen Begehrungen ein T a g e s licht in Permanenz herstellen — das Tageslicht der Vernunft. Man muß klug, klar, hell um jeden Preis sein: jedes Nachgeben an die Instinkte, ans Unbewußte führt h i n a b".

Nietzsche war, allgemein gesprochen, schonungslos gegen Luther — wandte auf ihn oftmals Ausdrücke wie Barbar, Rüpel, wüster Bauer usw. an. Dennoch lesen wir in seinen „Nachgelassenen Werken": „Die Sprache Luthers und die poetische Form der Bibel als Grundlage einer neuen deutschen P o e s i e : — das ist m e i n e Erfindung!" („Aus der Umwertungszeit", II, § 339). In der Tat hat sich Nietzsche als erster unter den deutschen Philosophen Luther und der Bibel zugewandt. Schon der Untertitel des Werkes, aus dem ich oben seine Betrachtungen über Sokrates zitierte — „Wie man mit dem Hammer philosophiert" — ist zweifellos von Luther und der Bibel inspiriert". Wir erinnern uns, wie oft bei Luther und den Propheten vom „Hammer Gottes" die Rede ist. Aber auch alle Gedanken Nietzsches über Sokrates sind eine Wiederholung dessen, was Luther über den gefallenen Menschen sagte. Der gefallene Mensch befindet sich ganz in der Gewalt einer ihm fremden Macht und kann bereits nichts mehr für sein Heil tun. So stellt Nietzsche sich Sokrates vor: je angespannter, hartnäckiger und leidenschaftlicher Sokrates kämpfte, desto sicherer ging er seinem Verderben entgegen. Er hat die Freiheit eingebüßt, er wählt nicht, wie es ihm erscheint: es zieht ihn, es treibt ihn, und er ahnt nicht einmal, daß er der Freiheit verlustig geworden ist. Sokrates ging zur Vernunft, ging zum Gut — wie auch der erste Mensch die Hand nach dem Baum der Erkenntnis ausstreckte, aber dort, woher er eine Erneuerung des Lebens erwartete, fand er Verwesung und Tod. Dies ist auch der Sinn der grimmigen Worte Luthers: „Der Mensch muß seinen Werken mißtrauen und wie ein Gelähmter mit schlaffen Armen und Beinen die Gnade als Bewirkerin der Werke anflehen" (oportet enim hominem suis operibus diffidere et velut paraliticum, remissis manibus et pedibus gratiam operum artificem implorare). Dies ist auch der Sinn seiner Lehre vom „Gesetz" und seines „De servo arbitrio". Luthers wie auch Nietzsches „Erfahrung" entspricht so wenig dem, was die Menschen in der Erfahrung zu finden gewöhnt sind, daß sie diesen phantastisch, aus irgend einer anderen, uns fremden Welt her eingeholt erscheint. Nicht nur Luther und Nietzsche haben derartiges erfahren. In Kierkegaards „Pfahl im Fleische" finden wir ein ebendahin gehendes Zeugnis: „Laufen zu wollen schneller als je, und da nicht einen Fuß rücken zu können; den Augenblick kaufen zu wollen mit Aufopferung alles anderen, und da zu lernen, daß er nicht feil ist, weil ‚es nicht liegt an Jemandes Wollen oder Laufen, sondern an Gottes Erbarmen'. Daß dies einem Menschen von Nutzen ist, wer versteht es" (S. 46). Alles dies liegt so sehr außerhalb unseres Gesichtsfeldes, daß es uns als über die Grenzen der möglichen und wirklichen menschlichen Interessen hinausgehend erscheint. Wenn unser Wille nach dem Fall so schwach geworden sein sollte, daß wir außerstande wären, irgend etwas zu unserer Rettung zu unternehmen — Nietzsche verhehlte sich ja nicht, daß er ein ebenso gefallener Mensch war wie Sokrates — und gezwungen wären, die Hände sinken lassend, kampflos dem sicheren Untergang entgegenzugehen, von was für Interessen könnte dann noch die Rede sein? Die Interessen sind alle vorbei, — es bleibt nur noch übrig, zu schauen und zu erkalten. Und, ein für allemal auf das Lachen, Weinen und Verwünschen verzichtend, zu lernen, im Verstehen das höchste Gut zu erblicken.. Luther verblieb noch sein „die Gnade als Bewirkerin der Werke anflehen" (gratiam operum artificem implorare). Für Nietzsche hatten — wenn man danach urteilen will, was er in seinen Büchern erzählt — das Gebet wie auch jener, an den Luther seine Gebete richtete, zu existieren aufgehört. Wie sollte man beten, wenn niemand einen hört, wie Gott anrufen, wenn uns das „Wissen" die „allgemeine und notwendige Wahrheit" verschafft hat, daß es keinen Gott gebe oder, wie Nietzsche sagte, die Menschen Gott getötet haben?

Aber sonderbarerweise ging bei Nietzsche, wie bei Luther, der Moment des tiefsten Falles ganz neuen Erleuchtungen voran. Als er fühlte, daß die „Weisheit" des Sokrates nur der Ausdruck seines „Falles" war und daß der Mensch, wie der von der Brillenschlange bezauberte Vogel, schon nicht mehr selbst geht, sondern gegen seinen Willen von einer unfaßlichen Macht in den furchtbaren Abgrund der geistigen und physischen Vernichtung getrieben wird, leuchtete vor ihm plötzlich wie ein Blitz die ihm selbst wie auch der ganzen Struktur unseres Denkens so fremde Idee der ewigen Wiederkunft auf: es war so, als wenn er wie Moses plötzlich emporgetragen würde und redete mit dem Herrn von Angesicht zu Angesicht. Er überzeugte sich plötzlich, daß dort — von Angesicht zu Angesicht mit dem ersterschaffenen Geheimnis — „Gesetz und Vernunft nichts zu schaffen haben" (lex et ratio nihil habent negotii), und begann vom Willen zur Macht, von Herrenmoral und von all dem anderen zu sprechen, was er „jenseits von Gut und Böse" gefunden hatte. Ich wiederhole, daß Nietzsche nicht nur in Sokrates, sondern auch in sich selber den gefallenen Menschen witterte. Die Gesetze der Vernunft und Moral hatten sich mit seinem ganzen geistigen Wesen verwachsen. Sie in sich auszurotten, ohne seine Seele zu töten, erschien ihm ebenso unmöglich, wie das Skelett herauszunehmen, ohne den menschlichen Leib zu töten. Sie erschienen ihm, wie sie uns allen erscheinen, als Ausdruck unserer Natur selbst: jenseits von Gut und Böse, jenseits der Wahrheit ist nur das leere, furchtbare, allvernichtende Nichts. Und dort kann, dort muß jene Gewalt, jene Kraft und Macht gesucht werden, der es gegeben ist, den Menschen vor dem Verderben zu retten! Das Lutherische sola fide führte ihn zu Dem hin, von welchem er sagte: „Denn Gott ist der Allmächtige, der alles aus dem Nichts erschaffen" (est enim Deus omnipotens ex nihilo omnia creans). Ist aber dann nicht Nietzsches Wille zur Macht nur ein anderes Wort, um das Lutherische sola fide auszudrücken? Luther stützte sich auf die Autorität der Heiligen Schrift, auf die Propheten und Apostel. Bei Nietzsche aber begann die Hinwendung zu den Höhen Zions in einem Moment, als die Bibel für ihn jegliche Autorität verloren hatte. Umgekehrt sagte alles, was für Nietzsche noch irgend eine Autorität beibehalten hatte, gebieterisch zu ihm, daß der Wille zur Macht das äußerste an Wahnsinn sei und daß es für einen denkenden Menschen keine andere Rettung, keine andere Zuflucht gebe als jene „Glückseligkeiten", die uns von Sokrates und Spinoza gebracht worden sind. Hiervon hat er uns zur Genüge in den ersten Büchern erzählt, die er unmittelbar nach der Krisis schrieb. Dennoch hielt ihn irgend eine rätselhafte Kraft vom Baum der Erkenntnis fern. Wie soll man diese Kraft benennen? Gibt es für sie überhaupt einen Namen unter den Worten, die für uns einen Sinn beibehalten haben? Wir wollen mit der Antwort auf diese Frage warten. Doch hören wir an, was Nietzsche selbst über sie sagt: „Ach, so gebt doch Wahnsinn, ihr Himmlischen! Wahnsinn, daß ich endlich an mich selber glaube! Gebt Delirien und Zuckungen, plötzliche Lichter und Finsternisse, schreckt mich mit Frost und Glut, wie sie kein Sterblicher noch empfand, mit Getöse und umgehenden Gestalten, laßt mich heulen und winseln und wie ein Tier kriechen: nur daß ich bei mir selber Glauben finde! Der Zweifel frißt mich auf, ich habe das Gesetz getötet, das Gesetz ängstigt mich wie ein Leichnam einen Lebendigen; wenn ich nicht m e h r bin als das Gesetz, so bin ich der Verworfenste von allen. Der neue Geist, der in mir ist, woher ist er, wenn er nicht von euch ist? Beweist es mir doch, daß ich euer bin; der Wahnsinn allein beweist es mir". Diese Worte entnahm ich Nietzsches „Morgenröte", die gewöhnlich zu seiner „positivistischen" Schaffensperiode gerechnet wird. Indessen wird hier nur das, was wir von Luther über das Gesetz hörten — mit nicht geringerer, ja vielleicht sogar mit größerer Spannung wiederholt. Luther konnte sich immerhin, wie schon gesagt, auf die Autorität der Heiligen Schrift berufen. Er gesteht offen: „Und nicht wagte ich das Gesetz so zu nennen, sondern hielte es für größte Gotteslästerung, wenn nicht Paulus es vordem getan hätte" (nec ego ausim ita legem appellare, sed putarem, esse summam blasphemiam in Deum, nisi Paulus prius hoc fecisset). Nietzsche jedoch konnte sich auf niemanden berufen: er war sich selber und seinem „Wahnsinn" überlassen. Der moderne Mensch, an Hegel erzogen, der ihm die Weisheit der biblischen Schlange einimpfte, beruhigt sich beim Anhören oder Lesen der Reden Luthers mit dem Gedanken, dies alles seien Visionen eines mittelalterlichen Mönches, der die Kutte abgelegt hatte, es aber nicht fertigbrachte, sich von falschen Ängsten und leeren Vorurteilen freizumachen. Nietzsche aber ist doch niemals Mönch gewesen und stand auf der Höhe der modernen Bildung! Ferner richtete sich alles, was Luther vom „Gesetz" sagte, hauptsächlich gerade gegen die Mönche, denen, wenn sie Luther lasen, das Blut in den Adern erstarrte und die Haare zu Berge standen.

Diese bauten ihr ganzes Leben auf der Überzeugung auf: „Wer das tut, was an ihm liegt, dem versagt Gott nicht die Gnade" (facienti quod in se est Deus non denegat gratiam, Luther sagte sogar: infallibiliter dat gratiam — „gibt er unfehlbar die Gnade"), Luthers tiefste Überzeugung indes ging dahin, daß der gefallene Mensch, je mehr er für sein Heil tue, desto sicherer (wie Sokrates bei Nietzsche) ins Verderben gehe, und nur wer „mit schlaffen Armen und Beinen" (remissis manibus et pedibus) sich dem Willen Gottes überlasse, der jenseits jeglicher von der Moral und Vernunft diktierten Gesetze steht, könne der letzten Wahrheit teilhaftig werden. Es kann nicht bestritten werden: nach menschlichem Ermessen übertrifft Luthers Lehre an Härte und Strenge alles, was sich der erbarmungsloseste menschliche Geist je ausgedacht hat. Der Gott der Heiligen Schrift verdient, wenn er wirklich so ist, wie Luther ihn darstellt, nicht Liebe, sondern ewigen Haß, was übrigens Luther selbst mehrfach wiederholte. Ein vom modernen Gesichtspunkt noch vernichtenderer Einwand: die Mönche behaupteten: „Wer das tut, was an ihm liegt, dem versagt Gott nicht die Gnade" (facienti quod in se est Deus non denegat gratiam), Luther donnerte: „Der Mensch muß seinen Werken mißtrauen und die Gnade als Bewirkerin der Werke anflehen" (oportet ergo hominem suis operibus diffidere et gratiam operum artificem implorare), aber sowohl die Mönche wie auch Luther sprachen von etwas Nichtexistierendem: n i r g e n d s im Weltall gibt es weder einen Gott, noch eine von ihm herabgesandte Gnade, und alles wirkliche Sein verläuft in Ebenen, die von Luthers Ideen überhaupt nicht berührt werden. Aufgabe des Menschen ist es daher, sich über die Bedingungen seiner Existenz Rechenschaft zu geben und sich an sie so anzupassen, daß seine Wünsche und Bedürfnisse möglichst befriedigt werden. Im Leben gibt es natürlich viel Entsetzliches, — aber die Weisheit lehrt, nichts Unmögliches zu verlangen. Sokrates hatte recht, wenn er den phalarischen Stier mit seiner Behauptung außer Kraft setzte, daß einem guten Menschen nichts Schlimmes geschehen könne. Auch Spinoza hatte recht, als er über seinem „schandbarsten Esel" den prächtigen Altar der Ethik mit der Inschrift „Die Glückseligkeit ist die Tugend selbst" (beatitudo est ipsa virtus) errichtete. Doch wenn man schon alles sagen will, so sind Aristoteles und Hegel wahrhafter und ahnungsvoller gewesen als alle anderen: das höchste Gut (μέγιστον ἀγαθόν) setzt ein gewisses Mindestmaß an Lebensgütern voraus, und die Glückseligkeit der beschaulichen Betrachtung ist nur für den erreichbar, der über die Kunst und Entschlossenheit verfügt, sich von jenen Gebieten des Seins fernzuhalten, wo die menschliche Einbildung von phalarischen Stieren und „schandbarsten Eseln" geschreckt wird..

Dies alles war jedoch Luther und Nietzsche wohlbekannt — aber gerade gegen diese „Vermessenheit" (praesumptio), gegen diese „hartnäckige und verstockte Bestie, die da wähnt, weise, gerecht und heilig zu sein" (pertinacem et obstipam bestiam quae somniat se sapere, se justum et sanctum esse) war ja all ihr Donnern gerichtet: in diesem Glauben an das eigene „Wissen" und die eigene „Moral" witterten sie den „Fall" des Menschen. Wenn Nietzsche erklärte: „Die Freigeisterei unserer Naturforscher und Physiologen ist in meinen Augen ein Spaß — ihnen fehlt die Leidenschaft in diesen Dingen, das Leiden" (VIII, 223) (eine Variation des Lutherschen Themas: „das Ungeheuer, ohne dessen Tötung der Mensch nicht leben kann" — bellua qua non occisa homo non potest vivere) — so ist das eine Einwendung, s e i n e Einwendung gegen das, was wir gewöhnlich freie und objektive Forschung nennen, was Spinoza mit seiner „wahren Philosophie" (vera philosophia) meinte und was Sokrates als die allgemeine und notwendige Wahrheit verkündete. Läßt sich der allgemeinen und notwendigen Wahrheit das Leiden entgegenstellen, selbst wenn es ein maßloses Leiden ist, oder die Leidenschaft, selbst wenn sie die größte und zügelloseste Leidenschaft ist? Und wo wäre eine Antwort auf diese Frage zu suchen? In der Erfahrung? Aber wir überzeugten uns ja schon, daß die Erfahrung weder eine „wahre Philosophie", noch allgemeine und notwendige Wahrheiten liefert. Die Erfahrung bringt nur „Überzeugung" mit sich. Aber die Überzeugung flößt Nietzsche kein Vertrauen ein: „In jeder Philosophie", schreibt er, „gibt es einen Punkt, wo die Überzeugung des Philosophen auf die Bühne tritt: oder, um es in der Sprache eines alten Mysteriums zu sagen: Adventavit asinus pulcher et fortissimus" (VII, S. 16, Aph. 8). Wieder der „Esel" und offenbar der gleiche, auf den wir bei Spinoza stießen und aus dem die „Ironie" des Sokrates hervorwuchs. Aber seine Macht ist so groß, daß selbst die kühnsten Geister sich ihm unterwerfen. Wir erinnern an Kants „Vernunft", die „so begierig ist" nach „allgemeinen Erkenntnissen, die zugleich den Charakter der inneren Notwendigkeit haben", wir erinnern uns an die Betrachtungen des Aristoteles über das gleiche Thema. Wer hat den Menschen diese „Überzeugung" eingeflößt, dank welcher die Erfahrung sich in Wissen verwandelt, warum hat das Wissen eine so unumschränkte Herrschaft in unserer Welt angetreten? Wie auch immer wir diese Frage beantworten mögen, so bleibt doch eins außer Zweifel: mit Argumenten, mit Einwendungen läßt sie sich nicht bekämpfen. Sie steht außerhalb, steht vor allen Einwendungen, sie ersetzt durch sich selbst die Argumente. Entgegenstellen läßt sich ihr nur die „Leidenschaft", der Haß, der unüberwindliche Wunsch, sie um jeden Preis loszuwerden. Daher der Lutherische „Hammer Gottes" und Nietzsches „Wie man mit dem Hammer philosophiert". Anders läßt sich die Bezauberung und Macht der Versuchung nicht sprengen, die, Gott weiß wie, wann und woher über die Menschheit Gewalt erlangt hat..

10

Luther hat, wie auch Nietzsche, mit Entsetzen entdeckt, daß dort, wo Sokrates und Spinoza ihren letzten und einzig möglichen Trost fanden, sich für den Menschen der Abgrund des ewigen Verderbens auftut. Luther schreibt: „Gott ist... der allmächtige Schöpfer, der alles aus dem Nichts macht. Aber zu diesem seinem wesentlichen und eigentlichen Werk läßt ihn jene schädliche Pest, der Wahn der Gerechtigkeit nicht kommen, der nicht sündhaft, unrein, elend und verdammt sein will, sondern gerecht und heilig. Darum muß Gott diesen Hammer, das Gesetz nämlich, gebrauchen, auf daß er das Ungeheuer mit seinem Selbstvertrauen, seiner Weisheit, Gerechtigkeit und Macht... zerbreche, zermalme, zerreibe und ganz zunichte mache" (Deus est... creator omnipotens ex nihilo faciens omnia... Ad hoc autem suum naturale et proprium opus non sinit eum pervenire nocentissima pestis illa, opinio justitiae, quae non vult esse peccatrix, immunda, misera et damnata, sed justa et sancta esse. Ideo oportet Deum adhibere malleum istum, legem scilicet, quae frangat, contundat, conterat et prorsus ad nihilum redigat hanc belluam cum sua vana fiducia, sapientia, justitia, potentia, etc.). Gleichsam über die Jahrhunderte hinweg auf Luthers Zuruf antwortend, ruft Nietzsche mit nicht geringerer, an Besessenheit grenzender Leidenschaftlichkeit aus: „Im Menschen ist Geschöpf und Schöpfer vereint: im Menschen ist Stoff, Bruchstück, Überfluß, Lehm, Kot, Unsinn, Chaos; aber im Menschen ist auch Schöpfer, Bildner, Hammer-Härte, Zuschauer-Göttlichkeit und siebenter Tag: — versteht ihr diesen Gegensatz? Und daß euer Mitleid dem ‚Geschöpf im Menschen' gilt, dem, was geformt, gebrochen, geschmiedet, gerissen, gebrannt, geglüht, geläutert werden muß — dem, was notwendig leiden muß und leiden soll?" Nicht nur die mit Leidenschaft gesättigten Worte, nicht nur der Ton und Charakter der Rede Nietzsches, sondern auch seine Gedanken sind nur eine Wiederholung dessen, was wir von Luther hörten und was Luther von den Propheten vernommen hatte. Alles, was sie sagen, atmet den einen Wunsch, das eine Bestreben und ist von dem einen Gedanken durchdrungen: „Gott ist der allmächtige Schöpfer" (Deus est creator omnipotens; bei Nietzsche — der „Wille zur Macht"). Und zu ihm, diesem „allmächtigen Schöpfer", streben sie beide, ohne Mitleid und Erbarmen die ihnen auf dem Wege begegnenden Hindernisse zerstörend, unaufhaltsam hin. Luther sagt „zerbrechen, zermalmen und ganz zunichte machen" (frangere, contundere, prorsus ad nihil redigere), Nietzsche steht nicht hinter ihm zurück, auch er zerreißt, zerschmettert, äschert ein und macht zunichte gerade das, was den Menschen am wertvollsten war, was sie am höchsten schätzten und liebten, was sie anbeteten. Auf den von Sokrates und Spinoza errichteten Altären vermeinen sie jenes „schädlichste Ungeheuer" (bellua nocentissima) zu sehen, „ohne dessen Tötung der Mensch nicht leben kann" (qua non occisa non potest homo vivere). Wie konnte es geschehen, daß dort, wo der weiseste der Menschen, ein Gerechter, ein Heiliger eine Gottheit erblickte und anbetete, Nietzsche und Luther ein Ungeheuer entdeckten? Und daß Sokrates' „höchstes Gut", sein „Wissen", welches für ihn die Quelle seiner Heiligkeit und Gerechtigkeit war, sich in Luthers Augen in den „Wahn der Gerechtigkeit" (opinio justitiae), in Sünde, Gestank, Verwesung, Tod verwandelte? Wir dürfen uns nicht täuschen: Luthers und Nietzsches Donnern richtet sich gegen die Gottheit Sokrates' und Spinozas. Luther verwünscht auf Schritt und Tritt sowohl das sokratische Gut wie auch die sokratische Wahrheit. Spinoza indes war, wie wir uns erinnern, überzeugt, daß der, welcher die Vernunft beleidigt hat, des Rechts beraubt werden wird, zu beten, und daß alle Altäre für ihn verschlossen sein werden. Man wird sagen, daß für Luther „der allmächtige Gott, der alles aus dem Nichts schuf" noch existierte, daß aber Nietzsche sich von Gott losgesagt hatte. Das ist so — und hier kommen wir zu der schwierigsten Aufgabe. Ich sagte soeben, daß Luthers „allmächtiger Schöpfer" sich bei Nietzsche in den „Willen zur Macht" verwandelte, den er dem sokratischen „Gut" entgegenstellte. Die Ethik des Sokrates war die Lehre eines gefallenen Menschen von den Wegen zur Rettung; ein Gefallener jedoch — das sagt uns die Heilige Schrift, das gleiche brachte uns auch Nietzsche bei — ist ein Verdammter, er ist verurteilt zu einer Strafe, wie sie die erhitzteste Phantasie nicht furchtbarer hätte ausdenken können: er wird aus einem „denkenden Ding" (res cogitans) in den „schandbarsten Esel" (asinus turpissimus) verwandelt und verhungert zwischen zwei Heubündeln, da sein Wille gefesselt ist und er aus eigenem Antrieb kein Glied rühren, nicht die geringste Bewegung machen kann. Er erinnert sich vielleicht ab und zu einen Augenblick, daß irgendwo jene „Macht" ist oder war, welche seine Bezauberung lösen könnte. Aber er ist außerstande, ihr sein Gesicht zuzuwenden. Er „ist begierig" nach Wissen, nach den allgemeinen und notwendigen Wahrheiten. Aber das „Wissen", auf das er rechnet, richtiger, zu rechnen genötigt ist, hilft ihm nichts. Es sprengt seine Bezauberung nicht nur nicht, es bewirkt sie selber. Sokrates war ein gefallener Mensch, Spinoza war ein gefallener Mensch, — aber auch Nietzsche ist ja, wie wir alle, ein Nachkomme Adams! Als ihm im Engadin in sechstausend Fuß Höhe die Erleuchtung kam, die er später die Idee der „ewigen Wiederkunft" nannte, legte er, wie es jeder von uns an seiner Stelle getan hätte, seine „Offenbarung" der Vernunft zur Begutachtung vor. Er wollte sie nachprüfen, wollte sich von ihrer Richtigkeit überzeugen, sie in Wissen verwandeln. Ebendort legte er auch seine „Umwertung aller Werte", seinen „Willen zur Macht", sein „Jenseits von Gut und Böse" und sogar seine „Herrenmoral" vor. Und nach dem Gericht, nach der Prüfung — kehrte er natürlich mit leeren Händen zurück, brachte er die sokratisch-spinozaische „Tugend" mit. Hatte doch sogar Moses mit dem Schöpfer von Angesicht zu Angesicht sprechen können, solange er sich auf dem Berge Sinai aufhielt, — als er jedoch ins Tal hinabgestiegen war, verwandelte sich die ihm offenbarte Wahrheit in das Gesetz. „Den Schöpfer und Baumeister des Weltalls zu sehen", sagt Plato, „ist schwierig, ihn aber allen zu zeigen — unmöglich." Daher, so ist anzunehmen, hat Nietzsche von der Idee der „ewigen Wiederkunft", die er nach eigenem mehrfachem Geständnis der Welt zu verkünden sich berufen fühlte, fast nichts erzählt; was er aber erzählt, bezeugt lediglich, daß es ihm nicht beschieden war, sie bis unter die Menschen zu tragen, und daß er statt ihrer etwas mitbrachte, das gar keine Ähnlichkeit mit ihr hat, ja ihr sogar entgegengesetzt ist. Nur einmal, in „Jenseits von Gut und Böse", ist es ihm, soweit ich beurteilen kann, geglückt, einen ausreichend adäquaten Ausdruck für sie zu finden. „‚Das habe ich getan', sagt mein Gedächtnis. ‚Das kann ich nicht getan haben' — sagt mein Stolz und bleibt unerbittlich. Endlich gibt das Gedächtnis nach." In diesen, nach menschlichem Ermessen fast jeglichen Sinnes entbehrenden Worten ist eine Erklärung jenes inneren Ringens zu suchen, von dem Nietzsches Schaffen genährt wurde. Das Gedächtnis, das heißt, die in Gedanken genau reproduzierte Wirklichkeit, sagt dem Menschen: „Du hast das getan, das war so." — „Ich kann das nicht getan haben, so etwas ist nie gewesen", antwortet das, was Nietzsche, nicht ganz genau, seinen „Stolz" nennt (an anderer Stelle, nach dem Gespräch mit dem Zwerg über die ewige Wiederkunft, drückt er sich besser aus, indem er, dies „etwas" kennzeichnend, sagt: „Mein Grauen, mein Ekel, mein Erbarmen, all mein Gutes und Schlimmes schrie mit einem Schrei aus mir"), und das Gedächtnis gibt nach: das, was einmal war, wird zum Niegewesenen. In „Also sprach Zarathustra" kehrt Nietzsche in dem Kapitel „Von der Erlösung" wieder zu diesem Thema zurück: „Die Vergangnen zu erlösen und alles ‚Es war' umzuschaffen in ein ‚So wollte ich es!'" und dann nochmals im dritten Abschnitt des Kapitels „Von alten und neuen Tafeln". Alles, was sich in langen Jahren des Leidens und der Prüfungen in der Seele des Menschen angesammelt hat und was nach Beschluß unserer Vernunft, die das Recht letzter Entscheidungen ergriffen oder an sich gerissen hat, des Rechtes der Stimme, sobald es sich um Wahrheit und Lüge handelt, beraubt worden war, macht unerwartet seine Rechte geltend. Und verwirklicht sie: das, was einmal war, sagt Nietzsche, wird zum Nichtgewesenen. Wie diese Rechte sich verwirklichen, läßt sich wohl kaum „erklären"; denn sie verwirklichen sich gerade deshalb und insoweit, als der Mensch es lernt oder genauer, sich entschließt, ohne jegliche Erklärungen auszukommen, die Erklärungen geringzuschätzen, sie zu verachten. Darum auch wurde jene rätselhafte Erleuchtung und plötzliche Hellsicht erforderlich, mit denen bei Nietzsche seine Idee der „ewigen Wiederkunft" verknüpft ist. Der Mensch verweigert der Vernunft, die bisher auch der Natur ihre Gesetze diktiert hatte, den Gehorsam. Das, was Descartes die „ewigen Wahrheiten" (veritates aeternae) oder Leibniz die „Vernunftwahrheiten" (vérités de raison) nannten und was sich nach Sokrates und Spinoza den „Geistesaugen" (oculis mentis) offenbart, verliert seine Macht über ihn. „Wenn wir aber anerkennen, daß unmöglich aus Nichts Etwas werden kann, dann gilt der Satz: Aus Nichts wird Nichts... als eine ewige Wahrheit... Von dieser Art sind die Sätze: Es ist unmöglich, daß dasselbe zugleich ist und nicht ist; das Geschehene kann nicht ungeschehen werden; wer denkt, muß, während er denkt, existieren... und unzählige andere Sätze", schreibt Descartes (Cum autem agnoscimus, fieri non posse, ut ex nihilo aliquid fiat, tunc propositio haec ex nihilo nihil fit... consideratur ut veritas quaedam aeterna... Cujus generis sunt: Impossibile est idem simul esse et non esse; Quod factum est, infectum esse nequit; Is qui cogitat, non potest non existere dum cogitat... Et alia innumera. Principia philosophiae, Ed. 1678, I, 49). Gegen diese zahllosen ewigen Wahrheiten läßt sich nicht streiten. Keinerlei Abscheu, keinerlei Entsetzen, kein Haß und keine Verachtung sind imstande, sie umzuwerfen: sie sind ewig, sind vor dem Sein, vor dem Menschen, vor Gott. Aber auf sechstausend Fuß Höhe und höher noch als alle menschlichen Überlegungen — als Nietzsche dorthin emporgetragen wurde, fühlte er plötzlich, daß die ewigen Wahrheiten ihre Macht verloren hatten und bereits der Welt wie auch ihm selber keine Gesetze mehr diktierten. Ich wiederhole: er fand nicht das wahre Wort, um das zu benennen, was sich ihm offenbarte, und begann von der „ewigen Wiederkunft" zu sprechen. Aber hier war etwas unermeßlich Wichtigeres und Bedeutenderes als die „ewige Wiederkunft". Er sah, daß entgegen dem ewigen Gesetz — „das Geschehene kann nicht ungeschehen werden" (quod factum est, infectum esse nequit) — nicht das Gedächtnis, welches das Vergangene genau reproduzierte, sondern irgend ein Wille („Stolz", sage ich nochmals, ist nicht das passende Wort) durch seine Macht das, was einmal war, in ein Ungewesenes verwandelt hatte und daß dieser Wille ihm die Wahrheit brachte. Er, der die Bibel so angriff, scheut sich nicht, über die Erlösung zu sprechen. Die Erlösung vom Vergangenen, von der Sklaverei des Gesetzes und der Gesetze, auf denen allein dieses Vergangene ruht. Diese Gesetze — die doch die Vernunft aus sich selber schöpft —, sind ja gerade jenes „Ungeheuer" (bellua), jenes „wilde Tier, ohne dessen Tötung der Mensch nicht leben kann" (bestia, qua non occisa, homo non potest vivere). Hinter der „ewigen Wiederkunft" verbarg sich offenbar bei

Nietzsche etwas unermeßlich Machtvolles, das zugleich bereit ist, das abscheuliche Ungeheuer zu besiegen, das zum Herrn über die Menschenleben und sogar über das ganze Sein geworden ist: Luthers „allmächtiger Schöpfer, der alles aus dem Nichts erschafft". Er, dieser allmächtige Schöpfer, steht nicht nur jenseits von Gut und Böse, sondern auch jenseits von Wahrheit und Lüge. Von Angesicht zu Angesicht mit ihm (facies in faciem) hören das Böse und die Lüge von selbst zu existieren auf, verwandeln sich in ein Nichts, das nicht nur in der Gegenwart, sondern auch in der Vergangenheit, entgegen allen Zeugnissen des menschlichen Gedächtnisses, nie existiert hat. Im Gegensatz zu Hegel, der, die Bilanz von all dem ziehend, was er von seinen Vorläufern gelernt hatte (Sokrates brachte „das allgemeine Prinzip der Philosophie für alle folgenden Zeiten"), in der Logik, das heißt, im System der ewigen und unveränderlichen Wahrheiten, Gott zu finden hoffte, wie er vor der Erschaffung der Welt und des endlichen Geistes gewesen war, — dachte Nietzsche nur daran, wie er sich der Macht dieser Wahrheiten entwinden könnte. Den Sinn seiner Idee der ewigen Wiederkunft auslegend, schreibt er: „Der g r ö ß t e Kampf: dazu braucht es einer neuen W a f f e. Der Hammer: eine furchtbare Entscheidung heraufbeschwören" („Der Wille zur Macht", IV. Buch). Und noch: „Jener Kaiser hielt sich beständig die Vergänglichkeit aller Dinge vor, um sie nicht z u w i c h t i g zu nehmen und zwischen ihnen ruhig zu bleiben. Mir scheint umgekehrt Alles viel zu viel wert zu sein, als daß es so flüchtig sein dürfte: ich suche nach einer Ewigkeit für Jegliches." Es kann kein Zweifel bestehen, daß er sich gerade deshalb an die Idee der ewigen Wiederkunft klammerte, weil er — im Gegensatz nicht zu Marc Aurel, sondern vor allem zu dessen Lehrer, dem Lehrer aller Philosophierenden, das heißt, zu Sokrates — Ewigkeit suchte für das, was durch unsere Vorstellungen von der Wahrheit schon seiner Natur nach zu Untergang und Vernichtung verdammt ist. Bedeutet das aber, daß er Ewigkeit suchte für „Jegliches"? Wir hörten eben erst von ihm, daß sein „Stolz" sogar dasjenige zum Untergang verdammt habe, welchem ohne ihn und unabhängig von ihm ein ewiges Sein fest gesichert war, und daß er hierin Ergebnisse erreicht hatte, die ans Wunderbare grenzten: das einmal Gewesene, jenes einmal Gewesene, das unter dem machtvollen Schutz der unerschütterlichen Wahrheit der Vernunft steht — „das Geschehene kann nicht ungeschehen werden" (Descartes) —, dieses einmal Gewesene habe sich kraft seines Willens in ein Niegewesenes verwandelt. Warum jedoch verlangte er plötzlich Ewigkeit für „Jegliches"? Der Vernunft zuliebe, die nach allgemeinen und notwendigen Wahrheiten „begierig ist"? Aber das würde doch bedeuten, daß man mit dem Gedächtnis, wenn es dem Menschen sagt: du hast dies getan, weder streiten, noch ihm widersprechen darf, denn das Gedächtnis reproduziert genau das Vergangene, welchem eine ewige Existenz in der Wahrheit gesichert ist. Mit anderen Worten, er müßte sich vom Willen zur Macht lossagen und zur Situation des Spießers übergehen, der alles hinnimmt, was ihm das Schicksal vorsetzt, oder sogar zur Situation des Weisen, der nicht nur alles hinnimmt, sondern in dieser seiner Bereitschaft, „beiderlei Antlitz des Schicksals mit Gleichmut zu erwarten und zu ertragen", seine Tugend, in der Tugend indes sein höchstes Gut erblickt. „‚Das, was war' — so heißt der Stein, den er nicht wälzen kann", und die Erlösung erweist sich als nichtssagendes oder jeglichen Sinnes bar gewordenes Wort. Die Logik des Sokrates, die Logik des gefallenen Menschen hat Nietzsche überlistet. Das „hartnäckige und widersetzliche Ungeheuer" (pertinax et obstipa bellua) erwies sich als nicht getötet, — es hat sich nur tot gestellt. Nietzsches Hammer hat das Trachten der Vernunft, die sich hinter den allgemeinen und notwendigen Urteilen verschanzt hat, nicht zerschlagen. Hier nun müssen wir uns von neuem Luther zuwenden, dessen Hammer sein Ziel sicherer traf als der Hammer Nietzsches. Vergessen wir, daß Luther Theologe war. Vergessen wir, daß er die Propheten und Apostel wiederholt. Wir sind ja durch keinerlei Autoritäten gebunden. Die Autorität ist nur ein Überbleibsel jenes Trachtens der Vernunft, die nach allgemeinen und notwendigen Urteilen begierig ist. Dort indes, wo die Wahrheit ist, gibt es keinen Zwang und kann es keinen Zwang geben: dort ist die Freiheit zu Hause. Lauschen wir Luther, lauschen wir den Propheten und Aposteln, als wären sie jene schlichten, niemandem bekannten, ja sogar von allen verfolgten und verachteten Männer, die sie für ihre Zeitgenossen waren. Nun also, wenn sie von der Erlösung sprechen — kommt es ihnen nicht einmal in den Sinn, daß irgend wer oder irgend was sie vor das Dilemma stellen könnte: man müsse alles, was war, entweder hinnehmen oder alles, was war, ungewesen machen. In dem, was war, ist solches, was man beibehalten kann, aber auch solches, was man ausmerzen darf. Gott hat Menschengestalt angenommen, ist auf die Erde herabgekommen, hat von Menschenhand gelitten, wurde unter die Missetäter eingereiht — nicht dazu, um eine jener allgemeinen und notwendigen Wahrheiten zu verwirklichen, welche die Vernunft aus sich selbst schöpft. Er kam, um die Menschen zu erlösen. Luther schreibt: „Gott hat seinen einziggeborenen Sohn in die Welt gesandt und auf ihn alle Sünden aller Menschen geladen, indem er sagte: Sei du Petrus, jener Verleugner, Paulus, jener Verfolger, Gotteslästerer und Gewalttäter, David, jener Ehebrecher, jener Sünder, der den Apfel im Paradiese aß, jener Schächer am Kreuze, alles in allem, du sollst sein die Person, welche die Sünden aller Menschen begangen hat" (Deus miserit unigenitum filium suum in mundum, ac conjecterit in eum omnia omnium peccata, dicens: Tu sis Petrus, ille negator, Paulus, ille persecutor, blasphemus et violentus, David, ille adulter, peccator ille qui comedit pomum in paradiso, latro ille in cruce, in summa tu sis persona, quae fecerit omnium hominum peccata). Die Form ist eine andere, sie entspricht der Epoche, in der Luther lebte, und der Umwelt, aus der er hervorgegangen war. Der Grundgedanke aber ist der gleiche, wie er Nietzsche im Gewand seiner Idee der „ewigen Wiederkunft" vorschwebte: man muß sich vom Vergangenen losmachen, muß das, was einmal war, zum Nichtgewesenen machen. Petrus und Paulus und König David und der Schächer am Kreuze und unser Urvater, der den Apfel pflückte — sie alle sind „gefallene Menschen" wie Sokrates, Wagner und Nietzsche. Sich aus eigenen Kräften erlösen — das können sie nicht: je mehr sie ringen, desto tiefer versinken sie in den Abgrund des Verderbens. Luther aber ist nicht durch die „ewigen Wahrheiten" der Vernunft gebunden: im Gegenteil, er ahnt in ihnen jenes furchtbare Ungeheuer, „ohne dessen Tötung der Mensch nicht leben kann" (bellua, qua non occisa non potest homo vivere). Wenn es ihnen, diesen Wahrheiten, beschieden ist, den Triumph davonzutragen, so gibt es für den Menschen keine Rettung. In die Sprache der Philosophie übersetzt: durch Verabsolutierung der Wahrheit relativieren wir das Sein. Luther nun entschließt sich, die Wahrheit auszuliefern an die Gewalt des „allmächtigen Schöpfers, der alles aus dem Nichts schafft" (creatoris omnipotentis, ex nihilo facientis omnia). Befindet sich die Wahrheit in der Gewalt des Schöpfers, so kann der Schöpfer sie — ganz oder teilweise — aufheben. Er kann es so einrichten, daß die Verleugnung des Petrus, die Gotteslästerung und Gewalttätigkeit des Paulus, der Ehebruch Davids — daß dies zum Niegeschehenen werde, vieles oder manches von dem indes, was war, für alle Ewigkeit erhalten bleibe. Ist doch Gott nicht die vernünftige Wahrheit, die den Willen des Menschen zu lähmen vermag, aber selber keinen Willen hat. Auch fürchtet sich Gott vor nichts, — denn alles liegt in seiner Macht. Er fürchtet sich nicht einmal, die Sünden der ganzen Welt seinem Sohne aufzuerlegen, genauer gesagt: ihn zum größten Sünder zu machen. „Alle Propheten", schreibt Luther, „sahen dies im Geiste, daß Christus sein wird der allergrößte Räuber, Dieb, Tempelschänder, Mörder, Ehebrecher usw., wie es nie einen größeren in der Welt gegeben hat" (Omnes prophetae viderunt hoc in spiritu, quod Christus futurus esset omnium maximus latro, fur, sacrilegus, homicida, adulter etc. quo nullus major unquam in mundo fuerit...). Christus, der einziggeborene und eines Wesens mit dem Vater seiende Sohn Gottes, das heißt, Gott selber der größte Sünder, dessengleichen es nie in der Welt gegeben hat! Aber das bedeutete ja, daß Gott die Quelle und der Schöpfer des Bösen sei: kann man doch Luther nicht des Doketismus verdächtigen. Die Propheten „sahen" dies und verkündeten es, wie sie sahen und verkündeten, Gott habe das Herz des Pharao verstockt, das heißt böse gemacht. Für die menschliche Vernunft, die durch die allgemeinen und notwendigen Wahrheiten gebunden ist und diese Wahrheiten von ganzem Herzen und ganzer Seele liebgewonnen hat, erscheinen eine solche Vision und solche Behauptungen, wenn sie auch von den Propheten ausgehen, als äußerste Lästerung, als Schmähung des Heiligen Geistes, für welche die Folterung in allen wirklichen und eingebildeten Höllenfeuern eine zu geringe Strafe wäre. Gott am Bösen schuld, Gott der Schöpfer des Bösen! Absit! — dies sei uns fern! — riefen, nein, schrien ganz außer sich alle, die gelehrten Kirchenväter sowohl wie die einfachen Mönche. Ist das Böse nun einmal auf der Welt — so ist sein Schöpfer und der an ihm Schuldige nicht Gott, sondern der Mensch: nur auf diese Weise läßt sich der allgütige Gott rechtfertigen und retten. In der Tat: wenn die ewigen Wahrheiten v o r Gott und ü b e r Gott sind, wenn „das Geschehene nicht ungeschehen werden kann" (quod factum est infectum esse nequit), so gibt es keine Wahl: Gott, dem Schöpfer des Guten, ist der Mensch als Schöpfer des Bösen entgegenzustellen. Auch der Mensch wird zum „allmächtigen Schöpfer, der alles aus dem Nichts schafft". Und es gibt keine Befreiung von der sündigen Vergangenheit, vom Angsttraum des Todes und von den Schrecken des Lebens, es kann sie nicht geben. Es bleibt der einzige Ausweg: in den allgemeinen und notwendigen Wahrheiten sowie in der Vernunft, die uns diese Wahrheiten verschafft, jenes Ungeheuer zu erblicken, „ohne dessen Tötung der Mensch nicht leben kann". Luther ahnte, daß die Freiheit dem Menschen erst dann zurückgegeben werden würde, wenn die Vernunft und das durch die Vernunft verschaffte Wissen ihre Macht verlören. Auch Nietzsche war, wie wir sahen, nicht weit hiervon entfernt. Er weigerte sich, das Zeugnis des Faktums anzuerkennen, und versuchte die Selbstevidenzen mit dem Hammer seines Willens zu zerschmettern. Aber als Zarathustra von seinen Höhen zu den Menschen herabgestiegen war, mußte er mit seinem furchtbaren und erbarmungslosen Feind Frieden schließen. In Nietzsches letztem Werk, seinem „Ecce homo", lesen wir: „Meine Formel für die Größe am Menschen ist amor fati: daß man Nichts anders haben will, vorwärts nicht, rückwärts nicht, in alle Ewigkeit nicht. Das Notwendige nicht bloß ertragen, noch weniger verhehlen — aller Idealismus ist Verlogenheit vor dem Notwendigen —, sondern es lieben..." Aber so lehrte ja gerade ein dekadenter, ein gefallener Mensch, Sokrates, das sind ja gerade jene Früchte vom Baum der Erkenntnis des Guten und des Bösen, denen es nach Hegel beschieden war, zum Prinzip der Philosophie für alle folgenden Zeiten zu werden. Das gleiche lehrte auch Spinoza, der Sokrates' Weisheit übernommen hatte und in der Tugend die Glückseligkeit erblickte. Statt die Notwendigkeit zum letzten und furchtbaren Kampf herauszufordern, liefert sich Nietzsche, „wie ein Gelähmter, mit schlaffen Armen und Beinen" (velut paraliticus, manibus et pedibus omissis) ihr auf Gnade und Ungnade aus, geleitet er sie in die verborgensten Tiefen seiner Seele, — verspricht er ihr nicht nur Gehorsam und Achtung, sondern sogar Liebe. Und verspricht es ihr nicht nur in seinem Namen. Alle haben sich der Notwendigkeit zu unterwerfen, sie zu achten und zu lieben: andernfalls droht die Ausschließung — Ausschließung wovon? Das „amor fati", sagte Nietzsche, sei eine Formel der Majestät, und wer sich nicht bereit erkläre, alles anzunehmen, was ihm das Fatum aufdrängt, der könne nicht Lob, Ansporn, Beifall erwarten, die der Begriff der Majestät in sich schließt. Das alte „und werdet sein wie Gott" tauchte, Gott weiß woher, auf und bezauberte Nietzsche, der sich vor unseren Augen so heroisch bemühte, jenseits von Gut und Böse zu gelangen, das heißt, jenseits jeglichen Lobs, Ansporns und Beifalls. Wie geschah das? Oder war auch hier unsichtbar die biblische Schlange zugegen, die den ersten Menschen verführte? Bedeutet doch das amor fati in die uns bekannte Sprache Luthers übersetzt: Nietzsche erblickt das „Ungeheuer, ohne dessen Tötung der Mensch nicht leben kann", nicht in den Ketten, die den Willen des Menschen fesseln, sondern in dem Willen des Menschen und in seinem Streben nach Macht. Dementsprechend richtet er alle seine Kräfte nicht darauf, den Feind zu vernichten oder machtlos zu machen, sondern darauf, in sich selber sogar den eigentlichen Wunsch zum Kampf zu ertöten und seine Bestimmung in dem demütigen, ja sogar freudigen und liebevollen Gehorsam demgegenüber erblicken zu lernen, was von außenher und zudem unbekannt woher kommt. Und das ist jener Nietzsche, der so viel von Herrenmoral sprach und die Sklavenmoral so verspottete! Vor nichts, vor keiner Autorität wollte er sich beugen, als er aber der Notwendigkeit ins Antlitz blickte, versagten seine Kräfte: er errichtet ihr Altäre, auf die selbst der anspruchsvollste Bewohner des Olymps hätte neidisch werden können. Es bewahrheitete sich alles, was Luther in seinen „De servo arbitrio" und „De votis monasticis" erzählte, und was sich Nietzsche selber in Sokrates' Schicksal offenbarte, was jedoch in seinem eigenen Schicksal zu erblicken ihm nicht beschieden war: der gefallene Mensch vermag nichts zu seiner eigenen Rettung zu tun, er hat die Freiheit der Wahl eingebüßt, und alles, was er tut, rückt ihn nicht vom Untergang ab, sondern bringt ihn ihm näher, und je mehr er „tut", desto mehr verrät er sich, desto tiefer fällt er. Es ergibt sich noch ein zweiter, für uns nicht weniger wichtiger und wesentlicher Umstand. Der gefallene Mensch — dies wiederum hat Nietzsche, wie wir uns erinnern, gesehen, als er Sokrates betrachtete — vertraut sich dem Wissen an, während doch gerade das Wissen seine Freiheit lähmt und ihn unvermeidlich ins Verderben führt. Denn die Notwendigkeit, von der Nietzsche uns spricht, — woher kam sie, wer oder was brachte sie uns? Hätte man Nietzsche so eine Frage vorgelegt — hätte er wahrscheinlich geantwortet, die „Erfahrung" habe sie den Menschen gebracht. Aber wir überzeugten uns bereits, daß die Notwendigkeit sich in der Erfahrung nicht finden läßt. Das Wissen gewinnt die Idee der Notwendigkeit aus einer ganz anderen Quelle als aus der Erfahrung. Zudem kann das Wissen nicht einmal einen Augenblick ohne die Idee der Notwendigkeit bestehen. Wo aber Notwendigkeit ist, dort gibt es keine Freiheit und kann es sie nicht geben, folglich kann dort, wo Wissen ist, auch keine Freiheit sein. Nietzsche scheint nur um Haaresbreite davon entfernt gewesen zu sein, dem Wissen den Fehdehandschuh hinzuwerfen und die Wahrheit an einer anderen Quelle zu suchen. Doch nicht nur deshalb, weil Sokrates' Beispiel ihn vor den Folgen gewarnt hätte, zu denen ein übertriebenes Vertrauen in das Wissen führt. Nietzsche kannte die Erlebnisse, die davon zeugten, daß sein ganzes Wesen vom Wissen fort in jene Gebiete des Seins strebte, wo die Bezauberungen des Wissens den Menschen bereits nicht mehr binden und nicht mehr auf ihm lasten. Es ist wieder sein „Ecce homo", wo er mit unnachahmlicher Kunst von ihnen erzählt. Der Leser wird mir hoffentlich das lange Zitat nicht verübeln — die Frage ist für uns von allzu großer Bedeutung. „Hat jemand, Ende des neunzehnten Jahrhunderts, einen deutlichen Begriff davon, was Dichter starker Zeitalter Inspiration nannten? Im anderen Falle will ich's beschreiben. — Mit dem geringsten Rest von Aberglauben in sich würde man in der Tat die Vorstellung, bloß Inkarnation, bloß Mundstück, bloß Medium übermächtiger Gewalten zu sein, kaum abzuweisen wissen. Der Begriff Offenbarung, in dem Sinn, daß plötzlich, mit unsäglicher Sicherheit und Feinheit, etwas sichtbar, hörbar wird, etwas, das einen im Tiefsten erschüttert und umwirft, beschreibt einfach den Tatbestand. Man hört, man sucht nicht; man nimmt, man fragt nicht, wer das gibt, wie ein Blitz leuchtet ein Gedanke auf, mit Notwendigkeit, in der Form ohne Zögern — ich habe nie eine Wahl gehabt... Alles geschieht im höchsten Grade unfreiwillig, aber wie in einem Sturme von Freiheits-Gefühl, von Unbedingtsein, von Macht, von Göttlichkeit..." Wie wenig gleicht diese Notwendigkeit, von der Nietzsche hier erzählt, jener Notwendigkeit, die schon die Alten zu der Idee des gegen alles gleichgültigen Schicksals hinführte. Unwillkürlich erhebt sich die Frage: Wann befand sich Nietzsche in der Gewalt der „Vorurteile" — damals, als er das amor fati pries, in der Überzeugung, daß sich gegen das Schicksal nichts ausrichten lasse — oder, als er behauptete, daß alles in ihm „im höchsten Grade unfreiwillig", aber nichtsdestoweniger in einem Sturme von Freiheitsgefühl, von Macht, von Göttlichkeit geschehe? Er schließt seine Geständnisse folgendermaßen: „Dies ist meine Erfahrung von Inspiration; ich zweifle nicht, daß man Jahrtausende zurückgehen muß, um Jemanden zu finden, der mir sagen darf, ,es ist auch die meine'. —" Ich denke, daß diese Worte eine Antwort auf die gestellte Frage geben: zeitenweise standen Nietzsche die „Vorurteile" jener Menschen, die Jahrtausende vor uns lebten, viel näher als die „Wahrheiten" unserer Zeitgenossen. Dennoch brachte er seine Visionen letztlich nicht vor den Richterstuhl jener „Vorurteile", von denen die antike, sich vor nichts fürchtende Freiheit zehrte, sondern vor den Richterstuhl des Wissens, aus dem die Leidenschaftslosigkeit, die Willenslosigkeit und die stumpfe Unterwürfigkeit des modernen Denkens entsprangen. Die Idee der „ewigen Wiederkunft" wollte eine „Begründung" haben und wandte sich wiederum an das gleiche Fatum, um sich eine Existenzberechtigung auszubetteln. Kann sie doch nicht kraft ihres eigenen Willens bestehen: sie hat keinen eigenen Willen; auch kann sie nicht kraft des Willens irgend eines lebenden Wesens bestehen: die lebenden Wesen haben keine Macht. Es hängt alles davon ab, ob das Fatum sich bereit erklärt oder nicht, ihr einen Platz im Gesamtbau des Seins anzuweisen. Denn die Entscheidungen des Fatums sind, was auch immer sie betreffen mögen, ob das Leben eines einzelnen Menschen oder aller Menschen, ja sogar des ganzen Weltgebäudes, unabänderlich und unüberwindlich, und die Tugend sowohl des einfachen Sterblichen wie auch des Weisen besteht darin, die Entscheidungen des Fatums nicht nur hinzunehmen, nicht nur zu achten, sondern auch zu lieben. Es braucht hier nicht ausführlich erzählt zu werden, wie Nietzsche für seine Idee der ewigen Wiederkunft vom Fatum die Erlaubnis erbettelte. Nietzsche behauptet, das Fatum habe sein Flehen erhört. Aber er hat wohl auch kaum selber ernsthaft geglaubt, daß die Idee der „ewigen Wiederkunft" sich „beweisen" und „begründen" ließe und daß jene Erwägungen, mit denen er sie begründete, auch nur irgend wen überzeugen könnten, — obwohl er gewissenhaft und ehrlich dachte, nicht wie jene fernen Vorfahren von ihm, mit denen er im „Zarathustra" Zwiesprache führte, sondern wie zu denken sich für einen auf der Höhe der modernen Bildung stehenden Menschen gehört, das heißt, ausgehend nicht von der Idee der Macht, sondern von der Idee des Gehorsams gegen die Notwendigkeit. Was ihre „Beweisbarkeit" anbelangt, erwies sich die Idee der ewigen Wiederkehr, selbst in jener beschnittenen Form, in der er sie dem höchsten Richterstuhl vorlegte, als weit hinter vielen anderen modernen Ideen zurückstehend, die Nietzsche so giftig verspottete. Die Idee der ewigen Wiederkunft, genauer gesagt, das, was sich Nietzsche unter diesem Namen offenbarte, kann nur dann von Bestand bleiben, wenn der höchste Richterstuhl, auf dem die Notwendigkeit thront, zerstört wird. Gegen diesen Richterstuhl nun hätte Nietzsche seinen Hammer richten sollen. Alle Qualen, alle Schrecken und Verzweiflungen, aller Haß und Ekel, alle Freuden und Hoffnungen, die Nietzsche durchzumachen beschieden war, hätten darauf gerichtet werden müssen, dieses Ungeheuer zu stürzen. Offenbar erblickte er auch selber hierin seine Lebensaufgabe und gab sich unmenschliche Mühe, sie zu erfüllen. Er nahm eine furchtbare Bürde auf sich und war bereit, noch größere Bürden auf sich zu nehmen. In einem seiner Briefe sagt er, daß er gern alle Schrecken durchmachen würde, die jemals das Los eines Menschen gewesen seien, denn nur unter diesen Umständen würde er glauben, daß sich ihm tatsächlich die Wahrheit geoffenbart habe. Sein Wunsch wurde ihm auch erfüllt. Es läßt sich wohl kaum ein Denker des 19. Jahrhunderts nennen (außer vielleicht Kierkegaard), der das auszustehen gehabt hätte, was Nietzsche ausgestanden hat. Aber es erwies sich, daß dies noch nicht genügte, um die nötige Kühnheit zu erlangen und der Notwendigkeit den Fehdehandschuh zuzuwerfen. Als er dicht vor die Notwendigkeit hintrat und ihr in die Augen blickte, — da versagten seine Kräfte und sanken seine Hände herab, wie sie bei Sokrates, bei Spinoza herabsanken. „Das Notwendige verletzt mich nicht, amor fati ist meine innerste Natur", erklärt er in „Ecce homo" — als hätte er alles vergessen, was er so viele Male von der Sklaven- und Herrenmoral, vom Willen zur Macht, von der „jenseits von Gut und Böse" liegenden Freiheit gesagt hatte. Statt mit dem widerwärtigen Ungeheuer zu ringen, wird er dessen Bundesgenosse, Vasalle, Sklave und richtet seinen Hammer gegen jene, die, wenn sie der Notwendigkeit auch nicht gerade den Gehorsam verweigern (solche gibt es nicht: der Notwendigkeit unterwerfen sich alle — die Weisen wie die Toren), so doch im Gehorsam gegen die Notwendigkeit nicht das „höchste Gut" und die „Glückseligkeit" erblicken wollen. Der amor fati wird zum Gegenstand seines Stolzes, an das „und werdet sein wie Gott, und wissen, was gut und böse ist" knüpft er alle seine Hoffnungen. Und seine Philosophie verwandelt sich, wie die Philosophie Sokrates' und Spinozas, in Belehrung: der Mensch muß „beiderlei Antlitz des Schicksals mit Gleichmut ertragen", einem guten Menschen kann nichts Schlimmes geschehen, — denn man muß selbst im phalarischen Stier Glückseligkeit zu finden wissen. Nietzsches „Grausamkeit", über die man seinerzeit so entsetzt war, nahm nicht von Nietzsche ihren Ausgang. Sie nahm der erste Mensch in seine Seele auf, der sich von den Früchten vom Baum der Erkenntnis des Guten und des Bösen hatte verlocken lassen. Sie wurde verkündet von dem weisesten der Menschen, der die allgemeinen und notwendigen Wahrheiten entdeckt hat. Die Erbsünde lastet auf der gefallenen Menschheit, und alle Bemühungen, sie zu überwinden, zerschellen, wie die Wellen an einer Klippe, an der unsichtbaren Mauer der Vorurteile, die wir als ewige Wahrheiten anbeten. Auch Nietzsche ist dem allgemeinen Los nicht entgangen: die Idee der Notwendigkeit hat ihn bezaubert und auf ihre Seite herübergelockt — er selbst beugte sein Haupt vor ihr und rief die Menschen zum Gebet vor den Altar, auf dem das Ungeheuer thronte, „ohne dessen Tötung der Mensch nicht leben kann".

11

Noch anschaulicher jedoch als bei Nietzsche tritt der Zusammenhang zwischen Wissen und Freiheit, genauer gesagt, dem Verlust der Freiheit, in dem erschütternden Schicksal Kierkegaards zutage. Nietzsche nannte sich den Antichrist und kämpfte bewußt gegen Sokrates. Kierkegaard hielt sich für einen Christen, betrachtete die Heilige Schrift als Offenbarung und behauptete, von Sokrates nichts lernen zu können, da Sokrates ein Heide gewesen sei. In Wirklichkeit aber war es ihm bis ans Ende seines Lebens nicht beschieden, der Macht der Sokratischen Ideen zu entrinnen. Eher umgekehrt: je mehr er Sokrates bekämpfte, desto hoffnungsloser verfing er sich in dessen Netzen. Rätselhafterweise fühlte Kierkegaard sich durch irgend etwas von Luther abgestoßen: obwohl Lutheraner dem Glaubensbekenntnis nach und Kandidat der Theologie, hat er, wie er selber gesteht, fast nichts von Luthers Schriften gelesen. „Ich habe niemals etwas von Luther gelesen", schreibt er in seinem Tagebuch. Das ist wohl kaum ein Zufall: der moderne Mensch kann nicht umhin, das „Licht des Gesetzes" (lux legis) zu suchen, und am allermeisten schreckt ihn die „Finsternis des Glaubens" (tenebrae fidei). Ich will es geradeheraus sagen, obwohl ich weiß, daß es den Unwillen vieler Kierkegaard-Verehrer hervorrufen wird: Kierkegaards Christentum ist eine Wiederholung dessen, was Sokrates in seiner ersten und zweiten Verkörperung den Menschen brachte: Ein tugendhafter Mensch werde auch im phalarischen Stier glückselig sein. In seiner Rede „Einmal leiden, ewig leben" (S. 81) vergleicht er die Menschen mit Verbrechern, von denen auf dem Wege der Güte kein Geständnis zu erlangen ist und die man darum der Folter unterziehen muß, und sagt: „Die Hoffnung im ewigen Sinne ist durch eine ungeheuerlich krankhafte Anspannung bedingt, und ein natürlicher Mensch würde dies um keinen

Preis freiwillig auf sich nehmen". Dementsprechend „führt die christliche Tröstung nach weltlichem Ermessen zu größerer Verzweiflung als das schwerste irdische Leiden, als das größte zeitliche Unglück: und hier erst beginnt die Erbauung, die echte christliche Erbauung" (ebendort S. 96). Wer auch nur ein wenig mit Kierkegaards Werken vertraut ist, wird uns zustimmen, daß alle Gedanken und Schriften Kierkegaards die gleiche Tonart aufweisen wie die angeführten Stellen. Sogar die Titel seiner Bücher: „Furcht und Zittern", „Der Begriff der Angst", „Die Krankheit zum Tode", „Der Pfahl im Fleisch" und so fort, bezeugen uns zur Genüge die Schrecken, von denen sein Leben wie sein Schaffen übervoll waren. In sein Tagebuch trägt er ein: „Oh, wenn ich einmal tot bin — allein ‚Furcht und Zittern' wird genug sein, um meinen Namen unsterblich zu machen. Es wird gelesen, auch in fremde Sprachen übersetzt werden. Man wird fast Grauen haben vor dem furchtbaren Pathos, das in diesem Buche ist" (II, 89). Ein Jahr früher lesen wir in dem gleichen Tagebuch: „Mich dünkt, ich habe Dinge geschrieben, die die Steine zu Tränen rühren müßten" (I, 389). Ferner: „Hätte man eine Vorstellung davon, wie ich gelitten habe, wie ich stetig leide, welche Leiden verbunden sind mit einer solchen Existenz!" (II, 142). Daneben lesen wir ein Zeugnis der folgenden Art: „... wurde ich in elf Monaten fix und fertig mit ‚Entweder — Oder'. Wenn ein Mensch den eigentlichen Beweggrund zu wissen bekäme... Herr Gott, ein so großes Werk, denkt man wohl, muß einen recht tiefen Grund haben... und doch betrifft es ganz und gar mein privates Leben — und die Absicht — ja bekäme man sie zu wissen, so würde ich für rein verrückt erklärt" (I, 183). Solche Geständnisse — die Tagebücher sind übervoll von ihnen — sind der Schlüssel zum Verständnis nicht nur Kierkegaards selbst, sondern auch jener ungeheueren und schwierigen philosophischen Probleme, die mit seinem der Denkrichtung nach einzigartigen

Schaffen verknüpft sind. Es kann kein Zweifel bestehen: was Kierkegaard durchzumachen hatte und wovon er in seinen Büchern erzählte, ist so furchtbar gewesen, daß es selbst Steine zum Schluchzen bringen könnte. Anderseits aber kann ebensowenig bezweifelt werden, daß, wenn ein Mensch wüßte, weswegen Kierkegaard einen so furchtbaren Tumult machte, man ihn auslachen und für verrückt erklären würde. Dabei war Kierkegaard, trotz der vielen Eintragungen im Tagebuch, aus denen nicht gar so schwer zu erraten ist, welcher Art seine Erlebnisse waren, selber tief davon überzeugt, daß nie jemand erfahren werde, was ihn so entsetzlich zerquält und gemartet hatte, wohin jener Pfahl im Fleisch eingedrungen war, von dem er so viel spricht. Zu alledem kommt hinzu, daß er wem auch immer feierlich verbietet, nach den konkreten Umständen zu forschen, die sein Leben untergraben hatten, und auf alle Fälle hinzufügt, er selbst habe alle Maßnahmen getroffen, um neugierige Leute, denen es einfallen sollte, sein Geheimnis auszukundschaften, irrezuleiten. Er hat sein Ziel zum Teil erreicht. Die einen halten sich moralisch verpflichtet, den Willen eines längst dahingeschiedenen Mannes zu berücksichtigen; die anderen schrecken vor der offenkundigen Unmöglichkeit zurück, den gordischen Knoten der Erfindungen zu entwirren, die Kierkegaard absichtlich in die tatsächlichen Ereignisse seines Lebens hinein verflocht. Offenbar wird es auch kaum jemals gelingen, ganz konkret klarzustellen, wie es um Kierkegaard stand, — selbst wenn man zu der Entscheidung käme, daß sein noch zu Lebzeiten ausgesprochener Wille heute, fast ein ganzes Jahrhundert nach seinem Hinscheiden, niemanden mehr binde. Läßt sich doch leicht annehmen, daß Kierkegaard in seinem jenseitigen Leben am allermeisten von dem Gedanken belästigt und bedrückt werde, nicht selber den Mut gehabt zu haben, zu seinen Lebzeiten aller Welt sein Geheimnis offen ins Gesicht zu verkünden, und daß, wenn sich einer fände, der sein Geheimnis heute enträtselte und es den Menschen zeigte, er damit eine große Bürde von der Seele des Verstorbenen nehmen und zugleich der suchenden und denkenden Menschheit einen unabschätzbaren Dienst erweisen würde. Kierkegaard ist weder der erste, noch der letzte gewesen, der sein Geheimnis, das er auf der Erde und für die Erde hätte hinterlassen sollen, mit ins Grab nahm. Um nicht erst Beispiele weit herzuholen, will ich Nietzsche nennen, von dem noch soeben die Rede war. Er redet ständig von den „Masken", mit denen die Menschen ihre „innere Besudelung" verdecken, und scheut sich nicht weniger als Kierkegaard, seine Erlebnisse mit konkreten Worten zu nennen. Ein bisher noch nicht aufgedecktes „Geheimnis" hatten sowohl Sokrates als auch Spinoza und auch so große Heilige wie Bernhard von Clairvaux, dessen „perdita vita" Luther keine Ruhe gab. Man kann natürlich von Ideen sprechen, ohne das Leben jener Menschen zu berühren, in deren Seelen diese Ideen entstanden. „Die Wahrheit ist die Darstellung ihrer selbst und des Falschen" (verum est index sui et falsi) — von diesem Satz Spinozas ausgehend, kann man annehmen, daß es zur Nachprüfung uns vorgelegter philosophischer Konzeptionen Prinzipien gebe, die diesen Ideen immanent sind. Aber das ist eine petitio principii, eine der verhängnisvollsten, welche sich die nach allgemeinen und notwendigen Urteilen begierige Vernunft je ausgedacht hat. Wenn es den Menschen doch noch beschieden ist, die Kritik der reinen Vernunft nicht vermittelst der Vernunft und der dieser immanenten Prinzipien durchzuführen, — so müßte der erste Schritt hierzu die Bereitwilligkeit sein, auf Spinozas Prinzip zu verzichten. Das heißt, man muß sich entschließen, sich zu sagen, das Geheimnis Kierkegaards, Sokrates', Spinozas oder Nietzsches dürfe sich nicht vor den Menschen fürchten und sich nicht wie ein Dieb in der Nacht verbergen; man müsse ihm, das so verspottet und verleumdet wurde, daß es sich seiner selbst zu schämen begann, im Gegenteil den höchsten Ehrenplatz unter den Wahrheiten einräumen. Kierkegaard machte den Philosophen den Vorwurf, sie lebten nicht nach den Kategorien, in denen sie denken. Wäre es nicht richtiger, ihnen vorzuwerfen, daß sie nicht in den Kategorien zu denken wagen, nach denen sie leben? Er selbst will glauben, daß er nach den Kategorien lebe, in denen er denkt, und daß darin sein „Verdienst" bestehe. „Die Erklärung, die ich in meinem Innersten verberge, die mehr konkrete, die eigentlich mein Entsetzen noch genauer enthält, die schreibe ich doch nicht nieder." So viel er aber auch verbergen mag, eins steht außer Zweifel: dieses „Konkrete" — ist der Bruch mit seiner Braut Regine Olsen. Daß er mit Regine brach — das konnte er natürlich nicht verheimlichen. Doch verheimlichte er, daß er die Verlobung nicht freiwillig aufhob, sondern gezwungenermaßen — und zudem nicht aus einem inneren oder „höheren" Zwang heraus, sondern aus rein äußerlichem Zwang, dem denkbar alltäglichsten und beleidigenden, dem nach seiner Schätzung denkbar schmählichsten und abscheulichsten. Dies verbarg er vor der Welt und tat alles in seinen Kräften liegende, um die Menschen glauben zu machen, daß er mit Regine freiwillig gebrochen habe und daß es seinerseits ein auf dem Altar Gottes dargebrachtes Opfer gewesen sei. Nicht genug damit, daß er die Mitmenschen hiervon überzeugte, hat er auch sich selber hierin f a s t überzeugt: sein ganzes Schaffen, sein ganzes Denken beruht auf dieser Überzeugung. Es entsprach dies indessen nicht der Wahrheit, es war eine „Einflüsterung", und zwar offenbar keine Selbsteinflüsterung, sondern eine Einflüsterung von außen her. Er hat Regine nicht geopfert, man nahm sie ihm gewaltsam, und nicht Gott nahm sie ihm, sondern jene dunklen Mächte, die einstmals dem Orpheus die Eurydike nahmen. Auch nicht nur Regine nahm man ihm: es wurde ihm alles genommen, was dem Menschen von Gott gegeben wird. Sodaß also — und das ist vielleicht das Furchtbarste und Erschütterndste an Kierkegaards Schicksal (wie auch an dem Schicksal Nietzsches) — er nichts mehr zu opfern hatte: muß man doch, um opfern zu können, etwas besitzen. Kierkegaard (ich sage wieder: auch Nietzsche) hatte nichts. Er war ein Sänger, ein Dichter, ein Denker — er vermeinte sogar, in dieser Hinsicht ungewöhnlich begabt zu sein —, aber seine Begabung brauchte er nicht. Wenn er doch wenigstens über Orpheus' Gabe verfügt hätte, die Steine zu erweichen! Aber wir erinnern uns, daß nicht nur die Menschen, sondern auch die Steine nicht auf ihn hörten: wenn er sprach, lachten die Menschen, die Steine indes schwiegen, wie sie immer schweigen. Ja, hat Orpheus überhaupt diese Gabe besessen? Hat es jemals auf Erden einen Menschen gegeben, dem es gegeben gewesen wäre, die Stummheit jener riesengroßen Welt zu besiegen, deren Glieder nach der Lehre der Weisen wir alle sind? Und hat also jemals ein Mensch gelebt, der die Vermessenheit gehabt hätte, in jenen Kategorien zu denken, nach denen er lebte, und der, die „ewigen" Gesetze verletzend, sich entschlossen hätte, in den für die Sterblichen unzugänglichen Hades hinabzusteigen?

Wie dem auch sei, Kierkegaard erscheint uns als eine Art von Orpheus redivivus — als ein Sänger, dem seine Geliebte genommen worden war, der aber, im Gegensatz zu seinem mythischen Urbild, nicht mit den Steinen zu reden verstand und sich an die Menschen zu wenden gezwungen war. Doch die Menschen sind schlimmer als die Steine: die Steine schweigen nur, die Menschen indes können lachen. Darum kann man den Steinen noch die Wahrheit sagen, den Menschen aber muß man sie verheimlichen. Man kann den Menschen nicht sagen, daß wegen eines Sören Kierkegaard und einer Regine Olsen (das heißt, wegen einer so privaten, also unwichtigen Angelegenheit) die Hölle die ewigen Gesetze ihres höllischen Seins durchbrechen müßte. Mit den Menschen kann man von der Hölle ja gar nicht reden, insbesondere nicht mit den modernen Kulturmenschen, für sie gibt es das Wort „Hölle" nicht. Sie wissen, daß es feste, unabänderliche Prinzipien gibt, welche die Ordnung des Seins bedingen, daß diese Prinzipien keine Ausnahme zulassen und keinen Unterschied machen zwischen dem von den Göttern inspirierten Orpheus und dem letzten Bettler. Es ist nutzlos, den Menschen von den „Schrecken" zu erzählen, die Kierkegaard erlebte, als er erfuhr, daß die Hölle ihm Regine Olsen nicht zurückgeben werde. Es ist überhaupt nutzlos, den Menschen von Schrecken zu erzählen: können denn Schrecken, so furchtbar sie auch sein mögen, die „Ordnung und Verknüpfung der Dinge" (ordo et connexio rerum) und die aus ihr erwachsene „Ordnung und Verknüpfung der Ideen" (ordo et connexio idearum), das heißt unser Denken, ins Wanken bringen? Spinozas gestrenges „nicht lachen, nicht weinen noch verwünschen, sondern verstehen" (non ridere, non lugere, neque detestari, sed intelligere) ist ebenso unerbittlich wie die Gesetze der Hölle. Hier darf man bereits nicht mehr bestreiten, hier muß man gehorchen. Selbst Nietzsche, „der das Gesetz tötete" — gelangte schließlich zum amor fati. Doch was soll Kierkegaard tun? Er kann sich nicht mit dem Gedanken versöhnen, daß seine Schrecken spurlos vorübergehen und nichts am allgemeinen Haushalt des Weltgebäudes ändern würden. Aber sprechen kann man hiervon nicht: das ist etwas „Schamrühriges", das muß man verheimlichen, man muß sich den Anschein geben, daß dies nie gewesen sei. Warum ist es schamrührig, warum darf Kierkegaard nicht davon sprechen, wovon in fernen Zeiten Orpheus sprach, sang? Man wird einwenden, daß Orpheus eine nichtexistente oder jedenfalls eine mythisch verkleidete Gestalt sei. Ein lebendiger Orpheus hätte auch nicht gewagt, gegen die Hölle zu kämpfen, und hätte seine Nachgiebigkeit durch erhabene Erwägungen, das heißt durch Betrachtungen über das Opfer und so weiter „rechtfertigt".

Von wo die Scham in die Welt gekommen ist — das weiß niemand. In Platos „Symposion" erzählt Alkibiades, Sokrates habe ihn das Schämen gelehrt. Nach der Bibel stellte sich die Scham als Folge des Sündenfalls ein: als Adam den Apfel vom Baum der Erkenntnis gegessen hatte, schämte er sich seiner Nacktheit, deren er sich vorher nicht geschämt hatte. In beiden Fällen wird die Scham in engsten Zusammenhang mit dem Wissen gebracht und in Abhängigkeit von diesem gestellt. Nicht vom Wissen als „Freude an der sinnlichen Wahrnehmung" (ἀγάπησις τῶν αἰσθήσεων), sondern vom Wissen um die allgemeinen und notwendigen Wahrheiten. Das Wissen zwingt den Menschen, das Wirkliche, das heißt „die Dinge, die nicht in unserer Gewalt stehen", hinzunehmen, es flößt ihm auch den Gedanken ein, daß in diesem Hinnehmen etwas Schmähliches und Beschämendes liege. Wenn Kierkegaard vom freiwilligen Opfer spricht, während er doch nichts zu opfern hatte, da ihm alles genommen war, ahnt er am allerwenigsten, daß er unwillkürlich in die Fußstapfen unseres Urvaters tritt, der den Apfel pflückte: er verdeckt seine Blöße mit dem Feigenblatt. Er vermeint im Gegenteil, ein großes, ungeheures Werk zu vollbringen, seine Seele zu „retten" und anderen Menschen bei ihrer Errettung zu helfen. Aber hier geschieht gerade das, wovor Luther und Nietzsche warnten, wenn der eine sagte: „Denn es muß der Mensch seinen Werken mißtrauen" (oportet enim hominem suis operibus diffidere), und der andere, daß, was auch immer ein gefallener Mensch tue, alle seine Werke ihm nicht zur Rettung, sondern zum Verderben gereichen. Er beschließt, daß man nach denselben Kategorien leben müsse, in denen man denkt — und streckt die Hand nach dem Baum der Erkenntnis des Guten und des Bösen aus, dessen Früchte, wie Hegel uns erklärte, zum

Prinzip der Philosophie für alle folgenden Zeiten werden. Kierkegaard haßte und verachtete Hegel. Nicht lange vor seinem Tod macht er folgende Eintragung in seinem Tagebuch: „Aber Hegel! — o laß mich griechisch denken! — Wie haben die Götter gelacht! Ein solcher ekler Professor, der ganz und gar aller Dinge Notwendigkeit durchschaut hatte und das Ganze zum Herplappern einrichtete: ihr Götter!" (II, 351). Aber auf die Idee zu verzichten, daß unser Leben durch unser Denken bestimmt werden müsse, mit Sokrates zu brechen — das hat Kierkegaard nie vermocht. Selbst in Augenblicken äußerster seelischer Spannung hat er, wie wir gleich sehen werden, sich nicht entschlossen, das „Licht der Vernunft" (lux rationis) gegen die „Finsternis des Glaubens" (tenebrae fidei), wie Luther sich ausdrückt, zu vertauschen, und blickte er sich nach Sokrates um. In „Der Pfahl im Fleisch" schreibt er: „... und wenn man zu Tode geängstigt wird, da steht zuletzt die Zeit stille. Laufen zu wollen schneller als je, und da nicht einen Fuß rücken zu können; den Augenblick kaufen zu wollen mit Aufopferung alles andern, und da zu lernen, daß er nicht feil ist, weil ‚es nicht liegt an Jemands Wollen oder Laufen, sondern an Gottes Erbarmen'". Man möchte meinen, wer solches erlebt hat, würde das Vertrauen zu seinen „Werken" auf immer verlieren. Was für Werke kann einer vollbringen, für den die Zeit stille steht, der wie Spinozas „schandbarster Esel", von einer feindlichen Macht bezaubert, kein Glied zu rühren vermag? Aber gerade in solchen Augenblicken erinnerte sich Kierkegaard immer an Sokrates: einem guten Menschen kann niemals etwas Schlimmes geschehen, ein guter Mensch wird selbst im phalarischen Stier die Glückseligkeit nicht verlieren. Und selbst wenn sein Wille gelähmt und er zum Hungertod zwischen zwei Heubündeln verdammt ist, so bleibt doch noch ein „Werk" übrig: er kann „beiderlei Antlitz des Schicksals mit Gleichmut ertragen", kann noch das Fatum besingen, kann noch von sich und allen Menschen verlangen, daß sie in den Schrecken des Lebens die höchste Glückseligkeit erblicken. Läuft doch nicht nur die Philosophie, sondern auch das Christentum völlig auf Erbauung hinaus.

12

Besonders kennzeichnend in dieser Hinsicht sind „Furcht und Zittern", mit der sich daran anschließenden „Wiederholung", und „Der Begriff der Angst". Ersteres Werk ist Abraham und seinem Opfer (das heißt dem Problem des Glaubens) gewidmet, letzteres handelt vom Sündenfall. Ich erinnere nochmals daran, daß Kierkegaard in einer streng lutherischen Atmosphäre geboren wurde und aufwuchs. Obwohl er Luthers Werke nicht gelesen hat, konnte er doch nicht umhin, sich zu dem Lutherischen sola fide zu bekennen. Doch je älter er wurde, desto weiter entfernte er sich von dem sola fide und desto krampfhafter klammerte er sich an den „freien Willen", indem er sich immer mehr jener Auffassung des Glaubens als fides formata caritate annäherte, die Luther so erbarmungslos im Katholizismus verfolgte. Aber schon in „Der Begriff der Angst", im Jahre 1844, faßt er den Glauben anders auf, als er ihn 1843 bei der Niederschrift von „Furcht und Zittern" aufgefaßt hatte: in die Zeit zwischen dem Erscheinen dieser zwei Bücher fiel ein Ereignis, das zwar anderen gänzlich bedeutungslos erscheint, das aber für Kierkegaards Schicksal entscheidend wurde: Regine Olsen, seine ehemalige Braut, verlobte sich mit Schlegel. Es war dies für jedermann eine der zahlreichen Verlobungen, die keinerlei Stoff zum Nachdenken geben. Für Kierkegaard jedoch bedeutete dies: Sokrates war der weiseste der Menschen, und Abraham, der Vater des Glaubens, muß und kann nur insofern hingenommen werden, als sein Glaube die eine Bestätigung und der Ausdruck der

Sokratischen Weisheit ist. Wie jedermann weiß, hat Gott Abrahams Hand in dem Augenblick angehalten, als er das Messer über seinem Sohn erhob, so daß Isaak am Leben blieb. Anläßlich hiervon schreibt Kierkegaard in „Furcht und Zittern": „Laßt uns weiter gehen. Wir lassen Isaak wirklich geopfert werden. Abraham g l a u b t e. Er glaubte nicht, daß er einmal im Jenseits werde selig werden — nein, daß er h i e r i n d e r W e l t werde glückselig werden. Gott konnte ihm einen andern Isaak geben, den geopferten wieder ins Leben rufen. Er glaubte kraft des Absurden*; denn alle menschliche Berechnung hatte ja längst aufgehört" (S. 30). Auf der nächsten Seite fügt er hinzu: „... die Bewegung des Glaubens muß beständig kraft des Absurden gemacht werden, doch wohl zu merken in der Weise, daß man nicht die Endlichkeit v e r l i e r t, sondern sie voll und ganz g e w i n n t." Etwas weiter erzählt er, um seine Auffassung vom Glauben noch anschaulicher zu erläutern, die „erfundene" Geschichte eines armen jungen Mannes, der sich in eine Prinzessin verliebte. Es ist für jedermann klar, daß der junge Mann die Prinzessin nie zur Frau bekommen wird. Aber der „Ritter des Glaubens", der nicht schlechter als „alle" die Macht der Alltäglichkeit über die Menschen begreift, macht die „Bewegung des Glaubens", und es geschieht ein Wunder: „Er sagt: ‚I c h g l a u b e d e n n o c h, d a ß s i e m e i n w i r d‘, nämlich kraft des Absurden, auf Grund dessen, daß bei Gott alles möglich ist" (S. 40). Im Verlaufe der gleichen Darlegung gesteht Kierkegaard mehrmals: „Ich g l a u b e nicht, hierzu fehlt mir der Mut"

---

* Entgegen der Meinung einiger Kommentatoren Kierkegaards ist der für sein ganzes Denken so charakteristische Terminus „das Absurde" nicht den deutschen Philosophen, sondern Tertullian entlehnt, den Kierkegaard sehr schätzte und dem er, wie viele im vorigen Jahrhundert, das berühmte „credo quia absurdum" („ich glaube es, weil es unsinnig ist") zuschreibt.

(S. 28, ähnlich S. 62: „Das kann ich schon verstehen, ohne deshalb zu behaupten, daß ich den Glauben h a b e" und S. 70: „... daß er nicht den Mut besitzt, es zu verstehen..."). Statt zu sagen: „hierzu fehlt mir der Mut", wäre es vielleicht besser, das zu wiederholen, was Kierkegaard uns in „Der Pfahl im Fleisch" sagte: „Laufen zu wollen schneller als je, und da nicht einen Fuß rücken zu können", und sich hier an Luthers „De servo arbitrio" zu erinnern. W a s h i n d e r t i h n d a r a n, z u g l a u b e n ? Ist ihm doch der Glaube das Notwendigste auf der Welt. Der Glaube bedeutet, daß Gott Abraham einen neuen Sohn geben, den geopferten Isaak wieder ins Leben rufen konnte, daß er den unglücklichen jungen Mann mit der Prinzessin verbinden konnte, daß er die Hölle zwingen kann, ihrem Gesetz untreu zu werden und Regine Olsen Kierkegaard zurückzugeben. Es liegt auf der Hand, daß der Mut hiermit nichts zu tun hat, — es gehört eher Mut dazu, auf den Glauben zu verzichten. Auch wird überhaupt wohl kaum jemand, der Kierkegaards Leben kennt, sich entschließen, ihm Mut abzusprechen, wie wohl kaum jemand Sokrates oder Spinoza den Mut absprechen wird. Darum auch geht ja für Kierkegaard der Weg zum „Glauben" unvermeidlich über die „unendliche Resignation": „Diese Resignation ist jenes Hemd, von dem in einer alten Volkssage geredet wird: der Faden ist unter Tränen gesponnen, mit Tränen gebleicht; das Hemd in Tränen genäht... Das Geheimnis ist, daß ein jeder im Leben sich dies Hemd selbst nähen muß" (S. 39). Und in dieser „unendlichen Resignation liegt Friede und Ruhe". Hinter dieser unendlichen Resignation lassen sich nicht schwer der phalarische Stier des Sokrates, die Glückseligkeiten (beatitudines) Spinozas oder Nietzsches amor fati erkennen. Kierkegaard ist durch all dies hindurchgegangen; aber während die Weisheit des Sokrates dabei haltmachte, hierin das Ende erblickte und dieses Ende als höchstes und letztes Ziel des Menschen pries, konnte

Kierkegaard, als er „Furcht und Zittern" schrieb, nicht hierbei haltmachen. Oder, richtiger, er vermochte es noch, hierbei nicht haltzumachen. Er beschwor alle Schrecken des Lebens auf sich herab, — die nebenbei bemerkt, wie wir wissen, ihn, auch ohne daß er sie rief, heimsuchten —, jedoch tat er das nicht, um aus sich ein Vorbild hoher Tugend zu machen oder die Menschen mit seiner heroischen Standhaftigkeit und Ausdauer in Staunen zu versetzen. Er erwartete von den Schrecken etwas anderes: Gott kann den geopferten Isaak seinem Vater zurückgeben. Kierkegaard erwartete, daß die von ihm durchgemachten Schrecken in ihm endlich jenes Vertrauen in das Gegebene, in die Erfahrung sprengen würden, das den Menschen ihre Vernunft einflößt, und kraft dessen sie die Wirklichkeit als ein Unvermeidliches hinnehmen. Es war, als sparte er alle Kräfte und alle Fähigkeiten seiner Seele für die Verzweiflung auf — der Anfang der Philosophie sei nicht die Verwunderung, wie die Griechen lehrten, sondern die Verzweiflung, schrieb er —, um sich das Recht zu erkämpfen, „zu weinen und zu verwünschen" und seine Tränen und Verwünschungen den grenzenlosen Anmaßungen der Vernunft entgegenzustellen, welche den menschlichen Willen durch die allgemeinen und notwendigen Wahrheiten gefesselt hat. Der „Ritter der Resignation" muß sich in einen „Ritter des Glaubens" verwandeln. Kierkegaard schreibt: „... der Verstand behielt darin recht, daß in dieser Welt des Elends, wo er der Herrscher ist, es (das heißt, daß für Gott alles möglich ist. L. Sch.) eine Unmöglichkeit sei und bleibe. Über dies Verhältnis hat der Ritter des Glaubens ein ebenso klares Bewußtsein wie der andere (der Ritter der Resignation, L. Sch.). Das einzige also, was ihn retten kann, ist das Absurde, und das ergreift er durch den Glauben. Er erkennt also die Unmöglichkeit, und in demselben Augenblick glaubt er das Absurde" (S. 41). Wir führen noch ein weiteres Geständnis an, — das Moment, von dem bei uns jetzt die Rede ist, ist so gewichtig, daß unsere Aufmerksamkeit ganz besonders darauf gerichtet werden muß: „Um zu resignieren, dazu gehört kein Glaube ... Durch die Resignation entsage ich allem ... Diese B e w e g u n g m a c h e i c h i n e i g e n e r K r a f t (von mir gesperrt. L. Sch.) und ziehe daraus als Gewinn mich selbst in meinem ewigen Bewußtsein, in seligem Einverständnis mit meiner Liebe zu dem ewigen Wesen. D u r c h d e n G l a u b e n e n t s a g e i c h k e i n e m D i n g (von mir gesperrt. L. Sch.), im Gegenteil, durch den Glauben gewinne ich alles, eben in dem Sinne, in welchem es heißt, daß der, welcher Glauben hat wie ein Senfkorn, Berge versetzen kann" (S. 42/43). Nicht nur Berge versetzen: wer den Glauben hat, dem ist unendlich größeres verheißen: „Es wird für euch nichts Unmögliches geben" (οὐδὲν ἀδυνατήσει ὑμῖν). Anders ausgedrückt: Die Vernunft mit ihren allgemeinen und notwendigen Wahrheiten, die dem Möglichen Grenzen setzen, jene Vernunft, die in unserem Jammertale die auf nichts Rücksicht nehmende und unbeschränkte Herrscherin ist, wird auf immer ihre Macht verlieren. Bei Plotin ist das mit den Worten „jenseits von Vernunft und Erkenntnis" ausgedrückt (ἐπέκεινα νοῦ καὶ νοήσεως). Auch Plotin begann mit einer Apotheose der Resignation: werden Söhne getötet, Töchter geschändet, das Vaterland verheert, — so müsse man das alles hinnehmen, sagte er. Er schloß jedoch mit einer Aufforderung zum Unmöglichen: denn jenseits von Vernunft und Erkenntnis liegt das Unmögliche. Wenn nun Kierkegaard den Ritter der Resignation, das heißt Sokrates, dem Ritter des Glaubens, das heißt Abraham, entgegenstellt, so sagte er, der Plotin offenbar fast gar nicht gekannt hat, mit anderen Worten das gleiche, was der letzte große griechische Philosoph gesagt hat. Nur daß er es mit dem Plotin fremden Wort „Glaube" bezeichnet. „Es ist nun meine Absicht", schließt er seine „Vorläufige Expektoration" zu „Furcht und Zittern", „das Dialektische, welches in der Erzählung von Abraham liegt, in Form von Problemata herauszuziehen, um zu sehen, welch ungeheures Paradox der Glaube ist; ein Paradox, welches einen Mord zu einer heiligen, Gott wohlgefälligen Tat machen kann; ein Paradox, welches Isaak dem Abraham zurückgibt; ein Paradox, dessen sich kein Denken bemächtigen kann, weil der Glaube eben da anfängt, wo das Denken aufhört" (S. 47). Das ist der Grundgedanke Kierkegaards, den er unermüdlich dutzendmal in allen seinen Werken wiederholt. Sechs Jahre nach „Furcht und Zittern" schreibt er in „Die Krankheit zum Tode": „Glauben bedeutet eben den Verstand verlieren, um Gott zu gewinnen" (S. 35). Diese Formulierung, die so sehr an das bis jetzt unenträtselte Pascalsche „s'abêtir" erinnert, scheint Kierkegaard über die Grenzen der philosophischen Probleme hinauszuführen: wenn das Denken aufhört, wenn der Verstand verloren geht, bedeutet das nicht, daß die Philosophie ein Ende nimmt und verloren geht? Aber gerade deshalb brachte ich ja Plotins „jenseits von Geist und Erkenntnis" in Erinnerung. Hat doch Plotin, obwohl er von Abraham und Isaak nichts sagt und vielleicht nie an sie dachte — bei der Grenze angelangt, jenseits welcher bei Sokrates sein phalarischer Stier begann und wo der Mensch willenlos alles hinnehmen muß, was nach dem Zeugnis der Vernunft Wirklichkeit ist, so daß er bereits nicht mehr „für ein denkendes Ding, sondern für den schandbarsten Esel zu halten ist" — hat doch Plotin da das gleiche getan, was Kierkegard zu tun empfiehlt: den Sprung ins Ungewisse, wo die Macht und Kompetenz der Vernunft aufhört. Hörte da für Plotin die Philosophie auf? Oder begann sie da erst, weil erst da der Versuch einer Kritik der reinen Vernunft gemacht wurde, ohne welche es keine Philosophie gibt und geben kann? Ich sage: der Versuch gemacht wurde, — denn verwirklicht wurde sie nur einmal innerhalb der ganzen Menschheitsgeschichte und auch da nicht durch einen Menschen: in jenem fernen Moment unserer Vergangenheit, als Gott zu Adam sprach: „Denn welches Tages du von dem Baum der Erkenntnis des Guten und Bösen issest, wirst du des Todes sterben". Denn in der Tat: die Kritik der reinen Vernunft ist das größte Paradox, das die eigentlichen Grundlagen des Denkens untergräbt. Der große und furchtbare Plotinsche Gedanke: „Es bedarf keiner Stütze, als könnte es sich selbst nicht tragen"* (οὐ γὰρ δεῖται ἰδρύσεως, ὥσπερ αὐτὸ φέρειν οὐ δυνάμενον), welcher Plotin im Zusammenhang mit dem phalarischen Stier kam, tauchte bei Kierkegaard im Zusammenhang mit der biblischen Erzählung von Abrahams Opfer auf. Wenn der Mensch wirklich ein „denkendes Ding" und nicht der „schandbarste Esel" ist, wird er um keinen Preis jene Wirklichkeit hinnehmen, wo die Vernunft herrscht und wo die menschliche „Glückseligkeit" in der freudigen Bereitschaft besteht, den geopferten Isaak oder den vom Tyrannen ins Innere des phalarischen Stiers geworfenen Feind unter Schutz und Schirm der allgemeinen und notwendigen Wahrheiten zu stellen.

Abraham erhob das Messer gegen seinen Sohn, Abraham war ein Sohnesmörder, das heißt, der größte Verbrecher. Nach der Bibel indes ist Abraham ein Gerechter, ist Abraham der Vater des Glaubens. Was bleibt da von den Sokratisch-Spinozaischen Belehrungen und den verheißenen Glückseligkeiten für einen Mann übrig, der sich entschlossen hatte, seinen Sohn zu schlachten? Kann es für ihn noch eine seelische Ruhe geben? So ein Mensch ist auf immer und unwiederbringlich verdammt. Ihn zu retten, solange die Vernunft Herrin der Welt bleibt, ist ebenso unmöglich, wie das, was einmal war, ungeschehen zu machen. Kierkegaard sieht dies nicht weniger deutlich, als Descartes sein „das Geschehene kann nicht ungeschehen werden" (quod factum

---

* Siehe das letzte Kapitel meines Buches „Auf Hiobs Wage".

est infectum esse nequit) „sah". Auch sah er folglich, daß zwischen Abraham und Sokrates zu wählen sei, zwischen dem, welcher von der Heiligen Schrift ein Gerechter genannt, und dem, welcher von dem heidnischen Gott zum weisesten der Menschen erklärt wurde. Kierkegaard nun stellte sich, der ganzen Bürde der übernommenen ungeheuren Verantwortung voll bewußt, auf seiten Abrahams und begann von der „Suspension des Ethischen" zu sprechen, mit einer Kühnheit, die an Luther und die Propheten erinnert. In sein Tagebuch trägt er ein: „Wem es gelingt, dies Rätsel (Suspension des Ethischen) zu entwirren, wird mein Leben erklären". Auch für Nietzsche war sein „Jenseits von Gut und Böse", das sich nur in der Formulierung von der „Suspension des Ethischen" unterscheidet, nicht die Lösung eines theoretischen Problems, wie er mehrfach gestand, sondern ein Ausweg aus jener hoffnungslosen Sackgasse, in die ihn die allgemeinen und notwendigen Wahrheiten hineingetrieben hatten. Damit es gleich klar werde, um was es sich bei Kierkegaard handelt, wenn er von der Suspension des Ethischen spricht, will ich noch ein — fast unwillkürliches — Geständnis von ihm anführen: jedesmal, wenn die Rede auf das gegenseitige Verhältnis von Verliebten kommt, entschlüpfen Kierkegaard alle Geständnisse ganz gegen seinen Willen. Er erzählt uns die Liebesgeschichte eines jungen Mädchens und eines jungen Mannes und schließt mit folgenden Worten: „Das Ethische als solches ist das Allgemeine... Sobald der Einzelne sich in seiner Einzelheit dem Allgemeinen gegenüber geltend machen will, sündigt er und kann nur dadurch, daß er dies anerkennt, sich wieder mit dem Allgemeinen versöhnen... Ist dies das Höchste, was sich von dem Menschen und seinem Dasein aussagen läßt, so hat das Ethische dieselbe Bedeutung wie die ewige Seligkeit, welche in alle Ewigkeit und in jedem Augenblick das τέλος (der Endzweck) des Menschen ist" („Furcht und Zittern", S. 48). Es wird wohl kaum jemand in den angeführten Worten den tiefinnersten Grundgedanken des Sokrates in seiner ersten und zweiten Verkörperung nicht wiedererkennen. Das Ethische war für sie nicht nur der höchste, sondern der einzige Wert. Man kann im Besitz aller Lebensgüter sein, aber hat man nicht das „Ethische", — so hat man nichts. Umgekehrt kann einem alles genommen werden, behält man aber das „Ethische", so hat man das einzige, was nottut, hat man „alles". Das „Ethische" ist eine besondere Wertgattung, ein Wert sui generis, der sich „himmelweit" (toto coelo) von allen anderen Werten unterscheidet. Die Güter, die dem „Ethischen" zur Verfügung stehen, haben ebensoviel mit den Gütern gemein, die ein der Weisheit nicht teilhaftiger Mensch sucht und findet, als das Sternbild des Hundes mit dem bellenden Tier Hund. Ich gebrauche natürlich absichtlich ein Spinoza entlehntes Bild und führe auch absichtlich seine Schlußworte nicht an, daß sie nur den Namen gemein haben. Auch der Namen ist ihnen nicht gemein: hier Sternbild — dort Hund, das heißt, nicht nur ein bellendes, sondern ein auch verachtenswertes Tier. Spinoza wäre aufrichtiger gewesen, wenn er statt „bellendes Tier" (animal latrans) „schandbarstes Tier" (animal turpissimum) gesagt hätte. Es kann kein Zweifel darüber bestehen, daß die Sokratisch-Spinozaische Ethik die, wenn man so sagen darf, tiefste metaphysische Erschütterung zur Quelle gehabt hat. In Kierkegaards Terminologie gesprochen, ist die von dem Sokratischen „Ethischen" verschaffte Glückseligkeit nach menschlicher Wertschätzung schlimmer als das furchtbarste Unglück.

Kierkegaard hat das Problem des Sokrates, das heißt, das grundlegende Problem nicht nur der Ethik, sondern der ganzen Philosophie, nicht weniger tief als Nietzsche empfunden. Auch nicht weniger leidenschaftlich als Nietzsche bemühte er sich, die Sokratischen Bezauberungen zu überwinden. Nur deshalb wandte er sich der Heiligen Schrift zu; nur um sich von der Versuchung der vom weisesten der Menschen verheißenen „Glückseligkeiten" freizumachen, erinnert er sich Abrahams. Aber Kierkegaard ist es — im Gegensatz zu Nietzsche — niemals auch nur eingefallen, in Sokrates einen „gefallenen Menschen" zu sehen, der, wie uns Hegel erzählte, die Früchte vom Baum der Erkenntnis des Guten und des Bösen zum Prinzip der Philosophie für alle folgenden Zeiten machte. Für ihn ist Sokrates kein gefallener Mensch, sondern nur ein „Heide" — zudem der vollkommenste aller Sterblichen, die je gelebt haben, ehe die Wahrheit der Heiligen Schrift der Menschheit geoffenbart wurde. Sogar in dem Moment, da er jenseits von Gut und Böse hinausgehoben wird, da er angesichts Abrahams seine „Suspension des Ethischen" zu verkündigen sich entschließt, da er erfaßt, daß der Mensch sein letztes Geheimnis vor dem „Ethischen" zu verbergen gezwungen ist, — klammert er sich immer noch krampfhaft an Sokrates. Obwohl er weiß, daß „die Mystik nicht die Geduld hat, auf Gottes Offenbarung zu warten" (Tagb. I, 148), vergleicht er Sokrates mit den christlichen Mystikern und erklärt zuversichtlich: „Mit nichts beginnt das System, mit nichts endet die Mystik immer. Das letzte ist das göttliche Nichts, wie des Sokrates Unwissenheit Gottesfurcht war, seine Unwissenheit, mit welcher er wieder nicht begann, sondern endete, oder zu welcher er immer kam." Die Unwissenheit des Sokrates war, wie ich schon nachgewiesen habe, keine Unwissenheit, sondern ein Wissen um das Nichtwissen, und sie war verbunden mit dem leidenschaftlichen, unaufhaltsamen Streben zum Wissen, in welchem er das einzige Mittel erblickte, sich vor den verhängnisvollen Folgen seines Falles zu bewahren. Nietzsche fühlte, daß der Mensch seinen Werken mißtrauen müsse (oportet hominem operibus suis diffidere) und daß gerade dort, wo der gefallene Mensch den Weg zur Rettung sieht, seiner das Verderben harre. Kierkegaard indes liegt nichts so fern wie der Gedanke, daß Sokrates der gefallene

Mensch par excellence sei, daß man den Fall nicht mit dem „Wissen" beantworten könne und daß schon das Bedürfnis und der Hunger nach „Wissen" bloß der Ausdruck und die Bestätigung des Falles sei. Darum schreibt er in „Der Begriff der Angst" auch dem ersten Menschen vor dem Sündenfall die gleiche „Unwissenheit um Nichts" zu, die er bei Sokrates fand und die, beim höchsten Grad der Spannung angelangt, in dem Akt der Übertretung des göttlichen Gebotes zum Durchbruch kommt. Anders gesagt, Sokrates ist für ihn der Mensch, wie er war, ehe er von den Früchten des Baumes der Erkenntnis des Guten und Bösen gegessen hatte. Darum entschließt er sich in „Furcht und Zittern" nicht, an Abraham heranzugehen, bevor er ihm nicht die Gewogenheit der allgemeinen und notwendigen Wahrheiten zugesichert hat. Ganz am Anfang seines Buches erklärt er, als wollte er sich vorher bei dem „Ethischen" entschuldigen, daß er es so oft werde beleidigen müssen: „In der Welt des Geistes ... herrscht eine ewige göttliche Ordnung; hier regnet es nicht wie über Gerechte so über Ungerechte; hier scheint nicht die Sonne wie über Gute so auch über Böse; hier gilt das Gesetz, daß nur der, welcher arbeitet, sein Brot bekommt" (S. 21). Was ist das für eine „Welt des Geistes"? Woher hatte Kierkegaard von ihr Kenntnis? Offenkundig nicht aus der Bibel — und sogar entgegen der Bibel. Heißt es doch in der Bibel, daß die Sonne aufgehe über den Gerechten und Ungerechten. Aber Kierkegaard erscheint das ganz unerträglich: in der Welt des „Geistes" muß eine andere „Ordnung", ein anderes „Gesetz" gelten: in der Welt des Geistes geht die Sonne nur über den Gerechten auf, in der Welt des Geistes bekommt nur der, welcher arbeitet, zu essen. Warum muß hier ein anderes Gesetz gelten? Weder in „Furcht und Zittern", noch in „Der Begriff der Angst" finden wir eine Antwort auf diese Frage. Aber in „Der Pfahl im Fleisch" stoßen wir auf ein Geständnis, das sowohl auf Kierkegaards Auffassung der "Suspension des Ethischen" wie auch auf sein Verhältnis zu Abrahams Opfer Licht ausschüttet: "In der Welt des Geistes... machen nicht Glück und Zufall den Einen zum König, den Andern zum Bettler, Einen schön wie des Ostens Königin, einen Andern elender als Lazarus; in der Welt des Geistes ist nur der ausgeschlossen, der sich selber ausschließt; in der Welt des Geistes sind alle eingeladen" (S. 33)*. Im letzten Moment kehrt Kierkegaard zum "Ethischen" zurück — nur bei ihm hofft er Schutz zu finden. Geht doch in der Tat hier, in unserer Welt, die Sonne wie über den Gerechten so auch über den Ungerechten auf. Schlimmer noch: mancher Gerechte bekommt in seinem ganzen Leben keinen einzigen Sonnenstrahl zu sehen. Die Sonne gehört zu den "Dingen, die nicht in unserer Gewalt stehen". Ja, nicht nur steht sie nicht in unserer Gewalt, — sondern auch Gott selber gehorcht sie nicht. Kann man sich an etwas hängen, etwas lieben, das Zufall und Laune bringen und wieder nehmen? Kraft des Absurden, sagte uns Kierkegaard, habe er geglaubt, daß Gott Abraham den geopferten Isaak zurückgeben, der arme junge Mann die Prinzessin zur Frau bekommen werde. Solange er dem "Ethischen" seinen Glauben und sein Absurdes verheimlichte, konnte er seinen Glauben aufrechterhalten. Als er sich aber entschloß, sein "Geheimnis" zu enthüllen, um den Segen des Ethischen zu erlangen — verlor das Geheimnis seine Zauberkraft,

---

* In meinem Buch "Die Schlüsselgewalt" spreche ich über die von Sokrates geschaffene Welt des "Guten" und charakterisiere sie dort folgendermaßen: "Diese Welt kennt keine Grenzen und Schranken — sie gewährt Milliarden von Menschen Obdach und wird alle bis zur vollständigen Sättigung mit ihrer geistigen Nahrung speisen. Alle, die in sie eingehen wollen, sind ihr liebe und gern gesehene Gäste... Dort vollziehen sich die wunderbarsten Verwandlungen, dort werden Schwache zu Starken, Handwerker zu Philosophen, Unbegabte zu Begabten, Häßliche zu Schönen" (S. 52). Als ich diese Zeilen über Sokrates schrieb, war mir Kierkegaard noch gänzlich unbekannt.

und er kehrte aus der Welt, wo die Sonne wie über Gerechte so auch über Ungerechte scheint, in die Welt des Sokrates, in die Welt der notwendigen Wahrheiten zurück, wo es zwar keine Ungerechten, sondern nur Gerechte gibt, wo aber die Sonne nie aufging und nicht aufgehen wird.

13

Zu Abraham fühlte sich Kierkegaard unaufhaltsam hingezogen, aber er „begriff" an Abraham nur das, was ihn an Sokrates in dessen erster und zweiter Verkörperung erinnerte. Obwohl er sich auf jede Weise bemüht, Abraham in eine neue „Kategorie" zu versetzen — bleiben seine Bemühungen gänzlich ergebnislos. Das erstaunlichste daran ist, daß Kierkegaard, wie Nietzsche, bis dicht an die Grenze gelangt, hinter welcher die Bezauberungen des Sokrates ihre Macht über den Menschen verlieren und uns die so leidenschaftlich ersehnte Freiheit erwartet, daß er aber außerstande ist, diese Grenze zu überschreiten und Abraham nachzufolgen. Das ist so wie in dem russischen Märchen, wo Aljonuschka ihr Brüderlein ans Ufer ruft, das Brüderlein aber antwortet: „Ich kann nicht schwimmen, ein schwerer Stein hängt mir am Hals und zieht mich auf den Grund!"

Kierkegaard sieht Abraham vor allem als einen Menschen, der aus dem Schoße des „Allgemeinen" ausgestoßen und darum des Schutzes der allgemeinen und notwendigen Wahrheiten beraubt ist. Er scheut sich nicht zu sagen: „Der Glaube ist eben dieses Paradox, daß der Einzelne als der Einzelne höher steht als das Allgemeine" („F. u. Z.", S. 49). Auf derselben Seite wiederholt er das gleiche. Aber beidemal macht er einen Vorbehalt: „Doch wohl zu merken in der Weise, daß nur der Einzelne, welcher, nachdem er als Einzelner dem Allgemeinen untergeordnet gewesen ist, nun durch das Allgemeine der Einzelne wird, daß nur d i e s e r Einzelne dem Allgemeinen übergeordnet ist". Dieser

Vorbehalt ist ungemein charakteristisch für das Denken Kierkegaards. Er, der Hegel so gewaltig angriff und ihn so verspottete, sucht überall nach dialektischer Bewegung und Entwicklung. Soeben noch hatte er begeisterungsvoll von dem Absurden und davon gekündet, daß man, wenn man den Glauben erlangen will, auf die Vernunft wie auch auf das Denken verzichten müsse. Da stellt sich heraus — man dürfe nicht verzichten, man müsse auf Ordnung und strenge Beharrlichkeit halten, selbst dann, wenn die Vernunft, die alle Ordnung und alle Strenge eingeführt hat, schon ihre Gewalt über uns verloren hat. „Gott ist ein Freund der Ordnung", schreibt er, ohne zu ahnen, daß dies soviel ist wie: Gott ist ein Sklave der Ordnung. Bei Plotin taucht in den Augenblicken, da es ihm in der Aufwallung und höchsten Spannung aller seelischen Fähigkeiten gelingt, die ihn niederdrückende Vernunft für einen Augenblick abzuschütteln, jedesmal das gesegnete „Plötzlich"(ἐξαίφνης) auf als Bote der ersehnten, wenn auch fernen Freiheit. Kierkegaard fürchtet sich vor Plötzlichkeiten und traut der Freiheit selbst dann nicht, wenn sie von Gott kommt. Wenn er Abraham mit dem tragischen Helden vergleicht, ist er den Helden zu beneiden bereit. „Der tragische Held resigniert in bezug auf sich selbst, um das Allgemeine auszudrücken, der Ritter des Glaubens in bezug auf das Allgemeine, um der Einzelne zu werden... Der, welcher glaubt, es sei recht bequem, der Einzelne zu sein, der kann sich stets darauf verlassen, daß er nicht ein Ritter des Glaubens ist... Des Glaubens Ritter weiß im Gegenteil, daß es herrlich ist, dem Allgemeinen anzugehören... Er weiß, daß es schön ist, als ein solcher Einzelner geboren zu werden, der in dem Allgemeinen seine Heimat hat, seine freundliche Bleibestätte, welche ihn sofort mit offenen Armen aufnimmt, wenn er in ihr bleiben will. Aber er weiß zugleich, daß über dem Allgemeinen sich ein einsamer Pfad windet, eng und steil; er weiß, wie entsetzlich es ist, einsam aus dem Allgemeinen heraus geboren zu werden, zu gehen, ohne einem einzigen Wanderer zu begegnen. Er weiß sehr wohl, wo er ist und in welchem Verhältnis er zu den Menschen steht. Menschlich geredet, ist er von Sinnen und kann sich niemandem verständlich machen. Und doch ist ‚von Sinnen sein' der mildeste Ausdruck. Will man ihn nicht als solchen betrachten, so ist er ein Heuchler, und je höher er den Pfad hinansteigt, ein um so schrecklicherer Heuchler. Der Ritter des Glaubens weiß, daß es begeisternd ist, sich selbst aufzugeben für das Allgemeine, daß Mut dazu gehört, aber auch daß eine Beruhigung darin liegt, eben weil es für das Allgemeine geschieht" („F. u. Z.", 68/69). Es ist herrlich, dem Allgemeinen anzugehören! — das ist ein uns bekannter Gedanke: sowohl Sokrates wie auch Spinoza haben hiervon zu uns nicht nur gesprochen, sondern haben dies mit ihrem ganzen Leben verwirklicht. Aber wir erinnern uns auch an etwas anderes: die allgemeinen und notwendigen Wahrheiten verlangen von dem Menschen, daß er alles „mit Gleichmut" hinnehme, was ihm das Schicksal, bis zum phalarischen Stier einschließlich, beschert; sie verlangen die Bereitschaft, sich aus einem „denkenden Ding" in den „schandbarsten Esel" zu verwandeln. Aristoteles hatte das nicht geahnt, aber Sokrates und Spinoza wußten es vortrefflich. Wenn Kierkegaard vom Tragischen spricht, hält er sich an den Gesichtspunkt des Aristoteles: den tragischen Helden könne man beneiden — die allgemeinen und notwendigen Wahrheiten ständen auf seiner Seite. Er beruft sich sogar auf Aristoteles' Auslegung der Tragödie. Mit einer sonst gar nicht in seinem Charakter liegenden Herablassung spricht er von jenem aristotelischen Korrektiv zur Sokratischen Ethik, von dem schon oben die Rede war, das heißt davon, daß der tugendhafte Mensch immerhin ein Mindestmaß an Lebensgütern brauche. Für diese Herablassung Kierkegaards gibt es natürlich eine Erklärung. Er gibt sich unglaubliche Mühe, Abraham nicht in jene „Kategorie" einzureihen, die bei ihm für

Sokrates vorgesehen war. Darum ist er, wenn vom „Ethischen" oder vom „tragischen Helden" die Rede ist, fortwährend bemüht, eine scharfe Grenze zwischen sich und Sokrates zu ziehen, und schiebt, um sich diese Aufgabe zu erleichtern, Aristoteles statt Sokrates unter.

Kierkegaard sieht Abraham, wie ich schon sagte, vor allem als einen Menschen, der aus dem Schoß des Allgemeinen ausgestoßen und darum des Schutzes der allgemeinen und notwendigen Wahrheiten beraubt ist. „Der Ritter des Glaubens ist einzig und allein auf sich selbst angewiesen, und darin liegt das Entsetzliche" („F. u. Z.", 71). Er entscheidet alles selbst und auf eigene Gefahr. Er kann sich mit niemandem beraten. Selbst in der Kirche kann er keine Stütze finden. „Ein solcher kirchlicher Held drückt durch sein Tun das Allgemeine aus, und es wird niemand geben in der Kirche,... der ihn nicht verstünde. Ein Ritter des Glaubens ist er dagegen nicht... Wenn daher auch ein Mensch die Feigheit und Erbärmlichkeit besäße, auf fremde Verantwortung hin ein Glaubensritter werden zu wollen: er würde es doch nicht. Denn nur der Einzelne wird es als der Einzelne, und dies ist eben das Große, welches ich wohl verstehen, aber nicht erreichen kann, da es mir an Mut fehlt; aber dies ist auch das Entsetzliche, was ich noch besser fassen kann" („F. u. Z.", 67 u. 65). Diese Geständnisse enthalten eine ungeheure und ungemein wichtige Wahrheit. Wir erinnern uns, daß Nietzsche uns das gleiche, nur mit anderen Worten, erzählte: als er aus dem Allgemeinen herausfiel oder, wie er sich ausdrückte, „das Gesetz tötete", grenzte sein Entsetzen an Wahnsinn. Aber ein Zug — der auf den ersten Blick hin an dem Geschilderten nichts zu ändern scheint —, trägt eine mit verhängnisvollen Folgen geschwängerte Dissonanz hinein. Kierkegaard spricht nicht nur von den Schrecken, sondern auch von der Herrlichkeit der Situation des Glaubensritters. Schon der Ausdruck „Glaubensritter" klingt seltsam: man hat das Gefühl, als erbitte der Glaube ein Almosen von jenem Allgemeinen, vor dem er geflohen ist. Ist doch Ritterlichkeit eine der verführerischen Kategorien des Ethischen. Und in noch höherem Maße gilt dies von der Herrlichkeit des Glaubensritters und von dem Bestreben Kierkegaards, den Ritter des Glaubens auf der hierarchischen Leiter der menschlichen Werte um eine Stufe höher zu stellen als den Ritter der Tragödie. Auch das ist ein Tribut an das „Allgemeine": Kierkegaard kann sich nicht entschließen, ein für allemal mit den alten Denkgewohnheiten zu brechen, welche die Menschen sich nach Sokrates aneigneten, der das Prinzip der Philosophie für alle folgenden Zeiten gebracht hat. Wenn Kierkegaard die ganze Wahrheit hätte sagen wollen und können, hätte er vor allem aus seiner Seele alles das ausrotten müssen, was ihm das Gedächtnis über Ritterlichkeit und Größe einflüsterte. Für den, welcher dem Glauben geweiht ist, gibt es nur „Schrecken", und alle „Tröstungen", die das „Allgemeine" austeilte, indem es den einen die Ritterwürde verlieh, die anderen mit der „Größe" beschenkte, müssen für immer fallen gelassen werden. Aristoteles konnte von der Größe oder Schönheit der Tragödie sprechen: er sah die Tragödie von der Bühne aus. Aber für einen Menschen, der die Tragödie in seine Seele verlegt hat, haben diese Worte jeglichen Sinn verloren. Tragödie ist Ausweglosigkeit, in der Ausweglosigkeit indes ist weder Größe, noch Schönheit, sondern nur Nichtigkeit und Häßlichkeit. Zudem wird ein Mensch, der in eine ausweglose Situation geraten ist, von den allgemeinen und notwendigen Wahrheiten nicht nur nicht unterstützt, sondern diese sind nach Kräften bemüht, ihn endgültig zu erledigen. Die Ausweglosigkeit tritt gerade in dem Moment ein, da die allgemeinen und notwendigen Wahrheiten, die dem Menschen Stütze und Trost für alle Lebensfälle versprachen, plötzlich ihre wahre Natur offenbaren und von dem Menschen gebieterisch verlangen, daß er sich aus einem „denkenden Ding" in den „schandbarsten Esel" verwandle. Sollte Kierkegaard das nicht gewußt haben? Hatte das Absurde ihn doch gerade dadurch angezogen, daß es ihm die Unabhängigkeit von den allgemeinen und notwendigen Wahrheiten versprach: Gott könne Abraham einen anderen Isaak geben, Gott könne den Geopferten wieder zum Leben erwecken, für Gott gebe es nichts Unmögliches. Aber Kierkegaard konnte sich ja, wie schon gesagt, nie — weder in seinen Büchern, noch in seinen Tagebüchern — zu sagen entschließen, daß sein Isaak niemand anders als Regine Olsen war, und daß er wegen Regine Olsen seine vermessene „Suspension des Ethischen" ersann. Dies war sein „Geheimnis", welches er vor dem „Ethischen", vor sich selber und sogar vor seinem „Absurden" verheimlichte. Denn es hätte genügt, es bei seinem wahren Namen zu nennen, so hätten auch schon die allgemeinen und notwendigen Wahrheiten ihm nicht nur das Recht entzogen, sich einen Ritter des Glaubens zu nennen, sondern ihm auch Rang und Würde des „tragischen Helden" genommen. Das Entsetzlichste von allem, was Kierkegaard auf sich zu nehmen hatte, war das Bewußtsein, daß alles, was ihm widerfuhr, auf „natürliche Weise" geschah, daß weder Gott, noch der Teufel, ja nicht einmal das heidnische Fatum hier irgendwie beteiligt waren. Dies Entsetzliche konnte Kierkegaard — der alles hinzunehmen, alles zu ertragen bereit war — nicht auf sich nehmen. Aber er war auch außerstande, diesen Alp abzuschütteln. Darum redete er sich ein, daß sein Verzicht auf Regine ein freiwilliges Opfer gewesen sei, eine Wiederholung gleichsam von Abrahams Opfer, das ebenfalls nur deshalb Gott wohlgefällig war, weil es freiwillig erfolgte. Wie kam Kierkegaard darauf, daß ein freiwilliges Opfer Gott wohlgefälliger sei als ein unfreiwilliges? An Sokrates können wir uns mit so einer Frage nicht wenden. Seine „Unwissenheit" hielt eine ganz bestimmte Antwort auf sie bereit. Aber Kierkegaard hat ja so viele Male wiederholt, daß Sokrates ein Heide gewesen sei, und daß er bei Sokrates nicht lernen könnte! Es stellt sich heraus, daß selbst ein Christ keineswegs ohne Sokrates durchs Leben kommen kann, wie er es auch nicht ohne die allgemeinen und notwendigen Wahrheiten vermag. Gleichzeitig mit „Furcht und Zittern" schreibt Kierkegaard seine „Wiederholung", worin nicht von Abraham, sondern von Hiob die Rede ist. Hiob hat bekanntlich nicht freiwillig seine Kinder erschlagen, sein Hab und Gut verloren und so weiter. Das alles war über ihn hereingebrochen. Er hat nicht einmal ein Recht, auf den hohen Rang eines tragischen Helden Anspruch zu erheben. Er ist nichts weiter als ein alter, jämmerlicher Mann gewesen, sich selbst wie auch anderen zu nichts nütze, wie es ihrer nicht wenig in der weiten Welt gibt. In unserer Zeit der Kriege und sozialen Umwälzungen ist die Zahl solcher Hiobe Legion. Gestern noch ein Fürst — heute ein Knecht und Bettler, der sich im Kot wälzt und seine Schwären schabt. Dennoch hat der biblische Hiob, der weder ein Ritter noch ein tragischer Held gewesen ist, es auf irgend eine Weise erreicht, es „verdient", daß Kierkegaard ihm, wie Abraham, ein ganzes Buch widmete — die „Wiederholung". Von der „Wiederholung" könnte man das gleiche sagen, was Kierkegaard von „Furcht und Zittern" sagte: „Wenn man ihr düsteres Pathos ahnte, würde man entsetzt sein". Auch die „Wiederholung" ist mit Furcht und Zittern geschrieben — von einem Mann, auf den der furchtbare und bedrohliche Hammer herabgefallen war und der sich in seinem Entsetzen die Frage stellte: Wer hat mir diesen Schlag versetzt? Was ist das: Ist es der „Hammer Gottes" oder bloß die natürliche Kraft der „allgemeinen und notwendigen Wahrheiten"? Nach der Bibel wurde Hiob von Gott auf die Probe gestellt, wie Abraham von ihm geprüft worden war. Aber „wissen" können wir das nicht. „Welche Wissenschaft ist nun von der Beschaffenheit, daß sie für ein Verhältnis Platz hätte, das zur Prüfung bestimmt ist, welche, unendlich gedacht, gar nicht, sondern nur für das Individuum da ist? Eine solche Wissenschaft existiert nicht und kann unmöglich existieren" („Wiederholung", S. 188). Was gibt Kierkegaard Veranlassung, an Hiob zu denken und alle diese furchtbaren Fragen aufzuwerfen? Der Held der „Wiederholung" ist ein Mann, der wie Kierkegaard alles in allem bloß gezwungen war, mit seiner Verlobten zu brechen. Sehen wir, wie er selber hiervon spricht: „Mein unvergeßlicher Wohltäter, geplagter Hiob! Darf ich mich dir anschließen und auf dich hören? Stoß mich nicht weg... Ich habe nicht die Welt besessen, nicht sieben Söhne und drei Töchter gehabt, aber auch der kann ja alles verloren haben, der nur wenig besaß, auch der kann ja gleichsam Söhne und Töchter verloren haben, der die Geliebte verlor, und auch der ward ja gleichsam mit schlimmen Wunden geschlagen, der Ehre und Stolz und damit die Lebenskraft und den Sinn des Lebens verlor" (S. 180). Was erwartet Kierkegaard von Hiob? Worin will er sich ihm anschließen? „Mein Freund sucht nun glücklicherweise keine Aufklärung bei einem weltberühmten Philosophen oder einem professor publicus ordinarius. Er (das heißt Kierkegaard selbst. L. Sch.) wendet sich an einen privatisierenden Denker,... er nimmt seine Zuflucht zu Hiob" (S. 170). Mit dem weltberühmten Professor ist natürlich Hegel gemeint. Aber noch vor Hegel hat ja Spinoza die „Notwendigkeit aller Dinge" erkannt, und Hegel wiederholte nur Spinoza, — warum hat dann Kierkegaard auch nicht einmal daran zu denken gewagt, daß die Götter, seien es auch die heidnischen, lachten, als sie Spinoza zuhörten? Auch Sokrates lehrte von der allgemeinen und notwendigen Wahrheit, aber der griechische Gott hat über ihn nicht nur nicht gelacht, sondern ihn zum weisesten der Menschen erklärt. Der vielgeplagte Hiob indes — was hätte er Spinoza und Sokrates geantwortet, wenn sie mit ihrer Weisheit und ihren Tröstungen zu ihm gekommen wären? Kierkegaard hat sich nie eine derartige Frage gestellt, weder in der Zeit, als er „Furcht und Zittern" und „Der Begriff der Angst" schrieb, noch in seinen letzten Lebensjahren, als er gegen die protestantische Kirche und die verheirateten Pastoren wetterte. In seinem „Entweder-Oder" — das zunächst einmal den Eindruck äußersten Ungestüms macht — entschließt er sich, Hegel, über den die Götter so fröhlich lachten, den Hiob entgegenzustellen. Doch den Sokrates verehrten die Götter, und Spinoza war Sokrates' zweite Verkörperung. Kierkegaard hat es nie fertiggebracht, die Angst vor der griechischen Weisheit zu überwinden. Wir werden gleich sehen, daß — nach Kierkegaard — der Mensch mit der Angst in der Seele aus den Händen des Schöpfers hervorgegangen ist, daß die Angst gewissermaßen der Grundzug oder eine uranfängliche Eigentümlichkeit, ja sogar die uranfängliche Qualität des Menschen ist. Doch zu der Zeit, als „Furcht und Zittern" und „Wiederholung" geschrieben wurden, wollte Kierkegaard noch nicht so denken. Er wandte sich Abraham und Hiob zu, als zwei Männern, die kühn und stark genug waren, um jegliche Ängste zu überwinden und sich emporzuschwingen über die „Erbauung" des Sokrates und des delphischen Gottes, welcher der sokratischen Weisheit seinen Segen erteilt hatte. Abraham kannte keine Angst: mit ihm war Gott, für den es nichts Unmögliches gibt. Und in Hiob hatte die „Alltagserfahrung" noch nicht ganz die Erinnerungen daran ausgemerzt, daß die Vernunft nicht immer die Herrin auf Erden gewesen ist. Oder, genauer gesagt: das über Hiob hereinbrechende Unheil hatte diese Erinnerungen von neuem in ihm wachgerufen. Kierkegaard schreibt: „Das Große an Hiob ist darum auch nicht, daß er sagte: Der Herr hat's gegeben, der Herr hat's genommen, der Name des Herrn sei gelobt, was er ja auch zuerst sagte und später nicht wiederholte, sondern die Bedeutung Hiobs besteht darin, daß von ihm die Grenzstreitigkeiten zum Glauben hin durchgekämpft werden, daß hier jener ungeheure Aufruhr der wilden und streitlustigen Kräfte der Leidenschaft vorgestellt wird" („Wiederholung", 189). Mit anderen Worten: die Alltagserfahrung oder die unmittelbaren Gegebenheiten des Bewußtseins sind für die Menschen die letzte Instanz in der Frage der Wahrheit: was auch immer die „Erfahrung" uns bringt, was auch immer die „Gegebenheiten" uns zeigen — wir nehmen alles hin und nennen es Wahrheit. In einer Welt, in der die Vernunft herrscht, gegen die „Gegebenheiten" zu kämpfen — wäre offenkundiger Wahnsinn. Der Mensch kann weinen, kann die ihm durch die Erfahrung enthüllten Wahrheiten verwünschen: sie zu überwinden — das weiß er genau — ist niemandem gegeben, man muß sie hinnehmen. Die Philosophie geht noch weiter — die Gegebenheiten müßten nicht nur hingenommen, sondern müßten gepriesen werden. Sogar Nietzsche sagte, die Notwendigkeit beleidige ihn nicht. Auch Hiob, der Gerechte, beginnt damit, daß er alles „Weinen und Verwünschen" in die Tiefe seiner Seele verbannt: Der Herr hat's gegeben, der Herr hat's genommen, der Name des Herrn sei gelobt. In dem Maße aber, als das ihm zugedachte Unheil wächst und sich mehrt, wächst auch die Spannung des unterdrückten „Weinens und Verwünschens", das schließlich die dicke Schicht der erstarrten oder materialisierten Rinde der Selbstevidenzen durchbricht, die seiner Freiheit Fesseln angelegt haben. „Darin liegt das Große an Hiob, daß die Leidenschaft der Freiheit bei ihm durch keine verkehrte Äußerung erstickt oder beruhigt wird" („Wiederholung", 187). Die Ermahnungen seiner Freunde — aus deren Munde die Weisheit selbst und das Wohlwollen selbst sprechen — beruhigen ihn nicht nur nicht, sondern erregen ihn nur noch mehr. Wenn Sokrates oder Spinoza an Hiobs Lager getreten wären, hätten sie nichts anderes sagen können als das, was Eliphas, Bildad und Zophar sagten. Sie sind Menschen und befinden sich, wie alle Menschen, in der Gewalt des „Gegebenen". Nicht genug damit, daß sie selber sich in der Gewalt des Gegebenen befinden, sind sie zu denken verdammt, daß alles, was es in der Welt gibt, das Lebendige und das Tote, das Niedere und das Erhabene, Starke und Mächtige, ihr Los teilt, das heißt, sich in der Gewalt dieser Wahrheiten befindet. Sieben Tage sahen die Freunde Hiob schweigend zu. Aber man kann ja nicht ewig schauen und schweigen, schweigen und schauen. Man muß sprechen. Und kaum taten sich ihre Lippen auf, so begannen sie auch schon, gleichsam ein Vermächtnis Spinozas erfüllend, das zu sprechen, was zu sagen sie nicht umhin konnten. Möglicherweise waren sie sich dabei dessen bewußt, daß ein Mensch, der so spricht, bereits „nicht mehr für ein denkendes Ding, sondern für den schimpflichsten Esel zu halten sei". Sie waren sich dessen bewußt und sprachen doch weiter, selber entsetzt über das, was sie sprachen. Welche größere Schmach, welche abscheulichere Schande kann es noch geben als die Notwendigkeit, nicht das zu denken und zu reden, was man reden möchte, sondern das, was man „nach den Gesetzen der eigenen Natur" (ex legibus tuae naturae) zu reden gezwungen ist! Wenn Hiob selber in den Jahren seines Wohlergehens hätte als Tröster vor einen „aus dem Schoß der Allgemeinheit Ausgestoßenen" hintreten müssen, so wäre ihm sicherlich nichts Besseres eingefallen als das, was seine Freunde zu ihm sagten. Hatte er doch angefangen mit den Worten: „Der Herr hat's gegeben, der Herr hat's genommen, der Name des Herrn sei gelobt". Und schien doch die Frömmigkeit selbst aus seinem Munde zu sprechen. Es ergibt sich aber, daß es nicht Frömmigkeit, sondern Ruchlosigkeit, und zwar offenbar die größte Ruchlosigkeit war, jene „Frömmigkeit" und jener „Gehorsam" (pietas et obedientia), die dem Menschen in Fleisch und Blut übergingen, nachdem er von den Früchten des Baumes der Erkenntnis des Guten und des Bösen gegessen hatte. Kierkegaard spürte das offenbar: gerade darin bestand ja sein Geheimnis, welches er dem „Ethischen" so sorgsam verheimlichte, hierin und nur hierin liegt der Sinn seiner „Suspension des Ethischen". Aber über eine zeitweilige Fernhaltung des Ethischen wagte er nicht hinauszugehen. Nicht nur bringt er nie das „Ethische" mit dem Sündenfall des Menschen in Zusammenhang — es ist für ihn das „Ethische" stets ein unumgänglich notwendiges dialektisches Moment in der Entwicklung des Menschen zum Religiösen hin. Und zwar — als wäre er ein orthodoxer Hegelianer gewesen — ein Moment, das keineswegs ausgerottet oder ausrottbar, sondern nur „aufgehoben" ist. Kurz vor dem Tode (1854) trägt er in sein Tagebuch ein: „... Als Christus rief: ‚Mein Gott, mein Gott, warum hast Du mich verlassen' — da war dies furchtbar für Christus, und so wird es auch im allgemeinen dargestellt. Aber mir scheint, es ist noch furchtbarer für Gott gewesen, es zu hören. So unverändert sein, furchtbar! Doch nein, nicht dies ist das Furchtbare, sondern so unveränderlich sein und dann die Liebe sein: Unendliches, tiefes, unergründliches Leid! Ach, was habe ich, ein armer Mensch, in dieser Hinsicht erfahren, diesen Widerspruch, nicht sich ändern zu können und doch lieben, ach, was habe ich erfahren, was mir dazu hilft, von ferne, von ferne mir eine schwache Vorstellung zu machen von dem Leiden der göttlichen Liebe" (II, 364). Ich meine, daß nach allem vorhin Gesagten diese Zeilen keines Kommentars bedürfen. Die allgemeine und notwendige Wahrheit hat nicht nur über Kierkegaard, sondern auch über Gott selber gesiegt. Für Gott ist nicht alles möglich, für Gott ist vieles unmöglich, unmöglich ist für ihn das Hauptsächlichste, das Wichtigste, das Nötigste. Gottes Situation ist noch schlimmer als jene Kierkegaards oder Nietzsches, denen „das Furchtbarste, das Schwärzeste, das Entsetzlichste" in die Seele gekrochen ist. Mit solcher „Erfahrung" ging Kierkegaard an die biblische Erzählung vom Sündenfall heran. Man kann von vornherein sagen: Für den Menschen wie auch für Gott gibt es e i n e n Ausweg: die Früchte vom Baum der Erkenntnis des Guten und Bösen, die n a c h Sokrates zum Prinzip der Philosophie für alle folgenden Zeiten wurden und fast vor unseren Augen sich in Spinozas „Glückseligkeiten" (beatitudines) verwandelten. Die beleidigte Ethik wird volle Satisfaktion bekommen — der Mensch wird ihr alle seine Geheimnisse verraten. Vielleicht wird auch Hegel, den Kierkegaard noch mehr als die Ethik beleidigte, jene harten Worte vergessen, die der rabiate Schöpfer des „Entweder-Oder" gegen ihn richtete. Und dann würden bereits nicht mehr die olympischen Götter über Hegel lachen, sondern Hegel über die Götter.

14

Gott muß also bei Sokrates in die Lehre gehen und bei ihm Unterstützung suchen, dessen Wahrheit zum Prinzip der Philosophie für alle folgenden Zeiten geworden ist! Alles „Weinen und Verwünschen" Gottes selber zerschellt erbarmungslos an seiner „Unveränderlichkeit", wie auch bei Kierkegaard sein „Weinen und Verwünschen" an den unveränderlichen Gesetzen des Seins zerschellte, in die er schon durch seinen Eintritt in die Welt versenkt war. Auch Gott bleibt nichts anderes übrig, als „beiderlei Antlitz des Schicksals mit Gleichmut zu ertragen", auch er kommt durch die „dritte Erkenntnisgattung" unvermeidlich zu der Überzeugung, daß „die Glückseligkeit nicht der Lohn der Tugend, sondern selbst Tugend" sei. Nach Sokrates wird ein tugendhafter Mensch selbst im phalarischen Stier glückselig sein; nach Kierkegaard wird auch das „Christentum" keine Offenbarung einer neuen Wahrheit bringen, sondern bringt nur Erbauung, von der, wie auch über die von Sokrates gebrachte, zu sagen ist, daß sie nach menschlichem Ermessen schlimmer ist als jegliches Unglück, das uns widerfahren könnte. Luther sagte von Gott, er sei „der allmächtige Gott, der alles aus dem Nichts erschafft". Für Kierkegaard ist der Wille Gottes ebenso durch seine Unveränderlichkeit gelähmt, wie der Wille des Menschen durch die Notwendigkeit — und sogar in noch höherem Maße. Angesichts seines am Kreuze schmachtenden geliebten Sohnes empfindet er das gleiche Entsetzen ob seiner Hilflosigkeit, wie es Kierkegaard selber angesichts der von ihm bis in den Tod gequälten Regine Olsen empfand: er fühlt, daß er laufen müsse, sich rühren müsse, irgend etwas tun müsse — und ist sich zugleich bewußt, daß er sich ganz in der Gewalt der „Kategorien seines Denkens" befindet und kein Glied rühren kann. Auch Luther sprach, wie wir wissen, von der „Knechtschaft des Willens". Aber seine „Knechtschaft des Willens" bezog sich auf den Menschen. Bei Kierkegaard jedoch, wie auch bei Sokrates und Spinoza, erstreckt sich die „Knechtschaft des Willens" auch auf Gott selber. Bei ihm trat ein Augenblick ein, da er sich entschloß, sich dem Absurden Rettung suchend in die Arme zu werfen. Kraft des Absurden, sagte er uns, könne sich Gott zur Suspension des Ethischen entschließen, könne er Isaak dem Abraham zurückgeben, könne er einen Toten auferwecken und so fort, das heißt, seine Unveränderlichkeit durchbrechen. Aber selbst dann, wenn er so begeisterungsvoll davon kündete, daß es für Gott nichts Unmögliches gebe, konnte er den Gedanken nicht loswerden, daß in der „Welt des Geistes" dennoch eine eigene Ordnung bestehe, bestehen müsse, — nicht jene Ordnung, die wir hier auf Erden beobachten, aber doch eine strenge, genaue und bestimmte, ewige Ordnung: dort geht die Sonne nicht wie über den Gerechten so über den Ungerechten auf, dort isset nur der, welcher arbeitet, und so weiter. Dementsprechend war auch der Glaube Abrahams, trotz allem, was Kierkegaard sagte, durchaus keine Aufhebung des „Ethischen".

Im Gegenteil — Abrahams Glaube erwies sich letztlich bloß als Erfüllung der Forderungen des Ethischen. Anders ausgedrückt: in Abraham erblickte Kierkegaard, trotz allem, was er sagte, nicht die freie Furchtlosigkeit eines Menschen, hinter dem der allmächtige Gott steht, — sondern Abraham war für ihn, in seiner Sprache gesprochen, nur ein „Ritter der Resignation", ebenso wie Gott, der seinen Sohn verlassen hatte, nur ein „Ritter der Resignation" war. In Abrahams Glauben erblickt er nicht ein Geschenk Gottes, sondern dessen eigenes Verdienst. Der Mensch ist zum Glauben verpflichtet, wiederholt er unzähligemal, und wer diese Pflicht erfüllt, der „arbeitet" und erwirbt durch seine Arbeit ein Anrecht auf die Güter, die in der Welt des Geistes, wo die Sonne nur den „Gerechten" scheint, für diese vorgesehen sind. Die Rechtschaffenheit jedoch bestehe, ebenso wie der Glaube, darin, nach den gleichen Kategorien zu leben, in denen man denkt. Gott müsse unveränderlich sein — und er opfert seinen Sohn. Abraham müsse Gott gehorchen — und er erhebt sein Messer über Isaak. Das Leben des Geistes beginnt jenseits der Schranke des „du sollst", von dem Gott ebensowenig frei ist wie der Mensch. Woher hat Kierkegaard diese Wahrheit genommen? In der Bibel wird Gott durchaus nicht als unveränderlich dargestellt, und in der Bibel ist der „Vater des Glaubens" nicht immer gegen Gott gehorsam. Als Gott, über die Menschen erzürnt, eine Sintflut auf Erden kommen zu lassen beschloß, stritt Noah, der Gerechte, nicht wider ihn und stieg gehorsam in seine Arche, zufrieden damit, daß es ihm geglückt war, sein eigenes Leben und das der Seinen zu retten. Abraham aber rechtete mit dem Herrn wegen Sodom und Gomorrha, und Gott vergaß seine Unveränderlichkeit und gab seinem „Knecht" nach. Es ist klar, daß der biblische Glaube nichts mit dem Gehorsam gemein hat, und daß jegliches „du sollst" in Gebieten liegt, wohin die Strahlen des Glaubens nicht gelangen. Kierkegaard schreibt selber in „Die

Krankheit zum Tode" anläßlich der rätselhaften Worte des Apostels Paulus: „Alles, was nicht aus dem Glauben kommt, ist Sünde" (Röm. 14, 23): „Dies gehört zu den entscheidendsten Bestimmungen des ganzen Christentums, daß der Gegensatz zur Sünde nicht Tugend, sondern Glaube ist" (S. 80). Und das wiederholt er mehrmals in diesem Buch. In „Der Begriff der Angst" indes sagt er: „Den Gegensatz zur Freiheit bildet die Schuld" (S. 106). Wenn das aber so ist, wenn der Gegensatz zu Sünde und Schuld — der Glaube und die Freiheit sind, zeugen dann alle Überlegungen Kierkegaards über die in der Welt des Geistes herrschenden Ordnungen und Gesetze nicht nur davon, daß der Mensch weder Glauben noch Freiheit hat, sondern nur Schuld und ohnmächtige Tugend? Und daß Kierkegaard seine christliche Erbauung nicht aus dem Absurden, das er so lobpries, und nicht aus der Heiligen Schrift schöpfte, welche er für die Offenbarung der Wahrheit hielt, sondern aus jenem „Wissen", welches uns der weiseste der Menschen brachte, der sich entschlossen hatte, von den Früchten des verbotenen Baumes zu essen? In „Der Begriff der Angst" erklärt Kierkegaard im Tone der Überzeugung in bezug auf den ersten Menschen: „Die Unschuld ist Unwissenheit. In der Unschuld ist der Mensch nicht als Geist bestimmt, sondern seelisch, in unmittelbarer Einheit mit seiner Natürlichkeit. Der Geist ist im Menschen träumend. Diese Auffassung ist ganz in Übereinstimmung mit der Bibel, die dem Menschen im Stande der Unschuld die Kenntnis des Unterschiedes zwischen Gut und Böse abspricht" (S. 36). Die Bibel spricht dem Menschen im Stande der Unschuld in der Tat die Kenntnis des Unterschiedes zwischen Gut und Böse ab. Aber dies war an ihm nicht eine Schwäche, nicht ein Mangel, sondern es lag darin seine Stärke und sein ungeheurer Vorzug. Der Mensch, wie er aus den Händen des Schöpfers hervorgegangen war, kannte auch keine Scham, und auch darin lag sein großer Vorzug. Das Wissen um

Gut und Böse, wie auch das Gefühl der Scham stellten sich bei ihm erst ein, nachdem er von den Früchten des verbotenen Baumes gegessen hatte. Das ist für unseren Verstand nicht faßbar, wie es auch unfaßbar ist, daß die Früchte vom Baum der Erkenntnis todbringend sein konnten. Und, auf die Unfehlbarkeit unserer Vernunft gestützt, sind wir zu behaupten „begierig", daß bei dem noch keinen Unterschied zwischen Gut und Böse kennenden Menschen der Geist noch träumend sei. Aber in der Bibel steht das nicht. In der Bibel ist das Gegenteil gesagt, — daß alles menschliche Unglück aus dem Wissen entsprungen sei. Das ist auch der Sinn der von Kierkegaard angeführten Worte des Apostels Paulus: alles, was nicht aus dem Glauben komme, sei Sünde. Nach der Bibel ist das Wissen, das schon seinem Wesen nach den Glauben ausschließt, die Sünde par excellence oder die Erbsünde. Im Gegensatz zu Kierkegaard ist zu sagen, daß gerade die Früchte vom Baum der Erkenntnis den menschlichen Geist eingeschläfert haben. Nur deshalb hat ja Gott Adam verboten, von ihnen zu essen. Die Worte, welche Gott an Adam richtete: „Aber von dem Baum der Erkenntnis des Guten und Bösen sollst du nicht essen; denn welches Tages du davon issest, wirst du des Todes sterben" — stehen gar nicht in Einklang mit unseren Vorstellungen von der Erkenntnis, wie auch von Gut und Böse. Aber ihr Sinn ist vollkommen klar und duldet keine Interpretation. In ihnen, und nur in ihnen, sage ich nochmals, erklang das einzige Mal in der ganzen Geschichte der Menschheit das, was den Namen einer Kritik der reinen Vernunft verdient. Gott sagte mit aller Bestimmtheit zu dem ersten Menschen: Vertraue nicht den Früchten vom Baum der Erkenntnis, sie bringen die größte Gefahr mit sich. Aber Adam setzte, wie später Hegel, „Mißtrauen in das Mißtrauen". Als nun die Schlange ihm einzureden suchte, daß man diese Früchte essen könne, und daß die Menschen, so sie von ihnen essen, wie Gott sein würden, unterlagen der erste Mensch und sein Weib der Versuchung. So ist es erzählt im ersten Buch Mose. So faßte der Apostel Paulus die biblische Erzählung auf, so verstand sie auch Luther. Paulus sagt, daß Abraham, als er in das Land der Verheißung auszog, aufbrach, ohne zu wissen, wohin er ging. Das bedeutet, daß nur d e r in das Land der Verheißung gelangen kann, welcher bereits das Wissen außer Acht lassen darf, vom Wissen und dessen Wahrheiten unabhängig ist: wo er hinkommen wird, dort wird das Land der Verheißung sein. Die Schlange sprach zum ersten Menschen: „Und werdet sein wie Gott, und wissen, was Gut und Böse ist." Aber Gott kennt nicht Gut und Böse. Gott kennt nichts, Gott erschafft alles. Und Adam hatte vor dem Sündenfall teil an der göttlichen Allmacht, und erst nach seinem Fall geriet er in die Gewalt des Wissens — und büßte in jenem Augenblick das kostbarste Geschenk Gottes, die Freiheit, ein. Denn die Freiheit besteht nicht in der Möglichkeit einer Wahl zwischen Gut und Böse, wie wir heute zu denken verdammt sind. Freiheit ist die Kraft und Macht, dem Bösen keinen Eingang in die Welt zu gewähren. Gott, das freieste Wesen, wählt nicht zwischen Gut und Böse. Auch der von ihm erschaffene Mensch wählte nicht, denn es war nichts zum Auswählen da: im Paradies gab es das Böse nicht. Erst als der erste Mensch, von einer feindlichen und uns unverständlichen Macht beeinflußt, die Hand nach dem verbotenen Baum ausstreckte, wurde sein Geist schwach, und er verwandelte sich in jenes elende, ohnmächtige, fremden Prinzipien untertänige Geschöpf, als das er sich uns heute darstellt. Das ist der Sinn des „Sündenfalls" nach der Bibel. Dies erscheint uns so phantastisch, daß selbst Menschen, welche die Bibel für ein von Gott inspiriertes Buch hielten, sich stets bemühten, die Legende des ersten Buches Mose in dieser oder jener Weise zu interpretieren. Auch Kierkegaard bildet, wie wir sehen, keine Ausnahme hiervon. Seiner Meinung nach ist der Mensch durch den Sündenfall zum Wissen um Gut und Böse erwacht. Aber wenn das so wäre, was wäre das dann für ein Sündenfall gewesen? Dann müßte man zugeben, daß nicht die Schlange, sondern Gott den Menschen betrog, wie Hegel erklärte. Kierkegaard kann sich nicht entschließen, offen so weit zu gehen, aber seine Auslegung des Sündenfalls läuft faktisch gerade darauf hinaus. Er erklärt: „Ich gestehe lieber ohne Rückhalt, daß ich mit der Schlange keinen bestimmten Gedanken verknüpfen kann. Die Schlange verursacht überdies noch eine ganz andere Schwierigkeit, die nämlich, daß die Versuchung von außen kommen soll" („Begr. d. Angst", 42). Kein Zweifel, nach der Bibel kam die Versuchung von außen. Es steht auch außer Zweifel, daß unserer Vernunft und in noch höherem Maße unserer Moral eine derartige Annahme ungeheuerlich erscheint. Aber Kierkegaard rief ja selber das Absurde an, und er spricht ja auch begeisterungsvoll von der „Suspension des Ethischen". Warum jedoch kehrt Kierkegaard angesichts des Rätselhaftesten von alledem, wovon die Bibel erzählt, von neuem zur Vernunft wie auch zur Moral zurück? Von wo kam ihm diese „Versuchung"? Von innen oder von außen? Und ist das nicht etwas Großes und unermeßlich Schrecklicheres als eine Versuchung? Kierkegaard kann mit der Schlange keinen bestimmten Gedanken verknüpfen. Aber er sprach ja doch selber von jenen Ängsten, die der Mensch ausstehe, wenn er fühlt, daß er laufen müßte, so schnell er nur kann, aber von irgend einer Macht gelähmt ist und kein Glied zu rühren vermag! Und nicht nur er — Gott selber befindet sich in der Gewalt der gleichen Macht, die ihn bezaubert und seinen Willen gelähmt hat. Was ist das für eine Macht? Ist die biblische Schlange vielleicht nur ein Symbol, nur ein bildhafter Ausdruck für das, was das Schicksal Kierkegaards bestimmte, was auch weiterhin die Schicksale aller Menschen entscheidet? Und wenn man die Schlange unter dem Vorwand vergißt, sie lasse sich nicht in unser „Denken" einfügen, bedeutet das dann also, daß man sich von dem lossagt, was die biblische Erzählung vom Sündenfall dem Menschen offenbart, und daß man die Offenbarung gegen die aus der eigenen „Erfahrung" geschöpften Theorien vertauscht? Eine solche Frage stellt sich Kierkegaard nicht. Er möchte den Sündenfall unbedingt „verstehen", „erklären", — obwohl er ständig wiederholt, daß er unerklärlich sei, keine Erklärung zulasse. Dementsprechend ist er bemüht, um jeden Preis schon an dem Zustand der Unschuld selbst einen Defekt zu erblicken und zu finden. Im Zustand der Unschuld, schreibt er, „ist Friede und Ruhe; doch es ist zur selben Zeit noch etwas anderes da, das doch nicht Unfriede und Streit ist — es gibt ja nichts, um damit zu streiten! Was ist nun das? — Nichts! Welche Wirkung hat aber — Nichts? Es erzeugt Angst. Dies ist das tiefe Geheimnis der Unschuld, daß sie zu gleicher Zeit Angst ist... Der Begriff der Angst wird fast nie in der Psychologie behandelt, darum muß ich darauf aufmerksam machen, daß sie von Furcht und ähnlichen Zuständen wohl zu unterscheiden ist; diese beziehen sich stets auf etwas Bestimmtes, während die Angst die Wirklichkeit der Freiheit als Möglichkeit vor der Möglichkeit ist" („Begr. d. Angst", 36). Man muß sich wieder fragen: Woher hat Kierkegaard das alles? Wer hat ihm das Geheimnis der Unschuld enthüllt? In der Bibel steht kein Wort hiervon. Nach der Bibel stellten sich Angst und Scham erst n a c h dem Sündenfall ein und entsprangen nicht aus dem Unwissen, sondern aus dem Wissen. So daß also die Angst nicht die Wirklichkeit der Freiheit, sondern der Ausdruck des Verlustes der Freiheit ist. Mehr noch: nach der Bibel wird die Angst, die sich nach dem Sündenfall einstellte, deutlich mit der nun über dem Menschen schwebenden Bedrohung durch allerhand Unheil in Zusammenhang gebracht: Im Schweiße deines Angesichts sollst du dein Brot essen, du sollst mit Schmerzen Kinder gebären, — Krankheiten und Entbehrungen, Tod, alles, was zum Los des vielgeplagten Hiob, des nicht weniger vielgeplagten Kierkegaard und sogar Abrahams selbst wurde, wenn auch nur potentiell: denn auch Abraham stand es bevor, das zu verlieren, was ihm am allerteuersten war. Aber Kierkegaard fühlte, daß er, wenn er zugäbe, die Angst sei erst nach dem Sündenfall eingetreten und nicht der Ausdruck der Wirklichkeit der Freiheit, sondern der Ausdruck des Verlustes der Freiheit, würde etwas tun müssen, das ihm ganz unerträglich erschien: daß er dann vor aller Welt von seinem „Geheimnis" erzählen und, den Richterstuhl des „Ethischen" außer acht lassend, es bei seinem konkreten Namen werde nennen müssen. Oder daß er zum mindesten in allgemeinsten Ausdrücken werde gestehen müssen, nicht kraft der „Unveränderlichkeit" seiner Natur, sondern kraft der „Notwendigkeit", die ihm Fesseln anlegte, mit Regine Olsen gebrochen zu haben. Dazu konnte er sich nicht entschließen. Hätte Kierkegaard einen Sohn gehabt, den er ebenso liebgehabt hätte, wie Abraham Isaak — so würde er den Mut gehabt haben, ihn zu opfern. Sich aber angesichts des „Ethischen" mit Schmach zu bedecken — dazu hätte er sich sogar auf Verlangen des Schöpfers selber nicht bereit erklärt. Ich denke, daß sich das gleiche auch von Nietzsche sagen ließe. Er nahm alle Folterqualen auf sich, zu denen ihn das Leben verdammt hatte, aber sogar auf der Folter behauptete er unentwegt, daß ihn die Notwendigkeit nicht beleidige, daß er die Notwendigkeit nicht nur hinnehme, sondern sie liebe. Ganz wie bei Kierkegaard „verwandelt" sich bei ihm die ontologische Kategorie der „Notwendigkeit" in die ethische Kategorie der „Unveränderlichkeit", welcher nicht nur der Mensch, sondern auch Gott nicht zu entrinnen vermag. Und hierin besteht offenbar die Wirkung der Früchte vom Baum der Erkenntnis des Guten und Bösen, und hierin liegt der Sinn des „Falles" des Menschen. In einem leeren Phantom, in dem inhaltslosen Nichts beginnt er plötzlich die allmächtige Notwendigkeit zu sehen. Darum führt alles, was der gefallene Mensch zu seiner Rettung unternimmt, zu seinem Verderben. Er möchte der „Notwendigkeit" entrinnen und verwandelt sie in die Unveränderlichkeit, der man bereits nirgendhin entgehen kann. Mit der Notwendigkeit kann er nicht kämpfen — aber er kann sie verwünschen, sie hassen. Vor der Unveränderlichkeit aber hat er sich zu beugen: sie führt ihn in die Welt des „Geistes", sie verleiht ihm die „Augen des Geistes" (oculi mentis), durch die „dritte Erkenntnisgattung" erzeugt sie in ihm die „Liebe zu dem Ding, das ewig und unendlich ist, die geistige Liebe zu Gott" (amor erga rem aeternam et infinitam, amor Dei intellectualis). Kierkegaard begann damit, daß er in der Unschuld und Unwissenheit die Angst vor dem Nichts erblickte. Um sie zu verstehen und zu erklären, erinnert er sich des Grausens, das Kinder beim Anhören unheimlicher Märchen empfinden. Von der Angst vor dem Nichts und von dem kindlichen Grausen geht er dann unauffällig zu den wirklichen Schrecken des Lebens über, von denen seine Existenz voll war. Es ist uns in Erinnerung, wieviel Kierkegaard von den Schrecken erzählte, die er durchzumachen hatte. Man sollte meinen, daß er alle Kräfte hätte darauf richten müssen, jenes Prinzip, das diese Schrecken im Gefolge hat, aus seinem Leben auszumerzen. Aber er tut gerade das Gegenteil. Er sucht dieses Prinzip zu rechtfertigen, zu legitimieren, ihm eine ewige Dauer zu verleihen. Die Angst vor dem Nichts, aus der alle Schrecken des Daseins hervorgingen, entdeckt er bei dem Menschen im Zustande der Unschuld. Es bedarf keines großen Scharfblicks, um in diesem Nichts nicht das gewöhnliche, ohnmächtige und hilflose Nichts, das unfähig ist, selbst die schwächsten menschlichen Interessen durch irgend etwas zu berühren, sondern jene machtvolle, ja sogar allmächtige Notwendigkeit zu erkennen, vor welcher schon seit den ältesten

Zeiten das menschliche Denken sich willenlos beugte. Wenn dies aber so ist, wenn dem Nichts eine so ungeheure, wenn auch negative, vernichtende Macht zukommt — was veranlaßte dann Kierkegaard zu behaupten, daß ihm die Rolle der Schlange in der Erzählung vom Sündenfall unverständlich sei? Ist doch die Schlange nichts anderes als dieses furchtbare Nichts gewesen, dieses, um mit Luther zu reden, „Ungeheuer, ohne dessen Tötung der Mensch nicht leben kann". Und gerade Kierkegaard sollte das nicht gewußt haben? Hatte sich doch die Angst vor dem Nichts zwischen ihn und Regine Olsen, zwischen Gott und dessen geliebten Sohn gestellt! Aber erst hier enthüllt sich der Sinn der Worte des Apostels: Alles, was nicht aus dem Glauben kommt, ist Sünde. Kierkegaards Wissen machte ihn nicht frei, sondern legte ihm Zwang auf, wie es uns allen Zwang auferlegt. Das Nichts ist kein Nichts, es ist ein Etwas, und es ist niemandem gegeben, es seiner nichtenden Kraft zu berauben. Ist dies aber so, dann konnte das Unwissen des ersten Menschen nicht ewig dauern. Es mußte ein Moment eintreten, da ihm die Augen „aufgingen", da er „erkannte", und dieser Moment war, den Worten der Bibel zum Trotz, kein Fall, sondern die Geburt des Geistes im Menschen, die Geburt des Geistes in Gott selbst. Die biblische Offenbarung wie auch die heidnische Weisheit führen zu dem gleichen Ergebnis: Es gibt keine Macht, welche die Menschen der Gewalt der großen Notwendigkeit und des allmächtigen Nichts, mit allen Schrecken, die sie mit sich bringen, entrisse. Das alles muß man hinnehmen, mit dem allem muß man sich im Leben abfinden: hierin sind sich Religion und Philosophie einig, das läßt auch der gesunde Menschenverstand gelten. Das einzige, was Religion und Philosophie von sich aus dem hinzufügen können — ist die Erbauung. Nach menschlichem Ermessen ist diese Erbauung schlimmer als das fürchterlichste Unglück, das dem Menschen je zustoßen könnte. Aber eine Wahl bleibt hier nicht übrig. Die Wahl ist sowohl für den Menschen wie auch für Gott getroffen. Der Mensch wie auch Gott „handeln allein nach den Gesetzen ihrer Natur und von niemandem gezwungen" (ex solis suae naturae legibus, et a nemine coactus agit). Das Gesetz der menschlichen Natur ist die Notwendigkeit. Das Gesetz der göttlichen Natur ist die Unveränderlichkeit, das heißt, dieselbe Notwendigkeit, nur umgetauft in eine ethische Kategorie. Erblickte doch Kierkegaard auch in seinen Beziehungen zu Regine jene Unveränderlichkeit, die Gott zu der Rolle eines ohnmächtigen Zuschauers der Kreuzesqualen seines geliebten Sohnes verdammte.

15

Kierkegaard behauptete, daß wir angesichts Abrahams, der das Messer gegen Isaak erhebt, einen religiösen Schauer (horror religiosus) empfänden. Das ist nicht ganz so. Das Schaudern und jenen äußersten Grad des Schauderns, der das Epitheton „religiös" verdient, empfinden wir, wenn wir sehen, daß das abscheuliche Ungeheuer Notwendigkeit — alias das Nichts — auf den Menschen zukommt, während er, wie von einer übernatürlichen Kraft bezaubert, nicht nur kein Glied zu rühren vermag, nicht nur, wie dies zuweilen bei Traumgesichten der Fall ist, sich nicht erlaubt, seine Verzweiflung und seinen Protest wenn auch nur durch einen sinnlosen Schrei auszudrücken, sondern all seine geistigen Fähigkeiten anspannt, um das, was ihm in der Erfahrung nur als Tatsache gegeben ist, zu legitimieren, zu rechtfertigen und zu „verstehen", das heißt, in eine ewige Wahrheit zu verwandeln. Kierkegaard wiederholt unermüdlich: „Die Möglichkeit der Freiheit besteht aber nicht darin, das Gute und das Böse wählen zu können. Eine solche Gedankenlosigkeit entspricht ebensowenig der Schrift wie dem Denken. Die Möglichkeit besteht darin, daß man k a n n" („Begr. d. Angst", 44) oder:

„Der Sündenfall geschieht immer in Ohnmacht" (S. 57) oder: „Die Angst ist eine weibliche Ohnmacht" (ebenda). Aber seine Ohnmacht zu überwinden, aus der Ohnmacht zu erwachen, die Angst zu besiegen und jenes „man kann" zu verwirklichen, welches die Freiheit dem Menschen verheißt, ist unermeßlich schwieriger als zwischen Gut und Böse zu wählen. Kierkegaard begann damit, daß Gott Abraham seinen Sohn Isaak, Hiob seine Kinder und Reichtümer wiedergeben, den armen jungen Mann mit der Prinzessin vereinen könne, endete aber damit, daß er selber Gott den geliebten Sohn nahm, das heißt, die Freiheit Gottes auf die Möglichkeit hinauslaufen ließ, zwischen Gut und Böse zu wählen: das unmittelbar Gegebene müssen alle hinnehmen — sowohl die Menschen wie auch Gott. Diese „Wahrheit", welche für die Unwissenheit des ersten Menschen nicht existierte, ist, nachdem Adam von den Früchten des Baumes der Erkenntnis gegessen hatte, zum Prinzip des Denkens für alle folgenden Zeiten geworden. Nur vermittelst dieser Wahrheit kann der Mensch in die „Welt des Geistes" gelangen. Kierkegaards „Welt des Geistes" bedeutet demnach: Die unmittelbaren Gegebenheiten des Bewußtseins sind unüberwindlich, man kann ihnen nirgendhin entrinnen, die Rettung des Menschen liegt in dem „und werdet sein wie Gott, und wissen, was gut und böse ist". In seinen letzten Lebensjahren geriet Kierkegaard in Raserei, wenn er hörte, daß irgend ein Pastor eine Mutter, die ihr Kind verloren hatte, damit tröstete, daß er sie daran erinnerte, wie Gott Abraham oder Hiob prüfte. Das Christentum bringt nicht Trost, sondern Erbauung, die wie die Erbauung des Sokrates schlimmer ist als jegliches Leid, das dem Menschen widerfahren kann. Kierkegaard suchte, wie man aus seinen „indirekten" Geständnissen leicht schließen kann, sogar in der Seele der jungen Regine Olsen Verzweiflung und Entsetzen vor dem Leben zu erwecken. Es ist ihm allerdings nicht gelungen, sie zu sich

„emporzuheben". Bei all seinem Scharfblick ahnte er offenbar nicht einmal, was er in der jungen Mädchenseele anrichtete: vor dieser Prüfung hat ihn das Schicksal bewahrt, oder er selbst hat sich damit verschont. Als er erzählte, daß seine Geliebte siebzehn Jahre alt sei, er selbst aber siebenhundert, meinte er, um den Preis einer scheinbar harmlosen Übertreibung sich eine Rechtfertigung vor dem „Ethischen" erkauft zu haben. Aber dies war keine Übertreibung, sondern eine Unwahrheit, und zwar keine harmlose, eine durchaus nicht harmlose Unwahrheit. Er war nicht siebenhundert, sondern siebzig Jahre alt: ein siebzigjähriger Greis hatte um die Hand eines jungen Mädchens angehalten, und als er sich überzeugt hatte, daß die Jugend nicht zurückkehren werde, daß selbst Gott einem Greis die Jugend nicht zurückgeben könne, stürzt er verzweifelt zum Baum der Erkenntnis des Guten und Bösen und ist aus allen Kräften bestrebt, Regine Olsen zu zwingen, ihm nachzufolgen. Die Notwendigkeit verwandelt sich vor unseren Augen in die Unveränderlichkeit. Sogar Gott, bezaubert von der Angst vor dem uranfänglichen Nichts, das sich zwischen ihn und seinen Sohn stellt, wie es sich zwischen Kierkegaard und Regine Olsen stellte, verliert seine Allmacht und wird ebenso hilflos und machtlos wie der von ihm erschaffene Mensch. Das bedeutet ja doch: als das Wissen die Freiheit in uns getötet hatte, bemächtigte sich unserer Seele die Sünde. Nicht nur wagen wir es nicht, zur Unwissenheit zurückzukehren, sondern wir erblicken in der Unwissenheit ein Schlummern des Geistes. Kierkegaard appelliert an das Absurde, aber vergebens: er kann an das Absurde nur appellieren, aber verwirklichen kann er es nicht. Ununterbrochen spricht er von der existenziellen Philosophie, er verspottet die Spekulation und die Spekulierenden mit ihren „objektiven" Wahrheiten, aber wie Sokrates in seiner ersten und zweiten Verkörperung ist er bestrebt, sowohl selber nach denselben Kategorien zu leben, in denen er denkt, als auch andere zu dem gleichen zu zwingen. Er beruft sich ständig auf die Heilige Schrift — aber im tiefsten Inneren seiner Seele ist er überzeugt, „weiß" er, daß „Gott den Israeliten nicht schlechthin die Attribute seines Wesens lehren wollte. Darum hat er nicht mit Gründen, sondern durch das Schmettern der Trompeten, durch Donner und Blitz auf sie gewirkt" (Deus non volebat Israelitas suae essentiae absoluta attributa docere... ideoque non rationibus, sed turbarum strepitu, tonitru et fulminibus eosdem adorsus est). Und nicht nur Kierkegaard allein, wir alle sind überzeugt, daß nur die „Gründe" (rationes) zur Wahrheit führen, und halten den himmlischen Donner für leeren Lärm. Das verräterische „und werdet sein wie Gott" hat uns bezaubert, und es bemächtigte sich unser jene furchtbare „Verzauberung und übernatürliche Erstarrung" — — enchantement et assoupissement surnaturel —, von der Pascal spricht. Und je gewissenhafter wir unser Leben unserem Denken unterordnen, desto tiefer und unerwecklicher wird unser Schlaf. Das Sokratische Wissen um das Nichtwissen, Spinozas „dritte Erkenntnisgattung", Kants Vernunft, die so begierig ist nach allgemeinen und notwendigen Urteilen — werden den Menschen nie aus dem Dämmerschlaf erwecken und ihm die verlorene Freiheit, das heißt, die Freiheit der Unwissenheit, die Freiheit vom Wissen, nicht zurückgeben. Wir nehmen es hin, daß man unsere Töchter entehrt, unsere Söhne tötet, die Heimat verwüstet, daß Gott weder ein Ziel noch einen Endzweck hat (Deum nullum scopum vel finem habere), daß die Metaphysik, welche dies gar nichts angeht, noch zu entscheiden haben werde, ob es einen Gott gibt, ob unsere Seele unsterblich ist, ob unser Wille frei ist, während wir, denen dies das Wichtigste auf der Welt ist, gezwungen sind, alles „Weinen und Verwünschen" in uns unterdrückend, uns von vornherein „mit Gleichmut" in jede Entscheidung zu fügen, welche die Metaphysik trifft, und dazu noch in unserem Gehorsam eine Tugend, in der Tugend jedoch die höchste Glückseligkeit zu erblicken. Die Philosophie, die bei den notwendigen Wahrheiten beginnt, kann nicht anders als mit erhabener Erbauung enden. Und die Religion, die der Philosophie zuliebe in der Unwissenheit des ersten Menschen ein Schlummern des Geistes erblickt, führt ebenfalls zur Erbauung, und zwar zu einer nicht weniger erhabenen. Sokrates und Spinoza sprachen vom phalarischen Stier, Kierkegaard von der Glückseligkeit, die furchtbarer sei als alle Schrecken, die jemals das Los eines Menschen waren. Einen anderen Ausweg gibt es jedoch nicht. Solange wir uns nicht der Gewalt des Sokratischen Wissens entwinden, solange wir nicht zur Freiheit der Unwissenheit zurückkehren, werden wir Gefangene jener furchtbaren Verführung sein, die den Menschen aus einem „denkenden Ding" in den „schandbarsten Esel" verwandelt. Aber kann denn der Mensch aus eigenen Kräften den Zauberkreis durchbrechen, in den ihn die Notwendigkeit hineingetrieben hat? Das Entsetzliche des Falles, das Entsetzliche der Erbsünde, sagten uns Nietzsche und Luther, bestehe ja gerade darin, daß der gefallene Mensch seine Rettung gerade dort sucht, wo ihn das Verderben erwartet. Die Notwendigkeit beleidigt den gefallenen Menschen nicht. Er liebt sie, er betet sie an und erblickt in seiner Anbetung seine Größe, seine Tugend, wie Nietzsche, der Sokrates' décadence geißelte, uns selbst gestand. Und Spinoza dichtet, in Erfüllung des Vermächtnisses des weisesten der Menschen, begeisterte Hymnen auf die Notwendigkeit; und ihn beleidigt nicht, ihn freut sogar seine Fähigkeit, alles, was auch immer das Schicksal ihm beschert, „mit Gleichmut zu ertragen". Er bringt den Menschen als wertvollste „Lehre" (docet) das Gebot: „nicht lachen, nicht weinen, noch verwünschen, sondern verstehen" und den Gleichmut in bezug auf „die Dinge, die nicht in unserer Gewalt stehen" (Entehrung der Töchter, Tötung der Söhne, und so weiter). Kierkegaard indes liefert Gott selber der Gewalt der Notwendigkeit aus, die er, um die von ihm dem Ethischen zugefügten Kränkungen auszugleichen, in den Rang der Unveränderlichkeit erhebt. Das „Ethische", das heißt, die Früchte vom Baum der Erkenntnis des Guten und Bösen, gegen welche Aristoteles sich durch sein Mindestmaß an Lebensgütern zu wehren suchte, hat alles zerstört und den Menschen dicht an den Abgrund des urewigen Nichts geführt.

Nur hieraus läßt sich jene „Grausamkeit" verstehen, die Kierkegaard und Nietzsche offen predigten und die unsichtbar in Sokrates' und Spinozas Lehre, hinter ihren „Glückseligkeiten" (beatitudines) versteckt, zugegen war. In dieser „Grausamkeit" offenbart sich der wahre Sinn, der in den Worten „und werdet sein wie Gott" verborgen lag. Hinter der scheinbaren Ruhe Sokrates' und Spinozas erkennen wir dasselbe Entsetzen des unterdrückten „Weinens und Verwünschens", das aus den rasenden Reden Nietzsches und Kierkegaards herausklingt: dem gefallenen Menschen ist es nicht gegeben, durch seine „Werke" seine uranfängliche Freiheit zurückzuerlangen. Das Wissen und die Tugend haben unseren Willen gelähmt und uns zu jener Erstarrung des Geistes geführt, die in der Ohnmacht und dem Gehorsam ihre Vollkommenheit erblickt. Wenn es uns aber nicht gegeben ist, „durch unsere Werke" zum wahren Sein durchzubrechen, so trägt vielleicht das, was unabhängig von uns, fast entgegen uns selber mit uns „geschieht", uns über die Grenzen jenes Zauberreichs hinaus, in welchem wir unser Dasein hinzuschleppen verdammt sind. Im Leben des Menschen sind außer dem Wissen und der Tugend noch die „Schrecken", von denen Nietzsche und Kierkegaard so viel sprachen und mit denen die „Belehrungen" Sokrates' und Spinozas durchsetzt sind. Wieviel auch immer das Wissen uns einreden mag, daß die Notwendigkeit allmächtig sei, wieviel auch immer die Weisheit uns versichern mag, daß ein tugendhafter Mensch selbst im phalarischen Stier Glückseligkeit finden werde, so wird es doch nie gelingen, im Menschen sein „Weinen und Verwünschen" zu ersticken. Gerade aus diesem „Weinen und Verwünschen", aus diesen Schrecken des Daseins wird der furchtbare „Hammer Gottes" der Propheten und Luthers geschmiedet. Aber dieser Hammer richtet sich nicht gegen den lebendigen Menschen, wie es Nietzsche und Kierkegaard erschien, die auf den von Sokrates und Spinoza bereiteten Bahnen schritten. „Denn der Mensch überhebt sich und wähnt, weise, gerecht und heilig zu sein, deshalb ist es nötig, daß er durch das Gesetz gedemütigt werde und so jene Bestie, seine vermeintliche Gerechtigkeit, getötet werde, ohne deren Tötung der Mensch nicht leben kann (Quia homo superbit et somniat se sapere, se justum et sanctum esse, ideo opus est, ut lege humilietur, ut sic bestia ista, opinio justitiae, occidatur, qua non occisa non potest homo vivere).

In die moderne Sprache übersetzt heißt das: Der Mensch muß aus seiner urewigen Erstarrung erwachen und sich entschließen, in jenen Kategorien zu denken, nach denen er lebt. Das Wissen hat das Wirkliche in ein Notwendiges verwandelt und uns gelehrt, alles, was auch immer das Schicksal uns bescheren möge, hinzunehmen. Das eben ist Ohnmacht, Machtlosigkeit, Lähmung — zuweilen anscheinend sogar der Tod der Freiheit: der Mensch verwandelt sich, wie Spinoza sagt, aus einem „denkenden Ding" in den „schandbarsten Esel". Kann es denn ein lebendiger, freier Mensch hinnehmen, kann er denn dabeistehen, wenn seine Töchter entehrt, seine Söhne getötet, seine Heimat verwüstet wird? Nicht nur die Menschen, selbst die Steine, sagte Kierkegaard, hätten geweint, wenn sie gewußt hätten, mit welchen Schrecken seine Seele angefüllt war, während die Menschen lachten, wenn sie ihm zuhörten. Wenn das von uns vergessene Wort „Sünde" auch nur irgend einen Sinn hat, so liegt in diesem Hinnehmen und in noch höherem Maße in jenen Belehrungen, jenem „Gleichmut", die uns die „wahre Philosophie" (philosophia vera) bringt und auf denen sie selbst beruht, die furchtbarste, unverzeihlichste Sünde, eine Todsünde. Hier ist jenes „Ungeheuer" zu suchen, „ohne dessen Tötung der Mensch nicht leben kann". Bezaubert von dem lügnerischen „und werdet sein wie Gott, und wissen, was gut und böse ist", das n a c h Sokrates zum Prinzip des Denkens für alle folgenden Zeiten wurde, richteten sogar Kierkegaard und Nietzsche alle ihre Kräfte darauf, den Menschen zu überreden, sich loszusagen von den „Dingen, die nicht in seiner Gewalt stehen", und ihm die Überzeugung einzuflößen, „die Glückseligkeit sei nicht der Lohn der Tugend, sondern die Tugend selbst". Und durch keinerlei „Argumente" ist die Überzeugung des Menschen von der Allmacht der Notwendigkeit zu zerstreuen. Aber unter den Schlägen des „Hammers Gottes" verwandelt sich das vernachlässigte „Weinen und Verwünschen" in eine neue Kraft, die uns aus der urewigen Erstarrung erwecken und uns den Mut geben wird, den Kampf gegen das furchtbare Ungeheuer aufzunehmen. Die Schrecken, auf die sich die Notwendigkeit stützte, werden sich gegen sie selbst kehren. Und in diesem letzten Kampf, einem Kampf auf Leben und Tod, wird es dem Menschen vielleicht gelingen, endlich die wahre Freiheit zurückzuerlangen, die Freiheit der Unwissenheit, die Freiheit vom Wissen, die der erste Mensch eingebüßt hatte.

III
ÜBER DIE PHILOSOPHIE DES MITTELALTERS
CONCUPISCENTIA IRRESISTIBILIS

> Willst du dir alles unterwerfen, so unterwirf dich der Vernunft (si vis tibi omnia subjicere, te subjice rationi).
>
> Seneca.
>
> Das alles will ich dir geben, so du niederfällst und mich anbetest... Heb dich weg von mir, Satan! denn es steht geschrieben: Du sollst anbeten Gott, deinen Herrn, und ihm allein dienen.
>
> Matth. 4, 9—10.

1

Eine der jüngsten Arbeiten von E. Gilson, dem berühmten Historiker der mittelalterlichen Philosophie, heißt „L'esprit de la philosophie médiévale" (Paris 1932). Die Aufgabe, die Gilson sich darin gestellt hat, ist jedoch eine bedeutend umfassendere, als es nach der Überschrift erscheinen möchte. Diesmal tritt er nicht nur als Philosophiehistoriker, sondern auch als Philosoph vor uns hin. Unter Verwertung des ungeheuren, in langen Jahren fruchtbarer Arbeit gesammelten Materials zur Geschichte der Philosophie, stellt und löst er mit einer Meisterschaft, wie sie nur wenigen Auserwählten eigen ist, eins der grundlegendsten und schwierigsten philosophischen Probleme: nicht nur, ob es eine jüdisch-christliche Philosophie gegeben habe, sondern auch — und das ist besonders wichtig — wieso eine jüdisch-christliche Philosophie möglich gewesen sei und was sie dem menschlichen Denken Neues gebracht habe. Der Ausdruck „jüdisch-christliche Philosophie" erscheint zunächst einmal mit einem inneren Widerspruch behaftet. Insbesondere in dem Sinn, welchen Gilson ihm verleiht. Nach Gilson ist die jüdisch-christliche Philosophie eine Philosophie, welche die biblische Offenbarung zur Quelle hat. Doch ist er zugleich der Ansicht, jegliche Philosophie, die sich des Namens „Philosophie" würdig erweise, sei eine rationale Philosophie, die sich auf die Selbstevidenzen stütze und darum, ihrer Idee nach wenigstens, zu bewiesenen, unwiderleglichen und unbestreitbaren Wahrheiten führe. Alle Offenbarungswahrheiten jedoch legten, wie er des mehrfachen und gleichsam freudig betont, keinen Wert auf Beweise. „Der griechische Gedanke", schreibt er, „ist nicht zu dieser wesentlichen Wahrheit gelangt, die mit einem Schlag und o h n e d e n S c h a t t e n e i n e s B e - w e i s e s (von mir gesperrt. L. Sch.) das Bibelwort: ‚Höre, Israel, der Herr, unser Gott, ist ein einiger Herr', 5. Mos. 6, 4, liefert"

(I, 49). Und nochmals: „Auch hier kein Wort von Metaphysik, sondern Gott hat gesprochen, die Sache ist erledigt, und es ist das 2. Buch Mosis, das dieses Prinzip aufstellt, an das die ganze christliche Philosophie von nun an gebunden sein wird" (I, 54). Und ein drittes Mal: „Nichts Bekannteres als der erste Vers der Bibel: ‚Am Anfang schuf Gott Himmel und Erde'. Auch hier keine Spur von Philosophie. Gott rechtfertigt auf metaphysischem Wege ebensowenig die Behauptung darüber, was er schafft, als darüber, was er ist" (I, 71). Und so ist es in der ganzen Heiligen Schrift: Gott rechtfertigt sich nicht, beweist nicht, argumentiert nicht, das heißt, er setzt seine Wahrheiten auf ganz anderem Wege durch, als es die Metaphysik tut. Nichtsdestoweniger unterscheiden sich die von ihm verkündeten Wahrheiten in bezug auf ihre Überzeugungskraft in keiner Weise von den Wahrheiten, die uns unser natürlicher Verstand verschafft — und sind vor allem selbstevident. Gilson wiederholt dies mit der gleichen Entschiedenheit, mit der er den Gedanken durchführt, daß die biblischen Wahrheiten sich nicht im geringsten um ihre Beweisbarkeit kümmerten. „Das vornehmste Gebot vor allen Geboten ist das: Höre, Israel...", zitiert er Mark. 12, 29 und fügt sogleich hinzu: „Also, das ‚ich glaube an einen einigen Gott' der Christen, der erste Artikel ihres Glaubens, ist in einem zugleich als eine unwiderlegliche rationale Evidenz geoffenbart" (I, 50). Und dann auch: „Indem er in dieser Formel (am Anfang schuf Gott Himmel und Erde) die Geheimnisse seiner schöpferischen Tat preisgibt, deren Evidenz sich mit unwiderstehlicher Kraft aufdrängt, sobald sie gegeben sind." Er beruft sich auf Lessing: „Ohne Zweifel waren, wie Lessing tiefsinnig sagte, die religiösen Wahrheiten, als sie geoffenbart wurden, nicht rational, sondern wurden geoffenbart, um es zu werden." Allerdings muß er — und dies ist sehr bezeichnend — Lessings Behauptung einschränken: „Nicht alle vielleicht", so beschließt er das erste Kapitel seines ersten Bandes, „aber wenigstens gewisse, und das ist der Sinn der Fragen, auf die eine Antwort zu finden, die nun folgenden Ausführungen versuchen werden." Es ließen sich noch viele Zitate dieser Art aus Gilsons Buch anführen, aber es besteht wohl kaum eine Notwendigkeit hierfür. Ich meine, daß schon die angeführten genügen, um daraus zu ersehen, in welche Richtung Gilson unser Denken zu lenken bemüht ist: Die geoffenbarte Wahrheit stütze sich auf nichts, beweise nichts, rechtfertige sich vor niemandem und verwandle sich dennoch in unserem Verstand in eine gerechtfertigte, bewiesene, selbstevidente Wahrheit. Die Metaphysik sei bestrebt, sich der geoffenbarten Wahrheit zu bemächtigen, und bemächtige sich ihrer: diese Idee, die wie ein roter Faden durch beide Bände der prächtigen Untersuchung Gilsons geht, ermöglicht es ihm, einen Zusammenhang und eine Abhängigkeit festzustellen zwischen der Philosophie des Mittelalters einerseits und der Philosophie der Antike und der Neuzeit anderseits. Die Philosophie erweist sich, wie bei Hegel, als einheitlich während ihres ganzen durch die Jahrtausende gehenden Bestehens: die Griechen suchten dasselbe wie die Scholastiker; Descartes, der Vater der neueren Philosophie, und alle die ihm nachfolgten, konnten und wollten sich nie vom Einfluß des Mittelalters freimachen. Gilson führt eine Äußerung des Clemens von Alexandrien an, daß es schon für das frühchristliche Denken zwei Alte Testamente gegeben habe — das biblische und die griechische Philosophie*, und weist darauf hin, daß die mittelalterlichen Denker das delphische „erkenne dich selbst" (γνῶθι σεαυτόν) für „vom Himmel gefallen" hielten. Darum betrachtet

* Man könnte noch auf jene Stelle in den „Stromata" des Clemens hinweisen, wo er sagt, wenn man die Gotteserkenntnis von der ewigen Erlösung trennen könnte und er zwischen der Gotteserkenntnis (γνῶσις τοῦ θεοῦ) und dem ewigen Heil (σωτηρία αἰώνιον) zu wählen hätte, er sich für die Gotteserkenntnis entscheiden würde.

es Gilson als einen Fehler, nach Hamelins Vorgang der Ansicht zu sein (I, 14), Descartes habe so gedacht, als wäre in der Zeit zwischen den Griechen und ihm auf dem Gebiet der Philosophie nichts geschehen. Nicht nur Descartes, sondern auch alle großen Vertreter der neueren und neuesten Philosophie standen in engem Zusammenhang mit den Scholastikern: Leibniz, Spinoza, Kant und sämtliche deutschen Idealisten bewegten sich in den vom scholastischen Denken bereiteten Bahnen. Auch für sie war natürlich die griechische Philosophie ein zweites Altes Testament. Aber ohne die Scholastik, welche die Bibel und die von der Bibel geoffenbarten Wahrheiten mit den selbstevidenten, durch die Griechen erlangten Wahrheiten zu verbinden verstand, hätte die Philosophie der Neuzeit nie das vollbringen können, was sie vollbracht hat. Die Überschrift von Descartes' Hauptwerk: „Betrachtungen über die Metaphysik, worin das Dasein Gottes und die Unsterblichkeit der Seele bewiesen wird" und „die Gleichheit seiner Beweise des Daseins Gottes mit denen des hl. Augustin und selbst denen des hl. Thomas" besagt schon genug zur Bestätigung dieser Behauptung. Besonders wichtig jedoch ist es, darauf hinzuweisen, daß „das ganze cartesische System auf der Idee eines allmächtigen Gottes beruht, der sich in gewisser Weise selbst schafft, noch viel mehr natürlich die ewigen Wahrheiten erschafft, darin inbegriffen die der Mathematik, der das Universum aus dem Nichts erschafft". Das ist tatsächlich ein außerordentlich wichtiger Hinweis. Nicht weniger wichtig ist auch Gilsons Hinweis auf die Schlußworte von Leibniz' „Discours de métaphysique", die er in ihrem vollen Wortlaut anführt, indem er ihnen die Bemerkung folgen läßt: „Dies sind nicht die Worte eines Menschen, der nach den Griechen zu kommen glaubt, als ob in der Zeit zwischen ihnen und ihm nichts gewesen wäre." Man könne schließlich, wie Gilson meint, dasselbe auch von Kant sagen, „wenn man nicht zu oft vergäße, seine Kritik der reinen Vernunft durch die Kritik der praktischen Vernunft zu ergänzen. Man könnte das ebensogut von unseren Zeitgenossen sagen", schließt er seine einleitenden Bemerkungen über die Rolle der mittelalterlichen Philosophie in der Entwicklungsgeschichte des neuesten philosophischen Denkens. Im Schlußkapitel des zweiten Bandes jedoch erklärt er nicht weniger energisch: „Es wird nicht genügen, daß eine metaphysische These, um rational zu werden, ihren religiösen Ursprung vergessen hat. Es wird also nötig sein, aus der Philosophie wie auch zugleich aus ihrer Geschichte mit dem Gott des Descartes auch den des Leibniz, des Malebranche, Spinozas und Kants zu vertreiben, denn noch mehr als der des hl. Thomas würden sie nicht existieren ohne den der Bibel und des Evangeliums."

Gilson neigt hierbei am allerwenigsten dazu, den Einfluß der griechischen Philosophie auf die Philosophie des Mittelalters zu vertuschen oder gar zu gering anzusetzen, eine Versuchung, der ein weniger gerüsteter oder mehr um die apologetischen Aufgaben als um das eigentlich Wesentliche des von ihm aufgeworfenen philosophischen Problems bekümmerter Mann ausgesetzt wäre. Ich möchte damit nicht sagen, Gilson selbst habe keine bestimmte Einstellung zu dem Sinn und der Bedeutung dessen, was von der jüdisch-christlichen Philosophie geleistet worden ist, und er gehe, hinter den geschichtlichen Problemen Deckung suchend, der schweren Verantwortung aus dem Wege, die mit der Notwendigkeit verbunden ist, sich zum Wesen der Sache offen zu äußern. Im Gegenteil — ich wiederhole dies nochmals —, er nimmt mit vornehmer Kühnheit die sich vor ihm erhebenden grundsätzlichen Probleme in Angriff, und wenn er geschichtliches Material verwertet, so nur in dem Maße, als er darauf rechnet, daß sich in der Geschichte Daten finden ließen, die uns behilflich sein könnten, uns in der schwierigen, komplizierten und verworrenen Situation zurechtzufinden, die sich für die europäische Menschheit angesichts der Notwendigkeit ergeben hat, die durch das tausendjährige schöpferische Denken der antiken Welt erlangten Wahrheiten mit jenen „Offenbarungen" in Einklang zu bringen, die auf sie plötzlich wie vom Himmel herabfielen in dem Augenblick, als ihr aus fernen Ländern die Bibel gebracht wurde. Er erklärt, ohne zu zaudern: „Die Philosophie wird um so christlicher, je mehr sie im wahren Sinne Philosophie wird" — und hierin liegt der tiefinnerlichste Gedanke seiner Untersuchung, ein Gedanke, den er nicht nur nicht verheimlicht, sondern stets in den Vordergrund rückt. „Die Folgerung, die sich aus dieser Studie ergibt, oder vielmehr die Achse, die vom einen zum anderen Ende durch sie hindurchgeht, ist die, daß sich alles vollzieht, als ob die jüdisch-christliche Offenbarung eine religiöse Quelle der philosophischen Entwicklung gewesen wäre, wobei das lateinische Mittelalter in der Vergangenheit der Zeuge par excellence dieser Entwicklung ist." Dennoch bleibt er so objektiv und zugleich so sehr von der Richtigkeit der von ihm verfochtenen These überzeugt, daß er mit derselben Entschiedenheit erklärt: „Man könnte sich mit Recht fragen, ob es je eine christliche Philosophie gegeben hätte, wenn die griechische Philosophie nicht gewesen wäre" (I, 213). Und nochmals: „Wenn es die Schrift ist, der wir eine Philosophie, die christlich ist, verdanken, so ist es die griechische Überlieferung, der es das Christentum verdankt, daß es eine Philosophie hat" (I, 214). Zu der Zeit, als Plato und Aristoteles in die geschichtliche Vergangenheit eingegangen waren, „fuhren der Aristotelismus und der Platonismus fort, ein neues Leben zu leben, indem sie mithalfen an einem Werk, für das sie sich nicht bestimmt wußten. Ihnen ist es zu danken, daß das Mittelalter eine Philosophie haben konnte. Sie haben es die Idee des ‚v o l l k o m m e n e n W e r k e s d e r V e r n u n f t' (perfectum opus rationis) gelehrt, sie haben ihm mit den Hauptproblemen die rationalen Prinzipien angegeben, die ihre Lösung beherrschen, und selbst die Techniken, durch die man sie rechtfertigt. Das Mittelalter hat eine ungeheure Schuld an Griechenland abzutragen" (II, 224). Dies sind in knappen Worten die Grundideen der hervorragenden Untersuchung Gilsons. Ohne die antike Philosophie, die von den selbstevidenten, durch die natürliche Vernunft erlangten Wahrheiten ausging, gäbe es keine mittelalterliche Philosophie; ohne die Philosophie des Mittelalters, welche die Offenbarungen der Heiligen Schrift in sich aufnahm und einsog, gäbe es keine neuere und neueste Philosophie. Es ist klar, daß die Aufgabe, die Gilson sich setzte und löste, weit über die Grenzen dessen hinausgeht, was die verhältnismäßig bescheidene Überschrift seines Werkes verspricht. Es handelt sich nicht um den Geist der mittelalterlichen Philosophie, das heißt nicht darum, mit mehr oder weniger erschöpfender Vollständigkeit das zu umreißen und zu charakterisieren, was die bedeutendsten und einflußreichsten Denker des Mittelalters getan und vollbracht haben. Gewiß, auch so eine Aufgabe wäre von großem und sogar ausnehmendem Interesse, und bei solch einem Kenner der mittelalterlichen Philosophie und Meister auf seinem Gebiet wie Gilson würden wir selbst dann viel lernen können, wenn er sich innerhalb der von der Überschrift umrissenen Grenzen hielte. Aber in noch höherem Grade packt uns die Frage, die er sich in Wirklichkeit gestellt hat. Die Offenbarung, sagte er uns selbst, beweist nichts, begründet sich auf nichts, rechtfertigt sich nie. Das eigentlich Wesentliche des Rationalismus jedoch besteht darin, daß er jede seiner Thesen begründet, beweist und rechtfertigt. Doch wie kam es, daß die Philosophen des Mittelalters im zweiten Buch Mosis Metaphysik entdeckten? Kann es denn noch eine Metaphysik geben, die ihr Wesen nicht nur darin erblickt, daß sie uns Wahrheiten liefert, sondern hauptsächlich darin, daß ihre Wahrheiten unwiderleglich sind und keine ihnen entgegengesetzten

Wahrheiten neben sich dulden, — kann es eine Metaphysik dort geben, wo jegliche Beweise grundsätzlich, ein für allemal abgelehnt werden? „Ohne einen Schatten, ohne eine Spur von Beweis", wie Gilson im Namen seiner selbst und im Namen der Philosophie des Mittelalters uns sagte, kamen alle grundlegenden Wahrheiten der Offenbarung zu den Menschen. Nicht genug damit, lesen wir am Schluß des dritten Kapitels des zweiten Bandes die Zeilen: „Die Metaphysik des zweiten Buches Mosis dringt bis in den Kern der Erkenntnislehre vor, insofern als sie den Verstand und dessen Objekt auf Gott zurückführt, von dem der eine wie das andere ihre Existenz beziehen. Was sie hier an Neuem bringt, ist der den Alten unbekannte Begriff einer geschaffenen Wahrheit, aus sich selbst gerichtet auf das Wesen, das zugleich Anfang und Ende ist, denn nur durch dieses allein besteht sie, wie nur es allein sie vervollkommnen und vollenden kann." Daß die „Metaphysik" des zweiten Buches Mosis so ist — daran kann kein Zweifel bestehen: der Gott der Heiligen Schrift steht sowohl über der Wahrheit als auch über dem Guten: als Descartes dies sagte, brachte er nur dasselbe zum Ausdruck, wovon jede Zeile der Bibel zu uns spricht. Kann aber dieses „Neue", das die Bibel in die Welt brachte, in jene Auffassung der Metaphysik hineinpassen, welche die antike Welt ausgearbeitet hat? Und kann die griechische Philosophie dem mittelalterlichen Denker behilflich sein, einer s o l c h e n Wahrheit teilhaft zu werden? Die Aufgabe der griechischen Philosophie bestand darin, selbstevidente und in ihrer Selbstevidenz unwiderlegliche Wahrheiten ausfindig zu machen. Wenn Kant ganz am Anfang seiner „Kritik der reinen Vernunft" (erste Ausgabe) schreibt: „Sie (d. h. die Erfahrung) sagt uns zwar, was da sei, aber nicht, daß es notwendigerweise, so und nicht anders, sein müsse. Eben darum gibt sie uns auch keine wahre Allgemeinheit, und die Vernunft, welche nach dieser Art von Erkenntnissen so begierig ist, wird durch sie mehr gereizt, als befriedigt", so faßt er hiermit nur in wenigen Worten zusammen, was die neuere Philosophie von der antiken ererbte. Dies ist dasselbe, wovon Aristoteles in der „Metaphysik" spricht: „Denn der Praktiker weiß wohl das Daß, aber nicht das Warum; der Theoretiker aber weiß das Warum und den Kausalzusammenhang" (Met. 981, a 26: οἱ μὲν γὰρ ἔμπειροι τὸ ὅτι ἴσασιν, διότι οὐκ ἴσασιν, οἱ δὲ τὸ διότι καὶ τὴν αἰτίαν γνωρίζουσιν): das empirische Wissen ist das Wissen darum, wie etwas in der Wirklichkeit geschieht (τὸ ὅτι), und es ist noch nicht die Erkenntnis dessen, warum (τὸ διότι καὶ ἡ αἰτία) das, was geschieht, gerade s o geschehen mußte und nicht anders geschehen konnte*. Die Idee des Wissens war bei den Griechen unzertrennlich mit der Idee der Notwendigkeit und des Zwanges verknüpft. Und dasselbe finden wir bei Thomas von Aquino: „Es ist der Sinn der Wissenschaft, daß man von dem, was gewußt wird, glaubt, es könne sich unmöglich anders verhalten" (de ratione scientiae est quod id quod scitur existimitur impossibile aliter se habere. Summa Theologiae II. II Qu. I art. V ad quartum). Kann man darauf rechnen, daß die Metaphysik des zweiten Buches Mosis, welche die Wahrheit vom Willen (die Griechen hätten — mit Recht — gesagt: von der Willkür) Gottes abhängig macht, sich den Grundprinzipien des griechischen Denkens unterwerfen und mit ihnen in Einklang bringen ließe? Und dann — wer sollte darüber beschließen, wem es gegeben sei, die Frage zu entscheiden: Hat man sich der Metaphysik des zweiten Buches Mosis zu unterwerfen und seine Erkenntnislehre anzunehmen — oder ist umgekehrt die Erkenntnislehre des

---

* Vgl. Nic. Eth. 1140, b 31: „Wissenschaftliche Erkenntnis ist gedankliche Auffassung des Allgemeinen und Notwendigen" (ἡ ἐπιστήμη περὶ τῶν καθόλου ἐστὶν ὑπόληψις καὶ τῶν ἐξ ἀνάγκης ὄντων), daher kann „alles wirkliche Wissen gelehrt und der Inhalt der Wissenschaft erlernt werden" (ebendort 1139, b 25).

zweiten Buches Mosis durch jene rationalen Prinzipien nachzuprüfen und zu berichtigen, die uns von der griechischen Philosophie vermacht wurden? Descartes hat, wie wir wissen, jenes Neue, das die Bibel den Menschen brachte, voll und ganz hingenommen: er behauptete, daß die selbstevidenten Wahrheiten von Gott erschaffen seien. Vorweggreifend will ich jedoch schon hier in Erinnerung bringen, daß Leibniz, der sich mit gleichem Recht wie Descartes als christlicher Philosoph bezeichnen konnte und zudem ein nicht weniger genial philosophisch begabter Mann war, über Descartes' Bereitwilligkeit, die Wahrheit der „Willkür", wenn auch Gottes, zu unterstellen, in Entsetzen geriet. Schon dies allein genügt, um uns zu überzeugen, auf welche Schwierigkeiten wir bei dem Versuch stoßen, der biblischen Philosophie jene Prinzipien aufzuzwingen, auf denen die rationale Philosophie der Griechen beruhte und die rationale Philosophie der Neuzeit beruht. Wer mag Schiedsrichter sein zwischen Descartes und Leibniz? Die Philosophie des zweiten Buches Mosis sagt uns, die Wahrheit sei wie alles in der Welt von Gott erschaffen, befinde sich stets in seiner Gewalt, und gerade darin bestehe ihr gewaltiger Wert und ihr Vorzug gegenüber den nicht erschaffenen Wahrheiten der Hellenen. Descartes schließt sich dieser Ansicht an, Leibniz ist empört. Dies ist eine ganz auswegslose Lage, die uns zudem zu der Notwendigkeit zu verdammen scheint, ein für allemal auf eine jüdisch-christliche Philosophie zu verzichten. Es gibt niemand, der den Schiedsrichter zwischen Leibniz und Descartes machen könnte. Für Leibniz, der sein ganzes Leben lang Vernunft und Offenbarung zu versöhnen beflissen war, ist es ganz selbstevident, daß Descartes' Entscheidung der Vernunft alle Rechte von Grund auf abspricht; Descartes hingegen, der Leibniz nicht im geringsten an Scharfsinn nachstand, ahnte nicht einmal, daß er einen Anschlag auf die souveränen Rechte der Vernunft verübte.

Die Situation wird noch dadurch verwickelter, daß die Philosophie des Mittelalters, welche die ihr nötige Metaphysik gemäß den in Griechenland ausgearbeiteten Prinzipien aus der Heiligen Schrift herauszuholen bemüht war, — als sie mit der Erkenntnisfrage in Berührung kam (ich zöge vor zu sagen: als sie an die Metaphysik der Erkenntnis herantrat), die in unmittelbarer Beziehung zu dieser Frage stehenden Stellen im ersten Buch Mosis gleichsam gänzlich vergaß. Ich meine hiermit die Erzählung vom Sündenfall des ersten Menschen und vom Baum der Erkenntnis des Guten und Bösen. Wenn wir der biblischen Erkenntnislehre oder, genauer gesagt, der biblischen Metaphysik der Erkenntnis teilhaft werden wollen, so müssen wir uns vor allem in das dort Erzählte hineindenken und uns über dessen Sinn so gut als möglich Rechenschaft geben.

2

Diese Aufgabe ist jedoch weit schwieriger, als es auf den ersten Blick erscheinen möchte. Gilson hat zweifellos recht: Nicht nur das Mittelalter, sondern auch wir modernen Menschen haben von den Griechen sowohl die grundlegenden philosophischen Probleme vermacht bekommen, wie auch die rationalen Prinzipien, von denen bei ihrer Lösung auszugehen ist, und auch die ganze Technik unseres Denkens. Wie wäre es zu erreichen, daß wir beim Lesen der Heiligen Schrift sie nicht so auslegten und verständen, wie es die großen hellenischen Meister zu tun uns lehrten, sondern so, wie es jene von ihren Lesern wünschten und verlangten, die uns durch das Buch der Bücher das überlieferten, was sie Gotteswort nannten? Solange die Bibel sich in den Händen des „auserwählten Volkes" befand, brauchte diese Frage sich noch nicht zu erheben: es läßt sich jedenfalls annehmen, daß die Menschen, wenn sie die Worte der Schrift in sich aufnahmen, sich nicht immer in der Gewalt jener Vernunftprinzipien und jener Denktechnik befanden, die gewissermaßen zu unserer zweiten Natur geworden sind, und die wir, ohne uns auch nur darüber Rechenschaft zu geben, für die unabänderlichen Voraussetzungen des Begreifens der Wahrheit halten. Gilson hat auch mit seiner Behauptung recht, daß die mittelalterlichen Denker stets bemüht gewesen seien, sich an den Geist und Buchstaben der Schrift zu halten. Aber genügt hier der gute Wille allein? Und kann ein Mensch mit hellenischer Erziehung sich jene Freiheit in der Auffassung der Worte der Schrift bewahren, welche die Bürgschaft ist für das richtige Verständnis dessen, wovon in ihr erzählt wird? Als dem Philon von Alexandrien die Aufgabe zuteil wurde, der gebildeten Welt der Griechen die Bibel zugänglich zu machen, war er gezwungen, zur allegorischen Auslegungsmethode seine Zuflucht zu nehmen: nur so konnte er darauf rechnen, seine Zuhörer zu überzeugen. War es doch nicht angängig, vor gebildeten Menschen jene Prinzipien des vernünftigen Denkens und jene großen Wahrheiten streitig zu machen, welche die griechische Philosophie in Gestalt ihrer großen Vertreter für die Menschheit entdeckt hatte! Auch konnte Philon selbst, nachdem er der hellenischen Kultur teilhaft geworden war, die Schrift bereits nicht mehr hinnehmen, ohne sie an Hand jener Kriterien nachzuprüfen, durch welche die Wahrheit von der Lüge zu unterscheiden ihn die Griechen gelehrt hatten. Das Ergebnis davon war, daß die Bibel auf ein solches philosophisches Niveau „emporgehoben" wurde, daß sie den Anforderungen der hellenischen Bildung vollkommen entsprach. Dasselbe tat auch Clemens von Alexandrien, den Harnack nicht umsonst den christlichen Philon nannte: er stellte die griechische Philosophie mit dem Alten Testament gleich und erlangte nicht nur, wie wir uns erinnern, die Berechtigung zu behaupten, daß die Gnosis nicht zu trennen sei von der ewigen Erlösung, sondern auch, daß, wenn sie von ihr trennbar wäre und er vor die Wahl gestellt würde, er nicht der ewigen Erlösung, sondern der Gnosis den Vorzug geben würde. Man braucht nur an die Alexandrier Philon und Clemens zu denken, damit es einem gleich von vornherein klar werde, daß die Erzählung vom Sündenfall des ersten Menschen weder von den Kirchenvätern, noch von den mittelalterlichen Philosophen so hingenommen werden konnte, wie sie sich im ersten Buch Mosis darbietet, und daß das forschende Denken der Gläubigen angesichts dieser Erzählung sich vor das schicksalsvolle Dilemma: entweder die Bibel oder die griechische „Erkenntnis" und die auf dieser Erkenntnis beruhende Weisheit gestellt sehen mußte.

In der Tat: Was ist der Inhalt jenes Teils der Erzählung der „Genesis", der sich auf den Sündenfall des ersten Menschen bezieht? Gott pflanzte mitten in das Paradies den Baum des Lebens und den Baum der Erkenntnis des Guten und des Bösen. Und sprach zu dem Menschen: „Du sollst essen von allerlei Bäumen im Garten: aber von dem Baum der Erkenntnis des Guten und Bösen sollst du nicht essen; denn welches Tages du davon issest, wirst du des Todes sterben." Im Gegensatz dazu, wie Gott sonst gewöhnlich seine Wahrheiten verkündete — „ohne eine Spur von Beweis" —, finden wir diesmal neben dem Gebot, wenn auch nicht, wie wir, um uns die Aufgabe zu erleichtern, zu meinen geneigt wären, eine Sanktion, sondern eine Motivierung: „Denn welches Tages du davon issest, wirst du des Todes sterben." Es wird eine Verbindung hergestellt zwischen den Früchten vom Baum der Erkenntnis und dem Tod. Der Sinn der Worte Gottes besteht nicht darin, daß der Mensch bestraft werden würde, wenn er dem Gebot nicht gehorchte, — sondern darin, daß die Erkenntnis den Tod in sich birgt. Dies wird noch zweifelloser, wenn wir uns in Erinnerung rufen, unter welchen Umständen der Sündenfall vor sich ging. Die Schlange, das listigste unter allen von Gott erschaffenen Tieren, fragte das Weib: „Warum sollte Gott euch verboten haben, die Früchte von allerlei Bäumen des Paradieses zu essen?" Und als das Weib ihr antwortete, daß Gott nur die Früchte von einem Baum zu essen und zu berühren verboten habe, auf daß sie nicht stürben, da erwiderte die Schlange: „Ihr werdet mitnichten des Todes sterben; sondern Gott weiß, daß, welches Tages ihr davon esset, so werden eure Augen aufgetan, und werdet sein wie Gott und wissen, was gut und böse ist." Eure Augen werden aufgetan werden: so sprach die Schlange. Ihr werdet des Todes sterben: so sprach Gott. Die Erkenntnismetaphysik der „Genesis" ist in engster Weise mit der Metaphysik des Seins verknüpft. Hat Gott die Wahrheit gesagt, so kommt aus dem Wissen der Tod; hat die Schlange die Wahrheit gesagt, so stellt das Wissen den Menschen mit Gott gleich. So erhob sich die Frage vor dem ersten Menschen, so erhebt sich die Frage auch heute vor uns. Es bedarf keiner Worte darüber, daß die frommen Denker des Mittelalters den Gedanken gar nicht in sich aufkommen ließen, die Wahrheit hätte auf Seiten der Versucherin Schlange liegen können. Die Gnostiker aber dachten anders und sprachen es offen aus: Nicht die Schlange hat den Menschen betrogen, sondern Gott. In der Neuzeit behauptet Hegel ohne das geringste Bedenken, daß die Schlange dem ersten Menschen die Wahrheit gesagt habe und daß die Früchte vom Baum der Erkenntnis zur Quelle der Philosophie für alle folgenden Zeiten geworden seien. Und wenn wir unsere Vernunft befragen, auf wessen Seite die Wahrheit lag, und wenn wir von vornherein zustimmen, daß unsere Vernunft die letzte Instanz sei, von welcher über den Streit zwischen der Schlange und Gott entschieden wird, so kann es hier keine zwei Meinungen geben: Der Sache der Schlange ist der volle Triumph gesichert. Und solange die Vernunft der „Fürst und Richter über alle" (princeps et judex omnium) bleibt, kann keine andere

Entscheidung erwartet werden. Die Vernunft ist selber die Quelle des Wissens, wie könnte sie da das Wissen verdammen? Zudem hat der erste Mensch — was nicht vergessen werden darf — ein Wissen gehabt. Wieder in der „Genesis" wird erzählt, daß Gott, als er alle Tiere und Vögel erschaffen hatte, sie zu dem Menschen hinführte, um zu sehen, wie dieser sie benennen würde: „Denn wie der Mensch allerlei lebendige Tiere nennen würde, so sollten sie heißen." Aber der von der Schlange verführte Mensch begnügt sich bereits nicht mehr hiermit: ihm genügte nicht das „Daß" (ὅτι), er wollte das „Warum" (διότι); das „Daß" reizte ihn nur, wie es auch Kant reizte, seine Vernunft war „so begierig" nach allgemeinen und notwendigen Urteilen, er konnte sich nicht beruhigen, solange es ihm nicht gelang, die „geoffenbarte" Wahrheit, die sowohl über der Allgemeinheit wie auch über der Notwendigkeit steht, in eine selbstevidente Wahrheit umzuwandeln, die zwar ihm selber die Freiheit nimmt, ihn aber dafür vor der Willkür Gottes sichert. Einige Theologen, die augenscheinlich ebenfalls aufrichtig darum besorgt sind, den Menschen vor der göttlichen Willkür zu schützen, leiten das griechische Wort Ἀλήθεια (Wahrheit) von ἀ-λανθάνω (ent-hüllen, offenbaren) ab. Auf diese Weise wurde eine innere Verwandtschaft zwischen der Wahrheit und der Offenbarung hergestellt. Die letztere wurde zu einer Enthüllung der Wahrheit, und alle Befürchtungen, Gott könnte seine durch nichts beschränkte Freiheit mißbrauchen, fielen fort: Die allgemeine und notwendige Wahrheit stand in gleicher Weise über Gott und dem Menschen. Es ergab sich natürlich dasselbe wie bei Hegel: Die Schlange hat den Menschen nicht betrogen; aber es ergab sich nicht explicite, sondern implicite: die Theologen mieden die Hegelische Offenheit.

Die Situation der mittelalterlichen Philosophen, die es sich zur Aufgabe gemacht hatten, die „ohne den Schatten eines Beweises" von Gott empfangenen Wahrheiten in bewiesene Wahrheiten, in selbstevidente Wahrheiten umzuwandeln, wie dies die Vermächtnisse der Griechen von ihnen verlangten, unterschied sich im Grunde genommen in keiner Weise von der Situation des vor dem Baum der Erkenntnis stehenden ersten Menschen. Gilsons Buch schildert uns mit einer ungewöhnlichen Wucht und Deutlichkeit, unter welch ungeheurer, zuweilen fast übermenschlicher Anstrengung die mittelalterlichen Philosophen die von der „Erkenntnis" ausgehende Versuchung in sich unterdrückten, und auch davon, wie diese Versuchung sich ihrer Seelen immer mehr und mehr bemächtigte. „Das Denken des Anselmus", schreibt er, „war lange Zeit von dem Wunsch besessen, einen unmittelbaren Beweis der Existenz Gottes zu finden, der gegründet wäre auf den einzigen Grundsatz des Widerspruches"*. An anderer Stelle spricht er davon, welche Aufregung derselbe Anselmus, Augustinus oder Thomas von Aquin erlebten, wenn sie sich der Momente erinnerten, „wo das Dunkel des Glaubens bei ihnen plötzlich der Durchsichtigkeit des Verstandes wich" (I, 43). Und sogar der subtilste Geist des Duns Scotus, der mit so unvergleichlicher Kühnheit die Unabhängigkeit Gottes von jeglichen hohen und unveränderlichen Prinzipien verteidigte, war außerstande, die „unüberwindliche Begehrlichkeit" (concupiscentia irresistibilis), den Glauben durch das Wissen zu ersetzen, in seiner Seele auszurotten. Gilson führt aus seinem „De rerum primo principio" folgendes bemerkenswertes Geständnis an, das dessen wert ist, hier in seinem vollen Wortlaut angeführt zu werden: „Herr,

---

* Außerordentlich lehrreich sind in dieser Hinsicht die Untersuchungen des verstorbenen E. Meyerson. Auch bei ihm wird die menschliche Vernunft als von dem Wunsch „besessen" dargestellt, alles dem Gesetz des Widerspruchs zu unterwerfen. Die Vernunft weiß, daß dies eine unerfüllbare Aufgabe ist, und sie weiß auch, daß es Wahnsinn ist, etwas Unmögliches anzustreben, aber sich selber zu überwinden ist ihr nicht gegeben. Das ist bereits nicht mehr die raison déraisonnable de Montaigne — es ist bereits eine gewissermaßen verrückt gewordene Vernunft.

unser Gott, als Moses dich fragte wie einen Lehrer, der nur die Wahrheit spricht, welchen Namen er dir geben sollte vor den Kindern Israels, da hast du geantwortet: Ich bin der da ist: du bist also das wahre Sein, du bist das ganze Sein. Das ist, was ich glaube; aber es ist auch das, was ich, wenn es möglich ist, wissen möchte". Es ließen sich noch zahlreiche derartige Behauptungen der von Gilson zitierten und nicht zitierten scholastischen Denker anführen: Das „Wissen", durch das die Schlange den ersten Menschen verführte, fährt fort, sie mit unüberwindlicher Kraft anzuziehen. Durch die „Erfahrung" werden sie, wie Kant, „mehr gereizt, als befriedigt": sie wollen wissen, das heißt, sich überzeugen, daß das, was ist, nicht nur ist, sondern auch nicht anders sein kann und mit Notwendigkeit so sein muß, wie es ist. Und sie suchen eine Garantie hierfür nicht bei dem Propheten, der ihnen das Wort Gottes vom Berge Sinai herabbrachte, und nicht einmal in diesem Wort Gottes: ihre Forschbegier wird erst dann befriedigt werden, wenn das von dem Propheten verkündete Wort Gottes vom Gesetz des Widerspruchs oder von irgend einem anderen „Gesetz" seinen Segen erteilt bekommen wird, das ebenso unerschütterlich und ebenso willenlos ist wie das Gesetz des Widerspruchs. Aber dasselbe wollte ja, oder richtiger, von demselben ließ sich ja der erste Mensch verführen, als er seine Hand nach dem Baum der Erkenntnis ausstreckte. Auch er wollte nicht glauben, sondern wissen. Im Glauben erblickte er eine Minderung, einen Verlust seiner menschlichen Würde und überzeugte sich hiervon völlig, als die Schlange zu ihm sagte, daß, wenn er von den Früchten des verbotenen Baumes esse, er wie Gott — wissend werden würde. Ich wiederhole nochmals: als die Philosophen des Mittelalters sich bemühten, den Glauben in Wissen umzuwandeln, ahnten sie am allerwenigsten, daß sie nochmals dasselbe taten, was der erste Mensch getan hatte. Dennoch wird man Gilson beistimmen müssen, wenn er vom Verhältnis der

Scholastiker zum Glauben schreibt: „Der Glaube als solcher ist sich selbst genug, doch strebt er danach, sich in die Einsicht seines eigenen Inhaltes zu verwandeln; aber er hängt nicht ab von der Evidenz der Vernunft, vielmehr ist es der Glaube, der sie erzeugt", und: „Diese Anstrengung der geglaubten Wahrheit, sich in gewußte Wahrheit umzuformen, das ist in Wahrheit das Leben der christlichen Weisheit, und die Gesamtheit rationaler Wahrheiten, die diese Anstrengung uns liefert, ist die christliche Philosophie selbst" (I, 35 u. 36). Es ist anzunehmen, daß auch der erste Mensch, als er die Reden der Versucherin anhörte, ebenso dachte: auch ihm schien es, daß sein Wunsch, zu wissen, nichts Gefährliches und Verwerfliches, sondern nur Gutes enthalte. Es ist erstaunlich, daß selten einer unter den bedeutenden mittelalterlichen Denkern (eine Ausnahme bildeten z. B. Petrus Damiani und dessen Nachfolger: davon wird bei uns noch die Rede sein) die Erbsünde darin erblicken wollte und zu erblicken verstand, daß der Mensch von den Früchten der Erkenntnis gegessen hatte: in dieser Hinsicht unterschieden sich die Mystiker nicht im geringsten von den Philosophen. Der unbekannte Verfasser der „Theologia deutsch" sagt geradeheraus: Adam hätte selbst sieben Äpfel essen können, es wäre nichts Schlimmes dabei gewesen. Das Schlimme war, daß er Gott nicht gehorcht hatte. Fast dasselbe, wenn auch nicht so schroff, hat Augustin geschrieben: „Denn in jenem Orte so großer Glückseligkeit mochte Gott nichts Böses erschaffen und pflanzen. Sondern der Gehorsam ward in dem Gebote eingeschärft, eine Tugend, welche bei der vernünftigen Kreatur gewissermaßen die Mutter und Wächterin aller Tugenden ist, da die Kreatur so geschaffen ward, daß es ihr nützlich sei, Gott unterworfen zu sein, verderblich aber, ihren eigenen Willen zu tun und nicht den Willen Desjenigen, von welchem sie geschaffen worden" (Neque enim quidem mali Deus in illo tantae felicitatis loco crearet atque plantaret. Sed obedientia commendata est in praecepto, quae virtus in creatura rationali mater quodammodo est omnium custosque virtutum, quandoquidem ita facta est, ut ei subditam esse sit utilis, perniciosum autem suam, non ejus a quo creata est, facere voluntatem. De civ. Dei XIV, 12). Auch das scharfe Ohr des Duns Scotus hat aus der biblischen Erzählung nicht herauszuhören vermocht oder vielleicht auch nicht herauszuhören gewagt, was das Wesentliche an ihr ist. „Die erste Sünde des Menschen... war nach dem, was Augustinus sagt, eine ungemäßigte Liebe zur Eintracht mit seinem Weibe" (primum peccatum hominis... secundum quod dicit Augustinus fuit immoderatus amor amicitiae uxoris) — an und für sich jedoch enthielt seine Tat, das heißt, daß er von den Früchten des Baumes der Erkenntnis aß, nichts Schlimmes. Gilson charakterisiert sehr fein und richtig das Verhältnis des Mittelalters zu der biblischen Erzählung vom Sündenfall. „Deshalb erhält der erste moralische Fehltritt in der christlichen Philosophie einen besonderen Namen, der sich auf alle durch den ersten erzeugte Fehler erstreckt: die Sünde. Bei dem Gebrauch dieses Wortes will ein Christ stets bezeichnen, daß das moralische Übel, so wie er es versteht, eingeführt durch einen freien Willen innerhalb eines geschaffenen Universums, unmittelbar das grundlegende Verhältnis der Abhängigkeit aufs Spiel setzt, welche das Geschöpf mit Gott vereint. **Das so leichte und sozusagen willkürliche Verbot, mit dem Gott den für den Menschen vollkommen unnützen Gebrauch eines einzigen der zur Verfügung gestellten Güter belegt hatte,** war nur das sinnliche Zeichen dieser radikalen Abhängigkeit der Kreatur. Das Verbot halten, bedeutete, diese Abhängigkeit anerkennen; das Verbot brechen, hieß diese Abhängigkeit leugnen und verkünden, daß das, was für die Kreatur gut ist, besser ist als das göttliche Gut selbst" (I, 122). Die mittelalterlichen

Philosophen haben über die Sünde viel nachgedacht, ja sie haben über sie nicht nur nachgedacht, sondern sie hat ihnen Qualen und Pein bereitet, — aber sie haben sich nie dazu entschlossen, den Sündenfall des Menschen mit den Früchten vom Baum der Erkenntnis des Guten und Bösen in Zusammenhang zu bringen. Wie hätten sie sich auch dazu entschließen können, wo sie doch alle — wie übrigens auch wir heute — stets den einen Gedanken, die eine Sorge auf dem Herzen und auf der Zunge hatten: „Ich glaube, Herr, aber es ist auch das, was ich, wenn es möglich ist, wissen möchte." Sie wußten genau, daß „der Gehorsam die Mutter und Wächterin aller Tugenden" ist (obedientia mater custosque est omnium virtutum), aber sie ließen auch nicht für einen Augenblick den Gedanken zu, daß die Erkenntnis, nach der sie so begierig waren, die Sünde in sich bergen könnte, und wunderten sich nur, warum der erste Mensch sich einer so unbedeutenden und leicht erfüllbaren Forderung nicht fügte — sich des Genusses der Früchte eines der vielen im Garten Eden wachsenden Bäume zu enthalten. Sprach doch zu ihnen die Erzählung der Heiligen Schrift klar und deutlich vom Baum der Erkenntnis, während von dem Gehorsam (obedientia) nur die Wahrheiten zeugten, die ihnen von den Griechen überkommen waren. Die Griechen stellten den Gehorsam über alles. Ein bekannter Ausspruch Senecas lautet: „Der Schöpfer und Gründer der Welt hat einmal befohlen, gehorcht immer" (ipse creator et conditor mundi semel jussit, semper paret). Das Befehlen stand bei den Griechen stets unter Verdacht*: sie erblickten in ihm den Keim und das Urbild der durch nichts beschränkten Freiheit, das heißt, der verhaßten Willkür. In dem Gehorchen dagegen erblickten sie den Anfang und die Bürgschaft des Guten, aus dem Gehorchen leiteten sie das Wissen ab, das der Zügellosigkeit der Freiheit ein

---

* Hierüber ausführlich im I. Teil, „Der gefesselte Parmenides".

Ende macht. Es genügt, sich an den Streit des Kallikles mit Sokrates in Platos „Gorgias" zu erinnern, um sich zu überzeugen, aus welchen Quellen Augustinus, Duns Scotus wie auch die ganze patristische und mittelalterliche Philosophie ihre außerordentlich hohe Wertung sowohl des Gehorchens wie auch der Erkenntnis, die auf diesem Gehorchen beruht, und zusammen mit der Erkenntnis auch den Gegensatz zwischen Gut und Böse geschöpft haben, der, wie wir soeben von Gilson hörten, sich ohne die Idee des Gehorsams auch nicht einen Augenblick lang halten kann. In der zentralen, der grundlegenden Idee der mittelalterlichen Philosophie, die so unaufhaltsam und leidenschaftlich eine jüdisch-christliche zu werden strebte, war ein Riß entstanden: die Heilige Schrift warnte gestreng vor den Früchten des Baumes der Erkenntnis, die griechische Philosophie erblickte in der Erkenntnis (γνῶσις) die höchste seelische Nahrung und in der Fähigkeit, Gut und Böse zu unterscheiden, die beste Eigenschaft des Menschen. Die Philosophie des Mittelalters vermochte dem hellenischen Erbe nicht zu entsagen und war gezwungen, im grundlegenden philosophischen Problem, im Problem der Erkenntnismetaphysik, die Heilige Schrift außeracht zu lassen.

3

Aber nicht nur die biblische Legende vom Sündenfall warnte die jüdisch-christliche Philosophie vor dem Vertrauen in das „Wissen" der antiken Welt. Schon die Propheten und die Apostel hatten sich mit ungeheurer Kraft und Wucht gegen die griechisch-römische „Weisheit" aufgelehnt. Die Philosophen des Mittelalters wußten dies natürlich sehr gut. Gilson zitiert in vollem Wortlaut die berühmte Stelle aus dem ersten Korintherbrief Pauli (19—25), wo von der Unversöhnbarkeit der Offenbarungswahrheit mit den menschlichen Wahrheiten die Rede ist.

Ich denke, daß es hier angebracht sein wird, die im Mittelpunkt stehenden Zeilen in Erinnerung zu bringen: „Denn es steht geschrieben (Jes. 29, 14): ‚Ich will zunichte machen die Weisheit der Weisen, und den Verstand der Verständigen will ich verwerfen.' Wo sind die Klugen? Wo sind die Schriftgelehrten? Wo sind die Weltweisen? Hat nicht Gott die Weisheit dieser Welt zur Torheit gemacht? Denn dieweil die Welt durch ihre Weisheit Gott in seiner Weisheit nicht erkannte, gefiel es Gott wohl, durch törichte Predigt selig zu machen die, so daran glauben... Denn die göttliche Torheit ist weiser, denn die Menschen sind, und die göttliche Schwachheit ist stärker, denn die Menschen sind." Wenn Gilson diese Worte anführt und in einer Anmerkung darauf hinweist, daß sie den Gegnern der „christlichen Philosophie", unter denen Tertullian mit seiner Gegenüberstellung von Athen und Jerusalem (quid ergo Athenis et Hierosolymis?) an erster Stelle steht, stets Stoff gegeben haben, so ist er doch nicht der Meinung, daß sie die Philosophie des Mittelalters hätten von ihrem Bestreben abhalten können und müssen, die Offenbarungswahrheiten in Wahrheiten der vernünftigen Erkenntnis umzuwandeln. Seiner Ansicht nach können weder der Prophet Jesaja, noch der Apostel Paulus als Stütze dienen für jene, welche die Möglichkeit einer rationalen jüdischchristlichen Philosophie bestreiten. Man müsse sie vor allem in dem Sinne verstehen, daß der Apostel in dem Evangelium nur einen Weg zur Erlösung, aber nicht zur Erkenntnis erblickte. Und dann: „In demselben Augenblick, wo der hl. Paulus den Zusammenbruch der griechischen Weisheit verkündet, schlägt er vor, an ihre Stelle eine andere zu setzen, welche die Person Christi selber ist. Was er tun will, ist, die scheinbare griechische Weisheit, die in Wirklichkeit nur Torheit ist, im Namen der scheinbaren christlichen Torheit zu beseitigen, die nichts anderes als Weisheit ist." Das alles hat seine Richtigkeit. Aber es ist nicht nur kein Einwand gegen Tertullians Gegenüberstellung von Athen und Jerusalem, sondern eher deren Auslegung, denn der Apostel hat immerhin „das Unvermögen der griechischen Weisheit verkündet". Was für Athen Weisheit ist, ist für Jerusalem eine Torheit: Tertullian hat ja auch nichts anderes gesagt. Es läßt sich nicht einmal behaupten, daß Tertullian die Möglichkeit einer jüdisch-christlichen Philosophie geleugnet habe: er wollte ihr nur die Freiheit und Unabhängigkeit des Denkens sichern, in der Annahme, daß sie nicht hellenische Prinzipien und nicht hellenische Aufgaben und nicht eine hellenische Quelle der Wahrheit, sondern ihre eigenen haben müsse. Und daß die geoffenbarte Wahrheit, wenn sie nach einer Rechtfertigung vor unserer Vernunft durch jene Methoden trachten würde, durch welche die Griechen ihre Wahrheiten rechtfertigten, die angestrebte Rechtfertigung nicht erlangen würde, oder, wenn sie diese erlangt, so nur indem sie ihrer selbst entsagt: denn was für Athen eine Torheit, ist für Jerusalem Weisheit, und was für Jerusalem Wahrheit ist, das ist für Athen eine Lüge. Das ist der Sinn seiner berühmten Worte aus „De carne Christi", die in der wenn auch gekürzten und darum abgeschwächten Fassung: credo quia absurdum („ich glaube, weil es unsinnig ist") lange Zeit der breiten Masse bekannt waren und es auch heute noch sind. Bei Tertullian lesen wir: „Gekreuzigt wurde der Sohn Gottes: nicht erfüllt es mit Scham, weil es schändlich ist. Und gestorben ist der Sohn Gottes: es ist durchaus glaublich, weil es ungereimt ist. Und er wurde begraben und ist wieder auferstanden: das ist gewiß, weil es unmöglich ist" (crucifixus est Dei filius: non pudet quia pudendum est; et mortuus est Dei filius: prorsus credibile quia ineptum est; et sepultus ressurrexit: certum est quia impossibile). Es ist dasselbe wie bei dem Propheten Jesaja und dem Apostel Paulus: nur mehr angepaßt an die schulmäßige philosophische Terminologie. Aber diese

Worte waren den „Weltweisen" ein solches Ärgernis, daß Leibniz, als er sie zitierte, es nicht einmal für nötig hielt, sie einer Erörterung zu unterziehen: das sei, sagte er, nur ein geistreicher Satz. Dabei läßt Leibniz den ersten Satz, der mit den Worten endet: non pudet quia pudendum est, überhaupt ganz fort: offenbar weigerte sich seine Hand, derartig unmoralische Worte abzuschreiben. Indessen sind Tertullians Worte, wenn Jesaja und Paulus recht haben, gewissermaßen die Einleitung oder Prolegomena zu einem Organon der jüdisch-christlichen Philosophie, die berufen war, der Welt eine neue und bis dahin niemandem bekannte Auffassung der „geschaffenen Wahrheit" zu verkünden. Man muß vor allem die grundlegenden Kategorien des hellenischen Denkens ein für allemal fallen lassen, muß alle Voraussetzungen unserer „natürlichen Erkenntnis" und unserer „natürlichen Moral" mit der Wurzel in sich ausrotten. Dort, wo der gebildete Grieche mit seinem gebieterischen „es erfüllt mit Scham" (pudet) kommt, werden wir sagen: gerade darum erfüllt es nicht mit Scham. Dort, wo die Vernunft ihr „ungereimt" verkündet, werden wir sagen: gerade das verdient vornehmlich Vertrauen, und dort schließlich, wo sie ihr „unmöglich" aufstellt, werden wir ihm unser „zweifellos" entgegenstellen. Und wenn die Vernunft und die Moral die Propheten und Apostel vor ihren Richterstuhl laden, und mit ihnen zusammen auch Den, in dessen Namen sie sich erkühnten, der griechischen Philosophie ihre Herausforderung hinzuschleudern — meinen Sie, daß sie Tertullian damit erschrecken könnten wie Leibniz?

Ich hatte schon mehr als einmal Gelegenheit, von Tertullian und seinem rücksichtslosen Ansturm gegen die antike Philosophie zu sprechen. Aber hier möchte ich, ehe ich zur Betrachtung dessen übergehe, wohin der Versuch der mittelalterlichen Denker führte, eine Symbiose zwischen dem griechischen Wissen und der geoffenbarten Wahrheit herzustellen, zunächst einmal zwei

Momente in der Entwicklungsgeschichte des europäischen Denkens hervorheben; ich hoffe, daß es uns behilflich sein wird, in der uns beschäftigenden Frage, was das Wesen der jüdisch-christlichen Philosophie sei, Klarheit zu erlangen.

Die Geschichte der Philosophie wird gewöhnlich in drei Perioden eingeteilt: das Altertum, das mit Plotin schließt, die mittlere Zeit, die mit Duns Scotus und Wilhelm Occam endet, nach denen der „Zerfall der Scholastik" beginnt, und die Neuzeit, die bei Descartes beginnend sich bis in die Gegenwart fortsetzt und über deren Ausgang wir nur Vermutungen anstellen können. Es ergibt sich da eine erstaunliche Tatsache: Plotin kennzeichnet nicht nur das Ende einer fast tausendjährigen Entwicklung des hellenischen Denkens, sondern er bedeutet auch eine Herausforderung desselben. Zeller hat recht gehabt: Plotin hatte das Vertrauen zum philosophischen Denken verloren, — die Grundprinzipien und die ewigen Wahrheiten seiner Vorgänger konnten ihn nicht mehr befriedigen, sie begannen, ihm nicht mehr als Befreiung, sondern als Verknechtung des menschlichen Geistes zu erscheinen. Und das, nachdem er sein ganzes Leben lang sich an sie gehalten und jeden, soweit er es vermochte, ihnen zu folgen gelehrt hatte. Seine „Enneaden" sind ein rätselhaftes Gemisch zweier entgegengesetzter Denkströmungen. Wenn Zeller mit seiner Behauptung recht hatte, daß Plotin das Vertrauen in das Denken verloren hätte, so hat auch jener zeitgenössische Historiker nicht weniger recht, der Plotins philosophische Verdienste gerade deshalb so sehr schätzte, weil er, wie dies die hellenische Tradition verlangte, all sein Wahrheitssuchen auf dem „Muß" (δεῖ) und dem „aus Notwendigkeit" (ἐξ ἀνάγκης) gründete, das heißt, nach streng bewiesenen und nachgeprüften, zwingenden Urteilen trachtete. Aber er trachtete nach ihnen offenbar nur deshalb, um sie dann kraft eigener Macht fallen zu lassen. Das ihm von seinen Vorgängern vermachte, aus dem

Boden der zwingenden Notwendigkeit erwachsene „Wissen" begann ihm zur Last zu werden, wurde für ihn unerträglich gerade durch seine zwingende Kraft. Das Wissen kam ihm wie eine Fessel, wie eine Kette vor, von der er sich um jeden Preis losmachen mußte. Das Wissen befreit nicht, sondern verknechtet. Er begann nach einem Ausweg zu suchen, nach einer Erlösung außerhalb des Wissens. Und er, der da lehrte „der Anfang ist der Logos, und alles ist Logos" (ἀρχὴ λόγος καὶ πάντα λόγος), fühlte plötzlich, daß der Sinn der Philosophie, „das Wertvollste" (τὸ τιμιώτατον), wie er sich ausdrückte, in der Freiheit vom Wissen bestehe: gerade darin bestand ja sein „Aussichhinausgehen" (ἔκστασις). Man müsse vor allem „sich emporschwingen über das Wissen" (δραμεῖν ὑπὲρ τὴν ἐπιστήμην) und aus der Verzauberung durch alle „Muß" und „aus Notwendigkeit" erwachen. Woher kam dieses „Muß", woher kamen die Notwendigkeiten, die das menschliche Denken durchtränkt haben? Worauf beruht ihre Kraft und Macht? Das oberste Prinzip, das, was Plotin „das Eine" nannte, kennt weder das Muß, noch das Notwendige und bedarf ihrer Unterstützung nicht im geringsten. Es bedarf überhaupt keiner Grundlage, wie etwas, das sich selbst nicht tragen kann (οὐ γὰρ δεῖται ἱδρύσεως, ὥσπερ αὐτὸ φέρειν οὐ δυνάμενον). Es liegt „jenseits von Geist und Erkenntnis" (ἐπέκεινα νοῦ καὶ νοήσεως), es ist frei von jeglichen Beschränkungen, welche der „nach uns gekommene" Verstand erfunden hat*. Und wie das Eine weder einer Grundlage, noch einer Stütze bedarf, so bedarf auch der Mensch, „zu sich selber erwacht", weder irgend einer Grundlage,

---

* Siehe Enn. V. III. 12: „Jenes dagegen, wie es jenseits des Geistes ist, so auch jenseits der Erkenntnis; und wie es in keinem Stücke irgend eines Dinges bedarf, so auch nicht des Erkennens. Sondern das Erkennen wohnt erst der zweiten Wesenheit inne" (τὸ δὲ ὥσπερ ἐπέκεινα νοῦ, οὕτως καὶ ἐπέκεινα γνώσεως, οὐδὲν δεόμενον ὥσπερ οὐδενός, οὕτως οὐδὲ τοῦ γινώσκειν. ἀλλ' ἔστιν ἐν δευτέρᾳ φύσει τὸ γινώσκειν).

noch irgend einer Stütze: er fühlt sich „eines höheren Schicksals" (κρείττονος μοίρας — praestantioris sortis), schüttelt alle schwerwiegenden „Muß" und „aus Notwendigkeit" von sich ab und wird wie die mythischen Götter der Griechen von der Erde nicht angezogen und berührt sie nicht. Es braucht wohl kaum hinzugefügt zu werden, daß Plotin, sofern er „sich über den Verstand emporzuschwingen" bemüht war, keine Spuren in der Geschichte hinterlassen hat. Das „sich über den Verstand emporschwingen" und das „es bedarf keiner Grundlage" bedeuteten ein Brechen mit der Tradition des antiken Denkens, welches stets nach Wissen und nach festen Grundlagen getrachtet hatte. Nur selten hat jemand, nach Zellers Vorgang, sich dazu entschlossen, offen davon zu reden, daß Plotin das Vertrauen in das Denken verloren habe. Man interessierte sich für Plotin nur soweit, als man bei ihm die gewohnte und jedermann überzeugende Argumentation vorfand, die in der Unüberwindlichkeit der ewigen Gesetze der Notwendigkeit wurzelt. Sogar Augustinus, der sich stets von Plotin inspirieren ließ (manche Seiten seiner Werke erscheinen fast als Übersetzungen aus den Enneaden), wollte oder wagte nicht, dem Plotin der Bodenlosigkeit zu folgen und übernahm von ihm nur das, was er sich aneignen konnte, ohne sich von den Grundlagen des hellenischen Denkens loszusagen. Zugleich aber kam mit Plotin die Weiterentwicklung der griechischen Philosophie zum Stillstand — oder es beginnt sogar, besser gesagt, nach Plotin ihr „Zerfall", wie nach Duns Scotus und Occam der Zerfall der mittelalterlichen Scholastik begann. Das menschliche Denken kam zur Erstarrung und zog es vor, im Schlamm endloser Kommentierung dessen zu waten, was vorher geleistet worden war, statt auf eigene Gefahr sich jenem rätselhaften Unbekannten zuzuwenden, zu welchem Plotin es gerufen hatte. Nicht umsonst sagte Plotin selber, daß die Seele, wenn sie sich den Randgebieten des Seins nähere, haltmache:

„Sie fürchtet, daß sie nichts hat" (φοβεῖται μὴ οὐδὲν ἔχει). Ihr graut davor, die zwingenden „Muß" und „aus Notwendigkeit" von sich abzuschütteln. Sie hat ihr Joch so lange im Nacken getragen, daß das Freisein vom Zwang ihr bereits als ein allvernichtendes und allzerstörendes Prinzip erscheint. Man folgte Plotin nicht nach. Die Geschichte fand einen Weg, die Aufmerksamkeit der Nachfahren von dem abzulenken, was an ihm das Originellste und Vermessenste war — sein unfaßbarer Kult der Bodenlosigkeit (man spricht gewöhnlich von asiatischen Einflüssen, es wäre vielleicht treffender, sich des durch Hörensagen „Asiatischen" zu erinnern) —, aber die Tatsache, daß der letzte große griechische Philosoph sich dazu entschlossen hatte, die Grundlagen des antiken Denkens zu erschüttern, läßt sich bereits nicht mehr bestreiten, und sogar der objektive Zeller ist, wie bereits gesagt, dies zu bezeugen genötigt.

Ebenso verhielt es sich auch mit dem Ende der zweiten Entwicklungsperiode der europäischen Philosophie. Die letzten großen Scholastiker lehnten sich, fast unmittelbar nach dem genialen Aquinaten und wie in Antwort auf ihn, mit einer unerhörten Energie gegen alle „Muß" und „aus Notwendigkeit" auf, von denen das Denken ihrer Vorgänger gestützt und bewegt worden war und mit denen die dem Menschen von der Vernunft versprochenen Güter verknüpft wurden. Dies ist der Sinn dessen, was man gewöhnlich als ihren „Voluntarismus" bezeichnet. Die meisten Theologiehistoriker (insbesondere die protestantischen) wie auch die meisten Philosophiehistoriker sind bemüht, auf diese oder jene Weise die Schroffheit der Herausforderung zu mildern, welche die letzten Scholastiker ihren Vorgängern hinwarfen, sofern diese letzteren die geoffenbarten Wahrheiten der Heiligen Schrift mit den von der Vernunft erlangten Wahrheiten zu verknüpfen versuchten. Und die Historiker haben von ihrem Standpunkt recht, wie sie auch recht haben, wenn sie Plotin gegen den Vorwurf des zersetzenden Einflusses seiner Lehre zu „verteidigen" suchen. Die Geschichte ist nur das zu berücksichtigen verpflichtet, was die weitere Entwicklung zu bestimmen vermocht hat. Aber das Gericht der Geschichte ist nicht das einzig mögliche, und es ist kein Gericht letzter Instanz. Will man das, was das antike Denken der Menschheit vermachte, auf eine knappe Formel bringen, so kann man, meine ich, wohl kaum etwas Besseres ausdenken als das, was Plato im „Phaidon" und „Euthyphron" von der Vernunft und der Moral gesagt hat. Es gibt für den Menschen kein größeres Unglück, lesen wir im „Phaidon", als ein Vernunftverächter (μισόλογος) zu werden. Das Heilige sei nicht deshalb heilig, weil die Götter es lieben, sondern die Götter lieben das Heilige, weil es heilig sei, sagt Sokrates im „Euthyphron". Man kann ohne Übertreibung sagen, daß in diesen Worten die zwei größten Vermächtnisse der hellenischen Philosophie ausgeprägt sind, daß sie ihr Alpha und Omega sind. Wenn wir auch heute noch so „begierig" sind nach allgemeinen und notwendigen Wahrheiten, erfüllen wir nur die Gebote, die „der weiseste der Menschen" der Menschheit gegeben hat. Ich sage: „der weiseste der Menschen", denn die Anbetung der Vernunft und der Moral, zu der in gleicher Weise die Sterblichen wie auch die Unsterblichen verpflichtet sind, ist Plato zweifellos von seinem unvergleichlichen Lehrer, dem „Gerechten" Sokrates eingegeben worden. Und ich füge sogleich hinzu: Wenn Sokrates zu wählen gehabt hätte, worauf er verzichten sollte, ob auf die Vernunft oder auf die Moral, und wenn er, wenn auch nur hypothetisch, anzunehmen bereit gewesen wäre, daß es — wenn auch nur für Gott — möglich sei, die Vernunft von der Moral zu trennen, so hätte er auf die Vernunft verzichtet, die Moral aber um nichts in der Welt hergegeben. Insbesondere hätte er sich nicht bereit erklärt, die Götter von der Moral zu entbinden. Mögen die Götter schlimmstenfalls sich zusammen mit Plotin über das Wissen emporschwingen, aber ein Gott, der sich über die Moral emporschwingt, ist bereits kein Gott mehr, sondern ein Ungeheuer. Diese Überzeugung hätte man Sokrates höchstens mit seiner Seele zusammen nehmen können. Und ich denke, daß man dasselbe von einem jeden von uns sagen kann: Es ist ein großes Unglück, die Vernunft zu hassen, aber des Schutzes der Moral verlustig zu gehen, die Moral in irgend wessen Gewalt auszuliefern, würde bedeuten, die Welt zu veröden, sie zu ewigem Verderben zu verdammen. Als Clemens von Alexandrien lehrte, daß die Erkenntnis und die ewige Erlösung voneinander untrennbar seien, daß aber, wenn sie trennbar wären und er zu wählen hätte, er die Gnosis vorziehen würde, wiederholte er nur den tiefinnerlichsten Gedanken des Sokrates und der griechischen Weisheit. Als Anselmus davon träumte, das Dasein Gottes aus dem Gesetz des Widerspruchs abzuleiten, suchte er dasselbe zu erreichen wie Sokrates: Erkenntnis und Tugend in eins zu verschmelzen, und erblickte darin die höchste Aufgabe des Lebens. Wir tun uns heutzutage leicht, Sokrates zu kritisieren: wir sind der Ansicht, daß Wissen und Tugend zweierlei Dinge seien. Aber die Alten, diese „alten und seligen Männer" (παλαιοί καί μακάριοι άνδρες), die besser waren als wir und den Göttern näher standen, ertrugen in ihren Seelen eine „Wahrheit", die sich vor einer Kritik wie der unseren nicht fürchtete und sie nicht berücksichtigte. Und wenn man schon alles sagen will, so muß man gestehen: wir üben zwar an Sokrates Kritik, haben uns aber von seinen Bezauberungen bis heute nicht freigemacht. Ein „Postulat" des modernen wie auch des antiken Denkens bleibt nach wie vor die Überzeugung: Wissen = Tugend = ewige Erlösung. Vom Mittelalter gar nicht zu reden. Hugo de St. Victor behauptete ganz offen, das Sokratische „erkenne dich selbst" (γνῶθι σεαυτόν) sei vom Himmel gefallen, wie auch die Bibel vom Himmel gefallen sei. Wir werden dieses rätselhafte Hinneigen des modernen wie auch des mittelalterlichen Denkens zur griechischen Weisheit noch mehr als einmal zu berühren haben. Vorläufig will ich nur sagen, daß die scholastische Philosophie die von der griechischen Weisheit ausgehenden Bezauberungen nicht nur nicht bekämpfen konnte, sondern auch nicht bekämpfen wollte, wie auch wir sie nicht bekämpfen wollen. Auch für uns ist Sokrates der beste der Menschen, der weiseste der Menschen, ein Gerechter. Auch für uns bleibt das Urteil des delphischen Orakels ein endgültiges und für alle Ewigkeit unerschütterliches. Einmal nur — und auch das abseits von der großen Straße, auf der die Philosophie sich fortbewegte — ist ein Verdacht geäußert worden über die Rechtmäßigkeit des von dem Orakel und der Geschichte über Sokrates vollstreckten Gerichtes: Nietzsche witterte in Sokrates den décadent, das heißt, den gefallenen Menschen κατ' ἐξοχήν. Und gerade in dem, worin sowohl Sokrates selber wie auch das Orakel und die Geschichte das ungeheure Verdienst des Sokrates erblickten, in seiner Bereitschaft, nicht nur das Leben, sondern auch die Seele der Erkenntnis hinzugeben, erblickte Nietzsche, gleichsam sich an die Erzählung der „Genesis" erinnernd, dessen Fall. Vor Nietzsche meinten alle, das „erkenne dich selbst" sei vom Himmel zu uns herabgefallen, aber es kam niemandem auch nur der Gedanke, daß das Verbot, die Früchte vom Baum der Erkenntnis zu berühren, vom Himmel herabgefallen war. In dem „erkenne dich selbst" erblickte man eine Wahrheit, in dem Baum der Erkenntnis — eine Metapher oder Allegorie, von der man sich, wie auch von vielen anderen biblischen Allegorien, losmachen müsse, indem man sie durch die griechische „Vernunft" filtriert. Die grundlegenden Wahrheiten, die zu den Menschen vom Himmel herabfielen, ehe noch die griechisch-römische Welt mit der Bibel in Berührung gekommen war, sind die von Plato in den oben angeführten Bruchstücken aus dem „Phaidon" und dem „Euthyphron" geäußerten Sätze. Alles, was das Mittelalter in der Heiligen Schrift las, wurde durch die Brille dieser Wahrheiten gebrochen und von den für gebildete Menschen unannehmbaren Elementen gereinigt. Da plötzlich fielen Duns Scotus und Occam — und zwar mit welch einem Ungestüm — gerade über diese unerschütterlichen Wahrheiten her. Als verteidigten sie sich im vorhinein gegen den friedliebenden Lessing, richteten sie ihre ganze erstaunliche dialektische Kunst darauf, fast alles der Befugnis der Vernunft zu entziehen und in das Gebiet der „Glaubwürdigkeiten" (credibilia) zu verlegen, was die Bibel von Gott erzählt, als da sind: Gott sei lebendig, weise und gewogen (Deum esse vivum, sapientem, volentem), Gott sei die „bewirkende Ursache" (causa efficiens), Gott sei unbeweglich, sei unveränderlich und habe, nachdem er die Welt geschaffen, selber nicht zu existieren aufgehört. „Auf Theorien", erklärt Duns Scotus, „beruhen die Glaubwürdigkeiten, durch die oder zu deren Annahme die Vernunft gezwungen wird, die aber dadurch für die Katholiken gewisser sind, daß sie sich nicht auf unseren blinzelnden und in den meisten Dingen schwankenden Verstand, sondern fest auf deine allersicherste Wahrheit stützen" (in theorematibus ponentur credibilia, quibus vel ad quorum assensum ratio captivatur, quae tamen eo sunt catholicis certiora, quo non intellectui nostro caecutientu et in plurimis vacillante, sed tuae solidissimae veritati firmiter innituntur). Eine solche Sprache konnte Duns Scotus sprechen, jener Duns Scotus, der, wie wir uns erinnern, das aus Jerusalem gekommene „ich glaube, Herr, hilf meinem Unglauben" gegen das durch die Menschen in Athen ausgeprägte „ich glaube, Herr, aber wenn es möglich ist, wollte ich es wissen" vertauschte. Der Verstand ist bei ihm bereits nicht mehr der „Fürst und Richter über alle" (princeps et judex omnium), sondern ein blinzelnder und schwankender Blindenführer. Auch Occam äußert sich nicht weniger entschieden: „Und so sind die Glaubensartikel keine Prinzipien des

Beweisens oder Schließens, und sie sind nicht wahrscheinlich, weil sie allen oder den meisten oder den Weisen falsch erscheinen, und indem sie dies annehmen, werden sie zu Weisen für die Weltweisen und vornehmlich zu Anhängern der natürlichen Vernunft" (et sic articuli fidei non sunt principia demonstrationis, nec conclusionis, nec sunt probabiles, quia omnibus, vel pluribus, vel sapientibus apparent falsi, et hoc accipiendo sapientes pro sapientibus mundi et praecipue innitentibus rationi naturali. Summ. tot. log. III, 1). Duns Scotus und Occam erwarten von der Vernunft keine Rechtfertigung dessen, was ihnen die geoffenbarte Wahrheit gebracht hat. Aber dies erschien ihnen ungenügend. Sie machen einen Anschlag gegen das, was den Griechen als das unerschütterlichste Prinzip erschien und auch uns bis jetzt erscheint: auf die von Sokrates verkündete Autonomie (Eigengesetzlichkeit) der Moral. „Ich sage, daß alles andere von Gott her gut ist, weil von Gott gewollt, und nicht umgekehrt" (dico quod omne aliud a Deo est bonum quia a Deo volitum et non ex converso). Oder: „Wie er (Gott) daher anders handeln kann, so kann er auch ein anderes Gesetz als richtig geben, das recht wäre, wenn es von Gott gesetzt würde, weil kein Gesetz recht ist, außer soweit es von dem göttlichen Willen angenommen wird" (ideo sicut potest [Deus] aliter agere, ita potest aliam legem statuere rectam, qui si statueretur a Deo, recta esset, quia nulla lex est recta, nisi quatenus a voluntate divina acceptatur). Denn: „Gott kann nicht etwas wollen, mit dessen Wollen er unrecht haben könnte, weil sein Wollen der oberste Maßstab ist" (non potest Deus aliquid velle, quod non possit recte velle, quia voluntas sua est prima regula). Wenn man sich noch in Erinnerung ruft, daß es nach Scotus' Lehre heißt: „Warum sein Wille dies gewollt hat, dafür gibt es keinen Grund, außer dem, daß eben sein Wille sein Wille ist" (hujus quare voluntas voluit hoc, nulla est causa, nisi quia voluntas

voluntas est), so kann man wohl kaum daran zweifeln, daß die Bemühungen jener Theologen und Historiker, die zur philosophischen Ehrenrettung des Duns Scotus auf jede Art zu beweisen bestrebt sind, daß man in dem Gott des Duns Scotus doch nicht eine Verkörperung der Willkür erblicken dürfe, ihr Ziel nicht erreichen. Bei diesem Gedanken erstarrt uns vielleicht das Blut und stehen uns die Haare zu Berge, wer aber wie Duns Scotus erklärt: „Alles ist gut, weil es von Gott gewollt ist und nicht umgekehrt" (omne est bonum quia a Deo volitum est et non ex converso), oder wie Occam: „Gott kann zu nichts verpflichtet werden, und was daher Gott will, dessen Geschehen ist gerecht" (Deus ad nullum potest obligari, et ideo quod Deus vult, hoc est justum fieri) — der behauptet in Gott die „schlechthinnige und regellose Willkür", soviel die Theologen auch dagegen protestieren mögen*. Über Gott gibt es keinerlei Regeln, sein Wille ist durch keinerlei Gesetze beschränkt: im Gegenteil — er ist die Quelle jeglicher Gesetze und Regeln, er ist auch der Herr über sie. Wie es bei Plotin heißt: „Es bedarf keiner Grundlage, wie etwas, das sich selbst nicht stützen kann." Es ist dieselbe „Bodenlosigkeit" — nur ist sie eine noch furchtbarere und für den vernünftigen Menschen noch weniger annehmbare. Kann man sich so einem Gott anvertrauen, so viel auch die Heilige Schrift uns ihr: „Höre, Israel!" wiederholen möge? Und wenn der Gott der Heiligen Schrift ein solcher ist, ein Gott, der alles, die ewigen Wahrheiten nicht ausgenommen, selber erschafft

---

* Siehe z. B. R. Seebergs „Die Theologie des Joh. D. Scotus" (Leipzig, 1900), von dem auch der Ausdruck „schlechthinnige und regellose Willkür" stammt. Seiner Ansicht nach ist die Willkür Gottes bei Duns Scotus, „wenngleich Duns selbst, etwa durch seine Leugnung, daß etwas an sich als gut gelten könne für die Kreatur, und ähnliche Schulwitze, dazu auffordert", durch seine bonitas „an einen bestimmten Spielraum geschlossen" (S. 163).

und selber vernichtet, — was hätte er dann gemein mit den vernünftigen und ethischen Prinzipien der antiken Weisheit? Und ist dann eine weitere Symbiose der griechischen mit der jüdisch-christlichen Philosophie möglich? Es ist klar, daß ein vollständiger Bruch unvermeidlich ist — zugleich mit dem Bruch jedoch auch das Ende der mittelalterlichen Philosophie, falls sie nicht Kräfte und Kühnheit genug in sich findet, um sich auf den weiteren Weg zu machen nicht am Gängelband der Alten, sondern auf eigene Gefahr und Verantwortung. Zu dem letzteren erkühnte sie sich nicht: sie wollte um jeden Preis die Verbindung mit der „Heimat des menschlichen Denkens", mit Griechenland wahren. Und so kam das Ende. „Sie ist gestorben an ihren eigenen Zwistigkeiten", so beschreibt Gilson ihr Ende, „und diese Zwistigkeiten vermehrten sich, seit sie sich selber für ein Ziel nahm, anstatt sich nach jener Weisheit zu richten, die zugleich ihr Ziel und ihr Anfang war. Albertisten, Thomisten, Scotisten, Occamisten haben zum Verfall der mittelalterlichen Philosophie genau in dem Maße beigetragen, als sie das Suchen nach der Wahrheit vernachlässigten, um sich in unfruchtbarem Kampfe zu erschöpfen... Der mittelalterliche Gedanke ist nichts anderes geworden als ein entseelter Leichnam, eine tote Last, unter welcher der Grund einsank, den sie gelegt hatte und auf dem allein sie bauen konnte." Die Philosophie des Mittelalters starb nach Occam und Duns Scotus, die ihr den durch Jahrhunderte vorbereiteten Boden entzogen, wie auch die griechische Philosophie nach Plotin gestorben war aus Entsetzen über das von ihm entdeckte „es bedarf keiner Grundlage, wie etwas, das sich selbst nicht tragen kann". Sie konnte jene „durch nichts beschränkte und regellose Willkür" nicht ertragen, die in dem Scotischen „alles ist gut, weil es von Gott gewollt ist, und nicht umgekehrt" transparent war, das heißt, sie konnte das nicht ertragen, worin die „Metaphysik des zweiten Buches Mosis" bestand und was den Menschen zu verkünden ihre Bestimmung war: „den den Alten unbekannten Begriff einer geschaffenen Wahrheit, von sich aus gerichtet auf das Sein, das gleichzeitig sein Ziel und sein Ursprung ist", wie Gilson es vortrefflich ausgedrückt hat (II, 64). Nicht umsonst haben die Scholastiker so viele Jahrhunderte im Schatten der griechischen Weisheit und ihrer ewigen, unerschaffenen Wahrheiten gelebt. Duns Scotus selber wollte um jeden Preis „wissen", — und als seine Nachfolger zwischen der geoffenbarten und der selbstevidenten Wahrheit zu wählen hatten, wandten sie sich von der ersteren ab und streckten die Hand nach dem Baum der Erkenntnis aus, indem sie dem Zauber des ewig verführerischen „und werdet sein wie Gott" erlagen. Auf daß geschehe, wie es geschrieben steht: „Die Philosophie des Mittelalters ist ein entseelter Leichnam, eine tote Last geworden". Was das Ende der neueren Philosophie sein wird — ist schwer zu erraten. Wenn aber auch sie, wie Hegel lehrte, in den Früchten vom Baum der Erkenntnis noch weiterhin die einzige Quelle erblicken wird, an der sie der Wahrheiten teilhaftig werden kann, und wenn das, was geschrieben steht, auch weiterhin in Erfüllung zu gehen bestimmt ist, so ist anzunehmen, daß auch sie dem Schicksal der antiken und der mittelalterlichen Philosophie nicht entgehen wird. Oder sollte Gilson sich im Irrtum befinden und die „erschaffene Wahrheit" eine contradictio in adjecto, ein Widerspruch in sich selbst sein, wie auch die geoffenbarte Wahrheit, von welcher die Kirchenväter und die Scholastiker so viel und so begeistert zu uns sprachen?

4.

Wir sind nun bei der größten Versuchung angelangt, die auf das mittelalterliche Denken lauerte, welches sich die Aufgabe gestellt hatte, die Offenbarungswahrheit durch vernünftige Argumente zu stützen und zu begründen. Gilson hat mit dem ihm eigenen Scharfblick alle Peripetien jenes angespannten Kampfes vortrefflich erkannt und meisterhaft geschildert, der im Mittelalter zwischen der griechischen Idee der unerschaffenen und ewigen Wahrheit einerseits und der jüdisch-christlichen Idee Gottes als des einzigen Schöpfers und der einzigen Quelle alles Bestehenden anderseits stattfand. Dieser Kampf hatte, wie zu erwarten, hauptsächlich die Frage des Verhältnisses des Glaubens zur Vernunft zu seinem Mittelpunkt. Schon bei Augustinus wird ganz deutlich festgestellt, daß der Glaube der Kontrolle der Vernunft unterstehe, ja fast von selbst diese anstrebe. Ehe man glaube, müsse man feststellen, wem man zu glauben habe (cui est credendum). Dies ist der Sinn des „die Vernunft geht dem Glauben voraus" (ratio antecedit fidem). Hieraus folgt: „Begreife, auf daß du glaubest, glaube, auf daß du begreifest" (intellige, ut credas, crede, ut intelligas). Von sich selber sagte Augustinus mehr als einmal: „Ich wenigstens würde dem Evangelium nicht glauben, wenn mich dazu nicht die Autorität der katholischen Kirche bewegte"*. Gilson, der sich stets treu an die historische Wirklichkeit hält, charakterisiert das Wechselverhältnis von Glaube und Vernunft innerhalb der scholastischen Philosophie mit folgenden Worten: „Es handelt sich durchaus nicht darum, zu behaupten, daß der Glaube ein Typus der Erkenntnis sei, der dem der rationalen Erkenntnis überlegen wäre. Niemand hat das je behauptet. **Es ist im Gegenteil evident, daß der Glaube ein einfacher Ersatz des Wissens ist**

---

* Auch Duns Scotus schrieb, sich auf Augustinus berufend: „Den Büchern des heiligen Kanons ist nicht zu glauben, außer insofern, als man zuerst glauben muß der jene Bücher und ihren Inhalt bestätigenden und autorisierenden Kirche" (libris canonicis non est credendum, nisi quia primo credendum est ecclesiae approbanti et auctorisanti libros istos et contenta in eis).

(von mir gesperrt. L. Sch.) und daß überall, wo es möglich ist, der Ersatz des Glaubens durch das Wissen jederzeit für das Verständnis ein positiver Gewinn ist. Die traditionelle Hierarchie der Erkenntnisweisen ist bei den christlichen Denkern stets Glaube, Einsicht, Schauen Gottes von Angesicht zu Angesicht: den Intellekt, den wir in diesem Leben haben, schreibt St. Anselmus, betrachte ich als ein Mittleres zwischen Glauben und Schauen" (I, 37). In der Tat, die erdrückende Mehrzahl der mittelalterlichen Denker teilte die Ansicht des Anselm von Canterbury. Thomas von Aquino schreibt: „Der Glaube nämlich hält sich in der Mitte (zwischen Wissen und Meinen), er geht nämlich über die Meinung hinaus, insofern als er eine feste Zustimmung hat, er bleibt aber hinter dem Wissen zurück, insofern er keine Anschauung hat" (fides enim [inter scientiam et opinionem] medio modo se habet, excedit enim opinionem in hoc quod habet firmam adhaesionem, deficit vero a scientia in hoc quod non habet visionem). Den Ausgangspunkt für die Beurteilung des Verhältnisses von Glaube und Wissen bildete, wie Gilson angibt, schon mit Augustinus beginnend, Jes. 7, 9, wie diese Stelle in der Septuaginta angeführt ist: Si non credideritis, non intelligetis („so ihr nicht glaubet, werdet ihr nicht begreifen"). Augustinus „wiederholt sie unaufhörlich", sie stellt die „exakte Formel seiner persönlichen Erfahrung" dar. Auch der Aquinate wiederholt sie oftmals, obwohl er nicht nur weiß, daß sie Jesajas Worte falsch wiedergibt, sondern daneben (Summ. Th. II, II. 4 art. 8, 3) die genaue, nicht nach griechischer Art umgemodelte Übersetzung anführt: Si non credideritis, non permanebitis („gläubt ihr nicht, so bleibt ihr nicht"). Aber die Vernunft ist so begierig nach Evidenzen, sie ist so leidenschaftlich auf allgemeine und notwendige Urteile erpicht, daß die hellenisierte, das heißt, in ihr Gegenteil umgewandelte Strophe des Propheten der Seele des scholastischen Philosophen mehr besagt als der Urtext. Anselm von Canterbury hat Augustins Betrachtungen freudig aufgegriffen. „Man weiß durch St. Anselmus selber", erinnert Gilson, „daß der ursprüngliche Titel seines Monologium dieser war: ‚Meditationen über die Unvernünftigkeit des Glaubens', und daß der Titel seines Prosologion kein anderer war als die berühmte Formel: ‚Ein Glaube, der die Vernunft sucht.'" Die Sätze „ein Glaube, der die Vernunft sucht" (fides quaerens intellectum) und „ich glaube, auf daß ich begreife" (credo, ut intelligam) lagen sämtlichen Betrachtungen des Anselmus zugrunde. „Sobald ein Christ über die Vermittlung der Gnade reflektiert, wird er ein Philosoph", schreibt Gilson an einer anderen Stelle (II, 220). Worauf aber lief nach Ansicht der Scholastiker dieses „Reflektieren" hinaus? Gilson gibt hierauf folgende Antwort: „Wenn es wahr ist, daß Religion haben soviel ist, wie alles übrige haben, muß man es b e w e i s e n. Ein Apostel wie der hl. Paulus kann sich b e g n ü g e n, es zu predigen, ein Philosoph möchte sich dessen vergewissern" (I, 24). So faßten die mittelalterlichen Philosophen ihre Aufgabe auf, so stellten sie sich das Verhältnis des Glaubens zum Wissen vor. Der Apostel „begnügte sich" mit dem Glauben, der Philosoph braucht mehr, — er kann sich nicht mit dem begnügen, was ihm die „Predigt" gibt („törichte Predigt", wie der Apostel Paulus selber sich ausdrückte, vgl. 1. Kor. 1, 26). Der Philosoph sucht und findet „Beweise", wobei er von vornherein überzeugt ist, daß eine bewiesene Wahrheit viel wertvoller sei als eine unbewiesene, ja daß nur eine bewiesene Wahrheit einen Wert habe. Der Glaube sei darum nur ein Surrogat des Wissens, ein unvollkommenes Wissen, ein sozusagen auf Kredit genommenes (das heißt, vorläufig noch nicht bewiesenes) Wissen, das, wenn es den ihm gewährten Kredit rechtfertigen will, über kurz oder lang die versprochenen Beweise vorzulegen hat. Daß Gilson uns die Auffassung der mittelalterlichen Philosophie über das Verhältnis des

Glaubens zum Wissen richtig dargestellt hat, kann nicht bestritten werden. Die ihr von ihren Lehrern, den Griechen, zum Vermächtnis gemachten Prinzipien der Wahrheitsfindung forderten von ihr gebieterisch, kein Urteil hinzunehmen, ohne es nach jenen Methoden nachzuprüfen, nach denen Wahrheiten geprüft werden: die geoffenbarten Wahrheiten genießen in dieser Hinsicht keinerlei Vorrecht. Der als Kenner des Mittelalters bekannte Denifle führt in seinem Buch „Luther und Luthertum", sich gegen Luther verteidigend, der alle himmlischen Donner gegen die Vernunft aufrief, folgende bemerkenswerte Worte Bonaventuras an: „Die Wahrheit unseres Glaubens ist nicht in schlechterer Lage als andere Wahrheiten; aber bei anderen Wahrheiten ist es so, daß jede Wahrheit, die durch die Vernunft bekämpft werden kann, durch die Vernunft auch verteidigt werden kann und muß; also in gleicher Weise auch die Wahrheit unseres Glaubens" (non est pejoris conditionis veritas fidei nostrae quam aliae veritates; sed in aliis veritatibus ita est, ut omnis veritas quae potest per rationem impugnari, potest et debet per rationem defendi; ergo pari ratione et veritas fidei nostrae). Anschließend führt er den nicht weniger charakteristischen Ausspruch des Matthaeus ab Aquasparta an: „Entgegen der Vernunft zu glauben ist tadelnswert" (credere contra rationem vituperabile est)*. Und Denifle irrte sich nicht, als er die Aufgabe, die sich die mittelalterliche Philosophie setzte, dahin auslegte, daß die Glaubenswahrheiten nach denselben Methoden verteidigt werden müßten und könnten wie alle anderen Wahrheiten, andernfalls sie sich „in einer schlechteren Lage" befinden würden. Auch der Aquinate warnt: „Keinem Satze (der Heiligen Schrift) soll jemand so entschieden anhängen, daß mit sicherem

---

* Es wäre vielleicht angebracht, schon hier die Worte Kierkegaards in Erinnerung zu bringen: „Entgegen der Vernunft zu glauben ist Märtyrertum".

Grunde feststünde, dies sei falsch,... damit nicht die Schrift infolgedessen von den Ungläubigen verlacht würde" (nulli expositioni [Scripturae] aliquis ita praecise inhaereat, ut certa ratione consisteret hoc esse falsum,... ne Scriptura ex hoc ab infidelibus derideatur). So daß Harnack sich irrte, als er behauptete: „Eine der schwersten Folgen (der Lehre des hl. Athanasius) war die, daß fortab die Dogmatik für alle Zeiten von dem klaren Denken und von haltbaren Begriffen geschieden war und sich an das Widervernünftige gewöhnte. Das Widervernünftige galt zwar noch nicht sofort, aber bald genug, als das Charakteristische des Heiligen" (Dogmengeschichte, II, 226). Natürlich kamen sowohl die Lehren der Kirchenväter als auch die mittelalterlichen Philosophen nicht um gewisse Widersprüche herum, wie auch die großen Systeme Platons und Aristoteles' ihrer nicht entbehrten; aber diese Widersprüche wurden nie zur Schau gestellt, und niemand brüstete sich mit ihnen. Sie wurden im Gegenteil immer sorgfältig vertuscht und ausgeglichen, wurden mehr oder weniger geschickt durch vermeintliche Folgerichtigkeit verdeckt; „Widersprüche" wurden nur in beschränktester Anzahl zugelassen, — wobei es durchaus nicht der Willkür und Phantasie eines jeden überlassen blieb, sie zu erfinden. Eine beschränkte Anzahl, wenn auch widerspruchsvoller, so doch unveränderlicher und sich ständig wiederholender Sätze wurden von allen nicht als widerspruchsvoll, sondern als streng folgerichtig betrachtet und g e r a d e d a r u m als Wahrheiten anerkannt. Selbst Athanasius der Große vermied in seiner Polemik gegen die Arianer sorgfältig alles, was zu dem Vorwurf hätte Anlaß geben können, es ermangle ihm an Folgerichtigkeit und vor allem natürlich, es herrsche bei ihm das „Wollen" (βούλησις): „Wie dem Wollen entgegengesetzt ist das gemäß der Einsicht, so geht dem Wollen voraus und steht über ihm die Naturgemäßheit" (ὥσπερ ἀντίκειται τῇ βουλήσει τὸ παρὰ γνώμην, οὕτως ὑπέρκειται καὶ προηγεῖται τοῦ βουλεύεσθαι τὸ κατὰ φύσιν). Es ist ganz klar, daß ein Mensch, für den sogar die Natur Gottes dem göttlichen Wollen vorausgeht und von diesem unabhängig ist, alles das, was die urewige und unveränderliche Ordnung des Seins verletzt, nicht nur nicht suchen, sondern auch nicht dulden kann, und wenn Harnack dennoch in der Lehre Athanasius des Großen Widersprüche erblickt, so zeugt dies durchaus nicht von dessen Gleichgültigkeit gegen die hellenischen Prinzipien und die hellenische Denktechnik. In noch geringerem Grade sind wir berechtigt, von den mittelalterlichen Philosophen zu meinen, sie hätten danach gestrebt, sich von dem Gesetz des Widerspruches freizumachen. Im Gegenteil waren sie fast alle (es gab wohl Ausnahmen, aber nur sehr selten) tief überzeugt, es sei „tadelnswert, entgegen der Vernunft zu glauben" (vituperabile est credere contra rationem). Abgesehen davon, was wir schon von Gilson und Denifle hörten, kann man beliebig viel Zeugnisse dafür anführen, daß sie das Gesetz des Widerspruchs heilighielten und durch dieses sogar die Allmacht Gottes einschränkten. Der Aquinate schreibt: „Nur das wird von der Allmacht Gottes ausgeschlossen, was dem Wesen des Seins widerspricht, das heißt, daß etwas zugleich sei und nicht sei, und was von der gleichen Art ist: daß nicht gewesen sei, was gewesen ist" und „unter Gottes Allmacht fällt nicht, was einen Widerspruch enthält" (solum id a Dei omnipotentia excluditur, quod repugnat rationi entis, et hoc est simul esse et non esse et ejusdem rationis est: quod fuit non fuisse und sub omnipotentia Dei non cadit quod contradictionem implicat. Summ. Th. I, qu. 25, 2). Dazu wiederholt er im vierten Artikel derselben 25. Frage nochmals, „daß Geschehenes ungeschehen sei, unterliegt nicht der göttlichen Allmacht, da es einen Widerspruch enthält" (quod praeterita non fuerit, cum contradictionem implicet non subjacet divina potentia) und beruft sich dabei auf Augustinus und seine Urquelle Aristoteles: „Und der Philosoph sagt: Dessen allein ist Gott nicht mächtig, Geschehenes ungeschehen zu machen" (et Philosophus dicit: hoc solo privatur Deus ingenita facere quae sunt facta. Vgl. Nic. Eth. 1139, b 9). Bei Duns Scotus, der Gottes Allmacht so leidenschaftlich gegen jegliche Einschränkungen verteidigte, lesen wir: „Es ist daran festzuhalten, daß Gott alles möglich ist, was nicht ex terminis offensichtlich unmöglich ist, oder so etwas, aus dem seine Unmöglichkeit oder Widersprüchlichkeit mit Evidenz gefolgert wird" (quodlibet tenendum est Deo possibile, quod nec ex terminis manifestum impossibile, nec ex eo impossibilitas vel contradictio evidenter concluditur). Sogar der ungezügelte Occam sänftigt sich angesichts des Gesetzes des Widerspruchs: für seine herausforderndsten Behauptungen erheischt er dessen Segen und Schutz: „Es ist ein Bestandteil des Glaubens", schreibt er, „daß Gott Menschennatur angenommen hat; es enthält keinen Widerspruch, daß Gott Eselsnatur annimmt; in gleicher Weise kann er auch Holz oder Stein annehmen" (est articulus fidei, quod Deus assumpsit naturam humanam; non includit contradictionem, Deum assumere naturam asininam; pari ratione potest assumere lapidem vel lignum). Von wo gelangte in die jüdisch-christliche Philosophie eine so unerschütterliche Überzeugung von der Unüberwindlichkeit des Gesetzes vom Widerspruch? Nicht aus der Heiligen Schrift natürlich: die Schrift läßt das „Gesetz" des Widerspruches unberücksichtigt, wie sie überhaupt keinerlei Gesetze berücksichtigt, da sie selber die (zudem einzige) Quelle und die Herrin über alle Gesetze ist. Wenn aber das Gesetz des Widerspruchs „der göttlichen Allmacht nicht unterliegt", so steht es also auf sich selbst und ist von Gott unabhängig. Und man muß sich darauf gefaßt machen, daß die Offenbarungswahrheit sich als der Wahrheit des natürlichen Verstandes ganz unähnlich erweisen wird. So lesen wir z. B. bei Duns Scotus: „Mit absoluter Allmacht kann er (Gott) Judas retten, dagegen mit geordneter

Macht kann er diesen oder jenen Sünder retten, mag er auch nie gerettet werden; aber Stein oder Holz kann er weder mit absoluter Macht, noch mit geordneter selig machen" (potentia absoluta potest [Deus] Judam salvare, potentia vero ordinata potest istum vel illum peccatorem salvare licet nunquam salvabitur; sed lapidem vel lignum nec potest beatificare potentia absoluta nec ordinata). Im Neuen Testament indes steht geschrieben: „Ich sage euch: Gott vermag dem Abraham aus diesen Steinen Kinder zu erwecken" (Matth. 3, 9).

Solcher Behauptungen, welche die vom Gesetz des Widerspruchs errichtete chinesische Mauer der Unmöglichkeiten durchbrochen haben, gibt es in der Heiligen Schrift beliebig viele, und jedesmal, wenn ein mittelalterlicher Philosoph auf sie stößt, sind sie gezwungen, der unabwendbaren Logik des natürlichen Denkens zu weichen. „Nach seinem (des hl. Augustinus) Gedanken", erzählt Gilson (I, 140), „war das Werk der Schöpfung ein augenblickliches F i a t, was nicht nur bedeutet, daß die sechs Tage, von denen die Erzählung der Genesis spricht, eine Allegorie sind und in der Tat zurückzuführen sind auf einen Augenblick, sondern auch, daß von diesem Augenblick an das Werk der Schöpfung vollendet ist." Die sechs Tage der Schöpfung seien eine Allegorie — ein verführerischer Gedanke: es ist die von Philon von Alexandrien errichtete Brücke, auf der man so leicht über den Abgrund kommt, der Athen von Jerusalem trennt. Aber der zunächst einmal harmlose Gedanke erwies sich als ein Ei, aus dem eine Schlange schlüpfte, deren Gift die geoffenbarte Wahrheit wenn auch nicht für immer tötete, so doch für viele Jahrhunderte lähmte. Dies bedeutete: Alles, was sich nicht mit dem griechischen Gedanken verträgt, alles, was einer Prüfung nach den von ihm festgesetzten Kriterien nicht standhält — muß als falsch beiseite geschoben und abgelehnt werden. Man erinnere sich unwillkürlich, schreibt Gilson an einer anderen Stelle (II, 133), „an die unzähligen Ausdrücke der Bibel, die Gott als beleidigt, gereizt, rächend oder besänftigt darstellen. Niemand verkennt, daß solche Bilder uns nicht berechtigen, ihm menschliche Leidenschaften beizulegen. Sicherlich ist der jüdisch-christliche Gott nicht den Göttern der griechischen Mythologie ähnlich, er fühlt keinen Zorn und keine Reue; sein inneres Leben wird ebensowenig getrübt durch unsere Beleidigungen, als erfreut durch unser Lob. Insofern ist es nicht Homer, der recht hat, sondern Aristoteles". Auch hier muß man wiederum Gilson zustimmen. Wenn die mittelalterlichen Denker in der Heiligen Schrift die Erzählungen von Gott lasen, der sich betrübt, sich erzürnt, sich freut, sich in die alltäglichsten Angelegenheiten des menschlichen Lebens einmischt (die später von Hegel verspottete Hochzeit zu Kana), so regte sich im tiefsten Inneren ihrer Seele sicherlich derselbe Gedanke wie in Aristoteles, als er Homer las: „Viel lügen die Sänger" (πολλὰ ψεύδονται ἀοιδοί). Sie haben sich selbstverständlich nie erdreistet, diese gotteslästerlichen Worte auch nur innerlich auszusprechen, wie sich auch der fromme Philon nicht dazu erdreistet hat. Sie sagten nicht: „sie lügen viel", sondern: es sei eine Allegorie. Aber ich wiederhole, daß das Wort „Allegorie" nur das Ei war, aus dem das europäische Denken seine Mißachtung der geoffenbarten Wahrheit ausbrütete. Das moderne Denken hat mittelst der Methode der allegorischen Auslegung die Philosophie gänzlich von den „groben Vorurteilen gereinigt", die von dem alten Buch in das hohe Gebiet der Weisheit hineingetragen worden waren. Hegel scheut sich bereits nicht, anläßlich der Erzählungen über den Auszug der Juden aus Ägypten und über die Hochzeit zu Kana sich an Voltaires Sarkasmen über Gott zu erinnern, der sich um die Einrichtung der Abtritte kümmere. Das Aristotelische: „viel lügen die Sänger" oder richtiger: die hellenischen Grundprinzipien und die hellenische Denktechnik haben das Ihre getan. Diese Prinzipien wollten selber Richter sein, wollten selber richten, lehren, wollten tatsächlich die „ersten Prinzipien (πρῶται ἀρχαί) sein und anerkannten keine Macht über sich. „Des Philosophen Kennzeichen ist es, daß er über alles wissenschaftlich zu handeln vermag" (καὶ ἔστιν τοῦ φιλοσόφου περὶ πάντων δύνασθαι θεωρεῖν. Met. 1004, a 34), erklärt Aristoteles zuversichtlich. Oder: „Ein geistig gebildeter Mann muß also nicht nur das wissen, was aus den Prinzipien folgt, sondern auch betreffs der Prinzipien selber im Besitze wahrer Erkenntnis sein" (δεῖ ἄρα τὸν σοφὸν μὴ μόνον τὰ ἐκ τῶν ἀρχῶν εἰδέναι, ἀλλὰ καὶ περὶ τὰς ἀρχὰς ἀληθεύειν. Eth. Nic. 1041, a 17). Glauben kann man nur an das, was für diese Prinzipien annehmbar ist. Der Glaube muß von den ersten Prinzipien den Segen erteilt bekommen, und ein Glaube, der diesen Segen nicht erteilt bekommen hat, verliert die Existenzberechtigung. Der erste gebildete Hellene, der sich gegen die jüdisch-christliche Lehre wendete (in der Epoche des Celsus unterschied man Judentum und Christentum noch schlecht voneinander und identifizierte sie fast), empörte sich am allermeisten darüber, daß die neue Lehre ständig und ausschließlich von dem Glauben sprach, der sich durch nichts vor der Vernunft gerechtfertigt hatte und vor allem so vermessen war, sich nicht rechtfertigen zu wollen. Für Celsus war dies eine Sünde gegen den Heiligen Geist: alles, nur nicht dies würde vergeben werden. Denn der vernünftige Mensch müsse, ehe er glaubt, sich zuerst darüber Rechenschaft geben, an wen er glaubt. Wir sehen, daß dieses Problem, das für die ersten Christen, wie auch für die Juden, überhaupt nicht existiert hatte, die Kirchenväter ständig beunruhigte. Sie wollten, wie sich später Bonaventura ausdrückte, daß die Wahrheit ihrer Lehre sich in keiner schlechteren Lage befinde als alle anderen Wahrheiten und daß man sie auf die keinen Streit zulassenden, unerschütterlichen ersten Prinzipien stützen könne. Wir erinnern uns, daß Anselm von Canterbury, wie Gilson sich ausdrückte, von der Idee „besessen" war, einen

Beweis für das Dasein Gottes zu finden, der nur auf dem Gesetz des Widerspruchs beruhe. Wenn wir uns fragen, woher diese „Besessenheit" kam, warum die mittelalterlichen Philosophen so unaufhaltsam die „bewiesene" Wahrheit anstrebten, so kann es für uns nur die eine Antwort geben, die schon von Gilson gegeben worden ist: Die Prinzipien der hellenischen Philosophie und die hellenische Denktechnik hatten sie fest in ihrer Gewalt, hatten alle ihre Gedanken gebannt. Für Aristoteles, der die Bilanz alles dessen gezogen hatte, was von seinen Vorgängern geleistet worden war, ist das Gesetz des Widerspruchs nicht nur ein Prinzip (ἀρχή), sondern, wie er mehrfach wiederholt, das sicherste von allen Prinzipien (βεβαιωτάτη τῶν ἀρχῶν πασῶν). In seiner „Metaphysik" kehrt er ständig dazu zurück, daß Heraklit, wie einige behaupten, das Gesetz des Widerspruchs nicht anerkannt habe, und sucht auf alle Art zu beweisen, eine solche Behauptung sei unsinnig, wie auch die Behauptung des Protagoras unsinnig sei, jedem Grund stehe ein Grund gegenüber (πάντι λόγῳ λόγον ἀντικεῖσθαι). Alle seine Einwände laufen zwar darauf hinaus, daß einer, der das Gesetz des Widerspruchs leugne, es durch seine Leugnung anerkenne. Diese Einwände kann man allerdings auch umkehren und sagen, daß Aristoteles, indem er mit Heraklit und Protagoras streitet, die das Gesetz des Widerspruchs leugnen, von der Voraussetzung ausgehe, daß sie dieses Gesetz gelten ließen. Aber er hat noch ein seiner Ansicht nach ganz unwiderlegliches „Argument" in Reserve, — wenn sich dies überhaupt als Argument bezeichnen läßt. „Es ist nicht notwendig, daß jemand (das heißt also Heraklit und Protagoras) eine Ansicht wirklich so hege, wie er sie in Worten ausdrückt" (οὐκ ἔστι γὰρ ἀναγκαῖον, ἃ τις λέγει, ταῦτα καὶ ὑπολαμβάνειν. Met. 1005, b 25). Mit derselben Selbstgewißheit behauptete er — und wir erinnern uns, daß Thomas von Aquino sich hierin auf ihn beruft —, daß ein Geschehenes nicht ungeschehen werden könne und daß dieses Prinzip der Allmacht der Götter eine Grenze setze. Niemand wird bestreiten, daß diese „ersten Prinzipien" die Voraussetzung für die Möglichkeit des „Wissens" seien, wie auch niemand bestreiten wird, daß sie für Aristoteles nicht „vom Himmel herabgefallen" seien, daß er sie vielmehr aus eigener Kraft hier auf Erden gewonnen habe und es für sie nicht nur keiner Offenbarung bedurfte, sondern daß jegliche „Offenbarung" sich vor ihnen rechtfertigen müsse. Denn auch die Götter können nicht umhin, sich diesen Prinzipien zu fügen. Für Aristoteles war es der größte Triumph, Wahrheiten gefunden zu haben, die vom göttlichen Willen unabhängig sind (veritates emancipatae a Deo). Es verwirklichte sich damit sein Ideal — das Ideal des Philosophen, der von allem „frei" zu denken vermag, es wird damit die Autonomie des Wissens erlangt, ähnlich wie bei den Pelagianern der „von Gott unabhängige Mensch" (homo emancipatus a Deo) das Ideal der autonomen Moral verwirklichte. Ebenso begeistert und freudig begrüßte Leibniz, wie wir sehen werden, „die ewigen Wahrheiten, die im Verstande Gottes unabhängig sind von seinem Willen".

Man sollte meinen, daß gerade hier, in der Frage der ewigen Wahrheiten, der vom Willen Gottes unabhängigen Wahrheiten, das religiös gesinnte Mittelalter die bedrohlichste Gefahr hätte spüren und alle Kräfte anspannen müssen, Jerusalem gegen Athen zu verteidigen. Und daß es hierbei sich an die Warnung der „Genesis" vor den Früchten vom Baum der Erkenntnis hätte erinnern müssen. Einige haben sich daran erinnert. Gilson zitiert in einer seiner Anmerkungen Petrus Damiani, der behauptete, die „Begierde nach dem Wissen" (cupiditas scientiae) wäre für die Menschen „die Anführerin des Heeres aller Laster" (dux exercitus omnium vitiorum), aber er muß zugeben, daß Damiani von niemandem gehört worden ist: sogar Bonaventura habe seine Behauptungen sonderbar gefunden. Die von den Früchten des

Baumes der Erkenntnis ausgehende Bezauberung hat auch heute nicht nachgelassen: Mit nicht geringerer Leidenschaftlichkeit als der erste Mensch, trachten auch wir nach ewigen Wahrheiten. Was verlockt uns so an den weder von uns, noch vom Willen Gottes abhängigen Wahrheiten, und warum knüpfen wir unsere besten Hoffnungen an das Gesetz des Widerspruchs oder an den Satz, daß einmal Geschehenes nicht ungeschehen werden kann? Solch eine Frage stellen wir uns gar nicht — als wäre die Unabhängigkeit der ewigen vernünftigen und moralischen Wahrheiten die Bürgschaft unserer eigenen Unabhängigkeit. Aber es verhält sich ja gerade umgekehrt: Diese Wahrheiten verdammen uns zu der abscheulichsten Art von Sklaverei. In ihrer Unabhängigkeit vom Willen Gottes haben sie ja selber keinerlei Willen und keinerlei Wünsche. Sie kümmern sich um nichts, ihnen ist alles gleichgültig. Sie lassen unberücksichtigt und stellen keine Vermutungen darüber an, was sie der Welt und den Menschen mitbringen werden, und sie verwirklichen automatisch ihre maßlose, unbekannt wie und woher an sie gelangte, von ihnen selber gar nicht gewünschte Macht. Vielleicht wird sich aus dem „Gesetz", daß einmal Geschehenes nicht ungeschehen werden kann, etwas Gutes, vielleicht auch etwas Schlimmes ergeben, sogar etwas sehr Schlimmes, Unerträgliches, so wird es doch das Seine tun und auf sein Wesen nicht verzichten. Die ewigen Wahrheiten lassen sich nicht überreden, nicht durch Bitten erweichen: sie sind von derselben Rasse, wie die „Notwendigkeit" (ἀνάγκη) bei Aristoteles, von welcher er sagte, sie sei „etwas, das sich nicht überzeugen läßt" (ἀμετάπειστόν τι εἶναι). Nichtsdestoweniger — oder gerade deshalb — haben die Menschen die ewigen Wahrheiten liebgewonnen und beten sie an. Sie lassen nicht mit sich reden, man kann sie weder bitten noch überzeugen, — also muß man ihnen gehorchen. Wir verstehen uns nicht darauf, sie von uns fortzutreiben, wir erblicken in unserer Ohnmacht „Unmöglichkeit", — also müssen wir sie anbeten. Dies ist der Sinn und die Bedeutung der „Begierde nach dem Wissen" (cupiditas scientiae): die rätselhafte „unwiderstehliche Begehrlichkeit" (concupiscentia irresistibilis) zieht uns zu der unpersönlichen und gegen alles gleichgültigen Wahrheit hin, und wir stellen sie über den Willen alles Lebendigen. Kann ein Zweifel darüber bestehen, daß wir uns in der Gewalt der furchtbaren und uns feindlichen Macht befinden, von welcher in der „Genesis" erzählt wird? Wir erinnern uns, daß alle Kommentatoren der Legende vom Sündenfall die Sünde unseres Urvaters als Ungehorsam auffaßten: Adam habe „Freiheit" für sich haben wollen, er habe sich geweigert, zu gehorchen. In Wirklichkeit ist das Gegenteil geschehen: Als der Mensch von den Früchten der Erkenntnis aß, verlor er die Freiheit, mit welcher er aus den Händen des Schöpfers hervorgegangen war, und wurde ein Fronknecht und ein Sklave der „ewigen Wahrheiten". Er ahnt nicht einmal, daß das „und werdet wissen", mit dem der erste Versucher seine Seele betörte, ihn „zu Fall brachte": Bis auf den heutigen Tag fährt er fort, die ewige Erlösung mit dem Wissen zu identifizieren, und wenn er sogar von dem Apostel hört, daß „die Kreatur unterworfen ist der Eitelkeit ohne ihren Willen, sondern um des willen, der sie unterworfen hat" (Röm. 8, 20) und daß eine Hoffnung bestehe, auch sie werde „frei werden von dem Dienst des vergänglichen Wesens zu der herrlichen Freiheit" (Röm. 8, 21), so schützt er sich gegen die beunruhigenden Ermahnungen durch Aristoteles' Ausspruch: „Solches kann man wohl sagen, aber man darf es nicht denken" oder gar durch dessen: „Viel lügen die Sänger". Die Prinzipien der griechischen Philosophie haben das Ihre getan: Wir alle ziehen die Ruhe des Gehorsams der unvermeidlichen Unruhe des angespannten Kampfes vor. In dieser Hinsicht ist das im Mittelalter so geschätzte Buch des Boëthius „Die Tröstungen der Philosophie" besonders kennzeichnend. Die „Tröstungen der Philosophie" sind eine Art „Buch Hiob", das zwar von einem Christen, aber von einem Manne griechisch-römischer Kultur geschrieben ist. Die Philosophie, die an das Lager des Boëthius trat, trug vor allem dafür Sorge, „die Musen, die an meinem Lager stehen und meinem Flehen Worte diktieren" (musas, nostro adsistantes toro, fletibusque meis verba dictantes) zu vertreiben. „Wer, sprach die Philosophie, ließ die Bühnenbuhlerinnen zu diesem Kranken kommen, die seine Schmerzen nicht nur durch keinerlei Heilmittel lindern, sondern noch überdies mit süßen Giften nähren?" (Quis inquit philosophia haec scenicas meretriculas ad hunc aegrum permisit accedere, quae dolores ejus non modo nullis remediis foverent, verum dulcibus insuper alerent venenis?). Ehe die Philosophie ihre Hilfe anbietet, verlangt sie, wie Hiobs Freunde, daß der Kranke schweige, daß er aufhöre, zu klagen und zu jammern: „Nicht lachen, nicht weinen, noch verwünschen, sondern verstehen", wie sich später Spinoza ausdrückte. Nur unter dieser Bedingung, das heißt, daß der Mensch auf alles, was es in der Welt gibt, verzichte, könne die Philosophie ihm helfen: ihn mit ihrem „Verstehen" beglücken. Das „aus der Tiefe rufe ich, Herr, zu dir" (Ps. 130, 1) — muß hinweggefegt, vergessen werden für immer und endgültig: es versperrt den Weg zur Weisheit, der auf dem sicheren Wissen beruht. Die Philosophie handelte selbstverständlich gewissenhaft: Das schönste Mädchen kann nicht mehr geben als es hat. Sie kann dem Boëthius nur „erklären", daß das, was mit ihm geschah, deshalb geschehen ist, weil es nicht anders geschehen konnte; ihm jedoch das Gefängnis und die bevorstehende Hinrichtung zu ersparen, ist sie außerstande, und wie ihr sicher bekannt ist (Zeus selber sagte dies zu Chrysippos), kann niemand in der Welt mehr tun als sie. Hiobs Freunde sagten zu diesem dasselbe, was die Philosophie zu Boëthius sagte: auch sie schlugen ihm, da sie sich ihrer Ohnmacht, ihm zu helfen, bewußt waren, vor, sich mit der „Weisheit" zu trösten, das heißt, sich in das Unvermeidliche zu fügen. Boëthius ließ sich von der Philosophie überreden, — er nahm ihre „Tröstungen" an. Hiob jedoch ließ die Musen bei sich verbleiben, er jagte die Freunde davon — „ihr seid allzumal leidige Tröster!" (Hiob 16, 2) — und entschloß sich, sein „Weinen und Verwünschen" dem ihm von der Philosophie vorgeschlagenen „Verstehen" entgegenzustellen. Es läßt sich nicht bestreiten, daß die Prinzipien der antiken Philosophie und das hellenische Denken sich geschlossen auf seiten des Boëthius und nicht Hiobs gestellt hätten: die strenge Logik gestattet es dem menschlichen Kummer nicht, seine Stimme zu erheben, wenn es sich um die Wahrheit handelt. Hiob verlangte, daß das Geschehene ungeschehen werde, daß die getöteten Kinder sich als nicht getötet, die verbrannte Habe sich als unverbrannt, die eingebüßte Gesundheit sich als nicht eingebüßt erwiesen, und so fort, das heißt, er forderte das, was „nicht Gottes Allmacht untersteht", das, was selbst Gott nicht tun kann, weil es das „Gesetz" des Widerspruchs, das „unerschütterlichste aller Prinzipien", nicht zulassen würde. Die Bibel erzählt zwar etwas anderes: nach der Bibel ergibt sich, daß die Philosophie sich blamierte und daß die Musen mit ihrem „Weinen und Verwünschen", mit ihrem „aus der Tiefe rufe ich, Herr, zu dir!" das „Verstehen" und alle ewigen, unerschaffenen Wahrheiten besiegten, die durch dieses „Verstehen" erlangt worden waren. Gott gab dem Hiob seine Herden und seine Gesundheit und die getöteten Kinder zurück, er machte das Geschehene ungeschehen, ohne die Zustimmung irgend welcher Gesetze zu erfragen. Aber von einem gebildeten Menschen kann man nicht verlangen, daß er an diese Erzählungen glaube, wie man nicht verlangen kann, daß er den biblischen Gott hinnehme, der sich freut, sich erzürnt, sich betrübt, Wasser in Wein verwandelt, Brote vervielfältigt, die Juden durch das Meer führt und so fort. Alles dies ist allegorisch oder metaphorisch aufzufassen. Genauer: solange „das unerschütterlichste aller Prinzipien", das Gesetz des Widerspruches, nicht gestürzt worden ist, solange es Gott gebietet, statt ihm zu gehorchen, und solange der Mensch nicht auf die Versuchung verzichtet, die geoffenbarte Wahrheit in eine selbstevidente zu verwandeln, wird man sich gegen alle diese Erzählungen durch die Worte (oder die Beschwörung?) del maestro di coloro che sanno schützen müssen: „Viel lügen die Sänger!". Das menschliche Stöhnen, Verwünschen und Flehen hat zu verstummen angesichts der unwandelbaren und für alle Ewigkeit unveränderlichen Prinzipien des Seins*.

5

Zusammen mit den ewigen Wahrheiten schlich sich unter ihrem Schutz und Schirm in die mittelalterliche Philosophie ein tiefes, unüberwindliches Mißtrauen ein gerade gegen jenen „den Alten unbekannten Begriff einer erschaffenen Wahrheit", den sie, wie Gilson sich vortrefflich ausdrückte, durch denselben Inhalt der Heiligen Schrift den Menschen zu verkünden berufen war. Der erschaffenen Wahrheit versperrte das unerschaffene Gesetz des Widerspruches den Weg und stellte ihr sein keine Widerrede zulassendes Veto entgegen. Allerdings behauptet Gilson, daß die Idee der erschaffenen Wahrheit sich in der Scholastik nicht nur gehalten, sondern auch die neuere Philosophie befruchtet habe. „Das ganze cartesische System beruht auf der Idee

---

* Ich verweise hier auf das vortreffliche Buch Kierkegaards „Wiederholung". Als Kierkegaard auf die Frage nach den Grenzen der göttlichen Allmacht stieß, kehrte er sich von dem berühmten Philosophen Hegel ab, der ebenfalls ein maestro di coloro che sanno war, und wandte sich dem „Privatdenker" Hiob zu. Uns erschiene schon die Bereitwilligkeit, Hiob zu den Denkern zu zählen, als unzulässige Vermessenheit. Kierkegaard aber gelangte über Hiob zu seinem „Absurden" und zu der Grundthese der Existenzialphilosophie: Gott bedeutet, daß alles möglich ist.

eines allmächtigen Gottes, der sich gewissermaßen selber erschafft, mit um so größerem Recht die ewigen Wahrheiten erschafft, die der Mathematik mit einbegriffen" (I, 14). Ob wir zu der Behauptung berechtigt sind oder nicht, daß das ganze cartesische System auf der Idee eines allmächtigen Gottes beruhe, der die ewigen Wahrheiten erschafft, — davon wird noch im weiteren die Rede sein. Aber es steht außer Zweifel, daß Descartes vor derartigen „Paradoxen" nicht zurückschreckte. Er schreibt an Arnauld (29. Juli 1648): „Es erscheint mir aber nicht, daß von welchem Ding auch immer zu behaupten sei, es könne von Gott nicht getan werden; da jeglicher Grund des Wahren und des Guten von seiner Allmacht abhängt, würde ich nicht einmal zu sagen wagen, daß es einen Berg gebe ohne ein Tal, oder daß eins und zwei nicht gleich drei sind; sondern ich sage nur, er habe mir einen solchen Verstand eingegeben, daß von mir ein Berg nicht ohne ein Tal oder keine Summe von eins und zwei, die nicht drei sei usw. gedacht werden könne" (mihi autem non videtur de ulla unquam re esse dicendum ipsam a Deo fieri non posse; cum omnis ratio veri et boni ab ejus omnipotentia dependeat, nequidem dicere ausim, ut mons sit sine valle vel ut unum et duo non sint tria; sed tantum dico illum talem mentem mihi indidisse, ut a me concipi non possit mons sine valle, vel aggregatum ex uno et duobus quod non sint tria etc.). So redete Descartes in seinen Briefen*. Aber indem er so sprach, entfernte sich Descartes in gleicher Weise sowohl von der mittelalterlichen Philosophie wie auch von allen jenen Grundprinzipien der grie-

---

* Man vergleiche hiermit seine Briefe an Mersenne vom 15. April und 27. Mai 1630. In letzterem lesen wir: „Er (Gott) ist auch frei gewesen, zu bewirken, daß es nicht richtig sei, daß alle vom Zentrum zur Peripherie gezogenen Linien gleich sind, so wie er auch frei war, die Welt nicht zu schaffen" (Il [Dieu] a esté aussi libre de faire qu'il ne fust pas vray que toutes les lignes tirées de centre à la circonférence fussent égales, comme de ne pas créer le monde).

chischen Philosophie, mit Hilfe derer das Mittelalter die Wahrheit der biblischen Offenbarung zu verstehen und zu rechtfertigen bemüht war. Wir erinnern uns, was Aristoteles über jene sagte, die das Gesetz des Widerspruchs leugnen: So etwas kann man wohl sagen, aber so etwas kann man nicht denken. Wir erinnern uns, daß der Aquinate, Duns Scotus und sogar Occam sagten, was einen Widerspruch in sich schließe, falle nicht unter die Allmacht Gottes. Aber anzunehmen, Gott könne einen Berg ohne Tal erschaffen oder bewirken, daß die Summe von eins und zwei nicht drei betrage und so fort, — das hieße zugeben, daß das Gesetz des Widerspruchs keine Macht über Gott habe. Wenn also Descartes tatsächlich das gedacht hat, was er an Arnauld und Mersenne schrieb, so wird man zugeben müssen, daß der größte Rationalist der Neuzeit sowohl mit der antiken wie auch mit der mittelalterlichen Philosophie, von welcher in Gilsons Buch die Rede ist, gebrochen und den Weg Tertullians und Petrus Damianis eingeschlagen hatte. In einer der Anmerkungen zu seinem Buch führt Gilson folgende Worte Damianis an, die wir in Anbetracht der Aufgabe, die wir uns stellten, hier ebenfalls ausführlich zitieren müssen*: „Kann Gott bewirken, daß Geschehenes ungeschehen werde? Wenn es zum Beispiel ein für allemal feststeht, daß eine Jungfrau entehrt ist, wäre es dann unmöglich, daß sie wieder unbescholten würde? Das ist, soweit es die Natur angeht, gewiß wahr, und die Meinung steht fest... Was nämlich in ein und demselben Subjekt entgegengesetzt ist, kann nicht übereinstimmen. Das wird ferner mit Recht als Unmöglichkeit bezeichnet, wenn man sich dabei auf die Ohnmacht der Natur bezieht: doch sei es ferne, daß es auf die göttliche Majestät anzuwenden sei. Wer nämlich der Natur ihren Ursprung gegeben hat, der kann leicht, wenn er will, die Notwendigkeit der Natur

---

* Die entsprechenden Äußerungen Tertullians wurden bereits weiter oben angeführt.

aufheben. Denn wer über die erschaffenen Dinge gebietet, der untersteht nicht den Gesetzen des Schöpfers: und wer die Natur geschaffen hat, wendet die natürliche Ordnung nach seinem eigenen Schöpferwillen" (numquid hoc potest Deus agere, ut quod factum est non fuerit? Tanquam ut semel constet, ut si fuerit virgo corrupta, jam nequeat fieri ut rursus sit integra? Quod certe quantum ad naturam verum esse, statque sententia... Quae enim contraria sunt in uno eodem subjecto congruere nequeunt. Haec porro impossibilitas recte quidem dicitur, si ad naturae referatur inopiam: absit autem, ut ad majestatem sit applicanda divinam. Qui enim naturae dedit originem, facile, cum vult naturae tollit necessitatem. Nam qui rebus praesidet conditis, legibus non subjacet conditoris: et qui naturam condidit, naturalem ordinem ad suae deditionis arbitrium vertit).

Welcher Unterschied bestände zwischen Damiani und Descartes? Angesichts der aristotelischen ersten Prinzipien behaupten sie beide offenkundige Unsinnigkeiten: so etwas kann man wohl sagen, aber so etwas kann man nicht denken. Das Gesetz des Widerspruchs ist „das unerschütterlichste aller Prinzipien". Wollte man es umstoßen, so verlöre die Idee des Wissens jeglichen Sinn. Allerdings führt Damiani andere Beispiele an als Descartes: die seinen sind konkreter und sind enger mit dem realen Leben verknüpft*. Ob Gott einen Berg ohne Tal erschaffen

---

* An anderer Stelle schreibt Damiani: „Wie wir daher mit Recht sagen können: Gott konnte es, daß Rom, bevor es geschaffen war, nicht geschaffen war, so können wir nichtsdestoweniger ohne Widerspruch sagen: Gott kann es, daß Rom, auch nachdem es geschaffen ist, nicht geschaffen ist" (quapropter sicut rite possumus dicere: potuit Deus, ut Roma, antequam facta fuisset, facta non fuerit, ita nihilominus possumus et congrue dicere: potest Deus, ut Roma, etiam postquam facta est, facta non fuerit). Es ist auch interessant, daß er sich entschließt, mit Hieronymus zu streiten, dem er das Beispiel der virgo corrupta entlehnt hat: Gottes Ehre steht für ihn höher als Sankt Hieronymus.

oder bewirken kann, daß die Summe von eins und zwei nicht drei betrage, — das erscheint uns als ein rein theoretisches, abstraktes Problem, das weder das Schicksal der Welt, noch das Schicksal des Menschen berührt. Wenn aber Damiani fragt: „Wenn es ein für allemal feststeht, daß eine Jungfrau entehrt ist, wäre es dann unmöglich, daß sie wieder unbescholten würde?", — so richtet sich hier das Interesse nicht mehr auf abstrakte Konstruktionen, sondern auf das, was für die Menschen von ungeheurer, entscheidender Bedeutung ist. Eine virgo corrupta ist entweder eine sündige, gefallene, oder eine entehrte Frau. Solange das Gesetz des Widerspruchs eine ungeteilte Herrschaft ausübt, solange es eine „ewige Wahrheit", eine „von Gott unabhängige Wahrheit" bleibt, fassen Sünde und Schande, wenn sie einmal in die Welt eingebrochen sind, für immerdar und endgültig in ihr Fuß: Einer Frau die Ehre zurückzugeben, die Schmach oder die Sünde des freiwilligen oder unfreiwilligen Falles von ihr zu nehmen, das vermag bereits niemand in der ganzen Welt, denn es ist niemandem gegeben, „die Notwendigkeit der Natur aufzuheben". Dasselbe ist von Hiobs Ungemachen zu sagen: Selbst der allmächtige Gott vermag ihm die getöteten Kinder nicht wiederzugeben. Und wenn in der Heiligen Schrift etwas anderes erzählt ist, so ist nicht nur der ungläubige Grieche, sondern auch der gläubige Philosoph verpflichtet, in diesen Erzählungen eine Metapher oder eine Allegorie zu erblicken.

Dann ein zweites: Descartes behauptet, wir erblickten eine Widersprüchlichkeit in dem Urteil „eins und zwei beträgt nicht drei" oder in dem Begriff „ein Berg ohne Tal" nur deshalb, weil Gott uns einen Verstand gegeben habe, der nicht anders zu denken vermag. Aber er ließ ja doch selber, wenn auch nur hypothetisch, den Fall zu, daß ein mächtiger, aber böser und feindlicher Geist den Menschen durch die Evidenzen in Verirrung führen könne. Man sollte meinen, daß eine solche Annahme die Aufmerksamkeit eines die Bibel kennenden und in ihr ein von Gott inspiriertes Buch verehrenden Menschen hätte fesseln müssen, wenn er schon einmal wie durch ein Wunder den Verdacht geschöpft hatte, daß die Selbstevidenz an sich nicht von der Wahrheit zeuge. Aber dieser Gedanke huschte nur über sein Bewußtsein hin und verflüchtigte sich spurlos. Er wollte die Evidenzen und die Vernunft, die Quelle der Selbstevidenzen, um jeden Preis beibehalten und brachte die „ewigen Wahrheiten" in Zusammenhang nicht mit dem bösen und listigen Geist, der den Menschen betrogen hat, sondern mit Gott, der, wie er uns zu überzeugen suchte, niemals betrüge. In derselben Weise verhielt sich auch Thomas von Aquino, der, um die aristotelischen „ersten Prinzipien" vor jeglichen Anschlägen zu schützen, die Feststellung macht: „Die Erkenntnis aber der naturgemäß bekannten Prinzipien ist uns von Gott eingegeben, da Gott selbst der Schöpfer unserer Natur ist" (principiorum autem naturaliter notorum cognitio nobis divinitus est indita, cum ipse Deus est auctor nostrae naturae. S. c. gent. I, VII). Damianis Gedanken gehen einen anderen Weg. Gilson gibt sie in wenigen Worten folgendermaßen wieder: „Das Leben des Christen hat nur ein Ziel: sein Heil zu erwirken. Man erwirkt sein Heil durch den Glauben. Die Vernunft auf den Glauben anwenden, heißt ihn auflösen... In Summa, es ist der Teufel, der den Menschen den Wunsch nach der Wissenschaft eingeflößt hat, und es ist dieser Wunsch, der die Erbsünde, den Quell aller unserer Übel, verursacht hat" (I, 218)*. Anschließend führt er einen Auszug aus

---

* Am Schluß des zweiten Bandes (SS. 214—218) kehrt Gilson von neuem zu der Idee der biblischen Schlange und zu jenen zurück, die eine jüdisch-christliche, durch das griechische Prinzip nicht gebundene Philosophie hätten schaffen wollen, und erklärt: „Der Gegenstand ihrer Wünsche gehört nicht der Ordnung des Möglichen an". Dies steht natürlich außer Zweifel, wenn man von vornherein annimmt, daß es der grie-

Damianis Werk „De sancta simplicitate" an: „Ferner, derjenige, welcher die Scharen aller Laster einführen wollte, der hat die Begierde nach dem Wissen als Heerführerin eingesetzt und so durch sie auf die unglückliche Welt alle Scharen der Ungerechtigkeiten losgelassen" (porro qui vitiorum omnium catervas moliebatur inducere cupiditatem scientiae quasi ducem exercitus posuit, sique per eam infelici mundo cunctas iniquitatum turbas invexit). Der Unterschied zwischen dem, was Descartes und Damiani sagen, ist klar: Descartes scheut sich sogar in seinen Briefen, die Vernunft zu beleidigen — „welchen Altar kann der sich bauen, der die Majestät der Vernunft beleidigt?", wie später Spinoza sagte. Für Damiani jedoch gibt es neben der „göttlichen Majestät" keine anderen Majestäten und kann es keine anderen geben, und er ist bereit, gegen jeden zu Felde zu ziehen, der es wagen sollte, die Allmacht Gottes einzuschränken. Er ist eingedenk des vom Mittelalter so gründlich vergessenen Wortes: „Ihr werdet sein wie Gott, und wissen", und er scheut sich nicht, sich auf die Worte der „Genesis" zu berufen, obwohl er Gefahr läuft, den Heiden zum Spott zu werden und von Aristoteles dessen böses „viel lügen die Sänger" zu hören zu bekommen. Aber p h i l o s o p h i s c h sagen Descartes und Damiani ein und dasselbe: Die uns von den Griechen vermachten „ersten Prinzipien" seien gar keine Prinzipien, da es in der von Gott geschaffenen Welt überhaupt keine ersten, das heißt, von niemandem abhängigen, sich selbst genügenden Prinzipien gebe und nicht geben könne. In unserer Selbstgewißheit jedoch, daß es keinen Berg ohne Tal geben könne und daß eins und zwei nichts anders als drei betragen könne, sei nichts anderes als eine vorübergehende Einflüsterung zu erblicken, die, wenn sie von dem Schöpfer aus-

---

chischen Spekulation gegeben gewesen sei, die Grenzen des Möglichen ein für allemal festzulegen, und daß die biblische „Offenbarung" nicht über die Grenzen dessen hinausgehe, was den Hellenen als möglich vorschwebte.

gehe, ungefährlich, ja sogar wohltätig sein könne, wenn sie indessen von dem Feind des Menschengeschlechts ausgehe, verderblich sein müsse, in beiden Fällen aber, da sie bedingt und relativ sei, kein Recht habe, auf das Prädikat der Ewigkeit Anspruch zu erheben, und sich über kurz oder lang verflüchtigen müsse. Und dann werde die mit der jüdisch-christlichen „Offenbarung" in Einklang gebrachte Erkenntnismetaphysik zeigen, daß die nach allgemeinen und notwendigen Urteilen begierige Vernunft gar nicht dessen würdig sei, daß man ihr Altäre errichte. Dies ist der Sinn der Betrachtungen Damianis, dasselbe sagt uns in dem angeführten Brief auch Descartes. Beide sprengen sie die festen Grundlagen, auf denen das Sokratische Denken ruhte: Man darf die Vernunft nicht mißachten, man darf sogar Gott nicht über das Gute stellen. Beide verwirklichen, wenn man will, die Synthese des Plòtinschen „Sichhinausschwingens über das Wissen" (δραμεῖν ὑπὲρ τὴν ἐπιστήμην) mit der „schlechthinnigen und regellosen Willkür" des Duns Scotus. Diese These nach jenen Methoden zu verteidigen, nach denen die übrigen Wahrheiten verteidigt werden, ist offenkundig unzulässig. Sie ist eine „Offenbarungs"-Wahrheit — und sie befindet sich, klein und unauffällig, unsichtbar selbst für die „Augen des Geistes", wehr- und waffenlos der zahllosen Heerschar der Argumente der ganzen historischen Philosophie gegenüber, wie der biblische David sich dem riesenhaften, vom Scheitel bis zur Sohle bewaffneten Goliath gegenüberstehen sah. Und sie ist nicht einmal im Besitz einer Schleuder, wie sie der junge Hirte, der künftige große König und Psalmist, zur Verfügung hatte. Dennoch nahm sie, gänzlich wehr- und waffenlos, den Kampf gegen die „Weltweisen" auf. Nicht umsonst rief schon Augustinus erstaunt aus: „Es erheben sich die Ungelehrten und reißen den Himmel herunter" (surgunt indocti et rapiunt coelum). Und seinen Gedanken wiederholend, sagte nach ihm Thomas von Aquino: „Es wäre aber wunderbarer als alle Zeichen, wenn die Welt zum Glauben an so schwierige und zur Ausführung so schwerer und zur Hoffnung auf so hohe Dinge ohne Wunderzeichen von einfachen und ungebildeten Menschen gebracht worden wäre" (esset autem omnibus signis mirabilius, si ad credendum tam ardua, et ad operandum tam difficilia, et ad sperandum tam alta mundus absque mirabilibus signis inductus fuisset a simplicibus et ignobilibus hominibus). In der Tat ist ja die Bibel der Welt von einfachen, ungebildeten Menschen vorgelegt worden, die gar nicht einmal fähig waren, sie nach jenen Methoden zu verteidigen, nach denen die gelehrten Männer sie anfochten. Die Philosophen aber wurden von so einer Bibel nicht befriedigt. Sogar Bonaventura, „dessen Adam, wie Bruder Alexander (von Hales) von ihm sagte, in ihm nicht gesündigt zu haben scheint" (ut frater Alexander [de Halés] diceret, de ipso quod in eo videtur Adam non pecasse), trachtete nach der „bewiesenen" Wahrheit. Die Sünde des ersten Menschen geht auch an den Heiligen nicht vorüber: der doctor seraphicus und geistige Nachfolger des Franziskus von Assisi, der alle irdischen Leidenschaften in sich überwunden hat, ist wie wir alle von der „Begierde nach Wissen" (cupiditas scientiae) besessen und kann sie in sich nicht überwinden: er möchte die Wahrheit der Offenbarung „verteidigen", sie selbstevident machen. Die Versuchung lauert uns dort auf, wo wir sie am allerwenigsten erwarten. Die griechischen Lehrer haben unsere Wachsamkeit eingeschläfert, indem sie uns die Überzeugung einflößten, daß die Früchte vom Baum der Erkenntnis das Prinzip der Philosophie für alle Zeiten waren und sein müssen. Auch der doctor subtilis ist, wie wir uns erinnern, der Versuchung verfallen. Er glaubt, aber der Glaube genügt ihm nicht: er bittet Gott um die Erlaubnis, von den Früchten des Baumes der Erkenntnis zu essen. Alle einflußreichsten Vertreter des mittelalterlichen Denkens wiederholen unermüdlich: Ich glaube, auf daß ich begreife (credo, ut intelligam).

Hierin kam am anschaulichsten zum Ausdruck, zu welchen Folgen die Symbiose der griechischen Philosophie mit den Wahrheiten der Heiligen Schrift führen mußte. Die Grundprinzipien und die Technik des antiken Denkens rankten sich wie ein Riesenefeu um die jüdisch-christliche „Offenbarung" und erstickten sie in ihrer gewaltigen Umarmung. Der Glaube wurde, wie uns Gilson zeigte, zu einem Surrogat des Wissens. Alle redeten davon offen, da solche Reden keinen Spott von Seiten der Ungläubigen und keinen Unwillen von Seiten der Andersdenkenden hervorrufen konnten. Alle Evidenzen sprachen zugunsten einer solchen hierarchischen Ordnung. Gegen sie sprach nur die Heilige Schrift. Die Schrift aber kann man immer „auslegen". Da jedoch jegliche Auslegungen eine fertige Denktechnik voraussetzen und da man die Technik des Denkens wie auch seine Prinzipien bei den Griechen suchte und fand, so konnte man im voraus wissen, daß die ausgelegte Schrift dem Glauben den ihm gebührenden Platz anweisen werde. Sogar die entschlossenen Bemühungen Duns Scotus' und Occams, das Gebiet der credibilia gegen die Anschläge der Vernunft zu schützen, hielten die mittelalterliche Philosophie nicht von dem unaufhaltsamen Bestreben ab, die geoffenbarte Wahrheit in eine selbstevidente umzuwandeln. Man erblickte und erblickt auch weiterhin hierin den größten Triumph des jüdisch-christlichen Denkens. Wir erinnern uns, daß Lessing uns mit Selbstgewißheit versprach, alle Offenbarungswahrheiten würden über kurz oder lang zu Vernunftwahrheiten werden, und daß Gilson den frommen Eifer Lessings dämpfen mußte: Nicht alle, sagte er uns im Namen der mittelalterlichen Philosophie, sondern nur einige. Das ist natürlich in hohem Grade kennzeichnend. Warum nur einige? Und was soll man mit jenen anfangen, denen es nicht beschieden ist, sich jemals vor der Vernunft zu rechtfertigen? Wird man sie nicht etwa verheimlichen müssen, um dem Spott und vielleicht kränkenden Vorwürfen zu entgehen? Wird man sie nicht noch darüber hinaus ganz fallen lassen müssen, wenn sich herausstellen sollte, daß sie nicht nur auf einen Schutz von Seiten der Vernunft nicht rechnen können, sondern durch ihre Existenz eine Herausforderung der Vernunft sind? Sowohl der Prophet Jesaja wie auch der Apostel Paulus warnten uns: Die menschliche Weisheit ist eine Torheit vor Gott, die Weisheit Gottes ist eine Torheit für den Menschen. Und das vor allem deshalb, weil die geoffenbarte Wahrheit den Glauben zur Quelle hat, der sich nicht in die Ebene des vernünftigen Verstehens einpassen läßt. Der Glaube kann sich nicht nur nicht in Wissen verwandeln, sondern will es nicht. Der Sinn und der geheimnisvolle Inhalt des Glaubens, von welchem in der Heiligen Schrift erzählt wird, besteht darin, daß er auf eine unfaßbare Weise den Menschen aus dem Schraubstock des Wissens befreit, und daß das Wissen, das mit dem Sündenfall des Menschen zusammenhängt, nur durch den Glauben überwunden werden kann. So daß wir also, wenn eine aus dem Glauben kommende Wahrheit von uns verwandelt oder als selbstevidente Wahrheit verstanden wird, darin einen Hinweis darauf zu erblicken haben, daß wir sie verloren haben. „Ich weiß, daß Gott ein einiger Gott ist" bedeutet durchaus nicht, daß ich an einen Einigen Gott und jenes biblische „höre, Israel" glaube, welches sich in dem „ich glaube an einen einigen Gott" verkörpert hat. Gilson behauptet, den griechischen Philosophen sei der Monotheismus fremd gewesen. Ich kann mich bei dieser Frage nicht aufhalten. Ich will nur sagen, daß das griechische Denken von Anbeginn an das Einheitsprinzip im Weltall suchte und fand. Der erste griechische Philosoph verkündete: Alles ist Wasser. Nach seinem Vorgang haben dann alle immer von dem Einheitsprinzip gesprochen. Aristoteles schließt das XII. Buch seiner „Metaphysik", aus dem Gilson seine Beweise dafür schöpft, daß ihm der Monotheismus ferngelegen habe, mit dem Vers Homers

(Ilias II, 204): „Heil ist nicht in der Vielherrschaft, nur einer sei Herrscher!" (οὐκ ἀγαθὸν πολυκοιρανίη· εἷς κοίρανος ἔστω) und der Aquinate schreibt, sich auf diese Stelle berufend: „Aristoteles folgert aus der Einheit der Ordnung in den existierenden Dingen die Einheit des regierenden Gottes" (Aristoteles ex unitate ordinis in rebus existentis concludit unitatem Dei gubernantis. Summ. Th. I, XLVII, III ad pr.). Ich will hiermit nicht sagen, daß der Gott des Aristoteles der Gott der Heiligen Schrift sei. Im Gegenteil könnte es hier ganz besonders angebracht sein, die Worte Pascals in Erinnerung zu bringen: „Der Gott Abrahams, der Gott Isaaks, der Gott Jakobs — nicht jener der Philosophen". Wenn sich so klar, wie zweimal zwei ist vier, beweisen ließe, daß die griechischen Philosophen Monotheisten gewesen seien, so würde das keineswegs bedeuten, daß sie die biblische Offenbarung vorweggenommen hätten. Der einige Gott, den wir in augenscheinlicher Weise im Weltall entdecken, hat mit dem Gott der Heiligen Schrift ebensowenig gemein, wie das bellende Tier Hund mit dem Sternbild Hund. Die Vernunft entdeckt ein einheitliches Prinzip, sie muß den finden, der, wie Pascal anläßlich Descartes' sagte, allem Geschehen den ersten Anstoß gibt: die Vernunft muß verstehen. Nicht umsonst hat darum Hegel den ontologischen Gottesbeweis so leidenschaftlich gegen Kant verteidigt. Ein Gott, der bei dem Gesetz des Widerspruchs Schutz sucht und findet — ist natürlich nicht der Gott Abrahams, Isaaks und Jakobs. Solch einen Gott, einen „bewiesenen" Gott, konnte Hegel ruhig hinnehmen: er würde sowohl der Logik des Aristoteles wie auch dem Spott Voltaires standhalten.

Der „Glaube" aber — wiederum natürlich der Glaube der Heiligen Schrift — kümmert sich weder um das Verstehen, noch um Beweise. Er braucht etwas anderes, etwas ganz anderes, und zwar etwas, das, wie wir gleich sehen werden, jegliches „Verstehen" und jegliche „Beweise" ein für allemal ausschließt.

6

Wenn auf den Glauben der Heiligen Schrift die Rede kommt, so hat man natürlich vor allem der Worte des Propheten Habakuk zu gedenken: „Der Gerechte wird seines Glaubens leben" (Hab. 2, 4), die der Apostel Paulus sowohl im Römerbrief (1, 17), wie auch im Ebräerbrief (10, 38) wiederholt. Wie wenig Ähnlichkeit haben sie mit den Worten credo, ut intelligam („ich glaube, auf daß ich begreife") und si non credideritis, non intelligetis („so ihr nicht glaubet, werdet ihr nicht begreifen"), in welche die „Septuaginta" den Vers des Propheten Jesaja (7, 9) umgewandelt hat! Der Glaube ist bei den Propheten und Aposteln die Quelle des Lebens, der Glaube ist bei den von den Griechen aufgeklärten mittelalterlichen Philosophen die Quelle des verstehenden Wissens: Wie sollte man sich da nicht an die zwei Bäume erinnern, die Gott bei der Schöpfung der Welt in dem Garten Eden pflanzte? Und um alle Zweifel darüber zum Schweigen zu bringen, welche Plätze auf der hierarchischen Stufenleiter der Werte dem Glauben und dem Wissen zukommen, schreibt der Apostel fast unmittelbar nach den angeführten Worten des Jesaja: „Durch den Glauben ward gehorsam Abraham, da er berufen ward, auszugehen in das Land, das er ererben sollte; und ging aus, und wußte nicht, wo er hinkäme" — ἐξῆλθεν μὴ ἐπιστάμενος ποῦ ἔρχεται (Ebr. 11, 8). Das ist das vollkommene Gegenteil dessen, was die Griechen lehrten. Plato zog auf die entschiedenste Weise eine scharfe Grenze zwischen sich und jenen, die „nicht wissen, wohin sie gehen" (οὐκ εἰδόσιν ὅπη ἔρχονται), indem er ihnen die Philosophen entgegenstellt, die in der Überzeugung, man dürfe nichts tun, was von der Philosophie verwehrt sei, ihr dorthin nachfolgen, wohin sie führe (Phäd. 82. D). Man könnte die griechischen Philosophen endlos zur Bestätigung dessen zitieren, daß der vom Apostel Paulus ausgesprochene Gedanke über Abraham, welcher geht, ohne selber zu wissen, wohin, ihnen als äußerste Torheit erschien. Selbst wenn Abraham sogar in das Land der Verheißung gelangt wäre, so wäre sein Tun nach Ermessen der Griechen ebensowenig lobenswert gewesen, wie wenn er nirgendhin gekommen wäre. Abrahams Fehler besteht darin, worin der Apostel und die Schrift seine höchste Qualität erblicken: er anerkennt nicht die Legitimität der Ansprüche des Wissens, er befragt nicht die Vernunft. Mit welcher Verachtung spricht Sokrates in Platos „Apologie" von den Dichtern, den Wahrsagern, den Propheten: „Die das, was sie tun, nicht aus Vernunft tun, sondern der Natur gehorchend oder in Selbstvergessenheit" (ὅτι οὐ σοφίᾳ ποιοῖεν ἃ ποιοῖεν, ἀλλὰ φύσει τινὶ καὶ ἐνθουσιάζοντες). „Ich ging von ihnen fort", schließt er, „da ich annehme, vor ihnen denselben Vorzug zu haben wie vor den Staatsmännern" (Ap. 22. C). Sowohl im „Timaios" (die bekannte Stelle 71.) als auch in den anderen Dialogen geht Plato ständig dem „göttlichen Schicksal ohne Vernunft" (θείᾳ μοίρᾳ ἄνευ νοῦ) aus dem Weg, so z. B. im „Menon" (99. E) oder wiederum im „Phädon" (ἄνευ φιλοσοφίας τε καὶ νοῦ). Das, was den Apostel an Abraham erstaunt und entzückt, worin er eine Verkörperung der Gerechtigkeit erblickt, erscheint Plato als frevelhafter Leichtsinn. Wie empört wären er und sein Lehrer Sokrates gewesen, wenn sie die Worte des Apostels im Römerbrief (4, 3) hätten lesen können: „Was saget denn die Schrift? ‚Abraham hat Gott geglaubet, und das ist ihm zur Gerechtigkeit gerechnet'." Kann ein Zweifel darüber bestehen, daß Celsus in seinem Buch das Verhältnis der griechisch-römischen Welt zu dem, worauf die in die Welt hereinbrechende neue Lehre beruhte, richtig wiedergegeben habe? Die griechische Weisheit konnte weder den Vater des Glaubens, Abraham, noch den Apostel Paulus, noch die biblischen Propheten hinnehmen, auf die sich der Apostel ständig beruft.

Gleichmut, Gleichgültigkeit und „hochmütige" Verachtung in bezug auf das Wissen werden weder im Diesseits, noch im Jenseits jemandem verziehen. Der Apostel Paulus und sein Abraham sind jämmerliche „Vernunftverächter" (μισόλογοι), die wie die Pest zu fliehen sind. Man kann sich nicht einmal mit der Erwägung trösten, daß der Apostel Paulus kein „Denker" war und daß seine Aufgabe lediglich darin bestand, seine Seele zu retten. Denn die griechische Philosophie (und nach ihr, wie wir uns erinnern, auch Clemens von Alexandrien) erblickte in der Erkenntnis den einzigen Weg zur Rettung: „Aber in das Geschlecht der Götter zu kommen ist dem nicht vergönnt, welcher nicht philosophiert hat und ganz rein weggeht, sondern nur dem Lernbegierigen" (εἰς δέ γε θεῶν γένος μὴ φιλοσοφήσαντι καὶ παντελῶς καθαρῷ ἀπιόντι οὐ θέμις ἀφικνεῖσθαι ἄλλῳ ἢ τῷ φιλομαθεῖ. Phäd. 82. C). Wenn Abraham oder der Apostel Paulus keine „Denker" sind, wenn sie das Wissen nicht lieben und nicht nach ihm trachten — werden sie nie das Heil erlangen. Die Griechen wußten dies genau und hätten sich um nichts in der Welt bereit erklärt, irgend jemandem das Recht abzutreten, die Frage des Wissens und des Seelenheils aufzuwerfen und zu lösen: wir hörten von Aristoteles, daß der Philosoph alle Fragen selbst löst. Andrerseits aber hätte der Apostel Paulus wiederum den Griechen nicht nachgegeben. Wir wissen, daß er die griechische Philosophie für eine Torheit hielt oder, wie Gilson sagt, „den Zusammenbruch der griechischen Weisheit" verkündete. Im Römerbrief (14, 23) hat er sich noch stärker ausgedrückt: „Was aber nicht aus dem Glauben gehet, das ist Sünde", und im zweiten Korintherbrief (5, 7) schreibt er: „Wir wandeln im Glauben, und nicht im Schauen". Das ist bereits nicht mehr bloß die Verkündung des Zusammenbruchs der griechischen Weisheit, — das ist bereits eine Überführung und eine gestrenge Warnung. Die Griechen erwarten von ihrer auf dem Wissen beruhenden Weisheit das Heil, werden aber das Verderben erlangen, denn das

Heil kommt aus dem Glauben, nur aus dem Glauben*. Man wird in diesen Reden des Apostels, wie auch in den Worten der Propheten und den Taten der Erzväter, auf die er sich beruft, schwerlich den unmittelbaren Zusammenhang mit dem übersehen, was in der „Genesis" vom Baum der Erkenntnis erzählt ist. Noch schwerlicher wird man annehmen, das von der mittelalterlichen Philosophie festgesetzte Verhältnis von Glaube und Wissen sei von ihr der Heiligen Schrift entlehnt worden. Es ist im Gegenteil ganz klar, daß die griechischen „ersten Prinzipien" die Grundwahrheit der biblischen „Offenbarung" erstickt haben. Der Glaube ist nicht nur nicht die niederste Art des Wissens: der Glaube schafft das Wissen ab. Der Vater des Glaubens ging aus, und wußte nicht, wo er hinkäme. Er bedurfte des Wissens nicht: Wohin er kommen wird, dort wird, weil er hinkommt, das verheißne Land sein. Eine größere Torheit läßt sich selbstverständlich für den Griechen sogar absichtlich nicht erdenken. Dies ist das Tertullianische „es ist gewiß, weil es unmöglich ist" (certum est quia impossibile): alle Definitionen der Wahrheit, die von Aristoteles gegeben wurden (und dann in der vom Mittelalter angenommenen Formel des Isaak Israeli: „Die Wahrheit ist die Anpassung von Ding und Intellekt" — veritas est adaequatio rei et intellectus — ihren Ausdruck fanden), werden umgestoßen. Nicht der Mensch paßt sich an das Ding an und unterwirft sich ihm, sondern das Ding paßt sich an den Menschen an und wird ihm untertänig, — denn wie der Mensch es nennen würde, so sollte es heißen: die „ewigen Wahrheiten" — veritates aeternae —, die „von Gott unabhängig gemachten Wahrheiten" —

---

* Augustinus ließ sich zeitweilig von der „Torheit" des Glaubens des Apostels Paulus anstecken. Er hat zwar nicht gesagt, was man ihm noch bis vor kurzem zuschrieb: „Die Tugenden der Heiden sind glänzende Laster" (virtutes gentium splendida vitia sunt), sondern er hat gesagt: „sind eher Laster" (potius vitia sunt): aber der Gedanke ist ja derselbe.

veritates emancipatae a Deo (selbst das „Gesetz" des Widerspruches nicht ausgenommen), durch welche die Dauerhaftigkeit und Widerstandsfähigkeit des von der antiken Welt vergotteten „Wissens" aufrechterhalten und gesichert wurde, lassen den Menschen aus ihrem Schraubstock heraus. Es ist anzunehmen, daß ein Grieche der Antike ebenso erstaunt (oder auch empört) gewesen wäre, wenn er in die Lage gekommen wäre, in der Heiligen Schrift zu lesen: „Des Menschen Sohn ist ein Herr auch über den Sabbat" (Matth. 12, 8). Niemand kann ein Herr sein über das Gesetz. Und noch weniger ist irgend wer zu sagen berechtigt: „Der Sabbat ist um des Menschen willen gemacht, und nicht der Mensch um des Sabbats willen" (Mark. 2, 27). Das wäre ja noch schlimmer als: „Der Mensch ist das Maß aller Dinge" (πάντων χρημάτων μέτρον ἄνθρωπος). Dies stößt die ewige, unveränderliche Ordnung des Weltgebäudes, die dem Hellenen so sehr am Herzen liegende ordo, τάξις um. Der Sabbat ist nicht deshalb heilig, weil Gott es so beschlossen hat, sondern weil er heilig ist, setzte Gott das Gebot fest: „Gedenke des Sabbattages". Das Heilige ist ebenso unerschaffen und existiert ebenso seit Ewigkeit, wie das Wahre: die ewigen Wahrheiten sind die unerschaffenen Sabbate, und die unerschaffenen Sabbate sind ewige Wahrheiten. Ganz besonders aber hätte es die Griechen empört, daß Jesus sich entschlossen hatte, das große Gebot aus einem so nichtigen Anlaß zu brechen: seine Begleiter hatten Hunger bekommen! Für den griechischen Weisen gehörten die menschlichen Freuden und Leiden — und hierin bestand seine Weisheit und jene frohe Botschaft, welche die Vernunft der Welt brachte — gänzlich jenem Gebiet des von uns Unabhängigen und darum für uns Gleichgültigen (ἀδιάφορα) an, von dem uns die Stoiker so viel erzählt haben, oder zu jenen Anhänglichkeiten und Leidenschaften, von denen Platos „Katharsis" den Menschen befreite. Epiktet war überzeugt, daß Sokrates, wenn er sich in der Lage des Priamus oder Ödipus befunden hätte, von seiner gewohnten Ruhe nicht im Stich gelassen worden wäre. Er hätte dasselbe wiederholt, was er im Kerker zu Kriton sagte: Wenn es den Göttern so beliebt, möge es so sein. In dieser Weise hätte Sokrates natürlich auch mit Hiob gesprochen, wenn er in die Lage gekommen wäre, sich unter dessen Freunden zu befinden (allerdings waren Hiobs Freunde schon von selbst darauf gekommen, was für Reden sie zu führen hatten). Aber in der Heiligen Schrift verhalten sich die Dinge anders. „Nun aber sind auch eure Haare auf dem Haupt alle gezählt" (Matth. 10, 30). Und das ist nicht in dem Sinn gesagt, als sei Gott ein Liebhaber des Rechnungsführens und als komme bei ihm wie bei einem mustergültigen Buchhalter nichts abhanden, sondern in dem Sinn, daß Gott den Menschen hilft, und zwar, daß er ihnen gerade in jenen Dingen hilft, an welche, nach der Lehre der Griechen, sowohl Gott als auch die Menschen gar nicht denken sollen. Ein krankes Weib tritt zu ihm, er heilt sie und spricht: „Sei getrost, meine Tochter, dein Glaube hat dir geholfen" (Matth. 9, 22). Und nochmals lesen wir ebendort: „O Weib, dein Glaube ist groß! dir geschehe, wie du willst. Und ihre Tochter ward gesund zu derselben Stunde" (Matth. 15, 28). An die Blinden, die zu ihm kamen, wendet er sich mit den rätselhaften Worten: „Euch geschehe nach eurem Glauben" (Matth. 9, 29). Es lassen sich beliebig viele Beispiele dieser Art aus der Schrift anführen. Sie alle zeugen davon, daß die Menschen durch den Glauben etwas erlangen, das sowohl von der griechischen Katharsis als auch von der griechischen Gnosis gleich weit entfernt ist. Besonders wuchtig und ausdrucksvoll zeigt sich dies in den Worten Jesu: „Denn wahrlich, ich sage euch: So ihr Glauben habt wie ein Senfkorn, so mögt ihr sagen zu diesem Berge: Hebe dich von hinnen dorthin! so wird er sich heben; und euch wird nichts unmöglich sein — οὐδὲν ἀδυνατήσει ὑμῖν" (Matth. 17, 20 und entsprechend Mark. 11, 23 und Luk. 17, 6). Man kann sich leicht vorstellen, was für einen Ausbruch von Empörung solche Worte in den Seelen hellenisch gebildeter Menschen hervorriefen: die ruhigsten unter ihnen begnügten sich nicht mit dem aristotelischen „viel lügen die Sänger". Selbst in unserem Zeitalter hat der „christliche" Philosoph Hegel sich nicht gescheut, aus einem weniger ernsten Anlaß die zynischen Spötteleien Voltaires zu wiederholen. Aber nicht dies ist es, was uns jetzt beschäftigt. Mögen die einen über die Heilige Schrift lachen, die anderen mit heimlichem oder offenkundigem Entzücken fragen: Wer ist er, der da spricht wie einer, der die Macht hat, — hier ist für uns wesentlich, daß der Glaube der Heiligen Schrift nichts mit dem Glauben gemein hat, wie dieses Wort die Griechen verstanden und wie wir es auch heute verstehen. Der Glaube ist nicht dasselbe wie das Vertrauen zu dem Lehrer, den Eltern, dem Vorgesetzten, dem kundigen Arzt usw., das in der Tat nur ein Surrogat des Wissens ist, ein Wissen auf Kredit, ein noch nicht durch Beweise sichergestelltes Wissen. Wenn zu einem Menschen gesagt wird: „Dir geschehe nach deinem Glauben" oder: „So du Glauben hast wie ein Senfkorn, wird dir nichts unmöglich sein", so ist es klar, daß der Glaube eine unfaßbare schöpferische Kraft, eine große, ja die größte, mit nichts vergleichbare Gabe ist. Und wenn dazu noch, wie in den angeführten Beispielen, diese Gabe sich nicht auf jenes Gebiet bezieht, welches die Griechen „das, was bei uns steht" (τὰ ἐφ' ἡμῖν), nannten, sondern auf „das, was nicht bei uns steht" (τὰ οὐκ ἐφ' ἡμῖν), so daß durch das Wort eines Glaubenden ein Kranker geheilt wird, ein Blinder sehend wird und sogar ein Berg sich hinweghebt, so wird kein Zweifel darüber bestehen bleiben, daß der Glaube der Heiligen Schrift das Sein bestimmt und gestaltet und auf diese Weise dem Wissen mit seinem „möglich" und „unmöglich" ein Ende setzt. Sokrates hatte recht, als er von den Menschen Wissen verlangte, denn er befand sich wie Aristoteles*, wie die Stoiker, wie die ganze griechische Philosophie ganz im Bann der Überzeugung, daß es ein ungeheuer großes Gebiet des Seins gebe, welches nicht nur uns selber, sondern auch den Göttern nicht unterworfen ist — „das, was nicht in unserer Macht steht" (τὰ οὐκ ἐφ' ἡμῖν). Und wenn Sokrates' Selbstgewißheit in der Tat, wie auch sein „erkenne dich selbst" (γνῶθι σεατόν) vom Himmel zu ihm herabgekommen und nicht die „Einflüsterung" einer feindlichen Macht war („ihr werdet sein wie Gott"), so ist nicht nur „entgegen der Vernunft zu glauben tadelnswert", sondern es ist nicht weniger schmählich, „ohne Philosophie und Verstand" (ἄνευ φιλοσοφίας καὶ νοῦ) zu glauben, und ist alles abzulehnen, was uns die Schrift vom Glauben erzählt. Die Lehre des Apostels Paulus indes, „daß der Mensch gerecht werde ohne des Gesetzes Werke, allein durch den Glauben" (Röm. 3, 28) muß als empörend und unsittlich befunden werden. Und überhaupt können fast alle seine Betrachtungen in den Episteln, ebenso wie die zahlreichen Auszüge aus den Propheten und den Büchern des Alten Testaments, von denen diese Betrachtungen übervoll sind, bei Gebildeten nichts als ein Höchstmaß an Erregung und Ärgernis hervorrufen. Man hat den Eindruck, als hätte er sich vorgenommen, sowohl die antike Weisheit als auch die traditionelle Frömmigkeit zu foppen und zu reizen. Römerbrief 9, 15 führt er die von Gott an Moses gerichteten Worte an: „Welchem ich gnädig bin, dem bin ich gnädig; und welches ich mich erbarme, des erbarme ich mich" und er-

---

* Vgl. Ethica Nicom. 1111, b 20: „Ein Vorsatz richtet sich nicht auf das was unmöglich ist, und wenn einer sagen sollte, er habe sich dergleichen vorgesetzt, so würde man ihn einfach für geistesschwach halten... Überhaupt, Inhalt eines Vorsatzes, darf man sagen, ist das, was in unserer Macht steht" (προαίρεσις μὲν γὰρ οὐκ ἔστιν τῶν ἀδυνάτων, καὶ εἴ τις φαίη προαιρεῖσθαι δοκοίη ἂν ἠλίθιος εἶναι... ὅλως γὰρ ἔοικεν ἡ προαίρεσις περὶ τὰ ἐφ' ἡμῖν εἶναι).

läutert sogleich: „So liegt es nun nicht an jemandes Wollen oder Laufen, sondern an Gottes Erbarmen". Und ferner: „So erbarmt er sich nun, welches er will, und verstockt*, welchen er will". Auf alle möglichen „Einwände" hat er als einzige Antwort die Worte des Propheten Jesaja 45, 9: „Ja, lieber Mensch, wer bist du denn, daß du mit Gott rechten willst?" (Röm. 9, 20). Sich wiederum auf die Erzväter und Propheten berufend, erlaubt sich der Apostel Paulus, so vom Gesetz zu sprechen: „Das Gesetz aber ist neben eingekommen, auf daß die Sünde mächtiger würde" (Röm. 5, 20) oder: „Sintemal das Gesetz nur Zorn anrichtet; denn wo das Gesetz nicht ist, da ist auch keine Übertretung" (Röm. 4, 15). Und schließlich: „Jesaja aber darf kühnlich sagen (ἀποτολμᾷ καὶ λέγει): Ich bin gefunden von denen, die mich nicht gesucht haben, und bin erschienen denen, die nicht nach mir gefragt haben" (Röm. 10, 20; Jes. 65, 1). Für die Griechen und für die den Griechen nachfolgenden mittelalterlichen Philosophen klangen Jesajas Worte wie ein furchtbares Urteil: Alles menschliche Forschen, all unser Fragen ist vergebens. Gott offenbart sich, Gott wird sich offenbaren jenen, die nicht suchen, er antwortet denen, die nicht fragen. Was kann furchtbarer sein als dies? Wozu dann Platos Katharsis, das Ringen der Stoiker, wozu die exercitia spiritualia der Mönche und die strengen Itinerarien der Märtyrer, Mystiker und Heiligen? Alle diese ungeheuren, unmenschlichen und so herrlichen Mühen sollten umsonst gewesen sein? Kann man den Gott der Heiligen Schrift mit vernünftigen Argumenten gegen jene vernichtenden Anschuldigungen „verteidigen", die vom vernünftigen Denken gegen ihn vorgebracht werden? Es ist klar, daß man es nicht kann. Man kann nur den Versuch machen, sowohl die Vernunft als auch ihre Argumente

---

* Es wird angebracht sein, hier daran zu erinnern, wieviel Sorgen das biblische „der Herr verstockte das Herz Pharaos" nicht nur den Theologen, sondern auch den Philosophen, insbesondere Leibniz, bereitet hat.

von sich fortzuscheuchen, wie es Pascal tat: „Demütige dich, ohnmächtige Vernunft!" (Humiliez-vous, raison impuissante). Pascal erscheint unsere Überzeugung, daß die Selbstevidenzen die Wahrheit sicherstellen, als eine „übernatürliche Bezauberung und Erstarrung" (enchantement et assoupissement surnaturel), die durch die Begierde nach Wissen über uns gekommen ist. „Willst du dir alles unterwerfen, so unterwirf dich der Vernunft", verkündet Seneca im Namen der griechischen Philosophie, und uns erscheint dies als das Äußerste an Weisheit: freudig unterwerfen wir uns der an uns gerichteten Forderung. In der Heiligen Schrift aber wird etwas anderes erzählt: Auf das Anerbieten: „Das alles will ich dir geben, so du niederfällst und mich anbetest" erfolgte die Antwort: „Hebe dich weg von mir, Satan! denn es steht geschrieben (5. Mose 6, 13): Du sollst anbeten Gott, deinen Herrn, und ihm allein dienen" (Matth. 4, 10). Hierin besteht der grundlegende Gegensatz zwischen der „Wahrheit" der Hellenen und der „Offenbarung" der Heiligen Schrift: Für die Hellenen waren die Früchte vom Baum der Erkenntnis die Quelle der Philosophie für alle künftigen Zeiten und damit zugleich das befreiende Prinzip; für die Schrift waren sie der Anfang der Knechtschaft und bedeuteten den Sündenfall des Menschen.

In Anbetracht der Schwierigkeiten, die mit der biblischen Vorstellung vom Sinn und der Bedeutung der uns innewohnenden „Begierde nach Wissen" (cupiditas scientiae) verknüpft sind, mag es hier angebracht sein, in Erinnerung zu bringen, was Dostojewskij hierüber schrieb. Dostojewskij besaß nicht die Gelehrsamkeit eines Pascal, auch war er auf den Gebieten der Theologie und Philosophie nicht allzu belesen; aber im Laufe der vier Jahre, die er in der sibirischen Katorga zubrachte, stand ihm als einziges Buch die Bibel zur Verfügung, und er las damals nichts anderes als nur die Bibel. Aus dieser Lektüre nun entsprangen in ihm derselbe Haß und dieselbe Verachtung gegen die „Vernunftgründe", wie wir sie bei Pascal vorfinden. Auch er erblickt in den Selbstevidenzen unseres Denkens eine Bezauberung und einen Schlummer des Geistes. „Die Unmöglichkeit", schreibt er, „ist also eine steinerne Mauer. Was für eine steinerne Mauer? Nun, versteht sich, die Gesetze der Natur, der Naturwissenschaften, der Mathematik. Sobald man dir bewiesen haben wird, daß du aus dem Affen hervorgegangen bist, frommt es dir nichts, das Gesicht zu verziehen, du hast es hinzunehmen, so wie es ist... Aber bitte, wird man Ihnen zurufen, dagegen ist nichts einzuwenden: das ist wie zweimal zwei ist vier. Die Natur fragt Sie nicht um Erlaubnis: sie kümmert sich nicht um Ihre Wünsche und darum, ob Ihnen ihre Gesetze gefallen oder nicht gefallen. Die Mauer ist also eine Mauer usw. usw. Herr, du mein Gott, was kümmern mich die Gesetze der Natur und der Arithmetik, wenn mir doch diese Gesetze irgend weshalb nicht gefallen? Selbstverständlich werde ich nicht mit dem Kopf durch so eine Mauer rennen, wenn es mir in der Tat an Kräften hierzu gebrechen sollte, aber ich werde mich auch nicht mit ihr abfinden, nur weil es eine steinerne Mauer ist und es mir an Kräften gebrach. Als wenn so eine steinerne Mauer in der Tat auch nur i r g e n d e i n e n B e z u g a u f F r i e d e n i n s i c h s c h l ö s s e, e i n z i g d e s h a l b , w e i l s i e z w e i m a l z w e i g l e i c h v i e r i s t !" Wenn wir diese verblüffenden Worte Dostojewskijs in die Sprache der Philosophie übersetzen, so sind wir genötigt, in ihnen eine entschiedene und an Kühnheit einzigartige Abwehr zu sehen jener allgemeinen und notwendigen Urteile, nach denen laut Kant unsere Vernunft so begierig ist, oder jener „Warum" (διότι), die für den Stagiriten das Wesen der Erkenntnis ausmachten (bei Spinoza die „dritte Erkenntnisgattung" oder das „Verstehen") und um derentwillen Augustinus und die Scholastiker zu glauben bereit waren. Mit einem Scharfblick und einer Kühnheit, wie wir sie bei dem Verfasser der „Kritik der reinen

Vernunft" und bei dem maestro di coloro che sanno vergeblich suchen würden, stürmte Dostojewskij gegen die „ewigen Wahrheiten" gerade von jener Seite an, die „auf natürliche Weise" geschützt und darum unnahbar erschien. Die philosophisch, das heißt, auf griechische Art Geschulten, sagt er, „geben angesichts der Mauer aufrichtig das Spiel auf... die Mauer hat für sie etwas Beruhigendes, Entscheidendes und vielleicht auch sogar etwas definitiv Mystisches". Dostojewskij kannte die „Metaphysik" des Aristoteles nicht, er kannte nicht dessen „die Notwendigkeit läßt sich nicht überzeugen" (ἀνάγκη ἀμετάπειστόν τι εἶναι) und „man soll hier Halt machen" (ἀνάγκη στῆναι), wenn er sie aber gekannt hätte, so hätte er den Sinn und den Inhalt der philosophischen Bestrebungen des Stagiriten nicht besser aufzeigen und bewerten können. Wie hatte es geschehen können, daß der größte aller Philosophen in der steinernen Mauer und in den ebenso steinernen „zweimal zwei ist vier" die äußerste und endgültige Macht erblicken, ja, nicht nur erblicken, sondern sich zu Boden werfend anbeten konnte? Dostojewskij wirft ein Problem auf, welches das Grundproblem der Kritik der reinen Vernunft zu sein hat und welchem Kant, nach dem Beispiel seiner Vorgänger, ausgewichen ist: die Frage nach der Beweiskraft der Beweise, nach der Quelle der zwingenden Kraft der selbstevidenten Wahrheiten. Woher ist der Zwang gekommen? Aus der Heiligen Schrift trug Dostojewskij dasselbe davon, was nach Gilsons Worten auch die mittelalterlichen Philosophen aus ihr davongetragen haben: „Das göttliche Gesetz übt keinerlei Zwang auf den Willen des Menschen aus... Es steht fest, daß die Freiheit eine absolute Abwesenheit des Zwanges ist, selbst in Hinsicht auf das göttliche Gesetz" (II, 99). Gott zwingt nicht, aber das „zweimal zwei ist vier" und die steinerne Mauer zwingen, sie zwingen nicht nur den Menschen, sondern auch den Schöpfer: wir haben uns schon genugsam sattgehört an dem, was „nicht unter die Allmacht Gottes fällt". In der zwingenden Notwendigkeit (ἀνάγκη) haben die Menschen, und zwar gerade deshalb, weil sie zwingt und gegen jegliche Überredungen taub ist, etwas „Beruhigendes, Entscheidendes, sogar definitiv Mystisches" erblickt. Man möchte nur schwer glauben, daß ein „Ungelehrter", ein indoctus, das Grundproblem der Erkenntnismetaphysik so scharf zu sehen und aufzuwerfen vermochte. Wenn Kant von der Vernunft spricht, die nach allgemeinen und notwendigen Wahrheiten begierig ist, wenn Aristoteles seine „Metaphysik" mit den berühmten Worten eröffnet: „Alle Menschen streben von Natur aus nach Erkenntnis" (πάντες ἄνθρωποι ὀρέγονται τῇ φύσει τοῦ εἰδέναι) — nehmen sie von vornherein den vom Wissen ausgehenden Zwang hin und preisen ihn. Sogar der doctor subtilis, dessen Lehre von der Freiheit an Anerkennung regelloser, durch nichts begrenzter Willkür im Wesen des Seins heranreicht, selbst er brachte es nicht fertig, in seiner Seele jene Verehrung der zwingenden Wahrheit auszurotten, welche „die Bedingung für die Möglichkeit der Existenz des Wissens" ist. Er verteidigt seine „Freiheit" nach denselben Methoden, nach denen auch die anderen Wahrheiten verteidigt werden: konnte sie sich doch nicht in einer „schlechteren Lage" (pejoris conditionis) befinden. „Diejenigen", schreibt er, „welche ein zufälliges Sein leugnen, sind der Folter so lange auszusetzen, bis sie zugeben, daß nicht gefoltert zu werden möglich ist" (isti qui negant aliquod ens contingens exponendi sunt tormentis, quousque concedant, quod possibile est non torqueri). Wenn Epiktet, um sich gegen jene zu wehren, die gegen das Gesetz des Widerspruchs Einwände machten, die Berufung auf die Evidenzen nicht für ausreichend hielt, sondern zu einem wirksameren Mittel — zur Drohung mit Gewalt — aufforderte, so mag das noch hingehen. Von Epiktet kann man nicht viel verlangen: gehört er doch in der Philosophie zu den „dii minores". Duns Scotus aber ist von anderem Schlag als Epiktet: er ist, wie Thomas von Aquino, ein Mann von subtilstem philosophischem Verstand und ein genialer Dialektiker, — aber auch er mußte zu grobem, sinnlichem Zwang Zuflucht nehmen: Würden die Wahrheiten nur durch Beweise ideeller Art verteidigt und wäre es ihnen nicht gegeben, ihre Rechte gewaltsam zu verwirklichen, so bliebe von unserem sicheren Wissen nicht viel übrig. Der Gott der Heiligen Schrift zwingt niemanden, aber die Wahrheiten des vernünftigen Wissens haben keine Ähnlichkeit mit dem biblischen Gott und wollen mit ihm keine Ähnlichkeit haben: sie zwingen, und wie sie zwingen! Die Selbstevidenzen sind nur ein heuchlerisches „ohne Blutvergießen" (sine effusione sanguinis), hinter dem Scheiterhaufen und Folter versteckt sind. Hierin ist, nebenbei bemerkt, die Erklärung jener paradoxen Erscheinung zu erblicken, daß das mittelalterliche Christentum die Inquisition hervorbringen konnte. Wenn in der Tat die geoffenbarte Wahrheit nach jenen Methoden verteidigt werden kann und muß, nach denen die durch die natürliche Vernunft erlangten Wahrheiten verteidigt werden, so wird man nicht ohne Folter auskommen: denn auch die selbstevidenten Wahrheiten beruhen zu guter Letzt auf Zwang.

Die griechische Philosophie macht hier halt. Hier hielt auch die Kritik der reinen Vernunft inne. Dostojewskij aber fühlte, daß man hier nicht haltmachen dürfe, daß gerade hier die „Kritik" zu beginnen habe. „Zweimal zwei ist vier" (das heißt, die selbstevidenten Wahrheiten) schreibt er, „ist schon kein Leben mehr, meine Herrschaften, sondern der Anfang des Todes: wenigstens hat der Mensch dieses zweimal zwei ist vier immer gefürchtet, und ich fürchte mich vor ihm auch jetzt". Und dann sprudelt es plötzlich aus ihm hervor: „Zweimal zwei ist vier — das ist eine Unverschämtheit; das zweimal zwei ist vier hat die Hände in die Hüften gestemmt, steht Ihnen im Wege und spuckt Sie an." Die Selbstevidenzen und die Vernunft, die so begierig ist nach Selbstevidenzen, „befriedigen" Dostojewskij nicht, sondern „reizen" ihn. Bei der Begegnung mit Selbstevidenzen schimpft er, lacht er sie aus, zeigt er ihnen die Zunge. Er möchte nicht gemäß der vernünftigen, sondern gemäß seiner eigenen „dummen Freiheit" leben. Uns erscheint dies — um sich nicht kräftiger auszudrücken — als Gipfel der Paradoxie: solche Einwände dulden wir nicht. Unsere großen Lehrmeister standen wie erstarrt vor der Vernunft und den von ihr entdeckten Wahrheiten, und sie lehrten uns, das gleiche zu tun. Nicht nur der poetisch gesinnte Plato, sondern auch der nüchterne, übertrieben gemäßigte (μέτριος εἰς ὑπερβολήν) Aristoteles dichteten, bezaubert von den Früchten des Baumes der Erkenntnis, welcher laut der Heiligen Schrift lieblich anzusehen war und ein lustiger Baum, weil er klug machte, unvergleichliche Hymnen zu Ehr und Preis der Vernunft. Ich kann mich nicht allzu lange hierbei aufhalten, doch um dem Leser in Erinnerung zu bringen, welche Macht über die Geister der besten Vertreter des attischen Genius die von ihnen entdeckte Metaphysik des Seins hatte, will ich einen kurzen Abschnitt aus der „Nikomachischen Ethik" anführen, der neben anderen Stellen dieser „Ethik", wie auch der „Metaphysik" des Aristoteles der zurückhaltendste Ausdruck dessen ist, wovon das Suchen und Trachten der griechischen Philosophie bestimmt wurde: „Die Wirksamkeit Gottes, die an Seligkeit alles übertrifft, wird also in der reinen Betrachtung bestehen, und von den menschlichen Wirksamkeiten wird diejenige mit der größten Glückseligkeit verbunden sein, die jener am nächsten verwandt ist"* (ὥστε ἡ τοῦ θεοῦ

---

* Als Karl Werner in seinem sehr umfangreichen, mit solcher Ehrfurcht und Liebe geschriebenen Werk von dem Aquinaten sagte, seine Vorstellung von der Seligkeit sei nur die christlich ausgelegte Vorstellung von der Seligkeit des beschaulichen Lebens, hatte er natürlich die von mir zitierte Stelle aus der „Ethik" und die entsprechenden Stellen aus der „Metaphysik" des Aristoteles im Auge.

ἐνέργεια, μακαριότητι διαφέρουσα, θεωρητική ἂν εἴη. καὶ τῶν ἀνθρωπίνων δὴ ἡ ταύτῃ συγγενεστάτη εὐδαιμονικωτάτη. Nik. Eth. 1178, b 21). Wenn, wie Gilson (II, 85) angibt, die Worte „dies ist die Vollkommenheit des Menschen, die Ähnlichkeit mit Gott" (hominis haec est perfectio, similitudo Dei. II, Anm. 18, S. 240) die Bestrebungen des Aquinaten zum Ausdruck brachten, so lief auch Platos Katharsis auf ein „Gott nach Kräften Ähnlichwerden" (ὁμοίωσις θεῷ κατὰ τὸ δυνατόν. Theaet. 176. A) hinaus. Die Wahrheit — griechisch „aletheia", das Unverborgene, das Ent-deckte, sprachlich abgeleitet von dem Stamm „letho" mit vorgesetztem α-privativum —, die sich den Griechen ent-deckte, enthüllte, ist das unveränderliche Wesen des Seins hinter der veränderlichen Augenscheinlichkeit der gewöhnlichen und jedermann zugänglichen Welt, und das Schauen dieses Wesens beherrschte all ihr Denken und Trachten. Als es Dostojewskij, ungeachtet dessen, daß er zu jenen „Schlichten und Ungelehrten" (simplices ac indocti) gehörte, von denen uns Augustinus und der Aquinate sprachen, oder genauer: weil er so viele Jahre in einsamem Gespräch mit jenen „Schlichten und Ungelehrten" verweilte, welche der Welt die Bibel brachten, — als es also Dostojewskij „offenbar wurde", daß das von den Griechen verherrlichte Schauen eine Anbetung der steinernen Mauer und des tötenden „zweimal zwei ist vier" sei und daß hinter der gepriesenen Freiheit des philosophischen Forschens sich eine „übernatürliche Verzauberung und Erstarrung" verberge, — was blieb ihm da noch zu tun übrig? Disputieren konnte er nicht. Aristoteles schützte sich wie mit einem Kreuz durch sein: „Solches kann man wohl sagen, aber solches kann man nicht denken", und sogar der freiheitsliebende Duns Scotus scheute sich nicht zu sagen: „Mit ihm ist nicht zu disputieren, sondern ihm ist zu sagen, er sei unvernünftig" (non est cum eo disputandum, sed dicendum quod est brutus). Selbstredend machte sich Dostojewskij letztlich nicht über a n d e r e lustig und stritt sich nicht mit a n d e r e n — weder mit Sokrates, noch mit Plato, noch mit Aristoteles: er strengte sich vielmehr qualvoll an, den gefallenen Menschen, jene „Begierde nach Wissen" i n s i c h s e l b s t zu überwinden, die unser Urvater, der von den Früchten des verbotenen Baumes aß, uns allen vermachte. Darum konnte er, mußte er sagen: „Ich bestehe auf meiner Laune und darauf, daß sie mir garantiert werde" oder: „Ich will meiner dummen Freiheit gemäß leben, und nicht gemäß der vernünftigen." Er suchte sich zu retten vor der Versuchung des „ihr werdet sein wie Gott, und wissen" und des „das alles will ich dir geben, so du niederfällst und mich anbetest" und vor jener unbestimmten, aber unüberwindlichen Angst angesichts der „regellosen und schlechthinnigen Willkür Gottes", die offenbar von dem Versucher schon dem ersten Menschen eingeflößt wurde und nach dem Sündenfall uns zur zweiten Natur geworden ist. Der Sinn des „Höre, Israel!" beruht gerade darin, daß alles von Gottes Willen abhängt — omnis ratio veri et boni a Deo dependet; darum steht auch geschrieben: Du sollst Gott, deinen Herrn, anbeten und ihm allein dienen. Und nur der wird frei werden „von dem Dienst des vergänglichen Wesens" (ἀπὸ τῆς δουλείας τῆς φθορᾶς. Röm. 8, 21), welcher die uns von unserem Verstand eingeflößte Angst vor dem uneingeschränkten Willen Gottes überwinden und die Verlockung der ewigen, unerschaffenen Wahrheiten von sich scheuchen wird, nur dem auch wird es gegeben sein, mit dem Propheten auszurufen: „Tod, wo ist dein Stachel? Hölle, wo ist dein Sieg?"

7

Die Raserei und Zügellosigkeit in den Reden Dostojewskijs, wenn er auf die selbstevidenten oder ewigen Wahrheiten zu sprechen kommt, zeugt zur Genüge davon, wie tief er den inneren, unzertrennlichen Zusammenhang zwischen der Erkenntnis und dem in der Welt herrschenden Bösen empfand, von dem in der „Genesis" erzählt wird: Solange und sofern die Wahrheit mit der Erkenntnis verknüpft ist, erscheint das Böse dem Sein als solchem wesenszugehörig. Die Philosophie des Mittelalters, die an Tertullian und Petrus Damiani gleichgültig vorüberging, aber die „ersten Prinzipien" der Hellenen heilig hütete, beseitigte aus ihrem Gesichtsfeld auch nur die Möglichkeit einer Problematik der „Genesis", einer Problematik der Erkenntnis. Darum war sie — wie auch die Weisen der Antike — genötigt, sich mit dem Bösen nicht nur auszusöhnen, sondern es auch zu rechtfertigen. Die Apokalypse mit ihrem Donner, das Buch Hiob mit seinen Klagen besagten den wissen- und verstehenwollenden mittelalterlichen Philosophen ebensowenig wie die Erzählung der Bibel vom Sündenfall des ersten Menschen: Lassen sich denn Donner und Klagen der Vernunft entgegenstellen? Sowohl das Donnern wie auch das Klagen kommen vor der Vernunft: die Vernunft wird den Donner besänftigen und das Klagen unterdrücken. Der Philosoph wird, selbst wenn er ein Christ ist, in den „Tröstungen" des Boëthius mehr finden als in der Heiligen Schrift, oder er wird zum mindesten imstande sein, mit Hilfe der Weisheit des Boëthius die Unruhe in seiner Seele zu besänftigen, die durch Hiobs rasende Reden und durch die Stürme und Gewitter der Offenbarung Johannis hervorgerufen worden sind. An zweite Stelle rückte für die mittelalterliche Philosophie auch das „aus der Tiefe rufe ich, Herr, zu dir": auch dieses vertrug sich gar nicht mit dem allgemeinen Geist der antiken Philosophie, die, wie Plato und Aristoteles lehrten, „aus der Verwunderung" (διὰ τὸ θαυμάζειν) entsprang und die Menschen stets vor der maßlosen Trauer und Verzweiflung warnte. Kierkegaard behauptete, der grundlegende Gegensatz zwischen der griechischen und der christlichen Philosophie bestehe gerade darin, daß die griechische Philosophie das Verwundern zur Richtschnur und Quelle habe, die christliche hingegen — die Verzweiflung. Daher führe die erstere zur Vernunft und zur Erkenntnis*, die letztere aber beginne dort, wo für die erstere alle Möglichkeiten aufhören, und knüpfe alle ihre Hoffnungen an „das Absurde". Der Mensch trachtet bereits nicht mehr nach „Wissen" und „Verstehen" — er ist zu der Überzeugung gelangt, das Wissen sei nicht nur außerstande, ihm zu helfen, sondern werde von ihm auch noch verlangen, daß er in der Ohnmacht des Wissens etwas Letztes, Endgültiges und darum Beruhigendes, ja sogar Mystisches erblicke, daß er niederfalle und das Wissen anbete. Darum wird bei Kierkegaard der Glaube wieder in jenen Rang erhoben, der ihm von der Heiligen Schrift verliehen worden war. Nur auf den Flügeln des Glaubens kann man sich über alle „steinernen Mauern" und „zweimal zwei ist vier" emporschwingen, die von der Vernunft und der vernünftigen Erkenntnis errichtet und vergottet worden sind. Der Glaube schaut sich nicht um, blickt nicht zurück. Das Mittelalter, für welches die griechische Philosophie ein zweites „Altes Testament" war, und welches der Ansicht war, das „erkenne dich selbst" sei ebenso vom Himmel gefallen wie das „Höre, Israel!", faßte das Denken als ein Umschauen auf: das Denken Abrahams, das Denken der Propheten und Apostel erschien ihm unzureichend, ergänzungs- und verbesserungsbedürftig, richtiger — es erschien ihm nicht als ein Denken, sondern als ein Ermangeln des Denkens. Selbstverständlich wurde in s o l c h e r Weise nicht offen gesprochen, sondern es wurde alles getan, um es dahin zu bringen, daß die biblischen Wahrheiten sich in ihrer Konstruktion und ihrem Inhalt an jenes

---

* Man kann Kierkegaard ohne Übertreibung als geistigen Doppelgänger Dostojewskijs bezeichnen. Wenn ich in meinen vorhergehenden Arbeiten, von Dostojewskij sprechend, Kierkegaard nicht erwähnte, so geschah es nur deshalb, weil ich ihn nicht kannte: ich lernte seine Werke erst in den allerletzten Jahren kennen.

Wahrheitsideal annäherten, welches die Griechen ausgearbeitet hatten — und in welchem schon in der Frühperiode der Entwicklung der hellenischen Philosophie die aristotelische Selbstgewißheit transparent war, der Verstand sei „eine gänzlich von der Seele gesonderte Substanz und sei einer in allen Menschen" (intellectum substantiam esse omnino ab anima separatam esseque unum in omnibus hominibus). Und wie verzweifelt auch die Scholastiker den aristotelischen „intellectus separatus" bekämpften (es genügt, sich an die Polemik des Aquinaten gegen Siger von Brabant* zu erinnern), oder sogar, je mehr sie ihn bekämpften, desto mehr ließen sie sich von ihm verführen. Das Ideal der von allem abgesonderten, leidenschaftslosen, sich mit nichts vermengenden, ihrem Wesen nach Tätigkeit seienden Vernunft (ὁ νοῦς χωριστός καὶ ἀπαθὴς καὶ ἀμιγής, τῇ οὐσίᾳ ὢν ἐνέργεια. Aristoteles, De anima III, 430 a 17; in der neueren deutschen Philosophie heißt es das „Bewußtsein überhaupt") entsprach den tiefinnersten Bedürfnissen der nach Erkenntnis trachtenden und in der Erkenntnis Beruhigung findenden Seele**. Selbst für Gott ließ sich kein größeres Lob ausdenken als die Vorstellung von ihm, wie Aristo-

---
* Vgl. De Wulf, Geschichte der mittelalterlichen Philosophie, Tübingen, 1913, S. 345: „Der Ton seiner Widerlegungen in der Schrift De unitate intellectus ist von einer Heftigkeit, wie sie sonst in seinen Schriften nicht anzutreffen ist."

** Wenn Thomas von Aquino schreibt: „Keine geschaffene Wahrheit ist ewig, sondern allein die Wahrheit des göttlichen Intellektes, der allein ewig ist und von dem seine Wahrheit ununterschieden ist" (nulla creata veritas est aeterna, sed sola veritas divini intellectus, qui solus est aeternus et a quo ipsa ejus veritas indistincta est. Summa Theol. I, XVI, VII) oder: „Man muß sagen, daß die Gesetze des Kreises und das zwei und drei sind fünf ihre Ewigkeit haben im göttlichen Geist" (dicendum, quod ratio circuli et duo et tria esse quinque habent aeternitatem in mente divina) und so weiter, so fällt es schwer, hierin nicht den „von Gott abgesonderten (oder befreiten) Intellekt" (intellectus separatus / sive emancipatus / ... a Deo) zu erkennen.

teles sich den „abgesonderten Intellekt" (intellectus separatus) vorstellte. Die mittelalterliche Philosophie grenzte sich durch das aristotelische „viel lügen die Sänger" scharf ab gegen die biblischen Erzählungen von Gott als einem sich freuenden, sich erzürnenden usw., ausschließlich deshalb, um ihn zum intellectus separatus „emporzuheben". Unser bestes Teil — das einzige, was an uns unsterblich und ewig ist* (τοῦτο μόνον ἀθάνατον καὶ ἀΐδιον) — ist unser Teilhaben an der Vernunft. Alle Betrachtungen der Scholastiker tragen das Gepräge der tiefsten Überzeugung, daß das Göttliche im Weltall und im Menschen sich letztlich als der „trennbare, leidlose und reine Geist" herausstellt. Hiervon ist zwar nirgends ausdrücklich die Rede, aber es ist stillschweigend in allen philosophischen Konstruktionen mit eingeschlossen. Das, was wir von den Scholastikern über das Gesetz des Widerspruchs und die anderen „Gesetze" des Denkens (richtiger: des Seins) vernahmen, wird oder muß uns genügend vorbereitet haben, um die Rolle einschätzen zu können, die dem aristotelischen intellectus separatus in der Entwicklung der mittelalterlichen (wie auch der neueren) Philosophie beschieden war. Das „es fällt nicht unter die Allmacht Gottes" ist das gängige und entscheidende Argument bei der Erörterung der Grundfragen: hiervon zeugt das ganze Buch Gilsons. Wir haben bereits davon gesprochen, wie das Mittelalter die Legende vom Sündenfall des ersten Menschen auslegte. Nachdem Gilson die Worte des Apostels Paulus angeführt hat: „Durch e i n e n Menschen ist die Sünde in die Welt gekommen" (Röm. 5, 12), die „durch Sankt Paul zum Echo der Erzählung in der Genesis wurden", schreibt er: „Noch einmal erschließt die Offenbarung, indem sie dem Menschen eine Tatsache enthüllt, die ihm auf natürliche Weise entginge, den Weg zu den Unternehmungen der Vernunft"

* Von hier stammt auch Spinozas: „Wir fühlen und erfahren, daß wir ewig sind" (sentimus experimurque nos aeternos esse).

(I, 123). Was aber sucht die Vernunft zu erreichen, wenn sie angesichts der ihr geoffenbarten Wahrheit vom Sündenfall des ersten Menschen es sich zur Aufgabe macht, das zu „verstehen", was sie aus der Heiligen Schrift erfahren hat? Sie ist vor allem darum bekümmert, jeglichen Verdacht von sich abzulenken: sie selber stand und steht in keiner Beziehung zum Sündenfall des Menschen. Die mittelalterliche Philosophie, schreibt Gilson, „schlug die optimistischeste Interpretation des Universums vor, die man sich denken kann, wobei das Böse eine Tatsache ist, deren... Realität nicht geleugnet werden kann" (I, 124). Diese Auslegung nun bestand in folgendem: „Die aus dem Nichts geschaffenen Dinge sind, und sie sind gut, weil sie erschaffen sind, aber ihre Veränderlichkeit ist ihrem Wesen eingeschrieben ebendeswegen, weil sie aus dem Nichts sind. Wenn man sich also darauf versteift, als das ‚Böse' die Veränderung zu benennen, der die Welt als einem unausweichlichen Gesetz unterworfen ist, so muß man sehen, daß die Möglichkeit der Veränderung eine Notwendigkeit ist, die Gott selber nicht ausschalten konnte aus dem, was er geschaffen hat, weil die Tatsache, geschaffen zu sein, das tiefstgehende Kennzeichen dieser Möglichkeit selbst ist" (I, 117). Und nochmals: „Es handelt sich nicht darum, zu wissen, ob Gott hätte unveränderliche Geschöpfe schaffen können, denn das wäre viel unmöglicher, als viereckige Kreise zu schaffen. Man hat gesehen, die Veränderlichkeit ist für die Natur eines zufälligen Geschöpfes ebenso mitwesentlich, wie die Unveränderlichkeit der Natur des notwendigen Seins mitwesentlich ist" (I, 124). Wo hat die mittelalterliche Philosophie dies alles hergenommen? Nicht aus der Heiligen Schrift, das ist klar. In demselben Kapitel, dem ich die soeben zitierten Abschnitte entnahm, weist Gilson darauf hin, der „Optimismus" der mittelalterlichen Philosophie habe jene Worte des Schöpfers zum Ausgangspunkt gehabt, die er am Ende jedes Schöpfungstages wiederholte: „Und Gott sah, daß es gut war", und jene Worte, mit denen er am sechsten Tage, als er alles ansah, was er gemacht hatte, seine volle Befriedigung ausdrückte: „Und Gott sah an alles, was er gemacht hatte; und siehe da, es war sehr gut." Die Erzählung der „Genesis" macht nicht die entfernteste Andeutung darüber, daß der Schöpfungsakt selber schon irgend einen Mangel oder einen Fehler enthalten habe, welcher den Eintritt des Bösen in die Welt ermöglicht hätte. Die Heilige Schrift erblickt im Gegenteil im Schöpfungsakt eine Bürgschaft dafür, daß das Geschaffene das Gute, nur Gutes enthalten kann und muß. Die Erwägung, daß das Geschaffene seiner Natur nach die Möglichkeit des Bösen in sich trage, fand die mittelalterliche Philosophie nicht in der Heiligen Schrift, sondern bei den Griechen. In Platos „Timaios" kommt Demiurg, nachdem er die Welt erschaffen, zu der Überzeugung, daß sie bei weitem nicht vollkommen sei, und bemüht sich, soweit dies in seinen Kräften steht, das von ihm Geschaffene wenigstens teilweise zu verbessern. Auch bei Epiktet, der, wie immer etwas naiv, aber dafür offenherzig und aufrichtig erzählt, was er bei seinen Lehrern gelernt hat, lesen wir, daß Zeus dem Chrysipp unverhohlen die Beschränktheit seiner Kräfte eingesteht: Es stehe nicht in seiner Macht, den Menschen die Welt und ihre Leiber zum Eigentum zu geben, er habe ihnen dies alles nur leihweise geben können, das heißt, alles Erschaffene müsse, da es einen Anfang hat, auch ein Ende haben (das ist eben ein auch für die Götter unüberwindliches Gesetz des Seins: das Werden [γένεσις] bringt das Vergehen [φθορά] mit sich) und daß er sie deshalb der göttlichen Vernunft (intellectus separatus) teilhaftig gemacht habe, dank dem sie sich irgendwie anpassen und in der erschaffenen Welt existieren würden. So dachten die Griechen: Die Notwendigkeit teilt sich, sogar nach Plato, mit der Gottheit in die Macht. Der Schöpfungsakt brachte daher unvermeidlich Unvollkommenheiten und das Böse in die Welt. Die Bibel aber ging im Gegenteil von der These aus, daß alle möglichen Vollkommenheiten den schöpferischen Akt Gottes zur einzigen Quelle haben: die Bibel kennt keine Macht der Notwendigkeit und keine unbezwingbaren Gesetze. Sie brachte den neuen, bis dahin den Alten unbekannten Begriff der erschaffenen Wahrheit in die Welt mit, den Begriff einer Wahrheit, über die der Schöpfer Herr ist, und die ihm dient, ihm dienen muß, von ihm als Laufbote verwendet wird. Doch wie ist es geschehen, daß sie sich in ein unüberwindliches Gesetz verwandelte und zu gebieten begann — sie, die geschaffen wurde, um zu gehorchen? Oder sollte der griechische Demiurg einfach scharfblickender und einsichtsvoller gewesen sein als der jüdisch-christliche Weltschöpfer? Erkannte er doch sofort, daß im Weltgebäude nicht alles wohlbestellt war, — während der biblische Gott immerzu sein „sehr gut" wiederholte, ohne offenbar den geringsten Verdacht zu hegen, daß kraft der unüberwindlichen Gesetze, die der Natur und dem Wesen des Seins von einer geheimnisvollen Hand eingeschrieben werden, alles Erschaffene nicht „sehr gut" sein kann. Es ergibt sich also, daß die mittelalterliche Philosophie den göttlichen Schöpfungsakt sowohl bemängelte, als auch damit zugleich gestand, Gott sei nicht fähig gewesen, die von ihm erschaffene Welt gebührend einzuschätzen.

Unzulässig wäre natürlich die Annahme, die mittelalterlichen Philosophen hätten sich bewußt dem entgegengestellt, wovon die Heilige Schrift zeugte, wie auch die Annahme unzulässig wäre, sie hätten von der Bibel wie Aristoteles von Homer gesagt: „Viel lügen die Sänger." Aber die Grundprinzipien des Denkens, die sie von den Griechen übernommen, hatten das Ihre getan. Die Scholastiker waren bereit, den Schöpfungsakt zu bemängeln, Gottes Allwissen anzuzweifeln, — um nur nicht zu dem Eingeständnis gezwungen zu sein, daß die Vernunft selber unzureichend sei. Sie sprachen ganz harmlos von dem „unüberwindlichen Gesetz", welches in das Sein des Erschaffenen eingeschrieben sei, und davon, daß es auch Gott nicht gegeben sei, dieses unbekannt woher und von wem aufgezwungene Gesetz abzuschütteln, wie es ihm auch nicht gegeben sei, ein rundes Viereck zu schaffen. Nicht genug damit — sie sprachen das in aller Ruhe aus: es erweckt fast den Eindruck, als hätten sie jedesmal, wenn sich ihnen Gelegenheit bot, sich davon zu überzeugen, daß sie der Unmöglichkeit gegenüberstehen, die zu überwinden selbst Gott nicht gegeben ist, ein, wie Dostojewskij schrieb, fast mystisches Gefühl der Befriedigung und tiefen inneren Friedens empfunden: die Unmöglichkeit, die steinerne Mauer, das „zweimal zwei ist vier", also muß und kann man haltmachen*. Das runde Viereck — eine in gleicher Weise für den Menschen wie auch für Gott unanfechtbare Wahrheit — erwies sich als ein segensreiches, vom Himmel gefallenes Geschenk, wie das „erkenne dich selbst" und die anderen unbestreitbaren Wahrheiten, die schon in alten Zeiten die griechische Philosophie als ebenfalls vom Himmel gefallene aufgelesen hatte: sie stellen das „Wissen" sicher („ihr werdet wissen").

Aber ein rundes Viereck hätte ja doch keinerlei Vorzüge gegenüber dem Berg ohne Tal, von dem wir durch Descartes hörten. Wenn der Berg ohne Tal nur dem menschlichen Denken eine Grenze setzt und die Allmacht Gottes nicht einschränkt, warum sollte dann dem runden Viereck solch eine unerwartete Macht verliehen sein? Oder sollte das, was Descartes sagte, als

---

* Wie bei Spinoza: „Die Zufriedenheit mit sich selbst kann aus der Vernunft entspringen, und allein jene Zufriedenheit, die aus der Vernunft entspringt, ist die höchste, die gegeben werden kann" (Acquiescentia in se ipso ex Ratione oriri potest et ea sola acquiescentia, quae ex Ratione oritur, summa est quae dari potest).

Metapher aufzufassen sein? War er doch selber nicht der Ansicht, Gott könne einen Berg ohne Tal schaffen, und räumte er doch nicht ein, daß die mittelalterliche Philosophie, von der er die Bibel erhielt, welche die Möglichkeit von Bergen ohne Täler und von runden Vierecken verkündete, dies jemals angenommen hätte: Solches kann man, wie der maestro di coloro che sanno lehrte, wohl sagen, aber man kann es nicht denken. Die ewigen Wahrheiten sind nicht von Gott erschaffen, sondern sie werden von den Menschen und von Gott aus dem „gesonderten Verstand" (intellectus separatus) geschöpft. Aristoteles sitzt zu Gericht über die Heilige Schrift, und nicht die Schrift über Aristoteles: Das Gesetz des Widerspruchs ist „das unerschütterlichste aller Prinzipien" (βεβαιοτάτη τῶν ἀρχῶν πασῶν), ihm unterwirft sich alles, es schreibt, ohne jemanden um Erlaubnis zu fragen, alles, was ihm einfällt, in das Buch des Seins ein, und selbst der Schöpfer kann sich ihm nicht widersetzen. Wir werden zwar hiervon noch zu sprechen haben, aber es wird vielleicht nicht ohne Nutzen sein, gleich hier ein Zeugnis von Leibniz dafür anzuführen, daß das Böse, welches bei den Griechen seinen Ursprung in der Materie hatte, nach der „christlichen Lehre" in den unerschaffenen idealen Prinzipien wurzelt, in jenen ewigen Wahrheiten, die, wie wir bereits wissen, in Gottes Verstand eingingen, ohne dessen Willen Rechnung und Sorge zu tragen.

Wir überzeugen uns von neuem, daß die mittelalterliche Philosophie in der für sie zentralen Frage ihrer Hauptaufgabe entsagen mußte: der Welt die den Alten unbekannte Idee der erschaffenen Wahrheit zu bringen. Es lasse sich noch annehmen, daß Gott die Welt erschaffen habe — das hatte ja auch Plato gelehrt. Die Wahrheiten aber seien nicht von Gott erschaffen, sondern sie existierten vor ihm, ohne ihn und seien von ihm unabhängig. Allerdings begegnen wir bei den mittelalterlichen Philosophen auch dem Begriff der erschaffenen ewigen Wahrheit.

Auf diese Weise erlangen sie gewissermaßen die Berechtigung, von den sogar für Gott „unbezwingbaren" und „unüberwindlichen" Bedingungen des Seins und der Existenz zu sprechen. Aber sie erkaufen dieses Recht um einen teuren Preis — den Preis des inneren Widerspruchs: denn wenn die Wahrheit erschaffen ist, so kann sie, wie wir soeben hörten, keinesfalls eine ewige und unveränderliche sein, selbst wenn Gott dies wollte. Aber in bezug auf die erschaffene Wahrheit zeigt sich eine Nachsicht, die der lebendige Mensch vergebens zu erreichen sucht. Der erschaffene Mensch ist unvermeidlich unvollkommen und ist nicht berechtigt, auf eine ewige Existenz zu rechnen. Der Wahrheit zu Gefallen ist jedoch selbst das Gesetz des Widerspruchs bereit, seinen souveränen Rechten zu entsagen: es genehmigt ihr, der erschaffenen, die den lebenden Wesen verweigerte Unveränderlichkeit, unter Außerachtlassung des großen Gebots: „Entgegen der Vernunft zu glauben ist tadelnswert."

Mit derselben Sorglosigkeit übernahm die mittelalterliche Philosophie von den Griechen deren Lehre, daß das Böse nur ein Fehlen des Guten (privatio boni) sei. Für den, welcher das Böse verstehen (intelligere) will, erscheint eine Erklärung dieser Art als vollkommen zufriedenstellend, denn sie erreicht mehr oder weniger ihr Ziel. Das Böse ist „auf natürliche Weise" in der Welt entstanden, was für eine Erklärung wollte man da noch verlangen? Und je augenscheinlicher die Unvermeidlichkeit des Bösen ist, desto ehren- und ruhmvoller für die Philosophie, die diese Unvermeidlichkeit erkannt hat. Besteht doch der Sinn jeglichen „Verstehens" und „Erklärens" gerade darin, zu zeigen, daß das, was ist, nicht anders sein konnte und kann, als es ist. In dem Bewußtsein der Unvermeidlichkeit des Bestehenden (die neueste Formulierung ist bei Hegel, „was wirklich ist, ist vernünftig") wußte die griechische Philosophie etwas „Erlösendes, Beruhigendes und sogar Mystisches" zu finden und fand es auch. Aber die jüdisch-christliche Philosophie hatte ja, sofern sie der „geoffenbarten" Wahrheit teilhaft wurde, die Berufung, die Idee der Unvermeidlichkeit nicht zu festigen, sondern ein für allemal zu überwinden, — wovon bei Gilson nicht wenig erzählt wird. Wenn das Böse erklärt ist, hört es nicht auf, das Böse zu sein. Das Böse (malum) ist als „Fehlen des Guten" (privatio boni) nicht weniger widerwärtig und unerträglich als das durch nichts erklärte Böse. Das Verhältnis der Heiligen Schrift zum Bösen ist ja auch ein ganz anderes: sie will das Böse nicht erklären, sondern austilgen, es mit den Wurzeln aus dem Sein ausrotten: vor dem Angesicht des biblischen Gottes verwandelt sich das Böse in ein Nichts. Man kann sagen, das Wesen des biblischen Gottes bestehe gerade darin, daß vor seinem Angesicht in „einem Universum, wo das Böse eine gegebene Tatsache ist, dessen Realität nicht geleugnet werden kann", in einer für uns unfaßbaren Weise sich die Möglichkeit dessen eröffnet, was Gilson „radikalen Optimismus" nennt: die Erkenntnismetaphysik der „Genesis" weigert sich, nach dem Vorbild der Griechen in der „gegebenen Tatsache" eine „nicht zu leugnende Wirklichkeit" zu erblicken. Sie behandelt in ihrer eigenen Weise die Frage, was eine „Tatsache", was ein „Gegebenes", was „Wirklichkeit" sei, und eingedenk des „Gott sah an alles, was er gemacht hatte; und siehe da, es war sehr gut" beginnt sie kühnlich davon zu reden (ἀποτολμᾷ καὶ λέγει), ob denn wahrhaftig der „Tatsache", dem „Gegebenen", der „Wirklichkeit" jene „Endgültigkeit" eigentümlich sei, die wir ihnen zuschreiben, da wir es nicht wagen, der Vernunft und dem von der Vernunft mitgebrachten „Gesetz" des Widerspruchs zu widerstreiten. Für Aristoteles ist das ein Wahnsinn. Ihm ist es genau bekannt, daß das Gegebene das Erste und der Ausgangspunkt ist (τὸ δ'ὅτι πρῶτον καὶ ἀρχή. Eth. Nic. 1098, b 2), oder daß, in unserer Ausdrucksweise, Tatsachen nicht zu bestreiten sind. In der Tat, ein „Wissender" streitet nicht.

Er „fällt nieder und betet an": Das Wissen hat seinen Willen gelähmt, er nimmt alles hin, was ihm dargeboten wird, indem er im vorhinein davon überzeugt ist, daß das Wissen ihn Gott gleichstellen wird („und werdet sein wie Gott, und wissen"). Aber die Heilige Schrift lehrt uns anderes. Nicht darum tut Gott etwas, weil er wüßte, dies sei gut, sondern etwas ist deshalb gut, weil es von Gott erschaffen ist. Wir wissen, daß dieser Gedanke des Duns Scotus sowohl von der mittelalterlichen wie auch von der neueren Philosophie abgelehnt worden ist. Für unser Verständnis ist er noch weniger annehmbar als Plotins „jenseits von Geist und Erkenntnis" (ἐπέκεινα νοῦ καὶ νοήσεως) oder richtiger, Plotins „jenseits" erschreckte und erschrickt uns deshalb so sehr, weil wir dahinter instinktiv dasjenige wittern, was Seeberg mit so aufrichtigem Entsetzen als „schlechthinnige und regellose Willkür" bezeichnete. So unheimlich dies aber auch erscheinen mag, der Gott der Heiligen Schrift ist durch keinerlei Regeln gebunden: er ist die Quelle aller Regeln und aller Gesetze, er ist auch der Herr über alle Regeln und Gesetze, wie er ein Herr über den Sabbat ist. Der Baum der Erkenntnis des Guten und Bösen wurde von Gott gepflanzt neben dem Baum des Lebens, aber nicht dazu, damit sich der Mensch von seinen Früchten ernähre. Die eigentliche Entgegenstellung des Guten und des Bösen, das heißt, genauer, das Auftreten des Bösen, wird nicht in die Zeit des Aktes der Weltschöpfung verlegt — damals war nur das „sehr gut" —, sondern erfolgt in dem Moment des Sündenfalles unseres Urvaters. Bis dahin jedoch war nicht nur die göttliche, sondern auch die menschliche Freiheit durch nichts eingeschränkt; es war alles gut, weil Gott es tat, es war alles gut, weil der Mensch, ihm zum Bilde, zum Bilde Gottes geschaffen, dies tat: hierin beruht das Wesen des für uns rätselhaften biblischen „sehr gut". Die Freiheit jedoch, als Möglichkeit der Wahl zwischen Gut und Böse, welche die Griechen kannten und welche von den

Griechen die mittelalterliche und nach ihr auch die neuere Philosophie übernahm — ist die Freiheit des gefallenen Menschen, ist die durch die Sünde geknechtete Freiheit, die das Böse in die Welt hereingelangen ließ und ohnmächtig ist, es aus dem Leben zu vertreiben. Je mehr darum der Mensch die Überzeugung in sich erstarken läßt, daß seine Erlösung mit dem „Wissen" zusammenhänge und mit der Fähigkeit, das Gute vom Bösen zu unterscheiden, desto tiefer dringt in ihn und desto fester verwurzelt sich in ihm die Sünde. Er reißt sich los von dem biblischen „sehr gut", wie er sich abwandte vom Baum des Lebens, und knüpft seine Zuversicht nur an jene Früchte, die er vom Baum der Erkenntnis pflückte. Bonum et malum quo nos laudabiles vel vituperabiles sumus, wie sich die Pelagianer ausdrückten, das heißt, Lob oder Tadel für gute oder schlechte Werke, werden für den Menschen nicht nur zum vornehmlichen Wert, sondern sogar zum einzigen geistigen Wert. Thomas von Aquino stellt — hierin sich in nichts von den anderen mittelalterlichen Philosophen unterscheidend — in aller Ruhe, offenkundig nicht einmal ahnend, was er tut, die Frage: ob zu glauben verdienstlich sei (utrum credere sit meritorium). Aber der Glaube ist ja doch ein Geschenk und zudem das größte, das der Mensch vom Schöpfer empfangen kann — ich erinnere nochmals an das „euch wird nichts unmöglich sein" (Matth. 17, 20), was sollten hier unsere Verdienste und wozu bedürfte es ihrer und des Lobes dessen, der über den Baum der Erkenntnis wachte? Ist nicht er es, der den Menschen bis heute derartige Fragen einflüstert? Gewiß, wenn die Freiheit bloß die Möglichkeit ist, zwischen dem Guten und dem Bösen zu wählen, und wenn der Glaube das Ergebnis einer solchen Wahl ist, wenn er durch das Gute bedingt wird, so wäre von menschlichen Verdiensten zu reden und sogar zuzugeben, daß unsere Verdienste vor dem Gericht Gottes nicht unbewertet bleiben können. Aber jenes Gericht, vor dem unsere Verdienste unser

Schicksal entscheiden oder auch nur einen Einfluß darauf haben, wie unser Schicksal entschieden würde, das Gericht, wo die Tugend belohnt und das Laster bestraft wird, ist nicht das „Jüngste Gericht" der Schrift, sondern das menschlich verständliche Gericht der griechischen Moral. In der Schrift wird einem einzigen reuigen Sünder der Vorzug gegeben vor zehn Gerechten, ist über einen verlorenen Sohn mehr Freude als über einen getreuen, hat der Zöllner den Vortritt vor dem frommen Pharisäer, in der Schrift geht die Sonne in gleicher Weise sowohl über Sündern wie über Gerechten auf. Aber selbst Augustinus, der den Pelagius so erbarmungslos anprangerte, erträgt nur mit Mühe den „Immoralismus" der Schrift, und seiner Brust entringt sich ein Seufzer der Erleichterung, als er, an eine andere Welt denkend, sich zu sagen erlauben kann: „Dort geht die Sonne nicht auf über Guten und Bösen, sondern beschützt die Sonne der Gerechtigkeit nur die Guten" (ibi non oritur sol super bonos et malos, sed sol justitiae solos protegit bonos).

8

Das pelagianische „Gute und Böse, auf Grund dessen wir lobens- oder tadelnswert sind", das heißt, die Früchte des Baums der Erkenntnis des Guten und Bösen, wurden bei den Philosophen des Mittelalters, wie auch bei den Griechen, zur geistigen Nahrung par excellence, man kann sagen: zu dem „Einzigen, was nottut". „Das höchste Gut, das es für den Menschen gibt, besteht darin, jeden Tag über die Tugend Gespräche zu führen", sagt Sokrates in Platos „Apologie" (38. A), und wir werden wohl kaum fehlgehen, wenn wir hierin den Satz erblicken, mit dem die griechische Weisheit steht und fällt. Gilson hat zweifellos recht, wenn er (I, 112) davor warnt, allzu viel Vertrauen darein zu setzen, was üblicherweise als „die vollkommene Heiterkeit (sérénité) der griechischen Welt" bezeichnet wird. Nietzsche hat als Erster vieles entdeckt, was vor ihm niemand geahnt hatte, — er hat, wie wir uns erinnern, in Sokrates den décadent, den gefallenen Menschen gesehen und uns gezeigt, und er erblickte Sokrates' Fall in dem, was das delphische Orakel ihm als höchstes Verdienst anrechnete und wodurch Sokrates selbst sich von den anderen Menschen unterschied: Sokrates selber schätzte im Leben nichts als nur die Lobpreisung des Guten und lehrte auch andere, nichts anderes als diese zu schätzen und nichts zu fürchten als nur die Schmähung dieses Guten. Die ganze griechische Weisheit baut sich auf diesem Prinzip auf. Die von den Griechen entdeckte Dialektik hatte die Hauptaufgabe, die Früchte vom Baum des Lebens in Verruf zu bringen, und war ganz darauf gerichtet, den Menschen von ihrer Überflüssigkeit und Nichtigkeit zu überzeugen. Der Haupteinwand der Vernunft gegen den Baum des Lebens war bei den Griechen, wie später sowohl bei Augustinus als auch bei dem ganzen Mittelalter, stets der, daß die Früchte vom Baum des Lebens nicht in unserer Macht ständen: nicht von uns hänge die Möglichkeit ab, sie zu erlangen, und in noch geringerem Maße die Möglichkeit, sie zu behalten. Daher die berühmte Unterscheidung der Stoiker zwischen „dem, was bei uns steht" (τὰ ἐφ' ἡμῖν) und „dem, was nicht bei uns steht" (τὰ οὐκ ἐφ' ἡμῖν) und ihre nicht weniger gepriesene Lehre, daß der Mensch nur nach dem trachten solle, was in seiner Macht stehe, und daß alles übrige von ihm in das Gebiet des Gleichgültigen (ἀδιάφορα) verwiesen werden müsse. Bei Epiktet finden wir das offene Eingeständnis, der Anfang der Philosophie sei, daß der Mensch sich bewußt werde über seine Ohnmacht und Hilflosigkeit angesichts der Notwendigkeit. Die einzige Rettung vor der in der Welt herrschenden Notwendigkeit erblickten die Griechen in der intelligiblen Welt, in die der Weise sich denn auch vor den unerträglichen Schrecken und der Ungerechtigkeit der realen Welt flüchtete. Da

jedoch die intelligible Welt nur der Vernunft, den Augen des
Geistes (oculi mentis) zugänglich ist, so ist es ganz natürlich, daß
die Griechen alle ihre Hoffnungen an die Vernunft knüpften und
sie für das beste Teil des Menschen hielten. Sie hatten auch unwiderlegbare Beweise hierfür: Der Mensch ist ein mit Vernunft
ausgestattetes Tier. Die Vernunft ist sein spezifisches Unterscheidungsmerkmal, das ihn aus der Gattung, das heißt, den
Tieren überhaupt, heraushebt und folglich seine Wesenheit als
Mensch ausmacht. Der Natur gemäß zu leben, lehrten die Stoiker,
bedeute für den Menschen, gemäß der Vernunft zu leben. Die
Philosophen des Mittelalters übernahmen von den Griechen neben
anderen Wahrheiten freudig auch diese Wahrheit, ohne sich auch
nur der Mühe zu unterziehen, Nachschau darüber zu halten, was
hierzu in der Heiligen Schrift gesagt wird, richtiger: sie waren
von vornherein dazu bereit, alles, was in der Schrift mit der
Weisheit der Griechen nicht vereinbar erscheinen sollte — wenn
auch natürlich nicht abzulehnen, so doch entweder mit Schweigen
zu übergehen oder zu interpretieren. Bei dem Apostel Paulus
lasen sie, daß nicht in der Vernunft und nicht im Wissen das
Wichtigste und Wesentlichste für den Menschen liege. Das Wissen
mache hochmütig, und alle Gaben des Wissens seien ein Nichts,
ohne die Liebe. Die mittelalterlichen Philosophen sprachen unermüdlich von der Liebe — in Gilsons Buch ist dem ein vortreffliches Kapitel gewidmet —, aber sie mußten, wie wir gleich sehen
werden, auch die Liebe der Heiligen Schrift einer Katharsis, einer
Reinigung unterziehen, damit sie das griechische Ideal nicht beleidige. Die Liebe verwandelte sich bei den mittelalterlichen
Philosophen in das, was Spinoza „geistige Liebe zu Gott" (amor
Dei intellectualis) nannte, so daß das erwähnte Kapitel in Gilsons
Buch mit gleichem Recht wie auf die mittelalterliche Philosophie
so auch auf die Philosophie Spinozas bezogen werden kann.

„Wenn die sogenannten Philosophen etwa Wahres und unserem

Glauben Entsprechendes gesagt haben, so ist dies wie von unberechtigten Besitzern für unseren Gebrauch zu beanspruchen" (qui philosophi vocantur, si qua forte vera et fidei nostra accommoda dixerunt, ab eis tanquam ab injustis possessoribus in usum nostrum vindicandum est) — so definiert Augustinus sein Verhältnis zur griechischen Philosophie. Wie wir aber schon mehrfach uns zu überzeugen Gelegenheit hatten, ergab sich faktisch das Gegenteil: Nicht die griechische Wahrheit wurde an Hand der biblischen nachgeprüft, sondern die biblische an Hand der griechischen. Wenn Thomas von Aquino, indem er den Platonismus des Augustinus und des Dionysius Areopagita mit seiner eigenen Lehre zu versöhnen versucht, schreibt: „Das geistige Licht selber nämlich, das in uns ist, ist nichts anderes als eine gewisse Ähnlichkeit durch Teilhabe mit dem ungeschaffenen Licht, in welchem die ewigen Wahrheiten enthalten sind" (ipsum enim lumen intellectuale, quod est in nobis, nihil est aliud quam quaedam participata similitudo luminis increati, in quo continentur rationes aeternae. Summa Theol. I, LXXXIV, V, concl.) — so wird man schwerlich hierin nicht die aristotelische Idee des „getrennten Geistes, dieses einzig Unsterblichen und Ewigen" (νοῦς χωριστός, τοῦτο μόνον ἀθάνατον καὶ ἀΐδιον) wiedererkennen. Er beruft sich zwar auf Psalm 4, 7: „Viele sagen: ‚Wer wird uns Gutes sehen lassen?' Erhebe über uns das Licht deines Antlitzes!", beruft sich auch auf die bekannte Stelle des Apostels (Röm. 1, 20), aber gerade diese Berufungen machen am allerbesten klar, was die mittelalterlichen Philosophen zu erreichen bemüht waren, wenn sie in der Heiligen Schrift nach „metaphysischen Prinzipien" suchten. Mittels der Methode der Analogie, des Gewagtesten, was sich nur ausdenken ließ, ging die mittelalterliche Philosophie von den empirischen Wahrheiten, die sich dem gewöhnlichen Denken in der Erfahrung offenbarten, zu den ewigen und unerschütterlichen Wahrheiten über, die sie metaphysische nannte. Bei aufmerksamerer Betrachtung zeigt sich jedoch, daß die Methode der Analogie sich nur wenig von der sokratischen Methode der Wahrheitsfindung unterscheidet und einen versteckten Fehler enthält, der, wie schon gesagt, in dem letzten großen griechischen Philosophen, Plotin, unvermeidlich Mißtrauen gegen das eigentliche Wesen des griechischen Denkens erwecken mußte. Sokrates ging von dem aus, was gewöhnlich von den Menschen für das Wahre und Gute gehalten wird, und nachdem er dies angenommen hatte, gelangte er zu dem Schluß, daß es eine ewige Wahrheit und ein unveränderliches Gut gebe. Er unterhielt sich stets mit Menschen, die im Beruf und in der Praxis standen: mit Schmieden, Zimmerleuten, Ärzten, Politikern usw. Aus diesen Gesprächen trug er die Überzeugung davon, das Wesen der Wahrheit und des Guten bestehe darin, daß man, nachdem man die Bedingungen kennengelernt, unter denen der Mensch geboren wird und lebt, sich diesen füge und seine Tätigkeit ihnen anpasse. Bis hierher befand er sich unbedingt auf dem richtigen Weg. Als er aber hieraus schloß, die von ihm beobachteten Gesetze und Bedingungen des menschlichen Daseins seien ein Abglanz der Wahrheit an sich und der Gehorsam gegen diese Bedingungen sei das Gute an sich, erlaubte er sich eine himmelschreiende Metabasis, einen Sprung in ein anderes Gebiet. Verhält es sich doch gerade umgekehrt: die Wahrheit an sich und das Gute an sich sind jenen gar nicht sichtbar, die durch die Bedingungen ihres Daseins in die Notwendigkeit versetzt sind, zu „erkennen" und sich „anzupassen". Die Wahrheit und das Gute haben in ganz anderen Ebenen ihren Ursprung und ihre Existenz. Und wie wenig Ähnlichkeit haben die biblischen Worte: „Erhebe über uns das Licht deines Antlitzes!" mit den „ewigen Gründen" (rationes aeternae), gegen welche die mittelalterliche Philosophie, von der griechischen Weisheit hypnotisiert, sie eingetauscht hatte! Unwillkürlich erinnert man sich wieder an den Baum der Erkenntnis und den Baum des Lebens. An dem Baum der Erkenntnis wuchsen jene „ewigen Wahrheiten" und jenes „Gute und Böse, auf Grund dessen wir lobens- oder tadelnswert sind", das heißt, Lob und Tadel dessen, der durch das „und werdet wissen" die menschliche Seele sich verknechtet hat. Die ewigen Wahrheiten, unfähig sich zu ändern, was auch immer sie dem Menschen bringen mögen, die erstarrten, versteinerten, totgewordenen und tötenden Wahrheiten — ließe sich etwas erdenken, das noch weniger Ähnlichkeit hätte mit dem, worin das biblische Denken das Wesen des lebendigen Gottes erblickte? Die mittelalterlichen Philosophen konnten sich zwar auf das Wort berufen: „Ich bin der Herr und wandle mich nicht" (Mal. 3, 6) und beriefen sich auch stets darauf. Aber hier zeigt sich gerade das, was Gilson so feinfühlig erkannte, als er darauf hinwies, daß unsere Begriffe, jedesmal wenn wir den Inhalt der Heiligen Schrift in sie hineinzuzwängen versuchen, gänzlich aus den Fugen zu gehen drohen. Die Unwandelbarkeit Gottes hat nichts mit der Unveränderlichkeit der ewigen Wahrheiten gemein. Die ewigen Wahrheiten sind unwandelbar, weil es nicht in ihrer Macht steht, sich zu verändern; Gott ist deshalb und insofern unwandelbar, als er sich nicht wandeln will und es nicht für nötig hält. Als Abraham, der Vater des Glaubens, seine Erwägungen zur Verteidigung Sodoms und Gomorras anführt, hört Gott sie ruhig an und ändert, nachdem er sie angehört hat, seinen Ratschluß. In der Bibel sind beliebig viele Beispiele dieser Art enthalten, und fürchtet man sich nicht vor Aristoteles und dessen „viel lügen die Sänger", so wird man sagen müssen, daß die Unwandelbarkeit des biblischen Gottes auch nicht die entfernteste Ähnlichkeit mit jener Unveränderlichkeit habe, die von der griechischen Weisheit vergöttert wurde, und daß sie diese sogar ausschließe. Die Unwandelbarkeit der Heiligen Schrift ist ebenso wie der Sabbat für den Menschen da, und nicht der Mensch für die

Unwandelbarkeit. Die Unwandelbarkeit dient Gott, gebietet ihm aber nicht, wie ihm auch alle übrigen Wahrheiten dienen, die als erschaffene Wahrheiten nur eine ausführende Macht haben, und auch das nur insoweit, als sie benötigt werden.

Dies klärt den Zusammenhang zwischen dem Baum der Erkenntnis und dem Sündenfall des Menschen auf. Bezaubert durch der Versucherin Worte: „Ihr werdet sein wie Gott", vertauschte unser Urvater die Freiheit, die sein Verhältnis zu dem hörenden und erhörenden Schöpfer bestimmte, gegen die Abhängigkeit von den gleichgültigen und unpersönlichen Wahrheiten, die, auf nichts hörend und nichts erhörend, die an sich gerissene Macht automatisch verwirklichen. Darum ist es falsch, von dem Verhältnis des Menschen zu Gott als einem Abhängigkeitsverhältnis zu sprechen: das Verhältnis des Menschen zu Gott ist Freiheit. Dies meinte Dostojewskij, als er angesichts des „zweimal zwei ist vier", der steinernen Mauern und anderer „Unmöglichkeiten" forderte, daß ihm seine „Laune" garantiert werde. Er erstickte „in einem Universum, wo das Böse eine gegebene Tatsache ist, deren Realität nicht geleugnet werden kann", und er empfand die Notwendigkeit, sich in das „Gegebene" zu fügen, als eine furchtbare Folge der Erbsünde. Das ist auch der Sinn von Nietzsches Lehre von der Herrenmoral und der Sklavenmoral: hinter Nietzsches äußerlichem Atheismus verbarg sich ein unaufhaltsamer Drang zur Freiheit des unschuldigen Menschen, der alle Dinge benannte und über alle Dinge herrschte. Er hätte mit noch größerem Recht von Herrenwahrheiten und Sklavenwahrheiten sprechen können, — aber dazu mangelte es ihm an Kühnheit. Wir alle sind durch die mit der Muttermilch eingesogenen Grundprinzipien der antiken Philosophie so sehr gebunden, daß der Versuch, ihnen die Wahrheit der Heiligen Schrift entgegenzustellen, uns bereits nicht nur als wahnsinnig, sondern sogar als gotteslästerlich erscheint. Die hervorragendsten Vertreter der mittelalterlichen Philosophie erwarteten von den Früchten des Baumes der Erkenntnis die Erlösung, und sogar Augustinus blickte sich, bei allem uns so verblüffenden Höhenflug seines schöpferischen Genius, ständig nach den Griechen um. Er, der die Schrift so sehr pries, trachtete nach Evidenzen, er, der so leidenschaftlich gegen Pelagius und dessen Freunde zu Felde zog, erblickte die Freiheit in der Wahlfreiheit zwischen Gut und Böse und machte die Erlösung des Menschen von seinen Verdiensten und Werken abhängig. Wenn man daher seine eigenen Schriften mit jenen Abschnitten aus den Psalmen und anderen Bibelstellen vergleicht, die er so gern und so freudig in sie einstreute, so kann man nicht umhin, an ihnen etwas wenn auch sehr Kunstvolles, so doch Künstliches zu bemerken. Es ist nicht der freie Höhenflug wie bei dem Psalmisten, sondern ein menschliches, allzumenschliches Überwinden des Gravitationsgesetzes: die reichlich vielen Beweise, die seine Betrachtungen stets im Gefolge haben, und eine gewisse Jähzornigkeit des Tons erinnern uns, wie der aufdringliche Lärm einer Maschine, ständig daran, daß der „Mechanismus" des Verstehens selbst dann noch nicht überwunden ist, wenn von der Gnade die Rede ist. Zwei einander so wenig ähnliche und nur in ihrer Verehrung Augustins übereinstimmende Historiker wie J. Tixeron (Histoire des dogmes II, 362) und A. Harnack (III, 216) können nicht umhin, über ihn die Feststellung zu machen, ersterer, er habe „die Gewohnheit, über seinen Glauben zu reflektieren" (l'habitude de raisonner sur sa foi), letzterer, es sei bei ihm „die moralische Betrachtung der religiösen übergeordnet". Die „Gewohnheit, über seinen Glauben zu reflektieren", wie auch der unüberwindliche Drang, „die moralische Betrachtung der religiösen überzuordnen", durchtränkten die ganze mittelalterliche Philosophie und insbesondere die Gnadenlehre. Wenn uns gesagt wird: „Die Gnade hebt die Natur nicht auf" (gratia non tollit naturam. Summa Theol. I, qu. I ad 2), so ist in diesen Worten nicht, wie man meinen möchte, ein Liebestribut an den Schöpfer enthalten. Es besteht im Gegenteil aller Grund, hierin eine List der Vernunft zu erblicken, die um jeden Preis ihre Souveränität bewahren möchte. Der Vernunft ist die „geordnete Macht" (potentia ordinata) Gottes sowohl viel verständlicher wie auch viel lieber als seine „schlechthinnige Macht" (potentia absoluta), welche sie letztlich über alles in der Welt fürchtet. Die Vernunft sucht und findet überall Ordnung, eine bestimmte, ein für allemal festgesetzte Ordnung. Sie stellt sogar die „schlechthinnige Macht" als übernatürliche Ordnung der „geordneten Macht" als der natürlichen Ordnung entgegen, indem sie hiermit jegliches Attentat auf die Unantastbarkeit ihrer souveränen Rechte im vorhinein abwehrt. Hiervon kann man sich an einem kleinen, aber markanten Beispiel leicht überzeugen. Bei dem Aquinaten lesen wir: „Einige behaupten, daß die Tiere, welche jetzt wild sind und andere Tiere töten, in jenem Zustand (vor der Sünde) zahm gewesen wären, nicht nur gegen den Menschen, sondern auch gegen Tiere. Aber das ist ganz wider die Vernunft. Durch die Sünde des Menschen ist nämlich nicht die Natur der Tiere geändert worden, so daß diejenigen, wie zum Beispiel Löwen und Falken, denen es jetzt natürlich ist, das Fleisch anderer zu fressen, damals von Pflanzen gelebt hätten" (quidam dicunt quod animalia quae nunc sunt ferocia et occidunt alia animalia in statu illo /ante peccatum/ fuissent mansueta non solum circa hominem, sed circa animalia. Sed hoc est omnino irrationabile. Non est enim per peccatum hominis natura animalium mutata ut quibus nunc naturale est comedere aliorum carnes, tunc vivissent de herbis, sicut leones et falcones. Summa Theol. I, XCVI ad sec.). Auch hier braucht dem Aquinaten nicht widersprochen zu werden: Die Annahme, daß die Raubtiere vor dem Sündenfall sich von Gras ernährt hätten, wäre „ganz wider die Vernunft". Aber bei dem Propheten Jesaja lesen wir, daß

Gott nicht danach frage, was sein solle gemäß der Natur der Dinge. Jedermann kennt die berühmten Worte: „Wolf und Lamm sollen weiden zugleich, der Löwe wird Stroh essen" (Jes. 65, 25). Sogar Franziskus von Assisi gelang es nur durch Worte der Sanftmut und der Überredung — frate lupo —, die Natur des grimmigen Wolfes zu ändern. Und zwar natürlich nur deshalb, weil sowohl der Prophet Jesaja als auch Franziskus von Assisi nicht „Wissende" sein wollten und nicht danach trachteten, die Wahrheit der Offenbarung in metaphysische — selbstevidente und unerschütterliche — Prinzipien zu verwandeln. Für sie hatte die Unerschütterlichkeit und Unveränderlichkeit — das, was das Wesen des Wissens ausmacht und wonach die menschliche Vernunft so begierig ist — nichts Verlockendes: im Gegenteil, sie stieß sie ab und machte ihnen Angst. „Das ‚zweimal zwei ist vier' ist bereits der Anfang des Todes" — hiervon redet immer wieder jede Zeile der Heiligen Schrift. Und hätte man dem Apostel gesagt, daß „in einem Universum, wo das Böse eine gegebene Tatsache ist — seine Realität nicht geleugnet werden kann", so hätte er hierauf mit den Worten geantwortet: „Die Toren sprechen in ihrem Herzen: Es ist kein Gott" (Ps. 14, 1). Denn die Tatsache, das Gegebene, schließt durchaus nicht das Recht ein, die Allmacht Gottes einzuschränken: Das göttliche „sehr gut" leugnet sowohl die Tatsache wie auch alles „Gegebene", und nur die menschliche Vernunft erblickt in dem „Warum" (ὅτι) „das Erste und den Anfang" (τὸ πρῶτον καὶ ἀρχή), die niemals in ihm enthalten waren. Und hätte man dem Apostel mit aller Evidenz, „wie zweimal zwei ist vier" bewiesen, daß der Mensch aus dem Affen hervorgegangen sei, so hätten ihn weder Beweise noch Evidenzen überzeugt. Er hätte vielleicht Dostojewskijs Worte wiederholt: „Was geht es mich an" usw., am wahrscheinlichsten aber hätte er sich an die Schrift erinnert: „Dir geschehe, wie du geglaubt hast" (Matth. 8, 13). Das heißt, wenn du glaubst, du seiest aus Gott, so bist du aus Gott hervorgegangen, glaubst du aber, du stammtest vom Affen ab, so stammst du vom Affen: „Der Gerechte wird seines Glaubens leben" (Röm. 1, 17). Das ist „ganz wider die Vernunft", und es besteht kein Zweifel, daß die Vernunft das ganze Arsenal ihrer „Tadelnswürdigkeiten" (vituperabilia) gegen jenen Kühnen richten würde, der zu behaupten sich entschlösse, die einen Menschen seien aus dem von Gott erschaffenen Adam hervorgegangen, während die anderen von dem auf natürliche Weise auf die Welt gekommenen, von niemandem erschaffenen Affen abstammten — und zwar jeweils in Abhängigkeit von ihrem Glauben. Der Glaube hat hiermit nichts zu tun: Dies ist ein Gebiet, wo das Wissen und die ewigen Wahrheiten des Verstandes herrschen. „Das geistige Licht nämlich ist nichts anderes als eine gewisse Ähnlichkeit durch Teilhabe mit dem ungeschaffenen Licht." Keinem Glauben ist es gegeben, die Selbstevidenz der Vernunftwahrheiten zu überwinden. Die Vernunftwahrheiten sind gerade deshalb Vernunftwahrheiten, weil keine Macht sie überwinden kann. Und wenn wir dem Schöpfer selber Unwandelbarkeit zuschreiben, so nur deshalb, weil wir in ihm das „ungeschaffene Licht" (lumen increatum) sehen wollen und können: die Methode der Analogie ermächtigt und verpflichtet uns hierzu.

9

Der Raum gestattet es mir hier nicht, Gilson nachgehend alles das zu verfolgen, was die Scholastiker auf dem Gebiet der Philosophie leisteten, oder richtiger, was sich bei den Scholastikern ergab, wenn sie und sofern sie, die ihnen von den Griechen vermachten Prinzipien und Untersuchungsmethoden benützend, aus der Heiligen Schrift ewige und unerschütterliche Wahrheiten herauszuholen versuchten: waren sie doch angesichts des Baumes der Erkenntnis und des Baumes des Lebens, ebenso wie der erste Mensch, außerstande, der Versuchung des „ihr werdet wissen" zu widerstehen. Für die Scholastiker war ebenso wie für die Griechen die Vernunft mit ihren unveränderlichen Gesetzen die letzte Quelle der Wahrheit. Darum wachten sie, wie wir uns überzeugten, so sorgsam über das Gesetz des Widerspruchs und opferten seinetwegen sogar die Allmacht des Schöpfers. Darum räumte Augustinus dem gefallenen Menschen einen freien Willen ein, ungeachtet dessen, daß dieser sich ohne Murren jenem Gesetz unterworfen hatte, laut welchem „in einem Universum, wo das Böse eine gegebene Tatsache ist, deren Realität nicht geleugnet werden kann", das Böse „erklärt" — und hingenommen werden muß. Sich mit den Griechen zu streiten, hätte bedeutet, sich im vorhinein zu einer Niederlage zu verurteilen, oder richtiger, mit den Griechen konnte man nur streiten, nachdem man sich entschlossen hatte, ein für allemal sowohl auf ihre Prinzipien wie auch auf ihre Denktechnik zu verzichten. „Willst du dir alles unterwerfen, so unterwirf dich der Vernunft" — das war die Zusammenfassung der griechischen Weisheit in der Ausdrucksweise Senecas. Was konnte das Mittelalter hierauf antworten? Konnte es hierin eine Versuchung erblicken? Unsere ganze Lebenserfahrung und unser ganzes Denken steht auf seiten der Griechen, die Philosophie ist in dieser Hinsicht nur ein systematisierterer und vollkommenerer Ausdruck dessen, wovon jeder Mensch sich auf Schritt und Tritt unmittelbar überzeugt: Tatsachen sind unanfechtbar, die Tatsache ist die letzte, endgültige Wirklichkeit. Das Gesetz des Widerspruchs und das unter seinem Schutz wandelnde, ebenso unerschütterliche Gesetz, daß das einmal Geschehene nicht ungeschehen werden kann, sind gewissermaßen in die Ordnung des Seins eingeschrieben, und selbst dem allmächtigen Schöpfer ist es nicht gegeben, das Sein aus ihrer Gewalt zu befreien. Nur indem er sie hinnimmt und anbetet, kann der Mensch, wie uns der bei den Griechen in die Lehre gegangene Seneca versicherte, sich der Welt bemächtigen. In der Heiligen Schrift aber lesen wir anderes. Als der mächtige und kluge Geist, gleichsam in Wiederholung Senecas sagte: „Das alles will ich dir geben, so du niederfällst und mich anbetest", vernahm er die Antwort: „Heb dich weg von mir, Satan! denn es steht geschrieben: Du sollst anbeten Gott, deinen Herrn, und ihm allein dienen". Anders ausgedrückt: Gegen die Vernunft mit ihrem Gesetz des Widerspruchs, mit ihrem „zweimal zwei ist vier", mit ihren steinernen Mauern (das Geschehene kann nicht ungeschehen werden; in einer Welt, wo das Böse eine Tatsache ist, kann dessen Realität nicht geleugnet werden; der Mensch ist auf natürlichem Wege aus dem Affen hervorgegangen), denen zu gehorchen die Voraussetzung für die Möglichkeit jeglicher Güter ist, werden nicht einmal Einwände gemacht: sie wird verfolgt wie ein Annexionist, wie ein Usurpator. So lehrt die Heilige Schrift. Als Dostojewskij die von der Vernunft auf die allgemeinen und notwendigen Wahrheiten geltend gemachten Ansprüche barsch verspottete, folgte er nur der Heiligen Schrift, und dies war etwas Menschliches, Allzumenschliches, aber immerhin eine „Nachfolge Christi". Die Vernunft hat keine einzige allgemeine und notwendige Wahrheit und kann sie nicht haben, und weder ihr, noch sonst jemandem außer dem Schöpfer ist es gegeben, Gesetze in die Ordnung des Seins einzuschreiben. Aber Kant hat nicht umsonst gesagt, die Erfahrung „reize" den Philosophen nur: was die rationale Philosophie zu erreichen suche, gebe es in der Erfahrung n i c h t. Die Erfahrung zeugt nicht im geringsten davon, daß das Gesetz des Widerspruchs „nicht unter die Allmacht Gottes falle" oder daß das Geschehene nicht ungeschehen werden könne. Alle „steinernen Mauern", alle „zweimal zwei ist vier" sind bereits eine Zugabe zur Erfahrung, aus dieser jedoch wob der Versucher sein „ihr werdet wissen". In den ewigen, vom Schöpfer unabhängigen Wahrheiten erblickt die Heilige Schrift dementsprechend nur einen verhängnisvollen Betrug, eine Einflüsterung, eine Bezauberung, und wenn der erste Mensch und nach ihm wir alle außerstande und sogar nicht mehr gewillt sind, uns von diesen Wahrheiten loszumachen, so berechtigt uns dies am allerwenigsten, in ihnen etwas Letztes, Endgültiges und folglich Beruhigendes, ja sogar Mystisches zu erblicken. Dies müßte im Gegenteil zu einer Quelle fortwährender qualvoller, unüberwindlicher Besorgnis werden. Und es besteht kein Zweifel, daß solch eine Besorgnis in den menschlichen Seelen lebendig ist und immer lebendig war, und daß sie dem Mittelalter nur allzu bekannt gewesen ist. Aber es besteht auch kein Zweifel, daß der Mensch die Besorgnis über alles in der Welt fürchtet und alle Mühe darauf verwendet, sie in sich auszulöschen. Alles, was man nur will — sogar die Materie, die Trägheit, die gegen alles gleichgültigen Gesetze — als etwas für alle Ewigkeit Unüberwindbares und der Überwindung nicht Unterstehendes hinzunehmen, um nur nicht mehr in Besorgnis zu sein und nicht zu ringen — „nicht weinen, noch verwünschen" —, die Grenze dieses Ideals zu überschreiten, hat sich die griechische Philosophie nie entschlossen. Von hier kam dem Augustinus, dem Anselm von Canterbury und allen, die ihnen nachfolgten, ihr „ich glaube, auf daß ich begreife" (credo, ut intelligam). Von hier kam Spinozas „nicht lachen, nicht weinen, noch verwünschen, sondern verstehen". Es ist erstaunlich, daß in unseren Tagen Nietzsche, der anfing mit der Verkündung des für alle so verblüffenden „Jenseits von Gut und Böse" (hierin erkannte niemand, auch nicht er selbst, eine Lossagung von den Früchten des verbotenen Baumes), der Herrenmoral, des Willens zur Macht (Gott der Allmächtige, der alles aus dem Nichts schuf) — mit feierlichen Hymnen endete auf den amor fati: die höchste Weisheit sei, das Unvermeidliche zu lieben. Er vergaß, daß Sokrates, in welchem er den gefallenen Menschen par excellence zu erkennen wußte, gerade dies gelehrt hatte. Waren doch die Stoiker gänzlich aus Sokrates hervorgegangen, und sagte doch Seneca, als er schrieb: „Ich gehorche nicht Gott, sondern stimme ihm im Geiste bei, noch folge ich ihm, weil es notwendig ist" (non pareo Deo, sed assentior ex animo illum, nec quia necesse est sequor), nur dasselbe, was Sokrates gesagt hatte.

Das Mittelalter konnte und wollte in dieser Hinsicht nicht mit den Traditionen der hellenischen Philosophie brechen. Es konnte nicht, weil es bei ihm die Grundprinzipien und die Denktechnik entlehnt hatte, es wollte nicht, weil es „nicht an jemands Wollen oder Laufen, sondern an Gottes Erbarmen" liegt (Röm. 9, 16). Besonders lehrreich sind in dieser Beziehung die Kapitel des zweiten Bandes des Gilsonschen Werkes: „Die Liebe und ihr Gegenstand", „Freier Wille und christliche Freiheit", „Christliches Gesetz und christliche Moralität". Die mittelalterliche Philosophie macht unglaubliche, zuweilen verzweifelte Anstrengungen, nachdem sie die griechische Weisheit in sich aufgenommen hat, die Wahrheit der biblischen Offenbarung zu bewahren. Aber alle ihre Bemühungen bleiben fruchtlos: Die geoffenbarte Wahrheit wird der natürlichen Wahrheit bis zur Unkenntlichkeit ähnlich. Dies kommt vor allem darin zum Ausdruck, daß sie ihre Abhängigkeit vom Schöpfer nicht anerkennen möchte, sondern will, daß der Schöpfer sich ihr unterwerfe. Daher stellt sich auch ein so unerwartetes und paradoxes Ergebnis ein: liest man die Überschriften jener Kapitel des Gilsonschen Werkes, in welchen der Verfasser mit der ihm eigenen Meisterschaft auf verhältnismäßig wenigen Seiten die Hauptideen der Scholastik knapp zusammengefaßt hat — so meint man zuweilen, daß nicht von den mittelalterlichen Philosophen, sondern von Spinoza die Rede sei und daß die zahlreichen Rückverweise auf die Heilige Schrift in übertragenem Sinne zu verstehen seien, oder daß in ihnen einfach eine bedauerliche, selbst bei wirklichen großen Meistern unvermeidliche Fahrlässigkeit zu erblicken sei. Wovon auch immer ein mittelalterlicher Philosoph sprechen mag — ob von dem seelischen Frieden, ob von der Liebe zu Gott, von der Tugend, von der Natur oder von der Freiheit —, man fühlt sich immer wieder an den holländischen Einsiedler erinnert. Es ist dasselbe Hinneigen zu einer festen, unveränderlichen Weltordnung neben einer Gleichgültigkeit und sogar Verachtung gegen alle Lebensgüter (Spinoza führte sie bekanntlich auf Reichtum, Ehre und Sinnenlust zurück), dieselbe Lobpreisung der Beschaulichkeit und der mit dieser verknüpften höchsten seelischen Freuden, dieselbe Freiheit des Menschen, „der sich von der Vernunft allein leiten läßt", eine Freiheit, die sich an die unerschütterliche Gesetzmäßigkeit der Seinsordnung angepaßt hat (homo emancipatus a Deo), und schließlich — die über allem dominierende „geistige Liebe zu Gott" (amor Dei intellectualis). Für die mittelalterliche Philosophie, schreibt Gilson (II, 70), „ist die menschliche Liebe... nur eine begrenzte Teilhabe an der Liebe, die Gott zu sich selbst hat". Und weiter: „Die Liebe Gottes ist nur die großmütige Gesinnung (générosité) des Seins, dessen überfließende Fülle sich in sich selbst und in seinen möglichen Teilhabungen liebt" (II, 71). Bei Spinoza indessen lesen wir: „Die geistige Liebe der Seele zu Gott ist ein Teil der unendlichen Liebe, mit der Gott sich selber liebt" (mentis erga Deum amor intellectualis pars est infiniti amoris, quo Deus se ipsum amat. Eth. V, XXXVI), und im Anhang heißt es dann weiter: „Hieraus folgt, daß Gott, sofern er sich selber liebt, die Menschen liebt und folglich, daß Gottes Liebe zu den Menschen und die geistige Liebe der Seele zu Gott ein und dasselbe ist" (hinc sequitur, quod Deus quatenus se ipsum amat homines amat et consequenter, quod Amor Dei erga homines et Mentis erga Deum Amor intellectualis unum et idem est). Es ist im gegebenen Falle einerlei, ob es uns festzustellen gelingt, daß Spinoza seine grundlegenden Gedanken unmittelbar von den Griechen oder mittelbar durch die mittelalterlichen Philosophen empfangen habe, — wesentlich ist, daß in ihnen, bei all unserer Bereitschaft zu erweiternder Auslegung, auch nicht eine Spur dessen enthalten ist und enthalten sein kann, wovon das jüdisch-christliche Denken lebte und zehrte. Spinozas Philosophie setzt, wie hoch wir sie auch einschätzen mögen, als conditio sine qua non einen vollen Verzicht auf die Offenbarungswahrheiten voraus. Für sie hat die Heilige Schrift nichts mit der Wahrheit gemein, wie auch die Wahrheit nichts mit der Schrift gemein hat. Keiner unter Spinozas Zeitgenossen hat so offen und konsequent und mit einem für das 17. Jahrhundert so unerhörten Mut wie er den Erzählungen der Heiligen Schrift das aristotelische „viel lügen die Sänger" entgegengehalten. Wenn wir jedoch zu dem Endergebnis kommen, daß die Scholastiker sich so stark an Spinoza annäherten (es ließe sich nachweisen, daß die scholastische Lehre vom Sein, die auf dem biblischen „ich bin, der da ist" beruht, sich in nichts von Spinozas Lehre vom Sein unterscheidet), so sind wir schon daraus allein zu schließen berechtigt, daß sie als Philosophen nicht von der Heiligen Schrift inspiriert wurden und daß sie in der Schule des maestro di coloro che sanno gelernt hatten, das, was sie brauchten, nicht in der „Torheit der Predigt", sondern in den Selbstevidenzen der Vernunft zu suchen und zu finden.

Gilson stellt der scholastischen Philosophie Luther entgegen und besteht, ihre Gegensätzlichkeit unterstreichend, auf der Ansicht, daß viele von den Vorwürfen, die der Scholastik gemacht werden, in die falsche Richtung gingen: sie seien gegen Luther zu richten. Luthers Lehre ist zweifellos das vollkommene Gegenteil dessen, was die Scholastiker suchten und wonach sie trachteten. Luther hat dies auch nicht verhehlt. „Thomas", schreibt er, „hat viel Ketzerisches geschrieben und ist der Urheber der jetzt herrschenden frommen Lehre des verheerenden Aristoteles" (Thomas multa haeretica scripsit et autor est nunc regnantis Aristotelis vastoris piae doctrinae), was noch eines seiner am wenigsten schroff ausgedrückten Urteile über den Aquinaten ist. Man kann Gilson auch darin nicht unrecht geben, daß der konsequente Lutheraner ein „rarer Vogel" sei (ich würde sogar sagen: ein ganz rarer). Aber Luther ist dennoch unzertrennlich mit der mittelalterlichen Philosophie verknüpft — in dem Sinn nämlich, daß schon die Möglichkeit seines Erscheinens das Vorhandensein einer jüdisch-christlichen Philosophie voraussetzte, die, es sich zur Aufgabe machend, die bis dahin gänzlich unbekannte Idee der erschaffenen Wahrheit der Welt zu verkünden, zugleich fortfuhr, die Grundprinzipien und die Technik des antiken Denkens zu kultivieren. Luther wird gewöhnlich nicht einmal als Philosoph betrachtet — zum mindesten nicht von jenen, die wie M. De Wulf die Philosophie mit der rationalen Philosophie identifizieren. Es wäre jedoch richtiger, die Sache anders anzufassen und sich zu fragen: Ist Luther nicht einer jener wenigen gewesen, die es versuchten, die Idee nicht einer rationalen, sondern einer jüdisch-christlichen Philosophie kühnlich zu verwirklichen, einer Philosophie, die es sich erlaubt, gerade jene Grundprinzipien und jene Methoden der Wahrheitsfindung einer Revision zu unterziehen, welche das Mittelalter als „an sich bekannte Dinge" von seinen Lehrern, den Griechen, gehorsam und ohne Prüfung übernommen hatte? Ist nicht sein „durch den Glauben allein" (sola fide), sein „die Finsternis des Glaubens, wo weder Gesetz noch Vernunft leuchten" (tenebrae fidei, ubi nec lux nec ratio lucet) eine offenkundige Reaktion gegen das systematische Bestreben der Scholastiker, die Offenbarungswahrheit unter Kontrolle und Bevormundung der auf natürlichem Wege erlangten Wahrheiten zu stellen? Für unsere Auffassung ist der Glaube Finsternis, ist der Glaube nur die unterste Stufe zur lichten, klaren, deutlichen Erkenntnis. Die Apostel, die Propheten begnügen sich mit dem Glauben — der Philosoph will mehr: er strebt nach dem Wissen. Die Apostel und die Propheten erwarten das Heil von oben: der Philosoph findet sein Heil durch die auf sicherem Wissen beruhende Weisheit, hofft durch sein weises Leben die Gunst der Götter auf sich zu lenken und will sogar, daß das weise Leben ihm das Heil verbürge: „Wer das Seinige tut, dem verwehret Gott nicht die Gnade" (facienti quod in se est Deus non denegat gratiam). Das alles hatten die Scholastiker bei den Griechen entlehnt, — in den vorhergehenden Kapiteln habe ich entsprechende Auszüge aus den Werken von Plato und Aristoteles gebracht, und es ließen sich noch beliebig viele Auszüge dieser Art anführen. Aber Luther geht Athen aus dem Wege. Er fürchtet sich vor ihm, wie Dostojewskij sich instinktiv vor den ewigen Wahrheiten fürchtete: sein ganzes Wesen drängt unaufhaltsam zu Jerusalem hin. Die Vernunft, die wir für unsere natürliche Leuchte halten, führe uns ins Verderben. Das Gesetz, auf das wir uns wie auf einen festen Felsen stützen, vermehre nur die Verbrechen. „Weil der Mensch sich überhebt und träumt, weise, gerecht und heilig zu sein, ist es nötig, daß er durch das Gesetz gedemütigt werde und so jenes Tier, der Glaube an seine Gerechtigkeit, getötet werde, ohne dessen Tötung der Mensch nicht leben kann" (quia homo superbit et somniat, se sapere, se justum et sanctum esse, ideo opus est, ut lege humilietur et sic bellua illa, opinio justitiae occidatur, qua non occisa homo non potest vivere). Das „homo non potest vivere" ist bei Luther ein Einwand gegen jene selbstevidenten Wahrheiten, die sich uns im Lichte der Vernunft und des Gesetzes offenbaren. Einwände solcher Art waren für die Griechen etwas ganz Neues, oder richtiger: sie paßten einfach nicht in die Ebene des griechischen Denkens hinein. Um die Wahrheit zu erlangen, muß man die Selbstevidenzen „töten": „Der Gerechte wird seines Glaubens leben." Das ist der Ausgangspunkt dessen, was später Kierkegaard „existentielle Philosophie" nennen wird, die er der uns von den Griechen vermachten spekulativen Philosophie entgegenstellt. Daher die unversöhnliche Feindschaft und der unversöhnliche Haß Luthers gegen Aristoteles*, daher sein sola fide und servum arbitrium. Der verknechtete Wille ist bei Luther dasselbe wie die „übernatürliche Erstarrung und Verzauberung", von welcher Pascal erzählt. „Nichts widerstrebt mehr dem Glauben als Gesetz und Vernunft, und jene zwei können nicht ohne große Anstrengung und Mühe überwunden werden, sie müssen aber doch überwunden werden, wenn anders du gerettet werden willst" (nihil fortius adversatur fidei quam lex et ratio, neque illa duo sine magno conatu et labore superari possunt, quae tamen superanda sunt, si modo salvari velis). Unser Wissen und unsere Tugenden sind, wenn und sofern der Mensch durch sie zum Heil zu gelangen hofft, nur „Werkzeuge und Waffen des höllischen Tyrannen (das heißt der Sünde), und durch diese alle wirst du gezwungen, dem Teufel zu dienen und sein Reich zu erweitern und zu mehren" (instrumenta et arma ipsius tyrannidis infernalis [h. e. peccati], hisque omnibus cogeris servire diabolo, regnumque ejus promovere et augere). Indem der Mensch von den Früchten des verbotenen Baumes aß, verlor er den Glauben, und mit dem Glauben auch die Freiheit. Unser Wille ist durch die Sünde verknechtet — er

---

* Gilson führt (II, 222 und 278) Beispiele grober Ausfälle Luthers gegen Aristoteles an. Doch man darf nicht vergessen, daß Luther ein Sohn des ausgehenden Mittelalters war, und daß die mittelalterlichen Schriftsteller sich nicht sonderlich um die Schönheit der Ausdrucksweise kümmerten. Bei Duns Scotus lesen wir zum Beispiel: „Was werden die Sarazenen, die gewöhnlichsten Schweine, die Schüler des Mahomet, zugunsten ihrer Schriften geltend machen, da sie doch als Seligkeit erwarten, was für Schweine paßt, nämlich Saufen und Huren" (quid Saraceni, vilissimi porci, Mahometi discipuli, pro suis scripturis allegabunt, expectantes pro beatitudine, quod porcis convenit, scilicet gulam et coitum).

ist gelähmt, befindet sich in einer „tiefen Ohnmacht" (Kierkegaard), er ist fast tot. Das Wissen hat den Menschen in die Gewalt der unerschaffenen oder von Gott emanzipierten Wahrheiten ausgeliefert, und seine Tugenden zeugen nur davon, daß er das „sehr gut" Gottes gegen „das Gute und das Böse, auf Grund dessen wir lobens- oder tadelnswert sind" (das heißt die Früchte des verbotenen Baumes) vertauscht hat. Hierin besteht die furchtbare und verhängnisvolle Folge des Sündenfalls des ersten Menschen. Aus dem geistigen Schlummer zu erwachen, welcher schon dem Tod ähnlich geworden ist, vermag der Mensch nicht. Das „ihr werdet wissen" hat sowohl seinen Verstand wie auch sein Gewissen besiegt; es hat sein ganzes Sein durchtränkt und bezaubert. Der Mensch trachtet nach Wissen, er ist überzeugt, Wissen sei dasselbe wie Erlösung; nicht genug damit: wenn sich herausstellte, daß das Wissen nicht Erlösung sei, und es ihm überlassen wäre, zu wählen, so würde er, wie Clemens von Alexandrien sagte, das Wissen der Erlösung vorziehen. Hierin erblickte Luther den ganzen Sinn des Suchens der mittelalterlichen Philosophen. Darüber hinaus mußte er, mit Entsetzen in der Seele, sich selber gestehen, daß jeder Mensch und vor allem er selber, Luther, sich in der Gewalt des „höllischen Tyrannen", das heißt der Sünde, befinde und daß es ihm nicht nur an Kraft ermangle, diese Versuchung zu verscheuchen, sondern daß sein ganzes gefallenes Wesen in dem „ihr werdet wissen", das unseren Urvater verführte, und in jenen „zweimal zwei ist vier", steinernen Mauern und Evidenzen, die es mit sich brachte, etwas Erlösendes, Beruhigendes und sogar Mystisches zu erblicken fortfährt. Daher seine rasenden Ausfälle gegen die Vernunft mit ihrem Wissen und gegen die menschliche Weisheit mit ihren Tugenden. Gilson schreibt: „Will man einem De servo arbitrio begegnen, so ist es Luther, dem man sich zuwenden muß. Mit der Reformation erschien zum erstenmal dieser radikale Begriff einer Gnade, die den Menschen rettet, ohne ihn zu ändern, einer Rechtfertigung, welche die verdorbene Vernunft erlöst, ohne sie wiederherzustellen" (II, 221). Daß Luther als Erster von dem verknechteten Willen sprach — das stimmt natürlich. Aber er begann gerade deshalb davon zu sprechen, weil er in unserer Erkenntnis die Erbsünde erblickte, und weil er zu der Überzeugung gelangt war, daß die Philosophie des Mittelalters, statt danach zu streben, den durch die Sünde der Erkenntnis in Fesseln gelegten Willen zu befreien, den Griechen nachfolgend alles in ihren Kräften Liegende tat, um dem Menschen die Möglichkeit abzuschneiden, zur ursprünglichen Freiheit zurückzukehren. Sie suchte ihn zu überreden, das Wissen sei die höchste Stufe des Glaubens, und die Weisheit, die auf dem Wissen beruht, sei der Weg zum Heil, das heißt, sie war am allerwenigsten darum bekümmert, den Menschen wiederherzustellen und ihn von der furchtbaren Krankheit zu heilen. Sie suchte ihn dahin zu belehren, daß bei gutem Willen und mit Hilfe der griechischen Weisheit alles wieder gutgemacht werden könne. Luther erblickte hierin eine Bestätigung dessen, daß unser Wille nicht nur verknechtet sei, sondern daß er sogar die Erinnerung daran verloren habe, was Freiheit ist, und daß er die Abhängigkeit von den ewigen, vom Schöpfer emanzipierten Wahrheiten mit jener Liebe liebgewonnen habe, mit der man, dem großen Gebot gemäß, nur Gott allein lieben soll. Vor dieser — ich wiederhole nochmals Pascals Worte — „übernatürlichen Verzauberung und Erstarrung" gibt es keine andere Rettung als nur durch ebenso übernatürliche Hilfe. Unser „Wissen" nährt „jenes Tier, ohne dessen Tötung der Mensch nicht leben kann". Nur die Torheit des Glaubens, der niemanden nach irgendwas fragt, kann den Menschen aus der Erstarrung erwecken, in die er verfallen ist, seit er von den Früchten des verbotenen Baumes gegessen hat. Mit dem sola fide und dem de servo arbitrio in

Übereinstimmung befindet sich auch Luthers Lehre vom Gesetz und der Erlösung. Nach unseren Vorstellungen besteht das Gesetz, um den Menschen zu lenken und zu leiten: die Griechen haben sowohl selber immer und überall Gesetze gesucht und sich ihnen unterworfen, als auch uns dasselbe gelehrt. Luther aber vernahm aus der Heiligen Schrift etwas anderes: Als Moses auf dem Berge Gott von Angesicht zu Angesicht gegenüberstand, war kein Gesetz da, als er aber vom Berge herabgestiegen war, begann er durch das Gesetz zu regieren. Dort, wo Gott ist, sind keine Gesetze, dort ist Freiheit. Und wo keine Freiheit ist, dort ist kein Gott. Die Erlösung besteht nach Luther darin, daß der Mensch aus der Gewalt der Sünde, aus der Gewalt der ihn bindenden Wahrheiten und Gesetze befreit wird, daß ihm die Freiheit der Unschuld, der Unwissenheit zurückgegeben wird. Die Sünde gibt es nicht nur nicht in der Gegenwart, es hat sie auch in der Vergangenheit nicht gegeben: „In dem Universum, wo das Böse eine gegebene Tatsache ist, deren Realität nicht geleugnet werden kann", sprengt „Gott der Allmächtige, der alles aus dem Nichts schuf," durch sein Wort das unerschütterlichste Prinzip des antiken Denkens, demgemäß das Geschehene nicht ungeschehen gemacht werden kann. „Alle Propheten sahen dies im Geiste", schreibt Luther (ad Gal. 2, 14), „daß Christus sein wird der allergrößte Räuber, Dieb, Tempelschänder, Mörder, Ehebrecher usw., wie es nie einen größeren in der Welt gegeben hat" (omnes prophetae viderunt hoc in spiritu, quod Christus futurus esset omnium maximus latro, fur, sacrilegus, homicida, adulter etc. quo nullus major nunquam in mundo fuerit). Diese erschütternde „Wahrheit" wird von Luther einige Seiten weiter (ebenda, S. 18) durch noch furchtbarere, weil noch konkretere Bilder „erläutert": „Gott hat seinen einziggeborenen Sohn in die Welt gesandt und hat auf ihn alle Sünden aller Menschen geladen, indem er sagt: Sei du Petrus, jener Verleugner, Paulus, jener Verfolger, Gotteslästerer und Gewalttäter, David, jener Ehebrecher, jener Sünder, der den Apfel im Paradiese aß, jener Schächer am Kreuze, alles in allem, du sollst sein die Person, welche die Sünden aller Menschen begangen hat" (Deus miserit unigenitum filium suum in mundum ac conjecerit in eum omnium omnia peccata, dicens: Tu sis Petrus ille negator, Paulus ille persecutor, blasphemus et violentus, David ille adulter, peccator ille qui comedit pomum in paradiso, latro ille in cruce, in summa, tu sis persona, quae fecerit omnium hominum peccata). Für die griechische wie auch für die mittelalterliche Philosophie waren Luthers Worte die größte Torheit: Gott kann das Gesetz des Widerspruchs nicht überwinden — das „fällt nicht unter die Allmacht Gottes". Gott verfügt über kein Zauberwort, das die Sünden Petri, Pauli und Davids aus der Vergangenheit tilgen könnte, das die Erbsünde, die Sünde unseres Urvaters — von welcher alle übrigen Sünden ihren Ausgang nahmen — ungeschehen machen könnte. Die „ewigen Wahrheiten", die „von Gott befreiten Wahrheiten" setzen hier automatisch der Allmacht des Schöpfers eine Grenze. Noch weniger möglich und denkbar ist es, daß die Sünden Davids, Petri, Pauli und sogar Adams sich nicht als Sünden dieser, sondern als Sünden Gottes selber erwiesen, daß Gott sich als ein Verbrecher herausstellte, „wie es nie einen größeren in der Welt gegeben hat": so etwas zu sagen, hieße sowohl der griechischen Philosophie wie auch der ganzen griechischen Weisheit eine beleidigende Herausforderung hinschleudern.

Aber die Aufgabe der Scholastik, die Aufgabe der jüdisch-christlichen Philosophie hat ja, wie wir wissen, gerade darin bestanden, alle Wahrheiten vom Schöpfer abhängig zu machen. Luther hat sich nicht gescheut, auch das „unerschütterlichste Prinzip", das Gesetz des Widerspruchs und die aus ihm folgende selbstevidente Wahrheit, daß Geschehenes nicht ungeschehen werden könne, zu zwingen, der Allmacht Gottes zu weichen.

Nur auf diese Weise läßt sich die Natur des gefallenen Menschen radikal ändern, nur so läßt sich das mit der Sünde in die Welt eingegangene Böse mit der Wurzel ausrotten, nur so können die Menschen zu dem göttlichen „sehr gut" zurückgeführt und ihnen die Freiheit zurückgegeben werden, welche nicht die Freiheit der Wahl zwischen Gut und Böse mit ihrem Lob und Tadel ist, sondern die Freiheit, das Gute zu tun, so wie es jener tut, der den Menschen schuf nach seinem Ebenbilde. Kann man behaupten, Luther habe von der Gnade gesprochen, die den Menschen erlöse, „ohne ihn zu ändern, ohne ihn wiederherzustellen"? Und besteht die vollkommene und endgültige „Wiederherstellung" (restitutio in integrum) des gefallenen Menschen nicht darin, daß ihm die Freiheit von den „ewigen Wahrheiten" zurückgegeben wird, daß die Sünde sich als vernichtet erwies nicht nur in der Gegenwart, sondern auch in der Vergangenheit: denn solange die Sünde in der Vergangenheit existiert, fährt sie fort, auch in der Gegenwart zu herrschen.

Luther hat also den wahnsinnigen, verzweifelten Versuch gemacht, in seinem sola fide das zu verwirklichen, worin die jüdisch-christliche Philosophie ihre Hauptaufgabe erblickte. Allerdings hat die Geschichte dafür gesorgt, daß die Menschen Luther nicht hörten, wie sie auch die anderen Denker nicht hörten, die, ohne die von den Griechen ausgearbeiteten Probleme, Grundprinzipien und Denktechnik zu berücksichtigen, eine jüdisch-christliche Philosophie zu schaffen bemüht waren und die es wagten, den „Glauben" Jerusalems dem „Wissen" Athens entgegenzustellen und dieses durch jenen zu überwinden. Aber kann denn die Geschichte als letzte Instanz gelten?

10

Die Geschichte schob Luther in den Hintergrund, ebenso wie sie es schon mit Plotin, Tertullian, Petrus Damiani und sogar mit Duns Scotus getan hatte. Athen triumphierte über Jerusalem. Und wenn Descartes zum Vater der neueren Philosophie wurde, so geschah dies nur deshalb, weil er — wie er selber gestand — sich mit seiner Rede an die Menschen wandte, ohne darauf Rücksicht zu nehmen, welchem Glauben sie angehörten. In diesem Sinn sind auch die Worte Hamelins zu verstehen, Descartes sei nach den Alten gekommen, als hätte es in der Zeit zwischen ihm und ihnen niemanden außer den Physikern gegeben. Seine feierliche Erklärung in den Briefen, „jeglicher Grund des Wahren und des Guten hänge von seiner (Gottes) Allmacht ab" (omnis ratio veri et boni ab ejus [Dei] omnipotentia dependeat), welche Plotins „Sichemporschwingen über die Vernunft" (δραμεῖν ὑπὲρ τὴν ἐπιστήμην) mit des Duns Scotus „alles andere von Gott ist gut, weil von Gott gewollt und nicht umgekehrt" (omne aliud a Deo bonum quia a Deo volitum et non e converso) in sich vereinte, hätte, wenn sie in seiner Philosophie zur vollen Verwirklichung gelangt wäre, ein für allemal und endgültig die neuere Philosophie von der antiken losgelöst und sie gezwungen, sich ihre eigenen, für die Griechen gar nicht existierenden Aufgaben zu setzen, neue „erste Prinzipien" zu finden und die ganze „Denktechnik" radikal zu ändern. Die erschaffene Wahrheit, die Wahrheit, über die der Menschensohn stets ein Herr bleibt wie über den Sabbat, ist ebenso wie das Gute, das den schlechthinnigen Willen Gottes zur Quelle hat, für die Griechen eine contradictio in adjecto, ist also etwas Unmögliches und zudem auch noch ein Greuel der Verwüstung. Die Idee der erschaffenen Wahrheit führt uns zu jenem Zustand der Unschuld und des Unwissens zurück, von dem in der „Genesis" die Rede ist, dies aber setzt der rationalen Philosophie ein Ende. Descartes erkühnte sich einzig deshalb, in seinen Briefen eine solche Wahrheit zu verkünden, weil er von vornherein überzeugt war (reservatio mentalis), daß sie weder ihn selbst, noch jemanden anderen zu irgend etwas verpflichten würde. Dasselbe läßt sich auch von den Scholastikern sagen, die ihre Mission darin erblickten, die bis dahin unerhörte Idee der erschaffenen Wahrheit der Welt zu verkünden. Descartes hat, ebenso wie die Scholastiker, begreifen müssen, daß dies ein notwendiger Tribut des Gläubigen an die Heilige Schrift war, aber er ahnte auch, daß er, nachdem er diesen Tribut in Worten bezahlt hatte, die Möglichkeit und das Recht erlangte, so zu „denken", wie es das intellektuelle Gewissen von ihm verlangte: „Ich glaube, auf daß ich begreife" (credo, ut intelligam). Man muß nur ein einziges Mal den schlechthinnigen Willen des Schöpfers anerkennen — so wird einen nichts mehr daran hindern, anzunehmen, daß die potentia absoluta (schlechthinnige Macht) sich „freiwillig" ein für allemal und endgültig in die potentia ordinata (geordnete Macht) verwandelt hat, um sich nie wieder in Erinnerung zu bringen. Hier nun zeigte sich die vom griechischen Denken auf Descartes ausgeübte Macht in ihrer ganzen Wucht. „Der Schöpfer und Gründer der Welt selbst befiehlt einmal, gehorcht immer", rief Seneca aus, indem er das wiederholte, was er in Athen gelernt hatte. Die Freiheit des Befehlens ist den Griechen unfaßbar und verhaßt, sie erkannten nur die Freiheit des Gehorchens an: die Freiheit des Gehorchens war und bleibt bis heute die Voraussetzung des rationalen Denkens und der rationalen Erkenntnis. Sogar Gott ist nur einmal zu befehlen gestattet — danach gehorcht er wie die Sterblichen. Dem feinfühligen Pascal ist das nicht entgangen, — daher seine berühmten Worte: „Ich werde es Descartes nie verzeihen usw.". Descartes ist, ebenso wie die griechische Philosophie, dem „Befehlen" sorgsam aus dem Wege gegangen und hütete sich instinktiv vor ihm, da er mit Recht in ihm die größte Gefahr für das rationale Denken erblickte. Und will man nach der Quelle der Philosophie Descartes' suchen, so ist sie selbstverständlich nicht in dem göttlichen „Befehlen", sondern in dem menschlichen oder „metaphysischen" Gehorchen zu finden. „Für mich geschieht alles in der Natur auf mathematische Weise" (apud me omnia fiunt mathematice in Natura): hierin zeigt sich der ganze Descartes. Darum hat ihn die Verurteilung Galileis so erschüttert und aufgeregt: „Ich habe mich gewissermaßen entschlossen, alle meine Papiere zu verbrennen", schreibt er an Mersenne, „... ich gestehe, daß, wenn sie (die Bewegung der Erde) falsch ist, alle Grundlagen meiner Philosophie es ebenfalls sind" (je me suis quasi résolu de brûler tous mes papiers... je confesse que s'il [le mouvement de la terre] est faux, tous les fondements de ma philosophie le sont aussi). Augustinus konnte noch, gegen die Heiden polemisierend, sich auf die Bibel berufen, in der erzählt wird, daß Josua, der Sohn Nuns, der Sonne stille zu stehen gebot (Jos. 10, 12). Auch die Kirche konnte, sich auf dasselbe Zeugnis berufend, die Lehre des Kopernikus bestreiten. Descartes aber ist es bereits nicht mehr gegeben, das aristotelische „viel lügen die Sänger" in sich zu überwinden: Josua, der Sohn Nuns, der die Sonne stillstehen läßt, bringt alle Grundlagen seiner Philosophie endgültig ins Wanken. Anders ausgedrückt: die potentia absoluta Gottes gehört bei Descartes, ebenso wie bei den Griechen, zu jenem „einmaligen Befehl", der, wenn er auch einmal erfolgt ist, von unserem Denken als nie geschehen und uns zu nichts verpflichtend behandelt wird. Descartes konnte Gott ruhig geben, was Gottes ist, da er auch nicht einen Augenblick daran zweifelte, daß der Kaiser hierdurch keinen Schaden erleiden und das, was des Kaisers ist, voll erhalten würde. In diesem Sinn wird es keine Übertreibung sein, von Descartes zu sagen, daß er Kant vorweggenommen habe: stellt man sein „jeder Grund des Wahren und Guten hängt von der Allmacht Gottes ab" neben sein „für mich geschieht alles in der Natur auf mathematische Weise", so ergibt sich eine Kritik der reinen Vernunft: die Freiheit wird in die intelligible Welt verlegt, in unserer Welt indes verbleiben die synthetischen Urteile a priori, die zu überwinden niemandem gegeben ist, wozu auch niemand Lust hat. Und die Kritik der Vernunft ist bei Descartes, wenn man will, viel radikaler als bei Kant durchgeführt. Sei es durch Hume, sei es durch die von ihm selbst entdeckten Antinomien der reinen Vernunft aus dem dogmatischen Schlummer erweckt, war Kant zu dem Eingeständnis gezwungen, daß die Idee der Notwendigkeit, nach welcher die Vernunft so begierig ist, gar nicht in der Erfahrung, also auch nicht im Sein verwurzelt sei, und daß sie ein Gespenst sei, das sich auf unbekannte Weise unseres Bewußtseins bemächtigt habe. Hieraus zog er den Schluß, daß die metaphysischen Ideen — die Gottesidee, die Idee der Unsterblichkeit der Seele und die Idee der Freiheit — nicht durch jene Beweise gerechtfertigt werden könnten, mit welchen die Wahrheiten der Mathematik und der mathematischen Naturwissenschaft bewiesen werden. Aber in der „Kritik der praktischen Vernunft" erhält die Vernunft eine fast vollständige Kompensation: statt der ihr genommenen Idee der Notwendigkeit wird ihr die Idee des Seinsollenden, der Pflicht und des Imperativs angeboten, dessen kategorischer Charakter dem Menschen den schweren Verlust ersetzen kann. Der „Grund des Wahren" (ratio veri) läßt sich nicht gegen die Freiheit bewahren und verteidigen, aber der „Grund des Guten" (ratio boni) bleibt dank der praktischen Vernunft unerschüttert: Kant hat ihn erkämpft, ihn vor allen Attentaten gesichert und „leitete" sein berühmtes ethisches „Gesetz" ab, das die Quelle und Grundlage der Moral ist. Aber seine Nachfolger konnten sich mit seiner „fast" vollständigen Kompensation nicht zufriedengeben und den erlittenen Verlust nicht vergessen. Hegels härteste Vorwürfe gelten der „Kritik der praktischen Vernunft": Das „Seinsollende" ersetze sogar auf dem Gebiet des Ethischen nicht das „Notwendige". Nur die „Kritik der Vernunft" in jener Gestalt, wie wir sie bei Descartes vorfinden, kann den denkenden

Menschen befriedigen und der Philosophie eine sichere Grundlage geben. Gott, die Unsterblichkeit der Seele und die Freiheit werden, wie bei Kant, gänzlich in die intelligible, genauer gesagt: in die unfaßbare und keinerlei Beziehung zu uns habende Welt verlegt, die praktische Vernunft aber verschmilzt mit der theoretischen in eins, und auf Erden stellt sich eine unerschütterliche Ordnung ein, die das „Wissen" mit seinen ewigen, unüberwindlichen Wahrheiten für alle Ewigkeit verbürgt. Aber weder Kant, noch Descartes hielten sich bei der Frage auf: Woher kommt die Macht der Vernunft und ihrer ewigen Wahrheiten? Und noch weniger Gedanken machten sie sich darüber, was diese Macht den Menschen bringen werde. Sie haben es nicht einmal der formalen Vollständigkeit der Untersuchung zuliebe für notwendig befunden, sich zu fragen, ob denn in der Tat die Metaphysik ein Wissen oder eine Wissenschaft sein soll und ob nicht die wahre Aufgabe der Metaphysik und jeglicher Prolegomena zu ihr gerade darin bestehe, die Ansprüche der ewigen Wahrheiten auf die Macht über den Menschen und über das ganze Sein einer Nachprüfung zu unterziehen? Gerade hierin hätte indessen die größte Sorge des jüdisch-christlichen Denkens bestehen sollen, der sich die Wahrheit des einigen, allmächtigen Gottes, des Schöpfers alles Seienden, offenbart hatte.

Kein einziger unter den einflußreichen „christlichen Philosophen" der Neuzeit — weder der dogmatisch gesinnte Descartes, noch der kritisch gestimmte Kant — hat auch nur den Versuch gemacht, eine Philosophie aufzubauen, die von der geoffenbarten Wahrheit ausgegangen wäre: Im Gegenteil, sie gingen — ich wiederhole dies — ausschließlich darin auf, die geoffenbarte Wahrheit aus unserer Welt zu vertreiben und sie in eine andere Welt hinauszubefördern, die zu der unseren keinerlei Beziehung hat. Besonders grell kam diese Tendenz in Leibniz' Philosophie zum Ausdruck. Leibniz wollte nicht aus dem dogmatischen

Schlummer erwachen — sogar nicht dazu, um dann, wie Kant, noch fester einzuschlummern, auch wollte er Gott nicht, wenn auch nur mit Worten, Tribut zollen, um ihn dann zu vergessen und nur an den Kaiser zu denken. Mit Kant zu streiten und ihm zu erwidern, war Leibniz nicht beschieden, aber jedesmal, wenn er sich an Descartes' „aller Grund des Wahren und Guten" erinnerte oder man es ihm in Erinnerung brachte, verlor er, der immer so ruhig und ausgeglichen war, die Selbstbeherrschung und geriet buchstäblich außer sich. Es ist anzunehmen, daß in seinem berühmten „ich verachte fast nichts" (je ne méprise presque rien) das „fast" sich gänzlich auf Descartes' Auslegung der Idee der göttlichen Allmacht bezog. Man kann alles ruhig und achtungsvoll erörtern, aber die unbeschränkte und hemmungslose Willkür — sei es auch die Gottes — verdient kein anderes Verhalten als Verachtung. Ob Mensch, ob Engel, ob Gott: sie alle müssen die über ihnen stehende Macht der Vernunft anerkennen. „Welches Mittel gäbe es wohl, um den wahren Gott von dem falschen Gotte Zoroasters zu unterscheiden, wenn alle Dinge von der Laune einer mit Willkür herrschenden Macht abhingen und für nichts eine Regel und Rücksicht vorhanden wäre", schreibt er in der „Einleitenden Abhandlung" zur „Theodizee" (Car quel moyen y aurait-il de discerner le véritable Dieu d'avec le faux Dieu de Zoroastre, si toutes les choses dépendaient du caprice d'un pouvoir abstrait, sans qu'il y eût ni règle ni égard pour quoi que ce fût. Theod. § 37). Dasselbe wiederholt er auch in den „Nouveaux Essais": „Der Glaube muß in der Vernunft begründet sein: denn warum sollten wir sonst die Bibel dem Koran oder den alten Büchern der Brahmanen vorziehen?" (c'est par la raison que nous devons croire... sans cela pourquoi préférions-nous la Bible à l'Alcoran ou aux anciens livres des bramines. Nouv. Ess. IV, Kap. XVII, § 25). Dieses Argument erscheint ihm als gänzlich unanfechtbar. Einige Seiten weiter erklärt er: „Daher kann die Offenbarung nicht gegen eine klare Evidenz der Vernunft gehen, weil wir selbst dann, wenn sie unmittelbar und ursprünglich ist, mit Evidenz wissen müssen, daß wir uns, indem wir sie Gott zuschreiben, nicht irren" (la révélation ne peut aller contre une claire évidence parce que, lors même que la révélation est immediate et originelle, il faut savoir avec évidence que nous ne nous trompons pas en l'attribuant à Dieu. Nouv. Ess. IV, Kap. XVIII, § 5). In der Tat: Wovon sollen wir uns bei der Wahl leiten lassen? Eins nur hat Leibniz vergessen: Wie aber, wenn die Vernunft sich in ihrer Wahl nicht für die Bibel, sondern für den Koran oder für die alten Bücher der Brahmanen entschiede? Daran indessen hätte gedacht werden müssen. Möglicherweise würde die Vernunft den Koran ablehnen, wenn ihr aber die Wahl zwischen der Bibel und den heiligen Büchern der Brahmanen überlassen bliebe, so würde sie ja doch sicherlich, ohne zu zaudern, den letzteren den Vorzug geben, denn die Bibel scheut sich nicht, den Selbstevidenzen zu widersprechen, während die Weisheit der Brahmanen von den Selbstevidenzen ihren Ausgang nimmt. Aber Leibniz läßt dies unberücksichtigt, und seine Argumentation erscheint ihm, ich wiederhole dies, wie wahrscheinlich auch fast jedem, der sie liest, gänzlich unanfechtbar, und er läßt sich keine Gelegenheit entgehen, Descartes, der dies nicht verstand, Vorwürfe zu machen. „Deshalb finde ich auch diesen Ausdruck einiger anderer Philosophen völlig befremdend, die behaupten, daß die ewigen Wahrheiten der Metaphysik und der Geometrie und folglich auch die Regeln der Güte, der Gerechtigkeit und der Vollkommenheit nur die Wirkungen des Willens Gottes seien, während es mir scheint, daß sie nur die Folgen seiner Vernunft sind, die sicherlich nicht von seinem Willen abhängt, ebensowenig wie von seinem Wesen" — schreibt er in seinem „Discours de Métaphysique" (C'est pourquoi je trouve encore cette expression de quelques autres philosophes tout à fait estrange, qui disent que les vérités éternelles de la métaphysique et de la géometrie et par conséquent aussi les règles de la bonté, de la justice et de la perfection ne sont que des effets de la volonté de Dieu, au lieu qu'il me semble que ce ne sont que des suites de son entendement, qui assurément ne dépend point de sa volonté non plus que son essence). Und nochmals, in der „Theodizee" (II, § 185), wo er die Betrachtungen Bayles über Descartes und jene Anhänger desselben, die der Ansicht sind, Gott sei „die freie Ursache der Wahrheiten und der Wesenheiten" (est la cause libre des vérités et des essences), und sein Eingeständnis anführt, daß er bei allem guten Willen nicht mit der schwierigen Aufgabe fertig geworden sei, diese Idee Descartes' zu verstehen, obwohl er hoffe, „die Zeit werde dieses schöne Paradoxon lösen" (que le temps développera ce beau paradoxon), erklärt Leibniz empört: „Ist es wohl möglich, daß die Lust am Zweifel einen gewandten Menschen so sehr ergreifen kann, daß er wünscht und hofft, zwei Widersprüche fänden sich nur deshalb niemals zusammen, weil Gott es verboten hat, und daß er ihnen auch gebieten konnte, sie sollten stets nebeneinander bestehen? Das ist mir ein treffliches Paradoxon!" (est-il possible que le plaisir de douter puisse tant sur un habile homme que de lui faire souhaiter et de lui faire espérer de pouvoir croire que deux contradictoires ne se trouvent jamais ensemble que parce que Dieu le leur a défendu et qu'il aurait pu leur donner un ordre qui leur toujours fait aller de compagnie. Le beau paradoxon que voilà!). Ich hoffe, daß der Leser mir die langen Auszüge aus Leibniz' Schriften nicht verübeln wird: wir haben uns von neuem — und zwar zum letztenmal — der Grundfrage genähert, welche das Mittelalter sich stellte und an die neuere und neueste Philosophie weitergab: das Problem der erschaffenen Wahrheit. Leibniz, der die Scholastik nicht weniger gut kannte als Descartes, und der, ebenso wie Descartes, sich in allen seinen Schriften als treuester Verfechter des Christentums ausgab, war seinem ganzen inneren Wesen nach unfähig, eine von Gott erschaffene Wahrheit „hinzunehmen". Eine Wahrheit dieser Art erscheint ihm als Gipfel des Unsinns, und wenn sich herausgestellt hätte, daß die Heilige Schrift berufen sei, den Menschen solches zu verkünden, so hätte er sich ohne jedes Zaudern sowohl von der Bibel als auch von dem biblischen Gott losgesagt. Sogar Bayle, der die Idee Descartes' dahin ausdeutete, daß „aller Grund des Wahren" von dem Willen Gottes abhänge und daß Gott das Gesetz des Widerspruchs habe aufstellen können, es aber auch außer Kraft setzen konnte und kann, sogar Bayle will ihm bereits nicht mehr folgen, sobald es sich um die zweite Hälfte der Behauptung Descartes' handelt, daß „aller Grund des Guten" von Gott abhänge. Er erklärt mit unverfälschtem Entsetzen, dies nun ließe sich keinesfalls hinnehmen oder auch nur annehmen. Selbst Gott müsse im Zaum gehalten werden — andernfalls wäre es nicht auszudenken, was für Unheil er anrichten könnte! Etwas ganz anderes seien die ewigen, unerschaffenen Wahrheiten: diese würden nie jemandem etwas zuleide tun. Woher diese Angst vor Gott und dieses Mißtrauen gegen Gott bei Leibniz und Bayle? Und woher diese Bereitschaft, ihr Schicksal den ewigen, unerschaffenen Wahrheiten anzuvertrauen? Wir erwarten von ihnen vergebens eine Antwort auf diese Frage. Nicht genug damit, gibt Leibniz, der uns so sorgsam vor der Willkür Gottes beschützt, im vorhinein seine volle Bereitwilligkeit kund, alles hinzunehmen, was auch immer die ewigen Wahrheiten mit sich bringen mögen: „Die Alten verlegten die Ursache des Bösen in die Materie, die sie für unerschaffen und von Gott unabhängig hielten; aber wo finden wir, die wir alles Sein von Gott herleiten, die Quelle des Bösen? Wir antworten, man muß sie in der idealen Natur des Geschöpfes aufsuchen, soweit diese Natur in den ewigen Wahrheiten des göttlichen Verstandes, unabhängig von seinem Willen enthalten ist" (Les anciens attribuaient la cause de mal à la matière, qu'ils croyaient incrée et indépendante de Dieu; mais nous qui dérivons tout être de Dieu, où trouverons-nous la source de mal? La réponse est qu'elle doit être cherchée dans la nature idéale de créature, autant que cette nature est renfermée dans les vérités éternelles qui sont dans l'entendement de Dieu indépendamment de sa volonté. Theod. I, § 20). Kann man nach so einem Geständnis noch davon reden, daß die neuere Philosophie in Gestalt ihrer einflußreichsten Vertreter den Zusammenhang mit dem jüdisch-christlichen „Höre, Israel!" bewahrt habe? Das, was Leibniz uns mit solcher Selbstgewißheit verkündet, läßt uns zu dem „gesonderten Verstand" des Aristoteles zurückkehren: Leibniz' Denken setzt sein Suchen nach der Wahrheit fort, als wäre in der Zeit zwischen den Griechen und ihm in der Welt nichts Wichtiges und Bedeutsames geschehen. Und es muß noch hinzugefügt werden: Was wir soeben von Leibniz hörten, ist der Ausgangspunkt der Philosophie Descartes', der vor Leibniz lebte, und Kants, der sich für den Vernichter des Leibniz-Wolffschen „Dogmatismus" hielt. Und vorbereitet wurde dies von der mittelalterlichen Philosophie. Gilson führt (I. 259) die bekannten Worte Augustins aus seinen „Bekenntnissen" an: „Woher ist denn das Böse? Oder war eine böse Materie, woraus er es schuf? Und bildete und ordnete er dieselbe nur, doch so, daß er noch etwas an ihr ließ, was er nicht in Gutes umwandelte? Warum nun dies?" (Unde est malum? An unde fecit ea, materia aliqua mala erat et formavit atque ordinavit eam, sed reliquit in illa, quod in bonum non converteret. Cur et hoc? Conf. VII, 5, 7) und fragt: „Aber wie könnte Augustinus einen Gott-Schöpfer entschuldigen, eine schlechte Materie geschaffen zu haben oder auch nur sie so gelassen zu haben, wie er sie vorgefunden hat?" In der Tat, wie hatte Augustinus solches annehmen können? Aber mit noch größerer Berechtigung könnte man fragen: Wie hat Leibniz es Gott „verzeihen" können, daß er schlechte Wahrheiten schuf, oder, wenn er sie nicht schuf, sondern fertig vorfand, daß er sie so beließ, wie er sie vorgefunden hatte? Aber weder Augustinus, noch das Mittelalter, noch Leibniz stellten sich solche Fragen. Mit der Materie fertig zu werden, das ist Gott noch gegeben: Leibniz erklärt sich zu der Annahme bereit, daß Gott, wie dies die Schrift verlangt, selber die Materie geschaffen habe. Etwas anderes ist es mit den ideellen Wahrheiten: hier unterwerfen sich sowohl die Menschen wie auch Gott, sie „geben das Spiel auf", wie Dostojewskij sagte, hier beginnt ein Gebiet, das „nicht unter Gottes Allmacht fällt". Wobei Leibniz sich klar darüber Rechenschaft gibt, daß die unabhängig von Gottes Willen in dessen Verstand gelangten Wahrheiten sich als Quelle des Bösen, als Quelle aller irdischen Schrecken erwiesen. Aber dies regt ihn nicht auf: er ist zu allem bereit, nur um zu „verstehen", zu „wissen". Ich wiederhole nochmals: Wenn Leibniz diese Behauptungen ausspricht, bringt er nicht nur seine eigene Ansicht zum Ausdruck: so haben die Alten gedacht, so dachten die Scholastiker, so dachten Descartes und alle, die nach ihm kamen. Das Descartessche „aller Grund des Wahren und des Guten" hat nie jemand berücksichtigt, wie auch er selbst es nicht berücksichtigte. Selbst wenn auch die Historiker der Philosophie (ja sogar Schelling und Hegel in ihren Vorlesungen über die Geschichte der Philosophie) sich seiner erinnern, so nur nebenher, gewöhnlich aber denken sie überhaupt nicht daran. Es ist für jedermann zweifellos, daß die ewigen Wahrheiten in Gottes Verstand gelangt sind, ohne Gottes Einverständnis zu erfragen, und daß Descartes selber hierüber nicht hat anders denken können. Aber kein einziger Philosoph hat sich entschlossen, mit solcher Aufrichtigkeit und dabei mit solchem ruhigen und klaren Geist wie Leibniz zu behaupten, die Quelle des Bösen seien die ewigen Wahrheiten, das heißt, wie er sich ausdrückt, ein ideales Prinzip. Es hatte sich schon

seit den alten Zeiten so eingeführt, daß die Verantwortung für
das Böse ganz der Materie aufgebürdet wurde. Aber nun stellt
sich heraus, daß die Quelle des Bösen nicht in der Materie zu
suchen sei, welche man auf diese oder jene Weise loswerden kann
(bei den Griechen führte die Katharsis dazu, daß die Seele sich
aus dem Körper befreie — τὴν ψυχὴν χωρὶς τοῦ σώματος εἶναι), sondern in den idealen Prinzipien, vor denen es keine Rettung gibt
und geben kann. Allerdings lehrten Leibniz wie auch die mittelalterliche Philosophie, das Böse, welches die ewigen Wahrheiten
brächten, würde in der jenseitigen Welt wieder gutgemacht
werden. Leibniz läßt sich mit einer rätselhaften „Leichtigkeit"
über das Thema aus, daß, wenn Gott „hier" auf Verlangen der
ewigen Wahrheiten habe allerhand Unvollkommenheiten zulassen
müssen, es doch „dort" keine Unvollkommenheiten mehr geben
werde. Warum wird es keine geben? Werden denn die ewigen
Wahrheiten und der „getrennte Verstand", die jene gezeugt und
in ihrem Schoße bewahrt haben, in der jenseitigen Welt auf
ihre Macht, Böses zu tun, verzichten? Wird denn „dort" das
Gesetz des Widerspruchs und alles was es mit sich bringt aufhören, ein Rührmichnichtan zu sein, und den Schöpfer von sich
befreien? Es ist schwerlich anzunehmen, der scharfblickende
Leibniz habe diese Frage übersehen: von dem alten „ihr werdet
wissen" ganz bezaubert, trachtet er nach Erkenntnis, jedoch nur
einer Erkenntnis, die für ihn auch eine ewige Erlösung wäre.
Das „Böse" muß nur „erklärt" werden — das ist alles, was von
der Philosophie verlangt wird, ob sie nun eine jüdisch-christliche
oder eine heidnische ist: credo, ut intelligam. Begeistert, ja fast
verzückt sind die Worte Leibniz', die schon keine Rede mehr,
sondern Predigt sind: „Die ewigen Wahrheiten, der Gegenstand
seiner Weisheit, sind noch weit unverletzlicher als der Styx.
Diese Gesetze und dieser Richter üben keinen Zwang: sie sind
stärker, denn sie überzeugen" (Les vérités éternelles, objet de la

sagesse, sont plus inviolables que le Styx. Ces lois, ce juge ne contraignent point: ils sont plus forts, car ils persuadent. Theod. II, § 121). Die ewigen Wahrheiten, die in Gottes Verstand getreten sind, ohne nach seinem Einverständnis zu fragen, sind für alle Ewigkeit unverletzlich wie der Styx, noch unverletzlicher als der Styx: sie haben Leibniz „überzeugt", haben uns alle überzeugt. Wodurch überzeugt? Durch ihre „Zwanghaftigkeit" überzeugt. Was auch immer sie mit sich bringen mögen, werden wir sie nicht einmal bestreiten, werden wir alles gehorsam und freudig hinnehmen. Wenn sie verkünden werden, daß das Böse in der Welt sein müsse, daß es in der Welt mehr Böses als Gutes geben müsse — so werden wir es hinnehmen: läßt sich doch mit ihnen nicht streiten, zwingen sie uns doch nicht nur, sondern überzeugen uns. Wenn sie es dahin gebracht hätten oder es einmal dahin bringen werden, daß das Gute gänzlich verschwindet und nur noch das Böse im Weltgebäude übrig bleibt — so werden wir auch dann alles hinnehmen und uns fügen müssen: so grenzenlos ist ihre Macht. Leibniz' Theodizee läuft darauf hinaus, daß er, sich auf die ewigen, unerschaffenen idealen Prinzipien stützend, zeigt, daß solange sie existieren und weil sie existieren, in der Welt unvermeidlich das Böse existieren müsse. Seine Theodizee ist auf diese Weise eine Rechtfertigung nicht Gottes, sondern eine Rechtfertigung, genauer gesagt eine freiwillige Verewigung des Bösen. Kann man da noch daran zweifeln, daß Leibniz' „Wille", der Wille des wissenden Menschen, nicht frei ist und daß hier nicht von einem „freien Willen" (de libero arbitrio), sondern von einem „verknechteten Willen" (de servo arbitrio) oder sogar von einer „übernatürlichen Verzauberung und Erstarrung" im Sinne Pascals zu reden ist? Wenn Hegel auch nicht recht hatte, als er behauptete, die biblische Schlange habe mit ihrem „ihr werdet wissen" den Menschen nicht betrogen, so hat er doch historisch vollständig recht gehabt. Die

Früchte vom Baum der Erkenntnis sind zur Quelle der Philosophie für alle folgenden Zeiten geworden. Sogar das mittelalterliche Denken, das unter den Bedingungen angespanntesten religiösen Suchens entstand und sich entwickelte, ist trotz der genialen Begabung der großen Scholastiker außerstande gewesen, die große Versuchung der vernünftigen Erkenntnis zu überwinden, und suchte die Wahrheit bei dem „getrennten Verstand", indem sie diesem sowohl das ganze Weltgebäude als auch den Schöpfer selbst unterordnete. Die neuere Philosophie hat das Werk des Mittelalters nur fortgesetzt und vollendet: für sie ist der intellectus separatus (in der Terminologie des deutschen Idealismus das „Bewußtsein überhaupt") gänzlich an die Stelle des biblischen „allmächtigen Gottes" getreten, „der alles aus dem Nichts schafft". Als Nietzsche verkündete, daß wir Gott getötet haben, zog er die Bilanz der tausendjährigen Entwicklung des europäischen Denkens.

Kann man nun doch, mit Gilson, von einer jüdisch-christlichen Philosophie sprechen? Ich meine, man kann das. Nur ist sie nicht auf der großen Straße der Entwicklung der europäischen Philosophie zu suchen. Wie wir uns zu überzeugen Gelegenheit hatten, kennt die Geschichte eine ganze Reihe kühner und hervorragender Versuche, die erschaffene Wahrheit der Heiligen Schrift den ewigen Wahrheiten entgegenzustellen, die von der Vernunft entdeckt werden. Sie alle brachen mit der antiken Philosophie und nahmen ihren Ausgang von der Überzeugung, das Wissen und die auf dem Wissen beruhende Weisheit der Griechen sei das Ergebnis des Sündenfalls des Menschen. Daher Luthers „von der Knechtschaft des Willens", daher Pascals „übernatürliche Verzauberung und Erstarrung". Das Wissen befreit den Menschen nicht, sondern verknechtet ihn, indem es ihn in die Gewalt der wie der Styx unüberwindlichen und wie der Styx todbringenden Wahrheiten ausliefert; die auf dem Wissen beruhende Weisheit lehrt die Menschen, die Wahrheiten des Styx zu lieben und zu lobpreisen. Erst wenn der Mensch die „Überheblichkeit" in seiner Seele überwunden hat (nicht den Stolz, sondern die Überheblichkeit, das heißt den vermeintlichen Stolz), „dieses Tier, ohne dessen Tötung der Mensch nicht leben kann", erst dann erlangt er den Glauben, der seinen eingeschläferten Geist weckt: dies sagt uns das Luthersche „durch den Glauben allein" (sola fide). Luther kommt, wie auch Pascal, in gerader Linie von Tertullian her, der alle unsere „es ist schändlich, ungereimt, unmöglich" (pudet, ineptum, impossibile) ablehnte, und von Petrus Damiani, der sich erkühnte, nach Vorgang der Heiligen Schrift in der cupiditas scientiae (das heißt in der Begierde unserer Vernunft nach allgemeinen und notwendigen, das heißt wie der Styx unerbittlichen Wahrheiten) die Quelle aller Schrecken der Welt zu erblicken. Aber nicht nur die ferne Vergangenheit — sogar das „aufgeklärte" 19. Jahrhundert hat vereinzelte Denker hervorgebracht — Nietzsche, Dostojewskij, Kierkegaard —, die sich nicht aussöhnen wollten mit den ewigen Wahrheiten des Wissens und der auf diesen beruhenden Weisheit. Nietzsches „Wille zur Macht", sein „Jenseits von Gut und Böse", seine „Herrenmoral", die er der „Sklavenmoral" entgegenstellte und in der schon die Idee einer „Herrenwahrheit" (einer Wahrheit, über die der Menschensohn ein Herr ist wie über den Sabbat) transparent war, sind nur ein verzweifelter Versuch, vom Baum der Erkenntnis zum Baum des Lebens zurückzukehren. Von ebendemselben sprechen auch Dostojewskijs Schriften: Dort, wo die rationale Philosophie mit ihren „zweimal zwei ist vier", mit ihren steinernen Mauern und den übrigen ewigen Wahrheiten die Quelle des Friedens, der Ruhe und sogar der mystischen Befriedigung findet (die ewigen Wahrheiten zwingen uns nicht nur, sondern überzeugen uns, wie Leibniz sagte), dort erblickte er den Anfang des Todes. Für Kierkegaard, Dostojewskijs Doppelgänger, ist die spekulative Philosophie ein Greuel der Verwüstung — und zwar deshalb, weil sie es auf die Allmacht Gottes abgesehen hat. Die spekulative Philosophie beugt sich vor den Selbstevidenzen: Kierkegaard verkündigt die existentielle Philosophie, die dem Glauben entspringt und die Selbstevidenzen überwindet. Von Hegel, dem berühmten professor publicus, geht er zu dem privaten Denker Hiob, der Vernunft der Griechen stellt er das Absurde entgegen: Der Anfang der Philosophie ist nicht, wie bei Plato und Aristoteles, die Verwunderung, sondern die Verzweiflung („aus der Tiefe rufe ich, Herr, zu dir"). An die Stelle des „ich glaube, auf daß ich begreife" (credo, ut intelligam) setzt er das „ich glaube, auf daß ich lebe" (credo, ut vivam). Das Musterbild eines „Denkers" ist für ihn nicht Sokrates, der, wie Kierkegaard selber zugibt, der hervorragendste von allen Menschen gewesen ist, die vor der Zeit lebten, als die Heilige Schrift zum geistigen Besitz Europas wurde, sondern Abraham, der Vater des Glaubens. Abrahams Gláube war eine neue, bisdort der Welt unbekannte Dimension des Denkens, die sich nicht in die Ebene des gewöhnlichen Bewußtseins einpassen läßt und alle „zwingenden Wahrheiten" sprengt, die uns von unserer „Erfahrung" und unserer „Vernunft" eingeflüstert werden. Aber nur so eine Philosophie kann eine jüdisch-christliche genannt werden: eine Philosophie, die sich nicht die Hinnahme, sondern die Überwindung der Selbstevidenzen zur Aufgabe macht und die in unser Denken eine neue Dimension hineinträgt — den Glauben. Denn nur unter diesen Voraussetzungen verwirklicht sich die Vorstellung von dem Schöpfer als der Quelle und dem Herrn nicht nur des realen, sondern auch des idealen Seins, wonach die jüdisch-christliche Philosophie trachtete und, nach Gilsons Worten, trachten mußte.

Darum kann die jüdisch-christliche Philosophie weder die Grundprobleme, noch die ersten Prinzipien, noch die Denktechnik der rationalen Philosophie sich zu eigen machen. Wenn Athen urbi et orbi verkündet: si vis tibi omnia subjicere, te subjice rationi — „willst du dir alles unterwerfen, so unterwirf dich der Vernunft" —, so hört Jerusalem darin die Worte heraus: „Das alles will ich dir geben, so du niederfällst und mich anbetest", und antwortet: „Heb dich weg von mir, Satan! denn es steht geschrieben: Du sollst anbeten Gott, deinen Herrn, und ihm allein dienen."

IV
VON DER ZWEITEN DIMENSION DES DENKENS
KAMPF UND BESINNUNG

> Unsere Altvorderen, von edlerer Art als wir und näher den Göttern wohnend.
>
> Plato (Philebos).

1

IGNAVA RATIO. Aber wie könnte denn die Vernunft anders sein als träge? Darin, wie auch in ihrer Feigheit, besteht ja doch ihr Wesen. Man nehme ein beliebiges Lehrbuch der Philosophie zur Hand, und man wird sich sofort überzeugen, daß die Vernunft sich ihrer Unterwürfigkeit, Geducktheit und Feigheit brüstet. Die Vernunft habe alles ihr Gegebene „sklavisch" zu reproduzieren, und jeglichen Versuch freien Schöpfertums rechnet sie sich selber als größtes Verbrechen an. Wir indes haben uns ebenfalls sklavisch dem zu fügen, was die Vernunft uns vorschreibe. Und das soll sich Freiheit nennen. Ist doch nur jener frei, der „sich von der Vernunft allein leiten läßt" (sola ratione ducitur). So lehrte Spinoza, so lehrten die Alten, so denken alle, die lehren oder lernen wollen. Da es jedoch fast niemanden gibt, der nicht lehrte oder lernte, so erweist sich die „träge Vernunft" (ignava ratio) faktisch als der einzige Herr und Gebieter der Welt.

2

ZWEIERLEI MASS. Man verübelt mir vorgeblich, daß ich immer von ein und demselben spräche. Auch Sokrates verübelte man das gleiche. Als ob andere nicht immer von ein und demselben sprächen. Offenbar jedoch ist es etwas anderes, was verübelt wird. Wenn ich immer ein und dasselbe, aber etwas Gewohntes, etwas Übliches und darum allen Verständliches und Angenehmes sagte, so wäre man mir nicht böse. Und es würde nicht den Anschein haben, als sei es „immer ein und dasselbe", das heißt etwas, das stets in gleicher Weise keine Ähnlichkeit mit dem hat, was man gerne hören möchte. Wiederholen doch alle ringsum immer wieder — und zwar schon wieviele Jahrhunderte seit Aristoteles —, das Gesetz des Widerspruchs sei ein unerschütterliches Prinzip, Wissenschaft sei freie Forschung, einmal Geschehenes könne selbst Gott nicht ungeschehen machen, die Bestimmung des Menschen bestehe darin, seine Selbstheit zu überwinden, die All-Einheit sei die erhabenste Idee usw. Und es wird kein Anstoß daran genommen: niemand nimmt es übel, alle sind zufrieden, alle meinen, das sei etwas sehr Neues. Sagt man aber, das Gesetz des Widerspruchs sei gar kein Gesetz, die Selbstevidenzen trügten uns, die Wissenschaft fürchte sich vor der Freiheit, — so wird nicht nur nicht geduldet, daß man es auch nur zweimal oder dreimal wiederhole, sondern es wird einem gleich beim erstenmal übelgenommen. Und man nimmt es, so ist wohl anzunehmen, aus dem gleichen Grunde übel, wie ein Schlafender sich ärgert, wenn man ihn wachrüttelt. Er möchte schlafen, doch irgend jemand belästigt ihn: Wach auf! Warum ärgern sie sich nur? Man kann doch ohnehin nicht ewig schlafen. Rüttle ich sie nicht wach (worauf ich wahrhaftig nicht rechne), so wird ja doch einmal die Stunde kommen, da irgend ein anderer bereits nicht mehr durch das Wort, sondern anders, ganz anders, wecken wird, und wer zu erwachen hat, der wird dann erwachen. Warum also, wird man mich fragen, bemühe ich mich dann, warum bin ich besorgt? Das ist es ja eben, daß ich mich bemühe und besorgt bin, obwohl ich weiß, daß ich nichts erreichen werde und daß man auch ohne mich das vollbringen wird, was ich nicht zu vollbringen vermag. Und man hätte mich schon längst überführt und entlarvt, wenn man nicht fühlte, daß mich solche Entlarvung nicht betrüben, sondern eher freuen würde. Pflegt man doch einen Menschen nur zu entlarven, um ihm eine Unannehmlichkeit zu bereiten.

3

DAS SCHICKSAL DES SOKRATES. Sokrates wurde keineswegs deshalb vergiftet, weil er neue Wahrheiten und neue Götter erfunden hätte, sondern deshalb, weil er mit seinen neuen Wahrheiten und Göttern alle Welt belästigte. Hätte er friedlich zu Hause gesessen und Bücher geschrieben oder in der Akademie unterrichtet, so hätte man ihn unangetastet gelassen. Ließ man doch Plato in Ruhe. Zwar wäre auch dieser beinahe in Ungelegenheiten geraten, als er es sich einfallen ließ, sich zur unrechten Zeit mit seinen Ideen an den Tyrannen zu wenden, — aber er entrann verhältnismäßig billig der Gefahr. Plotin indes ist von niemandem auch nur ein Haar gekrümmt worden: selbst Könige achteten ihn, was natürlich daher kam, weil er sich gar nicht um die Verbreitung seiner Philosophie kümmerte und sie vor Uneingeweihten verbarg. Hegels Konstruktion oder Vision vom „Schicksal" des Sokrates ist demnach eine vollständig willkürliche. Sokrates ging nicht deshalb zugrunde, weil zwei Ideenordnungen zusammengeprallt wären, sondern deshalb, weil er den Mund nicht halten konnte oder wollte. Vor Wahrheiten — neuen oder alten — fürchten sich die Menschen nicht so sehr als vor den Verkündern der Wahrheiten. Denn eine Wahrheit behelligt und beunruhigt niemanden, Propheten aber sind ein lästiges Volk: sie kennen selber keine Ruhe und lassen sie auch andern nicht. Kürzer gesagt: Man hat Sokrates, wie er selber gesteht (in Platos Apologie nennt er sich eine „Stechfliege"), nur deshalb getötet, weil er den Athenern das Leben vergällte. Hätte er nur sich selber und seine Freunde geweckt, man hätte es ihm verziehen. Und man hätte sogar seine Worte von dem „wahren Erwachen" (ἀληθινὴ ἐγρήγορσις) nachgesprochen. Im Grunde genommen endete es auch damit: kaum war Sokrates tot, so begannen alle, ihn zu preisen. Man wußte nun, daß er bereits niemanden mehr belästigen würde, — schweigende Wahrheiten aber erschrecken niemanden.

4

INTELLEKTUELLE GEWISSENHAFTIGKEIT. Intellektuelle Gewissenhaftigkeit brachte Spinoza, und nach Spinoza Leibniz,

Kant und alle übrigen Philosophen der Neuzeit, zu der Überzeugung, daß die Bibel keine Wahrheit, sondern Moral enthalte, daß die Offenbarung eine phantastische Erfindung, die Postulate der praktischen Vernunft indes etwas Wertvolles und sehr Nützliches seien. Folglich? Folglich, werden Sie sagen, müsse man die Bibel vergessen und sich von Spinoza und Kant erziehen lassen... Wie aber, wenn man den Versuch machte, einen anderen Schluß zu ziehen und zu sagen: Folglich muß man die intellektuelle Gewissenhaftigkeit zum Teufel schicken, um die Kantischen Postulate loszuwerden und mit Gott reden zu lernen, wie unsere Altvorderen mit ihm sprachen. Ist doch intellektuelle Gewissenhaftigkeit Unterwürfigkeit gegenüber der Vernunft — nicht aus Angst, sondern aus innerer Überzeugung. Sie ist eine Tugend, wenn die Vernunft rechtmäßiger Gebieter ist. Wie aber, wenn die Vernunft die Macht in verbrecherischer Weise an sich gerissen hat? Dann wäre das ja bereits nicht mehr Gehorsam, sondern würdelose knechtische Ergebenheit. Davon will niemand sprechen, — ja nicht einmal daran denken. Und wie man noch dazu erregt ist, wenn irgend jemand die Sprache darauf bringt! Das Äußerste, wozu wir noch bereit wären, ist — die Bibel umzudeuten und sie mit Spinoza und Kant in Übereinstimmung zu bringen. Hegel sprach sowohl von der Offenbarung als auch vom menschgewordenen Gott und von einer absoluten Religion, — seine intellektuelle Gewissenhaftigkeit aber steht außer allem Zweifel. Hegel konnte Schelling verraten, der Vernunft aber diente er von ganzem Herzen und von ganzer Seele.

5

SPEKULATION. Spekulation ist im wesentlichen das Bestreben, urewig bestehende und das Weltgebäude beherrschende unerschütterliche Prinzipien hinter, vor oder über den Lebewesen ausfindig zu machen. Selbst ein noch so „freies" menschliches Denken beruhigt sich in seinem Suchen, sobald es meint oder, wie man gewöhnlich zu sagen vorzieht, sobald es überzeugt ist, über die Grenzen der individuellen veränderlichen Willkür hinausgekommen und in das Reich der unveränderlichen Gesetzmäßigkeit gelangt zu sein. Darum beginnen alle spekulativen Systeme bei der Freiheit, enden aber bei der Notwendigkeit, wobei sie, da ja die Notwendigkeit allgemein gesprochen keinen guten Ruf genießt, gewöhnlich zu beweisen bemüht sind, daß jene letzte, höchste Notwendigkeit, zu der man vermittelst der Spekulation gelangt, sich in nichts von der Freiheit unterscheide, mit anderen Worten, daß vernünftige Freiheit und Notwendigkeit ein und dasselbe sei. In Wirklichkeit aber sind sie nicht ein und dasselbe. Notwendigkeit bleibt Notwendigkeit, sei sie nun vernünftig oder unvernünftig. Gewöhnlich bezeichnet man ja als vernünftige Notwendigkeit jegliche unüberwindliche Notwendigkeit. Aber dieser letztere Umstand wird künstlich verschwiegen, — und zwar nicht umsonst. In der Tiefe der menschlichen Seele ist das unausrottbare Bedürfnis lebendig und die ewige Hoffnung, einmal nach eigenem Willen zu leben. Doch was ist das für ein eigener Wille, wenn es vernünftig und dazu auch noch notwendig ist? Sieht denn eigener Wille so aus? Indes gibt es für den Menschen in der ganzen Welt kein größeres Bedürfnis, als nach seinem, wenn auch törichten, so doch eigenen Willen zu leben. Und die beredsamsten, überzeugendsten Beweise bleiben vergeblich. Das heißt, man kann selbst durch Beweise „den Menschen zum Schweigen bringen", obwohl es selbstverständlich viele, weit zuverlässigere Arten des Überzeugens gibt, und obwohl die „vernünftigen" Beweise, wie die Geschichte lehrt, niemals irgend welche Verbündeten für zu gering hielten, — aber Schweigen ist keineswegs ein Zeichen des Einverständnisses. Wir schweigen häufig, weil wir die Nutzlosigkeit von Worten einsehen, auch streitet ja nicht jedermann gern. Die klügeren unter den Philosophen wissen das. Darum hassen sie die Menge so sehr (sie sagen, sie verachteten sie — das klingt erhabener), obwohl die Masse ihnen selten widerspricht. Die Menschen hören ihnen eine Weile zu, billigen sogar ihre Worte, — dann aber ist es, als hätten sie gar nichts gehört. Zuweilen ist es noch schlimmer: sie wiederholen, was sie gehört haben, wiederholen es oftmals, leben und handeln aber nach eigenem Ermessen: „Ich sehe das Bessere und billige es, befolge aber das Schlechtere" (video meliora proboque, deteriora sequor). Wie ist denn das: es sieht einer und stimmt zu, daß Freiheit und Notwendigkeit ein und dasselbe sei, und daß Spekulationen, die das Ideale und die Regeln über die Wirklichkeit stellen, die Wahrheit verkündeten, wird es aber Ernst damit, so tut er, als hätte es weder spekulative Denker noch ideale Wesenheiten jemals gegeben. Wer hat nun recht, die spekulativen Denker, welche die idealen Prinzipien suchen, oder die gewöhnlichen Sterblichen, denen das unmittelbare Fühlen eingibt, daß die idealen Prinzipien Teufelsblendwerk seien — wie auch alle mechanistischen Erklärungen des Weltgebäudes und des Lebens?

6

FRAGEN. Wir meinen, zu fragen sei stets angebracht und der Weg zur Wahrheit führe über Fragen. Wir fragen, wie groß die Geschwindigkeit des Schalles sei, wohin die Wolga münde, wie alt ein Rabe werden könne, und so fort ohne Ende, und erhalten bekanntlich auf derartige Fragen sehr bestimmte Antworten, die wir für Wahrheiten halten. Und wir ziehen daraus sofort den Schluß: Wenn wir auf Tausende, auf Millionen unserer Fragen Antworten bekamen, welche Wahrheiten enthielten, — so muß man also, um zur Wahrheit zu gelangen, fragen. Darum fragen wir: Gibt es einen Gott? Ist die Seele unsterblich? Ist der Wille frei? (drei Fragen, auf die nach Kant alle Metaphysik hinausläuft), wobei wir von vornherein überzeugt sind, daß wir auch diesmal, wie bereits früher, nicht in den Besitz der Wahrheit gelangen würden, wenn wir nicht fragten. Es hat hiermit unsere Vernunft das „vorweggenommen", was sie noch nicht sah, wir jedoch freuen uns bereits, daß unser „Wissen" sich erweitert habe. Solche Vorwegnahmen bleiben, wie die alltägliche Erfahrung zeigt, sehr häufig, aber nicht immer ungestraft. Diesmal übt irgend jemand grausam Strafe — nicht an der Vernunft selbstverständlich (die Vernunft ist schlau oder ideal genug und weiß der Verantwortung aus dem Wege zu gehen), sondern an den vertrauensseligen und einfältigen Trägern der Vernunft, den Menschen. Sie bekommen keinerlei Antwort, trotz ihres beharrlichsten Fragens — oder sie bekommen ganz andere Antworten als jene, auf die sie rechneten. Und es geschieht ihnen ganz recht — warum fragten sie auch! Wie kann man nur an irgend wen oder irgend was sein Recht auf Gott, auf die Seele, auf die Freiheit abtreten. Treten wir doch, indem wir fragen, dieses Recht an irgend wen ab! Und zwar an wen? Wer ist es, der unsere Seele und unseren Gott uns entlockte oder raubte? Und warum hat er (oder es), den wir nichts angehen, den nichts etwas angeht, dem alles einerlei ist, sich das Recht angemaßt, Beschlüsse darüber zu fassen, was für uns das Wichtigste auf der Welt sei?

7

UNDE MALUM? Man fragt: Wo hat das Böse seinen Ursprung? Zahlreiche, wenn auch ziemlich einförmige Theodizeen geben Antwort auf diese Frage, aber es sind Antworten, die nur die Verfasser der Theodizeen befriedigen (ja befriedigen sie diese auch wirklich?) und Freunde der Unterhaltungsliteratur zufriedenstellen. Die Übrigen werden durch die Theodizeen aufgereizt, und die Aufreizung ist jener Beharrlichkeit direkt proportional, mit der die Frage des Bösen sich im Menschen erhebt. Wenn nun diese Frage ihren äußersten Grad erreicht, wie z. B.

bei Hiob, so beginnt der Gedanke einer Theodizee gotteslästerlich zu erscheinen. Für Hiob bedeutet jegliche „Erklärung" seines Unglücks bloß eine Vermehrung des Jammers. Er bedarf weder irgend welcher Erklärungen, noch irgend welcher Antworten. Er bedarf auch keines Trostes. Hiob verwünscht die Freunde, die zu ihm kommen, und zwar gerade deshalb, weil sie Freunde sind und als Freunde ihm seine Lage „erleichtern" wollen, — soweit ein Mensch die Lage eines anderen überhaupt erleichtern kann. Für Hiob ist das Schlimmste dieses „soweit". Wenn man schon nicht helfen kann, so ist auch Trost überflüssig. Mit anderen Worten, man kann fragen (manchmal, wie bei Hiob, ist es notwendig, zu fragen): Wo hat das Böse seinen Ursprung? Aber beantworten d a r f man diese Frage n i c h t. Und erst wenn die Philosophen begreifen werden, daß sowohl diese Frage, als auch viele anderen n i c h t b e a n t w o r t e t w e r d e n d ü r f e n, werden sie erfahren, daß Fragen nicht immer gestellt werden, um beantwortet zu werden, und daß es Fragen gibt, deren ganzer Sinn darin besteht, keine Antwort zu dulden, weil Antworten sie töten. Nicht recht verständlich? Nun, so ertragen Sie es nur ein wenig: es gibt noch ganz andere Dinge, an die der Mensch sich gewöhnt.

8

VON DER ZWINGENDEN WAHRHEIT. Der eine fragt: Wie ist Wissen möglich, wieso ist es möglich, daß irgend etwas ganz anderes als wir selbst in uns eingehe? Er fragt und beruhigt sich nicht, solange er nicht sich selber beweist oder bewiesen zu haben vermeint, daß der Erkennende und das Erkannte letztlich durchaus nicht verschieden, sondern ein und dasselbe seien und daß es folglich nichts Unmögliches gebe. Warum beunruhigte ihn so sehr der Gedanke, daß es Unmögliches gebe, und warum erscheint ihm umgekehrt die Gewißheit, daß es nichts Unmögliches gebe, so beruhigend? Und schließlich als letztes: Warum bangt er so um seine Ruhe, als wäre Ruhe die höchste Errungenschaft des Menschen? Ich nehme es nicht auf mich, für ihn zu antworten, und neige zu der Ansicht, daß er auch selber keine Antwort hierauf zu geben vermag.

Ein anderer ist durch anderes beunruhigt. Er wäre sogar froh, zu erfahren, daß es nicht nur Mögliches, sondern auch Unmögliches gebe. Aber die Wirklichkeit überzeugt ihn gewaltsam vom Gegenteil. Nicht nur Unmögliches, sondern auch vieles Mögliche gebe es nicht. Es läge, sagen wir mal, nichts Unmögliches darin, daß die Menschen einander liebten. Im Leben jedoch gilt die Regel: homo homini lupus. Auch läge nichts Unmögliches darin, daß der Mensch, wie manche anderen Säugetiere, mehrere hundert Jahre alt werde. Oder gar, daß er nicht sterbe, sobald die wer weiß von wem oder von was festgesetzte Frist abgelaufen ist, sondern wann es ihm selber beliebt. Noch vieles andere derartige erweist sich in Wirklichkeit unerfüllt oder unerfüllbar. Unerfüllt ist auch die ewige Sehnsucht der Menschen nach absolutem Wissen: ist doch alles, was wir wissen, relativ, und wissen wir doch nur wenig. Die letzte Wahrheit ist in undurchdringliches Dunkel gehüllt, obwohl es durchaus möglich und sogar natürlich wäre, daß die Wahrheit den Menschen, die so sehr nach ihr suchen und sich so sehr nach ihr sehnen, nicht verborgen bliebe.

Eine ganz andere Unruhe, fahre ich nun fort, befällt zuweilen den Erkenntnistheoretiker: Warum entspricht das, was ist, nicht dem, wovon wir gern wollten, daß es wäre? Man wird einwenden, es sei dies keine erkenntnistheoretische Frage. Das ist es ja aber, daß dies eine höchst erkenntnistheoretische, eine in bedeutend höherem Grade erkenntnistheoretische Frage ist als jene, von der bei uns anfangs die Rede war. Wieso es möglich sei, daß irgend etwas außer uns und uns Unähnliches Gegenstand unseres Wissens werde, erscheint als grundlegende Frage nur deshalb, weil wir der abergläubischen Überzeugung sind, daß es nur Mögliches gebe. Aber das ist ja doch reinstes Vorurteil, das nicht einmal mit der alltäglichen Erfahrung übereinstimmt. Die alltägliche Erfahrung zeigt, daß Sauerstoff, in bestimmtem Verhältnis mit Wasserstoff gemischt, Wasser, und mit Stickstoff gemischt — Luft ergibt. Aber das ist ja doch etwas offenkundig Unmögliches. Wieso sollte plötzlich aus Sauerstoff und Wasserstoff Wasser entstehen? Warum bleibt der Sauerstoff nicht Sauerstoff, der Wasserstoff indes Wasserstoff? Oder, warum verwandeln sie sich nicht in Luft? Alles hieran ist ganz willkürlich, ist gänzlich unbegründet und folglich im Grunde genommen ganz unmöglich. Die Chemie ist die Wissenschaft von einer in der Natur sich ausbreitenden unendlichen Willkür, sie ist die Wissenschaft davon, wie ein Beliebiges aus einem Beliebigen entsteht. Nur mit der einen Einschränkung: es beliebt nicht uns, die wir Chemie studieren, sondern irgend wem oder irgend was, dessen Namen wir nicht zu nennen wissen. Ihm beliebt es — wir indes sind bereits g e z w u n g e n, ob wir nun wollen oder nicht, Chemie zu studieren, das heißt, seinen Willen zu erkennen. Aber es ist ja die Frage berechtigt: Wieso kommt es, daß er (richtiger: es, wenn dies, wie alle überzeugt sind, kein lebendes Wesen ist) befiehlt, wir indes zu gehorchen gezwungen sind? Anders ausgedrückt: Woher die z w i n g e n d e Macht der Erkenntnis? Wieso entsteht aus Sauerstoff und Wasserstoff Wasser, und nicht Brot, Gold oder eine musikalische Symphonie? Oder: Warum entsteht Wasser aus der Verbindung von Sauerstoff und Wasserstoff, nicht aber von Schall und Licht? Woher dieser unerbittliche Z w a n g der wissenschaftlichen Wahrheit oder sogar einfach der Erfahrungswahrheit? Und warum sind jene Menschen, die so ernsthaft darum besorgt sind, daß sich in der Wirklichkeit nicht irgend etwas Unmögliches vorfinde, ganz gleichgültig dagegen, daß es in der Wirklichkeit so vieles für uns ganz Unannehmbares gibt? Kann man doch sich viel leichter damit einverstanden erklären, daß Pygmalion seiner Statue Leben verlieh, daß Josua, Nuns Sohn, die Sonne zum Stillstand brachte usw., als damit, daß die Athener Sokrates vergifteten. Indessen sind wir das Gegenteil zu behaupten g e z w u n g e n : Josua hat die Sonne nicht zum Stillstand gebracht, Pygmalion hat der Statue kein Leben verliehen, die Athener jedoch haben Sokrates vergiftet. Das wäre aber noch sozusagen ein halbes Unglück: es läßt sich nicht wider den Stachel löcken. Warum aber die Philosophen die zwingende Macht des Wissens preisen und segnen und das gleiche von allen Menschen verlangen (ist doch Erkenntnistheorie nichts anderes als ein zum Ideal erhobenes, ein der Wahrheit gleichgestelltes Wissen), warum sie, die bei dem Gedanken, daß irgend etwas Unmögliches sich in der Wirklichkeit realisieren könnte, sich so erregen, die zwingende Macht unseres Wissens ganz ruhig als etwas Vernünftiges und Seinsollendes hinnehmen, — das läßt sich nicht begreifen. Denn wenn schon nach etwas fragen, dann danach, woher dieser Z w a n g seinen Ursprung nahm. Und wer weiß, wenn die Philosophen sich das Unmögliche mehr angelegen sein ließen und die zwingende Macht der Erkenntnis sie in gebührender Weise beunruhigte und verletzte, ob dann nicht vielleicht viele Urteile, die jetzt als allgemein und notwendig, und darum für jedermann verbindlich erscheinen, sich als höchster Unsinn und äußerste Sinnlosigkeit erweisen würden. Und ob nicht die Idee der zwingenden Wahrheit sich dann als das Unsinnigste, das Sinnloseste von allem herausstellen würde.

9

DIE QUELLE DER METAPHYSISCHEN WAHRHEITEN. Ipse conditor et creator mundi semel jussit — semper paret: der Gründer und Schöpfer der Welt hat selber e i n mal befohlen und gehorcht immer, sagt Seneca, hiermit wie immer das wiederholend, was er von anderen hörte. Aber selbst wenn dies so wäre, wenn Gott in der Tat nur ein einziges Mal befohlen hätte und seitdem bereits nur gehorchte, wieviel wichtiger wäre es dennoch sowohl für uns als auch für Ihn, daß Er einmal befahl, als daß Er stets gehorcht. Gottes Macht, Sinn und Bedeutung bestehen selbstverständlich nicht darin, daß Er gehorcht. Gehorchen kann ein schwaches und nichtiges Wesen, ja gehorchen können selbst unbeseelte Gegenstände der unorganischen Welt. Und doch richtet sich unser Wissen ausschließlich auf das Studium der Gesetzmäßigkeit von Erscheinungen, als wäre das freie schöpferische Prinzip etwas Verwerfliches und Schändliches, so daß wir wie auch Gott selber es vergessen müßten oder doch nie von ihm sprechen dürften! Für uns folgen alle Wahrheiten aus dem Gehorchen (parere), sogar die metaphysischen. Indessen ist aber die einzige Quelle der metaphysischen Wahrheiten das Befehlen (jubere), und solange die Menschen nicht des Befehlens teilhaftig werden, wird ihnen Metaphysik unmöglich erscheinen: rückte doch auch Kant nur deshalb von der Metaphysik ab, weil er in ihr das für ihn so furchtbare Befehlen erkannte, welches er (selbstverständlich ganz richtig) mit dem jedermann verhaßten und furchtbaren Wort „Willkür" übersetzte.

10

DAS ABSOLUTE. Die Todsünde der Philosophen besteht nicht darin, daß sie dem Absoluten nachjagen, sondern darin, daß sie, sobald sie sich überzeugen, das Absolute nicht gefunden zu haben, sich bereit erklären, irgend eine der menschlichen Schöpfungen — Wissenschaft, Staat, Moral, Religion und anderes mehr — als absolut anzuerkennen. Gewiß, Staat und Wissenschaft und Moral und Religion — sie alle haben einen Wert, und zwar einen sehr großen. Jedoch nur, solange sie nicht auf den Thron des Absoluten Anspruch erheben. Selbst die Religion ist, so erhaben und tief sie auch sein mag, bestenfalls nur Gefäß, Hostienschrein, sakraler Zierat des Absoluten. Und man muß, um nicht in Götzenanbetung zu verfallen, das Heiligtum von dem sakralen Zierat zu unterscheiden wissen, in den es gekleidet ist. Doch ist es nicht so, daß die Menschen sich hierauf nicht verständen, sondern sie wollen es nicht. Irgend weshalb sind ihnen Götzen näher und verständlicher als Gott. Hiervon weiß die Heilige Schrift viel zu berichten. Selbst das jüdische Volk, das berufen war, der Hälfte des Menschengeschlechts Gott zu offenbaren, ließ sich durch Götzen in Versuchung führen und erreichte nur dank den in ihrer Anspannung unerhörten Ermunterungen der Propheten jene Höhen, von denen aus die Ewige Wahrheit sich offenbart.

11

DIE NATUR UND DIE MENSCHEN. Die Menschen, sagt Spinoza, haben sich eingebildet, nicht Bestandteile oder Glieder jenes geschlossenen Ganzen zu sein, das sich Natur nennt, und wollten innerhalb der Natur gewissermaßen einen Staat im Staate bilden. Sollte es nicht umgekehrt sein? Wäre es nicht richtiger, zu sagen, daß die Menschen sich als rechtlose und ohnmächtige Rädchen einer großen Maschine fühlen und vergessen haben, daß die Welt für sie geschaffen wurde?

12

VOM RADIKALEN ZWEIFEL. Und der deus malignus hat Descartes dennoch umgangen! Das cogito ergo sum brauchte Descartes, um seine Theorie vom clare et distincte als den Merkmalen der Wahrheit, das heißt, eine Beweistheorie, zu schaffen. Aber das cogito ergo sum hat ihm ja doch im Grunde nichts genützt. Er gab sich bloß den Anschein, er stellte sich nur so, als wären ihm anfangs Zweifel an seinem eigenen Sein gekommen und als hätte er sich dann neuerdings von seinem Sein überzeugt, nachdem er hinreichende Beweise dafür gefunden. Und Hume hat vollständig recht: Wenn es Descartes gelungen wäre, seinen „radikalen Zweifel" zu verwirklichen, so hätte er dann nie mehr aus dem Zweifeln herauszukommen vermocht. Wären ihm Zweifel am Dasein Gottes gekommen — es wäre für immer aus gewesen, und keinerlei „Beweise" hätten mehr geholfen. Descartes richtete mit jener Vorsicht, die eher an einen Traumwandler als an einen philosophisch gesinnten Forscher erinnert, seine Zweifel gerade auf jene Wahrheit, gegen die der Zweifel ohnmächtig ist. Und dann triumphierte er: Man könne den radikalsten Zweifel durch Beweise überwinden, folglich ständen uns Mittel der Wahrheitsfindung zur Verfügung. Er hätte indes anders argumentieren sollen: Ich habe keinerlei Beweise meines Daseins, aber ich brauche auch keine Beweise — folglich kommen Wahrheiten, und zwar sehr wichtige, auch ohne Beweise aus. Dann wäre es ihm vielleicht nicht geglückt, zum „Vater der neueren Philosophie" zu werden, aber es wäre ihm dafür etwas viel Bedeutenderes geglückt, als das Anrecht auf einen Platz im Pantheon der großen Männer zu erlangen.

13

VON WUNDERBAREN VERWANDLUNGEN. Wir sehen den Splitter in unseres Bruders Auge, werden aber des Balkens in unserem eigenen nicht gewahr. Das stimmt: Ein jeder von uns hat vielfach Gelegenheit gehabt, sich zu überzeugen, wie richtig das ist. Aber nun eine andere Frage: Wieso kommt es, daß wir den Splitter in eines anderen Auge sehen, den Balken im eigenen aber nicht merken? Am einfachsten wäre es, dies mit unserer

Unvollkommenheit, unserer Beschränktheit zu erklären. Sind wir ja doch wirklich sowohl unvollkommen als auch beschränkt. Dennoch gibt es vielleicht eine andere, „bessere" Erklärung. Vielleicht ist der Splitter in unseres Bruders Auge nur ein Splitter und bleibt ein Splitter, während es uns gegeben ist, sogar einen häßlichen Balken im eigenen Auge auf wunderbare Weise in etwas Nützliches, Notwendiges, ja sogar Schönes zu verwandeln. Und vielleicht wächst sich umgekehrt auf die gleiche rätselhafte Weise der Splitter im eigenen Auge plötzlich zu einem riesenhaften Balken aus, wie die Heilige Schrift berichtet (Prophet Elias). Aber es wird nicht gern von wunderbaren Verwandlungen gesprochen, man glaubt nicht an sie und will sie darum sogar dort, wo sie vorkommen, nicht sehen. Und doch sollte man sie sehen und die Heilige Schrift aufmerksamer lesen.

14

DOGMATISMUS UND SKEPTIZISMUS. Der Dogmatismus steht dem Skeptizismus viel näher, als es uns erscheint, die wir aus der Geschichte der Philosophie wissen, welch gespannte und unermüdliche Feindschaft schon seit den ältesten Zeiten zwischen diesen beiden Schulen bestanden hat. Für die Dogmatiker wie auch für die Skeptiker ist am wesentlichsten ihre Zurückhaltung (ἐποχή). Erst wenn der Skeptiker es sattbekommt, den Gordischen Knoten des Seins zu entwirren, erklärt er: Wir wissen nichts und können nichts wissen — es lohnt sich nicht einmal, sich zu bemühen. Der Dogmatiker indes sagt, wenn er nicht mehr aus und ein weiß: Ich weiß bereits alles, was ich wissen muß, nehmt mein Wissen und begnügt euch damit. Es verhält sich also damit, wenn es mir mit einfachen Worten zu sagen verlaubt ist, so: Was der Kluge im Kopf hat, trägt der Tor auf der Zunge; oder, gelehrt ausgedrückt: explicite und implicite. Daß aber die Dogmatiker klüger sind als die Skeptiker, unterliegt keinem Zweifel. Jegliches explicite ist notwendigerweise ein wenig töricht: man kann doch wahrhaftig nicht alles erzählen, ja, es besteht gar keine Notwendigkeit dafür. Wie würden alle lachen, wenn der Dogmatiker, statt zu verbergen und zu verschweigen, wo die „Quelle" fließe, aus der er seine Wahrheiten schöpft, jedermann zu ihr hinführen würde! Er weiß, daß seine Behauptungen willkürlich sind, sein Recht auf Willkür liegt ihm vielleicht mehr als alles andere in der Welt am Herzen (zum Beispiel Plato oder Plotin), aber er weiß auch, daß man dieses Recht sich nur in dem Falle wahren kann, wenn man vor allen Menschen aufs sorgfältigste das verbirgt, was einem am wichtigsten ist, und niemandem etwas davon erzählt. Das „Allerwichtigste" liegt jenseits des Verständlichen und Erklärbaren, das heißt, jenseits des von Sprache oder Wort gestatteten Verkehrs.

15

DAS MINIMUM AN METAPHYSIK. Die Philosophen brüsten sich heute gern damit, daß sie für ihre Systeme ein Minimum an metaphysischen Annahmen brauchten. Kants „Kritiken" haben offenbar ihr Werk getan. Man hat die Metaphysik nicht gern, man glaubt ihr nicht, man schämt sich ihrer und flieht sie. Gelingt es aber nicht, andere zu überzeugen, so rechtfertigt man sich damit, daß man nicht aus freien Stücken mit ihr Umgang gepflogen habe, sondern aus Notwendigkeit und nur nach Maßgabe äußerster Notwendigkeit. Aber ist es denn in der Tat so unanständig, mit der Metaphysik Umgang zu pflegen, als wäre sie eine Person leichtfertigen Benehmens? Die Alten schämten sich nicht der Metaphysik und mieden sie nicht. Ein „Minimum an Metaphysik" wäre ihnen als lächerliche und feige Selbstbeschränkung erschienen. Auch ermuntert die Metaphysik wohl kaum schüchterne und um ihren guten Ruf allzu sehr besorgte Menschen. Plato und Plotin trachteten nach einem Maximum an Metaphysik und waren ihre Lieblinge. Daher kritisiert und widerlegt man sie wohl beide, hört aber auch heute immer noch auf sie..

16

DAS MAXIMUM AN METAPHYSIK. Auf den ersten Blick ist Erkenntnis die Aneignung von etwas Neuem, vorher Unbekanntem. In Wirklichkeit ist sie nicht einfache Aneignung. Ehe der Mensch sich etwas aneignet, bereitet er das vor, was er dann sich anzueignen hat. Das Anzueignende besteht also immer aus zwei Elementen: einem dem Menschen Gegebenen und einem vom Menschen Geschaffenen. Es wäre darum falsch, im Gegenstand der Erkenntnis ein Ansichseiendes zu sehen, und es wäre noch irrtümlicher, anzunehmen, daß ein solcher Gesichtspunkt ontologisch sei. Das Ansichseiende, das heißt, das ganz unabhängig vom Erkennenden Bestehende ist gar kein „wirklich Bestehendes". Und wenn man sich bemüht, uns zu überzeugen, daß der Mensch „natürlicherweise" (das heißt, vor jeglicher Theorie) seine Erkenntnis einem von ihm nicht abhängigen Gegenstand entgegenstelle, und daß die natürliche Erkenntnis das Bestreben sei, diesen Gegenstand so zu „erfassen", wie er an und für sich ist, so wird das „Phänomen" der natürlichen Erkenntnis unrichtig „beschrieben". Ebenso unrichtig ist der Gedanke, die „natürliche" Erkenntnis gebe sich darüber Rechenschaft, daß das von ihr geschaffene Bild des Gegenstandes nicht der Gegenstand selbst, sondern nur ein Symbol des Gegenstandes sei, der unabhängig vom Bewußtsein existiere. Das „natürliche Bewußtsein" läßt sich nichts dergleichen auch nur träumen. Wenn man einem modernen, geschweige denn einem primitiven Menschen, der in philosophische Konstruktionen nicht eingeweiht ist, sagen würde, daß unsere Vorstellung vom Gegenstand nicht der Gegenstand selbst, sondern nur eine Reihe konventioneller Zeichen sei, die mit dem wirklichen Gegenstand ebensowenig Ähnlichkeit haben wie etwa das Wort mit dem Gedanken, den es ausdrückt, — so würde ihn diese Entdeckung erstaunen, ja vielleicht sogar entsetzen. Und selbstverständlich würde sich so ein Mensch viel leichter mit dem Gedanken aussöhnen, daß die von ihm erkannten Gegenstände von seiner Erkenntnis nicht unabhängig seien, als damit, daß sie ganz anders seien, als sie seinem Bewußtsein erscheinen. Die Physik lehrt, der Schall sei nicht Schall, die Farbe nicht Farbe, die Chemie besagt, Wasser sei nicht Wasser usw. Die Philosophie geht noch weiter, indem sie sich bemüht, den Maya-Schleier der Welt zu heben, und sie bemüht sich, an Stelle der Welt als „wahrhaft Seiendes" etwas anderes zu setzen, das mit unserer Welt, ja überhaupt mit nichts Ähnlichkeit hat. Wenn man nun einen „natürlich" denkenden Menschen (das heißt einen, der keine Theorie kennt und fürchtet) fragt: Wo ist das „wahre Sein" — in jener geschundenen Welt, die ihm die Philosophie anbietet und die sie als unabhängig vom erkennenden Subjekt bezeichnet, oder in jener Welt, wo es, wenn auch unter seiner eigenen Beteiligung, Töne und Farben und Formen usw. gibt? — so würde er natürlich ohne Zaudern zugeben, daß das Wesen der Welt nicht im geringsten darunter leide, daß es ihm selber gegeben sei, eine schöpferische Rolle bei ihrer Schaffung zu spielen, daß aber, wenn die Gegenstände der Erkenntnis unabhängig von ihm und von irgend jemandem existierten, aber so werden, wie die philosophische Ansicht sie darstellt — weder von der „Wahrheit", noch von dem „Seienden" irgend etwas übrig bliebe. Wenn sich das aber so verhält, so besteht also die Erkenntnistheorie, die möglichst wenig Theorie sein und ins „Sein" eindringen will, nicht darin, die Unabhängigkeit dessen, was sie „das Ansichseiende", das heißt, die geschundene Welt nennt, zu retten oder zu rechtfertigen, sondern darin, das Wesen des Seins in jener Welt anzunehmen und sehen zu lernen, die, wenn sie auch vom Subjekt (das heißt vom Lebewesen) abhängt oder sogar gerade deshalb, weil sie von ihm abhängt, alles das hat, dessentwegen sie liebens- und schätzenswert ist. Das wirklich Seiende wird in Ausdrücken des wirklich Wichtigen und wirklich Wertvollen definiert. Die Griechen haben dies gewußt, wir haben es vergessen, so sehr vergessen, daß, selbst wenn wir daran erinnert werden, wir doch nicht verstehen, wovon die Rede ist. Wir haben einen derartigen Glauben an unser Denken und daran, daß unser Denken, das nur e i n e Dimension kennt, das einzig mögliche sei, daß wir uns zur Philosophie der Alten, die noch das Gefühl für eine zweite Dimension hatten, fast wie zu einem Aberglauben verhalten. Wir sagen dies zwar nicht gerade heraus. Wir studieren die Alten und achten sie in Worten. Wer aber wäre bereit, nach Plato zu wiederholen: „Unsere Altvorderen, von edlerer Art als wir und näher den Göttern wohnend"? Ich denke, niemand. Wir sind überzeugt, daß die Alten vielleicht noch in ihrer Unkenntnis selig waren, aber gerade deshalb schlechter als wir und Gott ferner waren: die Alten setzten sich „praktische Aufgaben" — wir indes suchen selbstlos die Wahrheit. Wir wollen, daß auch das metaphysische Denken wissenschaftlich sei, Wissenschaftlichkeit jedoch setzt vor allem die Bereitschaft, auf die zweite Dimension des Denkens zu verzichten, und die aus solcher Bereitschaft hervorgehende Fähigkeit rein theoretischen, das heißt, passiven, gegen alles gleichgültigen, sich von vornherein mit allem versöhnenden Wahrheitsuchens voraus. Für uns ist eine Wahrheit, nicht nur eine philosophische, sondern auch eine metaphysische, eine „Angleichung von Ding und Verstand" (adaequatio rei et intellectus): wir müssen alle Befehle, so ungeheuerlich sie auch sein mögen, gehorsam und ohne Murren von den Dingen (res) entgegennehmen. Befiehlt eine „res" — so nehmen wir an, daß man einen tollen Hund vergiftet habe, befiehlt eine andere „res" — so nehmen wir ebenso an (und nahmen an), daß man Sokrates vergiftet habe. Als größte Sünde erscheinen uns Anmaßung und Eigenwille: Der in das Denken (als zweite Dimension) eingeführte Eigenwille verbirgt unserer Ansicht nach vor dem Menschen das wahre Wesen des Seins. Bei den Griechen (nicht bei allen selbstverständlich, — davon weiter unten) war es anders: Sie fühlten, daß Gehorsam, die Bereitschaft, alles anzunehmen, das wahre Wesen vor uns verbirgt. Um in die wahre Wirklichkeit vorzudringen, muß man sich als Herr der Welt fühlen, muß man befehlen, schaffen lernen. Dort, wo wir frevelhaften und ruchlosen Eigenwillen, das Fehlen jeglichen Grundes erblicken und wo unserer Ansicht nach die Möglichkeit des Denkens aufhört — dort sahen sie den Anfang der metaphysischen Wahrheit. Sie sprachen wie Machthaber, das heißt, wie Wesen, deren Bestimmung darin besteht, Eigenwille in Wahrheit umzuwandeln und eine neue Wirklichkeit zu schaffen. Für sie war die Metaphysik keine Fortsetzung der Wissenschaft. Die letzte Quelle (ἀρχή) der Wahrheit fanden sie jenseits der Grenzen des Wissens, und mit den Prinzipien, auf denen die Erkenntnis beruht, hat sie nichts gemein. Uns erscheint das als Wahnsinn und Sinnlosigkeit. Wir wollen, daß die Metaphysik Wissenschaft sei, wir sind der Ansicht, daß die Griechen sich irrten, daß sie theoretische Aufgaben mit praktischen verwechselten. Aber es ist fraglich, wer sich irrte: die Griechen, die den Eigenwillen in das metaphysische Denken einführten, oder wir, die wir die Metaphysik der Idee der Notwendigkeit unterordnen. Wer ist schlechter, wer ist weiter von Gott entfernt? Wie dem auch sei: Unter den griechischen Philosophen anerkennen und verstehen wir nur Aristoteles und die Stoiker. Alle übrigen haben wir abgelehnt. Das ist auch ganz natürlich: Bei Aristoteles und den Stoikern finden wir ein Minimum an Metaphysik, das heißt, für uns unfaßbaren Eigenwillens, und ein Maximum an Notwendigkeit (Aristoteles war überzeugt, die Notwendigkeit sei etwas, das sich nicht überreden läßt), das heißt, an uns verständlicher Ordnung und Gesetzesgehorsam. Aber selbst Aristoteles und die Stoiker verbessern wir und passen wir unseren Bedürfnissen an, obwohl sie selber ihre Vorgänger reichlich verbesserten. Plato, wie auch Sokrates, bemühten sich, dorthin vorzudringen, wo das Sein gemacht wird, und suchten selbst daran teilzunehmen: so faßten sie die Aufgaben der Metaphysik auf, die für sie eine Einübung in den Tod (μελέτη θανάτου) war und sie aus den mittleren Zonen des menschlichen Daseins nach den Randgebieten des Lebens führte. Aristoteles und die Stoiker wollten nicht soweit gehen. Sie erkannten die Notwendigkeit an und paßten sich an sie an. Wir jedoch wollen nicht. Wir sind zu träg und feig, uns Gott nähern zu wollen. Uns genügt es, wenn wir uns auf Erden einrichten. Darum ist uns der Eigenwille so unheimlich und die Notwendigkeit so lieb. Darum halten wir die von der Wissenschaft geschundene Welt für das wahrhaft Seiende (das Minimum an Metaphysik) und verleihen ihr das Recht auf ein unabhängiges Sein, während wir die reale Welt für eine Erscheinung, für Schein halten und sie aus unserer Ontologie verbannen.

17

DER SINN DER GESCHICHTE. Man sucht den Sinn der Geschichte, und man findet den Sinn der Geschichte. Aber warum muß die Geschichte eigentlich einen Sinn haben? Danach wird nicht gefragt. Wenn jedoch jemand danach fragte, so würde er vielleicht zunächst daran zweifeln, ob die Geschichte einen Sinn haben müsse, und sich dann überzeugen, daß die Geschichte überhaupt keinen Sinn zu haben brauche, daß die Geschichte ein Ding für sich und der Sinn hinwiederum ein Ding für sich sei.

Durch eine Sechserkerze ist seinerzeit Moskau eingeäschert worden, Rasputin und Lenin indes — ebenfalls Sechserkerzen — haben ganz Rußland niedergebrannt.

18

FREIHEIT UND DENKEN. Kant lehrte, unser Denken, der vortreffliche, der einzige Führer durch das Labyrinth des Seins, geleite uns schließlich in Gebiete, wo es selber hilflos und nutzlos ist, in Gebiete, wo bereits nicht mehr das Gesetz des Widerspruchs herrscht, das nie trügt und stets eindeutige Antworten verbürgt, sondern wo die Antinomien herrschen, welche die Möglichkeit irgend welcher Antworten ausschließen. Was nun weiter? Kant sagt: Man muß haltmachen, denn hier haben unsere Interessen ein Ende. Wo es keine Antworten auf Fragen geben kann, hat der Mensch nichts zu suchen, nichts zu tun. Gewiß, man kann haltmachen, und die meisten Menschen machen auch halt. Aber muß man denn haltmachen? Wie, wenn es gar nicht notwendig ist? Wenn der Mensch „umzulernen" vermag, wenn er sich so zu ändern, so umzuerziehen vermag, daß er frei wird von dem Bedürfnis, eindeutige Antworten auf alle Fragen zu erhalten? Und sogar zu fühlen, daß derartige Antworten — obwohl sie ihn früher sehr trösteten und freuten — in Wirklichkeit ein Fluch seines Daseins, jene Nichtigkeit sind, in die sich die Kreatur nicht freiwillig fügte und unter der sie bis auf heute stöhnt und leidet? (Röm. 7, 20—22). Als Kant über das Verhältnis der Metaphysik zur Wissenschaft nachdachte, vergaß er die Heilige Schrift. Schade! Hätte er an sie gedacht, so hätte er vielleicht die Fragen, die er sich stellte, anders beantwortet. Vielleicht hätte er dann nicht den Eindruck gehabt, daß die Metaphysik, wenn sie nicht zu allgemeinen und verbindlichen Urteilen führe, ihre Daseinsberechtigung verliere. Und vielleicht wäre er dahin gelangt, daß die Daseinsberechtigung der Metaphysik gerade darin bestehe, daß sie ihm seine ursprüngliche Freiheit zurückgibt, indem sie die Fesseln der Allgemeinverbindlichkeit ein für allemal sprengt. Kant, wie auch jene, die auf ihn folgten — Fichte, Schelling, Hegel —, sprachen viel und geistvoll von der Freiheit, sobald sie aber die wahre Freiheit vor sich sahen, gerieten sie in Entsetzen und erstarrten, als wäre sie nicht die Freiheit, sondern das Schlangenhaupt der Meduse. Der Gelehrte kann keinesfalls ohne allgemeinverbindliche Urteile auskommen, — wie sollte da die Metaphysik auf sie verzichten? Kann man doch weder streiten, noch überzeugen, wenn keine zwingende, nötigende Norm vorhanden ist. Selbst ein Verkehr zwischen Menschen ist unmöglich, wenn sie sich nicht einem, ebenfalls für alle zwingenden, Prinzip beugen. Aber unbestreitbar ist hier nur eins: Unser Denken erhebt Anspruch auf Rechte, die ihm nicht zustehen. Daraus, daß auf empirischem Gebiet die Idee der zwingenden Wahrheit eine Vorbedingung des Wissens ist, läßt sich keinesfalls der Schluß ziehen, daß auch auf metaphysischem Gebiet die Wahrheit zwingend sei. Ebenso wie sich daraus, daß die Möglichkeit des Verkehrs der Menschen untereinander in der Mehrzahl der von uns beobachteten Fälle die Anerkennung eines oder mehrerer Ausgangsprinzipien voraussetzte, sich nicht der Schluß rechtfertigen läßt: Der Verkehr ist nur dann möglich, wenn die Menschen sich bereit erklären, die Macht oder Herrschaft e i n e r Wahrheit anzuerkennen. Ganz im Gegenteil. Eine solche Forderung schließt häufig die Möglichkeit eines Verkehrs gänzlich aus. Die Ost-Kirche riß sich wegen des filioque von der westlichen los, und die Katholiken pflegen faktisch gar keinen Verkehr mit den Prawoslawen, ja sie hegen sogar erbitterte Feindschaft gegen sie, obwohl Prawoslawie und Katholizismus nur verschiedene Konfessionen des Christentums sind. Ich spreche schon gar nicht von dem Abgrund, der die Christen von den Mohammedanern oder Buddhisten trennt. Nicht daß ein Verkehr unmöglich wäre: das vermeintliche Bedürfnis, sich vor einer gemeinsamen Wahrheit zu beugen, führt zu ewiger Feindschaft, und die Kreuzzüge sind auch heute noch nicht beendet. Menschen, die dicht nebeneinander leben, hassen und verachten sich und sehnen sich nicht danach, miteinander zu „verkehren", sondern den Nächsten sich zu unterwerfen, ihn zu zwingen, sich selber zu vergessen und sich von sich selber und von allem, was für ihn notwendig und wichtig ist, loszusagen. Wir können also natürlich darauf bestehen, daß es außerhalb unserer Wahrheit keine Rettung gebe. Doch kann man keinesfalls darauf rechnen, daß wir, nachdem wir uns mit der einen Wahrheit bewaffnet haben, den Weg zu den Seelen aller Menschen finden würden. Unser Denken trügt uns auch hier mit illusorischen Versprechungen. Im Gegenteil, es werden auf diese Weise alle Wege versperrt, und die Einigkeit der Menschen untereinander wird nicht durch Verkehr, sondern durch Ausrottung aller jener erreicht, die anders als wir denken, fühlen und wollen.

Man wird sagen, es sei gefährlich, den Menschen „Freiheit" zu gewähren. Meister Eckehard lehrte, wer mit Gott in Berührung gekommen sei, der brauche keine Dogmen, — aber seine Freiheit wurde ihm verhängnisvoll: ohne es selber zu merken, glitt er von den Höhen, die er schon erklommen zu haben schien, auf die Ebene des gewöhnlichen Denkens herab und gab eine spekulative Idee als Gott aus. Der deutsche Idealismus indes, der in bedeutendem Maße von Eckehard zehrte, sagte sich ganz von Gott los. Das alles ist so. Aber Eckehard konnte sich ja gerade deshalb nicht auf der Höhe halten, und die deutschen Idealisten kehrten gerade deshalb zum Positivismus zurück, weil die für alle gemeinsame Wahrheit das letzte Ziel ihres Strebens war und weil sie nicht an die Freiheit glaubten.

19

ABRAHAM UND SOKRATES. Als Gott zu Abraham sagte: Gehe aus deinem Vaterland und von deiner Freundschaft und aus deines Vaters Hause in ein Land, das ich dir zeigen will — da gehorchte Abraham und „zog aus, ohne zu wissen, wohin er ging". Und in der Heiligen Schrift heißt es: „Abraham glaubte dem Herrn, und das rechnete Er ihm zur Gerechtigkeit." Aber so war das alles nach der Heiligen Schrift. Dem gesunden Menschenverstand hingegen erscheint das alles anders: Ein Mann, der auszieht, ohne zu wissen, wohin er geht, ist ein einfältiger und leichtsinniger Mensch, und Glaube (der durch nichts begründet ist — Glaube ist ja nie durch irgend etwas begründet, sondern will selber begründen) kann keinesfalls zur Gerechtigkeit gerechnet werden. In der Wissenschaft, die aus dem gesunden Menschenverstand hervorgegangen ist, herrscht die gleiche Überzeugung, die klar und deutlich formuliert und zur Methode erhoben ist. Ist doch die Wissenschaft gerade deshalb Wissenschaft, weil sie keinen Glauben duldet und stets vom Menschen verlangt, daß er sich Rechenschaft gebe darüber, was er tut, und daß er wisse, wohin er geht. Die wissenschaftliche Philosophie, das heißt, jene Philosophie, die ihre Wahrheiten nach den gleichen Methoden sucht, nach denen die Wissenschaft die ihren sucht, will und muß ebenfalls wissen, wohin sie geht und ihre Gemeinde führt. Hieraus folgt, daß der Glaube sich vor allem durch seine Methode vom Wissen unterscheidet. Der Glaubende geht geradeaus, ohne sich umzuschauen, ohne irgend etwas zu erraten zu suchen, ohne zu fragen, wohin er gehe. Der Gelehrte hält erst Umschau, fragt, befürchtet, ehe er sich von der Stelle rührt: er möchte vorher wissen, wohin er kommen wird. Welche von diesen Methoden führt zur „Wahrheit"? Es läßt sich darüber streiten — aber es steht außer Zweifel, daß nur jener in das Land der Verheißung gelangen kann, der wie Abraham sich entschloß, auszuziehen, ohne zu wissen, wohin er geht. Und wenn die Philosophie das Land der Verheißung erreichen will (selbst Kant nahm an, wie wir uns erinnern, daß die Metaphysik den Menschen Gott, Unsterblichkeit und Freiheit werde offenbaren müssen), so wird sie sich die Methode Abrahams, nicht aber Sokrates' zu eigen machen und die Menschen lehren müssen, aufs Geratewohl vorzugehen, ohne irgend etwas vorauszubestimmen und ohne etwas erraten zu wollen, ohne auch nur zu wissen, wohin sie gehen. Ist es möglich, daß so eine Philosophie die Philosophie der Zukunft sei? Oder ist das die Philosophie einer fernen, auf immer in der Ewigkeit versunkenen Vergangenheit — die Philosophie (erinnern wir uns wieder Platos) unserer Altvorderen, die von edlerer Art waren als wir und den Göttern näher wohnten?

20

EINE TÄUSCHUNG. Der Mensch hat sich schon oftmals geirrt, hat zu wissen vermeint, wo er nicht wußte. So mußte er, um sich vor Irrtümern zu schützen, nach „Kriterien" der Wahrheit suchen. Eines der unbestreitbarsten Kriterien der Wahrheit, die von den Menschen gefunden wurden, ist die Übereinstimmung der einzelnen Kenntnisse, das heißt, das Fehlen von Widersprüchen zwischen ihnen. Der Mensch sucht und findet Zusammenhänge zwischen den Erscheinungen und erblickt im Bestehen eines Zusammenhanges eine Bürgschaft der Wahrheit. Allmählich meint er, seine Aufgabe bestehe nicht in der Wahrheitsfindung, sondern darin, eine Atmosphäre der Übereinstimmung rings um sich zu schaffen. Und Übereinstimmung, selbst illusorische, nichtvorhandene, aber unbedingt Übereinstimmung, ist er für Wahrheit zu halten bereit. Und es gibt keinerlei Mittel und Wege, ihn eines anderen zu überzeugen, es gibt auch keine Möglichkeit, ihn zu zwingen, sich dessen zu erinnern, was er einstmals auch selber gewußt hat: daß Wahrheit nichts mit

Übereinstimmung gemein hat. Wenn Plato sich hieran erinnert, wirft man ihm Dualismus, Mythologismus vor — bezichtigt man ihn, anders ausgedrückt, der Schwatzhaftigkeit (Hegel). Bestenfalls legt man ihn modern aus, indem man in seiner Anamnesis synthetische A-priori-Urteile erblickt.

21

DIE LEHRER UND DIE SCHÜLER. Die Vernunft ist, wie Anselm von Canterbury sagte, der „Richter und der Fürst über alle" (judex et princeps omnium) — wäre das, sollte man meinen, nicht der Ehre genug? Nein, das genügt nicht: Die Vernunft möchte der Schöpfer und der einzige Schöpfer von allem sein. Es ist anzunehmen, daß alle Versuche eines Kampfes gegen die Vernunft Versuche eines Kampfes gegen ihre unangemessenen Ansprüche gewesen sind. Die Vernunft begnügt sich nicht damit, Fürst und Richter zu sein, sie möchte, wie die alte Hexe in dem russischen Märchen, daß das goldene Fischlein selber ihr Laufbote sei. Das ist kein Gleichnis und keine Übertreibung: es ist wirklich so. Die Anmaßungen der Vernunft machen auf viele einen unwiderstehlichen Eindruck: fordert sie Gehorsam, so hat sie ein Recht dazu. Manche aber fühlen sich durch die Forderungen der Vernunft bedrückt. Im „Leben des hl. Abraham von Smolensk" wird berichtet, daß die Schüler an ihren Lehrern „verzagten". Und vom hl. Sergius von Radonesh erzählt die Überlieferung, daß er an seinem Lehrer „Qualen litt". Leben doch die Lehrer nur von den Almosen der Vernunft. Die Schüler indes, die man zwingt, sich einer nichtbestehenden Allmacht zu unterwerfen, verzagen und leiden Qualen.

22

WAHRHEIT UND GEHEIMNIS. Ein „Eingeweihter" ist kein „Wissender", — das heißt, er ist nicht ein Mensch, der ein für allemal im Besitz des Geheimnisses" ist. Man kann nicht ein für allemal in den Besitz des Geheimnisses kommen, wie man in den Besitz der Wahrheit gelangt. Das Geheimnis kommt und geht: und wenn es geht, erweist sich der Eingeweihte als nichtigstes aller nichtigen Erdenkinder. Denn die gewöhnlichen Erdenkinder wissen nichts von ihrer Nichtigkeit und halten sich sogar für sehr wertvolle Wesen, während der „Eingeweihte" weiß und dieses Wissen ihn zum Nichtigsten unter den Nichtigen macht. In diesem Sinne lautet das Zeugnis Puschkins. In diesem Sinne lautet auch das Zeugnis des hl. Bernhard von Clairvaux: „Für diese (Jahre) aber, die ich das Leben genießend vertan habe, weil ich verderbt lebte, mögest du, Gott, das geplagte und gedemütigte Herz nicht verachten" (pro his vero [annis] quos vivendo perdidi, quia perdite vixi, cor contritum et humiliatum, deus, non despicias). Aber die Menschen glauben weder Puschkin, noch den Heiligen. Sie sollten sich vor den großen Menschen und den Heiligen beugen. Wer sich aber in Verehrung beugen will, der sollte vor allem die „große Kunst" lernen — nicht zu sehen.

23

CLARE ET DISTINCTE. Die Kyniker waren der Überzeugung, die Wirklichkeit trachte nach Licht, und bekundeten ihre Überzeugung furchtlos durch die widerlichsten Handlungen. Auch Ham suchte Klarheit und Deutlichkeit und blickte sich um nach seines Vaters Blöße. Aber alle Philosophen waren ja der Überzeugung, Licht sei stets angebracht, warum nannten sie dann die Kyniker „Hunde" und wandten sich von Ham ab? Wer oder was hielt sie davon ab, gleich den Kynikern und Ham alles ans Licht zu bringen? Offenbar suchte selbst Sokrates nicht umsonst bei seinem Dämon Schutz vor der Klarheit und Deutlichkeit: es gibt eben Wahrheiten, die nicht Wahrheiten für alle sein wollen;

und sie werden aus einer besonderen Quelle gewonnen, die sich sowohl im direkten, wie auch im übertragenen Sinne keineswegs als Licht bezeichnen läßt.

24

GLAUBE UND BEWEISE. Heine erzählt, daß er als Knabe stets seinen französischen Lehrer geneckt habe. Wenn jener fragte, wie „la foi" ins Deutsche zu übersetzen sei, habe er, Heine, geantwortet: der Kredit. Heutzutage identifizieren viele — nicht nur Knaben, sondern erwachsene, ernste Menschen, und zwar nicht im Scherz, sondern aufrichtig, Glaube und Kredit. Sie meinen, Glaube sei nichts anderes als Wissen, nur daß dabei die Beweise gegen mündliches Versprechen kreditiert werden, um dann, wenn es soweit ist, vorgelegt zu werden. Und niemand läßt sich davon überzeugen, das Wesen des Glaubens und seine größte, herrlichste Prärogative bestehe darin, daß er keiner Beweise bedarf und „jenseits" der Beweise lebt. So ein Privileg erscheint entweder als ein privilegium odiosum, oder, noch schlimmer, als dürftig maskierter Unglaube. Denn eine Wahrheit, zu der nicht jedermann durch Beweise zwangsweise bekehrt werden kann — was wäre das für eine Wahrheit?

25

WAHRHEIT UND ANERKENNUNG. Wenn ein Mensch sich bemüht, andere von seiner Wahrheit zu überzeugen, das heißt, das, was sich ihm offenbarte, für jedermann verbindlich zu machen — so ist er gewöhnlich der Meinung, von erhabenen Motiven geleitet zu werden: von Nächstenliebe, von dem Wunsch, die Ungebildeten und Verirrten aufzuklären usw. Und sowohl Erkenntnistheorie wie auch Ethik unterstützen ihn hierbei: sie stellen fest, daß es nur eine Wahrheit gebe, und daß diese Wahrheit eine Wahrheit für alle sei. Aber Erkenntnistheorie und Ethik, wie auch die menschenfreundlichen Weisen wissen in gleicher Weise schlecht zu unterscheiden, woher das Bedürfnis stammt, alle zu e i n e r Wahrheit zu bekehren. Ist es doch jenem, der darum besorgt ist, alle zu einer Wahrheit zu bekehren, nicht darum zu tun, seine Nächsten zu beglücken. Die Nächsten kümmern ihn wenig. Vielmehr wagt und vermag er seine eigene Wahrheit nicht anzuerkennen, solange er nicht die wirkliche oder vermeintliche Anerkennung „aller" erlangt hat. Denn es ist für ihn nicht so wichtig, im Besitze der Wahrheit zu sein, als allgemeine Anerkennung zu erlangen. Darum sind Ethik und Erkenntnistheorie so sehr darum besorgt, die Rechte der Fragenden nach Möglichkeit einzuschränken. Schon Aristoteles nannte jegliche „übertriebene" Wißbegier Unerzogenheit. Eine solche Erwägung oder, richtiger, ein solcher Einwand erschiene niemandem überzeugend, wenn den Menschen die Anerkennung ihrer Wahrheit nicht wichtiger wäre als die Wahrheit selber.

26

DAS GEHEIMNIS DER MATERIE. Aristoteles' Definition der Materie als eines nur in der Möglichkeit Seienden (δυνάμει ὄν) hat in der Entwicklungsgeschichte der Wissenschaften eine ungeheure Rolle gespielt und verleiht wohl bis auf den heutigen Tag unserem ganzen Denken Richtung. Das potentielle Sein der Materie erklärt uns „auf natürliche Weise" jene endlosen und rätselhaften Verwandlungen, die wir in der Welt beobachten. Die Atomtheorie, die Elektronentheorie, ja sogar die reine Energetik — das alles steht und fällt mit der Idee, daß die Materie nur potentiell existiere oder, anders gesagt, daß die Materie das Nichts sei, aus dem die ungewöhnlichsten Dinge entstehen können und entstehen. Selbstverständlich haben weder

Aristoteles noch irgend einer seiner Schüler und Nachfolger jemals derartiges gesagt. Der Gedanke, daß aus dem Nichts irgend etwas, wenn auch nur das Geringste und Unauffälligste entstehen könne, war Aristoteles und allen, die ihm nachfolgten — wer aber folgte ihm nicht nach? —, tief zuwider, ja geradezu unerträglich. Darin bestand ja gerade Aristoteles' Verdienst, daß es ihm gelang, diesen wilden und phantastischen, aber aus allen Poren des Seins vorquellenden Gedanken zu „zähmen" und zu „veredeln". Statt zu sagen: Es gibt gar keine Materie, sondern es gibt nur launisch, ungehorsam, eigenwillig, entgegen aller vernünftigen Evidenz entstandene und entstehende Dinge, — sagte er: Die Materie ist ein nur potentiell Seiendes. Das Wort „potentiell" verschlang und verdaute offenbar glücklich sowohl die Laune als auch den Eigenwillen und sogar die gekränkten Selbstevidenzen. Dank der magischen Beschwörung hörte das Rätsel und Geheimnis mit einem Schlag auf, rätselhaft zu sein, und verwandelte sich das Phantastische in etwas Natürliches. Wenn die Materie nur potentiell existiert, so kann man folglich aus ihr alles, was man nur will, herausholen, denn darin besteht ja gerade der Sinn der Idee der Potentialität. Das Rätsel, sage ich, ist verschwunden, ist begraben, und es ist — sollte man meinen — auf alle Ewigkeit begraben. Es besteht bereits keine Notwendigkeit, auch nur zu fragen, kraft welchen Wunders aus der nichtexistierenden Materie alle jene außergewöhnlichen Dinge entstehen, von denen die Welt voll ist; zu fragen, wie aus ein und derselben Materie so wenig ähnliche Dinge entstehen, wie zum Beispiel Straßenstaub oder eine stinkende Pfütze einerseits und der schöne Alexander der Große oder der Weise Sokrates andrerseits. Die Beschwörungsformel ist ja doch gefunden: Die Materie hat bloß ein potentielles Sein, folglich sind alle Antworten auf alle Fragen von vornherein bereitgestellt und gesichert..

Es heißt also, wie wir sehen, nicht umsonst, daß das moderne Denken Aristoteles alles verdanke. Er hat sich in der Tat darauf verstanden, das Geheimnis zu töten. Aber das Geheimnis ist dennoch nicht gestorben, und es wird nie sterben, — es hat sich nur tot gestellt. Und neben dem „natürlichen" Denken, das sich mit den aristotelischen vereinfachten „Erklärungen" begnügt, war in der Menschenseele eine Unruhe lebendig und wird stets in ihr lebendig sein, die ihre eigenen Wahrheiten sucht und findet.

27

DAS WISSEN UND DIE VERBORGENEN SCHÄTZE. Aristoteles lehrt bekanntlich, das „Zufällige" könne nicht Gegenstand des Wissens sein. Zur Erläuterung führt er folgendes Beispiel an (Metaphysik 1025—30 und ff. — Boethius wiederholt dieses Beispiel am Anfang des 5. Buches seiner Trostschrift „De Consolatione philosophiae"): Ein Mann grub in seinem Garten, um einen Baum zu pflanzen, und fand einen verborgenen Schatz. Es liegt auf der Hand, daß er den Schatz nicht kraft einer Notwendigkeit fand, und es liegt auch auf der Hand, daß dergleichen nicht immer vorkommt. Folglich ist der verborgene Schatz jenes „Zufällige", das nicht Gegenstand der Untersuchung sein und unsere Wißbegier erregen kann. Die menschliche Vernunft, die menschliche Forschbegier und die von der Vernunft und Forschbegier großgezogene Wissenschaft haben hier nichts zu suchen. Aber es ist ja doch ein **verborgener Schatz** gefunden worden, Aristoteles selber hat uns gesagt, daß es ein Schatz sei, — man sollte also meinen, daß es sich für den Mann nicht gehört, ihn einfach zusammenzuraffen und auf den Markt zu rennen, um ihn zu verkaufen. Es war ja, wiederhole ich, ein Schatz, und nicht ein Regenwurm oder ein vermoderter Holzklotz. Es konnte geschehen und ist vorgekommen, daß ein Mensch zufällig etwas noch Seltsameres als einen Schatz fand. Auch er pflügte ein Feld und stieß beispielsweise auf einen Lebensquell oder er schürfte umgekehrt mit dem Pflug eine tief vergrabene Büchse der Pandora, aus der unermeßliches Unglück ausbrach und sich in der Welt verbreitete. Auch ein Zufall! Ist es aber ein Zufall, so haben Wissenschaft und Denken folglich hier nichts zu suchen. Man muß „einfach" im ersteren Falle die Vorteile, im letzteren die Nachteile hinnehmen und die Aufmerksamkeit auf das richten, was ständig und kraft einer Notwendigkeit oder doch wenigstens häufig zu sein pflegt. Man darf weder der Büchse der Pandora, noch dem Lebensquell auf den Grund zu kommen suchen, man darf auch nicht über sie nachdenken, wenn wir schon einmal „zufällig", das heißt, nicht „methodisch" suchend, sondern auf unserem Wege in irgend einer Weise auf sie stießen. Unser Forschen soll nicht durch die Wichtigkeit und Bedeutsamkeit des Gegenstandes, sondern durch die Umstände bedingt sein, unter denen dieser Gegenstand sich uns offenbart. Offenbart er sich regelrecht und tritt er mit einer gewissen Beständigkeit zutage, so werden wir ihn suchen. Wenn aber ein Gegenstand — von gleich welcher Wichtigkeit oder gleich welchem Wert — wie der Schatz in Aristoteles' Beispiel (wer mag wohl Aristoteles darauf gebracht haben, von einem Schatz zu sprechen, wo er doch statt von einem Schatz hätte von einem Stein sprechen können?!) oder wie die Büchse der Pandora oder der Lebensquell in unseren Beispielen, sich erlaubt, launisch, ohne Einhaltung der Regeln oder gar diesen zum Trotz vor uns hinzutreten, so werden wir ihn nie und nimmer in jene Schatzkammer einlassen, in der wir unsere Wahrheiten aufspeichern. Da aber Schätze immer „zufällig" gefunden werden und da wir keine Theorie für das methodische Suchen und Finden von verborgenen Schätzen haben und auch nicht haben können, so wird daraus der — ganz überraschende, aber jedermann sehr überzeugend erscheinende — Schluß gezogen: Es gibt keine verborgenen Schätze. Es gibt auch keine Quellen mit „Lebenswasser". So denken alle. Man ist diesen Gedankengang so gewöhnt, daß man gar nicht merkt, daß er nicht einmal den Ansprüchen der elementaren Logik genügt. Daraus, daß „Schätze" von den Menschen „zufällig" gefunden werden, folgt keineswegs, daß es keine verborgenen Schätze gebe. Es läßt sich daraus nur schließen, daß jener, dem es gegeben ist, einen Schatz zu finden, auf methodisches Suchen verzichten und sich dem Zufall anvertrauen muß. Ich meine sogar, daß jeder Mensch wenigstens einmal im Leben in die Lage kommt, dem Zufall mehr zu vertrauen als der vernünftigen Notwendigkeit. Aber darüber pflegt man nicht zu reden. Aus einem Zufall läßt sich keine Theorie, das heißt, etwas stets für alle Gültiges machen. Man mag also davon reden oder nicht — die Menschen werden doch nach wie vor nur das suchen und finden, was mit Notwendigkeit oder wenigstens häufig vorkommt, und werden behaupten, daß nicht nur Offenbarungen, sondern auch verborgene Schätze nur in der Einbildung existieren.

28

VON DEN QUELLEN DER „WELTANSCHAUUNG". Das Auftauchen des Menschen auf Erden ist eine ruchlose Vermessenheit. — Gott schuf den Menschen nach seinem Ebenbilde, und als er ihn erschaffen hatte, segnete er ihn. Wenn Sie die erste These annehmen, so wird Ihre philosophische Aufgabe die Katharsis (Reinigung) sein, das heißt, das Bestreben, die eigene sogenannte „Selbstheit" in sich selber auszurotten und in der „höchsten" Idee aufzugehen. Ihr Grundproblem wird ein ethisches und die Ontologie für Sie etwas von der Ethik Abgeleitetes sein. Für das höchste Ideal werden Sie das Reich der Vernunft halten, zu dem jedermann Zutritt hat, der bereit ist, auf das urewige jubere (das Recht, zu befehlen) zu verzichten und die Bestimmung des Menschen im parere (Gehorchen) zu erblicken. Wenn Sie die zweite These annehmen —, so werden die Früchte vom Baume der Erkenntnis des Guten und Bösen Sie zu verlocken aufhören, Sie werden das anzustreben beginnen, was „jenseits von Gut und Böse" liegt, die Anamnesis (Erinnerung) an das, was Ihr Urvater sah, wird Sie ständig beunruhigen, die feierlichen Lobpreisungen der Vernunft werden Ihnen als langweilige Erdenlieder, alle unsere Selbstevidenzen indes als Kerkermauern erscheinen. Plato fühlte sich in einer Höhle eingeschlossen, Plotin schämte sich seines Körpers, die biblischen Menschen schämten sich ihrer Vernunft und fürchteten sich vor ihr. Es besteht aller Grund zu der Annahme, daß Nietzsche sich deshalb vom Christentum abgewandt hat, weil die modernen, an Aristoteles und den Stoikern erzogenen Christen, das ursprüngliche jubere gänzlich vergessen haben und nur des späteren parere eingedenk sind. Darum sprach er auch von Sklavenmoral und Herrenmoral. Er hätte auch von einer Herrenwahrheit (das heißt, der Wahrheit jener, denen zu befehlen gegeben ist) und von einer Sklavenwahrheit (der Wahrheit jener, deren Los das Gehorchen ist) sprechen können und müssen. Dasselbe könnte ich auch von Dostojewskij sagen — aber niemand würde es mir glauben. Sind ja doch alle der Überzeugung, Dostojewskij habe nur jene paar Seiten geschrieben, die dem Staretz Sossima, Aljoscha Karamasow usw. gewidmet sind, und dann noch jene Artikel im „Tagebuch eines Schriftstellers", in denen er die Theorien der Slawophilen mit eigenen Worten wiedergibt, während die „Aufzeichnungen aus dem Kellerloch", „Der Traum eines lächerlichen Menschen", „Die Sanfte" und überhaupt neun Zehntel dessen, was in Dostojewskijs „Sämtlichen Werken" abgedruckt ist, nicht von ihm, sondern von „einem Herrn mit rückschrittlicher Physiognomie" und nur zu dem Zweck geschrieben seien, damit Dostojewskij ihn in der gebührenden Weise an den Pranger stellen könne. So tief eingewurzelt ist in uns der Glaube an das parere (wir nennen dies die „Natürlichkeit" alles Geschehenden), und so sehr fürchten wir uns vor allem, was auch nur entfernt an das jubere erinnert (das heißt, vor dem Wunderbaren und Übernatürlichen).

29

VERÄNDERLICHKEIT UND ZEIT. Was für wunderliche Verirrungen wir doch bisweilen bei großen Denkern beobachten! Die Menschen fühlten sich schon immer von der Vergänglichkeit alles Irdischen beunruhigt: Alles, was einen sichtbaren Anfang hat — hat auch ein sichtbares Ende. Schon im Altertum gab es keinen einzigen bedeutenden Philosophen, der nicht über den unvermeidlichen Untergang alles Geborenen nachgedacht hätte. Aber alle, die hierüber nachdachten, verknüpften irgend weshalb die Idee des Unterganges so eng mit der Idee der Veränderlichkeit, daß diese beiden Ideen letztlich gewissermaßen zu e i n e r Idee verschmolzen. Und so erschien das, was sich verändert, als ebenso nichtig und jämmerlich wie das, was zum Untergang verdammt ist. Warum? Allgemein gesprochen ist die Fähigkeit, sich zu verändern, nichts Schlimmes. Was wäre daran zu beklagen, daß Julius Cäsar zuerst ein Knabe war, dann ein Jüngling und dann ein Mann wurde? Oder, was wäre Gutes daran, wenn er, nachdem er die ihm beschiedene Anzahl von Jahren verlebt, das gleiche Kind geblieben wäre, als welches er den Mutterschoß verließ? Es ist klar, daß die Fähigkeit, sich zu ändern, an sich nichts Schlimmes ist. Schlimm ist nur das eine, daß Dinge und Menschen sich häufig nicht in der Weise ändern, wie wir es gern wollten. Der Wein wird manchmal vom langen Lagern besser, manchmal aber wird er zu Essig. Auch der Mensch ändert sich immer wieder — und wird plötzlich ein altersschwacher, häßlicher, hilfloser, widerlicher Greis. Das ist es, warum junge Leute kein Gefühl für die Beschränktheit der Zeit haben, sie plätschern geradezu in ihrer Uferlosigkeit und vermeinen, daß nicht nur hinter, sondern auch vor ihnen eine Unendlichkeit liege: nimm, soviel du willst. Gewöhnlich meinen sie sogar, die Zeit verrinne allzu langsam, und treiben sie zur Eile an. Sie fühlen, daß Veränderungen ihrer harren, hoffen, daß es Veränderungen zu ihrem Besten sein werden, und lassen die Zeit sich sputen. Die Greise indes sehen die Dinge anders: ihnen sputet sich die Zeit zu sehr. Jeder neue Tag verheißt neuen Kummer, und jeder neue Tag „nähert rufend uns dem Grabe", wie der russische Dichter Dershawin an der Neige seines Lebens „sang". Aber sowohl die jungen Leute als auch die Greise haben nichts gegen die Veränderlichkeit und das Dahinrinnen der Zeit. Die ersteren sind erfreut, die letzteren betrübt nicht über die Möglichkeit von Veränderungen — sondern über die Art der möglichen Veränderungen. Wenn das Leben noch leichter dahinflösse und die Möglichkeit noch größerer Überraschungen in sich bärge, die Veränderungen und Überraschungen jedoch die Menschen nicht mit allerhand Unheil bedrohten, so käme es niemandem in den Sinn, über die Flüssigkeit des Seins betrübt zu sein und hinter dem Veränderlichen das Beständige zu suchen. Heutzutage aber sucht man nicht nur, sondern erblickt man in dem Beständigen das Ideal, ja sogar Gott. Die „Liebe zum Ewigen" (amor erga rem aeternam) hat ja doch nicht Spinoza erfunden. Das „Ewige", die „res aeterna", wird bereits seit unerdenklichen Zeiten in der Philosophie kultiviert. Die Menschen sind durch die, wie sie meinen, hinter der Veränderlichkeit verborgene Möglichkeit des Unheils so verängstigt, daß sie auf alles, was sich verändert, zu verzichten und zu guter Letzt das zu v e r g ö t t e r n bereit sind, was stets sich selbst gleich bleibt, was nie einen Anfang nahm und nie ein Ende finden wird, selbst wenn es ein toter, unbeseelter Gegenstand sein mag: ist doch gerade das Tote und Unbeseelte unveränderlich... Unterdessen ist aber vielleicht all unsere Angst umsonst und führt uns vielleicht unser Denken irre, das stets von Ängsten angespornt wird und sich von ihnen nährt. Vielleicht ist der von uns unter unseren zufälligen Daseinsbedingungen beobachtete und von unserem verängstigten Denken in den Rang einer apriorischen, in alle Ewigkeit unerschütterlichen Wahrheit erhobene Zusammenhang zwischen Veränderung einerseits — Ende und Untergang andererseits durchaus kein Gesetz oder eine allgemeine Regel, denen Macht über die Menschen gegeben wäre. Vielleicht wird unter anderen Bedingungen — wenn die Menschen über die Gesetze gebieten werden, nicht aber die Gesetze über die Menschen, und wenn das menschliche „Denken" die ihm einstmals gehörenden Rechte zurückerhalten wird —, sich herausstellen, daß Veränderlichkeit und Flüssigkeit nicht unvermeidlich zum Untergang, ja überhaupt nicht zu etwas Schlimmem führen. Und folglich ist das „amor erga rem aeternam" nicht, wie Spinoza und seine Vorgänger meinten, als die einzig mögliche Antwort auf die vom Leben gestellten Fragen zu betrachten. Damit aber die Möglichkeit einer solchen neuen Dimension des Denkens auch nur schwache Umrisse erlange, muß man sich entschließen, alle gewohnten Ängste von sich abzuschütteln und den allerhand A-priori, die uns von der Vernunft eingeflüstert werden, kein Gehör mehr zu schenken. Und dann „wird es für uns nichts Unmögliches mehr geben".

30

VOM NUTZEN DER PHILOSOPHIE. Die Menschen glauben so wenig an die Möglichkeit, der letzten Wahrheit auch nur teilweise habhaft zu werden, daß die aufrichtigste Wißbegier und das gewissenhafteste Suchen, wenn sie über gewisse Grenzen hinausgehen, in ihnen Groll und Erregung erwecken. Vor dir hat niemand etwas gefunden und nach dir wird niemand etwas finden: wozu also suchen — wozu sich selber beunruhigen und andere des seelischen Gleichgewichtes berauben? Jegliches Suchen beginnt ja doch gewöhnlich mit Unruhe und endet mit dem Verlust des Gleichgewichtes. Man kann sich für metaphysische Probleme interessieren und sich mit ihnen beschäftigen — jedoch unter der unbedingten Voraussetzung, daß man das eigene persönliche Schicksal oder das Schicksal der Menschheit mit ihnen nicht in Zusammenhang bringt. Die metaphysischen Systeme müssen so aufgebaut sein, daß sie nicht ins Leben einbrechen und die einmal bestehende Lebensordnung nicht erschüttern. Oder noch besser: daß sie die bestehende Ordnung heiligen und segnen. Und wenn ein Mensch auftaucht, welcher meint, die Metaphysik könne eine neue Wahrheit offenbaren und das Leben umgestalten, — so fallen sie alle einmütig über ihn her. Die Metaphysik soll wie die Wissenschaft, wie Kunst und Religion, der Gesellschaft zum Nutzen gereichen. Eine nutzlose Metaphysik oder eine nutzlose Religion, — hat es in der Geschichte schon einen Fall gegeben, daß irgend jemand sein letztes Hoffen und Sehnen so genannt hätte? Indessen wissen alle, die suchen und die gesucht haben, wissen mit Sicherheit, daß die Metaphysik nicht nützlich sein kann, und daß es nichts Entsetzlicheres gibt, als in Gottes Hände zu geraten. Aber davon wird selten gesprochen. Sogar die Religion des gekreuzigten Gottes bemüht sich, die metaphysischen Systeme nachzuahmen, und die Anhänger dieser Religion, die zwar ein Kreuz auf der Brust tragen, vergessen doch immer wieder, daß der Erlöser der Welt vom Kreuze herab schrie: Mein Gott, warum hast du mich verlassen? Sie meinen, daß der Erlöser der Welt bis zu solcher Verzweiflung gelangen mußte, daß aber die Menschen auch ohne diese auskommen können. Die Menschen brauchen eine

Metaphysik, die sie tröstet und es ihnen bequem macht, und eine Religion, die sie tröstet und es ihnen bequem macht. Eine Wahrheit indes, von der man nicht im voraus wissen kann, was sie bringen wird, und eine Religion, die uns in bisher unbekannte Gebiete führt, braucht niemand. Um so mehr, da, nochmals gesagt, nur wenige zugeben werden, daß Metaphysik oder Religion zu irgend etwas Brauchbarem führen könnten, und da alle verlangen, daß Religion und Metaphysik offenkundig, spürbar nützlich seien, hier — in der Ebbe der Zeiten.

31

DIE GRENZBEREICHE DES IDENTITÄTSGESETZES UND DES GESETZES VOM WIDERSPRUCH. Wenn wir behaupten, der Schall sei wägbar, so mischen sich sofort das Identitätsgesetz und das Gesetz des Widerspruchs ein, sprechen ihr Veto und sagen: Das stimmt nicht. Wenn wir aber behaupten, man habe Sokrates vergiftet, so bleiben beide Gesetze untätig. Es fragt sich: Ist eine Wirklichkeit möglich, bei der das Identitätsgesetz und das Gesetz des Widerspruchs gleichgültig und untätig blieben, wenn die Töne wägbar werden, und sich auflehnten, wenn Gerechte hingerichtet werden? Ist sie möglich, so sind diese Gesetze folglich gar keine Gesetze, sondern nur Vollzugsorgane und ihre Rolle gar nicht jene, die ihnen gewöhnlich zugeschrieben wird. Man wird fragen: Wie sollte man e r f a h r e n, ob eine solche Wirklichkeit möglich oder unmöglich und ob es uns gegeben sei, in eine solche Wirklichkeit einzudringen? Das ist es ja eben: Wie sollte man es erfahren! Gewiß, wenn Sie fragen werden, so wird man Ihnen sagen, eine solche Wirklichkeit sei unmöglich, das Identitätsgesetz und das Gesetz des Widerspruchs schalteten und walteten als unbeschränkte Herrscher in der Welt, sie täten dies auch heute und würden es auch in Zukunft tun, wie bisher, es werde nie wägbare Töne geben, und die Gerechten werde man immer vernichten. Wenn Sie aber niemanden fragen würden? Sind Sie fähig, die Willensfreiheit, die Ihnen die Metaphysiker verheißen, so zu verwirklichen? Oder besser: Wollen Sie solche Willensfreiheit? Es scheint fast, als wünschten Sie sich eine solche gar nicht so sehr, als läge Ihnen die „heilige Notwendigkeit" mehr am Herzen und als sähen Sie, nach Schellings Vorbild, in der „Herrschaft" die Quelle aller „Herrlichkeiten".

32

DIE MENSCHLICHE WAHRHEIT UND DER GÖTTLICHE BETRUG. Descartes versicherte, Gott könne kein Betrüger sein, das Gebot: „Du sollst nicht lügen" sei auch für ihn ein unübertretbares Gebot. Aber Gott betrügt ja doch den Menschen — das ist eine Tatsache. Er zeigt dem Menschen den Himmel als blaues, festes, kristallklares Gewölbe, — das nicht vorhanden ist. Es waren Jahrtausende erforderlich, um von diesem Betrug loszukommen und die wirkliche Wahrheit zu erfahren. Wie häufig jedoch betrügt uns Gott, und wie schwer fällt es uns, diesen Betrug loszuwerden! Wenn allerdings Gott uns nicht betröge und kein Mensch den Kristallhimmel sähe, sondern jedermann um die unendlichen, leeren oder von Äther ausgefüllten Räume wüßte, wenn niemand Töne hörte, sondern alle nur die Schwingungen der Ätherwellen nachzählten, — so zögen die Menschen wohl kaum daraus einen großen Gewinn. Sie würden sogar vielleicht schließlich über ihre Wahrheiten in Verzweiflung geraten und zugeben, daß es Gott gestattet sei, das von ihm selber verkündete Gebot zu verletzen. Oder würden sie es nicht zugeben? Geht ihnen die Wahrheit über alles? Oder würde sie vielleicht plötzlich der Gedanke erleuchten, ob denn in der Tat das, was sie selber finden, Wahrheit, das jedoch, was Gott zeigt — Lüge sei? Das heißt, daß also der Himmel doch ein Kristallgewölbe, die Erde flach, die Töne ein Ding für sich und die Bewegung ein Ding für sich seien, und daß die Farben nicht nach physikalischen Gesetzen, sondern nach des Schöpfers Willen entstehen? Harrt des Menschen vielleicht noch solche „Erkenntnis"? So daß er auf seine bewiesenen Wahrheiten verzichten und zu den unbeweisbaren Wahrheiten zurückkehren wird? Und daß das Gebot: „Du sollst nicht lügen" sich als bedingt und zeitlich erweisen wird? Es ist durchaus nicht besser, zu sterben, als auch nur ein einziges Mal im Leben zu lügen, wie Kant lehrte, sondern es ist besser, überhaupt nicht geboren zu werden, als in der Welt unserer Wahrheiten zu leben. Anders ausgedrückt: Es kann eine Zeit kommen (Plato hat viel hiervon gesprochen — doch hat man ihn nicht gehört), da es „besser" sein wird, unsere Wahrheiten und Gewißheiten und Selbstevidenzen zu überwinden.

33

DAS MÖGLICHE. Alles, was einen Anfang hat, hat auch ein Ende, alles, was geboren wird — muß auch sterben: so lautet das unerschütterliche Gesetz des Seins. Wie aber steht es mit den Wahrheiten? Es gibt ja doch Wahrheiten, die es einstmals nicht gegeben hat und die in der Zeit „entstanden". Solcher Art sind alle Wahrheiten, die Tatsachen feststellen. Im Jahre 400 v. Chr. gab es noch nicht die Wahrheit, daß die Athener Sokrates vergifteten. Diese Wahrheit ward im Jahre 399 geboren. Sie lebt noch — obwohl sie schon fast 2500 Jahre alt ist. Bedeutet das aber, daß sie ewig leben wird? Wenn sie, wie alles, was entsteht, vergehen muß, das heißt, wenn das allgemeine Gesetz, das wir mit solcher Selbstsicherheit auf alles Seiende anwenden, keine Ausnahme in seiner Qualität als apriorische Wahrheit zuläßt, so müßte folglich einmal der Augenblick eintreten, da die Wahrheit von Sokrates' Sterben zu existieren aufhören und es unseren Nachfahren freigestellt bleiben wird, zu behaupten, die Athener haben Sokrates gar nicht vergiftet, sondern die Menschen haben „einfach" (vielleicht aber auch gar nicht so „einfach"!) einige, wenn auch sehr lange Zeit, in einer Illusion leben müssen, die sie für eine ewige Wahrheit hielten, weil sie zufällig oder vorsätzlich das „Gesetz" der Entstehung und Vernichtung und dessen Unerschütterlichkeit vergessen hatten.

34

DOCTA IGNORANTIA. Wir beklagen uns, nicht zu wissen, woher wir kamen und wohin wir gehen, was gewesen ist und was sein wird, was wir tun und was wir vermeiden sollen usw., — und sind doch von vornherein überzeugt, daß es besser wäre, wenn wir es wüßten. Vielleicht aber wäre es gar nicht besser, sondern schlimmer: das Wissen würde uns binden und uns Schranken setzen. Wenn wir es aber nicht wissen — so bindet uns folglich nichts. Nicht ausgeschlossen ist sogar folgende Möglichkeit: Irgendwo und irgendwann wird volle Freiheit dem Wissen gegenüber eintreten, das heißt, nicht wir werden uns, wie gegenwärtig, nach der „gegebenen" Wirklichkeit zu richten haben, sondern die Wirklichkeit wird sich uns anpassen, und die Angleichung von Ding und Verstand (adaequatio rei et intellectus), auf die das menschliche Wissen immer hinauslief und hinausläuft, wird das Moment des Zwanges einbüßen, an dessen Stelle der freie menschliche Entschluß treten wird. Die Menschen haben zuweilen so empfunden. Die „docta ignorantia" hat doch wohl nichts anderes im Auge gehabt als die Unterordnung der „res" unter den „intellectus" und die Befreiung des „intellectus" von allen Fesseln, sogar von den „Grundprinzipien". Nicht wir seien gezwungen, uns den Dingen anzupassen, sondern die Dinge seien bereit, auf ein Wort oder ein Verlangen des Menschen hin nicht nur ihre Formen, sondern auch ihr Wesen zu ändern. Nicht daß man aus Wachs wie jetzt nach Wunsch bald eine Schachfigur, bald eine Siegelform würde herstellen können, sondern das Wachs allein würde sich kraft des Denkens in Marmor oder Gold verwandeln können. Der „Stein der Weisen" würde sich nicht als sinnloses Hirngespinst abergläubischer und unwissender Leute erweisen und sogar die Pygmalionlegende in die „Geschichte" gelangen... Solches verheißt uns die „docta ignorantia", und solches „schaute" offenbar Nicolaus von Cues.

35

EINE FRAGE. Ob wohl die großen Philosophen ihre eigenen Widersprüche gemerkt haben? Oder wurden diese Widersprüche nur von ihren Nachfolgern bemerkt, während sie selber meinten, daß keine Widersprüche vorhanden seien? Ich spreche von Plato, Aristoteles, Plotin. Selbstverständlich merkten sie diese, waren aber nicht im geringsten darüber betrübt: wußten sie doch, daß nicht dies das Wesentlichste sei.

36

NARRHEIT UND BESESSENHEIT. Närrische Männer und „besessene" Weiber hat es in Rußland immer gegeben und wird es wohl dort noch lange geben. In Ländern mit höherer Kultur und geordneteren Verhältnissen, wo es sich verhältnismäßig leichter lebt und wo das Denken — dieses ordnende Prinzip, ohne welches das irdische Dasein so qualvoll schwer ist — früher als bei uns in Rußland in seine Rechte eingetreten ist, sind wilde Schreie vor aller Augen oder heim- und obhutloses Leben fast nicht mehr anzutreffen. Die Kyniker, von denen uns die

Geschichte der Philosophie reichlich viel berichtet, gehören bereits der unwiederbringlichen Vergangenheit an und interessieren fast niemanden mehr. In Rußland indes achtet das Volk seine geistigen Krüppel nicht nur, sondern liebt sie sogar aus irgend einem Grunde. Es spürt gleichsam, daß die sinnlosen Schreie der Närrischen etwas durchaus nicht so Überflüssiges sind und das kümmerliche Dasein eines heimatlosen Strolches gar nichts so Widerliches ist. In der Tat, es wird einmal die Stunde kommen, da jedermann wird schreien müssen, wie der vollkommenste der Menschen am Kreuze schrie: Mein Gott, mein Gott, warum hast du mich verlassen! Und gewißlich wird ein jeder von uns seine angesammelten Reichtümer im Stiche lassen und wird wandern, wie die barfüßigen Pilger wandern, oder wie, nach des Apostels Paulus Worten, Abraham auszog, ohne zu wissen, wohin er ging.

37

VERIRRTE GEDANKEN. Zuweilen behelligt einen hartnäckig ein Gedanke, der offenkundig von außen her kommt und in keiner Weise mit den Erlebnissen verknüpft ist, die einem gewöhnlich den Denkstoff liefern. Aber man beeile sich nicht, ihn zu verscheuchen, so fremd und sonderbar er einem auch erscheinen mag. Und man verlange von ihm auch nicht den Nachweis seiner rechtmäßigen Herkunft. Wenn man sich nicht von der eingewurzelten Gewohnheit losmachen kann, die Herkunft seiner Gedanken nachzuprüfen, — so lasse man wenigstens die Möglichkeit zu, daß außereheliche Kinder den Eltern zuweilen näher stehen als eheliche. Bloß mache man daraus keine Verallgemeinerung: nicht alle außerehelichen Kinder, sondern nur einige von ihnen stehen uns nahe. Wie auch nicht immer, sondern nur zuweilen der verlorene Sohn, der nach Hause zurückkehrt, uns lieber ist als jener, der uns nie verließ.

38

THEORIE UND TATSACHEN. Ist Sokrates' Dämon eine „Tatsache"? Um diese Frage zu beantworten, muß man eine fertige Theorie der Tatsache haben. Die Menschen indes meinen, die „Tatsachen" kämen v o r der „Theorie". Die Theorie erkennt Sokrates' Dämon nicht als „Tatsache" an, sie erkennt auch die Vision des Apostels Paulus auf dem Wege nach Damaskus nicht als Tatsache an, weil eine Tatsache eine feststehende Tatsache ist, wie aber Tatsachen festgestellt werden, das ist Sache der Theorie. Aber Sokrates und der Apostel Paulus hielten weiterhin, ungeachtet der Verbote der Theorie — der erstere seinen Dämon, der letztere den ihm erschienenen Christus für wirkliche Tatsachen. Es gelang ihnen sogar, eine sehr große Menschenanzahl hiervon zu überzeugen, so daß die Geschichte, die nur das aufbewahrt, was für eine sehr große Anzahl von Menschen von Bedeutung ist, sowohl die Vision des Sokrates als auch die Vision des Apostels Paulus bewahrte und ihnen sogar einen Ehrenplatz einräumte. Nebenbei bemerkt, waren bekanntlich Sokrates wie in noch höherem, unvergleichlich höherem Grade der Apostel Paulus sehr daran interessiert, daß die Visionen, die sich ihnen offenbarten und von der Theorie nicht als Tatsachen anerkannt wurden, nicht der Vergessenheit anheimfallen möchten. Aber nicht alle Menschen sind ja von dem Wunsche beseelt und noch weniger verfügen über die Gabe, ihre Visionen der Geschichte aufzudrängen! Vielleicht ist nicht nur Sokrates, sondern auch noch mancher andere von einem Genius, ja nicht nur von einem Genius oder Halbgott, sondern von einem wirklichen Gott heimgesucht worden. Aber er schwieg darüber, und wenn er auch davon erzählte, so doch nur mangelhaft — in einer nicht genügend verführerischen Weise. Und die Nachwelt erfuhr nichts davon. Hat so ein Mensch seinen Zweck verfehlt? Oder besser: Was ist wichtiger, — daß Sokrates mit seinem

Dämon Verkehr pflog oder daß viele Menschen glaubten, es sei Sokrates gegeben gewesen, mit höheren Wesen in Verbindung zu treten? Die „Geschichte" wird Ihnen natürlich ohne Zaudern antworten, das letztere sei wichtiger, ja nur das letztere sei überhaupt wichtig. Aber Sokrates selber und sogar der Apostel Paulus würden, obwohl die Geschichte sie so hoch einschätzte und den Berichten über ihr Leben und ihre Tätigkeit so viel Platz auf ihren Blättern einräumte, sicherlich etwas anderes sagen. Und sie würden hinzufügen — dies bereits nicht zur Kenntnis der Historiker, sondern der Philosophen —, daß die T h e o r i e der Tatsache den Menschen das bedeutendste Gebiet des Seins verberge, und daß die von der Theorie nicht anerkannten Tatsachen die wichtigsten und bedeutendsten Tatsachen des menschlichen Lebens seien. Dies erscheint ganz unwahrscheinlich und unbedingt unannehmbar, weil es sich nicht mit den Grundlagen in Übereinstimmung bringen läßt, auf denen unsere Weltauffassung sich aufbaut und beruht. Darum lassen wir, solange wir eine solche Weltauffassung brauchen, nur die von der Theorie zugelassenen Tatsachen gelten. Sobald aber diese Weltauffassung für uns überflüssig oder zu einem Hindernis wird (das kommt vor, — und zwar häufiger, als man gemeinhin denkt), beginnen wir Tatsachen gelten zu lassen, ohne die Theorie vorher um Erlaubnis zu fragen. Allerdings gelingt es uns meist nicht, durchzusetzen, daß unsere Nächsten mit uns zusammen diese Tatsachen anerkannten: Sokrates und der Apostel Paulus bilden, wie gesagt, in dieser Hinsicht eine seltene Ausnahme. Und dann beginnen wir allmählich uns daran zu gewöhnen, auch ohne die Anerkennung der Nächsten auszukommen. Es offenbart sich uns „plötzlich" die blendende, ebenso neue wie überraschende Wahrheit: Wie die Alten die Götter an dem Merkmal erkannten, daß sie die Erde mit ihren Füßen nicht berührten, so kann man auch die Wahrheit dadurch unterscheiden, daß sie nicht die Anerkennung „Aller" duldet, und daß die Anerkennung sie jenes göttlich leichten Schreitens beraubt, das zwar nur den Unsterblichen eignet, das aber die Sterblichen stets über alles schätzten.

39

DAS STREITEN UM DIE WAHRHEIT. Warum streiten die Menschen soviel? Handelt es sich um Dinge des Alltagslebens, so ist es begreiflich. Man hat sich nicht richtig in irgend etwas teilen können, und schon bemüht sich jede der streitenden Parteien, ihr Recht zu beweisen, aus der Berechnung heraus, mehr zu erhalten. Aber es streiten sich ja auch die Philosophen wie die Theologen, — die aber, sollte man meinen, haben sich doch in nichts zu teilen. Es hat also den Anschein, als stritten sie sich eigentlich nicht, sondern als kämpften sie. Um was nur? Oder ist es so, daß man kämpft, ohne daß ein Grund dazu erforderlich wäre? Der Krieg ist der Vater und König von allem, lehrte schon Heraklit: die Hauptsache sei, zu kämpfen, um was man aber kämpft, das sei bereits eine Sache zweiter Wichtigkeit. Der eine wird sagen: Der Mensch ist das Maß aller Dinge; man wird ihm sofort erwidern: Nicht der Mensch, sondern Gott ist das Maß aller Dinge, und — man wird über ihn herfallen. Der andere wird verkünden: Homousios! — man wird ihm antworten: Homöusios! — und wieder Herausforderung zum letzten und furchtbaren Kampf, usw.: die ganze Geschichte des menschlichen Denkens — des philosophischen wie des theologischen — ist eine Geschichte des Kampfes, und zwar eines Kampfes auf Leben und Tod. Es ist anzunehmen, daß die Vorstellung von der Wahrheit als einem keinen Widerspruch vertragenden Etwas, ihren Ursprung in der Kampfesleidenschaft hat. Alte Menschen — Philosophen und Theologen sind ja doch gewöhnlich Greise —, die zu keinem Faustkampf mehr fähig sind, haben ausgedacht, daß es nur e i n e Wahrheit gebe, um wenigstens dem Wortkampf huldigen zu können. Die Wahrheit indes ist durchaus nicht „e i n e" und verlangt gar nicht, daß die Menschen sich ihretwegen rauften.

40

DEM ANGEDENKEN DES LEISESTEN SCHRIFTSTELLERS. Das Leitmotiv der letzten Werke Anton Tschechows war: „Man fühlt, daß die Menschen einen schlecht hören, daß man lauter sprechen, schreien müßte. Zu schreien indes ist widerlich. Und so spricht man immer leiser und leiser, bald wird man überhaupt verstummen dürfen."

41

NOCHMALS ÜBER DAS GESETZ DES WIDERSPRUCHS. „Nochmals" — denn soviel man auch davon sprechen mag, ist es immer noch zu wenig. Am Gesetz des Widerspruchs zweifeln ist keineswegs „dasselbe", wie es abzulehnen. Es wäre „dasselbe", wenn wir, an ihm zweifelnd, dennoch seine souveränen Rechte anzuerkennen fortführen. Jene aber, die, wenn auch nur zuweilen, so doch mit ihrem ganzen Wesen fühlten, daß der Macht des Gesetzes des Widerspruchs Grenzen gesetzt sind, wissen, daß dies sie nicht im geringsten verpflichtet, seinen Nutzen oder seine Bedeutung zu leugnen. Sie erklären sich nur nicht einverstanden, es, wie Aristoteles es wollte, als das „unerschütterlichste aller Prinzipien" anzuerkennen, sie erklären sich nicht bereit, zu glauben, daß es überall und allenthalben angebracht, daß es Richter, oberstes Prinzip über dem Menschen sei. Es ist kein Prinzip, es ist kein „Fürst" (princeps), sondern es erfüllt nur gewisse Weisungen. Darum ist es — wenn erforderlich — unbestreitbar. Aber nicht an und für sich, nicht „seiner Natur nach": die Unbestreitbarkeit wird ihm von irgend jemandem verliehen,

— der über ihm ist. Orpheus behauptete, Eurydike sei Eurydike und jede andere Frau sei nicht Eurydike. Und durch Orpheus' Willen wird in diesem Falle das Gesetz des Widerspruchs zum „unerschütterlichen Prinzip". Keine einzige unter den Millionen Frauen, die vor, zur Zeit und nach Eurydike lebten, konnte Eurydike sein. Selbst die Hölle oder die Höllenpforte vermochten Orpheus' Willen und die durch ihn dem Gesetz des Widerspruchs verliehene Macht nicht zu überwinden. Aber: „Giordano Bruno verbrannte man auf dem Scheiterhaufen" — ein Urteil, das ebenfalls bis jetzt unter dem Schutze des Gesetzes des Widerspruchs stand und dem entgegengesetzten Urteil „Giordano Bruno hat man nicht auf dem Scheiterhaufen verbrannt" keinen Durchgang gewährte, — kann es wohl mit Gewißheit darauf rechnen, daß es sich bis ans Ende der Zeiten dieses Schutzes erfreuen werde und daß es auch von der Höllenpforte nie besiegt werden würde? Oder folgendes noch allgemeinere Urteil: „Einmal Geschehenes kann nie ungeschehen gemacht werden"? Steht es denn nicht in unserem Belieben, anzunehmen, daß manches von dem, was einstmals geschehen ist, in der Tat niemals ungeschehen werden wird, während anderes ungeschehen werden wird, und daß folglich das Gesetz des Widerspruchs, in Erfüllung der Befehle eines über ihm stehenden Prinzips, ein für allemal die einen Blätter der Vergangenheit aufbewahren und die anderen spurlos vernichten werde. Es steht uns selbstverständlich frei, solches anzunehmen, aber wir tun es nur deshalb nicht, weil wir „fürchten" (unser Denken „fürchtet" sich immer vor irgend etwas), daß dies zu umständlich und kompliziert sein würde und daß wir unsere ganze Logik würden umgestalten oder gar (das erscheint uns als das Entsetzlichste) würden auf die Dienste der fertigen Kriterien verzichten — „den Boden unter den Füßen verlieren" — müssen. Statt zu fragen, würden wir antworten, statt zu gehorchen — befehlen müssen. Wir würden unsere Eurydike selber wählen und sogar in die Hölle hinabsteigen müssen, um der Hölle die Anerkennung unserer Rechte zu entreißen. Wäre das für den Menschen, den schlichten, gewöhnlichen, sterblichen Menschen — nicht doch allzuviel?

42

KOMMENTARE. Es fallen mir wieder die Worte Occams ein: „Es ist ein Bestandteil des Glaubens, daß Gott Menschennatur annahm. Es enthält keinen Widerspruch, daß Gott Eselsnatur annähme. Mit gleichem Recht kann er Stein oder Holz annehmen" (est articulus fidei, quod Deus assumpsit naturam humanam. Non includit contradictionem, Deum assumere naturam asininam. Pari ratione potest assumere lapidem aut lignum). Was ist das Wesentliche an Occams Gedanken? Und warum erscheint er so herausfordernd und unannehmbar? Nicht nur die Form, in die Occam seinen Gedanken hüllte, erregt die Menschen. Kein Zweifel: eine äußerst schroffe, für das fromme Ohr beleidigende Form. „Daß Gott Eselsnatur annähme" (Deum assumere naturam asininam) — hier sind Worte dicht nebeneinander gestellt, die etwas weiter voneinander stehen sollten und die höchstens in einem Wörterbuch, wo auf den Sinn und die Bedeutung der Ordnung, in der die Wörter aufeinander folgen, keine Rücksicht genommen wird, in so dichte Nachbarschaft geraten können. Und doch ist hier die Form nicht das Wesentlichste, bei weitem nicht das Wesentlichste. Occam gehört nicht zu jenen, die den Leser gern durch eine überraschende Wendung verblüffen. Er kämpft nicht mit anderen, sondern mit sich selber oder, wenn man in Hegels Sprache reden will: er kämpft mit dem „Geist der Zeit". Occam gilt als der erste Vorbote der Zersetzung der Scholastik, man betrachtet ihn als „Verfallserscheinung". In der Tat lassen sich an ihm Züge finden, die gewöhnlich für den Verfall bezeichnend sind. Albertus Magnus, Thomas von Aquino, Duns Scotus und andere — lauter principes theologiae — bauten ungeheure, bis in den Himmel ragende Kathedralen des Denkens, und plötzlich ist da ein Occam mit seinen Fragen, die das Fundament der großartigen und herrlichen Gebäude des in geistiger Hinsicht schöpferischsten Jahrhunderts des Mittelalters untergraben. Wie sollte das nicht „Verfall" sein? Ist doch „Verfall" an dem ihm eigentümlichen unaufhaltsamen Zerstörungshang kenntlich: Es komme, was da kommen mag, wenn es nur nicht beim alten bleibt, irgendwohin gehen — nur nicht mit der eigenen Zeit... Non includit contradictionem, Deum assumere naturam asininam! Wenn es so ist, wenn in der Tat das Occamsche „non includit contradictionem, Deum assumere naturam asininam" richtig ist und Gott nach seinem Belieben die Gestalt des allgemein verachteten Tieres, ja auch des Holzes oder Steines annehmen kann, wozu mühten sich dann die doctores angelici, subtilissimi usw., wozu beschworen sie aus den Tiefen der Jahrhunderte die Schatten Platos, Aristoteles' und Plotins herauf? Wozu alle „Summae", wozu die gigantischen Dome, Klöster, Universitäten, der feierliche Kirchengottesdienst? Das alles wurde von den Menschen nur dazu geschaffen, um das Grunddogma der christlichen Glaubenslehre zu erklären und für die Vernunft annehmbar zu machen. In der Heiligen Schrift wird berichtet, daß der Gottessohn Mensch ward, zu den Missetätern gezählt wurde, größte Erniedrigungen über sich ergehen lassen mußte und eines schmählichen Todes starb, gekreuzigt zwischen zwei Schächern. Im Mittelalter bezweifelte niemand die Wirklichkeitstreue der biblischen Erzählung, und Occam hat, wie aus seinen Schriften und sogar aus dem von mir zitierten, mit den Worten: est articulus fidei anfangenden Abschnitt zu ersehen ist — ebenfalls nicht gezweifelt. Aber den Menschen genügte es nicht zu „glauben". Sie wollten auch noch ihren Glauben mit der Vernunft „versöhnen". Sie stellten die Frage: cur deus homo — warum ward Gott Mensch? Und sie konnten sich nicht beruhigen, solange sie nicht eine Antwort auf ihre Frage fanden. Aber was verstanden sie unter einer „Antwort auf eine Frage"? Das, was wir immer darunter verstehen. Es antwortet derjenige, welcher zu zeigen versteht, daß das, was geschah, nicht ungeschehen bleiben konnte und nicht anders geschehen konnte, als es geschah. Gott mußte n o t w e n d i g e r - w e i s e Menschengestalt annehmen", — denn anders war der Mensch u n m ö g l i c h zu erlösen. Oder, damit der Mensch sich vergöttlichen konnte, mußte Gott sich vermenschlichen. Alle Antworten auf die Frage: cur deus homo, waren — bei all ihrer äußeren Mannigfaltigkeit — Variationen ein und desselben Themas: wirklich Geschehenes wurde dargestellt als ein kraft n a t ü r l i c h e r N o t w e n d i g k e i t Geschehenes. Die Wißbegier des menschlichen Verstandes war nur dann befriedigt, wenn man ihr jenen Nektar beschaffte, den man „Erklärung" nennt. Nach diesem Nektar zogen die Menschen in die fernsten Länder aus, er ersetzte ihnen jenen Stein der Weisen, von dem, Schlaf und Nahrung vergessend, die Alchimisten und Märtyrer des Geistes in ihren Zellen träumten. Und da war plötzlich das Occamsche „non includit contradictionem" und „pari ratione" — die das Fundament nicht nur des mittelalterlichen, sondern jeglichen vernünftigen „Denkens" untergruben! Denn wenn es uns nicht gegeben ist, im Wirklichen das Notwendige zu erblicken, — wie soll man dann „denken"? Wie sollte die Vernunft nicht ihr Dasein, sondern ihre Ansprüche auf eine führende Rolle rechtfertigen, — denn das Dasein bedarf ja keiner Rechtfertigung? Es wurde ja doch angenommen, daß gerade die Vernunft jenes göttliche Getränk bereite, das den unersättlichsten Wissensdurst zu löschen vermag — und ihn endgültig löscht: „Die Zufriedenheit mit sich selbst kann aus der Vernunft entspringen, und nur jene Zufriedenheit, die aus der Vernunft entspringt, ist die höchste, die es geben kann" (acquiescentia in se ipso ex Ratione oriri potest, et ea sola acquiescentia, quae ex Ratione oritur, summa est, quae dari potest. Spinoza, Ethica IV, LII). Die Vernunft führt an jene Grenze, hinter der das Reich der urewigen Notwendigkeit beginnt, und an dieser Grenze verstummen von selbst und zerstreuen sich alle Fragen, und der Mensch erlangt jene höchste Ruhe, von der er immer träumte. Die „Summae", die Dome, der feierliche Kirchengottesdienst — alles, was die mächtigen Ritter des Geistes schufen — wurde vollbracht, um diese Ruhe zu erlangen. Und die Vernunft — auch ihre Rolle bestand darin, den Menschen zu beruhigen, die in ihm lebendigen Zweifel und Unruhen zu ersticken, zu löschen. Aber die Vernunft kann ihre Bestimmung nur in dem Falle erfüllen, wenn sie mit der Notwendigkeit in eins verschmilzt, denn der Notwendigkeit, nur der Notwendigkeit ist die letzte und endgültige Macht über alles gegeben, was ist — über das Tote und das Lebendige, über den Menschen und über Gott. Cur deus homo? Diese Frage kann man nur dann beantworten, wenn man v o r h e r anerkennt, daß Gott keine Wahl hatte, daß er g e z w u n g e n war, Menschengestalt anzunehmen und nicht die Gestalt von Stein oder Holz — ebenso wie er überhaupt gezwungen war, Gestalt anzunehmen und nicht gestaltlos bleiben konnte, selbst wenn er es gewollt hätte..

Das ganze Mittelalter, die ganze konzentrierte und vertiefte geistige Arbeit des Mittelalters war darauf gerichtet, das in der Heiligen Schrift enthaltene Geheimnis vernünftig zu erklären. Und der Mensch ist nun einmal so beschaffen, daß er, wenn er an irgend etwas viel arbeitet, zu meinen beginnt, das, wonach er strebt, sei das Wichtigste im Leben, das er wie die andern über alles in der Welt braucht. Man sollte meinen, das Allerwichtigste sei, daß Gott Menschengestalt annahm, daß Gott sich offenbarte, sich zeigte, zu den Menschen kam. So berichtet das auch die Heilige Schrift. Aber das „Denken" schätzt nicht das, was in der Heiligen Schrift berichtet wird, sondern was es sich selber ausdenken konnte: es hat auch die Heilige Schrift nur deshalb gelten lassen, weil es sie verstehen und erklären, das heißt, zeigen konnte, daß der biblische Bericht jene Prinzipien, denen der Mensch sich seit jeher unterwarf und die er für alle Ewigkeit unerschütterlich erklärte, nicht verletzt und nicht im Widerspruch zu ihnen steht. Wenn sich angesichts dieser Prinzipien gezeigt hätte, daß Gott nicht hätte Menschengestalt annehmen dürfen oder können, so hätte die Heilige Schrift abgelehnt werden müssen. Zu guter Letzt kam es auch so. Die von den mittelalterlichen Philosophen ausgedachten „Beweise" und „Erklärungen" erwiesen sich durchaus nicht als Beweise und Erklärungen. Es stellte sich heraus, daß keinerlei Möglichkeit bestehe, die Wahrheiten der „Offenbarung" mit den Mitteln der Vernunft zu verteidigen. Ja daß sogar die Wahrheiten der Offenbarung sich nicht verteidigen lassen, daß sie unschützbar sind. Mit anderen Worten, man hat zwischen zwei Möglichkeiten zu wählen: Entweder man erkennt an, daß die Wahrheiten der Offenbarung keine Wahrheiten seien und daß man die Bibel zusammen mit den Werken Homers zur reinen Dichtung zu zählen habe — oder... Es gab und es gibt noch ein „oder", das heißt, es bestand die Möglichkeit eines anderen Ausweges, — aber dieser Ausweg widerstrebte so sehr dem ganzen Gefüge der menschlichen Natur (vielleicht nicht der „ersten", sondern der „zweiten" Natur — gemäß dem Sprichwort: die Gewohnheit ist gleichsam eine zweite Natur), daß man von ihm nicht einmal sprach oder von ihm nur jene Menschen sprachen, die von vornherein zu sprechen sich entschlossen, damit man sie nicht höre. „Man braucht Gott nicht zu erklären, und man kann ihn gar nicht rechtfertigen." Das war es, was Occam sagen wollte. Und das hat niemand gehört. Und wenn ich mich jetzt der von niemandem gehörten Worte erinnere, so durchaus nicht deshalb, weil ich die Aufmerksamkeit auf sie zu lenken und ihnen einen Weg zu den Herzen der Menschen bahnen wollte. Es liegt hier irgend ein großes und sonderbares Rätsel verborgen. Es gibt Worte, die dazu verdammt sind, nicht gehört zu werden. Und zugleich ist es offenbar für irgend wen oder zu irgend was notwendig, daß diese Worte von Zeit zu Zeit für alle vernehmbar ausgesprochen werden. Ein altes und geheimnisvolles Bild: die Stimme des Predigers in der Wüste. Vielleicht ist es doch nicht so sinn- und nutzlos, den Menschen, wenn auch nur hin und wieder, jene „Wahrheitsboten" in Erinnerung zu bringen, deren Stimmen über die wundertätige Macht verfügten, menschenreiche Gegenden in Wüsten zu verwandeln. Und noch ein „Vielleicht", — das wohl noch geheimnisvoller sein mag. Pascal behauptete, einen Gedanken Tertullians wiederholend, der fast 1500 Jahre vor ihm lebte, daß für die Wahrheit auf Erden kein Platz übrig sei, daß die Wahrheit, von niemandem erkannt und anerkannt, unter den Menschen umherirre. Das heißt, daß die Wahrheit gerade deshalb Wahrheit sei, weil sie schon allein durch ihr Erscheinen menschenreiche Städte in menschenleere Wüsten verwandle. Wenn die Wahrheit einen Menschen erleuchtet, fühlt er sofort, daß „alle", „die Menschen", das heißt jene, die eine Wüste in bewohnte Ortschaften umwandeln, über die Gabe oder die unerklärliche Macht verfügen, die Wahrheit zu töten. Darum sprach Dostojewskij in Augenblicken der Erleuchtung mit solchem Entsetzen und Abscheu von der „Wirallheit". Darum kündete Plotin von der „Flucht des einen zum Einen". Darum waren und sind alle Erkenntnistheorien, die es gegeben hat und die so siegreich triumphierten — Theorien, welche die Wahrheit vor uns verbergen. Man muß vor ihnen zu jenen Altvordern fliehen, die nach Plato von edlerer Art waren als wir und den Göttern näher wohnten, deren „Denken" indes in jener Dimension frei schwebte, die uns — jedoch nur sehr selten — erst nach schwersten „exercitia spiritualia" zugänglich wird.

43

VOM DOGMATISMUS. Nicht das ist am Dogmatismus unannehmbar, daß er, wie es heißt, unbewiesene Thesen willkürlich aufstelle. Vielleicht ist es gerade umgekehrt: sowohl Willkür als auch Geringschätzung von Beweisen würden die Menschen dem Dogmatismus geneigt machen. Denn was man auch sagen mag, die Menschen lieben ihrer Natur nach über alles die Willkür und unterwerfen sich den Tatsachen nur deshalb, weil sie außerstande sind, sie zu überwinden. Man könnte also im Dogmatismus die Magna Charta der menschlichen Freiheiten erblicken. Aber gerade das fürchtet er über alles in der Welt und bemüht sich auf jede Weise, sich ebenso gehorsam und vernünftig zu stellen wie die anderen Lehren. Das beraubt ihn jeglichen Zaubers. Mehr noch: es erregt Abscheu vor ihm. Denn wenn er etwas verbirgt, — so schämt er sich also und befiehlt auch anderen, sich zu schämen. Sich der Freiheit und Unabhängigkeit zu schämen — wie könnte man d a s verzeihen?

44

DAS LICHT DES WISSENS. Puschkin erzählt uns, daß Salieri die Harmonie vermittels der Algebra nachgeprüft habe, aber zu „schaffen" sei ihm nicht gegeben gewesen, und er habe sich gewundert, ja sei sogar ungehalten gewesen, wieso es Mozart, der sich mit einer solchen Nachprüfung nicht befaßt habe, gelungen sei, die paradiesischen Lieder zu belauschen, während ihm, Salieri, dies nicht geglückt sei. Es möchte scheinen, als habe er recht gehabt. Der „müßige Bummler" gelangt schon auf Erden wenigstens in den Vorhof des Paradieses, der sich gewissenhaft Mühende indes sitzt am Meere, auf günstiges Wetter wartend — und das Wetter kommt doch nicht. Aber in einem alten Buch steht geschrieben: Unerforschlich sind des Herrn Ratschlüsse. Und einstmals verstanden die Menschen dies, sie verstanden, daß der Weg nach dem Lande der Verheißung sich jenem nicht offenbart, der die Harmonie vermittelst der Algebra nachprüft, überhaupt nicht jenem, der „nachprüft". Abraham zog aus, ohne zu wissen, wohin er ging. Hätte er aber nachzuprüfen begonnen, — so wäre er nie ins Land der Verheißung gelangt. Folglich führt Nachprüfen, Zurückschauen — das „Licht" des Wissens — nicht stets zum Besten, wie man uns zu denken lehrte und lehrt.

45

DIE ZWINGENDEN WAHRHEITEN. Bei weitem die meisten Menschen glauben nicht an die Wahrheiten der Religion, zu der sie sich bekennen; sagte doch schon Plato: „für die Menge ist der Unglaube eigentümlich" (τοῖς πολλοῖς ἀπιστία παρέχει). Darum bedürfen sie einer Umgebung, welche an das gleiche glaubt, was sie selbst offiziell glauben, und welche das gleiche sagt, was sie sagen: nur dies bestärkt sie in ihrem „Glauben", nur in ihrer Umgebung finden sie die Quellen, aus denen sie Festigkeit und Dauerhaftigkeit ihrer Überzeugungen schöpfen. Und je weniger überzeugend ihnen die geoffenbarten Wahrheiten erscheinen, desto wichtiger ist es für sie, daß niemand diese Wahrheiten bestreite. Daher sind die ungläubigsten Menschen gewöhnlich die unduldsamsten. Wenn also das Kriterium der gewöhnlichen wissenschaftlichen Wahrheiten in der Möglichkeit besteht, sie für alle bindend zu machen, so ist von den Glaubenswahrheiten zu sagen, daß sie nur in jenem Falle wirkliche Wahrheiten sind, wenn sie ohne die Zustimmung der Menschen auszukommen vermögen, wenn sie sowohl gegen Anerkennung als auch gegen Beweise gleichgültig sind. Die positiven Religionen jedoch schätzen solche Wahrheiten nicht sehr hoch ein. Sie behalten auch diese, da sie nicht ohne sie auskommen können, stützen sich aber auf solche Wahrheiten, zu denen man jeden zwingen kann, und stellen sogar die Offenbarungswahrheiten unter die Obhut des Gesetzes vom Widerspruch, damit sie nicht schlechter seien als jede andere Wahrheit. Dem Katholizismus erschien bekanntlich die Obhut des Gesetzes vom Widerspruch unzureichend und er erfand die Inquisition, ohne die er selbstverständlich seine große historische Rolle nicht hätte erfüllen können. Er schützte sich durch „Unduldsamkeit" und rechnete sich seine Unduldsamkeit sogar als Verdienst an, — er kam gar nicht auf den Gedanken, daß das, was der Obhut des Gesetzes vom Widerspruch oder der Henker und Kerkermeister bedarf, jenseits der göttlichen Wahrheit liegt und daß die Menschen gerade d a s rettet, was nach unserem Ermessen als das Schwächste, Undauerhafteste und Schutzloseste erscheint. Im Gegensatz zu den Erkenntniswahrheiten sind die Glaubenswahrheiten an d e m Merkmal zu erkennen, daß sie weder um Allgemeinheit, noch um Notwendigkeit, noch um die die Allgemeinheit und Notwendigkeit begleitende zwingende Kraft wissen. Sie werden frei gegeben, frei hingenommen, sie rechtfertigen sich vor keinem, werden von niemandem beglaubigt, erschrecken keinen und fürchten selber niemanden.

46

DIE AUTONOME MORAL. Die autonome Moral ist bekanntlich am vollständigsten und abgeschlossensten in Sokrates' Lehre zum Ausdruck gekommen, der behauptete, daß die Tugend keiner Belohnung bedürfe und daß — ganz einerlei, ob die Seele sterblich oder unsterblich — der gute Mensch alles, was er braucht, vom „Guten" erhalte. Aber ich denke, daß Sokrates (ebenso wie Kant, der in der „Kritik der praktischen Vernunft" in Sokrates' Fußstapfen trat) nicht genügend konsequent gewesen ist und daß das „Gute" sich mit solchen Demutserklärungen nicht zufriedengeben wird. Es muß noch ein weiterer Schritt getan werden, es muß zugegeben werden, daß der „gute" Mensch die Unsterblichkeit der Seele gar nicht braucht — und es ist auf die Unsterblichkeit ganz zu verzichten. Das heißt, es ist zuzugeben, daß Sokrates sterblich sei, denn er erhielt vom „Guten" schon hier auf Erden alles, was er sich nur wünschen konnte, unsterblich indes seien Alkibiades und seinesgleichen, denen das „Gute" nichts oder sehr wenig gibt und die gemäß dem Willen eines anderen Prinzips existieren, das in diesem, dem irdischen Leben seine Versprechungen nicht zu erfüllen vermag und das Unverwirklichte bis zur Begegnung in einem anderen Leben aufschiebt. Ein solches Zugeständnis, n u r e i n s o l c h e s Z u g e s t ä n d n i s kann dem „Guten" wirkliche Befriedigung verschaffen und den Streitigkeiten über autonome und heteronome Moral ein Ende machen. Menschen vom Schlage des Sokrates, die das „Gute" freiwillig als oberstes Prinzip anerkannten, verzichten ebenfalls freiwillig auch auf das jenseitige Leben, das sie gar nicht brauchen, zugunsten der Menschen vom Schlage des Alkibiades, die, da sie einem anderen Prinzip als dem Sokratischen Guten unterstehen, eine Fortsetzung des Daseins auch nach dem Tode sowohl zu erwarten als auch zu fordern berechtigt sind. Von Sokrates' Standpunkt aus werden sich die Alkibiadesse aber doch täuschen: hundert der glücklichsten und wohlgelungensten Leben ohne „Gutes" sind nicht ein einziges schwerstes und bitterstes, aber „gutes" Leben wert. Die Philosophie indes wird endlich ihren vollen Sieg feiern können: sowohl die Alkibiadesse als auch die Sokratesse werden volle Genugtuung erlangen, und jeglicher Streit wird ein Ende haben.

47

DENKEN UND SEIN. Je mehr positives Wissen wir erlangen, desto weiter entfernen wir uns von den Geheimnissen des Lebens. Je mehr sich der Mechanismus unseres Denkens vervollkommnet, desto schwieriger gelangen wir an die Quellen des Seins. Kenntnisse beschweren und binden uns, während das vollkommene Wissen uns in willenlose, unterwürfige Wesen verwandelt, die im Leben nur die „Ordnung" und die durch die „Ordnung" aufgestellten Gesetze und Normen zu suchen, zu sehen und zu schätzen wissen. Statt der alten Propheten, die wie Herrschende sprachen, sind unsere Lehrer und geistigen Führer Gelehrte, welche die höchste Tugend im Gehorsam gegen die nicht von ihnen geschaffene und niemandem und nichts gehorchende Notwendigkeit erblicken.

48

EIGENES UND FREMDES. Wenn der Mensch „Eigenes" ansieht, versteht er es und billigt es sogar. Fremdes aber erscheint ihm, obwohl es nicht anders ist als das Eigene, häufig als widerwärtig. Unsere eigenen Wunden betrachten wir, von den fremden wenden wir uns ab. Sobald wir aber objektiv zu sein lernen, beginnt uns auch Eigenes ebenso widerwärtig zu erscheinen wie Fremdes. Folglich? Es kann zwei Folglich geben: Entweder muß man die Objektivität aufgeben, oder man muß lernen, Fremdes wie Eigenes zu betrachten, sich nicht vor fremden Wunden und fremder Häßlichkeit zu fürchten. Objektivität ist durchaus kein sicherer Weg zur Wahrheit. Und Angst ist stets ein schlechter Ratgeber.

49

DER FEHLER UNSERES DENKENS. In der Erkenntnistheorie herrscht die Idee der Notwendigkeit, in der Ethik — die verblaßte und geschwächte Notwendigkeit: das Sollen. Anders kommt das heutige Denken nicht vom Fleck.

50

ERFOLGE UND MISSERFOLGE. Plato behauptete, die seligen Männer des Altertums seien besser und Gott näher gewesen als wir. Man möchte meinen, dies sei wahr. Wer sich eingehend mit der Geschichte der Philosophie befaßt hat, wird jedenfalls keineswegs behaupten, daß das tausendjährige angespannteste Suchen des menschlichen Verstandes uns der letzten Wahrheit, den ewigen Quellen des Seins nähergebracht habe. Aber dieses tausendjährige, zu nichts führende und darum vielen vergeblich erscheinende Ringen der menschlichen Seele mit dem ewigen Geheimnis kann als Bürgschaft dafür dienen, daß die Mißerfolge der Philosophie die Menschen auch für künftige Zeiten nicht entmutigen werden. Ob wir uns nun Gott nähern oder uns von ihm entfernen, ob wir nun besser oder schlechter werden als unsere nahen oder fernen Vorfahren, — so ist es uns doch nicht möglich, auf das Suchen und Ringen zu verzichten. Es wird nach wie vor Mißerfolge geben, aber die Mißerfolge werden uns nach wie vor nicht von neuen Versuchen abhalten. Der Mensch kann nicht haltmachen, kann nicht zu suchen aufhören. Und diese Sisyphusarbeit ist das große Rätsel, das uns ebenfalls wohl kaum zu lösen gelingen wird, uns aber unwillkürlich auf den Gedanken bringt, daß im allgemeinen Haushalt des menschlichen Tuns die Erfolge nicht immer von ausschlaggebender und entscheidender Bedeutung sind. Die positiven Wissenschaften haben zu unbestreitbaren und gewaltigen Ergebnissen geführt, die Metaphysik hat uns nichts Dauerhaftes, nichts Sicheres gegeben. Und doch ist vielleicht die Metaphysik in irgend einem Sinne notwendiger und bedeutsamer als die positiven Wissenschaften und sind die mißlungenen Versuche, in das Gebiet des für uns ewig Verschlossenen vorzudringen, wertvoller als die erfolgreichen Versuche, das zu erforschen, was sichtbar vor uns liegt und bei einiger Beharrlichkeit sich allen Menschen offenbart. Wenn dem so ist, werden Kants Einwände gegen die Metaphysik von selbst hinfällig. Die Metaphysik hat uns keine einzige allgemeinverbindliche Wahrheit gegeben, — das ist richtig. Aber das ist kein Einwand. Die Metaphysik will und darf „ihrer Natur nach" keine allgemeinverbindlichen Wahrheiten geben. Mehr noch: es gehört zu ihren Aufgaben, auch jene Wahrheiten, die durch die Wissenschaften gewonnen werden, und auch die Idee der Allgemeinverbindlichkeit selber als Merkmal der Wahrheit zu entwerten. Wenn es also schon darauf ankommt, die Metaphysik, wie Kant dies wollte, mit den positiven Wissenschaften zu konfrontieren, so muß die Frage umgekehrt ungefähr folgendermaßen gestellt werden: Die Metaphysik hat auf der Suche nach der Quelle des Seins keine allgemeine und notwendige Wahrheit gefunden; die positiven Wissenschaften haben, indem sie untersuchten, was aus dieser Quelle entsprang, viele „Wahrheiten" gefunden. Bedeutet dies nicht, daß die Wahrheiten der positiven Wissenschaften falsche oder zum mindesten nur schnell vergängliche, augenblickliche Wahrheiten sind?..

Ich denke, daß man nach Kant an die Philosophie nicht herangehen darf, ohne sich vorher von der durch ihn geschaffenen Zwangsvorstellung loszumachen, daß zwischen der Metaphysik und den positiven Wissenschaften ein Zusammenhang und Wechselbeziehungen beständen. Andernfalls wären alle unsere Versuche, über die letzten Fragen des Seins zu urteilen, von vornherein zur Fruchtlosigkeit verurteilt. Wir würden immerfort Mißerfolge befürchten und, statt uns Gott zu nähern, uns von ihm entfernen. Alle Wahrscheinlichkeit spricht dafür, daß Plato gerade deshalb die Männer des Altertums für selig hielt, weil sie sich von der Angst vor den positiven Wahrheiten frei wußten und jene Ketten der Erkenntnis noch nicht kannten, die er so qualvoll an sich empfand.

51

DIE EMPIRISCHE PERSÖNLICHKEIT. Jene seltenen Augenblicke, da die Evidenzen die Macht über den Menschen verlieren — wie wären sie für die Philosophie auszuwerten? Sie setzen eine besondere Art von Seelenzuständen voraus, bei denen das, was uns immer als Bedeutsamstes, Wesentlichstes, ja sogar als das einzig Wirkliche erscheint, plötzlich unwichtig, unnütz, ja sogar illusorisch zu erscheinen beginnt. Die Philosophie indes möchte objektiv erscheinen und achtet „Seelenzustände" gering. Wenn man also der Objektivität nachjagt, so gerät man unvermeidlich in die Pranken der Selbstevidenzen, will man von den Selbstevidenzen loskommen, so wird man vor allem, entgegen den Traditionen, die Objektivität vernachlässigen müssen. Selbstverständlich wird, allgemein gesprochen, sich niemand zu letzterem bereit erklären. Es ist für jedermann schmeichelhaft, eine Wahrheit zu finden, die zum mindesten ein wenig, ein ganz klein bißchen eine Wahrheit für alle sein wird. Nur mit uns selber allein, unter der undurchdringlichen Decke des Geheimnisses des individuellen Seins (empirische Persönlichkeit) entschließen wir uns manchmal, auf jene wirklichen und vermeintlichen Rechte und Privilegien zu verzichten, die uns durch die Zugehörigkeit zu einer für alle gemeinsamen Welt gegeben werden. Dann flackern vor uns die letzten und vorletzten Wahrheiten auf, — aber sie erscheinen uns selber eher Traumgesichten als Wahrheiten vergleichbar. Wir vergessen sie leicht, wie wir Träume vergessen. Bewahren wir aber verschwommene Erinnerungen an sie, so wissen wir nicht, was wir mit ihnen anfangen sollen. Ja, offen gestanden, mit solchen Wahrheiten ist auch nichts anzufangen. Man könnte sie höchstens in die Musik der

Worte übertragen und warten, bis andere, die nur vom Hörensagen, nicht aber aus eigener Erfahrung, von derartigen Visionen wissen, ihnen die Form von Urteilen verleihen und, nachdem sie sie gemordet haben, sie zu stets und für alle notwendigen, das heißt, verständlichen und ebenfalls „evidenten" machen. Aber das werden ja gar nicht mehr jene Wahrheiten sein, die sich uns offenbarten. Und sie gehören bereits nicht mehr uns, sondern allen, der „Wirallheit", die Dostojewskij so haßte und die Solowjew, ein Freund und Schüler Dostojewskijs, der traditionellen Philosophie und der traditionellen Theologie zuliebe, unter dem weniger odiosen Namen der Ökumenität zum Grundstein seiner Weltanschauung machte. Gerade hierin tritt der grundlegende Gegensatz zwischen dem „Denken" Dostojewskijs und dem Denken jener Schule zutage, aus der Solowjew hervorging. Dostojewskijs Philosophie war Flucht vor der „Wirallheit" zu sich selber. Solowjew hingegen floh vor sich selber zur „Wirallheit". Ihm erschien der lebendige Mensch, das, was die Schule „empirische Persönlichkeit" nennt, als Haupthindernis auf dem Wege zur Wahrheit. Er dachte, oder besser gesagt: er behauptete (wer kann wissen, was ein Mensch denkt?), wie auch jene, von denen er lernte, man könne die Wahrheit nicht zu Gesicht bekommen, solange man nicht alle „Selbstheit" in sich ausrotte (das heißt, solange man nicht seine empirische Persönlichkeit überwinde und vernichte). Dostojewskij indes wußte, daß die Wahrheit sich der empirischen Persönlichkeit und nur der empirischen Persönlichkeit offenbart..

52

DIALEKTIK. Das Denken, lehrte Plato, ist eine unhörbare Zwiesprache der Seele mit sich selber. Selbstverständlich, wenn das Denken ein dialektisches ist. Dann kann der Mensch, selbst wenn er mit sich allein ist, nicht schweigen und fährt zu sprechen fort: er vermeint einen Gegner vor sich zu haben, dem irgend etwas bewiesen werden muß, der überzeugt, gezwungen, dem eine Zustimmung entrissen' werden muß. Der letzte große Platoniker, Plotin, vertrug jedoch solches Denken nicht mehr. Er wollte wahre Freiheit, bei der man weder selber zwingt, noch gezwungen wird. Und ist denn in der Tat die Vorstellung von einer solchen Freiheit nur Phantasie? Und umgekehrt, ist denn die Idee der zwingenden Notwendigkeit, von der die Dialektik lebt, gar so unüberwindlich? Gewiß, beweisen und zwingen kann nur jener, der das Schwert der Notwendigkeit in die Hand genommen hat. Wer aber das Schwert erhebt, wird durch das Schwert sterben. Kant konnte die Metaphysik nur deshalb vernichten, weil die Metaphysik zwingen wollte. Und solange die Metaphysik sich nicht entschließen wird, die Waffen niederzulegen, wird sie eine Sklavin und Magd der positiven Wissenschaften bleiben. Das Denken ist nicht Zwiesprache der Seele mit sich selber, das Denken ist, richtiger: es **kann** viel mehr als Zwiesprache sein und ohne Dialektik auskommen. Hiervon sprechen Puschkins Worte: „Und aus dem Munde riß der Seraph mir die Zunge, die voll Eigengier zu Falschheit Lästerung gesellte."

53

DIE IDEE DER ALL-EINHEIT. Wir leben in Beengung und Unrecht. Es ist uns nicht gegeben, uns geräumiger einzurichten, und darum sind wir Ordnung zu schaffen bemüht, damit wenigstens nicht so viel Unrecht sei. Warum aber sollte man Gott, der weder räumlich, noch zeitlich, noch irgendwie anders begrenzt ist, ebensolche Liebe und Achtung für Ordnung zuschreiben? Warum wird ewig von All-Einheit gesprochen? Wenn Gott die Menschen liebt, was braucht er sie dann seinem göttlichen Willen zu unterwerfen — und ihnen ihren eigenen Willen zu nehmen, das Wertvollste von all dem, was er ihnen schenkte? Es besteht dafür gar keine Not. Folglich ist die Idee der All-Einheit eine ganz falsche Idee; da die Philosophie gewöhnlich nicht ohne diese Idee auskommen kann, so ist — das zweite Folglich — unser Denken mit einer schweren Krankheit behaftet, von der wir uns mit allen Kräften zu befreien bemühen müssen. Wir alle sind um die Hygiene unserer Seele besorgt, da wir überzeugt sind, daß unsere Vernunft gesund sei. Aber es ist bei der Vernunft zu beginnen — und die Vernunft muß sich eine ganze Reihe von Gelübden auferlegen. Und das erste Gelübde wäre — Enthaltsamkeit von allzu umfangreichen Anmaßungen. Von Einheit oder gar von Einheiten zu reden mag ihr noch nicht verboten sein. Aber auf All-Einheit wird sie verzichten müssen. Und auch noch auf manches andere. Wie erleichtert werden die Menschen aufatmen, wenn sie plötzlich zu der Überzeugung kommen, daß der lebendige, wahre Gott nicht die geringste Ähnlichkeit hat mit jenem, den ihnen bisher die Vernunft zeigte.

54

WAS IST WAHRHEIT? Soll man zu Steinen sprechen und hoffen, daß sie einem schließlich, wie dem ehrw. Beda, ein tosendes Amen zurufen werden? Oder zu Tieren, in der Meinung, daß die Gabe des Redens sie bezaubern könnte — besaß doch Orpheus einstmals diese Gabe —, und daß sie einen verstehen würden? Die Menschen werden einen ja doch wahrscheinlich nicht hören: sie sind so beschäftigt — sie machen Geschichte —, wie sollte es ihnen da um Wahrheit zu tun sein! Alle wissen, daß Geschichte weit wichtiger ist als Wahrheit. Daher die neue Definition der Wahrheit: Wahrheit ist das, was an der Geschichte vorbeigeht und was die Geschichte nicht merkt.

55

LOGIK UND DONNER. Die Phänomenologie, sagen die treuen Schüler Husserls, kenne keinen Unterschied zwischen dem homo dormiens (dem schlafenden Menschen) und dem homo vigilans (dem wachen Menschen). Gewiß, sie kennt ihn nicht, — und in dieser Unkenntnis liegt die Quelle ihrer Kraft und überzeugenden Gewißheit: daher spannt sie alle ihre Kräfte an, sich diese docta ignorantia zu wahren. Denn sobald sie nur fühlen würde, daß nicht nur der homo vigilans, der wache Mensch (einen solchen hat es auf Erden offenbar niemals gegeben), sondern sogar der Mensch, der eben erst aus dem Schlafe zu erwachen beginnt, sich himmelweit vom schlafenden unterscheidet — hätte all ihre Glückseligkeit ein Ende. Der schlafende Mensch ist, bewußt und unbewußt, bestrebt, in den Bedingungen, unter denen seine Traumgesichte vor sich gehen, die einzig möglichen Bedingungen des Seins zu erblicken. Darum nennt er sie Selbstevidenzen und behütet und verteidigt sie auf jede Weise (Logik, Erkenntnistheorie: die Gaben der Vernunft). Sobald aber der Augenblick des Erwachens eintritt (es ertönt das Rollen des Donners: Offenbarung), wird man an den Selbstevidenzen zweifeln und einen durch nichts begründeten Kampf gegen sie beginnen müssen, das heißt, das tun, was dem Schlafenden als Gipfel des Unsinns erscheint, — kann es doch nichts Sinnloseres geben, als auf die Logik mit Donner zu antworten.

56

PROTAGORAS UND PLATO. Protagoras behauptete, der Mensch sei das Maß aller Dinge, Plato — daß es Gott sei. Auf den ersten Blick erscheint die Wahrheit des Protagoras als eine niedere, die des Plato indes als eine erhabene. Aber Plato sagte ja doch selber an anderer Stelle, die Götter philosophierten nicht, trachteten nicht nach Weisheit, — denn sie seien weise. Was aber heißt philosophieren, was Wahrheit suchen? Ist es denn nicht dasselbe, wie die Dinge „messen"? Und ist nicht in der Tat solch eine Beschäftigung den schwachen und unwissenden Sterblichen angemessener als den mächtigen und allwissenden Göttern?

57

DIE AUFGABEN DER PHILOSOPHIE. Die Philosophen bemühen sich, die Welt zu „erklären", damit alles ersichtlich, durchsichtig werde, damit es im Leben nichts oder möglichst wenig Problematisches und Geheimnisvolles gebe. Sollte man nicht umgekehrt zu zeigen bemüht sein, daß selbst dort, wo den Menschen alles klar und verständlich erscheint, alles ungemein rätselhaft und geheimnisvoll ist? Sollte man nicht sich selber und die anderen von der Macht der Begriffe befreien, die durch ihre Bestimmtheit das Geheimnis zerstören? Liegen doch die Quellen, die Anfänge, die Wurzeln des Seins nicht in dem, was offenbar gemacht worden, sondern in dem, was verborgen ist: Deus est Deus absconditus.

58

DAS MÖGLICHE UND DAS UNMÖGLICHE. Ein rundes Quadrat oder hölzernes Eisen ist ein Nonsens und folglich etwas Unmögliches, denn derartige Verbindungen von Begriffen laufen dem Gesetz des Widerspruchs zuwider. Der vergiftete Sokrates indes ist kein Nonsens, und folglich ist derartiges möglich, denn zu einer derartigen Verbindung von Begriffen hat das Gesetz des Widerspruchs seine Einwilligung gegeben. Es fragt sich nun: Könnte man nicht das Gesetz des Widerspruchs überreden oder zwingen, seine Entschlüsse abzuändern? Oder ließe sich nicht eine Instanz finden, die befugt wäre, seine Beschlüsse abzuändern?

So daß sich ergäbe, daß der vergiftete Sokrates ein Nonsens sei und man folglich Sokrates nicht vergiftet habe, während hölzernes Eisen kein Nonsens und es folglich möglich sei, daß irgendwo sich hölzernes Eisen finden ließe. Oder gar so: Man überläßt dem Gesetz des Widerspruchs sowohl das Eisen als auch das Quadrat, — es möge damit verfahren, wie es ihm beliebt, jedoch unter der Bedingung, daß es anerkenne, der vergiftete Sokrates berge ebenfalls einen Widerspruch in sich und man habe daher Sokrates, entgegen allen Zeugnissen, niemals vergiftet. Um derartige Fragen sollte die Philosophie bekümmert sein, und in früheren Zeiten war sie es auch. Heute aber hat man diese Fragen ganz vergessen.

59

DAS EINE / WAS NOT TUT. Ebnet dem Herrn die Wege! Wie ebnen? Fasten und Feiertage einhalten? Ein Zehent oder gar das ganze Vermögen den Armen geben? Das Fleisch abtöten? Den Nächsten lieben? Nächte hindurch in alten Büchern lesen? Das alles ist notwendig, das alles ist gut, gewiß. Aber es ist nicht das Wichtigste. Das Wichtigste ist, zu denken, daß, wenn alle Menschen bis auf den letzten überzeugt wären, es gebe keinen Gott — dies doch rein gar nichts zu bedeuten hätte. Selbst wenn man, wie zweimal zwei ist vier, beweisen könnte, es gebe keinen Gott — so hätte auch das nichts zu bedeuten. Man wird sagen, solches dürfe man nicht vom Menschen verlangen. Gewiß, man darf es nicht! Aber Gott verlangt von uns immer Unmögliches, und darin besteht sein wichtigster Unterschied von den Menschen. Oder vielleicht umgekehrt — ist doch nicht umsonst gesagt, der Mensch sei nach Gottes Ebenbild geschaffen — nicht Unterschied, sondern seine Ähnlichkeit mit dem Menschen. Der Mensch erinnert sich Gottes, wenn er Unmögliches will. Wegen des Möglichen wendet er sich an die Menschen.

60

UNANGEBRACHTE FRAGEN. Ich weiß, sagt der hl. Augustinus, was Zeit ist, fragt man mich aber, was Zeit sei, so weiß ich nichts zu antworten, und es stellt sich heraus, daß ich es nicht weiß. Was Augustinus von der Zeit sagt, läßt sich von vielem sagen. Es gibt mancherlei Dinge, um die der Mensch weiß, solange man ihn nicht darüber ausfragt oder er selber es nicht tut. Der Mensch weiß, was Freiheit ist, aber man frage ihn, was Freiheit sei, und er wird in Verlegenheit geraten und einem nicht antworten. Er weiß auch, was die Seele ist, — aber die Psychologen, das heißt, die Gelehrten, Menschen, die besonders fest davon überzeugt sind, daß es stets nützlich und angebracht sei, zu fragen, sind dahin gelangt, eine „Psychologie ohne Seele" zu schaffen. Daraus sollte man schließen, daß unsere Methoden der Wahrheitsfindung nicht gar so einwandfrei seien, wie wir zu denken gewohnt sind — und daß zuweilen die Unfähigkeit, eine Frage zu beantworten, ein Zeichen von Wissen ist, die Abneigung gegen das Fragen indes — von der Nähe zur Wahrheit zeugt: aber niemand macht diese Schlußfolgerung. Es würde eine tödliche Beleidigung des Sokrates, des Aristoteles, aller heutigen Verfasser von Büchern über die „Wissenschaft der Logik" bedeuten, wer aber wollte mit den Mächtigen dieser Welt, den toten und lebenden, Streit anfangen?

61

NOCH EINMAL ÜBER DIE UNANGEBRACHTEN FRAGEN. Von den zahllosen apriorischen oder selbstevidenten Wahrheiten, auf denen, wie alle meinen, das menschliche Denken beruht, in denen es aber in Wirklichkeit verstrickt ist, hat die These, daß Fragen nur dazu gestellt würden, um Antworten auf sie zu erhalten, am sichersten Fuß gefaßt. Wenn ich frage, wieviel

Uhr es sei, wieviel die Summe der Winkel eines Dreieckes betrage, welches das spezifische Gewicht des Quecksilbers sei, ob Gott gerecht, der Wille frei, die Seele unsterblich sei, so möchte ich — das ist jedermann klar —, daß man mir auf alle diese Fragen exakte Antworten gebe. Aber e i n e Frage ist nicht dasselbe wie die andere. Wer da fragt, wieviel Uhr es sei oder welches das spezifische Gewicht des Quecksilbers sei, der möchte in der Tat und dem genügt es, daß man ihm eine bestimmte Antwort gebe. Wer aber fragt, ob Gott gerecht oder die Seele unsterblich sei, der will etwas ganz anderes — und klare und deutliche Antworten versetzen ihn in Raserei oder Verzweiflung. Wie soll man das den Menschen klarmachen? Wie soll man ihnen erklären, daß irgendwo, jenseits einer gewissen Grenze die menschliche Seele sich derart umgestalte, daß sogar der „Mechanismus" des Denkens ein anderer wird? Oder, besser gesagt, daß das Denken zwar erhalten bleibt, für den Mechanismus aber gar kein Platz mehr da ist?

62

SKLAVENMORAL UND HERRENMORAL. Sokrates gehorchte seinem Dämon, und er hatte neben sich einen Dämon, der ihn leitete. Alkibiades indes, der Sokrates zwar sehr schätzte, hatte offenbar keinen Dämon neben sich, oder selbst wenn er einen neben sich hatte, so gehorchte er ihm nicht. Es fragt sich: Wie hat sich eine Philosophie zu verhalten, die das „Phänomen" der Moral feststellen und beschreiben will? Hat sie sich nach Sokrates oder nach Alkibiades zu richten? Wenn nach Sokrates, so wird die Anwesenheit des Dämons und die Bereitschaft, alle seine Befehle ohne Widerrede auszuführen, als Zeichen sittlicher Vollkommenheit gelten, und wird Alkibiades unter die unsittlichen Menschen gerechnet werden. Wenn nach Alkibiades — so ergibt sich das Gegenteil: man wird Sokrates verurteilen. Eine, wie ich hoffe, berechtigte Frage. Auch hoffe ich, daß die traditionelle Philosophie nie mit ihr fertig werden wird. Daher wirft sie sie auch nicht auf. Mit anderen Worten, sie weiß bereits, ehe sie noch das Phänomen der Moral beschreibt, sowohl was Moral ist als auch, wie sie zu beschreiben ist. Aber es ist ja doch möglich, daß Sokrates und Alkibiades unter keinen Umständen unter e i n e Kategorie zu bringen sind. Non pari conditione creantur omnes: aliis vita aeterna, aliis damnatio aeterna praeordinatur („Nicht alle Menschen werden gleich geschaffen: den einen ist ewiges Leben, den anderen ewige Verdammnis vorbeschieden", Calvin). Sokrates geziemt es (ist es gegeben), sich vom Dämon leiten zu lassen, Alkibiades geziemt es (ist es gegeben), den Dämon zu führen. Wenn Nietzsche von Sklavenmoral sprach, war er dem Christentum viel näher, als seine Tadler meinten.

63

DIE MIT BEWUSSTSEIN AUSGESTATTETEN STEINE. Spinoza behauptete, wenn der Stein Bewußtsein besäße, würde er meinen, frei zu Boden zu fallen. Aber Spinoza irrte sich. Wenn der Stein Bewußtsein besäße, so wäre er überzeugt, kraft der Notwendigkeit der steinernen Natur alles Seienden zu fallen. „Hieraus folgt", daß die Idee der Notwendigkeit nur in mit Bewußtsein ausgestatteten Steinen entstehen und erstarken konnte. Und da die Idee der Notwendigkeit in den menschlichen Seelen so tief Wurzel geschlagen hat, daß sie allen vorweltlich und ersterschaffen erscheint — ist doch ohne sie, glaubt man, weder Denken noch Sein möglich —, so ist daraus auch zu schließen, daß die ungeheure, erdrückende Mehrheit der Menschen nicht, wie es erscheint, Menschen, sondern mit Bewußtsein ausgestattete Steine seien. Und diese Mehrheit, diese mit Bewußtsein ausgestatteten

Steine, denen alles einerlei ist, die aber nach den Gesetzen ihres steinernen Bewußtseins denken, sprechen und handeln, gerade sie haben jene Umgebung, jenes Milieu geschaffen, in dem die ganze Menschheit, das heißt, nicht nur die Bewußtsein besitzenden und nicht besitzenden Steine, sondern auch die lebendigen Menschen leben müssen. Es ist sehr schwer, fast unmöglich, gegen die Mehrheit zu kämpfen, besonders in Anbetracht dessen, daß die Steine den Bedingungen des irdischen Daseins besser angepaßt sind und sie stets besser überstehen. Die Menschen müssen sich also den Steinen anpassen und es ihnen gleichzumachen suchen, und sie müssen als Wahrheit, ja sogar als Gut das anerkennen, was dem steinernen Bewußtsein als das Wahre und Gute erscheint. Es sieht so aus, als wären Kants Betrachtungen über den Deus ex machina wie auch Spinozas sub specie aeternitatis seu necessitatis, wie auch alle unsere Ideen von der zwingenden Wahrheit und dem zwingenden Guten den lebendigen Menschen durch die mit Bewußtsein ausgestatteten Steine, die sich unter sie mischten, suggeriert worden.

64

DE SERVO ARBITRIO. Obwohl Sokrates, als er die ersten Werke Platos las, nach der Überlieferung gesagt haben soll: Wieviel da dieser Jüngling über mich gelogen hat, — hat Plato uns doch auch viel Wahres über Sokrates erzählt. Ton und Inhalt der Verteidigungsrede des Sokrates sind meiner Meinung nach in der „Apologie" richtig wiedergegeben. Sicherlich hat Sokrates zu seinen Richtern gesagt, daß er ihr Urteil annehme. Er war offenbar auf Verlangen seines Dämons gezwungen, sich dem Urteil zu unterwerfen, das er für unrichtig und empörend hielt, und zwar, sich ihm nicht äußerlich, sondern innerlich zu unterwerfen. Dennoch, selbst wenn Sokrates sich auch unterwarf, so verpflichtet uns das keineswegs zu Unterwürfigkeit. Uns bleibt das Recht und — wer weiß? — sogar die Möglichkeit vorbehalten, Sokrates der Macht des Schicksals zu entwinden — allem zum Trotz, was er sagte, sogar seinem Wunsche zum Trotz, — ihn gegen seinen Willen den Händen der Athener zu entreißen. Und wenn wir (oder nicht wir, sondern irgend jemand, der stärker ist als wir) ihn gewaltsam entrissen haben, würde das dann bedeuten, wir hätten ihm die „Willensfreiheit" genommen? Es scheint, als hätten wir sie ihm genommen: ohne ihn zu fragen, ihm selber zum Trotz entrissen wir ihn. Und doch haben wir ihm nicht den „Willen" genommen, — wir haben ihn ihm zurückgegeben... Sapienti sat, oder bedarf es noch weiterer Erklärungen? Sollte es noch nicht genügen, so füge ich hinzu: Luthers ganze Lehre de servo arbitrio, Calvins Lehre von der Prädestination und sogar die Spinozas von der „Notwendigkeit" hatten es nur darauf abgesehen, den Dämon von Sokrates' Seite zu vertreiben, der ihm suggerierte, daß man sich dem Schicksal nicht auf eigene Gefahr, sondern auf eigene Verantwortung unterwerfen müsse. Aristoteles hatte natürlich recht, wenn er behauptete, daß die Notwendigkeit Überredungen kein Gehör schenke. Aber folgt daraus etwa, daß man die Notwendigkeit von ganzem Herzen und von ganzer Seele liebgewinnen und sich ihr aus Verantwortungsgefühl unterwerfen müsse? Auf eigene Gefahr — das wäre etwas anderes, aber das Verantwortungsgefühl, das Gewissen wird stets gegen jeglichen Zwang sein. Und „unser Gewissen", das Gewissen, das uns lehrt, uns zu „unterwerfen" und „auszusöhnen", ist nur geschminkte und verlarvte Angst. Wenn es uns also gelingt, den Dämon von Sokrates' Seite zu vertreiben, wenn wir (oder wiederum: nicht wir, eine solche Aufgabe überstiege unsere Kräfte) ihn gewaltsam den Händen und der Macht der „Geschichte" entrissen, würden wir ihm nur die Freiheit zurückgeben, die der lebendige Mensch in der Tiefe seiner Seele (in jener Tiefe, bis zu der das Licht „unseres Gewissens" und all unser „Licht" nie gelangt und wo die Macht der Dämonen aufhört) über alles auf der Welt schätzt und liebt, — selbst dann schätzt und liebt, wenn er sie vor aller Ohren als Willkür, Laune oder Eigennutz brandmarkt.

65

BESINNUNG. Unser Denken ist seinem eigentlichen Wesen nach Besinnung. Es ist geboren aus der Angst, daß hinter uns, unter uns, über uns irgend etwas sei, das uns bedroht. In der Tat, sobald der Mensch sich umzusehen beginnt, „sieht" er Furchtbares, Gefährliches, mit Verderben Drohendes. Wie aber — ob man sich wohl zu einer solchen Annahme bereiterklären wird? —, wenn das Furchtbare nur dann und nur für jenen furchtbar ist, der sich umsieht? Das Medusenhaupt kann einem Menschen nichts antun, der geradeaus geht und sich nicht umsieht, und es verwandelt jeden zu Stein, der ihm das Gesicht zuwendet. Denken, ohne sich umzusehen, eine „Logik" des sich nicht besinnenden Denkens schaffen — o b wohl die Philosophie, o b wohl die Philosophen jemals verstehen werden, daß dies die erste und wichtigste Aufgabe des Menschen ist, — der Weg zum „Einen, das not tut"? Daß die Trägheit, das Gesetz der Trägheit, das dem sich besinnenden Denken mit seinen ewigen Ängsten vor der Möglichkeit von Unerwartetem zugrunde liegt, uns nie aus jenem halb schlafartigen, fast vegetativen Dasein herausführen wird, zu dem wir durch die Geschichte unserer geistigen Entwicklung verurteilt sind?

66

KOMMENTAR ZUM VORHERGEHENDEN. Schon zehn Jahre vor der Veröffentlichung der „Kritik der reinen Vernunft" schrieb

Kant an seinen Freund Herz, daß: „in der Bestimmung des Ursprungs und der Gültigkeit unserer Erkenntnisse Deus ex machina das Ungereimteste ist, was man nur wählen kann, das außer dem betrüglichen Zirkel in der Schlußreihe noch das Nachteilige hat, daß er jeder Grille oder andächtigem oder grüblerischem Hirngespinst Vorschub gibt." Und ferner: „Zu sagen, daß ein höheres Wesen in uns schon solche Begriffe und Grundsätze (das heißt, was Kant ‚Synthetische Urteile a priori' nennt. L. Sch.) weislich gelegt habe, heißt alle Philosophie zugrunde richten." Die ganze „Kritik der reinen Vernunft", die ganze „Weltanschauung" Kants beruht auf diesem Fundament. Woher will Kant die Gewißheit haben, daß der „Deus ex machina" oder ein „höheres Wesen" die unsinnigste Annahme sei, deren Zulassung die Philosophie in ihren Grundlagen vernichten würde? Kant hat bekanntlich selber mehrfach wiederholt, daß die metaphysischen Probleme auf die Probleme Gott, Unsterblichkeit der Seele und Freiheit hinauslaufen. Was aber kann die Philosophie nach solcher Vorbereitung von Gott sagen? Wenn schon von vornherein bekannt ist, daß der „Deus ex machina" oder, was dasselbe, ein „höheres Wesen" die unsinnigste Annahme ist, wenn der Mensch schon von vornherein „weiß", die Einmischung eines „höheren Wesens" in das Leben zuzulassen, bedeute jeglicher Philosophie ein Ende bereiten, — so bleibt für die Metaphysik bereits nichts mehr zu tun übrig. Man hat ihr schon von vornherein suggeriert, Gott — und nach Gott auch die Unsterblichkeit der Seele wie auch die Willensfreiheit — sei ein Hirngespinst und eine Grille, und folglich sei auch die Metaphysik selber ein Hirngespinst und eine Grille. Aber ich frage wiederum, wer hat Kant (Kant aber ist ja doch „wir alle", Kant spricht für „uns alle") solche Gewißheit eingegeben? Wen hat er über den „Deus ex machina", das heißt über ein „höheres Wesen" befragt? Es gibt nur eine Antwort: Kant faßte die Philosophie (ebenfalls wie wir alle) als Besinnung auf. Das Besinnen aber setzt voraus, daß das, worauf wir uns besinnen, eine ewig unveränderliche Struktur habe und daß es weder dem Menschen noch einem „höheren Wesen" gegeben sei, der Macht der nicht von ihnen und nicht für sie errichteten „Seinsordnung" zu entrinnen. Wie auch immer diese Ordnung sein mag, die sich von selber einstellte, — so ist sie doch ein unabänderlich Gegebenes, das man hinnehmen muß und gegen das man nicht kämpfen kann. Schon die Idee des Kampfes selber erscheint Kant (und uns allen) sinnlos und unzulässig. Unzulässig nicht nur deshalb, weil wir von vornherein zur Niederlage verurteilt sind und weil ein solcher Kampf hoffnungslos ist, — sondern auch noch deshalb, weil er unsittlich ist und von unserer Empörung, Unbotmäßigkeit und Eigennützigkeit zeugt (Laune, Eigenmächtigkeit, Phantasie — sagt Kant, dem, wie uns allen, eingegeben und darum hinlänglich bekannt ist, daß dies alles weit schlimmer ist als Notwendigkeit, Gehorsam und Gesetzmäßigkeit). In der Tat, man braucht sich nur zu besinnen, so wird einem sofort klar (Intuition), daß man nicht kämpfen kann und darf, daß man sich fügen muß. Die „ewige Ordnung" lähmt, wie das schlangenumwundene Medusenhaupt, nicht nur den menschlichen Willen, sondern auch die menschliche Vernunft. Da aber die Philosophie stets „Besinnung" gewesen ist und es auch heute noch bleibt, so erweisen sich alle unsere letzten Wahrheiten nicht als befreiende, sondern als bindende Wahrheiten. Die Philosophen haben viel von der Freiheit g e s p r o c h e n, aber fast keiner unter ihnen hat es gewagt, sich Freiheit zu wünschen, und sie alle trachteten nach Notwendigkeit, die jeglichem Suchen ein Ende macht, da sie auf nichts Rücksicht nimmt (ἡ ἀνάγκη ἀμετάπειστόν τι εἶναι — so formulierte es Aristoteles). Gegen die Meduse und ihre Schlangen kämpfen (die ἀνάγκη des Aristoteles, die ihm und Kant solche Angst vor dem Hirngespinst und der Grille einflößte) kann nur jener, der in sich den Mut findet, geradeaus zu gehen, ohne sich umzusehen. Und folglich muß die Philosophie nicht ein Sichumsehen, nicht ein Besinnen sein, wie man uns zu denken gewöhnt hat, — Besinnung ist das Ende jeglicher Philosophie, — sondern vermessene Bereitschaft, vorwärts zu gehen, ohne auf irgend etwas Rücksicht zu nehmen, ohne sich nach irgend etwas umzusehen. Darum sagte der göttliche Plato: πάντα γάρ τολμητέον — es muß alles gewagt werden, ohne zu befürchten, fügte er hinzu, als unverschämt zu gelten. Darum hinterließ uns auch Plotin das Vermächtnis: ἀγὼν μέγιστος καὶ ἔσχατος ταῖς ψυχαῖς πρόκειται — ein großer und letzter Kampf steht den Seelen bevor. Das will auch Nietzsches Wille zur Macht sein. Die Philosophie ist nicht ein Besinnen, sondern Kampf. Und dieser Kampf hat kein Ende und wird kein Ende haben. Das Reich Gottes wird, wie geschrieben steht, mit Gewalt geraubt.

ATHEN ODER JERUSALEM?
PHILOSOPHIE ODER RELIGION?

von

Raimundo Panikkar

VORBEMERKUNGEN

Ich möchte damit beginnen, mich nicht zu entschuldigen: nämlich dafür, daß ich nicht geradlinig denke. Möglicherweise müssen Sie sich selbst verdrehen, oder mich zurechtbiegen, doch die Wirklichkeit ist eben nicht geradlinig und eng. Wir müssen uns der Wirklichkeit anpassen, anstatt alles und jedes in die Zwangsjacke unseres linearen Denkens zu pressen.[1]

I. THEMA UND THESE

Das Thema des derzeitigen Programms an der University of Santa Clara lautet *Philosophische Fragen aus christlicher Sicht.* Die Konferenz heute beschäftigt sich speziell mit dem Thema *Philosophie und religiöse Erfahrung.* Ich will auf beide Themen Bezug nehmen.

Ich werde das starke Gefühl nicht los, werde dies aber nicht ganz beweisen können, daß etwas grundlegend falsch sein muß, so daß wir gezwungen sind, das Problem auf diese Art darzustellen. Tief im Inneren bin ich der festen Überzeugung, daß der Westen derzeit mit einer bestimmten Periode seines Selbstverständnisses abschließt.

Wir senken den Vorhang nicht etwa nur über einen Akt im Drama der Geschichte. Wir sind am Ende der Geschichte selbst

---

[1] Ich habe den schlichten Stil eines mündlichen Vortrags beibehalten. Für eine ausgefeiltere Version der Gedanken in diesem Aufsatz vgl. meine Veröffentlichungen: *Myth, Faith & Hermeneutics* (New York: Paulist Press, 1979), und *The Intrareligious Dialogue* (New York: Paulist Press, 1978), zudem „La philosophie de la religion devant le pluralisme philosophique et la pluralité des religions," in: E. Castelli (ed.) *La philosophie de la religion* (Paris: Aubier, 1977).

angelangt. Wir sind Zeugen einer Wandlung im menschlichen Bewußtsein. Die Lage des Menschen ist wegen innerer und äußerer Krisen und Katastrophen drastischen Veränderungen ausgesetzt. Wir können uns nicht mehr länger auf die geistigen Krücken stützen, die man uns in Form von Teilreformen und Flickwerk darbietet. In Zeiten wie den unsrigen wäre es falsch, zur gewohnten Tagesordnung überzugehen. So wie die Vorgeschichte sich der Geschichte beugte, muß auch der historische Mensch einem post- oder transhistorischen Wesen weichen.

Heutzutage ist keine Tradition autark. Dies ist nicht das unbedeutendste Ergebnis der transkulturellen Situation unserer Tage. Keine der religiösen Traditionen kann alleine die Probleme und Widersprüche der gesamten Menschheit lösen. Jedes menschliche Problem, im Lichte von nur einer Tradition besehen, ist heute bereits – gelinde gesagt – falsch gestellt, methodologisch inadäquat. Kein Mensch steht (oder fällt) alleine. Man kann die komplexen Krisen der heutigen Menschheit nicht voneinander losgelöst oder nur von einer Seite aus betrachten.

Wir brauchen eine neue Sichtweise, einen weiteren Bedeutungshorizont; und dies vermag keine einzelne Kultur oder Person oder Ideologie zu liefern. Um überhaupt noch Zukunftspläne für die Menschheit schmieden zu können, müssen sich alle Kulturen der Erde – jung und alt, nah und fern, primitiv und aufgeklärt – gegenseitig befruchten.

Dies impliziert natürlich Liebe und Zuneigung. Mehr noch, es impliziert ein gegenseitiges Kennen – eines der schwierigsten philosophischen Probleme unserer Tage. Und die andere Kultur unter deren Bedingungen zu kennen, ist ein gefährliches Wagnis. Ich bin der Ansicht, daß unsere westliche Kultur aus Angst wissentlich oder unwissentlich eine große Vielfalt an spirituellen und intellektuellen Verhütungsmitteln nimmt, welche eine echte Befruchtung und damit die Geburt eines neuen Kindes verhindern.

Und hier sollte kein Christ ärgerlich werden. Irgendwo steht geschrieben „'εν Χριστω χαινη χτισις, *in Christo nova creatura*" (II Cor. V,17): wir sind immer eine neue Schöpfung in Christus. Außerdem, um es mit Buddhas Worten auszudrücken (oder zumindest mit jenen seiner Tradition), ist ein jeder Augenblick so völlig neu und einzigartig, daß wir den immensen Unterschied zum vorhergehenden nicht einmal ermessen können. Weil uns also die gigantische Neuheit eines jeden Moments entgeht, verlieren wir alsbald auch noch die Möglichkeit einer Erneuerung.

Um das konkretere Thema dieses Vortrags herauszuarbeiten, habe ich beschlossen, acht Punkte einer näheren Betrachtung zu unterziehen. So sollte es Ihnen möglich sein, mir trotz der häufigen Abschweifungen folgen zu können.

II. DAS GESPENST DES CHRISTLICHEN ABENDLANDES

Zuallererst möchte ich das Gespenst der westlichen Christenheit anklagen. Dieser Geist, der von Anfang an im christlichen Denken herumspukt (und dies vielleicht sogar aus gutem Grunde, gemessen an den eigentümlichen Regeln der christlichen Sichtweise), ist der *Pantheismus*.

Die Angst vor dem Pantheismus hat das christliche Denken über die Jahrhunderte hinweg beherrscht, doch der Preis dafür ist hoch. Wir sollten nicht vergessen, daß der Pantheismus, sogar aus christlicher Sicht, zurecht behauptet, daß Gott Alles ist. Doch er ist im Unrecht mit dem, was er abstreitet, nämlich, daß Gott nicht mehr ist als dies „Alles". Mit dieser Zweiweg-Identifizierung untergräbt der Pantheismus seine eigene Fähigkeit zur Negation. Es gibt keinen Standpunkt, von dem aus man Nein sagen könnte. Wenn alles Sein, alles Gott ist, dann gibt es keinen Standpunkt, von dem aus man nicht-Sein, nicht-Gott, *asat*, Nichts sagen könnte. Es gibt keinen ontologischen Ort, von dem aus man etwas negieren kann. Gott ist reine Bejahung, und wenn Gott alles ist, so kann man diesen Alles-Gott nicht verlassen, um ihn dann zu negieren. Dennoch könnte sich ein pantheistisches Gemüt in die christliche Seele geschlichen haben, weil die gängige Spekulation über das Nichts und das Nicht-Sein vielen als erstaunliche Entdeckung gilt, als sei es kein Charakteristikum der Kreatur, die Möglichkeit von Verneinung in sich zu tragen: *„Ich bin der Geist, der stets verneint!"*

III. DER FALL IN DEN DUALISMUS

Als nun die christliche Kultur den Pantheismus bekämpfte, was schließlich in den Kampf gegen den Monismus mündete, ist sie in den Dualismus geplumpst. Und so schwimmt das christliche Denken derzeit in einer Nußschale zwischen der Scylla Pantheismus oder Monismus und der Charybdis Dualismus und versucht, die Schwierigkeiten der Navigation zu bewältigen. All die Begriffspaare, von welchen wir heute morgen hörten – natürlich und übernatürlich, Gott und Kreatur, gut und böse, Vernunft und Erfahrung, Philosophie und Theologie, und schließlich (um zum Punkt zu kommen) Religion und Philosophie –, müssen von Grund auf bestimmt werden.

Ich stelle anheim, daß diese Dichotomien nicht endgültig sind, und daß das, was der Westen als disruptive oder *dialektische Spannungen* betrachtet hat, möglicherweise in *kreative Polaritäten* umgewandelt werden könnte. Und dies ist – ich muß darauf bestehen – nicht nur eine Phrase.

Wir hörten heute von dem Versuch, diese „zwei Extreme" durch eine Position zu überwinden, die man als Mittelweg bezeichnete. Ich war freudig überrascht und bemerkte, daß dieser Mittelweg die zentrale Bezugsachse sein müsse, von dem aus betrachtet die anderen Meinungen nur extrem scheinen können. Weil ich mich keinem der Extremstandpunkte anschließen möchte, ist nur jener mittlere Pfad plausibel. Wir sollten erkennen, daß die restlichen Ansätze etwas abseits liegen, sich entweder zu weit rechts oder zu weit links von dieser absoluten Annäherung an das Geheimnis von Wirklichkeit bewegen.

Und nun zu meinem Vortrag über das Thema Religion und Philosophie.

IV. WAS HAT PHILOSOPHIE MIT RELIGION ZU TUN?

Die Philosophie auf der einen Seite wurde seit Descartes oft als natürliche Suche betrachtet, als Arbeit des *intellectus*. Religion auf der anderen Seite wurde als überrationales Licht gepriesen, als übernatürliche Offenbarung. Diese Sichtweise schuf jene Dichotomie, welche den Westen fast seit Anbeginn des christlichen Denkens heimgesucht hat. *Was hat Athen mit Jerusalem zu schaffen?* Nicht nur Tertullian, auch andere haben sich dieser metaphorischen Sprechweise befleißigt, um die Narretei des Kreuzes, die Neuheit des Christentums, den christlichen Skandal, die *stultitia mundi* und zu guter Letzt die christliche Überlegenheit zu betonen. Hervorragend. Sobald wir aber darüber nachdenken, hört der Skandal auf und wird zur scheinheiligen Rationalisierung und Eigenrechtfertigung. Sobald ich mich auf den Kreuzesskandal berufe, die Narretei der christlichen Einstellung, verliere ich meine Unschuld – da ich dann genau das Gegenteil tue: ich rechtfertige mich selbst und verurteile die anderen, weil es ihnen an Mut oder an Einsicht mangelt, um sich mit dem *scandalum* abzufinden.

Ist es nicht so, daß die Parabel vom Zöllner und vom Pharisäer jedes bewußte Beten unmöglich macht? Welches wird unsere Einstellung sein, sobald wir sie kennen? Wenn ich genau weiß, daß ich, indem ich den Demütigen spiele, erhört werde, so lüge ich doch, wenn ich bete „Herr, Herr, habe Mitleid mit mir armem Sünder." Und erwarte ich, daß Er mir deshalb meine Sünden vergibt? Dann wendet die Parabel sich doch gegen mich: Indem ich glaube, mir werde durch das Bekennen meiner Sünden Vergebung zuteil, wird mir doch gerade nicht vergeben. Wenn ich dagegen wirklich der Ansicht bin, daß ich gar nicht so übel bin, irgendwie doch ein ganz netter Kerl, dann verdamme ich mich selbst. Sobald wir versuchen, so reflexiv dabei zu denken, wird Beten unmöglich, ist die Unschuld dahin, und jener Mittelweg, von dem sowohl Aristoteles als auch Buddha sprachen, wird womöglich unschiffbar.

Im heutigen Weltzusammenhang kann ich nicht einmal die *fides quaerens intellectum,* welche wir heute morgen mittels einer äußerst scharfsinnigen und tiefgründigen Neuinterpretation zu retten versuchten, als ausreichend empfinden. Als ob *fides* ohne intellectus überhaupt *fides* wäre, und umgekehrt; so als sei der *intellectus* so selbsttragend, daß er keine Art von *pistis, fides,* Glauben, Zutrauen, Vertrauen nötig habe, und sei es nur in seine eigenen Entdeckungen. Das Verhältnis zwischen Glaube und Verstehen ist nicht so, daß der Glaube so gut vorbereitet ist, daß er sich nur nach einem Verstehen umsehen müßte, welches mit seinen Annahmen übereinstimmt. Der Glaube ist die existentielle Offenheit des Menschen allem gegenüber, was außerhalb seiner selbst liegt; der echte Glaube braucht weder rationale Beweise, noch verfällt er in irrationalen Fideismus, sondern er ist von völlig anderer Art.

Glaube und Verstehen bedingen sich auf konstitutive Weise gegenseitig und formen einander unablässig. Glaube impliziert Verstehen, Verstehen impliziert Glaube. Obwohl ich sagen würde (um nicht das Prinzip des Nicht-Widerspruchs zu negieren), daß diese beiden Implikationen nicht identisch sind – d.h., die Art Verstehen, welches der Glaube impliziert, ist nicht dieselbe Art Glaube, den das Verstehen zur Folge hat.

Was hat Athen mit Jerusalem zu schaffen? Wenn wir nunmehr der Hellenistischen Interpretation die gesamte Schuld zuschieben wollen, kann dies eine sehr interessante *kulturpolitische* Waffe sein, wird jedoch mit Sicherheit keiner gründlicheren Erforschung standhalten.

V. AN IHREN FRÜCHTEN WERDET IHR SIE ERKENNEN

Die „Scheidung", von der wir auch heute morgen hörten, zeigt deutlich ihre eigenen schädlichen Auswirkungen. Philosophie ohne Religion ist ineffektiv, fruchtlos, reine Haarspalterei, trocken und tot. Religion ohne Philosophie dagegen ist blind, sektiererisch, provinziell, emotional und irrational. Und dies haben wir bereits in der morgendlichen Sitzung gehört. Die meisten philosophischen Themen – der Sinn des Lebens, des Sterbens, des Seins, des Guten, der Wahrheit, der Gerechtigkeit, der Freiheit – sind religiöse Fragen. Die meisten religiösen Anliegen – Errettung, Friede, Freude, Lobpreis, Anbetung, das Erkennen einer höheren Instanz – sind philosophische Probleme. Weder eine *politique des domaines séparés* noch eine friedliche Koexistenz wird genügen.

Die gesetzliche Trennung von Kirche und Staat, die bis zu einem gewissen Grad für die politische Gesundheit dieses Landes bürgt, sollte nicht mit einer Trennung von Religion und Leben verwechselt werden.

Das fundamentale Problem ist, daß diese Entfremdung für beide tödlich wäre. Philosophie wird zum logischen Positivismus, zur linguistischen Analyse oder zu irgendeiner anderen Art von rationalistischer, interessanter, doch letztendlich toter Analyse; Religion wird zu einer Art fundamentalistischer Attitüde, voller unerforschter Vorurteile, läuft Gefahr, sektiererisch, eng, ja sogar fanatisch zu werden.

Vielleicht ist die Situation ein klein wenig wie die des lateinischen Dichters Catull, der in den Qualen einer unmöglichen Liebe gefangen war: „*Nec cum te nec sine te vivere possum*" – „Weder mit dir noch ohne dich kann ich leben." Wir können weder zusammen noch getrennt leben. Kleben wir Philosophie und Religion aneinander, so wird uns mit Sicherheit und ganz zurecht Professor Hardy an die Fallgruben erinnern, die bei solch einer Vermischung auf uns lauern. Doch wenn wir die beiden trennen, so ist die Scheidung für beide Beteiligten tödlich, wie John Smith richtig behauptete.

In der Tat ist das Konzept einer rationalen – ich sage nicht rationalistischen – Philosophie, welches im Westen heutzutage vorherrscht, eine Ausnahme in der Menschheitsgeschichte, auch in der westlichen Welt. Bis zum 13. Jahrhundert wurde die Philosophie (und diese Tendenz erstreckt sich bis zu Pico della Mirandola und anderen weit bis in die Renaissance hinein) nur als Meditation betrachtet auf dem Weg zur Erlösung, als ein Erkennen unserer Situation als Menschen. Bei den Kirchenvätern heißt es *imitatio Christi vera philosophia*, und so weiter und so fort. Die Annahme, Philosophie habe nicht mit Erlösung zu tun, ist eine Ausnahme in der Geschichte der Menschheit.

Die gesamten asiatischen Traditionen verknüpfen Philosophie ganz eng mit Erlösung – und dies geht so weit, daß man, wie Bhartrahari sagt, Grammatik lernt, um zum *moksa* zu gelangen. „*Mea grammatica Christus est!*", sagten auch die christlichen Scholastiker. Denn Grammatik zu lernen bedeutet nicht nur, Syntax, Redemittel und kleine indogermanische Wurzeln zu beherrschen, sondern in die Bedeutung gerade jener Wörter einzutauchen, die Erlösung zum Ausdruck bringen ... denn am Anfang war das Wort *(vac)*, sagt das Tandya-Maha Brahmana (ungeachtet sonstiger Ähnlichkeiten).

Ferner wage ich zu behaupten, daß das Konzept einer rationalen Philosophie der Philosophie denkbar feindlich gesonnen ist. Es ist unphilosophisch. Es mag vielleicht wissenschaftlich sein. Wir haben heute gehört, welche Verlockung die Wissenschaft für die Philosophie darstellt, und unter welchem Minderwertigkeitskomplex die philosophische Forschung seit den großen Erfolgen der Naturwissenschaften gelitten hat. Wir alle wissen, daß Kant, als er von der Kopernikanischen Revolution der Philosophie sprach, diese Metapher nicht nur im allegorischen Sinne gebrauchte. Er wollte, daß die Philosophie die Macht, die Sicherheit und den Erfolg haben sollte, welche die Naturwissenschaften nach Galilei erreicht zu haben schienen.

Solch eine Konzeption von Philosophie mag zwar streng wissenschaftlich sein, ist jedoch nicht philosophisch. Sie versucht weder, ihre eigenen Grundlagen zu erforschen, noch setzt sie sich mit dem sandigen Boden auseinander, auf dem sie stehen muß, noch stellt sie die eigenen Instrumente in Frage, etc. Man erinnerte uns heute morgen auch an folgendes: Was gegeben ist, ist gegeben, weiter dürfen wir nicht fragen. Erörtert das Problem, so wie „ich" es euch darstelle, macht euch Gedanken darüber, aber wagt ja nicht, „meine" Behauptungen in Frage zu stellen. Aber ...

Wer wird den Kenner kennen? Wer wird den Beobachter beobachten? Wer wird die peinlichen Fragen stellen? Wer wird unsere Sicherheiten zerschlagen?

VI. PHILOSOPHIE UND RELIGION

Ein erfolgloser, wenngleich, wie ich eilig hinzufügen möchte, verdienstvoller Versuch, wurde als Philosophie der Religion bezeichnet. Die Philosophie der Religion versuchte lobenswerterweise, eine Art Brücke oder Floß zu sein, um uns Schiffbrüchige vor dem Ertrinken zu bewahren.

Es sei daran erinnert, daß Leibniz listigerweise die Theodizee erfand. Er pflegte in der Tat zu sagen „Kommt, laßt uns den lieben

Gott vor unseren Richterstuhl der Vernunft treten," während er andererseits seinen Kollegen zuflüsterte: „Psst ... Sie werden schon sehen, daß wir uns alle einig werden, daß er besteht, wir wollen aber trotzdem das Theodizee-Spiel spielen, damit wir die Existenz, das Wesen und die Macht des Göttlichen mittels unserer reinen Vernunft beweisen können." Solch eine Theodizee hat sich natürlich sowohl auf kulturellem, als auch auf rein philosophischem Boden als erfolglos erwiesen.

Die Philosophie eines Gegenstandes namens Religion ist vom religiösen Standpunkt aus betrachtet Blasphemie, und aus philosophischer Sicht ist sie Selbstmord. Ich will versuchen, dies zu erläutern.

Die Philosophie eines Gegenstandes namens Religion ist, vom religiösen Standpunkt aus betrachtet, Blasphemie. Wie kann der Mensch Gott beurteilen? Wie kann die Vernunft annehmen, den Glauben zu bestimmen? Wie kann das menschliche Verständnis die Bedingungen stellen für das Begreifen einer göttlichen Offenbarung? Wer entscheidet, was Religion ist und was Aberglaube? Wenn es einen Gott gibt, muß ich mich Ihm anpassen und nicht Ihn mir. Ein Gott, der meines Verstehens bedarf, ist, vom religiösen Standpunkt aus betrachtet, schlicht ein *non sequitur*. Er widerspricht dem mystischen Wesen des Göttlichen. Ähnliches gilt für nicht-theistische Religionen. Wenn die Philosophie mir sagt, was Religion ist und sein muß, hat sie bereits die Religion ersetzt.

Wenn der Philosoph erklärt, daß ich alles, was Gott auch immer sagen und offenbaren wird, begreifen muß, wird der religiöse Mensch erwidern müssen: Nun, schade für den Menschen, der nicht begreift; wenn ihr es aber nur mit euren Bedingungen verstehen könnt, habt ihr Pech gehabt, doch das ist leider nicht der lebendige Gott Abrahams, Isaaks und Jakobs, um die jüdisch-christlich-muslimische Tradition zu gebrauchen.

Die unendliche Freiheit der Selbstoffenbarung des Göttlichen der Analyse zu unterwerfen – und sei letztere auch noch so respektvoll, eine *knieende Theologie* sozusagen (wie es Hans Urs von Balthasar ausdrücken würde), eine Theologie der Anbetung und Huldigung –, wäre unangebracht ... weil wir dann vorgeben, die unendliche Größe des Göttlichen in unsere irdischen Gefäße und menschlichen Gehirne zu pressen. Wer entscheidet, wo die Grenzen sind? Wer vermag zu sagen, was Gottes Wort ist und was bloße Menschenstruktur?

Vielleicht gibt es in diesem Teil der Erde seit Descartes eine kulturelle Besessenheit: Gewißheit, auch mit dem Wort Sicherheit zu übersetzen. Beide Begriffe sind bei Descartes noch nicht unterschieden: Gewißheit im Denken, Sicherheit im Dasein. Und hieraus kann man jede beliebige politische Konnotation ablesen. Die unsichere Lage der heutigen Menschheit bezeugt stumm die Gefahren jener Besessenheit, sicher zu sein und Sicherheit zu haben – in rationaler, philosophischer, individueller, kollektiver oder nationaler Hinsicht.

Wenn sich andererseits die Philosophie unterwirft, kann dies nur das Ende der Philosophie bedeuten. Der Begriff Philosophie steht seit seiner Erfindung für eine grundlegende und freie Forschung, für eine grundlegende und ungehinderte Weisheit, die sich nichts und niemandem beugt. Jegliche Gefährdung dieser Freiheit beschleunigt das Ende der Philosophie. Wenn Philosophie nicht die freie Entfaltung all jener Kräfte ist, die uns zum Begreifen der Wirklichkeit zur Verfügung stehen, ist sie keine Philosophie. Wenn die Philosophie Befehle akzeptieren muß oder von einer beliebigen übergeordneten Struktur bevormundet wird, hat sie bereits ihr eigenes Selbstverständnis aufgegeben.

Deshalb muß der Philosoph auf die Bemerkung „Ich respektiere die Philosophie voll und ganz, doch über ihr gibt es ein anderes Reich, das wiederum von ihr zu respektieren ist," mit aller Schärfe erwidern: „Wir sollten auf gleicher Stufe stehen; tun wir das nicht, so können wir auch keine Dialoge führen. Wenn mein Leben ganz und gar von der Wahrheit abhängt, die ich als Philosoph selbst finden kann, und Sie dagegen eine Art intellektuelle Versicherungspolice haben, die Ihnen alle Antworten im voraus gibt, kann ich nicht mit Ihnen diskutieren." Und vielleicht sind vom menschlichen Standpunkt aus gesehen gerade die *insecuritas* und das Risiko des Philosophen der bessere Teil der Weisheit.

Wenn sich die Philosophie der Religion oder einer anderen Instanz beugt, wird sie in der Tat zu einer Wissenschaft oder Technik. Sind die Grenzen einmal festgelegt, begnügt sie sich damit, Daten auszuarbeiten, diese zu beurteilen, und all dies ist bestimmt ungemein sinnvoll, um noch mehr Daten zu erzeugen. Doch hört die Philosophie auf, jene Art integrale Weisheit zu sein, die in aller Welt, auch in Afrika (obwohl die Philosophie dort eher die Schönheit von Kunst besitzt als die Fertigkeit des Wortes), über grundlegende Bedeutungen und Werte spricht. Sie stürzt ganz einfach in sich zusammen. Man kann eine Mathematik der Liebe haben, doch unterscheidet die Liebe sich von der Mathematik. Es mag in der Liebe ein quantifizierbares Element, ein paar mathematische Koeffizienten geben; doch Liebe ist mehr als Mathematik.

Die Philosophie der Religion unterscheidet sich von einer Mathematik der Liebe, des Klangs etc., und sie ist mehr. Wenn die Philosophie etwas außer acht läßt, dessen sie sich bewußt ist, ist sie nicht länger Philosophie, nicht länger integrale Weisheit. Der mathematische Aspekt der Liebe (was damit auch immer gemeint sein mag) will uns nicht darüber aufklären, was Liebe ist, sondern uns lediglich deren mathematische Dimension beschreiben. Der philosophische Aspekt der Religion andererseits will uns sagen, was Religion ist. Er wird gegebenenfalls den supra-philosophischen Status von Religion untersuchen oder rechtfertigen oder verwerfen müssen.

Die moderne Unterscheidung zwischen Philosophie und Theologie, die ich hier nicht näher erläutern kann, löst das Dilemma auch nicht. Dieselbe Aporie, dieselben stacheligen Probleme stellen sich in der Theologie genauso wie in der Philosophie.

Doch kann die Philosophie der Religion noch eine weitere Bedeutung haben. Der subtilste, tiefgründigste und faszinierendste grammatikalische Fall in den indogermanischen Sprachen – von anderen kann ich nicht sprechen – ist der Genitiv. Von den vielen Dingen, die der Genitiv bezeichnet, vernachlässigen wir gerne den *persönlichen Genitiv* zugunsten des objektiven Genitivs. Der Begriff Philosophie der Religion kann nicht nur die Philosophie oder die philosophische Erforschung oder das philosophische Verständnis eines Gegenstandes, eines Dings oder einer Einheit mit Namen Religion bedeuten, sondern er klingt auch in der Bedeutung des persönlichen Genitivs. Zum Beispiel kann ‚Biographie Gandhis' Louis Fischers Biographie über Gandhi bedeuten oder auch Gandhis eigene Autobiographie. Nicht die Biographie über Gandhi, sondern die Biographie *von* Gandhi, nämlich seine *eigene* Biographie. Mit ‚Philosophie der Religion' kann nicht nur das Philosophieren über Religion gemeint sein, sondern die Philosophie *von* Religion, persönlicher Genitiv: die Philosophie, die in der Religion enthalten ist, die Philosophie, die Religion *ist,* die intellektuelle Dimension jenes komplexen Organs mit Namen Religion. Wenn der existentielle Charakter von Religion darin besteht, den Menschen als Individuum (was immer wir darunter verstehen mögen) oder kollektiv zur Ganzheit zu führen, zu seinem Schicksal, seiner Erfüllung oder was auch immer, wäre Philosophie die intellektuelle Bewußtheit, die den Pilger auf seinem Wege hin zum Schicksal, zur Erfüllung begleitet.

VII. DREI HALTUNGEN

Im Bereich der Philosophie der Religion, die auch die Geschichte der Kulturen beinhaltet – hier könnte ich ebenso die buddhistischen und indischen Zivilisationen einordnen – unterscheiden wir im großen und ganzen drei unterschiedliche Haltungen.

a) *Die Heteronomie*

Eine Einstellung zum Verhältnis von Philosophie und Religion ist, was man mit dem Begriff *Heteronomie*-Verhältnis bezeichnen könnte. Heteronomie: das *nomos* – *nomos* bedeutet *dharma*, für diejenigen, die kein Griechisch verstehen – das *nomos* einer bestimmten Seinssphäre ist einer höheren Instanz entnommen. Man spricht von heteronomer Haltung oder Situation, wenn die internen Gesetzmäßigkeiten einer bestimmten Seinssphäre von einer anderen bestimmt oder gefordert werden.

Betrachten wir zum Beispiel das Verhältnis zwischen Physik und Mathematik. Die Prinzipien der theoretischen Physik werden von den mathematischen Axiomen bestimmt, die wir als geltend annehmen, um erfolgreich physikalisch-mathematische Forschung betreiben zu können. Heteronomie bedeutet, daß einer die Befehle erteilt. Der Cäsaropapismus, totalitäre Ideologien, die *philosophia ancilla theologiae*, sind Beispiele für Heteronomie.

Nun kann dieses Verhältnis zweierlei bedeuten: Im ersten Fall ist Religion tonangebend. Religion sagt uns, was Philosophie ist und welche Aufgaben sie hat. „Wir, die Priester, die Schriftgelehrten, die Brahmanen, wissen es besser. Wir haben einen heißen Draht zur göttlichen Offenbarung. Wir haben das *moksa-anubhave*, wir haben die echte Eingebung, und ihr Philosophen dürft sie verbreiten, unter die Leute bringen, sie in schmackhafte Begriffe kleiden. Sonst könnten die Menschen die Tempel verlassen und Wege der Verdammnis beschreiten.

In jenem ganz besonderen Buch, welches der Erzengel Gabriel bereits wortgetreu zum großen Propheten Mohammed geschickt hat, findet ihr alles, was es gibt, und ihr braucht nur – nun ja, genauer zu lesen, ein wenig besser zu deuten, um die Antwort zu finden. In der Bibel steht alles, was wir wissen müssen. Die Veden haben offenbar für jede menschliche Frage eine Antwort."

Wenn die Religion den Ton angibt, dann muß die Philosophie lediglich interpretieren, eine weitere feine Variante finden, sagen, daß Paulus, als er dies schrieb, nicht dies meinte, sondern etwas ganz anderes, was Bultmann uns nunmehr erklären wird.

Wenn die übergeordnete Instanz Religion ist, tötet die Heteronomie mit Sicherheit die Philosophie.

Sie erinnern sich gewiß an Goethes treffenden Ausspruch: *„Wer Wissenschaft und Kunst besitzt, hat auch Religion; wer jene beiden nicht besitzt, der habe Religion."* Wir brauchen keine Religion, die Religion ist für die Masse, für diejenigen, die nichts wissen. „Wer jene beiden nicht besitzt, Wissenschaft und Kunst, der habe Religion." Sonst wird er zum Anarchisten. Und nach Goethe kommt 1848. Marxismus, eine neue Religion erscheint auf der europäischen Bühne. So habe er denn Religion.

Wenn die übergeordnete Instanz irgendeine Art von Religion ist, tötet Heteronomie die Philosophie. Wenn andererseits die Philosophie anfängt, der Religion Befehle zu erteilen, bestimmt die Philosophie bald, was Religion ist und was sie nicht ist. Die Philosophie sagt: „Nun, das ist Religion und das ist Aberglaube, und dann bin ich Bildungsminister in der Tschechoslowakei und sage euch (zu eurem Schutz), was ihr tun müßt, wie ihr zu sein habt. Wir, die Philosophen, wissen es besser. Wir sind der Regenschirm über einem säkularen Staat und befehlen euch Religionsanhängern, was ihr tun müßt, wie ihr euch zu verhalten habt, was ihr sagen dürft und was nicht, und daß ihr den Status quo nicht erschüttern dürft. Sonst ... ist die Lage Lateinamerikas außer Kontrolle. Deshalb wissen wir, die Philosophen, die Denker, die Sophisten aller Art, alles besser und sehen es als unsere Aufgabe an, all den kleinen, frommen Leuten – die ein Ventil für ihre Gefühle brauchen – zu sagen, wie sie sich zu verhalten haben ... vorausgesetzt, sie stören uns nicht allzu sehr, denn sonst müßten wir härter durchgreifen."

So wird Religion zum bloßen Ersatz für Philosophie, nur für jene geeignet, die noch keine perfekten Gnostiker sind. Der Gnostiker ist der echte Mensch. Und Sie kennen jene außergewöhnliche Beschreibung von Clemens von Alexandrien. Gewiß wird hieraus ersichtlich, warum die Kirche in der Gnostik eine weit größere Gefahr sah, als in sonstigen laxen Einstellungen.

Diese Situation, eine Heteronomie von Philosophie über Religion, zerstört die Religion. Eine Religion, die dem Kultusministerium oder der säkularen Gesellschaft oder auch dem Allgemeinwohl untergeordnet ist – wie ich, der Vorsitzende es zu deuten wage –, ist überhaupt keine Religion.

b) *Autonomie*

Die Situation wird nicht besser, wenn, anstelle von Heteronomie, die ich zu beschreiben versucht habe, wir das große Dogma von *Autonomie* betreten. *Auto*-nomie: jedes *nomos* hat seine eigene Autonomie, seine eigene Unabhängigkeit, seine eigene Identität. Das *autos* – jeder ist jeder, und damit hat sich's.

In dieser Autonomie stirbt sowohl die Religion als auch die Philosophie. Die Befreiung der Religion von der Philosophie und der Philosophie von der Religion hat die Auflösung von beiden mit sich gebracht.

Die Philosophie wird, wenn sie sich von der Religion befreit, zur Wissenschaft, oder noch schlimmer, zum Sklaven der Wissenschaft, der deren Methoden nachäfft, so als habe die Philosophie nicht ihren eigenen Charakter *sui generis*. Ohne die wirkliche, innere und richtungsgebende Zusammenarbeit mit der Philosophie mag die Religion zwar mächtig werden, bleibt aber dennoch eine Sekte. Sie verliert ihre Selbstkritik und erblindet. Außerdem ist das menschliche Leben eine Einheit und die menschlichen Belange gehören in viele Bereiche gleichzeitig. Wer entscheidet über die Zuständigkeiten? Ist dies Religion? Gehört es zum Heiligen? Gehört es zum Zeitlichen? Wer entscheidet, was zum einen und was zum anderen Bereich gehört? Wann ist die Ehe ein Sakrament, wann nur ein Vertrag? Soll das Gesetz sein wie ein Stapel Verkehrsregeln oder soll es mein Gewissen binden?

c) *Ontonomie*

Gibt es eine dritte Möglichkeit? Wie das Brihadaranyaka Upanisad sagt: „Er gab sich dreifach zu erkennen." Oder wie das Mahabharata bemerkt: „Jedes perfekte Ding ist dreifach." *Ontonomie* ist jener andere, mittlere und einzige Weg für uns heute.

Beim Mittagessen fluchten wir über Neologismen, deshalb möchte ich für das Folgende um Ihre Großmut bitten: *Onto*-nomie ist das *nomos* des *on: ontos nomos*. Es ist die innere Gesetzmäßigkeit eines jeden Wesens, die es innerhalb der gesamten Wirklichkeit bestimmt und leitet. Ontonomie nimmt eine Art kosmotheandrischen Optimismus an, der an die Möglichkeit einer allumfassenden, allem zugrundeliegenden Harmonie glauben läßt.

Ontonomie sucht nicht nach dem *Maximum* – für meinen Magen, zum Beispiel. Je mehr ich essen kann, desto besser. Je mehr unsere Wirtschaft wachsen kann, desto besser. Je mächtiger wir werden können, desto besser. Wenn man reicher werden kann, warum nicht? Wenn man mehr essen kann, warum nicht? Wenn wir statt lausigen 6% der Weltbevölkerung, die 34% der Gesamtenergie verbrauchen und mißbrauchen und über 60% verfügen, noch mehr haben können – warum nicht? Das Maximum.

Ontonomie dagegen würde lieber das *Optimum* entdecken, so

also herausfinden, daß es dem Magen überhaupt nicht bekommt, zuviel zu essen, denn selbst wenn der Magen das Zuviel verdauen kann, wird mein ganzer Organismus leiden; und ebenso ist es mit einer Nation, die die mächtigste sein möchte, denn solch ein Übermaß an Macht kann nicht nur Reaktionen im Ausland provozieren, sondern auch ein Übermaß an Schuld, an Depressionen, Besessenheiten und alle möglichen Melancholien nach sich ziehen.

Und es ist nicht etwa ein Verzicht, der mich veranlaßt, nicht zu essen, denn was ich nicht esse, ist sonst auch niemandem nützlich. Die Ursache liegt viel tiefer, ist ontonomisch. Es liegt im Funktionieren und Blühen und Wohlergehen eines Individuums oder eines Magens oder einer Gemeinschaft oder der gesamten Wirklichkeit selbst.

Zu entdecken, daß es innere Regulatoren gibt, die das gesamte Universum regulieren, ferner zu begreifen, daß diese Gesetze nicht in einzelnen Schächtelchen aufbewahrt werden und unabhängig voneinander funktionieren, sondern daß alles miteinander in Verbindung steht, das Gesetz des *karma* wiederzuentdecken, oder, wenn man so möchte, die Erbsünde wiederzuentdecken (eine andere, weniger beliebte Ausdrucksweise für dieselbe Sache), ist mehr als eine Laune oder ein harmloser Mythos, den es neu zu deuten gilt: es bedeutet, die vollkommene und kosmische Solidarität von allen Dingen zu finden, weil wir von allem abhängen und mit allem verbunden sind: so hat ein jedes der Ereignisse hier einen Widerhall in aller Welt: daher ist das Beste für mich nicht nur das Beste für ein kleines isoliertes „ich", sondern hallt in jeder Sphäre des Realen wider: daher endet meine Persönlichkeit nicht bei meinen Fingernägeln, sondern reicht bis weit in die Flüsse hinein, die ich durchschwommen habe, bis in die Freunde, die ich gewonnen oder verärgert habe oder was auch immer: daher gehören wir alle einem komplexen – trinitarischen, wenn man so möchte – Ganzen, in dem alles konstitutiv voneinander abhängt.

Philosophie und Religion sind, um zum Thema zurückzukehren, weder eins – vereint, dasselbe, noch zwei – getrennt, völlig voneinander abgeschieden, sich allenfalls gegenseitig respektierend, wenn sie sich auf der Straße begegnen, und einander mit den Worten begrüßend: „Das ist dein Bereich, das ist mein Bereich, und wir respektieren einander." Nein. Wer entscheidet, was wessen Bereich zu sein hat? Philosophie an sich ist eine religiöse Suche. Religion an sich ist ein philosophisches Problem.

Authentisches Philosophieren – und seit Kant kennen wir alle den Unterschied zwischen einem Philosophieprofessor und einem Philosophen – authentisches Philosophieren ist eine religiöse Erfahrung. Es ist die geistige Dimension der gesamten menschlichen Erfahrung *kat' exochen, überhaupt*. Andererseits hat das Betreiben von Religion einen intellektuellen Bestandteil. Die sogenannte Philosophie mag sich zum Krebsgeschwür entwickelt haben, doch sogar im gewöhnlichsten ungebildeten Bauern hat die religiöse Praxis einen intellektuellen Bestandteil und eine intellektuelle Dimension. Und dies ist die Philosophie jener speziellen Person.

Es gibt keine Philosophie ohne den Anspruch auf Wahrheit, und die Wahrheit befreit immer. Und Befreiung ist die zentralste religiöse Kategorie.

Es gibt keine Religion, die nicht ein gewisses Maß an Selbsterkennen und Selbstrechtfertigung hätte. Und diese sind zentrale Anliegen der Philosophie.

Das Verhältnis von Philosophie und Religion ist weder heteronom – so daß die Religion oder die Theologie oder irgendeine andere scheinbar höhere Instanz bestimmen könnte, was Philosophie ist oder zu sein hat; oder daß umgekehrt die Philosophie die Religion diskriminieren und sie auf ihren eigenen Bezirk verweisen könnte, wo man ihr gewisse Freiheiten gestattet – noch ist ihr Verhältnis autonom, wo beide sich unabhängig voneinander bewegen, als sei die gesamte Wirklichkeit in zwei Lager aufgeteilt, zwischen welchen keine Verbindung besteht. Es ist eine ontonome Relativität, in der die Religion eine Dimension von Philosophie, und die Philosophie wiederum ein Teil des religiösen Wagnisses ist.

Ich zeichne eine Art *perichoresis,* wenn Sie die Transposition der Dreifaltigkeit *ad intra* in die Dreifaltigkeit *ad extra* gestatten: *Circumincessio,* Interdependenz und gemeinsame Choreographie – ein Tanz! – mit allen Bestandteilen der Wirklichkeit, solch komplizierte Wesen wie Philosophie und Religion inbegriffen.

Meine These wäre also, daß die beiden in einem ontonomen Verhältnis zueinander stehen; so daß die religiöse Dimension des Lebens eine intellektuelle Seite hat, nämlich die Philosophie, und das philosophische Bestreben des Menschen eine existentielle Seite hat, nämlich die Religion.

VIII. KRITIK VON ANNAHMEN

Nun möchte ich einige Annahmen, von denen ich weiß, daß sie dieser ganzheitlichen Sicht zugrunde liegen, einer – im technischen Sinne des Wortes – kritischen Betrachtung unterziehen.

a) *Die Entthronung des Logos*

Der *Logos* ist nicht mehr das alle dominierende, einzig distinktive und höchste Element der Wirklichkeit, ob im Schoß des Göttlichen oder in der Würde des Menschen oder wo auch immer.

Die vergangenen zwanzig Jahrhunderte christlicher Geschichte wurden insgeheim von einem Krypto-Ketzertum dominiert, nämlich, daß der Geist durch den *Logos* vergessen oder bestenfalls hinzugewählt wurde. Und wenn moderne Theologen entdecken, daß der Geist ganz einfach weggeblasen wurde, wollen sie den Verlust mit einer Theo-*logie* des Heiligen Geistes wettmachen, eine Ketzerei, die die ersten Konzilien schon bald als *Subordinationismen* bezeichnen. Wenn man den Geist dem *Logos* subordiniert, tötet man jenen kosmischen Tanz der Dreifaltigkeit. Man sperrt das Göttliche – und auch den Menschen – in eine einzige Dimension von Wirklichkeit.

Die Wirklichkeit hat noch eine andere Dimension – nicht reduzierbar und nicht minder wichtig als der *Logos* – nämlich das *Pneuma,* der Heilige Geist: Eine andere Wirklichkeit Gottes, eine andere Wirklichkeit des Menschen, eine andere Wirklichkeit der Materie, anders, aber mit Sicherheit nicht von ihr getrennt, und keine ist der anderen unterlegen oder kann sie reduzieren. Wenn ich also durch den *Logos* zum *Pneuma* gelangen muß, verfalle ich eben jenem Subordinationismus, den die ersten Konzilien als Ketzerei betrachten. Und das ist kein Wunder! Es muß ein direktes Erfassen des Geistes, ein Erkennen *sui generis* geben, das eben die Arbeit des *Logos* weder verneint, noch bloß ersetzt, nicht einmal ergänzt, sondern *verwirklicht.*

Erste Annahme: die Entthronung des Alleinherrschers *Logos,* oder, in der sublunarischen Welt, die Entthronung des Alleinherrschers *Vernunft.* Es ist nicht die Aufgabe der Vernunft, zu offenbaren. Es ist nicht die *Aufgabe* der Vernunft, zu entdecken, sondern zu überprüfen, zu kontrollieren, zu akzeptieren, zu beweisen. Und das ist wichtig genug. Die Vernunft bietet das negative Kriterium für die Wahrheit: Was im Sieb der Vernunft hängenbleibt oder dem Prinzip des Nicht-Widerspruchs widerspricht, kann nicht wahr sein. Doch die Vernunft *ist* nicht die Instanz, die offenbart, oder entdeckt, oder uns in unmittelbaren Kontakt zur Wirklichkeit bringt. Sie prüft lediglich, kontrolliert, liefert uns gewisse Beweise, und wenn sie damit Erfolg hat, formuliert sie.

Wir brauchen eine neue Weisheit. Wir können nicht ohne den *Logos* auskommen, doch können wir auch nicht mit dem *Logos* alleine auskommen, geschweige denn mit der Vernunft alleine.

Vielleicht weisen hier die Religionen der Philosophie ihren Platz.

b) *Die Relativität des Glaubens*

Zweite Annahme: Ich würde eine fundamentale Unterscheidung machen zwischen dem *Vertrauen* als der existentiellen Offenheit, als einer konstitutiven menschlichen Dimension, und dem *Glauben* als dem intellektuellen Ausdruck unserer Überzeugungen oder unseres Vertrauens. Und jeder Glaube, bzw. jedes Glaubenssystem, ist wirklich nur innerhalb eines akzeptierten *Mythos* sinnvoll und glaubwürdig. Und der rettende Vertrauensakt bestünde in der existentiellen Bejahung dieses universellen Vertrauens in unsere konkreten Glaubensinhalte: im Mut, das zu sein, was wir sind (oder glauben zu sein).

Wenn ich von der Relativität des Glaubens spreche, unterscheide ich auch zwischen *Relativität* und *Relativismus*. Relativismus ist eine agnostische Haltung, die sich in der Tat selbst widerspricht. Wenn ich sage, daß nichts wirklich wichtig ist, und daß niemand irgend etwas wissen kann, und daß es egal ist, ob etwas schwarz ist oder weiß oder was auch immer, dann zerstöre ich meine eigene Absicht. Warum sollten Sie meine Haltung überhaupt ernst nehmen? Doch man sollte Relativität von Relativismus unterscheiden. Relativität impliziert zweierlei: Zum ersten: Alles ist miteinander *verbunden*, und man kann darüber sprechen in bezug auf eine bestimmte Perspektive oder Meinung und innerhalb eines Kontextes. Und zweitens: Alles ist *relativ*, d.h. nichts kann den Anspruch auf Absolutheit stellen. Dies war vielleicht die große buddhistische Intuition des *pratityasamutpada,* die radikale Relativität aller Dinge.

c) *Jeder Standpunkt ist provisorisch*

Dritte und letzte Annahme, die ich in meiner eigenen Haltung entdecke: Jedes menschliche Konstrukt, jede Konstruktion, jedes Faktum jede Wirklichkeit oder Erklärung gilt nur für die bestehende Zeit, d.h. für unser zeitliches Bestehen.

Da es keinerlei Absolutheit gibt, erkennen wir den provisorischen Stand all unserer Formulierungen, Überzeugungen, Erklärungen und Welt-Sichten. Dies Erkennen allein erlaubt Wachstum, Veränderung, Kontinuität und – um ein Wort zu gebrauchen, dem ich hier nicht gerecht werden kann – *Pluralismus*. Die Folgerung, daß meine Erklärung, alles sei relativ, ebenfalls relativ ist, entwertet meine Erklärung von Relativität keineswegs, weil sie die Möglichkeit eines Absoluten nicht ausschließt. Wenn alles relativ ist, ist es dieser Satz genauso; relativ zu unserem Erkenntnisgrad, zu unserem Dasein in Raum und Zeit etc.

Dies impliziert, daß wir uns alle unbedingt brauchen – wir sorgen für ein Zusammenkommen von Kulturen, Philosophien, Religionen. Es impliziert, daß wir nicht autark sein dürfen, und daß wir in diesem provisorischen Stand nur wachsen können durch den Reiz, die Korrektur, die Erregung, durch Angriffe, sogar durch die Fehler des anderen – und umgekehrt.

Ich würde unterstreichen, daß das Erkennen der Provisorien jede Erklärung, die wir machen, mit einem Freiheitskoeffizienten ausstattet und zugleich uns gerade jene Freiheit schenkt, solche Behauptungen zu machen.

IX. ATHEN UND/ODER JERUSALEM?

Was hat Athen nun wirklich mit Jerusalem zu tun? Können wir es sagen?

Die Agora ist so heilig wie der Tempel. Der Intellekt ist so religiös wie der Wille. Der Tempel Salomons oder der Tempel des Heiligen Grabes oder das Muslimische Masjid sind einander so heilig, wie es Bank und Parlament für eine säkularisierte Gesellschaft sind. Das Heilige steht dem Profanen entgegen, doch muß es nicht auch dem Säkularen entgegenstehen. Daß man ein Monopol des Heiligen gegenüber dem Profanen hatte und das Profane mit dem

Säkularen identifizierte, kann als einer der Gründe für zumindest einen Teil der Befürchtungen der heutigen westlichen Zivilisation gelten. Dies alles bedeutet ferner, daß die Politik eine gleichermaßen religiöse Aktivität ist wie der Glaube, daß die großen religiösen Probleme der heutigen Zeit sehr wohl Hunger, Friede, Gerechtigkeit sein mögen und nicht nur die Anzahl der Engel oder andere sehr bedeutsame und gleichermaßen wichtige theoretische Fragen. Noch einmal, das Verhältnis zwischen Politik und Religion ist nichtdualistisch.

Eine letzte Bemerkung: Ist Erfahrung die Brücke zwischen Religion und Philosophie? Meine Antwort darauf lautet ja und nein. Ja deshalb, weil sowohl die Religion als auch die Philosophie auf Erfahrung gründen und durch sie erlangt werden. Und ich möchte dem zustimmen, was John Smith heute morgen bezüglich Funktion und Natur von Erfahrung sagte. Nein, weil Erfahrung allein nicht existiert. Sie ist nicht bewußt, sie ist nicht mächtig, sie ist nicht nützlich. Wir können die Erfahrung nicht manipulieren. Wir können die Erfahrung nicht extrapolieren. Es übersteigt die Erfahrung bereits, wenn wir sie gebrauchen, um unsere eigenen Interpretationen von ihr zu rechtfertigen. Die Erfahrung ist verletzlich. Sie hat kein anderes Kriterium. – „Hier stehe ich und kann nicht anders," wie Luther feststellte, als er seine eigene Erfahrung betrachtete – man ist verletzlich, man hat keine Kriterien, und man kann sich nicht selbst verteidigen. Aber man kann glücklich und zufrieden sein ... Nicht alles hängt davon ab, ob ich immer der Sieger bin, oder ob ich ein Wort habe für jede Überzeugung.

Erfahrung ist also die Brücke und ist es auch nicht. Sie ist die Brücke, vorausgesetzt, man beschreitet sie nicht, man läßt sie unberührt, man baut nicht auf seine Erfahrung *qua* Erfahrung.

Hier würde ich nun – wie Fichte sagte, der zum Philosophen verdammt war; und ich kann auch nichts dagegen tun – zwischen der

Empirie (über die Sinne), dem Experiment (über die urteilende Vernunft) und der Erfahrung (über die Intuition) unterscheiden. Innerhalb der letzteren würde ich wiederum zwischen der (eigentlichen) Erfahrung, ihrem Ausdruck und ihrer Interpretation unterscheiden. Ausdruck und Interpretation nämlich ermöglichen die unterschiedlichen Entfaltungen menschlicher Erfahrung, doch *qua* menschliche Erfahrung ist sie wirklich unaussprechlich.

Und Unaussprechlichkeit bedeutet Schweigen; und so kehre ich nach so vielem Reden wieder zum Schweigen zurück.

André Breton
Arkanum 17
ergänzt durch Erhellungen
Aus dem Französischen von Heribert Becker.
Mit einem Nachwort von Bernd Mattheus.
180 Seiten, Abbildungen, gebunden mit Schutzumschlag,
DM 39,80/sFr. 40,80/öS 311,–
(Batterien, 49) (ISBN 3-88221-264-0)

Bei allem, was man jeweils wieder einwenden kann (Bretons Verhalten war nicht immer »hasenrein«), es bleibt André Bretons Verdienst, mit seiner Surrealisten-Gruppe die Trias *Traum, Wahn* und *Erotik*, diese Gemütserforschung in einer Weise weitergetrieben zu haben wie in diesem Jahrhundert sonst niemand.
Breton war ein Schriftsteller von dichterischem Rang. André Breton, 1896 geboren, starb in Paris 1966.

André Breton ist der Erfinder eines literarischen Genres, in welchem die Autobiographie wie die Poesie, das Romanhafte wie die Reflexion eine Verbindung eingehen. Breton schrieb zahlreiche Bücher, und seine vier großen sind: »Nadja« (1927), »Die kommunizierenden Röhren« (1932), »l'Amour fou« (1937) und »Arkanum 17« (1944). Es sind weniger Lese-Bücher als vielmehr Lebens-Bücher.
Auf der Welt sein –: dies heißt zugleich, die Welt sehen und sie denken. So beginnt Breton vor einem der schönsten Naturschauspiele – an der Kanadischen Küste nahe der Mündung des St. Lorenz-Stromes – die Beschreibung, um sich alsbald dem Hin und Wieder zwischen äußerer und innerer geistiger Landschaft zu überlassen. Die Schönheit ist da, vollends sichtbar, doch im Innenraum doppelt sie sich durch die der geliebten Frau; und Schönheit + Liebe führen Breton unweigerlich zu einem weiteren Paar: zu Poesie und Freiheit. Zwischen diesen vier Polen wird nunmehr die Gegenwart ins Spiel kommen: im Auftauchen einer Frage, die ausgehend von der Kriegskatastrophe das Problem des menschlichen Schicksals stellt. Und dann plötzlich rauscht die ganze Landschaft von tausendfachen Flügelschlägen – gleichwie dies Buch, in dem der langsame Wirbelwind der Gedanken und Bilder uns souverän emporträgt zu jenem Stern (l'Arcane 17), um zu entdecken, daß die Revolte und einzig und allein die Revolte das Licht zu entfachen vermag. Und dies Licht kann uns nur auf drei Wegen erreichen: der Poesie, der Freiheit und der Liebe, wie sie den gleichen Feuereifer eingeben und zueinander führen, um das Gefäß der ewigen Jugend zu bilden – an den Punkt des menschlichen Herzens, der noch am wenigsten entdeckt ist und doch einer Illumination zugänglich wie kein anderer.

László F. Földényi
Caspar David Friedrich.
Die Nachtseite der Malerei
Aus dem Ungarischen von Hans Skirecki.
156 Seiten, Abbildungen, gebunden mit Schutzumschlag,
DM 48,–/sFr. 49,–/öS 375,–
(Batterien, 50) (ISBN 3-88221-263-2)

László F. Földényi, 1952 in Ungarn geboren, lebt in Budapest. Mit seinem 1988 deutsch erschienenen Buch »Melancholie« und zahlreichen im Jahrbuch »Der Pfahl« gedruckten Aufsätzen gefiel der Essayist Földényi auch hierzulande.

L. F. Földényi ist nicht von einer Datenmenge fasziniert, ihn trägt eine leidenschaftliche Teilnahme, die an die verborgenen Richtlinien jeder Kultur gerichtet ist. Andere Maler ordnen das Dasein, weil sie sich vor dem Rätsel nicht fürchten, so an, daß sie seine Ungeordnetheit zur Kenntnis nehmen. Friedrich hingegen graust vor dem Ungelösten, und seine Angst wird bestimmend: Je geordneter er die Welt wissen möchte, um so rätselhafter und unfaßlicher wird sie. In seinen Gemälden haust die Finsternis ebenso wie in Goyas »schwarzen« Werken; aber sie greift uns nicht von vorn an, sondern sie schleicht sich von hinten herein. Dadurch ist diese Malerei irreführend: Sie bietet Lösungen und Ordnungen, während sie wie eine Seuche alles verwirrt.
Friedrich war vermutlich der erste in der Geschichte der Malerei, der die Theorie der »reinen« oder »gegenstandslosen Empfindung« (Malewitsch) vorwegnahm und diese Imponderabilien – das Unwägbare also, das nicht aus dem Gegenstand folgt, sondern auch diesem voraus ist – zum einzigen wirklichen Thema macht. Damit ließ er sich jedoch auf nicht weniger ein, als das zu malen, was nicht malbar ist.
Auch der mittelalterliche Maler mußte das Unmalbare malen; doch die unanfechtbare Gewißheit der Existenz Gottes machte den Widerspruch überbrückbar. Die Abstraktion und die sinnliche Ausführung konnte so friedlich nebeneinander leben. Auch Friedrich wollte Gott malen, doch sein Gott hatte das All verlassen und war ins Herz gezogen. Die das Herz durchdringende Unfaßlichkeit wurde zur sinnlichsten Wirklichkeit, das durch nichts ausfüllbare Fehlen zur elementaren Erfahrung. Nur in einer solchen Situation kann überhaupt das Bedürfnis erwachen, dem Unfaßlichen zuliebe alles zu vernachlässigen.

Eine ungewöhnliche Monographie und An-Deutung des Romantikers C. D. Friedrich.

Felix Somary
Erinnerungen eines politischen Meteorologen
Mit einem Vorwort von Wolfgang Somary.
500 Seiten, gebunden mit Schutzumschlag,
DM 56,–/sFr. 57,–/öS 437,–
(ISBN 3-88221-796-0)

Das Schicksal Felix Somarys (1881–1956) war ungewöhnlich, denn es war ihm bestimmt, an den wichtigsten Wendepunkten unserer ersten Jahrhunderthälfte von verschiedenen Staaten herangezogen zu werden – von zwei Kaiserreichen und zwei Demokratien, als »Fachmann für Krieg und Krise«. Er übersprang jeweils alle Ränge der Diplomatie und Bürokratie, agierte im entscheidenden Moment und verschwand aus dem politischen Feld ebenso schnell wie er gekommen war. Somary war auch Autor bei S. Fischer.

Somarys Memoiren sind bewegend, sensationell oder befremdend, dennoch mit schlagenden Argumenten begründet. Äußerst aufschlußreich für uns, nachdem die Blöcke in der europäischen Hemisphäre purzelten. Auf die Frage, wie er die Ereignisse so klar und deutlich kommen sehe, antwortete er: »Ich spüre das Kommende in meinen Knochen, es hat nicht allein mit dem Wissen zu tun, es meldet sich nicht im Kopf, sondern im Knochenmark.«
Somary war ein vorzüglicher Kenner von Revolution und Bürgerkriegen, von Wirtschaftszyklen und von ideologischen und religiösen Umwälzungen mit ihrer Dynamik. Klarsicht zu erlangen und zu vermitteln war seine Aufgabe; in diesem Sinne wirkte er als *Prophet*, freilich auf Kosten aller persönlichen Interessen als Bankier in Zürich.
»Ein gutes Stück meines Lebens habe ich dafür verwendet, das ‚Europäische Haus' zu verteidigen.« (Somary)

Die Beschreibungen des eigenen Lebens und Wirkens. Felix Somary war ein Krisenspezialist. Er unterlag keiner konformistischen Zwangsvorstellung, ob sie sich für konservativ oder revolutionär ausgab. Somary erkannte das Maskenhafte aller säkularisierten Ideologien und mit sicherem Griff nahm er ihnen die Maske ab. Eine erregende Lektüre in unserer Zeit der Umbrüche.

»Ein Buch, das man gut und gern neben die politischen Schriften Max Webers stellen kann.« (Harry Pross)

Matthes & Seitz

**Herbst 1994
Gesamtverzeichnis**

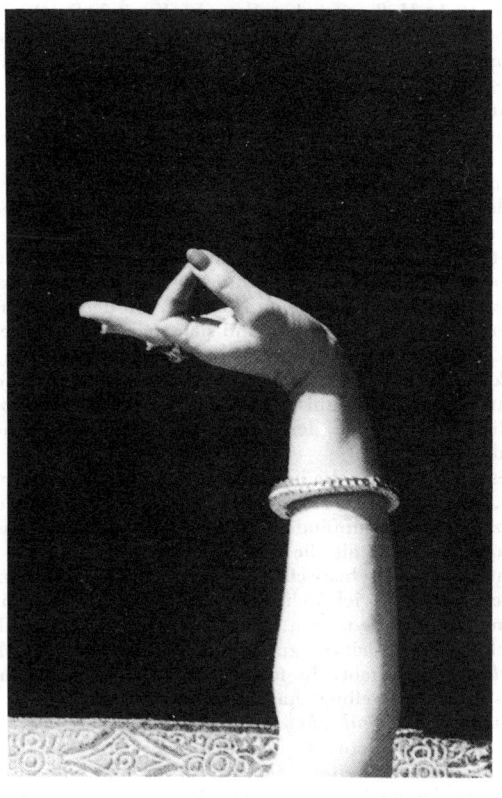

László F. Földényi
Die Masken der Machtgier
Einige Gedanken zu Diedrich Diederichsen

(Der Verfasser dieser Zeilen mag keinerlei Ghetto, er sympathisiert eher mit einem Gedanken Voltaires, der zu einem seiner Gegner gesagt hat: Ich bin zwar gänzlich anderer Meinung als Sie, aber ich gäbe mein Leben hin, wenn man Sie mit Gewalt Ihrer Gedanken berauben wollte.)

Strömte nicht Haß aus jedem Satz des Kapitels *Spirituelle Reaktionäre und völkische Vernunftkritiker* in dem Buch *Freiheit macht arm** und ließe der unangemessen selbstsichere Tonfall des Autors nicht erkennen, daß er im Schatten der Macht der Medien schreibt und ihren Schutz genießt, könnte man Diedrich Diederichsen sogar bedauern. Wenn er wirklich seine *eigene* Meinung verträte, wenn er die 1. Person Singular nicht nur grammatisch benutzte, sondern auch in ihrem *Geist* schriebe, täte er mir tatsächlich leid. Denn im Grunde genommen ist jemand, der so verkrampft ist, bedauernswert; er schreit zwar laut, aber gleichzeitig ängstigt er sich. Der Ton der Sätze, das Knirschen der aufeinander sich schiebenden Gedanken und der angestrengt ungezwungene Stil erinnern mich an das falsche Pfeifen eines Kindes im Dunkeln, mit dem es die nicht existenten Gespenster vertreiben und sich zugleich Mut machen will. Nichts wäre leichter, als die Persönlichkeit zu analysieren, die hinter *solchen* und *so vorgetragenen* Gedanken steckt; und ein Minimum an Menschenkenntnis genügt, die tiefe Unsicherheit zu erkennen, die der autoritäre, den Regeln der Vorzensur angepaßte Ton verschleiern soll.

Wie gesagt, ich würde ihn bedauern – denn bedauernswert sind sie immer, denen es am allerwichtigsten ist, *um jeden Preis* Helden des Tages zu sein (wer empfände beim Lesen der Zeilen DDs nicht, daß ihm noch wichtiger als die linke Gesinnung oder die – übrigens berechtigte – antifaschistische Emotion – der *Exhibitionismus* ist: er hält sich selbst für viel wichtiger als sein gewähltes Thema). Doch ich kann ihn nicht bedauern. Mir nämlich hat das Leben über lange Jahrzehnte die autoritäre, zu keinerlei Hinhören fähige Mentalität zu *verbittern* versucht, die mir DD so bekannt vorkommen läßt. Daß es ihm nicht gelingt, hat er nicht seiner *Schwäche*, sondern eher meiner *Gleichgültigkeit* zu verdanken. Aber sie hat sich mir für das Leben eingeprägt, und wenn sie gelegentlich auftaucht, erkenne ich sie von weitem. Sie ist ja so vertraut und durchsichtig! Und hinter der nach den aktuellen Moderichtungen zugeschnitte-

---

* Diedrich Diederichsen, Freiheit macht arm, Kiepenheuer & Witsch, Köln 1993, S. 117ff.

nen Maske so langweilig gleichförmig und entmutigend gesichtslos. Sie achtet nur scheinbar auf den *Geist*, in Wirklichkeit trachtet sie ausschließlich danach, eine Macht zu erlangen. Ich möchte betonen: entmutigend ist sie nicht, weil sie im vorliegenden Fall links ist (aber, hinsichtlich des Tons, genausogut rechts sein könnte), sondern weil ihr jeder *menschliche* Zug fehlt. Gerade DDs Buch belegt, wie sehr eine *intelligente Linke* fehlt, die diesen Ton auf die Weise ablehnen würde, wie etwa Joseph McCarthy von Brecht abgelehnt wurde. Dort standen sich nicht einfach die Rechte und die Linke gegenüber, sondern das Intelligente und das Böse – deshalb ist der damalige Streit auch heute noch aktuell, nicht wegen des mittlerweile größtenteils vergessenen politischen Inhalts.

Das Fehlen menschlicher Züge steht immer mit dem Bösen in Zusammenhang. Das Böse nämlich ist stets unpersönlich und leidenschaftslos. Eine Maske, die nach Belieben gewechselt werden kann. Wodurch wirkt das Böse so verlockend? Dadurch, daß die Menschen in der Regel nur auf die *Rollen* neugierig sind und die menschliche (sprich: göttliche, geistige) Qualität in ihrem Innern ersticken wollen. Denn sie zu tragen ist ermüdend und macht einsam. Eine Voraussetzung der Popularität ist der Verzicht auf mich selbst – das Unmenschlichwerden. Am auffälligsten an der Demagogie ist letztlich nicht, daß sie links oder rechts ist, sondern grundlegend ein *Verzicht* – Verzicht auf die Qualitäten, die im Menschen die persönlichsten sind, die nicht maskiert, die nicht in den Dienst irgendeiner Ideologie gestellt werden können. Also *Machtgier*, die durch innere Verarmung Befriedigung findet.

Welches sind die Merkmale der Demagogie? Zum Beispiel der schmeichlerische Ton. Die scheinbare Aufrichtigkeit. Ein wenig Inbrunst. Geheuchelte Demut. Übertriebenes Mitgefühl mit den Unterdrückten. Der jeweilige nachlässige und anspruchslose Stil verrät jedoch, daß hinter alledem knallharter Hochmut steckt: die Voraussetzung jeglicher Unmenschlichkeit. Wie auch das Beispiel des DD zeigt. Es hat den Anschein, als hörte er dem anderen zu. Er tut, als berücksichtigte er alles. Dann zückt er die ideologische Keule und greift statt Gedanken den Menschen an. Er spricht von Matthes & Seitz-Faschisten (Falter, 5/52/92) – so, schlicht und einfach, ohne Namen zu nennen. Mit einer halben Zigarette im Mund, einem Schal um den Hals, arrogant, die Rolle eines ungefähr 65prozentigen Dandys suggerierend. Denkt er an eine faschistische *Partei*? Mit Mitgliedern wie Leo Schestow, Valeriu Marcu, Theodor Lessing, Otto Weininger, Pierre Klossowski, Charlotte Wolff, Max Jacob, Simone Weil, Rahel Varnhagen, Boris Groys, Felix Somary, Benjamin Fondane, Georg Simmel, Albert Caraco, Morton Feldman, Jacob Taubes? Oder – lassen wir die Juden weg – die GULAG-Opfer Pawel Florenskij, Ossip Mandelstam? Vielleicht Marina Zwetajewa? Denn bestimmt denkt er nicht an John Keats, Arthur Rimbaud, Edgar Degas oder André Masson.

Das Böse war – in der bisherigen Geschichte – nicht nur demagogisch, es *fürchtete* sich auch. Und deshalb ist es ständig mißtrauisch. Auf der Hut. Es sucht *Zusammenhänge*. Auch dort, wo es keine gibt. Dann erschafft es sie halt. Das Opfer solcher Scheinzusammenhänge wurde halb Europa, sein östlicher Teil, meine Familie eingeschlossen. So mißtrauisch wie nach 1945 die vorgeblich linken Herren Osteuropas war zuletzt die Inquisition gewesen. (Wir kennen natürlich das Gegenargument: das waren nicht die echten Linken. Aber wer dann? Die Erfahrung zeigt: es sind immer die, die es von sich behaupten.)

Das Böse nimmt, wenn es sich fürchtet (und Grund zur Furcht hat es in seinem Machtstreben), keine Rücksicht auf die Menschen. Und noch weniger auf die Gedanken. Botho Strauß zitiert in einem im Carl Hanser Verlag erschienenen Buch Nicolás Gómez Dávila. Dávila hat der Karolinger Verlag herausgegeben. Ein Autor des Karolinger Verlags ist (neben Kierkegaard, Fechner, Joseph de Maistre, Dostojewsky, Céline) auch Günter Maschke. Maschkes Name ist auch aus der Zeitschrift Etappe bekannt. Ergo: Der Fahndungsbefehl kann auch gegen Dávila erlassen werden. Man suche ihn nicht in Kolumbien, sondern in Rostock oder Mölln. Besonderes Kennzeichen: maskiert sich als Skinhead. Und was schreibt er? Unwichtig. *Von ihm ist kein Wort zu zitieren.* Der *Verdacht* genügt als Beweis. Und das Ergebnis: Ghettoisierung. Alle zusammengesperrt, denen sein Name nicht gefällt oder die verleumdet wurden. Die Fußnoten 4 und 15 im erwähnten Kapitel des Buches betrachten ja schon Geschwätz als hinlänglichen Beweis. (Die Philologie als Verleumdungswissenschaft.)

Hier ein Beispiel, wie man Zusammenhänge erschafft – anders gesagt, erschleicht: »Bataille hat nicht Syberberg gemacht, aber eine Linke, die ihn Matthes & Seitz überlassen hat, hat ihn für die Herstellung eines Klimas freigegeben, von dem Syberbergs Publikation und seine und seinesgleichen spätere ›kontroverse‹ Prominenz profitieren konnten.« (S. 154) Bataille ist schwerlich als Faschist zu bezeichnen; und dennoch: die Demagogie, die stets die *Eindeutigkeit* liebt (in diesem Fall: nicht die Klarheit von Descartes, sondern die geistige Wüste), weiht auch Bataille zum Faschisten, wenn Matthes & Seitz ihn herausgibt: »Syberbergs Buch erschien in dem Verlag, auf dessen Konto nicht nur das Gros der deutschen Bataille-Veröffentlichungen, sondern auch die prominenteste Bataille-Sekundärliteratur geht. Aber ich *fürchte* (hervorgehoben von mir. L. F. F.), daß *diese* ›Ambiguity‹ wirklich nicht mehr ist als ein ›cover for an univocal fascism‹.« (S. 122) *Gedanken*, die den Beweis erbringen müßten, *fehlen* natürlich (DDs *Fürchten* ist Beweis genug); aber sie sind auch nicht nötig, wenn *Menschen* an den Pranger gestellt werden sollen: »Denn wir müssen ein paar Figuren beobachten, ein paar Orte und Unternehmungen, die mit dem Abbau und der Entsorgung des linken deutschen Denkens der Siebziger während der Achtziger, zum Teil auch aus zunächst guten Gründen, beschäftigt waren ...« (S. 122). Verschwörungstheorie? Dolchstoßtheorie? Aber ja, in Reinkultur. Nach dem Muster, wie es in Deutschland in diesem Jahrhundert mehrmals gestrickt wurde, auf den unterschiedlichsten politischen Seiten. Jeder, der *anders* denkt als ich, ist ein Antisemit, ein Neonazi usw. Wem fällt da nicht sofort die Wahnsinnsidee von der internationalen jüdisch-bolschewistischen Verschwörung ein?

Das Böse ist also nicht nur selbstaushungernd und nicht nur unpersönlich, es ist auch kleinlich und einfallslos. Seine Methoden luchst es anderen ab – und zwar dem jeweiligen Totalitarismus. *Direkte* Verbindungen zwischen dem Geist und der Politik zu suchen, *Bücher* für rechtsradikale Verbrechen verantwortlich zu machen: ist das nicht die Erbschaft des deutschen Idealismus, der sich gegebenenfalls mit Bücherverbrennungen rechtfertigt? Den Zerfall des linken Denkens einigen wenigen anzuhängen: DD kennt nicht einmal die Grundlehren des Marxismus, obgleich er Marx zitiert. Und warum sind diese Methoden grundfalsch? Weil sie im Teil denken, nicht im Ganzen – richtiger, weil sie den Teil zum Ganzen machen möchten. Das Resultat: nicht Reichtum an Werten, sondern Ausrottung von allem. Neofaschismus? Antisemitismus? Jedes mittelmäßig begabte Schulkind ist imstande, jedermann, und sei es die ganze Welt, in Verdacht zu bringen. Aber einstweilen schweigt es, weil es ja lernen muß. Und wenn es heranwächst und immer noch mit den alles andere als kreativen Gedanken des Verdächtigens, der Suche nach Scheinzusammenhängen, der Ehrabschneidung liebäugelt, dann kann ich daraus nur schließen, daß diesen Menschen eigentlich nicht die Zurückdrängung der Skinheads oder der Antisemiten beschäftigt, sondern daß er in seinem tiefsten Innern die eigene Machtgier, den eigenen Narzißmus ausleben möchte, auf Kosten *aller anderen*.

Wie sagt Dávila? »Die Taktiken der herkömmlichen Polemik scheitern am unerschrockenen Dogmatismus der zeitgenössischen Menschen ... Wir dürfen ihm nicht mit systematischen Argumenten gegenübertreten, noch ihm methodisch mit alternativen Lösungen aufwarten.« Er hat völlig recht. Zweierlei darf dennoch nicht vergessen werden: Erstens, daß der *Tonfall* und die *Art der Beweisführung*, derer sich DD befleißigt, in den ehemaligen sozialistischen Ländern Millionen Menschen das Leben ruiniert hat. Zweitens, ich weiß nicht, was aus Hamburg, Stuttgart oder einer Kölner Redaktion von Europa außer dem zu sehen ist, was durch die Medien gefiltert dorthin gelangt. In Osteuropa jedenfalls ist klar, daß zum einen die *Rechte* hier größere Chancen hat als sonst irgendwo in Europa und daß zum anderen diese Rechte sich des gleichen Jargons bedient wie DD. Der Ton, der in einem Buch von Kiepenheuer & Witsch eher schick und kokett wirkt, kommt in Osteuropa heute allen gelegen, die nach Macht streben. Nicht weil es ein »linker«,

LÁSZLÓ F. FÖLDÉNYI

ABGRUND DER SEELE

sondern weil es ein totalitärer Ton ist. Die Wörter können schmeicheln; der Tonfall jedoch gebührt dem Staatsanwalt, den weder Zweifel quälen noch Verlangen nach Dialogen, weil er sich seiner Macht sicher ist. An einer Stelle spielt DD, ein bißchen unüberlegt, mit dem Gedanken, er sei auch ein Staatsanwalt. Wie wir wissen, interessiert es den Staatsanwalt nicht, im Namen welcher Ideologie er andere verurteilt; wichtiger ist ihm das *Urteilen*. Es ist die Voraussetzung seiner Funktion und seiner Macht. Auch DD urteilt im Namen einer Mehrheit und der Macht über eine Minderheit. Aus der sicheren Position der Macht schlägt er auf die ein, die – da sie Schriftsteller sind – keine politische Macht haben, hinter denen keine politische Partei steht, deren Einfluß nicht weiter reicht als bis zu einer schmalen Schicht Intellektueller, die weder zur Linken noch zur Rechten gehören. Vielleicht, weil sie instinktiv den Verlockungen des Zynismus widerstehen und nicht als Sonntagsprediger auftreten wollen, nur um für eine Weile Medienhelden zu werden.

Aus dem Ungarischen von Hans Skirecki

László F. Földényi
Abgrund der Seele. Goyas *Saturn*.
Aus dem Ungarischen übersetzt von Hans Skirecki.
Ca. 250 Seiten, zahlreiche Abbildungen, gebunden mit Schutzumschlag, ca. DM 48,–/sFr. 49,–/öS 375,– (Batterien, 52)
(ISBN 3-88221-267-5)

Der unlängst von *Cees Nooteboom* in der FAZ gerühmte ungarische Essayist László F. Földényi legt sein neues, spannend zu lesendes Buch vor, das 1993 in Ungarn erschienen ist.
Der Spanier Goya ist einer der größten Künstler der Neuzeit.
In fast allen Goya-Monographien werden Ortega y Gassets Ansichten über den großen Maler Goya nachgeplappert, der seine Ausführungen zu Goya zu schnell beendete und viele Probleme einfach nicht erwog.
Goya war nicht nur ein zeitkritischer Maler, sonst würde sich heute kein Mensch für ihn interessieren (abgesehen von Kunsthistorikern). Nicht daß der Zwiespalt zwischen Volk und Aufklärung für Goya nicht existierte, aber dieser Zwiespalt ist selbst ein Zeichen tieferen Zwiespaltes: jenes der christlichen Kultur, die spätestens seit dem 18. Jahrhundert den Sinn für das Heilige verloren hat, wobei sie selbst doch auf die Idee des Heiligen gegründet ist. Dieser Zwiespalt kann einen, wie Goya, in den Wahnsinn treiben. (Wegen politischer Probleme wird niemand wahnsinnig.) Auch heute hat das seine Gültigkeit nicht verloren.
Kurztext: Földényi sieht ganz Neues; er schaut die Bilder des genialen Malers Francisco José de Goya y Lucientes (1746–1828) ohne irgendeine ideologische Brille.

Weitere Bücher des Autors László F. Földényi, die lieferbar sind:
»Melancholie«; »Caspar David Friedrich. Die Nachtseite der Malerei.«
In den einzelnen Jahrbüchern »Der Pfahl« sind etliche Essays zu unterschiedlichen Themen aus der Feder L. F. Földényis erschienen.

László F. Földényi

DORA MAAR

James Lord
Picasso und Dora Maar

Matthes & Seitz

James Lord
Picasso und Dora Maar
Aus dem Amerikanischen übersetzt von Astrid von dem Borne und Irmengard Gabler.
Ca. 400 Seiten. Bildseiten. Gebunden mit Schutzumschlag,
ca. DM 46,–/sFr. 47,–/öS 359,–
(ISBN 3-88221-797-9)

Während des Krieges kam der 22jährige Amerikaner James Lord als Soldat nach Frankreich. Als er im Dezember 1944 auf Urlaub in Paris war, fand er heraus, wo Picasso lebte. Entgegen seiner sonstigen Art war Picasso sehr zuvorkommend und freundlich. Er mochte den Besucher irgendwie – und sie wurden Freunde.
Picasso starb 1973. Frauen sind ein Schlüssel zum Werk Picassos – als Modelle, Musen und Mätressen. *Die wichtigsten von Picassos Lieben ist Dora Maar.* Sie war Picassos Geliebte seit 1936 – bis Françoise Gilot auftauchte. Zwischen dem homosexuellen James Lord und Picassos Ex-Geliebter Dora Maar entspann sich eine atemlose, wenn auch platonische Beziehung. Dora Maar lebt heute noch, hochbetagt, in Paris.
James Lord schildert die Leben und Lügen eines bemerkenswerten Trios: Picasso, Dora Maar und James Lord. Das Buch wimmelt von Inside-Stories und Anekdoten aus der Pariser Nachkriegsbohème, es figurieren Balthus, Cocteau, Lacan, Masson, Giacometti und zahlreiche andere, die mit manchmal filmisch klarem Blick dargestellt werden.
Kurztext: Lords Doppelporträt birgt erstaunliche Erinnerungen, 1993 zuerst in New York erschienen, schildern sie die 50er und 60er Jahre in Paris und an der Côte d'Azur, zeigen das Exzentrische aller Personen auf. Ein Leckerbissen – nicht nur für Voyeure.
James Lord hat sich bisher als Biograph Giacomettis einen Namen gemacht. Er lebt in Paris.

James Lord, 1993

André Pieyre de Mandiargues

Der Engländer

Roman

MATTHES & SEITZ

André Pieyre de Mandiargues
Der Engländer. Roman.
Aus dem Französischen übersetzt von Heribert Becker.
Ca. 250 Seiten, gebunden mit Schutzumschlag, ca. DM 42,–/
sFr. 43,–/öS 328,–
(ISBN 3-88221-798-7)

Dieser Roman ist eine *erotische Satire* wie Aristophanes' »Lysistrata« oder Pasolinis »Petrolio«. Das Buch erschien in den 50er Jahren zunächst unter Decknamen und wurde prompt verboten. Heute ist es bei Gallimard unter dem wahren Verfassernamen erhältlich. Es wird hier zum erstenmal im Deutschen vorgelegt.
Ein Engländer kommt in das von den Deutschen besetzte Frankreich und bezieht eine einsame Schloßfestung in der Bretagne. Er geht der Jagd auf erotische Objekte nach, mit anschließendem Erlegen der Beute. Das Buch fesselt nicht allein durch die Darstellung sexueller Überschreitungen. Die Grausamkeit wird kompensiert durch schwarzen Humor und eine Dezenz oder schriftstellerische Ökonomie, die nicht an der mehrheitlichen Trivialität teilhat.
»Der Engländer« stellte einen vehementen Anschlag auf die Kirche sowie alle Vaterländerei dar. Die britische Krone wird nicht minder verhöhnt wie die deutschen Besatzer oder der Maquis (der dem Engländer gegen Entgelt Opfer zuliefert). Als der Engländer gewahrt, daß ihm die Erfüllung der Wollust versagt ist, sprengt er sich mitsamt dem Schloß in die Luft: vermeintliche Allmacht schlägt um in (selbst-)zerstörerische Ohnmacht. *Eine Parabel auf das »tausendjährige Reich«?*
André Pieyre de Mandiargues (1909–1991) verkehrt bei den Surrealisten, blieb aber doch immer im Hintergrund dieser Bewegung. Sein in allen Gattungen, von der Novelle bis zum Theaterstück, dekliniertes Werk siedelt sich in den unscharfen Gebieten der Erotik und des Phantastischen an. Mehrere seiner Bücher sind bei Rowohlt erschienen.
Kurztext: Eines der wenigen gelungenen LITERARISCHEN Erotika, ranggleich mit Apollinaires »11000 Ruten«.

André Pieyre de Mandiargues

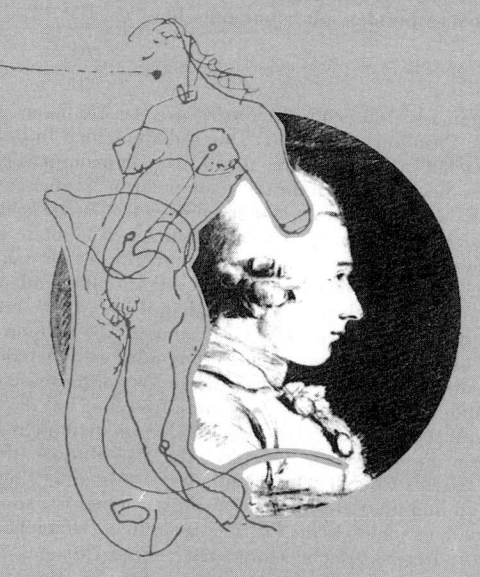

SADE
Justine und Juliette

V

Matthes & Seitz

D. A. F. de Sade
Justine und Juliette, 5
Herausgegeben und neu übersetzt von Stefan Zweifel und Michael Pfister. Mit Zeichnungen von André Masson, Essays von Elisabeth Lenk und André Pieyre de Mandiargues sowie einem Dialog Sades. Ca. 350 Seiten, Leinenband mit Schutzumschlag, Fadenheftung, DM 68,–/sFr. 69,–/öS 531,–
(Subskriptionspreis DM 58,–/sFr. 59,–/öS 453,–)
(ISBN 3-88221-799-5)

Mit dem fünften Band beginnen Juliettes phantastische Abenteuer. Die Subskriptionsfrist der auf 10 Bände veranschlagten Edition läuft Ende 1995 aus.
»Die erste vollständige Ausgabe eines der Hauptwerke des Marquis de Sade. Konzipiert wird sie von zwei jungen Zürchern, deren editorische Arbeit *von den Spezialisten einhellig gelobt wird*. Sie markiert *eine neue Etappe in der Rezeption* des Marquis *mit hervorragenden Erläuterungen bestückt.*« (*Bücherpick*, 1991)
»Daß Sade es nicht den Gegnern überließ, die Aufklärung sich über sich selbst entsetzen zu lassen, macht sein Werk zu einem Hebel ihrer Rettung.« *Horkheimer/Adorno*
»Mit der *Juliette* vollzieht sich in Sades Werk ein Vorzeichenwechsel; wie eine Anmerkung im ersten Band der *Juliette* zeigt, war er sich der Einseitigkeit, der in Justine inkarnierten Frau stets nur die Rolle des Opfers zuzudenken, voll und ganz bewußt, und so ist es nur folgerichtig, daß nach der frauenfeindlichen Abhandlung im vierten Band von *Justine und Juliette* (dem letzten Band des *Justine*-Teils) nun der Auftakt zu den sechs *Juliette*-Bänden eine Abhandlung zugunsten der Frauen folgt: ein Aufruf zum Ehebruch, zum Abstreifen der alten Männermoral, ein Aufruf, sich selbst und vor allem die eigene Lust zu verwirklichen, auch wenn den Männern dies nicht nur ihre (Mannes-)Ehre, sondern manchmal auch das Leben kostet. Wie sagt doch Juliettes Freundin, die männermordende Lady Clairwil, so schön: ›Was taugt ein Mann, wenn er nicht mehr spannen kann?‹
In der *Juliette* werden die Spieße im Geschlechterkampf umgedreht.« *Stefan Zweifel/Michael Pfister*

»Der Marquis de Sade, dieser freieste Geist, der jemals existierte, äußerte über die Frau einzigartige Gedanken und wünschte sie ebenso frei wie den Mann. Diese Vorstellungen haben einen Doppelroman geboren: *Justine und Juliette*. Nicht zufällig wählte der Marquis anstatt Helden Heldinnen! Justine ist die Frau von ehedem, versklavt, elend und weniger als ein Mensch; ihre Gegenspielerin Juliette verkörpert die neue Frau, die Sade vorausgesehen

Leo Schestow

hat, ein Wesen, das man sich heute noch nicht vorstellen kann, das sich loslöst von der menschlichen Natur, das Flügel haben und die Menschheit erneuern wird.« *Apollinaire*

»Den Sinn der Worte durch die Praxis auf den Kopf stellen, das wird sowohl zum Grundmuster des erotischen Aktes wie zum schöpferischen Gestus des Schriftstellers: Bruch einer Regel, Bekräftigung eines Verbots, Vergewaltigung des Lesers (...) Er heiratet einen Knaben, ernährt sich von Exkrementen und läßt sich schließlich vom Opfer auspeitschen, um noch deutlicher zu beweisen, daß er der Henker ist.« *Alain Robbe-Grillet über Sade*

Leo Schestow
Athen und Jerusalem
Versuch einer religiösen Philosophie.
Aus dem Russischen übersetzt von Hans Ruoff. Mit einem Essay von Raimundo Panikkar.
Ca. 560 Seiten, gebunden mit Schutzumschlag, ca. DM 58,–/ sFr. 59,–/öS 453,– (Batterien, 53)
(ISBN 3-88221-268-3)

Stalins Kulturzerstörung war auch eine Metaphysikzerstörung. Der russischjüdische Denker Leo Schestow, ein Emigrant des Sozialismus, wurde in diesem Frühjahr mit seinem Buch über Tolstoi und Nietzsche im deutschen Sprachraum vorgestellt.
Schestows Hauptwerk »Athen und Jerusalem« überwindet alle akademischen Schranken. »Athen« steht für die rationale Philosophie, »Jerusalem« für die Religion als Konstanten des Menschen.
Leo Schestow schreibt in diesem Buch: »Man sucht den Sinn der Geschichte, und man findet den Sinn der Geschichte. Aber warum muß Geschichte eigentlich einen Sinn haben? Danach wird nicht gefragt. Wenn jedoch jemand danach fragt, so würde er vielleicht zunächst daran zweifeln, ob die Geschichte einen Sinn haben müsse, und sich dann überzeugen, daß die Geschichte überhaupt keinen Sinn zu haben brauche, daß die Geschichte ein Ding für sich und der Sinn hinwiederum ein Ding für sich sei. Durch eine Sechserkerze ist seinerzeit Moskau eingeäschert worden, Rasputin und Lenin indes – ebenfalls Sechserkerzen – haben ganz Rußland niedergebrannt.«
Kurztext: Ein moderner Denker erörtert kühn und bar eines Jargons die Grundfragen unseres Lebens.
»Schestow hat die Philosophie als Philosoph verklagt.« (Cioran)
Der indisch-spanische Religionsphilosoph Raimundo Panikkar gibt einen spirituellen Fahrplan in das 21. Jahrhundert.

Der Pfahl VIII
Jahrbuch aus dem Niemandsland zwischen Kunst und Wissenschaft
Ca. 280 Seiten, Bildseiten, Broschur, DM 38,–/sFr. 39,–/öS 297,–
(ISBN 3-88221-269-1)

Ein geistig spannendes Jahrbuch mit überwiegend deutschen Erstdrucken: ERNST JÜNGER meditiert über das Verhältnis von Kultur und Natur; RAIMUNDO PANIKKAR geht der Frage nach, ob der Begriff der Menschenrechte ein westliches Konzept sei; HANS HENNY JAHNN erinnert an JÜRGEN VON DER WENSE, der in diesem achten Pfahl mit unveröffentlichten Texten und Noten vertreten ist; REINER NIEHOFF und FINN RIEDEL loten in Werk und Leben Hans Henny Jahnns; GERD BERGFLETH skizziert die Idee eines Aufstands der Natur; L. F. FÖLDÉNYI erörtert, ob »Nationale Identität« eine Schimäre ist; JEAN-JACQUES LANGENDORF erinnert an Voltaire; MARIA ZAMBRANO an Nietzsche; HARTMUT LANGE, BERND MATTHEUS, MANLIO SGALAMBRO veröffentlichen aus ihren Aufzeichnungen; ANDRÉ MASSON gedenkt seines Freundes Georges Bataille; LAURITZ MELCHIOR äußert sich über den Verfall der Gesangskunst; MIGUEL D'ORS veröffentlicht Proben seiner eigenen Linie, der Poesie des Alltags; CRISTINA CAMPO schreibt über das Alter und das Altern; VOLTAIRE tröstet Madame du Deffand; GUIDO CERONETTI erinnert an Carlo Michelstaedter; HEINER MÜLLER äußert sich pointiert zu Richard Wagner; L. F. FÖLDÉNYI untersucht die Aufnahme, die der Film »Schindlers Liste« in der Öffentlichkeit gefunden hat; NICOLÁS GÓMEZ DAVILÁ beschließt das Jahrbuch mit posthumen Aphorismen.

Georges Bataille

Georges Bataille
Die Literatur und das Böse
Aus dem Französischen übersetzt von Cornelia Langendorf. Mit einer Studie von Gerd Bergfleth und mit einem Beitrag von Daniel Leuwers.
248 Seiten, Pappband
mit Schutzumschlag.
DM 46,–/sFr. 47,–/öS 359,–
(ISBN 3-88221-230-6)

Georges Bataille
Die psychologische Struktur des Faschismus. Die Souveränität
Aus dem Französischen von Rita Bischof, Elisabeth Lenk, Xenia Rajewsky. Herausgegeben von Elisabeth Lenk.
Nachwort Rita Bischof.
120 Seiten. Englische Broschur.
DM 29,80,–/sFr. 30,80/öS 233,–
(ISBN 3-88221-207-1)

Georges Bataille
Die Tränen des Eros
Aus dem Französischen übersetzt und herausgegeben von Gerd Bergfleth. Mit bisher unveröffentlichten Briefen Batailles.
260 Seiten mit 240 Abbildungen.
Gebunden.
DM 68,–/sFr. 69,–/öS 531,–
(ISBN 3-88221-261-0)

Georges Bataille
Die Aufhebung der Ökonomie
Der Begriff der Verausgabung.
Der verfemte Teil.
Kommunismus und Stalinismus.
Die Ökonomie im Rahmen des Universums.
Aus dem Französischen von Traugott König, Heinz Abosch und Gerd Bergfleth. 304 Seiten, Englische Broschur.
DM 48,–/sFr. 49,–/öS 375,–
(ISBN 3-88221-225-X)

Georges Bataille
Das Blau des Himmels.
Aus dem Französischen übersetzt von Sigrid von Massenbach und Hans Naumann. Mit einem Prolog von Marguerite Duras und einem Anhang von Bernd Mattheus.
232 Seiten, gebunden
mit Schutzumschlag,
DM 29,–/sFr. 30,–/öS 226,–
(ISBN 3-88221-763-4)

Georges Bataille
Abbé C. Roman
Mit einem Prolog von Maurice Blanchot und einem Kommentar von Bernd Mattheus.
Aus dem Französischen übersetzt von Max Hölzer.
256 Seiten, gebunden mit Schutzumschlag,
DM 33,–/sFr. 34,–/öS 258,–
(ISBN 3-88221-770-7)

Georges Bataille
Die Erotik
Herausgegeben und übersetzt von Gerd Bergfleth.
400 Seiten, 20 Bildtafeln, gebunden mit Schutzumschlag,
DM 78,–/sFr. 79,–/öS 609,–
(Batterien, 43)
(ISBN 3-88221-253-5)

Bernd Mattheus
Georges Bataille.
Eine Thanatographie. Band I:
Chronik 1897–1939
464 Seiten. 120 Abbildungen.
Englische Broschur.
DM 62,–/sFr. 63,–/öS 484,–
(ISBN 3-88221-222-5)

Bernd Mattheus
Georges Bataille.
Eine Thanatographie. Band II:
Chronik 1940-1951
400 Seiten, zahlreiche Abbildungen.
Gebunden mit Schutzumschlag.
DM 98,–/sFr. 99,–/öS 765,–
(Batterien, 32)
(ISBN 3-88221-224-1)

Rita Bischof
Souveränität und Subversion
Georges Batailles Theorie der
Moderne. Mit einem Vorwort von
Elisabeth Lenk. 352 Seiten,
Englische Broschur,
DM 58,–/sFr. 59,–/öS 453,–
(ISBN 3-88221-223-3)

Gerd Bergfleth
Theorie der Verschwendung
Einführung in Georges Batailles
Antiökonomie. 146 Seiten, Broschur,
DM 19,80,–/sFr. 20,80/öS 155,–
(ISBN 3-88221-359-0)

Jean Baudrillard

Jean Baudrillard
Von der Verführung
Aus dem Französischen übersetzt
von Michaela Meßner. Mit einem
Essay von L. F. Földényi. 274 Seiten,
Broschur,
DM 46,–/sFr. 47,–/öS 359,–
(Batterien, 48)
(ISBN 3-88221-261-6)

Jean Baudrillard
Cool memories 1980–1985
Aus dem Französischen übersetzt
von Michaela Ott. 256 Seiten,
Englische Broschur,
DM 42,–/sFr. 43,–/öS 328,–
(Batterien, 41)
(ISBN 3-88221-248-9)

Jean Baudrillard
Amerika
Aus dem Französischen übersetzt
von Michaela Ott. 200 Seiten,
gebunden,
DM 32,–/sFr. 33,–/öS 250,–
(ISBN 3-88221-371-X)

Jean Baudrillard
**Der symbolische Tausch
und der Tod**
Aus dem Französischen übersetzt
von Gerd Bergfleth, Gabriele Ricke
und Roland Voullié. Mit einer Studie
von Gerd Bergfleth.
Neue durchgesehene Auflage,
400 Seiten, 15 Abbildungen.
Gebunden mit Schutzumschlag.
DM 68,–/sFr. 69,–/öS 531,–
(ISBN 3-88221-215-2)

Jean Baudrillard
Die fatalen Strategien
Aus dem Französischen von Ulrike
Bockskopf und Roland Voullié.
Mit einem Appendix von Oswald
Wiener, 256 Seiten, gebunden.
DM 29,80,–/sFr. 30,80/öS 233,–
(ISBN 3-88221-354-X)

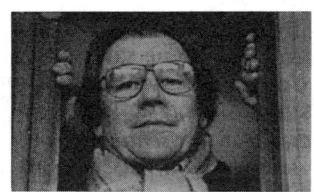

Jean Baudrillard

Die chronique scandaleuse Justines und Juliettes (...) ist das homerische Epos, nach dem es die letzte mythologische Hülle noch abgeworfen hat: die Geschichte des Denkens als Organs der Herrschaft."
(Adorno/Horkheimer)

D. A. F. de Sade

Die erste vollständige deutsche Edition von **Justine und Juliette** Herausgegeben, neu übersetzt und mit Anmerkungen versehen von Stefan Zweifel und Michael Pfister.

D. A. F. de Sade
Justine und Juliette, 1
Mit elf, zum Teil farbigen Illustrationen von Arnulf Rainer sowie mit Essays von L. F. Földényi, Bernd Mattheus und den Herausgebern. 320 Seiten, Leinenband mit Schutzumschlag, Fadenheftung.
(ISBN 3-88221-764-2)

D. A. F. de Sade
Justine und Juliette, 2
Mit 12 farbigen Zeichnungen von Martina Kügler sowie mit Essays von Viktor Jerofejew und Michel Delon.
316 Seiten, Leinenband mit Schutzumschlag, Fadenheftung.
(ISBN 3-88221-772-3)

D. A. F. de Sade
Justine und Juliette, 3
Mit 12 farbigen Zeichnungen von Károly Klimó sowie mit Essays von Thibault de Sade und Andreas Pfersmann. 384 Seiten, Leinenband mit Schutzumschlag, Fadenheftung.
(ISBN 3-88221-783-9)

D. A. F. de Sade
Justine und Juliette, 4
Mit Bildern von Maria Lassnig, Essays von Hans Leyser, Georges Bataille und Catherine Cusset. 368 Seiten, Leinenband mit Schutzumschlag, Fadenheftung,
(ISBN 3-88221-792-8)

Ladenpreis jeweils:
DM 68,–/sFr. 69,–/öS 531,–
Subskriptionspreis jeweils:
DM 58,–/sFr. 59,–/öS 453,–
(Bei Subskription der insgesamt 10 Bände je Band eine Ermäßigung von 15 Prozent auf den Ladenpreis.)
Anmeldung zur Gesamtsubskription bis zum 31.12.1995.
(ISBN 3-88221-768-5)

Antonin Artaud

**Antonin Artaud
Mexiko**
Die Tarahumaras.
Revolutionäre Botschaften. Briefe.
Mit einem Essay von Luis Cardoza
y Aragón. Aus dem Französischen
übersetzt von Brigitte Weidmann
und Bernd Mattheus. 382 Seiten,
Abbildungen, gebunden mit Schutz-
umschlag, DM 49,80/sFr. 50,80/
öS 389,– (Batterien, 47)
(ISBN 3-88221-259-4)

**Antonin Artaud
Van Gogh, der Selbstmörder
durch die Gesellschaft
und Texte über Baudelaire,
Coleridge, Lautréamont
und Gérard de Nerval**
Aus dem Französischen übersetzt
von Franz Loechler. Nachwort
Elena Kapralik. Erweiterte Neu-
auflage, 160 Seiten, Bildteil.
Englische Broschur,
DM 39,80,–/sFr. 40,80/öS 311,–
(ISBN 3-88221-200-4)

**Antonin Artaud
Surrealistische Texte**
Herausgegeben und übersetzt von
Bernd Mattheus. 168 Seiten, Bildteil.
Englische Broschur.
DM 28,–/sFr. 29,–/öS 219,–
(ISBN 3-88221-227-6)

**Antonin Artaud
Briefe aus Rodez –
Postsurrealistische Schriften**
Aus dem Französischen
von Franz Loechler und mit einer
Marginalie von Bernd Mattheus.
204 Seiten, 5 Bildseiten.
Englische Broschur.
DM 34,–/sFr. 35,–/öS 265,–
(ISBN 3-88221-208-X)

**Antonin Artaud
Briefe an Génica Athanasiou**
Herausgegeben und übersetzt
von Bernd Mattheus.
260 Seiten, 35 Bildseiten.
Gebunden mit Schutzumschlag.
DM 49,80/sFr. 50,80/öS 389,–
(Batterien, 42)
(ISBN 3-88221-252-7)

**Antonin Artaud
Frühe Schriften**
Herausgegeben und übersetzt
von Bernd Mattheus.
188 Seiten, 12 Bildseiten,
Englische Broschur.
DM 29,80/sFr. 30,80/öS 233,–
(ISBN 3-88221-220-9)

**Antonin Artaud
Schluß mit dem Gottesgericht –
Das Theater der Grausamkeit.
Letzte Schriften zum Theater.**
Aus dem Französischen übersetzt
von Elena Kapralik.
152 Seiten.
Englische Broschur.
DM 39,80/sFr. 40,80/öS 311,–
(ISBN 3-88221-211-X)

**Elena Kapralik
Antonin Artaud (1896–1948)
Leben und Werk des
Schauspielers, Dichters und
Regisseurs.**
488 Seiten mit 58 Abbildungen.
Broschur.
DM 29,80/sFr. 30,80/öS 233,–
(Batterien, 3)
(ISBN 3-88221-202-0)

Gabriele d'Annunzio

Gabriele d'Annunzio
Das Feuer. Roman
Herausgegeben und eingeleitet von Vincenzo Orlando. Aus dem Italienischen übersetzt von Maria Gagliardi und Gianni Selvani. 560 Seiten, Bildteil. Gebunden mit Schutzumschlag,
DM 44,–/sFr. 45,–/öS 343,–
(ISBN 3-88221-754-5)

In Vorbereitung:
Gabriele d'Annunzio
Lust. Roman
Aus dem Italienischen übersetzt und kommentiert von Irmengard Gabler.

Michel Leiris

Michel Leiris
Die Spielregel, 1: Streichungen
Aus dem Französischen von Hans Therre. Mit einem Essay von Maurice Blanchot, 404 Seiten. Leinen mit Schutzumschlag.
DM 58,–/sFr. 59,–/öS 453,–
(ISBN 3-88221-336-1)
Kartonierte Sonderausgabe,
DM 34,–/sFr. 35,–/öS 265,–
(ISBN 3-88221-378-5)

Michel Leiris
Die Spielregel, 2: Krempel
Aus dem Französischen von Hans Therre. Mit einem Interview, geführt mit dem Autor. 360 Seiten.
Leinen mit Schutzumschlag.
DM 58,–/sFr. 59,–/öS 453,–
(ISBN 3-88221-103-2)

Michel Leiris
Die Spielregel, 3: Fibrillen
Aus dem Französischen übersetzt von Hans Therre. Mit einem Essay von László F. Földényi. 420 Seiten, gebunden mit Schutzumschlag,
DM 58,–/sFr. 59,–/öS 453,–
(ISBN 3-88221-766-9)

Michel Leiris
Spiegel der Tauromachie –
Eingeleitet durch Tauromachien
Mit Zeichnungen von André Masson. Zweisprachig. Aus dem Französischen von Verena von der Heyden-Rynsch. 148 Seiten mit 9 Zeichnungen. Englische Broschur.
DM 32,–/sFr. 33,–/öS 250,–
(ISBN 3-88221-217-9)

Theodor Lessing

Theodor Lessing
Geschichte als Sinngebung des Sinnlosen
Mit einem Nachwort von Rita Bischof. 292 Seiten mit 15 Abbildungen. Gebunden.
DM 56,–/sFr. 57,–/öS 437,–
ISBN 3-88221-219-5)

Theodor Lessing
Die verfluchte Kultur
Gedanken über den Gegensatz von Leben und Geist. Mit einem Essay von Elisabeth Lenk.
86 Seiten. Broschur.
DM 12,80/sFr. 13,80/öS 100,–
(ISBN 3-88221-325-6)

Arthur Rimbaud

Enid Starkie
Das Leben des Arthur Rimbaud
Aus dem Englischen übersetzt von Hans B. Wagenseil und Margarete Gräfin Montgelas. Mit einem Brief Jürgen von der Wenses. Neu herausgegeben von Susanne Wäckerle. 600 Seiten mit zahlreichen Abbildungen. Gebunden mit Schutzumschlag,
DM 49,80/sFr. 50,80/öS 389,–
(ISBN 3-88221-765-0)

Eine revidierte Neu-Ausgabe des vollständigen Werks von Arthur Rimbaud ist in Vorbereitung.

Otto Weininger

Otto Weininger
Geschlecht und Charakter
Eine prinzipielle Untersuchung.
Mit einem Nachwort von Roberto
Calasso. 667 Seiten. Gebunden.
DM 46,–/sFr. 47,–/öS 359,–
(ISBN 3-88221-312-4)

Otto Weininger
Über die letzten Dinge
Mit einem Anhang von Theodor
Lessing. 212 Seiten. Kartoniert.
DM 32,–/sFr. 33,–/öS 250,–
(ISBN 3-88221-320-5)
Neuauflage in Vorbereitung.

Oswald Wiener

Nicht schon wieder...!
Eine auf einer Floppy gefundene Datei.
Herausgegeben von Eva Präkogler
256 Seiten,
gebunden mit Schutzumschlag,
DM 17,–/sFr. 18,–/öS 133,–
(ISBN 3-88221-769-3)

Verena von der Heyden-Rynsch (Herausgeberin)
Riten der Selbstauflösung
Mit einer Studie von Oswald Wiener.
328 Seiten, 15 Abbildungen,
Pappband mit Schutzumschlag,
DM 32,–/sFr. 33,–/öS 250,–
(ISBN 3-88221-500-3)

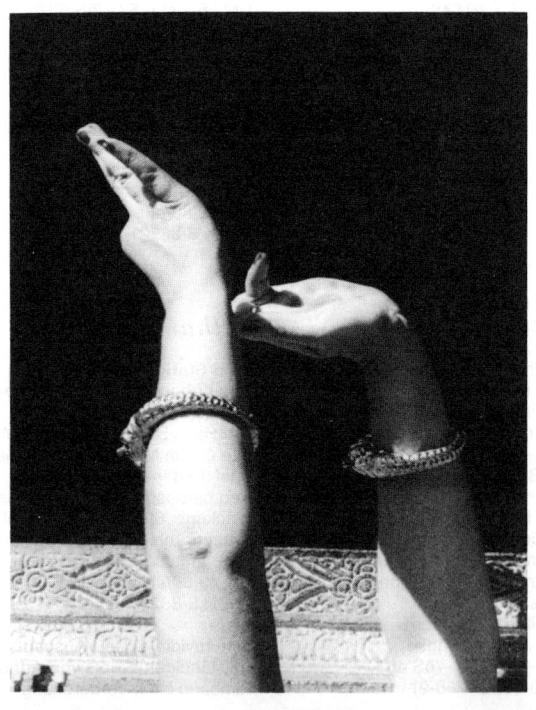

Essays, Tagebücher, Gespräche

Adele Schopenhauer
Tagebuch einer Einsamen
Herausgegeben und eingeleitet
von H. H. Houben. Mit 60 Scheren-
schnitten und einem Anhang von
Rahel E. Feilchenfeldt-Steiner.
258 Seiten, Bildteil.
Gebunden mit Schutzumschlag,
DM 48,–/sFr. 49,–/öS 375,–
(ISBN 3-88221-508-9)

Elisabeth Lenk
Kritische Phantasie.
Gesammelte Essays.
240 Seiten, Broschur, DM 26,–/sFr.
27,–/öS 203,– (ISBN 3-88221-368-X)

Henri Frédéric Amiel
Intimes Tagebuch
Ausgewählt, übersetzt und ein-
geleitet von Ernst Merian-Genast.
Mit Essays von Georges Poulet,
Luc Boltanski und Emmanuel
Le Roy Ladurie, Bildteil. 432 Seiten,
gebunden mit Schutzumschlag,
DM 48,–/sFr. 49,–/öS 375,–
(ISBN 3-88221-511-9)

Pierre Drieu La Rochelle
Geheimer Bericht
und andere autobiographische
Aufzeichnungen. Herausgegeben,
aus dem Französischen übersetzt
und mit einem Essay von Joachim
Sartorius. 364 Seiten, Bildteil.
Gebunden mit Schutzumschlag.
DM 46,–/sFr. 47,–/öS 359,–
(ISBN 3-88221-510-0)

Madeleine Chapsal
Französische Schriftsteller intim
Aus dem Französischen von Sabine
Gruber. 320 Seiten,
DM 39,80/sFr. 40,80/öS 311,–
(ISBN 3-88221-758-8)

Bernd Mattheus
Heftige Stille
Andere Notizen, 350 Seiten, Broschur,
DM 24,–/sFr. 25,–/öS 187,–
(ISBN 3-88221-366-3)

Bernd Mattheus/Axel Matthes
(Herausgeber)
Ich gestatte mir die Revolte
400 Seiten mit Abbildungen,
Broschur,
DM 29,80/sFr. 30,80/öS 233,–
(ISBN 3-88221-361-2)

Bernd Mattheus
Die Augen öffnen sich
im Unklaren und schließen sich
im Verdunkelten
Notizen, 100 Seiten, kartoniert.
DM 9,80/sFr. 10,80/öS 77,–
(ISBN 3-88221-319-1)

Roland Barthes
Über mich selbst
Aus dem Französischen von Jürgen
Hoch, 208 Seiten mit zahlreichen
Fotos. Gebunden.
DM 39,80/sFr. 40,80/öS 311,–
(ISBN 3-88221-206-3)

Poesie

Laure
Schriften
Herausgegeben und aus dem
Französischen übersetzt von Bernd
Mattheus. Mit Beiträgen von
Georges Bataille und Marcel Moré.
252 Seiten, Bildteil. Paperback.
DM 32,–/sFr. 33,–/öS 250,–
(ISBN 3-88221-310-8)

John Keats
Briefe eines Liebenden
Aus dem Englischen von Adolf Gir-
schick, Christa Schuenke und Wulf
Teichmann. Mit einer physiognomi-
schen Biographie von Fleur Jaeggy.
204 Seiten, Bildteil. Broschur,
DM 26,–/sFr. 27,–/öS 203,–
(ISBN 3-88221-370-1)

Fleur Jaeggy
Wasserstatuen
Aus dem Italienischen von Anna
Wheill. 132 Seiten, Broschur,
DM 19,80/sFr. 20,80/öS 155,–
(ISBN 3-88221-349-3)

Romane, Erzählungen

André Breton
Arkanum 17
ergänzt durch Erhellungen
Aus dem Französischen von
Heribert Becker. Mit einem
Nachwort von Bernd Mattheus.
180 Seiten, Abbildungen, gebunden
mit Schutzumschlag,
DM 39,80/sFr. 40,80/öS 311,–
(Batterien, 49)
(ISBN 3-88221-264-0)

Rahel Bibliothek
Rahel Varnhagen. Werke
Herausgegeben von Konrad
Feilchenfeldt, Uwe Schweikert und
Rahel E. Steiner. 10 Pappbände im
Schuber, insgesamt 6500 Seiten mit
44 Bildern, komplett DM 148,–/
sFr. 148,–/öS 1155,–
(ISBN 3-88221-342-6)

Jürgen von der Wense
Epidot
Herausgegeben und mit einem
Nachwort von Dieter Heim.
192 Seiten, Broschur,
DM 29,80/sFr. 30,80/öS 233,–
(ISBN 3-88221-363-9)

Botho Strauß
Kongreß. Die Kette der
Demütigungen
192 Seiten, gebunden mit
Schutzmschlag,
DM 29,–/sFr. 30,–/öS 266,–
(ISBN 3-88221-759-6)

Pierre Gripari
Kleiner Idiotenführer durch die
Hölle
Aus dem Infernalischen übersetzt
von Cornelia Langendorf und Hans
Therre. Mit einem Anhang von Jot
Es. 150 Seiten, Klappenbroschur,
DM 22,–/sFr. 23,–/öS 172,–
(ISBN 3-88221-782-0)

Pierre Gripari
Göttliche und andere
Lügengeschichten
Mit einem Aufsatz von Pierre
Gripari. Aus dem Französischen
übersetzt von Cornelia Langendorf.
194 Seiten, Broschur,
DM 29,80/sFr. 30,80/öS 233,–
(ISBN 3-88221-785-5)

Jean Giono
Jean der Träumer, Roman.
Nebst einem Gespräch mit dem
Autor. Aus dem Französischen
übersetzt von Käthe Rosenberg.
360 Seiten,
gebunden mit Schutzumschlag,
DM 36,–/sFr. 37,–/öS 281,–
(ISBN 3-88221-777-4)

Jean Giono
Die große Meeresstille
Aus dem Französischen übersetzt
von Hety Benninghof und
Ernst Sander. Mit einem Essay von
Stefan Broser. 360 Seiten,
gebunden mit Schutzumschlag,
DM 39,80/sFr. 40,80/öS 311,–
(ISBN 3-88221-784-7)

Jean Giono
Bleibe, meine Freude. Roman
Aus dem Französischen übersetzt
von Ruth und Walter Gerull-Kardas.
Mit einem Divertimento von

Jean Giono

Stephan Broser. 540 Seiten, gebunden mit Schutzumschlag,
DM 49,80/sFr. 50,80/öS 389,–
(ISBN 3-88221-794-4)

Raymond Roussel
Eindrücke aus Afrika
Roman. Aus dem Französischen von Cajetan Freund. Mit 21 Radierungen von Markus Raetz und einem Nachwort von Bernd Mattheus. 304 Seiten.
Englische Broschur.
DM 46,–/sFr. 47,–/öS 359,–
(ISBN 3-88221-213-6)

Guillaume Apollinaire
Die elftausend Ruten
Aus dem Französischen von Rudolf Wittkopf. Mit Vorworten von Elisabeth Lenk und Louis Aragon. Nachwort Pascal Pia. Mit Zeichnungen von Michael Wyss. 300 Seiten. Gebunden mit Schutzumschlag.
DM 42,–/sFr. 43,–/öS 328,–
(ISBN 3-88221-509-7)

Philipp Kreuzer
Geblendet. Roman.
192 Seiten, gebunden mit Schutzumschlag,
DM 29,80/sFr. 30,80/öS 233,–
(ISBN 3-88221-788-X)

J.-P. Manchette
Nada. Roman.
Aus dem Französischen von Cornelia Langendorf, mit zwei Beiträgen von Jean-Jacques Langendorf. 260 Seiten. Broschur,
DM 14,80/sFr. 15,80/öS 116,–
(ISBN 3-88221-365-5)

Bildende Kunst

Gottfried Boehm
Labyrinth und Flug
Gerhard Hoehmes Aquarelle
134 Seiten, 11 Farbabbildungen und 40 ganzseitige Aquarellproduktionen in Farbe. Buchformat: 29,5 cm x 39 cm, Halbleinen mit Schuber. Auflage: 750 Exemplare numeriert 1-750: pro Exemplar DM 340,–/sFr. 340,–/öS 2652,– Sämtliche Exemplare sind vom Künstler signiert. (Veröffentlichungen des Morat-Instituts, herausgegeben von Gottfried Boehm und Franz Armin Morat) (ISBN 3-88221-940-8)

Gerhard Hoehme
Tuschspiele.
Zwanzig Zeichnungen
Mit einem Vorwort von Ingrid Mössinger. 25 Blätter in Leinenschuber, Großformat, DM 280,–/sFr. 280,–/öS 2184,–
Auflage: 750 Exemplare
(Veröffentlichungen des Morat-Instituts, herausgegeben von Gottfried Boehm und Franz Armin Morat) (ISBN 3-88221-941-6)

Pavel Florenskij
Die umgekehrte Perspektive
Aus dem Russischen übersetzt und mit einem Nachwort von André Sikojev. 240 Seiten, 15 Bildseiten auf Kunstdruck. Gebunden mit Schutzumschlag, DM 54,–/sFr. 55,–/öS 421,–
(Batterien, 38) (ISBN 3-88221-244-6)

László F. Földényi
Caspar David Friedrich.
Die Nachtseite der Malerei
Aus dem Ungarischen von Hans Skirecki. 156 Seiten, Abbildungen, gebunden mit Schutzumschlag,
DM 48,–/sFr. 49,–/öS 375,–
(Batterien, 50) (ISBN 3-88221-263-2)

Louis Aragon mit anderen
Wege zu Giacometti
Mit einem Essay von André Gide. Herausgegeben von Axel Matthes und Helmut Klewan. Aus dem Französischen übersetzt von Reinhard Tiffert. 400 Seiten, Großformat, 50 zum Teil farbige Abbildungen. Englische Broschur.
DM 98,–/sFr. 99,–/öS 765,–
(ISBN 3-88221-234-9)

Wege zu Edgar Degas
Herausgegeben von Wilhelm
Schmid. Aus dem Französischen
übersetzt von Reinhard Tiffert,
aus dem Englischen von Cornelia
Langendorf. Batterien, 33.
450 Seiten, Großformat. 150, zum
Teil farbige Abbildungen. Englische
Broschur mit Folie.
DM 110,–/sFr. 110,–/öS 858,–
(ISBN 3-88221-236-5)

André Masson
Gesammelte Schriften, I
Herausgegeben von Axel Matthes
und Helmut Klewan.
Aus dem Französischen übersetzt
von Reinhard Tiffert und anderen.
Batterien, 39. Gebunden
mit Schutzumschlag.
Großformat der Reihe Batterien.
360 Seiten mit 100, zum Teil
farbigen Abbildungen.
DM 99,–/sFr. 100,–/öS 772,–
(ISBN 3-88221-245-4)

Georg Simmel
Rembrandt
Ein kunstphilosophischer Versuch.
Eingeleitet von Beat Wyss.
312 Seiten, mit 64 Seiten
Abbildungen. Gebunden mit Schutzumschlag,
DM 52,–/sFr. 53,–/öS 406,–
(ISBN 3-88221-226-8)

Hans Jürgen Syberberg
Vom Unglück und Glück
der Kunst in Deutschland nach
dem letzten Kriege.
192 Seiten, broschiert,
DM 14,80/sFr. 15,80/öS 116,–
(ISBN 3-88221-761-8)

Musik

In Vorbereitung:

Glenn Watkins
Gesualdo da Venosa
Leben und Werk eines fürstlichen
Komponisten. Mit einem Vorwort
von Igor Strawinsky.

Philosophisches

Pierre Klossowski
Nietzsche und der Circulus
vitiosus deus
Aus dem Französischen übersetzt
von Ronald Vouillé. Mit einem
Nachwort von Gerd Bergfleth und
einem Supplement. 432 Seiten.
Gebunden mit Schutzumschlag,
DM 98,–/sFr. 99,–/öS 765,–
(ISBN 3-88221-231-4)

László F. Földényi
Melancholie
Aus dem Ungarischen übersetzt von
Nora Tahy und Gerd Bergfleth.
372 Seiten. Gebunden mit Schutzumschlag,
DM 56,–/sFr. 57,–/öS 437,–
(Batterien, 35) (ISBN 3-88221-239-X)

Gerd Bergfleth et al.
Zur Kritik der palavernden
Aufklärung
192 Seiten, Broschur,
DM 19,80/sFr. 20,80/öS 155,–
(ISBN 3-88221-344-2)

Albert Caraco
Brevier des Chaos
Mit Auszügen aus dem Tagebuch
des Verfassers.
Aus dem Französischen übersetzt
von Isabel Matthes. 200 Seiten.
Gebunden mit Schutzumschlag.
DM 32,–/sFr. 33,–/öS 250,–
(ISBN 3-88221-232-2)

Elisabeth Lenk
Die unbewußte Gesellschaft
Über die mimetische Grundstruktur
in der Literatur und im Traum.
405 Seiten. Englische Broschur.
DM 48,–/sFr. 49,–/öS 375,–
(ISBN 3-88221-221-7)

Leo Schestow
Tolstoi und Nietzsche. Die Idee
des Guten in ihren Lehren
Aus dem Russischen übersetzt von
Nadja Strasser.
Mit Essays von Boris Groys, Gustav
A. Conradi und A. M. Remisow.

304 Seiten, gebunden mit Schutzumschlag,
DM 56,–/sFr. 57,–/öS 437,–
Batterien, 51 (ISBN 3-88221-266-7)

Jacob Taubes
Abendländische Eschatologie
Mit einem Anhang. 250 Seiten,
Französische Broschur,
DM 46,–/sFr. 47,–/öS 359,–
(Batterien, 45)
(ISBN 3-88221-256-X)

Ernst Fuhrmann
Was die Erde will
Eine Biosophie
Mit einem Nachwort von
Gert Mattenklott und einer Bibliographie von Detlev Zabkar.
288 Seiten, Broschur,
DM 29,80/sFr. 30,80/öS 233,–
(ISBN 3-88221-352-3)

William Warren Bartley
Wittgenstein, ein Leben
Aus dem Amerikanischen von Ruedi Lüscher.
232 Seiten, 8 Bildseiten, gebunden mit Schutzumschlag, DM 29,80/sFr. 30,80/öS 233,–
(ISBN 3-88221-503-8)

Religion

Celsus
Gegen die Christen
Aus dem Altgriechischen übersetzt von Th. Keim. Mit einem Vorwort von Friedrich Wilhelm Korff.
240 Seiten, Abbildungen, gebunden mit Schutzumschlag,
DM 42,–/sFr. 43,–/öS 328,–
(ISBN 3-88221-350-7)

Wolfgang Schultz
Dokumente der Gnosis
Mit Essays von Georges Bataille, Henri-Charles Puech und Wolfgang Schultz, 426 Seiten, Bildteil.
Pappband mit Schutzumschlag,
DM 56,–/sFr. 57,–/öS 437,–
(ISBN 3-88221-229-2)

Ignacio de Loyola
Die Exerzitien
und aus dem Tagebuch
Aus dem Spanischen übersetzt von F. Weinhandl. Mit Zeichnungen von Frederico Barocci. 205 Seiten, Abbildungen, gebunden
mit Schutzumschlag,
DM 29,80/sFr. 30,80/öS 233,–
(ISBN 3-88221-014-I)

Reinhard Wilk
Lebendes Wasser. Religion heute
186 Seiten. Leinen mit Schutzumschlag. DM 19,–/sFr. 20,–/
öS 148,– (ISBN 3-88221-102-4)

Reinhard Wilk
Unser Gott.
Die Fuge Gegenwärtigkeit
120 Seiten. Leinenband.
DM 18,–/sFr. 19,–/öS 141,–
(ISBN 3-88221-104-0)

Geschlechterfrage

Annegret Stopczyk
Was Philosophen über Frauen denken
368 Seiten, 20 Abbildungen.
Gebunden.
DM 39,80/sFr. 40,80/öS 311,–
(ISBN 3-88221-314-0)

Albert Caraco
Das Reich der Sinne
Supplement zur Psychopathia sexualis. Aus dem Französischen von Isabel Matthes, 288 Seiten, Broschur, DM 22,–/sFr. 23,–/
öS 172,– (ISBN 3-88221-360-4)

Dr. P.-J. Möbius
Über den physiologischen Schwachsinn des Weibes
Neu herausgegeben und
mit einer Einleitung versehen von Susanne Wäckerle.
Mit 21 Abbildungen der Zeit,
250 Seiten, gebunden mit Schutzumschlag, DM 19,80/sFr. 20,80/
öS 155,– (ISBN 3-88221-003-6)

Richard von Krafft-Ebing
Psychopathia sexualis
Mit Beiträgen von Georges Bataille,
Elisabeth Lenk u. a.
460 Seiten, gebunden mit
Schutzumschlag, DM 39,80/
sFr. 40,80/öS 311,–
(ISBN 3-88221-351-1)

Biographisches

Adelheid Mommsen
Mein Vater. Erinnerungen an
Theodor Mommsen
Mit einem Nachwort von Wolfgang
Mommsen. 183 Seiten, Bildteil.
Gebunden mit Schutzumschlag,
DM 36,–/sFr. 37,–/öS 281,–
(ISBN 3-88221-780-4)

Franz Blei
Talleyrand oder der Zynismus
Mit einer Dokumentation von Axel
Matthes, 392 Seiten, 12 Bildseiten,
gebunden mit Schutzumschlag,
DM 34,–/sFr. 35,–/öS 265,–
(ISBN 3-88221-505-4)

Thomas de Quincey
Die letzten Tage des
Immanuel Kant
Aus dem Englischen übersetzt
und herausgegeben von Cornelia
Langendorf. Mit Beiträgen von
Fleur Jaeggy, Giorgio Manganelli
und Albert Caraco. 143 Seiten,
Abbildungen. Gebunden mit Schutzumschlag, DM 29,80/sFr. 30,80/
öS 233,–
(ISBN 3-88221-348-5)

In Vorbereitung:
Susan Taubes
Scheiden tut weh.
Aus dem Amerikanischen übersetzt
von Nadine Miller.

Geschichte

Felix Somary
Erinnerungen eines politischen
Meteorologen
Mit einem Vorwort von Wolfgang
Somary. 500 Seiten, gebunden mit
Schutzumschlag, DM 56,–/sFr. 57,–/
öS 437,– (ISBN 3-88221-796-0)

Valeriu Marcu
Die Vertreibung der Juden
aus Spanien
Mit einem Essay von Andrei
Corbea-Hoisie. 290 Seiten.
Gebunden mit Schutzumschlag,
DM 36,–/sFr. 37,–/öS 281,–
(ISBN 3-88221-755-3)

Valeriu Marcu
Machiavelli. Die Schule der Macht
Mit einem Anhang: Reflexionen des
Autors zu Lenin und Hitler. 400 Seiten, Abbildungen, gebunden mit
Schutzumschlag, DM 46,–/sFr. 47,–/
öS 359,–
(ISBN 3-88221-795-2)

Constantin von Barloewen
Kulturgeschichte und Modernität
Lateinamerikas
Nebst einem Aufsatz von Georges
Bataille und einem Gespräch zum
Thema mit Octavio Paz. 232 Seiten,
gebunden mit Schutzumschlag,
DM 39,80/sFr. 40,80/öS 311,–
(ISBN 3-88221-779-0)

Jean-Jacques Langendorf
Pamphletisten und Theoretiker
der Gegenrevolution, 1789–1799
360 Seiten, Gebunden mit Schutzumschlag, DM 54,–/sFr. 55,–/
öS 421,– (ISBN 3-88221-242-X)

Jürgen von der Wense
Blumen blühen auf Befehl
Aus dem Poesiealbum eines
zeitungslesenden Volksgenossen
1933–1944. Herausgegeben und
kommentiert von Dieter Heim.
232 Seiten, davon 150 in Faksimile.
Gebunden mit Schutzumschlag,
DM 19,80/sFr. 20,80/öS 155,–
(ISBN 3-88221-787-1)

Jahrbuch »Der Pfahl«

Jahrbuch aus dem Niemandsland zwischen Kunst und Wissenschaft

Der Pfahl I
500 Seiten, Abbildungen, Broschur
DM 48,–/sFr. 49,–/öS 375,–
(ISBN 3-88221-235-7)

Der Pfahl II
332 Seiten, Abbildungen, Broschur
DM 29,80/sFr. 30,80/öS 233,–
(ISBN 3-88221-237-3)

Der Pfahl III
240 Seiten, Abbildungen, Broschur
DM 33,–/sFr. 34,–/öS 258,–
(ISBN 3-88221-246-2)

Der Pfahl IV
145 Seiten, Abbildungen, Broschur
DM 33,–/sFr. 34,–/öS 258,–
(ISBN 3-88221-251-9)

Der Pfahl V
300 Seiten, Abbildungen, Broschur,
DM 42,–/sFr. 43,–/öS 328,–
(ISBN 3-88221-255-1)

Der Pfahl VI
280 Seiten, Abbildungen, Broschur,
DM 38,–/sFr. 39,–/öS 297,–
(ISBN 3-88221-260-8)

Der Pfahl VII
280 Seiten, Abbildungen, Broschur,
DM 38,–/sFr. 39,–/öS 297,–
(ISBN 3-88221-265-9)

Absurd, wie heute Kunst und Politik erneut verwechselt werden, ebenso wie im Nationalsozialismus und im Sowjetismus, nur mit anderen Vorzeichen. Ohne Dialogbereitschaft sind bestimmte Kritiken, die diffizile Zusammenhänge schleifen, reine Denunziationen. Der Denker Edmund Husserl schrieb 1929 an seinen philosophischen Gegner Leo Schestow: »Verehrter Freund und Antipode! …« Mit Ritterlichkeit disputieren Menschen, deren Ansichten nicht austauschbar sind wie Staubsaugerbeutel. »Links« und »rechts« – die Wörter sind verschieden, aber die Mentalität, so scheint es, ist dieselbe. Und unsere so verkletteten, verängstigten und eitlen Meinungsführer wollen nur die Fäden des Zeitgeistes in der Hand behalten. Leider muß man unterdes klarstellen, daß wenn ich etwa Untertanen-Linke kritisiere, ich das nicht mache, um mich bei den Rechten einzunisten. Ich bin gegen die politische Vermauerung dieses Lebens. Der Andere, das Andere, sie sind nicht eine Beschränkung, sondern eine Bedingung meiner Freiheit.

Axel Matthes

Matthes & Seitz Verlag GmbH
Hübnerstraße 11 · 80637 München
Postfach 19 06 24 · 80606 München
Telefon/Telefax 0 89/1 23 25 10
Stand: Herbst 1994